The Origins of

Persian Words

An Etymological Dictionary of the Persian Language

Dr. Ali Nourai

ISBN: Softcover 978-1-6698-5269-8

Print information available on the last page.

Rev. date: 10/26/2022

To order additional copies of this book, contact:
Xlibris
844-714-8691
www.Xlibris.com
Orders@Xlibris.com
847389

To my wife and sons
who supported me with their
love and patience.

Reverse Pagination

The order of the Persian Words in this dictionary is from right to left. Therefore, except for the Index section, the book is paginated from right to left.

CONTENTS

Roots with meaning & Persian Derivatives

فهرست ریشه لغات

A

Ab 1: water	آب۱, آب۲, آبان, آبرو, آبریز, آبشار, آخور, آسیاب, آفتاب, اِبریق, اُبّهت, اِنبیق, دریا, زهاب, ناب
Abâ: to assemble together	بازار, بازرگان
Âdhâmah: earth, red soil	آدم
Ag: to drive	تراز, ترازو
Agaru: to hire	اجاره, اجرت
Agaruh: aloe wood	عود, فلوت
Agh, Aghlo: depressed, disagreeable	آخ, آک, اخ
Aghlo	see Agh
Agurru: baked clay, brick	آجر, آگور
a-hu: not good, defect, fault	آناهیتا, آهو۲, ناهید
Aidh: to burn	خشت۱, هیزم, هیمه
Aig-: goat, of a goat	ازگ۲
Aios: metal	آهن
Aiw: vitality, eternity	برنا, جاو ید, خدا, خدیو, خواجه, ناخدا
Ak: sharp, also a sharp stone	آس, آسمان, آسیاب, اپسان, افسان, افسانیدن, بادآس, ساییدن, سختن, سختیدن, سنجیدن, سنگ, سوهان, فسان, فسانیدن
Akos: suffix indicating small size	.ک
Akru: tear, tear drop	ارس, اشک
Aksas	see Asksâ
Akwa: water	آله, لِه
Al 1: beyond, above	آریا, اراک, آران, اردلان, ایران, ایرانویج, ایرج, ایرمان
Al 2: to grind	آرد
Âlêiô: to wander, roam, rove	آوار۲, آواره
Alek: to ward off, protect	اسکندر, لاک, لُجّه, لَک
Algwh: worth, value	ارج, ارجاسپ, ارز, ارزش, ارزیدن, ورج
Amalaka: emblic tree	آمُلَج
Ambhi: around	آستین, افراشتن, افروختن, افزودن, افسار, افسر, افسوس, افشاندن, افشون, افغان, افکندن, انبر, شتاب, شتافتن, شکار, فزون, فغان
Âmon: full, filled with	آمودن, ابرآمون

A'.m.r: to command	میرزا
An 1: breath	اهورا, اهورامزدا, اورمزد, برزخ, دوزخ, هرمز, هورمزد
An 2: other	آن, اندر۲, پدراندر, پسراندر, دختراندر, مادراندر
An 3	see Ne 1
Ang: to bend	انگ۱, انگشت, انگولک, جوجه, ژوژه, شترنک, شطرنج, کترنگ, لنگر
Angh: tight, compressed	آز, جُوازه, گُوازه, نیاز
Angwhi: snake	اژدر, اژدها, اژدهاک, ضحّاک
Anôr: watery, juicy	انار
Ap: to take, receive, reach	اوام, فام۲, وام, یافتن
Apânk: turned backwards, north	اختر, باختر, بدخشان, بلخ
Apo: off	آپادانا, آختن, آراستن, آغاز, آفدُم, آکندن, آماده, آمدن, آهختن, آهیختن, آورد, آینده, بافدُم, بخشودن, بخشیدن۲, پس, پوست, سپاردن, سپردن, وارون
Ar 1: to fit together	آراستن, ارد, اردشیر, اردلان, اردوان, اردیبهشت, اشو, پیراستن, پیرایه, چِرا, راد۱, رَد, نَرد۱, نیو اردشیر, ویراستن, ویرایش
Ar 2	see Er
Ardha: swept, moved, pushed	فراورن, فریرون, فیرون, وارون
Arg: to shine, white metal	ارزیز
Arš	see Ere
As: to burn	آر, هکتار
âs, âsa: to arrive, come	آسیدن, خراسان
âsa	see âs
Asksâ, Aksas: axis	آسه
Âsû : to rise, come out (said of the sun)	آسیا, وضو
Ater: fire	آتش, آذر, آذربایجان, هیربد
Âtos: father, mother, family, race	آبتین, دده۱
Au: away, off, down	اُباردن, اُباشتن, افتادن, اوباش, اوژدن, اوژندن, خرسند, شیراوژن
Aug	see Aweg
Aulos: jaw	آرواره

Aus 1: ear	آشکار, انوشه, انوشیروان, گر, گوش, گوشواره, نغوشا, نغوشیدن, نوش, نوشین, نیوشیدن, هوش۱
Aus 2: to shine	بهار, هوش۲
Aw: bird	خاویار, خایه, وای۲, ویش
`Awar: he damaged	عار, عوار
Aweg, Wog, Aug: to magnify, increase	وَخش, وخشیدن
Ayer: day, morning	پار, پارسال, پَرَندوش, پَریر, پریروز

B

Baba: baby words, indistinct speech.	بَبَه, بربط
Bamb: bang, rumble	بَم
Banz	see Bhengh
Batiaxê: a bowl (of wine)	باده, بادیه, باطیه
Baud: to feel, sense	بوس
Bazda: bad, sin	فژ, فژاک
Bêlûr: an Indian city famous for its crystal	بُلور
Berenža: brass	برنج۱, برنز
Beu 1: root of muffled sounds	بوتیمار, بوف, بوم۱
Beu 2: to swell, blow	بوق
Bhâ 1: to shine	بام۱, بامداد, ـ فام۱, فانوس
Bhâ 2: to speak, heal	پزشک
Bhag: to share out, to enjoy	اتابک, انباز, انباغ, باج۱, باژ, باغ, بَخت, بخشیدن۱, بذله, بَرخ, بزم, بغ, بغداد, بغستان, بهادر, بهره, بیدخت, بیستون, بیگ, فغ, فغستان, فغفور
Bhâghu : elbow, arm	بازو
Bhê: indeed	بِ ـ, بله, بی ـ
Bheğh: outside, open	باز۳, بجز, بی, بیدستر
Bhel: to swell, blow, grow, overflow	بالش, بالین, بَرسَم, برگ, بلگه
Bhendh: to bind, fasten	انبست, انفست, بستن, بند, بندر, بنده, پیوستن, دربند, فاشیسم
Bhengh, Banz: to be thick, dense	باز۱, دَبز
Bher 1: to carry	آوردن, استوار, انبر, بار۱, باره۱, بَر۳, برادر, بردن, بَرید, ترابری, خاور, خاویار, خروار, خورنگاه, داور, دستور, دشخوار, دشوار, سوار, گاه۲, گهواره, مزدور, ـ وار۴, وَخشور
Bher 2: to cook	برشته, بریان, بریجَن
Bher 3: to cut, pierce	بریدن, بیل
Bher 4: bright, brown	بَبَر, بور, بوره
Bhereg: to shine, bright	برازنده, برازیدن
Bhergh: high	آرزو, ابَر, بالا, بالاخانه, بالکن, بَر۲, بردیه, بُرز, برزخ, برزوی, برمنش, بروزیه, بَش, بلند, فریبرز, فَش
Bheru: to boil, bubble	بلوا
Bheu: to exist, grow	اورَور, بُت, بودن, بوم۲, بومَهَن
Bheudh: to be aware, enlighten	بستان, بو, بودا, بوستان, بوی۱, بیوسیدن, پیوسیدن, نابیوسان
Bheug: to purify, save, free	بُخت, پوزش, پوزیدن
Bhilo: friendly, loving	سفلیس, فلسفه
Bhôi: to fear	باک, بیم, بیمه
Bhôu: joy, satisfaction	بوی۲, بویه
Bhreus: swollen	بَر۴
Bhru 1: eyebrow	ابرو, بُرو
Bhru 2: beam, log	باهو
Bhugo: male animal of various kinds	بُز
Bhun: base, bottom	بُن۱, بُنه, بنیاد, گلبن, نارُوَن, وَن
Bistak: pistachio	پسته
Blou	see Plou
Boqčâ: linen for wrapping clothes in it	بغچه
Bu: lip, kiss	بوس
Bûnai: naked	برهنه
Busmâ: perfume	بَشام, بلسام
Byûrru: ten thousand	بیوَر

C

Ĉ'a: tea	چای
Ĉag	see Ĉak
Ĉai	see Kwei 2
Ĉak, Ĉag: to strike, hit	چاک
Ĉap 1: to seize, strike	چاپیدن

Roots with meaning & Persian Derivatives

فهرست ریشه لغات

Ĉap 2	see Kap
Ĉartês: leaf of papyrus	قرطاس, کارت
Ĉat	see Skeht
Ĉaud	see Skeud
Chiang-yu: soybean oil	سویا
Chou-shu: millet	شوشو
Ĉiah	see Kweye
Ĉîah: to move, throw, relieve oneself	شاش
Ĉîam	see Kwen 3
Ĉîau	see Kei 2
Ĉîh	see Ki
Ĉîrâğ: lamp	اشراق, چراغ, سراج, شرق
Ĉîrya: brave, quick	چیره
Ĉîxâ : point, tip, skewer	سیخ, شیش کباب, شیشلیک
Ĉop: stick, wood	چپق, چوب, چوگان

D

Dâ 1: to divide, cut in pieces	بیدستر, داس, داو, داوطلب, دهره
Dâ 2: to flow	دانوب
Dah 1	see Dhê 1
Dah 2	see Dê
Danh	see Dens
Daqal: fruit of palm tree, date	دقَل
Darb, Darf: to join, sew	درفش۳
Darf	see Darb
Darh: to have pain	دَرد
Darz	see Dher 1
Dê, Dah 2: to bind, tie	دام۲, دیهیم
Dei: to shine, used to describe bright days and heavenly spirits	دیبا, دیو, دیوانه, زاوش
Deik: to show	ـ دیز, ـ دیس
Dek: take, accept, understand	دخش۱, دشت۱, دَشن
Dekm: ten	بیست, چهل, دَه, دوجین, دویست, دینار, سی, شانزده, شَست, صد, هکتار
Del: long	دراز, درنگ, دیر
Dem: house	دودمان, گرزمان, مان۲
Dema: to tame and domesticate animals	الماس, دام۱
Denk: to bite	دَد, دندان, دنده
Dens, Danh: to teach, instruct	دستور
Deph: to stamp	دفتر
Der 1: to split, to tear	دَرد, درفش۲, درّه, دِرو, دُرودن, دریدن, نیش, نیشدر
Der 2: to run	درون
Derk: to see	ترخون
Deru: wood, tree, to be firm	دار, دارکوب, دارو۱, داریه, درخت, درست, دُرود۱, دُرود۲, درودگر, درونه
Deu 1: to penetrate, sink	دوش۱
Deu 2: to lack, not available, far away	دور
Deuk: to lead, move, draw	دوختن۱, دوزیدن, دوش۳
Dhars: to dare	درشت, دلیر
Dhê 1, Dah 1: to suckle milk, to produce	دانگ, دانه, دایه, دایی
Dhê 2: to do, set	آپادانا, اصفهان, اندام, اهورا, اهورامزدا, اورمزد, پنام, پنهان, داد, داستان, ـ دان, داور, دستور, زندان, زهدان, مزدا, مزدیسنا, ناودان, نهادن, نهان, هرمز, هورمزد
Dhedh: nurse	دَده۲
Dhegh: to heat, burn	داغ, دخش۲, دخمه, ذغال, سکار, فلاخن, گدازیدن
Dheigh: to form out of clay, to knead clay or dough	پالیز, پردیس, جالیز, دِژ, دیزی, دیگ, دیوار, فردوس
Dhem: to make vapor, raise dust	دَم, دما, دماوند
Dhen: to flow, run around	دانیدن, دَن, دَنان, دَنیدن
Dher 1, Darz, Har: to hold firmly, keep, guard	اندرز, بهادر, پندار, پنداشتن, داراب, دارابگرد, دارو۲, داریوش, داشتن, درز, درزمان, درزن, درزی, درمان, زنهار, زینهار
Dher 2, Dhragh 2: to confuse, disturb	تراخم
Dheu 1: to flow, move	دویدن
Dheu 2: smoke, mist, dizziness	اندوه, دود, دودمان, طوفان
Dheu 3 : to shine	اندودن, زدودن

Roots with meaning & Persian Derivatives

فهرست ریشه لغات

Dheugh: to milk	آزرمیدخت, بیدخت, دختر, دختراندر, دوختن۲, دوشیدن, دوشیزه, دوغ, فغفور
Dheye: to see	آدینه, آذین, آینه, آیین, اندیشیدن, بینا, پدید, جان, دیدن, دیم, دیمه, دین۱, سیما
Dhîs: village, land	دِه
Dhragh 1: to pull	درشکه
Dhragh 2	see Dher 2
Dhreu, Drau: to call on	درابیدن
Dhreugh: to deceive	دروغ, دُروَند
Dhûs: whir, whirring object, spindle	دوک
Dhwer: door	بندر, در, درب, دربند
Dînu: law, right, judgment	تمدّن, دین۲, دِین۳
Dô: to give, create	اسفندیار, بغداد, پاداش, دادار, دادن, داشن, دَشت۲, دهش, دِی۱, هوش۱
Dolmak: to wind, wrap	دلمه
Dous: arm	دوش۲
Drassoman: as much as one can hold in the hand	دِرَم, دِرهم
Drau	see Dhreu
Drauš: to make a mark, brand	دِروش
Dregh: unwilling	درو یش, دریوزگی
Dub: tablet, scripture	آداب, ادب, ادبیات, دبستان, دبیر, دَف, دیباچه, دیوان, شندف
Dumb: tail	تنبک, دُم, دُمَل, دُنب, دُنبک, دنبلان
Dus: bad, evil	جوجه, دزد, دُژ ـ, دُژپیه, دژخیم, دُژم, دُژمان, دُش ـ, دُشپیل, دُشپیه, دشخوار, دشمن, دشنام, دشوار, دشیاد, دُمَل, دوزخ, ژوژه
Dwo: two	ابلیس, بیش۲, دو, دوازده, دوجین, دوم, دویست, دیگر, دیهیم

E

Ed: to eat	آش, آلفاآلفا, اسپست, خِرَفستَر, خَستَر, دندان, دنده, سِپست, فسفسه, فصفصه, کرکس, ناشتا
Eis 1: passion	خشم
Eis 2: ice	یخ
Ekwos: horse	آلفاآلفا, ارجاسپ, ارشاسپ, اسب, اسپست, استر, تهماسب, جاماسب, سپست, سوار, طهماسپ, فسفسه, فصفصه, گرشاسپ, گشتاسپ, گشناسب, گشنسپ, لهراسپ, ویشتاسپ
El 1 : to bend, elbow	آرنج, آرش
El 2: red or brown used in animal and tree names	آل, آلگونه
Elu-ephas: elephant	پیل, پیلاس, فیل
Embhi: honey, honey bee	انغوزه, انگ۲, انگبین, انگژه, سکنجبین
Ĕmos: a suffix meaning most or last	دوم, سوم, ـُ م
En: in, inside	آری, اندر۱, اندروا, اندرون, ایستادن
Ens: meet with hostile intent	اهریمن
Er, Ar 2: to set in motion, excite	آریغ, ارغنده, اروند, الوند, پتیاره, پذیره, راندن, رسیدن, ریدن, ریغ, ریم, لهراسپ
Ere, Arš: to have bad will, envy	ارشک, رَشک
Erêbu: to enter, to go down (sunset)	اروپا, غرب
Erek: flea, mite	رِشک
Eres 1: to flow, to be wet	ارشان, رگ, ریواس, ریوند
Eres 2: to pierce	خِشت۲
Ersen: ejector of semen, male	ارشاسپ, خشایار, سیاوش, گشن, گشناسب, گشنسپ, گشنی
Es-ti: to be	است۱, استن, هست, هستن
Ĕter: internal (insignificant) organs	خوار
Eueguh, Wegwh: to speak solemnly	پاسخ

F

Fra-sanga: a distance of about five kilometers	پَرسنگ, فرسخ, فرسنگ
F.r.q: to split, divide	ترافیک
Fšân: spread, sprinkle	افشاندن, افشون

G

Gabbah: dome, vault, blister	قُبّه, کُبّه, کُپّه, کپیدن
Gaip	see Geibh

Roots with meaning & Persian Derivatives

فهرست ریشه لغات

Gal, Garz 2: to shout, complain, cry	گروگر, گریستن, گریه, گِله
Gan: to seize	زغن
Gang: to mock, hum	گَنگ
Garenu: scab on animal skin	گر۳, گرگِن
Garz 1: to bite, sting	گرزه
Garz 2	see Gal
Gassu: mortar	گچ
Ğaulos: vessel, boat	زورق
Gaz: to bite, string	گاز۲
Ğazal: a new born deer, a wild goat	غزال
Gêi: to sing, song	گات, گاه۱۰, نیایش
Geibh, Gaip: to spin thread	گیوه
Gel 1: to form into a ball, stick together	کُرّه, گلوله, گولَه, گوی
Gel 2: to swallow, devour	زالو, زلو
Geme: to marry	داماد
Gene: to give birth to	آزاد, زادن, زاییدن, فرزند, قرمز, میرزا, نژاد
Geng	see Gong
Genu 1: angle, knee	زانو, گونیا
Genu 2: chin, jaw bone	چانه, زنخدان
Geph: mouth	زفر
Ger 1: crooked, curved, round object	گره, گروه
Ger 2, Grnom: to become ripe, grow old. Also means grain	آزرمیدخت, ارزن, ارژن, زار۱, زال, زر۲, زرتشت, زردشت, زرمان, زروان, زیره, گندم
Ger 3: to awaken	بیدار
Ger 4: to cry hoarsely, growl	زار۲, زاری, غرّیدن
Gêu 1, Keub, Keup: to bend	اکواب, چگونه, چون, خُم, خمره, زرگون, زیرکونیم, سرگین, سنج, صنج, غوز, قوز, قوزک, کُپ, کوژ, کوشک, کوه, کوهان, کوهسار, کیوسک, گنبد, گنده, گوشه, گون, گوی, نگون
Geu 2: to hasten	ابزار, افزار, افزودن, زاو, زاوَر, زود, زور۱, فزون
Geu 3, Gieu, Jiau: to chew	جویدن
Geus: to love, favor, choose	دوست
Ghâgwh: young animal	زاغ
Ghaido: goat	زاق, زاقدان
Ghait: wavy hair	گیس
Ghans: goose	غاز
Gharš	see Ghers
Ghdhem: earth	آلگوریتم, خوارزم, زمین
Ghdies: yester	دی۲
Ghebh-el: head, top	قیفال, کوفیّه
Ghei 1: winter	دِی۱, زم, زمستان, زمهریر
Ghei 2: to propel	ابزار, افزار, زنجیر, زندان, زنهار, زین, زینهار, گرزین
Ghêi 3: to yawn	فاژ, فاژیدن
Gheis: to frighten, to be angry	زشت
Ghel: to shine, also a bright yellow color	آرسنیک, خیال, زر۱, زرد, زردک, زرگون, زرنیخ, زریر, زُهره, زیرکونیم, مالیخولیا
Gheled: ice, hail	ژاله
Ghengh: to proceed, step	جنگ, خِنگ, زنگ
Gher: to grasp, enclose	آزار, آزردن, ابیورد, بروجرد, ـ جرد, سوسنگرد, قُرن, ـ گِرد۴, ـ وَرد۱
Ghers, Gharš: to be delighted	گش
Gherto: milk, butter	آغار, آغر, آغشتن, فرغار, فرغاریدن, فرغر, فرغردن, فرغن, فرغنده
Gheslo: thousand	هزار
Ghesto: hand	آستین
Gheu: to pour	رفوزه, زوت, زَور۲, شیمی, کیمیا
Gheugh: to hide, conceal	آغل
Ghlâd: to sound, to ring	زرّاد, زره
Ghou-ro-s: terrifying, grief	گور, گوراب
Ghrebh 1: seize	پذیرفتن, گرفتن, گرو
Ghrebh 2: to dig, bury	گور, گوراب
Ghrem, Gram: to roar, be angry	غرش, غَرمیدن, غُرنبیدن, غُزم, غُژم
Ghu 1: to call for help, appeal	خدا, خدیو, خواجه, گپ, گفتن, ناخدا
Ghu 2: tongue	زبان, هزوان
Ghuel: crooked, bent	تزویر, زور۳
Ghûk: hoot, whoop	غوک
Gieu	see Geu 3
Glei: run up to, water flow	دریا, زراه

Gnauh: to sleep, Slumber	غنودن
Gnô: to know	آشنا, دانستن, دانش, زند, زندیق, شناختن, فرزانه, فرزین
Gogel: knob, tapering object	گزَر
Gong, Geng: lump	گُند
Gôtra: race, origin, substance	جوهر, گوهر
Gram	see Ghrem
Gras: to eat	غانغرایا
Gredh: to walk, go	کنگره۲, گراییدن
Grnom	see Ger 2
Gurdos 1: brave, proud	گُرد۱, گُردان
Gurdos 2: sluggish, stupid	گول
Gûysna: deer, stag	گوزن
Gwa: to walk, step	آغاز, آمدن, آینده, اکباتان, انجام, انجمن, پیام, پیغام, جاه, خورنگاه, زمان, فرجام, گام, گاه۲, گهواره, نیام, همدان, هنگام
Gwag: cry, quack, squeak, squeal	زاغ, زکیدن, ژاژ, ژکیدن
Gwebh: to dip, sink	ژرف
Gwed	see Yad
Gwedh: to injure, destroy	گست, گند, گندیدن
Gwei, Jai: to live	آژیر, جهان, جیوه, زندگی, زیبق, زیرک, زیستن, کیهان, کیومرث, گیتی
Gweie: to over power, defeat	زیان, گاییدن
Gwel 1: to throw, reach	ابلیس, گرزین
Gwel 2: to pierce	پول, فَلس, مُفلس
Gwen: woman, female	زن
Gwer 1: heavy	گران
Gwer 2: to praise, welcome, sing	بیغاره, پیغاره, گرامی, گرزمان, گروگر, گریستن, گریه
Gwer 3: to swallow	پیاله, خرخره, غرغره, غلغل, قُلقُل, گریبان, گریوه, گل, گلو, گوارا, گواردن, گوارش
Gwer 4: mountain	گر۱, گرشاه, گلشاه
Gwhder: to flow, run	آبشار, سرشار, شار, شاریدن, شُرشُر, شِریدن
Gwhedh: to ask, wish, want	تَکَدّی, خجسته, گدا
Gwhen 1: to fill	غانه, غژ, غژغاو, قَز, قزاغند, قنات, قند, کَز, کَژ۲, کژاکند
Gwhen 2, Jan: to strike, hurt	آجدن, آزدن, آژدن, انغوزه, انگژه, اوژدن, اوژندن, بهرام, پادزهر, زدن, زِه۳, زهر, زَد, ژِه, شیراوژن, کلاغ, گزند, گزیدن, نژند, ورغنه
Gwhen 3	see Ken 2
Gwher: warm	گرم
Gwhi: thread, string	زه۱, فیله
Gwou: cow, ox, bull	توده, کود, گاو, گوپان, گوساله, گوسفند, گوشت, گوه, نهفتن
Gzn: treasure	جنازه, خزانه, گَنز, گنج, مخزن, مغازه

H

Had	see Sed
Haem, Haya: character, nature	خیم, دژخیم
Hai	see Sâi
Haič	see Seiku
Har	see Dher 1
Harn	see Srisâ
Harz	see Selg
Hau 1	see Seu 4
Hau 2	see Seu 3
Hauš	see Saus
Haya	see Haem
Hebni: ebony tree (common in India)	آبنوس
Hmar	see Mer 1
H.n.n: to have grace and kindness	یونان
Huaid	see Sweid
Huan	see Swen
Hyakinthos: a bulbous plant with fragrant flowers.	یاقوت, یاکند

I

I 1: to go	باید, جا, جاروب, جَن, هیرک
I 2 : pronominal stem	اِم, امروز, ایدر, ایدون, این, هیچ, وُ, یا, یک
Iaš	see Yaš
Iâtom: going, movement, crowd	جادّه
Ies	see Yes

Ieuo: grain	جو۲, جُوازه, گوازه
Isto: most or last	اردیبهشت, بهشت, فِره, فَرهَست, کاست, مِهَست, نخست, نزدیک

J

Jai	see Gwei
Jan	see Gwhen 2
Jangalah: wasteland covered with wild growths	جنگل
J.b.r: to reunite, join together, force	جبر, گبر
Jiau	see Geu 3

K

Kâ: to wish, desire	کام۱
Kâd: sorrow, hatred	سار۲
Kafa: foam	کف, کفج, کفچلیز
Kaffa: the plant or drink coming from Kaffa, a district in southwestern Ethiopia	قهوه, کافه
Kagaz: tree bark	کاغذ
Kahrpu, Kharpuna: lizard	چلپاسه, کرباسو
Kai: alone	کور
Kaiš	see Kweis
Kâk: twig, branch	شاخ, شکله
Kak 1: to have power, help, enable	ساختن, سازش, سخت, سزا, سزیدن
Kak 2: a round object (loaf), cake	کاک, کعک
Kak 3, Kas 2: to become thin, diminish	ک., کاست, کاستن, کاه۲, کاهش, کاهیدن
Kakis: spike, prong	سگک
Kakka: to defecate	ککه
Kam 1: to restrain	کمند
Kam 2, Kamp: to bend, also a cavity, vault	چپ, چَپه, چفته, چمبر, چمیدن۱, خَم, قپان, کپان, کمر, کمرا
Kamma: little, small	کم, کمین
Kamp	see Kam 2
Kand: to shine, to be white	چُندل, چُندن, سَندَروس, سندل, صندلی, قندیل, کُندر
Kânûnu: fireplace	کانون۱
Kap, Ĉap 2: grasp	چسبیدن, چفسیدن, قفس, قفیز, کویز

Kapastay : poison, a bitter plant	گبست
Kapho: hoof	سَفَل, سُم, سُنب
Kapolo	see Kaput
Kapparis: a shrub	قَباریس, گَبار, گَبَر
Kaput, Kapolo: head, cup	گله
Kar 1: hard	خار, خارا, خارپشت, خاریدن, خر, خرچنگ, خِرَد, خروار, قاطر, کنگره۱
Kar 2	see Kwer
Kard: keep down, subside	کال
Karpâsah: cotton	کرباس
Karpurah: camphor tree	کافور
Karš: to drag, pull	ترکش, کشاله, کشکول, کیش۲, کیش۳
Karšvar: a "circle" of land, country	کشور
Kas: to cut	قصر
Kas 1	see Kwek
Kas 2	see Kak 3
Kâs 3: to direct, command	پاسخ, ساستا, سُخن
Kasyapa: tortoise	کَشَف
Kâtara: shy, disoriented, wandering	کاتوره
Kâu 1: to strike, beat	کُشتن, کوبیدن, کوشش, کوشیدن, کوفتن
Kau 2: to howl, a raucous bird	کبک, کوکو
Kaus: to pound, beat	کوس
Kavûta: gray, dark blue	کبوتر, کبود, کفتر
Kaz	see Kaž
Kaž, Kaz: inexpensive silk	غژ, غژغاو, قَز, قزاغند, کز, کژ۲, کژاکند, گاز۱
Keg, Keng: hook	چنگ, سنج, صنج, کج, کژ۱
Kei 1: gray or black color, dark	سام, سیامک, سیاه, سیاوش, سیمرغ, شاهین
Kei 2, Ĉiau: to set in motion	شدن
Kei 3: to lie down, rest	اریکه
Keku: club	چاقو, چکاد, چکش
Kel 1: cold or warm, a year	آبسال, افسردن, سال, سرد, سرما
Kel 2: to cover	کلاه, کلبه

Roots with meaning & Persian Derivatives

فهرست ریشه لغات

Kel 3: to strike, cut, stab	گلند, کلنگ
Kel 4: light and dark spots, gray color tones	چرمه
Kel 5: cup, bowl	کاس, کاسه, کوزه
Kelewo: lacking, bald	کچل, گروِه, کل
Kem 1: stick	سیم۱
Kem 2: to cover	قمیص
Ken 1: young, fresh	کنیز
Ken 2, Gwhen 3: to dig	آکندن, اِسکِنه, افکندن, بالاخانه, بالکن, پراکندن, پیکان, چاه, خانه, خانی, خَن, خندق, سمرقند, شَن, قانون, کانال, کانون۲, گَندَک, کندن, کندو, کَنَند, گلشن, هوشنگ
Keng	see Keg
Kens: to speak solemnly, proclaim	افسانه
Ker 1: head, horn	افسار, افسر, زنجبیل, سالار, سر, سُرو, سَرون۱, شنگبیل, قیراط, لاله سار
Ker 2, Sker 2: to cut, separate, tear	اگر, چرم, خوک, سرگین, سِگال, سودن, سیلی, شکافتن, شکوفه, شگفت, غربال, فرسودن, کارد, کافتن, کاو یدن, کاوُش, گر, گرت, گفتن, گسستن, گسیختن, گسیل, مگر, هرگز
Ker 3: loud noise, noisy birds	خروس, خروشیدن, سرفه, گرک, کرکس, کُروه, ورتک
Ker 4, Kers: black, dirty	چرده, سمور, شیمی, گرس, کِرسنه۱, گرسنه۲, گره, کیمیا
Ker 5, Kur: heat, fire	کوره
Kerd 1: heart	دل
Kerd 2: row, herd	سرده
Kerdh	see Skordh
Kerk: thin, slender	گرسیوز, گرشاسپ
Kers	see Ker 4
Kes: to scratch	خسیدن, خشنود, خوش, شانه, شور۱, شوربا
Ket: living room	کد, کده
Keu 1: to shine, bright	سرنا, سور, سورنا
Keu 2, Su(m)b: to swell, cavity, hole	سُفتن, سُمبه, سُنبه, سود, سوراخ, صفر
Keu 3, Skeu: to watch, see, hear	شُکوه, قابوس, کاووس, کِی۳, کیا, کیان, کیخسرو
Keub	see Gêu 1
Keued: to yell	نکوهش, نکوهیدن
Keuk: to shine, be white	افسوس, سرخ, سهراب, سُهروَرد, سوختن, سوز, سوزاک, سوزان, سوزش, سوک۱, سوگ۱, سوگند, وَرد۲
Keup	see Gêu 1
Khâd: to bite	خاییدن
Kharpuna	see Kahrpu
Ki, Ĉih: to freeze	چاییدن
Kiês: bug, tick	ساس
Kiph: thin flexible twig	سیف, شَفش
Kîru: wax	قیر, گریس
Kitu: cotton clothing	تُنکه, کتان
Klei: to lean	اقلیم
Klem: tired, loose, dull	شَمَن
Kleu, Srau: to hear	خُسُر, خسرو, خُسور, خُسوره, خُشو, سراییدن, سروا, سرواد, سرود, سُروش, شنیدن, کسریٰ, کیخسرو
Klêu: hook, peg used to lock doors	کلید
Klis: adhere	سرشت, سرشتن, سِریش
Klou-ni: buttock, rump	سُرون۲, سَرین
Koksâ: a part of body like foot, hip, etc.	کشاله
Kolemos: grass, reed, cane	قلم
Korkâ: gravel	ساخارین, ساکارُز, سوخاری, شِکر
Kormo: pain, suffering	شرم
Koro: war, army, a large crowd	کار۲, کارزار, کاروان, کالنجار, کرب, کُرنا, کلنجار
Kost: bone, rib, side of anything	برگستوان, کُستی, کُشتی
Kram: to walk, to step	خرامیدن
Krep: body	خِرَفستَر, خَستَر
Kreu: icy or solid	قفقاز, کلوخ
Ksei 1: to be able, qualify, rule	اردشیر, افشین, پادشاه, چَک, خشایار, شاه, شاید, شایستن, شایسته, شهر, شهرام, شهریور, شیر۲, شیراوژن, نَرد۱, نیو اردشیر
Ksei 2: bright	جمشید, خَشَن, خشیسار, خورشید, درخش, درخشیدن, درفش۱, رخش, روشن, شید, شیده, مهشید

Ksen: to card wool	شانه
Ksero: dry	اکسیر
Kseubh: to shake, rock, disturb	آشفتن, آشوب, کُشُفتن
Kseud: water, to clean by stamping in water	شستن, شور۲, شوی۱ , شوی۲
Ksîp: strike, weapon, spike	شیب۱ , شیب۲, شیب۳, شیبیدن, شیفتن, نشیب
Ksîro: milk	شیر۱ , شیرین
Ksudros: coarse, crushed in small pieces	خُرد
Kû 1: to burn (also firewood)	قالب, قفقاز, کالا, کالب, کالبد, کالیر
Kû 2: spike	سوزن, سوک۲, سوگ۲
Kuâtos: straw	کاه۱, کهربا
Kuei: white, shining	سپهر, سپید, سفید
Kund: blunt, stocky, rough	کُند۱ , کُند۲, کُنداور, کُندی
Kung: corner	کُنج
Kûp: to smoke, cook, also move violently, be agitated	کَپی
Kupriti: sulfur	کبریت
Kur	see Ker 5
Kûr: dark, blind	کور
Kurkizannu: rhinoceros	کرگ, کرگدن
Kut: small, short	کوتاه, کوچک, کودک
Kwal: a big fish, whale	گرو
Kwei 1: to pay back, revenge, punish	کین
Kwei 2, Ĉai: to pile up	انجیدن, پرچین, توختن, توزیدن, چیدن, گزیدن, گزینش
Kweis, Kaiš: to assign, teach	کیش۱
Kwek, Kas 1: to appear, see, show	آگاه, چاشت, چاشنی, چشم, چشیدن, گواه, نگاه
Kwel: to move around,turn	بازار, بازرگان, چال, چالاک, چالش, چَرا, چرخ, چریدن, چلیدن, . زار۳, طلسم, کارزار, کاشتن, کالسکه, کشاورز, کشیدن, گزاردن, گزارش
Kwem	see Kwen 3
Kwen 1: holy	اسپنتا, اسفند, اسفندیار, افسنتین, سپنتا, گوسفند
Kwen 2: sip, swallow	چمیدن۲, کام۲
Kwen 3, Kwem, Ĉîam: to swallow	آشامیدن

Kwer, Kar 2: to make, form	آهنگر, ابیورد, انگاردن, انگاشتن, بروجرد, پرگار, پیکار, پیکر, . جرد, چاره, دارابگرد, سِگال, سوسنگرد, شاگرد, شکار, قهرمان, کار۱ , کاریدن, کردن, کهرمان, گر۲, . گِرد۴, گُزیدن, گزیر, گزینش, گوارا, گواردن, گوارش, لاجورد, لشگر, نقره, نگاردن, وچر, . وَرد۱ , وزیر, یزدگرد
Kwermi	see Wer 2
Kwes: to pant, to breathe fast	شُش, هوا
Kwetwer : four	چَتوَر, چهار, چهارم, چهل, شترنگ, شطرنج, کترنگ
Kweye, Ĉiah: quiet, comfortable	آشیانه, شاد
Kwo: stem of interrogative and relative pronouns	چگونه, چند, چه, چون, چی, چیز, کَس, کو, کِی۱, کی۲, هیچ
Kwon: dog	اصفهان, سپاه, سگ, قناری
Kwri: to buy	خریدن
Kwsep: darkness	شام, شب, شبدیز, شبستان

L

Lâ, lal 1, Lalla: roots of sound words including animal crys, baby babbling and even silence.	لال, لالا, لالایی
Ladunu: resin of a certain tree	لادن
Lâiô: roar, bark, bellow	لاییدن
Lâjîn: name of a Turkish tribe	لاجورد
Lak: to tear	لَت۲, لَخت
Lakš, Raxš: to protect, defend	لشگر
lal 1	see Lâ
Lâl 2: red color	آلاله, لالس, لالک, لاله, لاله سار, لعل
Lalla	see Lâ
Lanğ: to droop, be sad, sorrow	رنج
Lap-aro	see Lep
Laqalaqa: flamingo, stork	لقلق, لقلقه, لکلک
Lêb: lip	لب
Legwh: light in weight, quick in movement	لاغر
Lehk	see Lek 1

Lêi: slime, sticky	لای
Leig: to leap, jump	آلیختن, آلیز, آلیزیدن
Leigh 1: to lick	لِشتن, لیسیدن
Leigh 2, Raič: to leave	آبریز, اِبریق, پرهیختن, پرهیز, خسوف, ریختن, کسوف, گریختن, گریز
Leip, Raip: to smear with oil, cover	ریو, فریب, فریفتن
Leith: to go forth, die	رستاخیز
Lek 1, Lehk: joint, member, bend	لِنگ
Lek 2: to leap, fly, kick	لگد
Leng	see Longos
Lep, Lap-aro: soft, friendly	لابه, لاف
Lêsos: place, space, area	لاخ
Letro: skim, strip, piece	لَت۱, لَتره
Leu: to smear, make dirty	آلودن, پالان, پالایش, پالودن, پالوده, پالونه, پالیدن۱, فالوده
Leudh, Raud 2: to grow	حور, رَز۱, رُستم, رُستن, رو۲, روستا, روضه, روی, روییدن
Leuk: light, brightness	آرش, افروختن, درخش, درخشیدن, درفش۱, دیروز, رخش, رزق, روز, روشن, فروزان, فروغ
Leup, Raup 2: to break, peel off	ربودن, کهربا
Liginnu: a pot for measuring wheat	لگن
Limû: lemon, lime	لایم, لیمو, لیموناد
Lithra: a scale, balance	رطل
Lohrk: weasel	راسو
Longos, Leng: limp, lame, bent, also a low land	لَنگ
Lrğ: to tremble	لرزیدن

M

Mâ: breast	مادر, مادراندر, ماده, مادیان, ماکیان, مامان, مایه, ممه
Mač	see Maič
Mad: wet, also coagulated	ماست, ماسیدن, ماغ, ماهی, مست۱, مَسکه
Madhaxa, Mazaxa: grasshopper	ملخ, میگ, میگو
Mağa: hole, recess	مَغ۲, مغاک
Magh: might, power	مجوس, مُغ, مَغ۱, منجنیق, منجنیک, موبد
Mai 1, Mei 5: to change	اوام, فام۲, وام
Mai 2, Mei 6: to harm, reduce	گم
Maič, Mač: to suck	ماچ, مزه, مزیدن, مکیدن
Maiša	see Moisos
Mait 1	see Meit 1
Mait 2	see Meit 2
Mako: house fly	مگس
Mana: an ancient unit of weight	من۲
Mantil: cloak	مندیل
Mareğâ: grass	مَرغ۲, مرغزار
Marz?	see Mêlg
Masgdâ: place of worship	مزکت, مسجد
Mat:pick	آماج
Mauč: to learn, teach	آموختن
Maud	see Moudh
Maz: to break	ماز
Mazaxa	see Madhaxa
Me 1: to measure	آزمایش, آسمان, آماده, بیمار, پَرماسیدن۲, پیمان, پیمانه, پیمودن, فرمان, مان۱, مانستن, مانند, ماه, مهتاب, مهشید, نما, نمایش, نماینده, نمودن
Me 2, Meh: me, I	من۱
Mê 3: no, not	مَ .
Medhyo: middle	میان
Meg: great	مِزنا, مِه۲, مِهَست
Meh	see Me 2
Mehdhu: honey, intoxicating drink (POK:707)	مُل, مَنج, مِی
Mei 1: soft, mild	مایده, میزبان, مَیَزد
Mei 2: to fix, build, fence	میخ, میخک
Mei 3: to go, move	سَمت
Mei 4: to bind, tie	مِهر, میترا
Mei 5	see Mai 1
Mei 6	see Mai 2
Meig: to mix	آمیختن, آمیزش

Meigh 1: to sprinkle, urinate	گمیختن, میختن, میز
Meigh 2: to blink, cover, darken	مژگان, مژه, مِه۱, میغ
Meit 1, Mait 1: to stay, dwell	میهمان, میهن۱
Meit 2, Mait 2: to throw, discard	میهن۲
Mel 1: black, dirty	خیال, مالیخولیا
Mel 2: small, harmful	مار
Mel 3: soft, soft material	ملغم
Mêlg, Marz?: to wipe off, rub, milk	آمرزیدن, پَرماسیدن۱, فرامرز, مالیدن, مُرز۲, مُشت۲, مُشتن
Men 1: to think	اهریمن, اهورا, اهورامزدا, اورمزد, ایرمان, برمنش, بهمن, پژمان, پشیمان, دُژم, دُژمان, دشمن, قهرمان, کهرمان, گمان, ـ مان۳, مزدا, مزدیسنا, ـ من۳, منش, منوچهر, مینو, نر, نریمان, نیرو, هخامنش, هرمز, هورمزد, هومن
Men 2: to remain	امید, ماندن
Menth 1: mouth, to chew	مصطکی
Menth 2: to turn, stir	ـ مند
Mer 1, Smer, Hmar: to remember	آمار, شماره, شمردن, گماردن, گماشتن, مَر, هَمار
Mer 2: to rub away, harm, die	امرداد, پژمردن, خاموش, فراموشیدن, کیومرث, مار, مرد, مرداد, مردم, مردن, مرگ, مَرمَر, مشیا, مشیانه, مُل
Mereğa: a large bird	سیمرغ, شاهین, مُرغ۱
Merg: mark, border	مرز۱
Merk: to take, grasp	گمرک
Meug: wet, slippery, also to give up, describe	مفت
Meuk 1: scratch, rub	مشت۱
Meuk 2: stocking, boot	پیموزیدن, موزه, موق
Miždho: reward	مُزد, مزدور, مژده
Moisos, Maiša: sheepskin	مَشک۳, مَشکو۱, مَشکو۲, میش
Morwi: ant	مور, مورچه
Moudh, Maud: to mourn	مُست۲, مُستمند, مویه, موییدن
Mozgo: marrow	مزغ, مغز
Mu: a mouse, muscle	ماهیچه, مُشک۱, مِشک۲, مِشکی, موش
Mû, Mus: fly	مگس
Mûk: pile, peak, spike	موک

Mûrâ: seal, coin, jewel	مُهر
Murvârît: small pearl	مرجان, مروارید
Mus	see Mû

N

Nâ: to help	پناه
Nabatu: to shine	نفت, نفتالین
Nabja: beak	نوک, نول
Naêza: sharp point	نیزه
Nagan, Nağan: bread	نان, نانوا
Nağan	see Nagan
Namra: soft	نرم, نَمرَق
Nana: a child word for mother, a nurse	ننه
Naranga: orange tree	نارنج, نارنگ
Nârikelah: coconut	نارگیل
Nas, Nâs: nose	بینی, نُس
Nâs	see Nas
Nask: twist, twine	نخ
Nau: boat	ناخدا, ناو, ناو یدن, ناودان, ناوَک, ناوگان, ناوه
Ndheros	see Ndhos
Ndhos, Ndheros: under	زیر
Ne 1, An 3: no, not	آزرمیدخت, آناهیتا, آهو۲, اسفالت, الماس, امرداد, انکار, انوشه, انوشیروان, برنا, خَشَن, خشیسار, سایه, ستوه, سیم۲, مرداد, نا ـ, ناب, ناشتا, ناهید, نَستوه, نَغام, نقره, نوش, نوشین
Ne 2: our, us	ما
Nebh, Nembh: cloud, moisture	ابر, ابرآمون, نفت, نم, نمک
Ned: to bind, tie	نُسخه, نَسک
Nedo: reed, pipe, flute	سرنا, سورنا, کُرنا, نارد, نای, نرد۲, نی
Nei 1: to shine, to be excited	انبیق, رونق, لیلک, نَرد۱, نیک, نیل, نیلوفر, نیو, نیو اردشیر
Nei 2: to lead, guide	نما, نمایش, نماینده, نمودن
Nek: to destroy	جُناح, فَرناس, گناه, نَسا
Nêkš: to pierce	نیش, نیشدر
Neku: to reach, arrive, carry	آسیدن
Nem 1: to assign, take	ناموس, نماز, نمره

Nem 2: to bend, bow in respect, also brush wood and twigs	نماز
Nemata: straw, grass	نمد
Nembh	see Nebh
Nepôt: grandson	نَبَس, نوه
Ner 1: vital energy, man	اسکندر, نر, نریمان, نیرو, هنر
Ner 2: to turn, twist	نرگس
Neu: to cry	زنودن, زنویه, نالیدن, نُویدن, نویه, نوییدن
Newn: nine	نُه
Newo: new	اکنون, کنون, نو, نَوید
Nî: down, below	آیشه, ایشه, پنهان, نبرد, نُبی, نژند, نشان, نشستن, نشیب, نَشیم, نغوشا, نغوشیدن, نگاه, نگون, نما, نمایش, نماینده, نمودن, نهادن, نهان, نهفتن, نوردیدن, نوشتن, نیاز, نیام, نیایش, نیوشیدن, وَردَنه
Nis: off, away	نیروانا
Nitiru: natron; carbonate of soda	نطرون
Nobh: nave, hub	ناف, نافه
Nôğ: whim, triviality, fancy	ناز, نازک
Nogh: nail	ناخن
Nogw: naked	برهنه, نَغام
Nomn: name	دشنام, نام
Nyâka: grand parent	نیا, نیاکان

O

Oies: pole	خیش, خیشکار
Okto: eight	هشت
Ôku: swift	آهو۱, کَسَک, کَشَک, کَشَکرک
Om: raw, bitter	خام
Ome: to move with energy	ارشام
Op: work, produce in abundance	خوب
Opop: a bird sound	پوپک, پوپو
Orghi: testicle	ارکیده
Ost: bone	است۲, استخوان, خستو۱, هسته
Ôus: mouth, lip	زاهیدن, زه۲, زهاب, زهدان, زهیدن
Ozgho: branch, bud, offspring	ازغ, ازگ۱, ازم

P

Pa: to protect, feed	آباد, آبادان, آذربایجان, اردوان, استوان۲, باب, بابا, بابک, بان۱, برگستوان, پادشاه, پالان, پالایش, پالودن, پالوده, پالونه, پالیدن۱, پاییدن, پدر, پنام, پناه, چوپان, حِربا, دربان, سُتوان۲, شبان, فالوده, گریبان, میزبان, نهفتن, هوربان
Pad-: duck	بَط
Pais: crush, grind	پِست
Paita: to spread, make flat	پرده, فراخ
Parîkâ: sweet heart, fairy	پری
Parn: wing, feather	پَر, پریدن
Pârsa: name of an Aryan (Indo-European) tribe who migrated to Persia (Iran) about 4000 years ago.	پارس۱, پاسارگاد, پشملبا, فارس
Part	see Perg
Parth, Parti: the name of a tribe in Khorâsân who rose to power and pushed the Greeks out of Iran in 250 BC.	پارت, پهلبُد, پَهلُو۲, پهلوی
Parti	see Parth
Parvan: knot	پَژ, پژواک
Pauk	see Puk 2
Pe	see Pô
Peg: breast	پنکه
Peî: sap, fat	انگ۲, انگبین, پنیر, پِه, پینو, پیه, دُژپیه, دُشپیل, دُشپیه, دُمَل, سکنجبین, فربه
Peig: to mark	پیسه, پیشه, نُبی, نوشتن
Pek: wool, to pluck wool	پشم, چوپان, شبان
Pekw: to cook	با, پختن, پَز, پَزیدن, شوربا, نانوا, وا
Pel 1: to fill	اُباردن, اُباشتن, انبار, انباشتن, اوباش, برنا, پُر, پروین, سپری, فراوان, فِرِه, فَرهَست
Pel 2: pale, gray	پارسا, پیر
Pel 3: dust, flour	باروت, پودر
Pelpel: butterfly	پروانه
Pend, Spen: twist	پینه
Penkwe: five	پنج
Pent: to go, pass	پند

Roots with meaning & Persian Derivatives

Per 1: around, forward.	پار, پارسال, پالیز, پراکندن, پرتو, پرچین, پرداختن۱, پرداختن۲, پردیس, پرستار, پرستیدن, پرگار, پَرماسیدن۱, پَرماسیدن۲, پَرَندوش, پروار, پرواز, پروردن, پَریر, پریروز, پژمردن, پشت, پشنجیدن, پیراستن, پیرامون, پیراهن, پیرایه, پیروز, جالیز, فرا, فراون, فراز, فرامرز, فربه, فرجام, فردوس, فردین, فرزانه, فرزند, فرزین, فرستادن, فرشته, فَرفَر, فرمان, فرهنگ, فرهیختن, فرو, فَروار, فروختن, فروردین, فَروَهَر, فروهیختن, فریاد, فریرون, فلاخن, فیرون
Per 2: to lead or fly across.	ـ بار۳, پُل, فُرات, فروردین, فَروَهَر, فروهیختن, فریاد, فریرون, فلاخن, فیرون
Per 3: oppose, hit	آورد, بُد, بند, به, بیغاره, پ ـ, پاداش, پادافراه, پادزهر, پاسخ, پتیاره, پدرام, پذیرفتن, پذیره, پرهیختن, پرهیز, پژمان, پژوهیدن, پشیمان, پیاله, پیام, پیش, پیشانی, پیشوا, پیغاره, پیغام, پیکار, پیکان, پیکر, پیمان, پیمانه, پیمودن, پیوستن, سپهبد, موبد, هیربد
Per 4: to give, present	پاره
Perd, Pers: speck, spot, sprinkle	پارد, پارس۲, پاشیدن, پلنگ, یوزپلنگ
Perg, Part: to fight	نبرد
Perk 1 : to ask	پادافراه, پرسیدن
Perk 2: rib, chest	پهلو۱
Pers	see Perd
Persna: heel	پاشنه
Pestêno: breast	پستان
Pet 1: to fly, to fall	افتادن, پَست, کَسَک, کَشَک, کَشَکرک
Pet 2: to spread	پَهن
Peu: to purify	پاک
Peua: to decay, rot	پوده, پوسیدن
Peud: to press, hasten	پو, پویا, پوییدن, تکاپو
Peuk: to prick	سپوختن۱, سپوختن۲, سپوزگار, سپوزیدن
Pilo: hair	پیله
Pin: wood, tree stump	پَنگان, فنجان
Pippalî: pepper	پلپل, فلفل
Plou, Blou: flea	پشه
Pô, Pe: to drink	پاتیل, نَبید, نَبیذ
Pod: foot	پا, پای, پایین, پَل, پِی, پیاده, پیژامه, پیک, قالب, کالا, کالَب, کالبد, کالیبر
Pôl : to touch, feel	پالیدن۲, سنتور
Porno	see Parn
Pôu: small, young	آبستن, بیدخت, پسر, پور, فغفور
Prî: to love, praise	آفریدن, آفرین
Pu: to blow, swell	پوک
Puk 1: bundled together	بَساک, پَساک
Puk 2, Pauk: puff, a blow of air	پُف
Pulâka: ball of rice	پلو
Pwt: Buddha, also used to mean an idol	بُت

Q

qâter: smoke, incense	سِدر

R

Ragâ, Rağâ: city of "Ray" south of Tehran.	رازی, ری
Rağâ	see Ragâ
Raič	see Leigh 2
Raika: sand, gravel	ریگ
Raip	see Leip
Raiš	see Rei 2
Rand: to scrape	رنده, رندیدن
Raud 1	see Rêu
Raud 2	see Leudh
Raup 1: to sweep away	جاروب, رُفتن, لای
Raup 2	see Leup
Raxš	see Lakš
Redh: to separate, isolate	راز, رستگار, رَستن, رهیدن, وارستن
Reg 1: move straight, right	افراشتن, راست, رج, رده, رزم, رژه, ریال
Reg 2: to dye, color	رَجیدن, رزیدن, رنگ, لاک
Rei 1: possession	راد۲, رای
Rei 2, Raiš: to hurt, tear, cut	ابریشم, رشته, ریزه, ریسمان, ریسیدن, ریش۱, ریشتن
Rek: to tie	رَسَن
Rem: to rest	آرام, پدرام, خُرّم, رام, رامش, رامین, شهرام

Rêp: to crawl	رَفتن, روا, رواج, روان۱, روش
Resg	see Rezg
Ret: to roll, run	ارّابه, ارّاده, ارتش, ترهّات, راه, راهب, رایگان, رده, رژه
Rêu, Raud 1: to cry, roar	لُندیدن
Reudh: red	روناس
Reug: to vomit, belch, produce smoke or vapor	آروغ, رُغ
Reughmen: oil, cream	روغن
Reuto: intestines, bowels	اشکم, روده, شکم
Rezg, Resg: to plait, wind	رَغزه
Rk-tho: bear (animal)	ارشام, خرس
Rup, Sup: shoulder	سُفت

S

Šabatu: to cut, stop working	سَبْت, شنبه
Sâd	see Sked
Sâen: to be late, a period of time	هاسر
Sâi, Hai: to bind, tie	سنَوَر, گشادن, ویشتاسپ
Sakah: teak wood	ساج
Šâli: grains, cereals	چلتوک, شالی, شالیزار, شَلتوک
Salîbâ: cross	چلیپا, صلیب
Sam: summer	هامین, همین
Šamšêr	see Šfšyr
Saus, Hauš: dry	خشک, خوشیدن
Šavala: (a fabric) marked with colors	شال۱, شال۲
Sâwel: sun	جِربا, خاور, خراسان, خور, خورشید, فَر, فرّخ, فرخُندِه, فرزاد, فرشاد, فرشید, فرناز, فریبرز, نُهور, هاله, هور, هوریان
S.d.a`: to split	سدیم
Sê: to sift	سطل
Sed, Had: to sit, also to place a step, to go	پسندیدن, خرسند, نخست, نزد, نزدیک, نشستن, نَشیم
Šedû: devil, mad person	شیدا, شیطان
Seiku, Haič: to flow, moisten	پشنجیدن, خیساندن
Seip: to pour out, drip	صابون
Seks: six	شانزده, شَست

Sekw: to follow	از, اسکناس, سجلّ, سقرلات, شاگرد, هخامنش
Selg, Harz: to let go, release	هشتن, هلیدن
Selh: to earn, posses	گهولیدن, گوهَریدن
Selp: fat, oil	چرب
Sem: same	اکباتان, اگر, انبار, انباز, انباشتن, انباغ, انجام, انجمن, انجیدن, انداختن, اندازه, اندام, اندرز, اندوختن, اندودن, اندوزیدن, اندوه, اندیشیدن, انگاردن, انگاشتن, انگیختن, انگیزه, پُر, سماور, مگر, نگاردن, هامون, هرگز, هم, هم تک, همال, همان, همدان, همه, هموار, همیان, هندسه, هنگام, وار۲
Sêma: marked, stamped (coin)	سیم۲
Sêmi: half	نیم
Sen: old	سنا, هان
Septm: seven	هفت
Ser 1, Sreu: to flow	رَم, رمیدن, رود۱, روضه, سِرُم, هرات
Ser 2: protect	هرکول
Ser 3: to line up, arrange, sort	سری, هار
Sernh	see Srisâ
Seu 1: one's own self	خدا, خدیو, خو, خواجه, خواهر, خود۱, خویش, ناخدا
Seu 2: juice, to take liquid, squeeze	هوم
Seu 3, Hau 2: to give birth	رود۲
Seu 4, Hau 1: to extract, squeeze out	هاون
Šfšyr, Šypšyr, Šamšêr: sword	شمشیر
Sinkadruš: the red ore of mercury (mercuric sulfide) used as a pigment	زنجرف, شنگرف
Skabh: to support	پچگم, پشگم
Skai: shining, bright	چهره, سایه, منوچهر, هُژیر
Skaip: to wait	شکیبا, شکیبیدن
Skaivos: sinister, odd, strange	شوخ
Skand 1: to climb, leap	اسکله
Skand 2: to break	شکستن
Skarf: to stumble	شکرفیدن
Skarna	see Sukurna

Roots with meaning & Persian Derivatives

فهرست ریشه لغات

Sked,Sâd: to cover	آسایش, چادر, چتر
Skeht, Ĉat: tremble, shake	چندش
Skel: bent, curved	شَل, شَلپوی, شلنگ, شلوار, قولنج, قولون, گُل
Skeng: crooked, bent	هَخ
Sker 1: to turn, bend	کران, کنار
Sker 2	see Ker 2
Skeu	see Keu 3
Skêu: to sneeze	اشنوسه, شنوشه
Skeud, Ĉaud: to throw, shoot	چُست
Skhai: to cut, strike	چیلان, چیلنگر, قیصر
Skordh, Kerdh: small	خُرد
Sku: to cover	خود۲, سکوره, کاز, کازه, کوچ
Smeit: to throw, send forward	هَمیستَر, همیستکان
Smer	see Mer 1
Snâ: to flow, swim	اُشنان, شنا
Sneigwh: snow, to snow	سِنِهر
So: this, that	او, ایشان, که
Sol: whole	خرداد, هر
Sophos: skilled, wise	سفسطه, فلسفه
Šôšen: lotus	سوسن
Spek: to look, examine	پاس, پاسبان, سپاس, سکوبا
Spelgh: spleen	سِپُرز
Spen	see Pend
Sper: sparrow	پرستو, سار۳
Spereg: to swell, sprout, jump, begin	اسپرغم, اسپرود, اسفراج, شاه اسپَرَم
Sphallein: cause to fall, slip	اسفالت, زفت
Sphê: long flat piece of wood	فه, فیه
Sphel: to split	سپار, سپر
Spher: ankle, move fast, spread	سپاردن, سپردن, سپری, سپهر
Spiš: an insect, bug, flea	شپش
Spongo : fluffy, empty	اسفنج, سپنج
Spyeu: to spit	تُف, تفنگ
Srau	see Kleu
Srêno: thigh, hip	ران
Sresk: to drip	سرشک
Sreu	see Ser 1
Srgâla: howler	شغال
Srîra: satisfied	سیر
Srisâ, Sernh, Harn: file, saw	ارّه
Sru, Srva : lead (metal)	سرب
Srva	see Sru
Stâ: to stand	آستان, آشتی, ارتش, استاد, استاک, استان, استخر, اسطبل, ایستادن, بغستان, بیستون, پرستار, پرستیدن, پشت, تابستان, سِتاک, ستان, سُتُرگ, ستم, ستور, ستون, شبستان, فرستادن, فرشته, فغستان, گستاخ
Stâi: to steal	ستادن
Stebh: support, stem	استبرق, استبرک, استوار, استوان۲, ستبر, ستنبه, سُتوان۲
Steg: to cover	تاج, تاجور, تاجیک, تازی, تایر, تَجَر, تَژَر
Steig, Teig: pointed, sharp	ترکش, تیر, تیز, تیغ, دجله, دیاله, ستیز, ستیغ, ستیهیدن, کیش۲, کیش۳
Ster 1: to spread, throw	بستر, خاکستر, صراط, گستردن
Ster 2: star	ستاره
Ster 3, Sterp, Terp 2: stiff, hard	تُرش, تره
Ster 4: barren	سَتَروَن
Sterp	see Ster 3
Steu: to praise	استوان۱, خَستو۲, ستایش, ستاییدن, ستوان۱, ستودن
Stewe: to cluster, condense	توپ
Stoigh: to stride, step, rise	اُسطُقس
Stomen: mouth	استَم
Storos: a type of bird (sparrow?)	سار۳
Su 1: well, good	آلگوریتم, آهو۲, اردیبهشت, اوستا, بَه, بهشت, بهمن, حور, خجسته, خُرَّم, خُسُر, خسرو, خُسور, خُسوره, خشنود, خُشو, خُنیا, خوارزم, خوب, خوش, داریوش, فُرات, کسریٰ, کیخسرو, هُژیر, هما, همایون, هنر, هوخت, هوخشتر, هوشنگ, هومن, هویدا
Su 2: wild boar, pig	خوک, سفلیس
Su(m)b	see Keu 2
Suîĝ: jump, dance	خاستن, خیزیدن, رستاخیز

Sukurna, Skarna: porcupine	سُغُر, سُگر
Šûlaka: wild horse	شولک
Sup	see Rup
Šurmênu: cypress tree	سَرو
Svas: thresh, beat grain	خُست, خُوست
Swâd: sweet	خواستن, خواهش
Swei: to bend, twist	شیبا, شیوا
Sweid, Huaid: to sweat	خِوی, خیو, خیوه
Swekwo: resin, juice	اپیون, افیون
Swel: to eat	آخور, خوردن, خَوَرنَق, خورنگاه
Swen, Huan: to sound, call	آخوند, افغان, خنیدن, خواندن, فغان
Swep: to sleep	بَختَک, خُفتَک, خُفتن, خَفج, خواب
Swer: to press, cut, hurt	خاراندن, خَستن, خسته, خلبان, خَلِه, خَلیدن, خوره
Swerd: dirty, dark	خوال
Šypšyr	see Šfšyr
Šypwr: trumpet	شیپور

T

Tabaco: a pipe for smoking, roll of tobacco leaves	تنباکو
Tabûrâk: a drum	تنبور, طبل
Tač	see Tek
Tâl: to grow, twig, a stick used as a unit of length	تالار
Talk: a mineral, talc, talcum powder	تالک, طلق
Tanûr: fire, oven	تنور
Tar	see Ter 2
Targumânu: interpreter	ترجمه
Tauj: to gather, gain	اندوختن, اندوزیدن
Teig	see Steig
Tek, Tač: to stretch the hand, reach, receive	پرداختن۲
Teku: to run, flow	انداختن, اندازه, پرداختن۱, تاختن, تازیانه, تازیدن, تخش, تکیدن, گداختن, هم تک, هندسه
Tel: to lift	تراز, ترازو
Tem: dark	تار۲, تاریک, تَم, تیره
Temar: he concealed	مطموره
Temp	see Ten 1
Ten 1, Temp: to stretch, pull	آبستن, آختن, آهختن, آهنجیدن, آهنگ, آهیختن, پشوتن, تابیدن۱, تار۱, تافتن۱, تَر۲, ترانه, تَن, تنش, تُنُک, تَنیدن, تهمتن, توره, توله, فرهنگ, فرهیختن, فروهیختن, گیتار, هنجار, هنجیدن, هیختن
Ten 2: to thunder	تُندر
Tenk: to become firm and thick	ترخینه, تلخینه, تنجیدن, تَنگ, تهمتن, تهمورث, رُستم
Tep: to be warm	آفتاب, پرتو, تاب, تابستان, تابیدن۲, تافتن۲, تب, تپیدن, تفت, شتاب, شتافتن, مهتاب
Ter 1: to cross over, surpass, overcome	اندر۲, پدراندر, پسراندر, ـ تر۱, ترابری, ـ ترین, دختراندر, ـ سار۱, سُرادِق, سرای, کوهسار, گدار, گذار, گذر, گذشتن, مادراندر
Ter 2, Tar: a kinship term	آزرمیدخت, برادر, بیدخت, پدر, خواهر, داماد, دختر, دختراندر, فغفور, مادر, مادراندر, ماده, مادیان, ماکیان, مایه
Terp 1:to lie, steal	تَرفند, تروند
Terp 2	see Ster 3
Ters: dry, to dry	تشنه
Teter: chatter	تذرو
Têu: to swell	تخم, تُند, تهماسب, توان, توبره, توده, ثور, ستوه, طهماسپ, نَستوه
Teub: side	تو۲, سو, سوق, سوی
Teup: to push, beat, hit, also throw	تباه
Teus: empty	تَه, تهی
Tex: to build from wood, to build	تاس, تخته, تراشیدن, تشت, تیشه, طاس
Thranč	see Trenk
Tiegu: to approach shyly	سیج
Tien: store, shop	تیم, تیمچه
Titi: imitation of a bird song	تیتو, طیطو
Tôkei: peacock	طاووس
Trei: three	سه, سوم, سی
Trenk, Thranč: to compress	تَرنجیدن
Trep: to tremble, be restless	چابک, سُبُک
Tres: to tremble	ترسا, ترسیدن, سهم
Trp: to satisfy	تولف
Tu: you	تو۱

Roots with meaning & Persian Derivatives

فهرست ریشه لغات

Tuer, Tur: to hurry, hasten	توریدن
Tulupos: lump, ball, mass, crowd	تُرب
Tur	see Tuer
Turd: hard, strong	تُرد
Tuxš: to be busy, working	تخشا, تخشیدن

U

Ud 1: up, out, away	آزمایش, اِسکِنه, اُشنان, اوج, زاهیدن, زدودن, زِه۲, زهاب, زهدان, زهیدن, سپری, ستوه, سِگال, نَستوه
Ud 2	see Wer 4
Ul: to go, to step	الاغ
Ulk,Ulkos: wolf (with fiery eyes)	تهمورث, روباه
Ulkos	see Ulk
Umm: mother	خانم
Upo: to, from below	آبسال, ابَر, امید, باور, باید, بَر۲, بردیه, برگستوان, برمنش, به, پچگم, پدید, پسندیدن, پشگم, پگاه
Urigh: rice	اُرز, برنج۲, وریزه
Uroiks: twist, beard	ریش۲, ریشه
Urvan: spirit, soul	انوشیروان, روان۲

V

var: to cover	بَرم
Varâza: boar (animal)	گراز, وُراز
Vareta: slave	بَرده
Vata: small, undesirable, bad	بَد, وَد
Vatin-ganah: eggplant	بادنجان

W

Wâ, We: to be empty	وَنگ۱
Wač	see Wok
Wai: alas	وای۱
Wakâ	see Wâka
Wâka, Wakâ: cow	ورزا
War	see Wel 2
Warš: to be hungry	گرس۱, گرسنه, گشنه
Warz	see Werg 2
We	see Wâ
Wê: to blow	اندروا, باد, بادآس, نیروانا
Webh: to weave	بافتن, وَبز
Wedh 1: to marry	بیو, بیوگ
Wedh 2: to slay, strike	گوِه
Weg 1: to weave	واکس
Weg 2: to be lively, strong	باختن, بازیدن, بزرگ, گرز
Wegh: to go, carry	باز۲, باشه, پرواز, واشه, وزیدن
Wêĝo: lizard?	وَزَغ, وزغه
Wegwh	see Eueguh
Wei 1: to bend, turn, twist	بید, بیشه
Wei 2: vital force	بَر۱, بیر, ویر
Weid: to see, to know	اسطوره, اوستا, پژوهیدن, هویدا, ویدا
Weidh: to select, separate	بیختن, بیوه, پرویزن
Weik: to shake, swing	آونگ, آویختن, آویز, انگیختن, انگیزه, بیختن, پرویزن, ویختن
Weis: to rot, melt away, flow	بیش۱
Wek: to wish, desire	بَس, بسنده, بسیار
Wekw: voice	آوا, آواز, باج۲, بانگ, پژواک, خُنیا, فروختن, گواژه, گواژیدن, نوا, نواختن, هوخت, واژ, واژه, واک, وَخشور, وَنگ۲
Wel 1: to wish, desire	آری, باور, شهریور, گرو یدن
Wel 2, War: to tear, wound, plunder	آوار۱, گرس۲, گرگ, گرگان, والانه, وَرِس, وَریس, ولانه
Wel 3: to turn, roll	بار۲, دربار, شلوار, هموار, وار۲, وار۳, وَبَر
Wem, Wema: spit, vomit	وامیدن, ومیدن
Wema	see Wem
Wen: to wish, desire	.بُن۲, بنفش, بنفشه
Wep: to throw, spray ?	برف
Wer 1: to speak	فرمان, وَر
Wer 2, Kwermi: to turn, bend	قرمز, کِرم, کوپال, کِرد۲, گرد۳, گردن, گرده, گردیدن, گشتن, گوپال, نوردیدن, وَردَنه, ورغ
Wer 3, Werg 2: to cover, enclose	باره۲, بارو, بَرزن, بهرام, پروار, دیوار, فردین, فروار, فروردین, فَروَهَر, گیج, وار۱, وهرام
Wer 4, Ud 2: water, wet	باران, بارگین, ودخین, وردیج
Wer 5: to burn	سماور
Wer 6: squirrel	وَروَره
Werd: raised point	بالو

Werdh: to grow, high	بالیدن, گوالیدن, والا
Weren: lamb	برّه, کلاغ, ورغنه
Werg 1: to work	ارغنون, بَرز, ورز, ورزش, ورزیدن
Werg 2	see Wer 3
Werg 2, Warz: nourished, strong	پروردن
Wes 1 : wet, also male animal	اشتر, باه, خون, زرتشت, زردشت, شتر
Wes 2: to buy	بها
Wes 3: to wear, put on	آستر, بام۲, بان۲, بهانه, پوست
Wes 4: eat, feed	واس, واستر, واش
Wet: year, also referring to things with few years (young) or many years (old)	بچّه
Wi: part, apart	بستر, بیدار, بیست, بیمار, جُناح, گ ـ گداختن, گدار, گدازیدن, گذار, گذر, گذشتن, گریختن, گریز, گزاردن, گزارش, گزند, گزیدن, گزیدن, گزینش, گستاخ, گستردن, گسستن, گسیختن, گسیل, گشادن, گماردن, گماشتن, گمان, گُمیختن, گناه, گهولیدن, گوارا, گواردن, گوارش, گواژه, گواژیدن, گوالیدن, گواه, گوهَریدن, وچر, وزیر, ویراستن, ویرایش, ویشتاسپ
Wiač: to contain	گنج, گنجایش, گنجیدن
Win: wine	وین
Wog	see Aweg
Wok, Wač: to let go, release, empty	واخیدن
Word: thorn, flower	رُز۲, گل, گلبن, گلشن, وَرد۲, وَل, وِل, وُل, ولغونه
Wortoko: quail	ودخین, وردیج
Wreg: to push, drive	گرازیدن

X

Xac: shine through	کاج, کاچی, کاشی
Xad: to beat, to wound	خَستن, خسته
Xâk: dust, soil, earth	خاک, خاکستر
Xalen: birch tree, birch wood	خدنگ
Xšad: to forgive	بخشودن, بخشیدن۲
Xšai: weep, lament	شیون
Xšarta: to press, squeeze	افشاردن, افشره, فشار
\`Xšnk: nice	قشنگ
Xvaini: cover, carpet	خوان, خوانچه

Y

Yâ: to be aroused	جادو, یاسه
Yad, Gwed: ask, demand	نیایش
Yag: to worship	ایزد, جشن, مزدیسنا, یزد, یزدان, یزدگرد, یسنا
Yamb: to move, wander	جنبیدن
Yaš, Iaš: to show appear	آیشه, ایشه, نشان
Yat, Yet: to go, reach, take position	یازیدن
Yau 1: move, movement	جو۱, جوب, جوی, جویبار
Yau 2, Yeu 4: to separate	جدا
Yauj	see Yeu 1
Yâvarenâ: a stone or tool for beating and crushing grains	یاور
Yekwer: liver	جگر
Yem: hold together (pair)	جم, جمشید, دشیاد, یاد
Yes, Ies: to boil	جَستن, جهیدن, جوشیدن
Yet	see Yat
Yeu 1, Yauj: to join, harness	بنفش, بنفشه, پیروز, جفت, زوج, قسط, قسطاس, هوخشتر, یوغ
Yeu 2: young	جوان
Yeu 3: to mix, blend	جُستن, جوییدن, یوز, یوزپلنگ, یوزیدن
Yeu 4	see Yau 2
Yôs: to gird, belt	پیراهن, پیژامه, جامه, چمدان, زنّار, همیان
Yu: you	شما

Z

Zauša: raising a noise, being violent or bad tempered	زوش
Zgwes: to extinguish	زخم
Zi: to adorn	دیبا, زوار, زیب, زیبا, زیبنده, زیبیدن, زیور

Akkadian

Arabic

Aramaic

Armenian

Avestan

اوستایی

Word Index

فهرست لغات

Word Index فهرست لغات

Caribbean

Chinese

Dutch

Egyptian

English

English (Old)

Ethiopian

French

Greek

Hebrew

Hindustani

Indo-European

Word Index

فهرست لغات

Word Index

فهرست لغات

Word Index

فہرست لغات

Word Index

فهرست لغات

Indo-Scythian

هند و سکایی

Iranian

ایرانی

Iranian (old)

ایرانی باستان

Italian

Japanese

Latin

Latin (Middle)

Medit

Pahlavi

پهلوی

Word Index

فهرست لغات

Pali

Parthian

پارتی

Persian (Old)

پارسی باستان

Word Index

فهرست لغات

Word Index

فهرست لغات

Portuguese

Russian

Sanskrit

Semitic

Sogdian

سغدی

Spanish

Sumerian

Syriac

Tamil

Turkish

فهرست لغات

A20 - A36

فهرست ریشه لغات

همراه معنی و لغات فارسی مشتق از آنها

A2 - A19

مسیر اشتقاق

لغات فارسی

تألیف

دکتر علی نورائی

مقدمه

تغییرات آوائی در داد و ستد لغات

لغات هند و اروپایی در زبان فارسی با قالب عربی

راهنمای استفاده از این فرهنگ

لیست منابع و مآخذ

لغات فارسی

فهرست لغات

فهرست ریشه لغات

مقدمه

در سالهای گذشته اطلاعات نسباتا گسترده ای در باره قدیمی ترین ریشه های شناخته شده لغات فارسی را از مراجع و مآخذ گوناگون جمع آوری کرده و در قالب شجره نامه هایی برای هر ریشه ترسیم و در چند کتاب از جمله فرهنگ ریشه لغات فارسی با نمودار مشتقات منتشر کردم (Persian Etymology Charts). شجره نامه ها کمک میکنند تا خواننده بتواند با یک نگاه اجمالی کلیه مشتقات یک ریشه را در فارسی و زبانهای دیگر یکجا مشاهده نماید. ولی تمرکز شجره نامه ها روی ریشه لغات است و اطلاعات مربوط به لغاتی که از ریشه های گوناگون تشکیل شده در شجره نامه های مختلف پخش میباشد. از اینرو درکتاب حاضر، مسیر اشتقاق لغات فارسی (The Origins of Persian Words)، اضافه بر گسترش و بروز رسانی داده ها و استفاده از منابع جدیدتر، بجای نشان دادن لغات گوناگون مشتق شده از هر ریشه، ریشه های گوناگون هر لغت فارسی را در یک نمودار نشان داده ام که مسیر اشتقاق و ترکیب آنها را روشن ترکند. تصویرهای ۱و۲ نمونه هایی از از این دو روش را نشان میدهد. مضافا، در قسمت "فهرست ریشه لغات" آخر کتاب، کلّیه لغات فارسی همریشه در مقابل ریشه مشترکشان نشان داده شده است.

حدود ۲۷۰۰ لغت فارسی در این فرهنگ ریشه یابی شده که از بیش از ۸۶۰ ریشه که عمدتا هند و اروپایی هستند مشتق شده اند. مسیر اشتقاق این لغات حدود ۴۰ زبان مختلف را دربر میگیرد. در این میان زبانهای عربی، یونانی و سانسکریت بیش از زبانهای غیر ایرانی دیگر در مهاجرت لغات فارسی اثر گذار بوده اند. امیدوارم که این فرهنگ برای علاقمندان به زبان فارسی قابل استفاده باشد.

علی نورائی
آبان ۱۴۰۱ (2022)

تصویر ۱ ـ نمونه یک "**شجره نامه**" از فرهنگ ریشه لغات فارسی با نمودار مشتقات که متمرکز روی ریشه مشترک لغات است و لغات فارسی و همریشه های آنرا در زبانهای دیگر نشان میدهد.

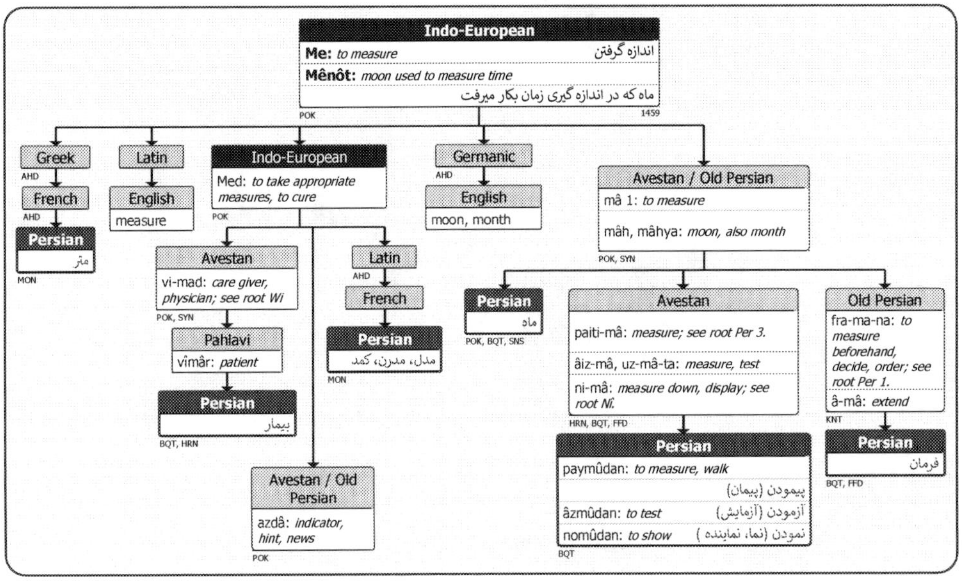

تصویر ۲ ـ نمونه یک "**مسیر اشتقاق**" در این فرهنگ که متمرکز روی لغات فارسی است و ریشه های مختلف هر لغت و ترکیب آنها را نشان میدهد.

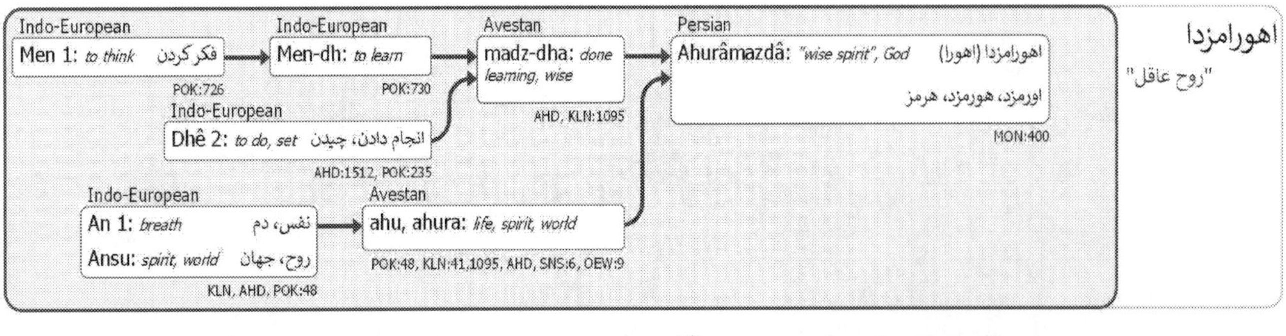

تغییرات آوائی در داد و ستد لغات

وقتی به مسیر اشتقاق لغات مینگریم، تغییر صدا و معنی در بعضی از موارد چنان زیاد و گسترده است که خواننده را در حیرت فرو میبرد. باید در نظر داشت که هیچ زبانی در طول تاریخ خود از تغییر و تبدیل مصون نمانده و اقوام مختلف دائماً در داد و ستد لغات بوده اند که، در خیلی از موارد، باعث رشد و نمو زبان گشته و از نارسایی و متروک شدن زبان نیز جلوگیری میکند. در این تبادل لغات، نه تنها صداها تغییر میکند، گاهی معنی و موارد استفاده از لغت نیز عوض میشود. همانطورکه در تصویر شمارهٔ ۳ نشان داده شده است زبان فارسی یک زبان هند و اروپائی است که، مانند هر زبان دیگر، در مسیر تکامل خود پیوسته در تبادل لغت بوده است. با پراکنده شدن اقوام هند_اروپائی در آسیا و اروپا زبان مشترک آنها تدریجاً به لهجه ها و سپس به زبانهای مختلف تقسیم شد. با مقایسه لغات این زبانها معلوم گشته که تغییر اصوات بین آنها تصادفی نبوده بلکه، بر حسب عادات فونتیک اقوام مختلف، قواعد مشخصی را دنبال میکند. با کشف و استفاده از این قواعد است که همریشه بودن لغاتی را که حتی دیگر شباهت ظاهری هم باهم ندارند میتوان تشخیص داد. برای مثال، تصویر شمارهٔ ۴ تغییر صدای (P) در آغاز لغات هند_اروپائی را به صدای (F) در زبانهای ژرمانیک (انگلیسی) نشان میدهد ولی این صوت در بسیاری از لغات فارسی و زبانهای جنوب اروپا (یونانی و لاتین) محفوظ مانده است که ارتباط لغاتی نظیر (پنج ـ five) و (پا ـ foot) و (پدر ـ father) را توجیه میکند.

تصویر ۳ ـ زبانهای موثر در مهاجرت لغات به زبان فارسی

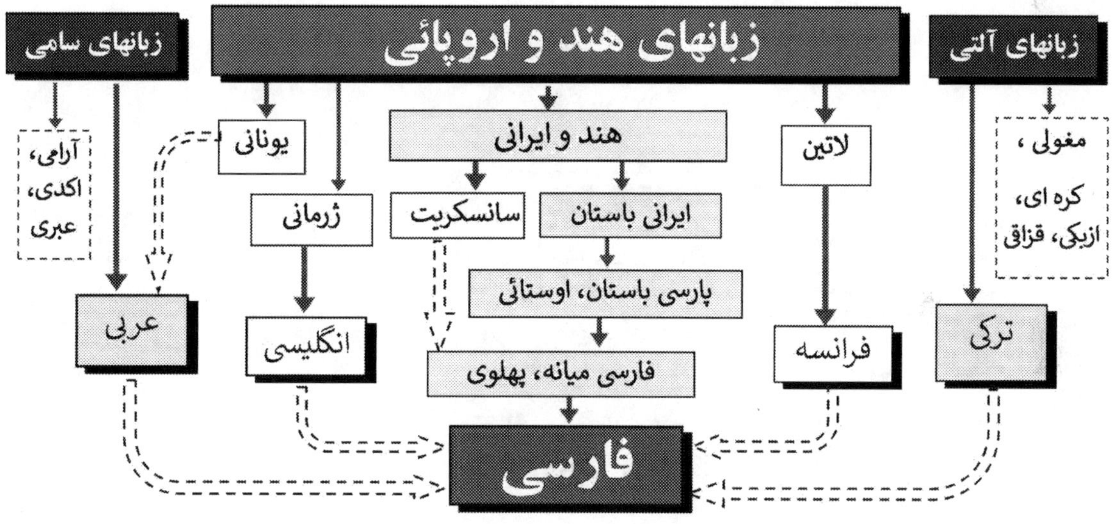

تصویر ۴ ـ نمونه ای از تغییر اصوات در چند زبان هند و اروپائی

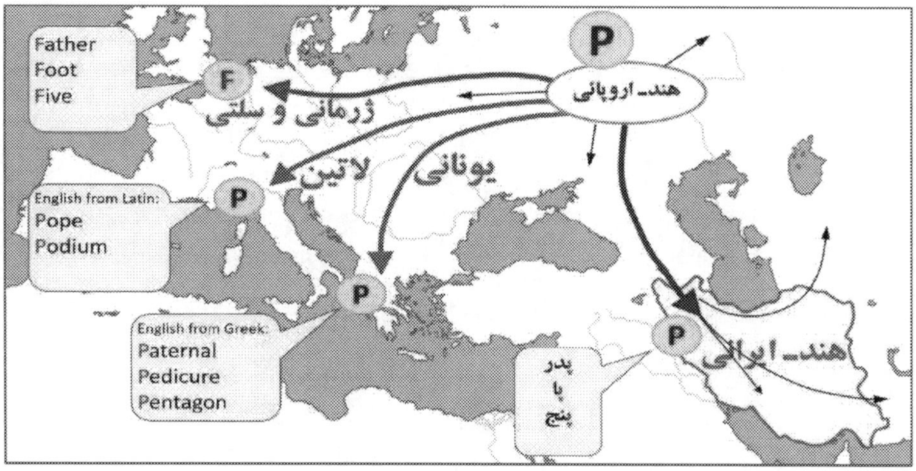

لغات هند و اروپایی در زبان فارسی با قالب عربی

اضافه براکثر لغات هند و اروپایی که از طریق زبانهای ایرانی به فارسی رسیده، بسیاری از آنها از مسیر های دیگر، خصوصا زبان عربی، وارد زبان فارسی شده اند. تاثیر تلفظ عربی روی این لغات به حدی زیاد است که بسیاری از مردم این لغات را عربی بشمار می آورند حال آنکه آنها در اصل هند و اروپایی هستند. جدول شماره ۱ نمونه ای از این لغات و ریشه های هند واروپایی آنها را نشان میدهد. بعضی از این لغات مستقیما از فارسی به عربی رفته و پس از تغییر تلفظ به فارسی باز گشته اند مانند فردوس و فنجان. همانطور که در تصویر شماره ۳ نیز نشان داده شده تعداد زیادی از لغات هند و اروپایی را عربی از زبان یونانی گرفته و پس از تغییر تلفظ به فارسی داده است. جدول شماره ۲ نیز نمونه ای از این لغات را که از مسیر یونانی ـ عربی به فارسی رسیده نشان میدهد.

جدول شماره ۱ ـ لغات هند و اروپایی که در غالب عربی وارد زبان فارسی شده اند

لغت هند و اروپایی در زبان فارسی پس از عبور از زبان عربی	بسط و تغییر معنی در زبانهای واسطه (بعضی لغات از فارسی به عربی رفته و باز گشته اند)	ریشه های هند و اروپایی	
ابّهت	فارسی: آب (درخشش،، آبرو)	آب، درخشش	Ab:
ابریق	فارسی: آبریز	آب + ترک کردن. بیرون ریختن	Ab + Raiĉ:
اسطبل	لاتین (استَبولوم): محل ایستادن	ایستادن	Stâ:
اسکله	لاتین: پله، نردبان	بالا رفتن	Skand
اکواب	لاتین (کوپّا): ظرف گود	خم کردن	Keup:
انکار، نکره	لاتین (نگاره): انکار کردن	منفی، نه	Ne:
اوج	سانسکریت (اوچّا): بالا	بالا، بیرون	Ud:
تُرّهات	فارسی: راه	دویدن، قلتیدن	Ret:
تزویر	پهلوی (زور): دروغ	خمیده، ناصاف	Gheul:
تکدی	فارسی: گدا	خواستن، طلب کردن	Gwhedh:
جاه	فارسی:گاه (مقام و منزلت)	قدم زدن	Gwa:
جناه	فارسی:گناه	جدا از هم + خراب کردن	Wi + Nek:
خندق	پهلوی: کندک	کندن	Ken:
دجله	اوستایی: رود سریع	نوک دار، تیز، سریع	Teig:
رزق	فارسی: روز	روشنایی	Leuk:
رواج	فارسی: رفتن	خزیدن	Rêp:
رونق	فارسی: رو + نیک	درخشیدن	Nei:
سَمت	لاتین (سمیتیتا): راه	حرکت کردن	Mei 3:
سُرادق	فارسی باستان (سراده): سرا، خانه	گذر یا غلبه کردن	Ter:
سجل	لاتین (سیگنوم): نشان، امضا	دنبال کردن	Sekw:
سقرلات	لاتین (سیگنوم): نشان عربی: پارچه نقش دار	دنبال کردن	Sekw:
سوق، اسواق	فارسی: سو، سوی	طرف، جهت	Teub:
صفر	سانسکریت: خالی	سوراخ	Keu:
غربال	لاتین: از هم جدا کردن	بریدن، پاره کردن	Ker 2:
فسفسه، فصفصه	اوستایی: غذای اسب	خوردن + اسب	Ed + kwos:
قصر	لاتین: محلی جدا از بقیه	قطع یا جدا کردن	Kas:
کعک	فارسی: کاک (نان خشک)	قرص نان	Kak:
لُجّه	سانسکریت: صد هزار سرباز عربی: (عمق) زیاد	دفاع کردن	Alek
مایده	پهلوی: میهمانی	نرم، ملایم	Mei 1:
نسخه	اوستایی (نسک): کاغذهای بهم چسبیده، کتاب	بستن	Ned:
نمره، نمرات	لاتین: سهم، قسمت، شماره	اختصاص دادن	Nem:
هندسه، مهندس	اوستایی: کنار هم گذاشتن برای اندازه گیری	دویدن + هم	Teku + Sem:
وزیر، وزارت	اوستایی (ویچیر): کسیکه قدرت تشخیص دارد	ساختن + جدا	Kwer + Wi:

جدول شماره ۲ ـ لغات هند و اروپایی که از طریق زبان یونانی و در غالب زبان عربی وارد زبان فارسی شده اند

ریشه های هند و اروپایی		بسط و تغییر معنی در زبانهای واسطه (عمدتا زبان یونانی)	لغت هند و اروپایی در زبان فارسی پس از عبور از زبان عربی
Gwel 1:	پرت کردن، تهمت زدن	یونانی (دیا بولوس): تهمت زن، موذی	ابلیس
Werg:	کار کردن	یونانی (ارگانون): ابزار	ارغنون
Kei	دراز کشیدن، استراحت کردن	یونانی (آری کِیتی): تخت خواب	اریکه
Steigh:	بلند شدن، قدم زدن	یونانی: عنصر، قوت	اُسطُقُس
Spongo:	پفکی، خالی	یونانی	اسفنج
Kwen:	مقدس	یونانی (آپسینتیون): نوعی گیاه	افسنتین
Klei:	مایل، شیب دار	یونانی (کلیما): زمین شیب دار	اقلیم
Derk:	دیدن	یونانی: اژدهایی با چشمان سرخ	ترخون
Ghel + Mel:	زرد + سیاه، کثیف	یونانی: صفرای سیاه لاتین: مالیخولیا	خیال
Lithra:	تراز، ترازو	یونانی: واحد اندازه گیری مایعات	رطل
Yeu:	جفت یا مساوی کردن	یونانی (زوگن): تراز، ترازو	زوج، ازدواج
Pôl:	لمس کردن	یونانی: چنگ زدن(آلت موسیقی)	سنتور
Kand:	سفید و روشن بودن	یونانی (سندَرَک): صمغی سرخ رنگ	سندروس
Kiph:	شاخه نرم	یونانی (خیفوس): شاخه	سیف
Dheye:	دیدن	یونانی: نما	سیما
Seip:	بیرون ریختن	یونانی: صابون	صابون
Ster:	پخش و پهن کردن	یونانی: راه هموار شده	صراط
Kwel:	چرخ	یونانی: انتهای حلقه، دست نیافتنی، رمز	طلسم
Dheu:	دود، مه	یونانی: طوفان	طوفان
Gras:	خوردن	یونانی: فساد گوشت بدن	غانغرایا، غانقرایا
Gwel 2:	سوراخ کردن	یونانی (اُبولوس): میخ، سکه میخ شکل یونانی	فلس، مفلس
Bhilo: + Sophos:	دوستانه عاقل	یونانی: دوستدار عقل و منطق	فلسفه، فیلسوف
Pin:	چوب، کنده درخت	یونانی: تخته، بشقاب فارسی: پنگان	فنجان
Kû + Pod:	سوختن (هیزم، چوب) + پا	یونانی: پای چوبین (قالب کفش)	قالب
Gher:	محصور کردن، شامل شدن	یونانی: آنچه همه چیز را در بر میگیرد (زمان)	قرن
Yeu:	جفت یا مساوی کردن	یونانی (زوگن): تراز، ترازو عربی: متعادل، مساوی	قسط
Kap:	گرفتن، نگه داشتن	یونانی: جعبه، قفس	قفس
kû:	سوختن (درخشیدن)	یونانی (کاوکاسوس): کوه های درخشان	قفقاز
Kolemos:	علف، نی	یونانی(کَلَمُس): نی برای نوشتن	قلم
Kem	پوشاندن	یونانی (کَمیسیون): پیراهن	قمیص
Kand:	درخشیدن، سفید بودن	یونانی: چراغ	قندیل
Skel:	خمیده	یونانی: روده بزرگ	قولون
Ker 1:	سر، شاخ	یونانی (کِرَس): میوه شاخ شکل درخت خرنوب که واحد وزن بود	قیراط
Skhai:	بریدن، پاره کردن	یونانی (کایسر): نام امپراطور روم که با سزارین بدنیا آمد	قیصر
Ghebh-el:	سَر	یونانی (کِفالی): سر	قیفال
Leigh:	ترک کردن	یونانی (اِکلیپسیس): ترک یا قطع شدن نور	کسوف
Ghebh-el:	سَر	یونانی (کِفالی): سر ایتالیایی (کوفیا): روسری	کوفیه
Menth:	دهان، جویدن	یونانی: آدامس	مصطکی
Mel	نرم، ملایم	یونانی: ماده نرم	ملغم
Nem:	اختصاص دادن	یونانی (نوموس): قانون، اصول	ناموس

راهنمای استفاده از این فرهنگ

لغات فارسی در این فرهنگ سمت راست هر صفحه و اطلاعات مربوط به ریشه هایشان و اشتقاق و ترکیب هر یک از آنها در نمودار کوچکی در مقابل آن نشان داده شده است.

همانطور که در تصویر شماره ۲ نشان داده شده، لغات در این نمودارها داخل چهارچوبهای مستطیل شکل قرار دارند که بالای آنها نام زبان و در زیر آنها سه حرف اختصاری منابع و مآخذ آنها درج شده است مانند MON:389 که به صفحه ۳۸۹ فرهنگ دکتر معین رجوع میکند. گاهی اطلاعات بیشتری نظیر لغات همریشه یا معانی لغات نا مانوس نیز در سمت راست نمودار و زیر لغت نشان داده شده است. جدول شماره ۳ علائم اختصاری بکار رفته در نمودارها را نشان میدهد. برای تلفظ لغات در زبانهای مختلف از حروف خاصی استفاده شده که در جدول شمارهٔ ۴ همراه مثالهایی شرح و نشان داده شده.

جدول شماره ۳ ـ علائم اختصاری استفاده شده در نمودارها

هم:	همریشه است با ... (لغات فارسی یا انگلیسی)
مق:	مقایسه شود با ...
"..."	معانی اولیه یا ریشه ای لغات در گیومه قرار دارد
NOTE-	یاد داشت نکات مهم خصوصا در مواردی که در ریشه و یا اشتقاق لغت اختلاف نظر هست
؟	لغت فارسی برای این ریشه و مسیر اشتقاق یافت نشد
↳	مسیر لغات همریشه در زبانهای اوستایی، پارسی باستان یا پهلوی که فارسی آنها یافت نشد

جدول شماره ۴ ـ حروف مورد استفاده برای تلفظ لغات

معادل فارسی	English example	Sound Symbols
غ	*gargling sound*	ğ [gh]
ق	*emphatic k*	q [gh]
چ	**church**	č [ch]
خ	Scottish lo**ch**	x [kh]
ژ	vision	ž [jh , zh]
ش	shop	š [sh]
او (پول)	boot	û (long)
اُ (استاد)	old	o (short)
اَو (اوراق)	toe	ô, ow (long)
ای (ایمان)	machine	î (long)
ئی	bee	ê (long)

معادل فارسی	English example	Sound Symbols
ی	yard	y
ج	joy	j
د	day	d
ر	ray	r
ت ط	toy	t
ح هـ	hot	h
ث س ص	son	s
ذ ز ض ظ	zebra	z
ء (ماخذ)	*glottal stop*	ʼ
ع	*strong guttural sound*	`

معادل فارسی	English example	Sound Symbols
آ	Far	â
ا	man	a
ف	fun	f
ب	boy	b
پ	pet	p
ک	cake	k
گ	goat	g
ل	lip	l
م	man	m
ن	noon	n
و	voice	v

۱) حروف داخل [ ] برای نوشتن لغات در متون انگلیسی میباشد.

۲) صدای a در لغات سغدی با علامت (`) نشان داده شده است.

لیست منابع و مآخذ

IEC Stuart E. Mann, **An Indo-European Comparative Dictionary**, Helmut Buske Verlag, Hamburg 1987

IRN A. Farahvashî, **Irânvîj,** Tehran University Press, 1368 (1989). ایرانویچ

ISS H. W. Baily, **Indo-Scythian Studies (Khotanese Texts - volume VI),** Cambridge University Press, 1967.

KLN D. Klein, **A comprehensive Etymological Dictionary of the English Language**, Two volumes, Elsevier Publishing Co., 1966.

KNT R. G. Kent, **Old Persian - Grammer, Text, Lexicon**, American Oriental Society, 1953.

MON M. Mo` în, **Farhang Fârsî Moî`n,** Six volumes, Amîr Kabîr press 1363 (1984). فرهنگ فارسی معین

MPP W. Henning, **"A List of Middle – Persian and Parthian Words",** Bulletin of the School of Oriental and African Studies (BSOAS IX:1937-39) pp 79-92, University of London.

NYB H. S. Nyberg, **A Manual of Pahlavi**, Wiesbaden 1974.

OEW J. T. Shipley, **The Origins of English Words,** The John Hopkins University Press, Baltimore 1984.

PHD D. N. MacKenzie, **A Concise Pahlavi Dictionary**, Oxford University press, London 1971.

PLA Asya Asbaghi, **Persische Lehnworter im Arabischen**, Otto Harrassowitz, Wiesbaden 1988

POK J. Pokorny, **Indogermanisches Etymologisches Worterbuck**, Two volumes, Francke verlag, Bern 1959.

PRT B. Partridge, **Origins - A short Etymological Dictionary of Modern English**, MacMillan Co., NewYork 1958.

SIN G. Laufer, **Sino-Iranica, Chinese Contributions to the History of Civilization in Ancient Iran**, Field museum of natural History, publication 201, Anthropological Series, Vol XV, No. 3, Chicago 1919.

SKT W. W. Skeat, **A Concise Etymological Dictionary of the English Language**, Clarenden press, Oxford 1882-1967.

SLW W. B. Henning, "**Sogdian Loan-words in New Persian**", Bulletin of the School of Oriental and African Studies (BSOAS X:1939-42) pp 93-106, University of London

SNS M. Tavoosî, **A Glossary of Shâyast Nê Shâyast,** Shirâz University publications, 1986. واژه نامهٔ شایست نشایست

SOD B. Gharîb, **Sogdian – Persian – English Dictionary**, Farhangân Press, Tehran, 1374 (1995). فرهنگ سغدی. فارس انگلیسی

SYN C. D. Buck, **A Dictionary of the Selected Synonyms in the Principal Indo-European Languages**, University of Chicago press, 1949-1988.

TAD T. Unaysî , **Tafsîr al-Alfâz al-Dakhîleh fe al-Loghat al-Arabîyeh**, Dâr al-Arab, Cairo, 1964.

TZF M. Abolghâsemî, **Târîkh Mokhtasar Zabân Fârsî**, Bonyâd Andîsheh Eslâmî Press, Tehran, 1373 (1994). تاریخ مختصر زبان فارسی

VDQ G. Badreh-î, **Vâjheh-hây Dakhîl dar Qorân-e Majîd**, Translation of A. Jeffrey's book with Comments (see FVQ). Toos Publishers, Tehran 1372 (1993). واژه های دخیل در قرآن مجید

VOP M. Moshîrî, **Farhang Vâjheh-hây Orûpâyî dar Fârsî**, Alborz Press, Tehran 1371 (1992). فرهنگ واژه های اروپایی در فارسی

WLD A. Walde, **Vergleichendes Worterbuch der Indogermanischen Sprachen,** two volumes, Walter de Gruyter & co., Leipzig 1930-1973.

ZMA F. Jonaydî, **Zendegî va Mohâjerat Âryâîân** Bonyâd Nayshâbûr, Tehran, 1374 (1995) زندگی و مهاجرت آریائیان

لیست منابع و مآخذ

AEF Jalâl Khâleqî Motlaq, **Asâs Eshteqâq Fârsî** ,Vol. I (a - kh), Bonyâd Farhang Irân, 1977. اساس اشتقاق فارسی

AFM Addi Shir, **Al-Alfâz Al-Fârsîyya Al-Mu`arraba**, (A Dictionary of Persian Words in the Arabic Language), Library of Lebanon, 1980.

AHD W. Morris, **The American Heritage Dictionary**, New College Edition, 1975, Appendix on Indo-European Roots, pp 1505-1550.

AHM I. Gershevitch, **The Avestan Hymn to Mithra**, Oriental Publications No.4, Cambridge University Press, 1959.

AKD H. Zimmern, **Akkadische Fremdworter Als Beweis, Fur Babylonischen Kultureinfluss**, Leipzig 1917.

ARK M. H. Rokn Zâdeh - Âdammîyat, **Arkân Sokhan,** Sharq Press, Tehran 1347 (1968). ارکان سخن

ARN M. Aryan Pour Kashani, **Farhange Rishehaye Hend Oroupaee Zaban Farsi**, University of Esfahan, 1384 (2005). فرهنگ ریشه های هند و اروپایی زبان فارسی

BLY H. W. Baily, "**Hvatanica II**", (Glossary of some Khotanese words with reference to Avestan and Persian words), Bulletin of the School of Oriental and African Studies (BSOAS IX:1937-39) pp 69-78, University of London.

BQT M. H. Tabrîzî (Borhân), **Borhân Qâte`**, Etymological footnotes by Dr. M. Mo`în, 4 vol, Amîr Kabîr Press, Tehran 1362 (1983) برهان قاطع

BRT C. Bartholomae, **Altiranisches Worterbuch Zusammen Mit Den Nacharbeiten Und Vorarbeiten**, Walter de Gruyter Press, 1979.

CEL S. K. Gupta**, A Comparative Etymologic Lexicon of Common Indo-European Words**, 6 Vol., Sverge Haus Publishers, Milton, Ma, 1997

EIV J. Cheung, **Etymological Dictionary of the Iranian Verb**, Vol. 2, Leiden Indo-European Etymological Dictionary Series, Brill Press, Linden, Boston, 2007.

ETM M. Abolghâsemî, **Rîsheh Shenâsî – Etîmologî**, Ghoghnoos Press, Tehran 1374 (1995). ریشه شناسی ـ اتیمولوژی

FAF A. Dâneshgar, **Farhang A`alâm Fârsî**, Hâfez Novîn Press, 1370 (1991). فرهنگ اعلام فارسی

FFD M. Abolghâsemî, **Fe`lhây Farsî Darî**, Ghoghnoos Press, Tehran 1374 (1995) فعل های فارسی دری

FRS Asadî Tûsî, **Farhang Fors**, Khârazmî Press, Tehran 1365 (1986) فرهنگ فرس

FSF A. H. Noushîn, **Farhang Shâhnâmeh Ferdowsî, Vâjheh Nâmak**, Donyâ Press, Tehran 1363 (1984) فرهنگ شاهنامه فردوسی

FVA S. M. Nahvî, **Farhang Vâme Vâjhehhây Arabî, Dakhîl**, Tolû` Âzâdî Press 1368 (1989). فرهنگ وام واژه های عربی ـ دخیل

FVF S. M. A. Emâm Shûshtarî, **Farhang Vâjhehhây Fârsî dar zabân Arabî,** Anjoman Âsâr Mellî, No 58, Bahman Press, Tehran, 1347 (1968). فرهنگ واژه های فارسی در زبان عربی

FVQ A. Jeffrey, **The Foreign Vocabulary of the Qur'ân**, (see **VDQ**). Oriental Institute, Baroda, Stephen Austin & Sons Press, Great Britain 1938

HJB H. Yule & A. C. Burnel, **Hobson Jobson, A Glossary of Colloqual Anglo-Indian Words**, Oriental Publishers, Delhi 1903-1968.

HRN Paul Horn, **Grundriss der NeuPersischen Etymology**, Verlag von Karl J. Trubner, Strassburg 1893-1974.

HUB H. Hubschmann, **Persische Studien**, Verlag von Karl J. Trubner, Strassburg 1895.

لغات فارسی

با ذکر ریشه لغات و نمودارهای مسیر اشتقاق

آب۱

Indo-European: **Ab 1:** *water* آب (POK:1) → Avestan: **âp:** *water* (KLN:2) → Pahlavi: **âp:** *water* (KLN:2) → Persian:
- **âb:** *water* آب۱
- **âbân:** *name of the eight month in the Persian calendar* آبان

AHD, BQT, IRN, MON

آب۲

درخشش

Indo-European: **Ab 1:** *water* آب (POK:1) → Avestan: **âp:** *water* (KLN:2) → Pahlavi: **âp:** *water* (KLN:2) → Persian:
- **âb:** *glitter (as on water surface)* آب۲
- **âberû:** *"facial shine", reputation* آبرو

HRN, AEF

آباد

Indo-European: **Pa:** *to protect, feed* حفاظت کردن، غذا دادن (POK:787,842, SYN:103) → Av/Old Pers: **pa:** *to guard* (HRN:41,72, KLN:114, AHD:1532) → Pahlavi:
- **pây, â-pây:** *to protect*
- **â-pât:** *protected, thriving, cultivated*
- **â-pât-ân:** *name o a city (with protected waterways)*

IRN:119, BQT:2, EIV:288

→ Persian:
- **Âbâd:** *prosperous, cultivated* آباد
- **Âbâdân:** *a port city at Persian Gulf* آبادان

IRN, BQT, EIV

NOTE- Avestan "a-, â-" from the Indo-European root "Apo: off" is a prefix used for making verbs.

آبادان

رجوع شود به: آباد

آبان

رجوع شود به: آب۱

آبتین

"مَرد"

Indo-European: **Âtos:** *father, mother, family, race* پدر، مادر، فامیل، نژاد (POK:71, AHD:1507) → Avestan: **âthoya, âthwya:** *husband, man* (POK:71, FAF:10) → Pahlavi: **Âspiyan** (FAF:10) → Persian:
- **Âbtîn:** *name of a king* آبتین

خاصه سیمرغ کیست جز پدر روستم؟
قاتل ضحاک کیست جز پسر آبتین؟ (خاقانی)

SNS:135, MON5: 7, FAF:10

آبرو

رجوع شود به: آب۲

آبریز

Indo-European: **Ab 1:** *water* آب (POK:1) → Avestan: **âp:** *water* (KLN:2) → Pahlavi: **âp-rex:** *water container* (FVQ:46, ISS:3) → Persian

Indo-European: **Leigh 2, Raič:** *to leave* ترک کردن (POK:669, EIV:307) → Avestan: **rêxt, rêz, hâek:** *to pour* (POK:669, FFD:72, SOD:11) → Pahlavi:
- **rextan:** *to pour*
- **âp-rex:** *water pot, kettle*

BQT, HRN:141,203, FVQ:46, SNS:115

→ Persian:
- **âbrîz:** *urn, pitcher* آبریز

ISS:3

آبسال

بهار

Indo-European: **Kel 1:** *cold or warm, a year* سرد یا گرم، سال
NOTE- This root has two opposing meanings
(POK:551, SYN:1078)

Indo-European: **Upo:** *to, from below* بسوی، از پایین (POK:1106, KLN:1105) → Av/Old Pers: **upa, upâ:** *to, toward* (POK:1106, KLN:1105)

→ Old Persian:
- **thard, sard:** *year*
- **upa-sard:** *toward the year, beginning of the year, year, spring*

SYN:1012, KNT:188, BQT:7

→ Persian:
- **âbsâl:** *spring season* آبسال (آبسالان)

همان شیپور با صد راه نالان
بسـان بلبل اندر آبسـالان (ویس و رامین)

BQT:7

آبستن

Indo-European: **Ten 1, Temp:** *to stretch, pull* کشیدن (POK:1064,1067) → Indo-European: **Tenu:** *thin* (AHD, POK)

Indo-European: **Pôu:** *small, young* کوچک، جوان (POK:842)

→ Avestan:
- **tanu:** *stretched, body*
- **a-puthra-tanu:** *with child in body*

POK:1069, BQT:411,515

→ Persian:
- **âbestan:** *"holding child in body"* آبستن

HRN, BQT

آبشار

رجوع شود به: آب۱ + شاریدن

آبنوس

هم: ebony

Egyptian: **Hebni:** *ebony tree (common in India)* درخت آبنوس (AHD:411) → Greek: **ebnos:** *ebony tree* (AHD:411) → Pahlavi: **âwanos** (MON:26) → Persian:
- **âbnûs:** *ebony* آبنوس

چو روی هوا گشت چون آبنوس
نهادند بر کوههٔ پیل کوس (فردوسی)

KLN:496, BQT:12

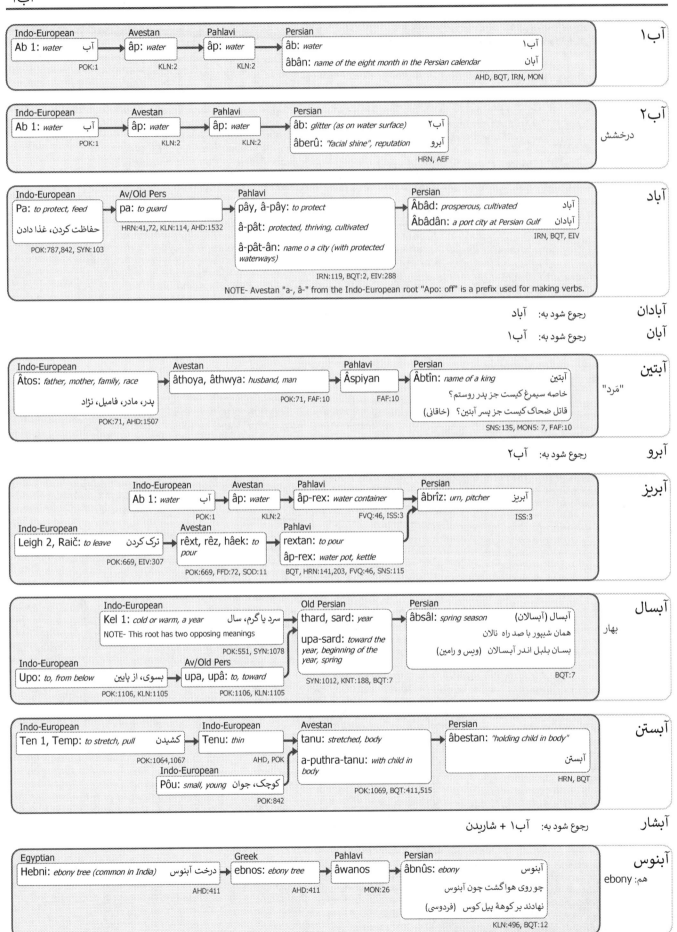

آپادانا

- Indo-European — Dhê 2: *to do, set* انجام دادن، چیدن — AHD:1512, POK:235
- Indo-European — Apo: *off* جدا، دور — POK:53 → Avestan — ap 2, apa: *off, away, to* — POK:54, BQT:1086
- → Avestan — apa-dâna: *the separate (special) part of a palace* — POK:235, HRN:236, KNT:168, FFD:52
- → Persian — âpâdânâ: *the throne room* آپادانا — BQT:2211, 2214

آتش

- Indo-European — Ater: *fire* آتش — POK:69
- → Avestan — âtarš, âthra: *fire*; âthur-pât-gan: *fire guard* — POK:69, KLN:123
- → Pahlavi — âtur: *fire* — BQT:13
- → Persian — âtaš: *fire* آتش (آذر) — MON, ETM:59

آجدن رجوع شود به: آژدن

آجر

- Akkadian / Aramaic — Agurru: *baked clay, brick* گل پخته، آجر — AKD:31, KNT:165
- → Old Persian — aguru: *brick* — KNT:165, PLA:6
- → Pahlavi — âgur — PLA:6
- → Persian — âgur: *brick* آگور — PLA:6, MON:78
- → Arabic — ajur: *brick* — PLA:6, AKD:31, AFM:7
- → Persian — âjor: *brick* آجر — MON:78

NOTE- This word could have entered Arabic directly from Akkadian / Aramaic

آخ

- Indo-European — Agh, Aghlo: *depressed, disagreeable* افسرده، ناسازکار — POK:7,8
- → Avestan — ağô, ağâ: *bad, ugly* — POK:8
- → Pahlavi — âğ, âk: *trouble* — SNS:38
- → Persian — âx, ax: *a word of rejection and grief* آخ، اخ — SNS:38, BQT:90

آختن رجوع شود به: آهیختن

آخور

هم: خوردن

- Indo-European — Swel: *to eat* خوردن — POK:1045
- Indo-European — Ab 1: *water* آب — POK:1
- → Avestan — xvar 2, xwar: *to eat*; avô-xvarena: *animal shelter for drinking and eating* — POK:1045, AEF:10
- → Pahlavi — av-xur: *stable* — MON:1455, BQT:788
- → Persian — âxor: *animals' "drinking place"* آخور (آخُر) — MON, FVF:221

آخوند رجوع شود به: خواندن

آداب رجوع شود به: ادب

آدم

"از خاک (سرخ)"

- Hebrew — Âdhâmah: *earth, red soil* زمین، خاک سرخ; Âdam: *made from red soil (earth), man* ساخته شده از خاک سرخ — KLN:21, AHD:14
- → Arabic — adam — VDQ:106, FVQ:51
- → Persian — âdam: *Adam, person* آدم — MON5: 12

آدینه رجوع شود به: آذین

آذر رجوع شود به: آتش

آذربایجان

هم: آتش

- Indo-European — Ater: *fire* آتش — POK:69
- Indo-European — Pa: *to protect, feed* حفاظت کردن، غذا — POK:787,842, SYN:103 → Av/Old Pers — pa: *to guard* — HRN:41,72, KLN:114, AHD:1532
- → Avestan — âtarš, âthra: *fire*; âthur-pât-gan: *fire guard* — POK:69, KLN:123
- → Pahlavi — âtur-pât: *fire guard, a hero after whom a province of Iran (Azerbaijan) was named* — BQT:13
- → Persian — Âzarbâyjân: *a province in Iran* آذربایجان — BQT

آذین

هم: آینه

- Indo-European — Dheye: *to see* دیدن — POK:243
- → Old Persian — vâe-na, vaina: *observer*; adhi-vaina: *ornament* — KNT:191, AEF:322, FFD:55
- → Pahlavi — adhvênak: *ornament* — BQT:340
- → Persian — âzîn: *ornament* آذین; âdîneh: *day of "ornaments", Friday* آدینه — BQT, SNS:291, AEF:80

آر

مق: هکتار
هم: area

- Indo-European — As: *to burn* سوزاندن — POK:68
- → Latin — arêre: *to become dry (land)*; ara: *an area (of dry land)* — KLN:102
- → French — are: *area* — AHD:69
- → Persian — âr: *100 square meters* آر — MON:39, 5159

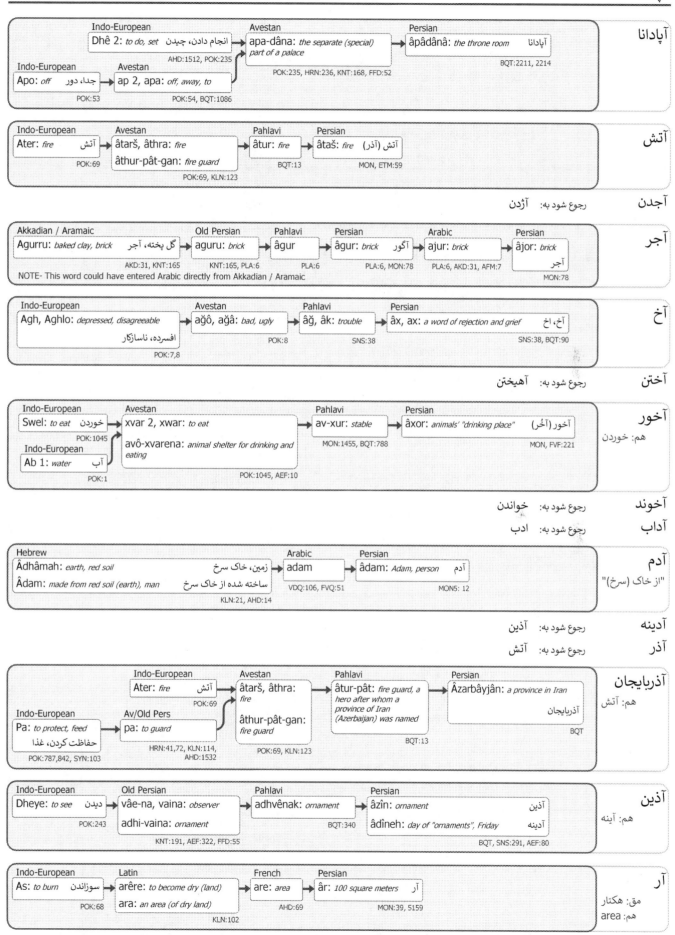

آراستن
هم: پیراستن
هم: order

- Indo-European — Apo: *off* جدا، دور (POK:53)
- → Avestan — ap 2, apa: *off, away, to* (POK:54, BQT:1086)
- → Avestan — â: *a prefix for making verbs* (KNT:168, BQT:1086, FFD:24)
- Indo-European — Ar 1: *to fit together* جور و درست کردن (POK:55)
- → Avestan — â-râd, â-râs: *to set up*
  NOTE- EIV:196 derives this from the root "Reg 1: straight" (WLD:74, POK:56)
- → Persian — ârâstan: *decorate* آراستن (آرایش) (BQT, AEF, FFD)

آرام
رجوع شود به: رام

آرد
- Indo-European — Al 2: *to grind* خرد کردن (POK:28)
- → Avestan — aša 1, arta 1: *to grind* (POK:28)
- → Pahlavi — ârd: *flour* آرد (EIV:166)
- → Persian — ârd: *flour* آرد (HRN:5, BQT:31)

آرزو
هم: بلند

- Indo-European — Bhergh: *high* بالا، بلند (POK:140)
- → Avestan — barz-ahva: *higher world* (POK:140, KLN:188, KNT:200, VDQ:36)
- → Avestan — bereg, â-bereg: *high, desirable* (SOD:1)
- → Pahlavi — âwarzog, ârzôk: *wish, hope* (SOD:1)
- → Persian — ârezu: *wish* آرزو (BQT, MON:42)

آرسنیک
هم: زرد

- Indo-European — Ghel: *to shine, also a bright yellow color* درخشیدن، زرد روشن (POK:429)
- → Avestan — zairita, zareta: *golden, yellow* (POK:429, KLN:667, SOD:411)
- → Persian — zarnîx: *arsenic* زرنیخ (HRN:145, BQT)
- → Arabic — az-zarnîx (SKT:26, KLN:108)
- → Greek — arsenikon (KLN:108)
- → Persian — ârsenîk: *arsenic* آرسنیک
  NOTE- through Latin and French (VOP:41)

آرش
"باهوش"
هم: light

- Indo-European — Leuk: *light, brightness* نور، روشنایی (POK:687, KNT:205)
- → Avestan — raočah: *light*; a-raxša: *bright* (HRN:23,136,140, SYN:470,991, BQT:31)
- → Persian — Âraš: *"bright", a male name* آرش (BQT, FSF:176)

آرنج
هم: elbow

- Indo-European — El 1 : *to bend, elbow* خم کردن، آرنج (POK:308, KLN:509)
- → Avestan — arethna: *arm, elbow* (POK:308)
- → Persian — ârenj: *elbow* آرنج (BQT:32, MPP:79)

آرواره
- Indo-European — Aulos: *jaw* آرواره (POK:88, ARN:55)
- → Avestan — hanuharena: *jaw* (ARN:55)
- → Pahlavi — êrwârag (ARN:55)
- → Persian — ârvâreh: *jaw* آرواره (ARN:55)

آروغ
- Indo-European — Reug: *to vomit, belch, produce smoke or vapor* استفراغ ، آروغ زدن ، تولید دود یا بخار (POK:871)
- → Persian — roğ: *belch* رُغ; âroğ: *belch* آروغ (POK:871, MON)

آری
هم: well

- Indo-European — En: *in, inside* داخل (POK:311)
- Indo-European — Wel 1: *to wish, desire* آرزو کردن (POK:1137)
- → Old Persian — adi-var: *in truth* (POK:311)
- → Pahlavi — ê-var: *indeed* (HRN:6,20)
- → Persian — ârî: *yes* آری (HRN)

آریا
شریف

- Indo-European — Al 1: *beyond, above* فراتر، بالاتر (POK:24)
- → Indo-European — Aryo, Ario: *Lord, ruler* (POK:24,67)
- → AV/Old Pers — aria: *noble* (AHD, POK, IRN:7,28)
- → Persian — Ârîyâ آریا (ایران) آران، اراک (PRT, MON5, PRT, IRN, FSF)

آریغ
رجوع شود به: ریغ

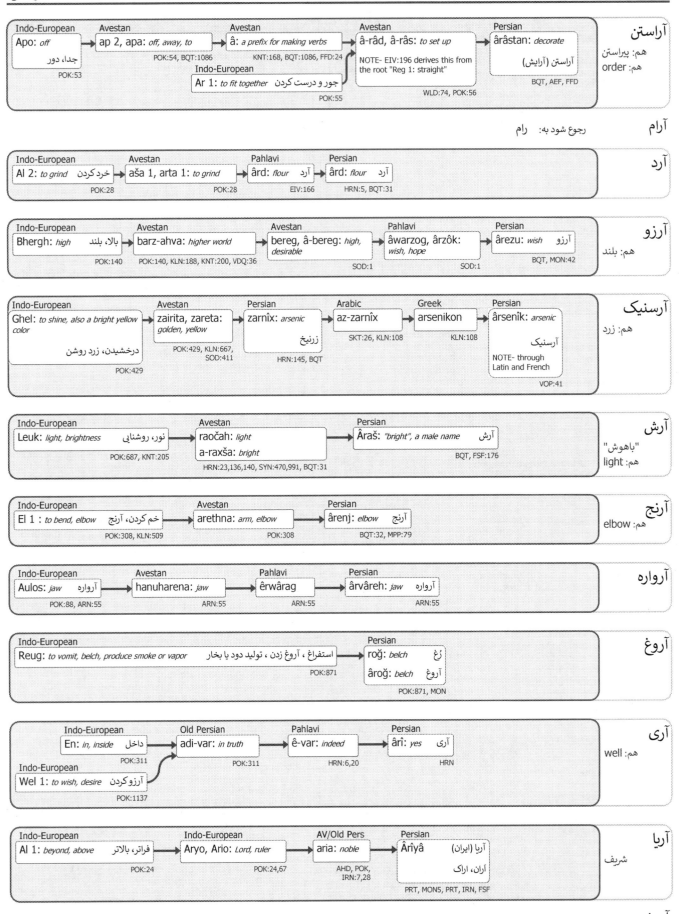

آز

- Indo-European: Angh: *tight, compressed* تنگ، فشرده
  Az: *to drive, lead* راندن (فشردن)
  POK:42, EIV:171
- → Avestan: âz, âzi: *need, desire, greed*
  NOTE- EIV is not certain about this derivation.
  BQT:34, EIV:172
- → Pahlavi: âz: *greed*
  BQT:34, EIV:172
- → Persian: âz: *need, desire, greed* آز
  BQT

آزاد

- Indo-European: Gene: *to give birth to* زاییدن
  POK:373
- → Avestan: zan 1: *to give birth to*
  â-zâta: *free born, noble*
  POK:373, SOD:462
- → Persian: âzâd: *free* آزاد
  POK:373, BQT, HRN:181,231

آزار

- Indo-European: Gher: *to grasp, enclose* گرفتن ، محصور کردن
  POK:442, 444
- → Av/Old Pers: zar 1: *to harm*
  â-zâr: *harm*
  WLD1: 603, HRN:6, HUB:6, FFD:25
- → Persian: âzâr: *harm* آزار
  âzordan: *to harm* آزردن
  WLD1: 603, FFD:25

آزدن رجوع شود به: آژدن

آزردن رجوع شود به: آزار

آزرمیدخت

"دختر همیشه جوان"

- Indo-European: Dheugh: *to milk* شیر دوشیدن
  NOTE- Compare with "Dhê 1: to suckle milk"
  POK:271,277, WLD:847,868
- Indo-European: Ter 2, Tar: *a kinship term* پسوند گروه یا فامیل
  PRT:863, AHD:1500
- → Indo-European: Dhugh-tar: *milker (of the family), daughter*
  POK:277, WLD:868
- Indo-European: Ne 1, An 3: *no, not* نَه
  POK:756, KNT:167
- → Av/Old Pers: a-, â-, an-: *no, not*
  POK:757, KNT:167
- Indo-European: Ger 2, Grnom: *to become ripe, grow old. Also means grain* رسیدن، پیر شدن. همچنین غلات
  POK:390-391, AEN:444
- → Av/Old Pers: zarwân, zaurva: *old age*
  POK:390
- → Avestan: â-zarema-dugedâ: *non-aging woman*
  KLN:404, POK:277,
- → Persian: Âzarmîdoxt: *"ageless woman"* آزرمیدخت
  BQT, WLD:868

آزمایش

هم: measure

- Indo-European: Me 1: *to measure* اندازه گرفتن
  POK:703, 731
- → Av/Old Pers: mâ 1: *to measure*
  POK:703,731, SYN:54,877,1010
- Indo-European: Ud 1: *up, out, away* بالا، بیرون
  POK:1103
- → Avestan: âiz-mâ, uz-mâ-ta: *measure, test*
  HRN:80,233, ARN:60, BQT:37, FFD:25
- → Persian: âzmâyeš: *test* آزمایش (آزمودن)
  BQT

آژدن

سوراخ کردن

- Indo-European: Gwhen 2, Jan: *to strike, hurt* زدن، آزردن
  POK:492, EIV:222
- → Avestan: žata, jan., jaiti: *to hit, harm, bite*
  â-ža-ta: *harmed*
  POK:492, HRN:204, BQT:324,
- → Pahlavi: zîn: *to poke, to sew*
  EIV:29
- → Persian: âzdan, âjdan, âždan: *to poke* آزدن، آژدن، آجدن
  به داغی جگرشان کنی آژده
  که بخشایش آرد بر ایشان دده (فردوسی)
  HRN, BQT, FSF, EIV

آژیر

آگاه

- Indo-European: Gwei, Jai: *to live* زندگی کردن
  POK:467, EIV:222
- → Avestan: žîra, â-žîra: *alert*
  POK:468
- → Persian: zîrak: *alert, smart* آژیر
  سپه را بیارای و آژیر باش
  شب و روز با ترکش و تیر باش (فردوسی)
  FAF:28

آس

هم: سنگ

- Indo-European: Ak: *sharp, also a sharp stone* تیز، سنگ تیز
  POK:18, KNT:173
- → Av/Old Pers: as, asan: *stone*
  POK:19, KLN:18, KNT
- → Pahlavi: âs: *mill, mill stone*
  âs-âp: *water mill*
  BQT:39,42,43
- → Persian: âs: *mill* آس
  âsiyâb: *water mill* آسیاب (آسیا)
  BQT

آسایش رجوع شود به: چادر

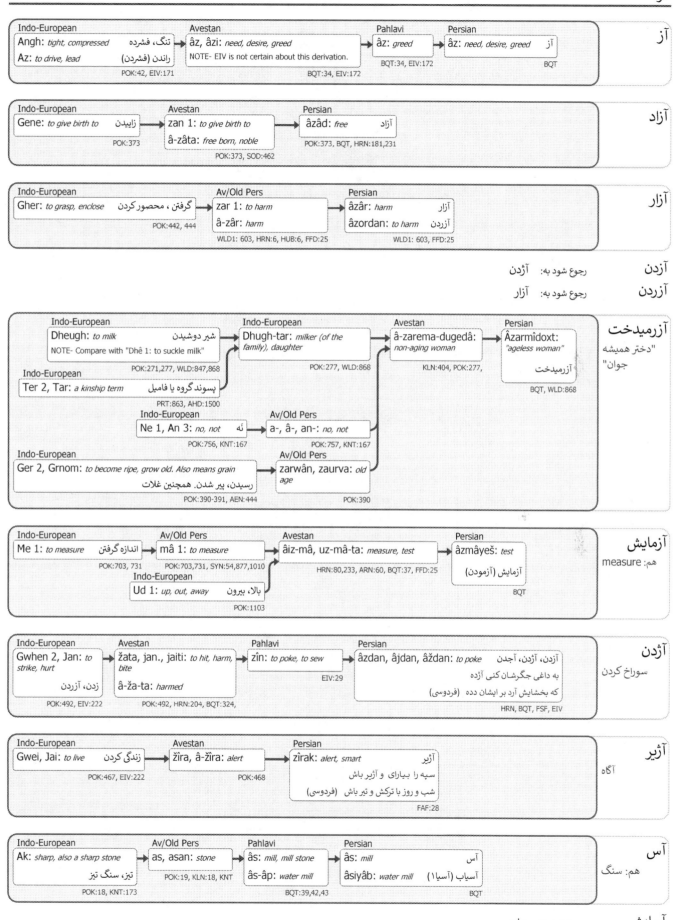

آستان
هم: stand

- Indo-European: Stâ: *to stand* ایستادن (POK:1008,1009) → Av/Old Pers: sta: *to stand, to set* (BQT:123, HRN:20, POK:1008) → Av/Old Pers: â-stana: *entrance* (BQT:123, HRN:20, POK:1008, KNT:210) → Persian: âstân: *threshold* آستان (BQT, MON)

آستر
هم: wear

- Indo-European: Wes 3: *to wear, put on* پوشیدن (POK:1172) → Avestan: vah, vahna,vanhna, vasta: *cover, clothes* (POK:1172, KNT:219, ARN:62) → Pahlavi: wastar: *lining* (KLN, AHD, ARN:62) → Persian: âstar: *lining* آستر (ARN:62)

آستین

- Indo-European: Ambhi: *around* اطراف، پیرامون (POK:34) → Avestan: aiwi, abi, aiwiš, ubê: *over, above, both* (POK:34) → Avestan: abi-dasta, a-dasta, a-dsta: *over hands, sleeve* (AHM:220) → Persian: âstîn: *sleeve* آستین (AHM:220)
- Indo-European: Ghesto: *hand* دست (POK:447) → Av/Old Pers: zasta, dasta: *hand* (POK:447, KLN:707, KNT:190) → Avestan: abi-dasta, a-dasta, a-dsta

آسمان
"سنگ مانند"

- Indo-European: Ak: *sharp, also a sharp stone* تیز، سنگ تیز (POK:18, KNT:173) → Av/Old Pers: as, asan: *stone*; as-man, as-mana: *like stone, sky* (POK:19, KLN:18, KNT) → Pahlavi: âs-mân: *sky* (BQT:39,42,43) → Persian: âsmân: *sky* آسمان (BQT)
- Indo-European: Me 1: *to measure* اندازه گرفتن (POK:703, 731) → Indo-European: Mân: *to resemble* شبیه بودن (EIV:272) → Av/Old Pers: as-man, as-mana

آسه
محور
هم: axis

- Indo-European: Asksâ, Aksas: *axis* محور (POK:6, ARN:64) → Avestan: ashyâ: *axis* (POK:6, ARN:64) → Persian: âseh: *axis* آسه (ARN:64, MON:57)

آسیا
"محل طلوع آفتاب"

- Akkadian: Âsû : *to rise, come out (said of the sun)* بالا آمدن (خورشید) (KLN:113, AHD:77) → Greek: asia: *land of sunrise, the East* (KLN:113, AHD:77) → Latin → French → Persian: âsîyâ: *Asia* آسیا۲ (MON5: 37)

آسیاب

- Indo-European: Ak: *sharp, also a sharp stone* تیز، سنگ تیز (POK:18, KNT:173) → Av/Old Pers: as, asan: *stone* (POK:19, KLN:18, KNT) → Pahlavi: âs: *mill, mill stone*; âs-âp: *water mill* (BQT:39,42,43) → Persian: âsiyâb: *water mill* آسیاب (آسیا۱) (BQT)
- Indo-European: Ab 1: *water* آب (POK:1) → Avestan: âp: *water* (KLN:2) → Pahlavi: âs-âp

آسیدن
رسیدن

- Indo-European: Neku: *to reach, arrive, carry* رسیدن، حمل کردن (POK:316, KLN:524) → Old Persian: âs, âsa: *to arrive, come* آمدن، رسیدن (TZF:62) → Persian: âsîdan: *to arrive, come* آسیدن
  زبان پهلوی هرکو شناسد
  خراسان آن بود کزوی خورآسد (فخر گرگانی)
  (TZF:62)
- Indo-European: Neku: *to reach, arrive, carry* (POK:316, KLN:524) → Avestan: nas 2: *to reach*; naš: *to carry*; fra-nâš: *to bring*; asa 2: *shipment* (KLN:524, SYN:707, BRT:1067) → Persian: ?

آش
هم: eat

- Indo-European: Ed: *to eat* خوردن (POK:287) → Avestan: adâiti: *to eat*; asa 1: *food* (POK:287, BQT:44,1624) → Persian: âš: *a kind of soup* آش (BQT:2099)

آشامیدن
هم: کام۲

- Indo-European: Kwen 3, Kwem, Ĉiam: *to swallow* بلعیدن (EIV:40) → Avestan: šam: *swallow* (EIV:40) → Persian: âšâmîdan: *to drink* آشامیدن (EIV:40)

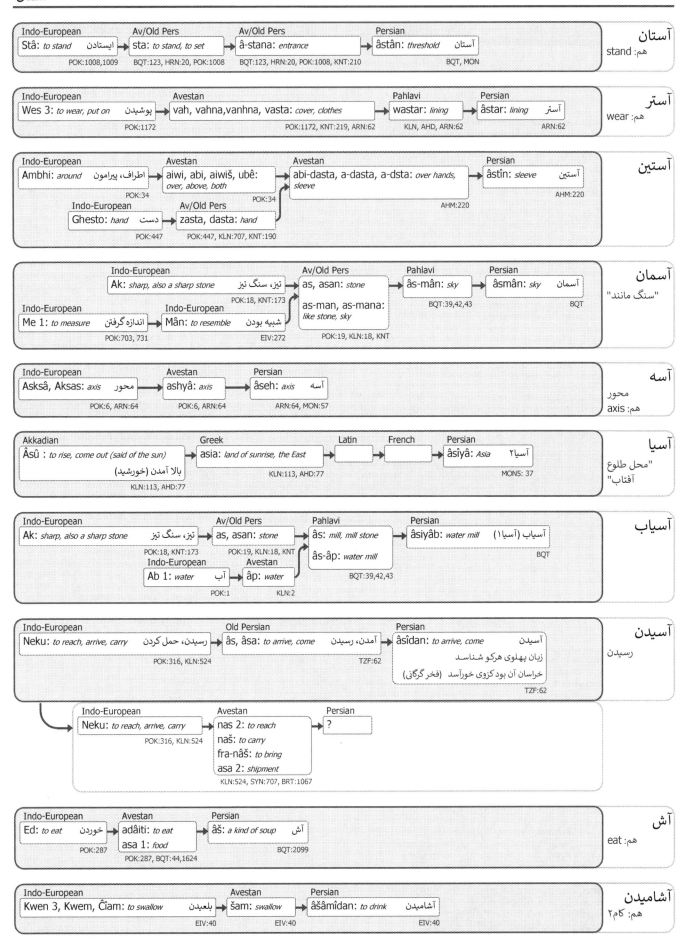

آشتی

Indo-European — Stâ: *to stand* ایستادن (POK:1008,1009) → Av/Old Pers — sta: *to stand, to set*; stâ, stata, šta, šti (BQT:123, HRN:20, POK:1008) → Avestan — â-x-stâ, axštî: *put in place, put in peace* (KLN:1222, POK:1008, SYN:1376, SOD:439) → Persian — âštî: *peace* آشتی (BQT, HRN)

آشفتن

رجوع شود به: آشوب

آشکار

"شنیده شده"

Indo-European — Aus 1: *ear* گوش (POK:78,785, KLN:126,494) → Avestan — aviš, avišiya: *heard, clear* (POK:78, HRN:8, KLN:126) → Pahlavi — âškârâg (ARN:65) → Persian — âškâr: *visible, clear* آشکار

آشنا

رجوع شود به: شناختن

آشوب

Indo-European — Kseubh: *to shake, rock, disturb* تکان دادن (POK:625) → Avestan — xšaob, xšufsan: *disturbance* (POK:625, FFD:26) → Pahlavi — âšûp (ISS:11) → Persian — âšûb: *disturbance* آشوب (آشفتن) (POK:625, BQT, MON, FFD:26)

آشیانه

هم: quiet

Indo-European — Kweye, Ĉiah: *quiet, comfortable* آرام، راحت (KLN:1740, POK:638,EIV) → Av/Old Pers — šâ 2, šyâ: *to rest*; â-šyâ: *resting place, nest* (POK:638, KLN:1740, KNT:210) → Persian — âšîyâneh: *nest* آشیانه (HRN, BQT. EIV)

آغار

نم

Indo-European — Gherto: *milk, butter* شیر، کره (POK:446) → Persian — âğâr: *wetness, humidity* آغار

از هرچه سبو بر کنی از زیر و زبهلوش

زان چیز برون آید و بیرون دهد آغار (ناصرخسرو)

(POK:446, HRN:9, CEL:80, AEF, BQT)

NOTE- "ğar: milk" and "âgar: to soak" are Sanskrit cognates.

آغاز

Indo-European — Gwa: *to walk, step* قدم زدن (POK:463,EIV:98) → Indo-European — Gwheh, Gahz: *to wade, step, start* (EIV:98) → Persian — âğâz: *start* آغاز (EIV:96)

Indo-European — Apo: *off* جدا، دور (POK:53) → Avestan — ap 2, apa: *off, away, to* (POK:54, BQT:1086) → Avestan — â: *a prefix for making verbs* (KNT:168, BQT:1086, FFD:24) → Persian — âğâz

آغر

رجوع شود به: آغار

آغشتن

رجوع شود به: آغار

آغل

Indo-European — Gheugh: *to hide, conceal* پنهان کردن (POK:450) → Old Persian — gaud, â-gaud: *to hide, cover*; apa-gaudaya: *to uncover* (POK:450, KNT:182, SOD:50, SYN:852) → Sogdian — â-gaud, \`g\`wd: *cover, barn, shelter* (SOD:3,5) → Persian — âğol: *barn* آغل (MON:68, SOD:3)

Indo-European — Gheugh: *to hide, conceal* (POK:450) → Avestan — guz, gaoz: *to conceal*; fra-gauzayanta: *to conceal* (POK:450, KNT:182, SYN:852) → Persian — ?

آفتاب

هم: tepid

Indo-European — Tep: *to be warm* گرم بودن (POK:1069) → Avestan — tap 2, tab: *warm, glowing* (POK:1069, KLN:1589) → Avestan — ap-tab: *heat emitting glitter, sun* (BQT:49,453,1252,1958) → Persian — âftâb: *sun* آفتاب (BQT, HRN)

Indo-European — Ab 1: *water* آب (POK:1) → Avestan — âp: *water* (KLN:2) → Avestan — ap-tab

آفدُم

آخر، عاقبت

Indo-European — Apo: *off* جدا، دور (POK:53) → Avestan — ap 2, apa: *off, away, to*; apama, apatama: *last* (POK:54, BQT:1086) → Pahlavi — afdom, awdum: *last* (SNS:26) → Persian — âfdom: *last, at last* آفدُم، بافدُم

گرچه هرروز اندکی بردارش

بافدُم روزی به پایان آردش (رودکی)

(MON:72,462, FRS:184)

آفریدن
"دوست داشتن"

- **Indo-European** — Prî: *to love, praise* دوست داشتن ، ستایش کردن (POK:844)
- → **Avestan** — âfritan: *to create*; â-frî-nami: *I praise* (POK:844)
- → **Persian** — âfarîdan: *to create* آفریدن; âfarîn: *praise* آفرین (BQT)

NOTE- Avestan "a-, â-" from the Indo-European root "Apo: off" is a prefix used for making verbs.

آفرین
رجوع شود به: آفریدن

آک
زحمت

- **Indo-European** — Agh, Aghlo: *depressed, disagreeable* افسرده، ناسازکار (POK:7,8)
- → **Avestan** — ağô, ağâ: *bad, ugly* (POK:8)
- → **Pahlavi** — âğ, âk: *trouble* (SNS:38)
- → **Persian** — âk, ak: *trouble, deficiency* آک
  آکی نرسید بر تو از من
  صدبار مرا زتو رسید آک (سوزنی)
  (SNS:38, BQT:52)

آکندن

- **Indo-European** — Ken 2, Gwhen 3: *to dig* کندن (EIV:232, POK:534)
- → **Av/Old Pers** — kan 1, xan, gan: *to dig dirt out and mound it up, build* (POK:491, HRN:194, BRT:583, ZMA:49)
- **Indo-European** — Apo: *off* جدا، دور (POK:53)
- → **Avestan** — ap 2, apa: *off, away, to* (POK:54, BQT:1086)
- → **Avestan** — â: *a prefix for making verbs* (KNT:168, BQT:1086, FFD:24)
- → **Avestan** — â-kand, â-gand: *to fill* (POK:491, HRN:194)
- → **Persian** — âkandan: *to fill* آکندن (BQT, FFD:26)

NOTE- compare "Ken 2"with "Gwhen 1: to fill"

آگاه
هم: نگاه

- **Indo-European** — Kwek, Kas 1: *to appear, see, show* ظاهر شدن، دیدن، نمایش (POK:638, EIV:245)
- → **Avestan** — â-kasat: *he saw, is informed* (POK:638, KLN:42, SYN:1436)
- → **Persian** — âgâh: *aware* آگاه (BQT, HRN)

آگور
رجوع شود به: آجر

آل
قرمز کمرنگ

- **Indo-European** — El 2: *red or brown used in animal and tree names* رنگ سرخ یا قهوه ای درنامگذاری گیاهان و حیوانات (POK:302, KLN:509)
- → **Avestan** — aurușa: *pale red, white* (POK:302)
- → **Pahlavi** — arûs: *white* (BQT:55)
- → **Persian** — âl: *pale red, pink* آل; âlgûneh: *a pinkish face powder* آلگونه
  آن بنا گوش کز صفا گو یی
  برکشیده است آلگونه به سیم (بلخی)
  (BQT, MON)

آلاله
رجوع شود به: لاله

آلفاآلفا
"غذای اسب"

- **Indo-European** — Ed: *to eat* خوردن (POK:287)
- → **Avestan** — asa 1: *food* (POK:287, BQT:44,1624)
- **Indo-European** — Ekwos: *horse* اسب (POK:301)
- → **Avestan** — aspa: *horse* (POK:301, BQT:1819)
- → **Avestan** — aspa-asa: *horse food* (BQT:119)
- → **Pahlavi** — aspast, aspasti: *alfalfa* (BQT:119,1624)
- → **Arabic** — al-fesfeseh: *horse food*; NOTE- through Syriac (KLN, AHD, OEW)
- → **English** — alfalfa (AHD, OEW)
- → **Persian** — آلفاآلفا (MON)

آلگوریتم
"بنام خوارزمی"

- **Indo-European** — Ghdhem: *earth* زمین (POK:414, SYN:16, AHD:1513)
- → **Av/Old Pers** — zam: *earth* (AHD, BQT:1032, KNT:177)
- **Indo-European** — Su 1: *well, good* خوب (POK:1037, KLN:548)
- → **Old Persian** — hu, u, uv: *good* (KNT:175)
- → **Av/Old Pers** — u-vâra-zmi: *good ... land* (KNT:177)
- → **Persian** — Xârazm: *a city in central Asia, modern Khiva* (BQT:781,805, MON5: 488,491, KLN:49)
- → **Arabic** — Al-Xwarazmî: *the ninth century mathematician from Khârazm who introduced algebra*
- → **French** — algorisme; NOTE- through Middle Latin (AHD:33)
- → **Persian** — âlgoritm: *algorithm* آلگوریتم (VOP:17)

NOTE- This computational method was named after Khārazmi (c. 780 – c. 850) who was a Persian polymath from Khârazm.

آلگونه
رجوع شود به: آل

آلودن

- **Indo-European** — Leu: *to smear, make dirty* مالیدن، کثیف کردن (POK:681)
- → **Av/Old Pers** — rû, râu: *to be dirty* (FFD:26)
- → **Pahlavi** — â-lutan: *to make dirty* (BQT:58,358, HRN:10,62, HUB:8,36)
- → **Persian** — âlûdan: *to make dirty* آلودن (AEF, FFD)

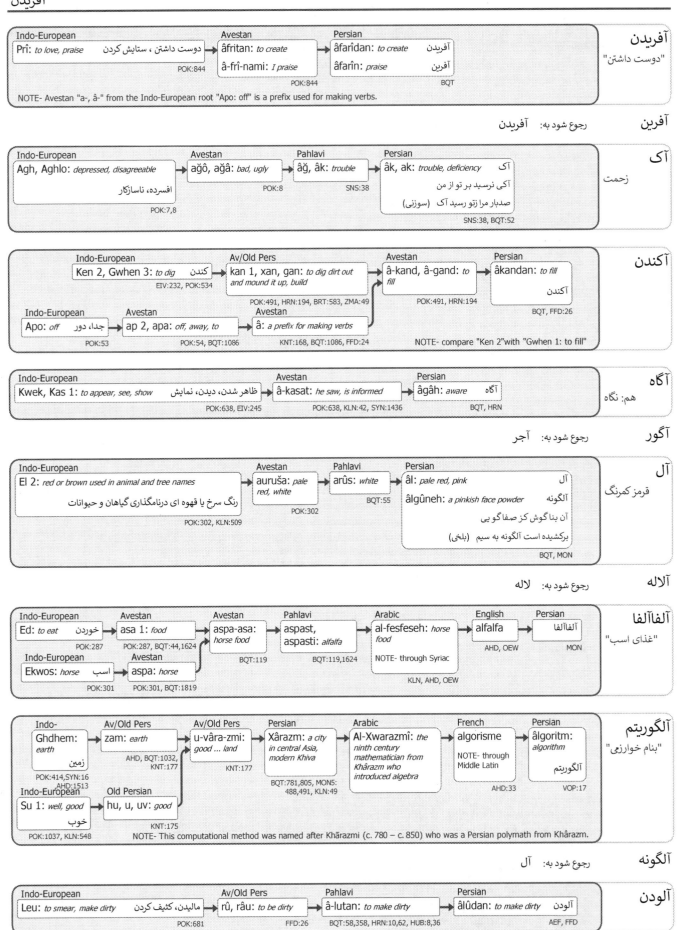

آله
هم: eagle

- Indo-: **Akwa:** *water* آب — POK:23
- → Latin: **aqua:** *water*; **aquilus:** *dark colored*. NOTE- Pokorny suggests a derivation, along with Aquilo ("the North wind"), from aqua. — AHD
- → Avestan: **arva, arvâ:** *eagle*. NOTE- see discussion on ARN:68 about possible roots — ARN:68
- → Pahlavi: **alûh:** *eagle* — BQT:58, MPP:79
- → Persian: **âleh:** *eagle* آله (له)
  مَثَل دشمنان تو با تو
  حیلهٔ کبک و حمله های له است (فرقدی)
  — MON:85, BQT:58

آلیختن
رجوع شود به: آلیزیدن

آلیز
رجوع شود به: آلیزیدن

آلیزیدن
لگد انداختن

- Indo-European: **Leig:** *to leap, jump* پریدن — POK:667, EIV:311
- → Persian: **âlîzîdan:** *to jump around* آلیزیدن (آلیختن); **âlîz:** *a "jumping" horse* آلیز
  نفس چون سیر گشت بستیزد
  توسن آسا بهر سو آلیزد (سراج الدین)
  — POK:667, MON:86, BQT:59

آماج
گاوآهن
هم: mattock

- Indo-European: **Mat:** *pick* کلنگ — POK:700, ARN:69
- → Persian: **âmâj:** *plow* آماج — ARN:69

NOTE - through Spanish & Italian

آماده

- Indo-European: **Apo:** *off* جدا، دور — POK:53
- → Avestan: **ap 2, apa:** *off, away, to* — POK:54, BQT:1086
- → Avestan: **â:** *a prefix for making verbs* — KNT:168, BQT:1086, FFD:24
- Indo-European: **Me 1:** *to measure* اندازه گرفتن — POK:703, 731
- (â + Me 1) → Avestan: **â-mâ-:** *to prepare, be ready* — EIV:256
- → Persian: **â-mâdeh:** *ready* آماده — EIV:256, BQT

آمار
هم: remember

- Indo-European: **Mer 1, Smer, Hmar:** *to remember* بیاد آوردن — POK:969, EIV:137
- → Avestan: **mar.1, smer:** *to remember*; **â-mar:** *(count) to remember* — MON, KLN:961, FFD:64
- → Persian: **âmâr:** *census* آمار; **hamâr:** *number, quantity, size* هَمار — HUB, HRN, BQT, EIV

آمدن
هم: come

- Indo-European: **Apo:** *off* جدا، دور — POK:53
- → Avestan: **ap 2, apa:** *off, away, to* — POK:54, BQT:1086
- → Avestan: **â:** *a prefix for making verbs* — KNT:168, BQT:1086, FFD:24
- Indo-European: **Gwa:** *to walk, step* قدم زدن — POK:463, EIV:98
- → Av/Old Pers: **gam:** *to come, step* — POK:463, KLN:318
- (â + gam) → Avestan: **gâman:** *step*; **a-gam:** *to come* — POK:463
- → Persian: **gâm:** *step* گام; **âmadan:** *to come* آمدن (آینده) — HRN:11, BQT

آمرزیدن

- Indo-European: **Mêlg, Marz?:** *to wipe off, rub, milk* لمس کردن، پاک کردن، دوشیدن — POK:722, EIV:180, 269
- → Avestan: **â-marz:** *wipe out sins* — POK:722, BQT:1448, HRN:12
- → Persian: **âmorzîdan:** *to forgive* آمرزیدن — MON

آمُلَج
درخت آمله

- Sanskrit: **Amalaka:** *emblic tree* درخت آمله (آمُلَج) — KLN:513
- → Persian: **âmoleh:** *emblic tree* آمله (آمُلَج) — BQT:61, MON:90

آموختن

- Indo-European: **Mauč:** *to learn, teach* آموختن — EIV:270
- → Pahlavi: **hammôz-:** *learn* — EIV:270
- → Persian: **âmuxtan** آموختن — FFD:27, MON:91

آمودن
پُر کردن

- Pahlavi: **Âmon:** *full, filled with* پر، پر از — SNS:6
- → Persian: **âmûdan:** *to fill with* آمودن
  هم زبانشان ز فحش آموده
  هم درونشان به خبث آلوده (سنائی)
  — SNS:6, BQT:61, MON:91

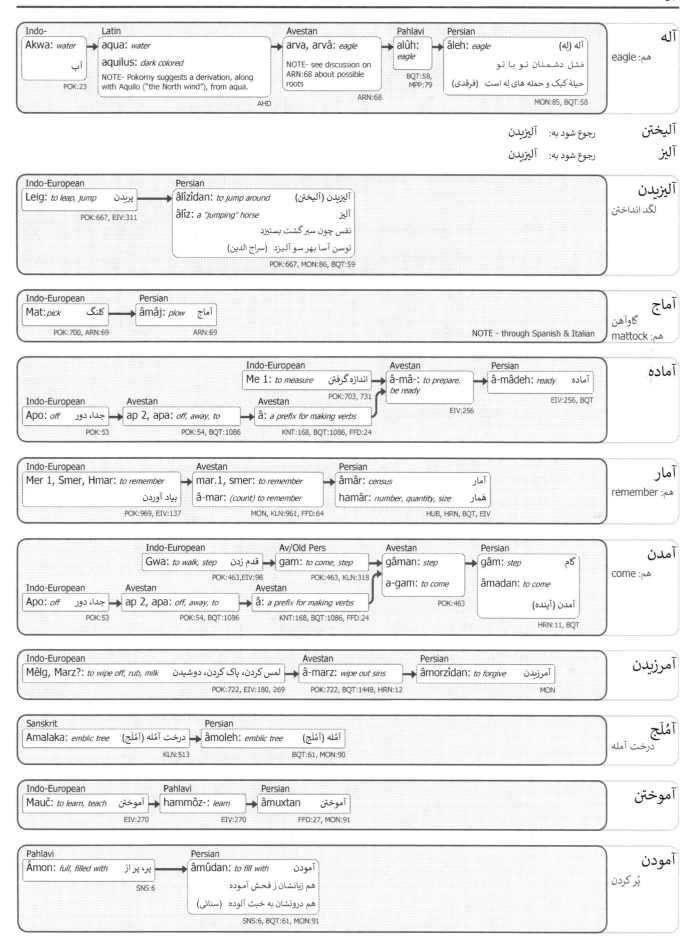

آمیختن
هم: mix

- Indo-European: Meig: *to mix* مخلوط کردن (POK:712-714, AHD) →
- Avestan: a-minašti: *to mix, mixed* (POK:714, BQT:1835) →
- Persian: âmîxtan: *to mix* آمیختن (آمیزش) (HRN, BQT)

NOTE- Avestan "a-, â-" from the Indo-European root "Apo: off" is a prefix used for making verbs.

آمیزش
رجوع شود به: آمیختن

آن
هم: other

- Indo-European: An 2: *other* دیگر (POK:37) →
- Av/Old Pers: anya, aimya: *other* (HRN:13, KLN:1108, POK:37, ARN:72) →
- Persian: ân: *that* آن (HRN:13)

آناهیتا
"بی عیب"

- Indo-European: Ne 1, An 3: *no, not* نه (POK:756, KNT:167) →
- Av/Old Pers: a-, â-, an-: *no, not* (POK:757, KNT:167) →
- Avestan: a-hu: *not good, defect, fault* نقص، عیب (FAF, BQT:72) →
- Avestan: âhita: *dirty, faulty* (BQT:72, FAF:36, KNT:167) →
- Av/Old Pers: an-âhita: *not dirty, innocent* (BQT:36,72,788) →
- Persian: ânâhîtâ: *"innocent, pure"* آناهیتا (ناهید) (MON, BQT)

آوا

- Indo-European: Wekw: *voice* صدا (POK:1135) →
- Av/Old Pers: vak, vačah, vaxš: *word, voice, sound* (POK:1135) →
- Av/Old Pers: â-vač: *voice, song* (POK:1135, KLN:1719, SYN:26) →
- Persian: âvâ: *voice, song* آوا (آواز) (BQT, HRN)

آوار ۱
غارت و چپاول

- Indo-European: Wel 2, War: *to tear, wound, plunder* پاره کردن، زخمی کردن، غارت کردن (POK:1144, EIV:208) →
- Avestan: varenâ: *to rob, pluck* (EIV:208) →
- Persian: âvâr: *to plunder, rob* آوار ۱ (BQT, EIV:208)

آوار۲
رجوع شود به: آواره

آواره

- Indo-European: Âlêiô: *to wander, roam, rove* پرسه زدن، ول گشتن (POK:27, AHD:1505, IEC:14) →
- Persian: âvâreh: *homeless, wanderer, exiled* آواره (آوار۲) (IEC:14)

آواز
رجوع شود به: آوا

آورد
جنگ و نبرد

- Indo-European: Per 3: *oppose, hit* مخالف، مقابل (POK:815-818) →
- Indo-European: Apo: *off* جدا، دور (POK:53) →
- Avestan: ap 2, apa: *off, away, to* (POK:54, BQT:1086) →
- Avestan: â: *a prefix for making verbs* (KNT:168, BQT:1086, FFD:24) →
- Avestan: â-part: *battle* (POK:818, EIV:298) →
- Persian: âvard: *battle* آورد (BQT:2115, HRN:230)

آوردن

- Indo-European: Bher 1: *to carry* حمل کردن (POK:128,163, PRT:234, SYN:107) →
- Av/Old Pers: bar: *to carry* (POK:128) →
- Avestan: â-vare, â-bar-a: *bring* (BQT:66, MON:1395, FFD:28) →
- Persian: âvardan: *to bring* آوردن (BQT, FSF:58)

NOTE- Avestan "a-, â-" from the Indo-European root "Apo: off" is a prefix used for making verbs.

آونگ

- Indo-European: Weik: *to shake, swing* لرزاندن، تاب دادن (POK:1130) →
- Av/Old Pers: vyâxa, vyâxman: *assembly, collection* (POK:1130) →
- Persian: âvang: *pendulum* آونگ (BQT, HRN, MON)

آویختن
مق: بیختن

- Indo-European: Weik: *to shake, swing* لرزاندن، تاب دادن (POK:1130) →
- Av/Old Pers: waix, waig: *to swing* (POK:1130) →
- Persian: vîxtan: *to sling* ویختن; âvîxtan: *to hang* آویختن (آویز) (BQT, HRN, MON)

آویز
رجوع شود به: آویختن

آهختن
رجوع شود به: آهیختن

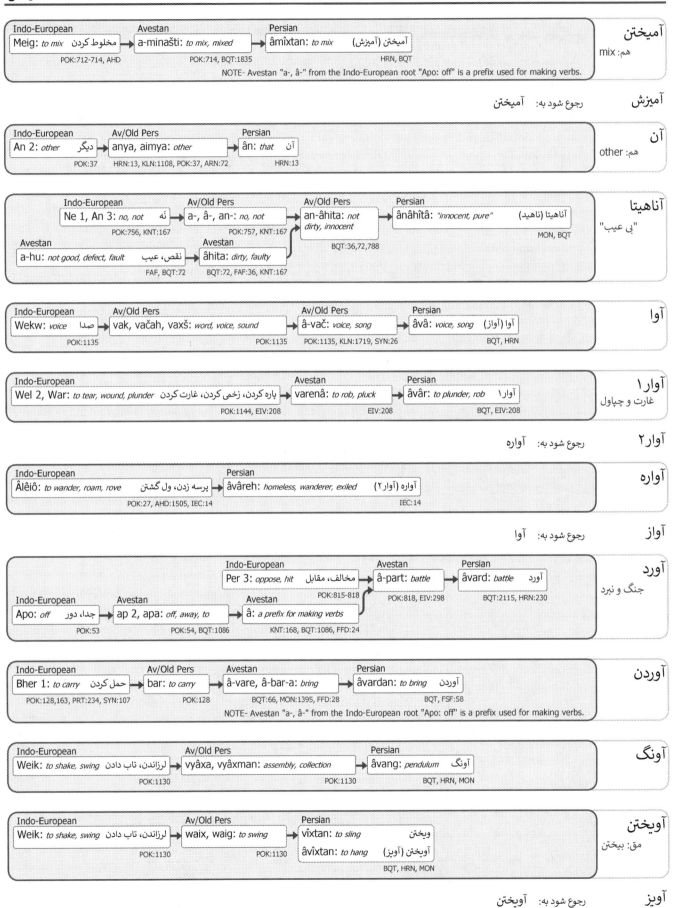

آهن

- Indo-European: Aios: *metal* فلز — POK:15, KLN:1093
- → Avestan: ayô, ayah, ayanh: *metal* — POK:15, KLN:1093
- → Pahlavi: âsîn, âhên: *metal, iron* — BQT:70, HRN:14
- → Persian: Âhan: *iron, anything hard* آهن — BQT:70, SYN:612

NOTE- KLN:1093 claims that this word may have been driven from Ayashya, ancient name of Cyprus, meaning Cyprus metal.

آهنجیدن

رجوع شود به: هنجیدن

آهنگ

- Indo-European: Ten 1, Temp: *to stretch, pull* کشیدن — POK:1064,1067
- → Avestan: thang, â-thax, hanč: *to pull, also a path* — BQT:1481,2376,2381, SNS:7
- → Persian: âhang: *intention* آهنگ — BQT, MON, HRN, SNS, FFD

آهنگر

رجوع شود به: گر۲

آهو۱

- Indo-European: Ôku: *swift* سریع — POK:775
- → Avestan: âsu: *swift* — POK:775
- → Pahlavi: âhûk, âhûg: *a fast running animal, deer* — BQT:71, SOD:10
- → Persian: âhû 1: *deer* آهو۱ — MON:109

آهو۲

عیب

- Indo-European: Su 1: *well, good* خوب — POK:1037, KLN:548
- → Avestan: hu 1: *good* — POK:1037
- Indo-European: Ne 1, An 3: *no, not* نَه — POK:756, KNT:167
- → Av/Old Pers: a-, â-, an-: *no, not* — POK:757, KNT:167
- → Avestan: a-hu: *not good, defect, fault* نقص، عیب — FAF, BQT:72
- → Pahlavi: ahûk: *fault* — BQT:72
- → Persian: âhû 2: *defect* آهو۲ — BRT:345

زگیتی بی آهو نیابی کسی
اگر چند دارد هنر ها بسی (ویس و رامین)

آهیختن

مق: فروهیختن
هم: tension

- Indo-European: Ten 1, Temp: *to stretch, pull* کشیدن — POK:1064,1067
- → Avestan: thang, â-thax, hanč: *to pull, also a path* — BQT:1481,2376,2381, SNS:7
- Indo-European: Apo: *off* جدا، دور — POK:53
- → Avestan: ap 2, apa: *off, away, to* — POK:54, BQT:1086
- → Persian: hîxtan: *to pull* هیختن; âhîxtan: *to pull out* آهیختن، آهختن، آختن — BQT, HRN, SNS

آیشه

رجوع شود به: نشان

آینده

رجوع شود به: آمدن

آینه

رجوع شود به: دیدن

آیین

- Indo-European: Dheye: *to see* دیدن — POK:243
- → Old Persian: adhi-vaina: *ornament* — KNT:191, AEF:322, FFD:55
- → Pahlavi: adhvênak: *ornament* — BQT:340
- → Persian: âzîn: *ornament* آذین; âîn: *ceremony, customs* آیین — BQT, SNS:291, AEF:80

اُباردن

بلعیدن

- Indo-European: Au: *away, off, down* جدا، دور، پایین — POK:72
- → Av/Old Pers: ava 1, aorâ: *down* — KLN:132, POK:72
- Indo-European: Pel 1: *to fill* پر کردن — POK:799, EIV:299
- → Avestan: par 1, perana: *full* — POK:799
- → Avestan: ava-par: *fill down* — AEF:175, BQT:180
- → Persian: obârdan: *to swallow* أباردن (أباشتن); obâsh: *gangsters* اوباش — BQT:180, AEF:175, FFD:31

پس بیوبارید ایشان را همه
نی شبان را میش زنده ، نی رمه (رودکی)

اُباشتن

رجوع شود به: اُباردن

اَبَر

رجوع شود به: بَر۲

ابر

- Indo-European: Nebh, Nembh: *cloud, moisture* ابر، رطوبت — POK:315
- → Avestan: awrem, awra, awar: *cloud* — KLN:772, POK:316, SNS:11
- → Pahlavi: awr, avr, abr: *cloud* — SNS:11
- → Persian: abr: *cloud* ابر — POK:316, SNS:11

ابرآمون

- Indo-European: Nebh, Nembh: *cloud, moisture* ابر، رطوبت — POK:315
- → Avestan: awrem, awra, awar: *cloud* — KLN:772, POK:316, SNS:11
- Pahlavi: Âmon: *full, filled with* پر، پر از — SNS:6
- → Pahlavi: abr-âmûn: *cloudy* — SNS:11
- → Persian: abrâmûn: *cloudy* ابرآمون — POK:316, SNS:11

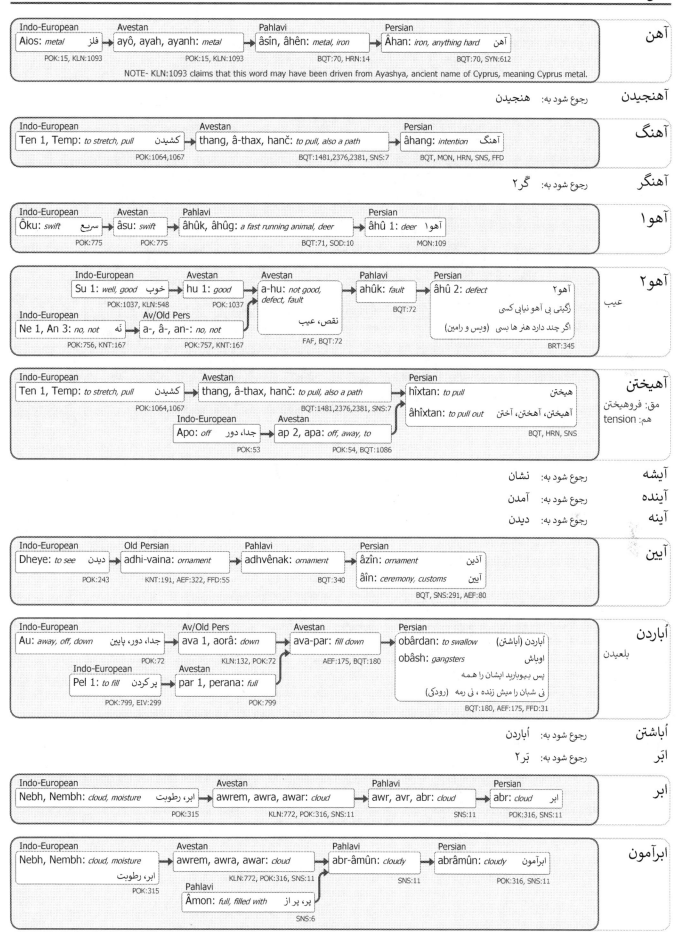

ابرو

Indo-European: Bhru 1: *eyebrow* ابرو، تیر چوبی (POK:172) → Avestan: brvat: *brow* (POK) → Pahlavi: brûk (BQT:80) → Persian: abrû: *eyebrow* ابرو (بُرو) (POK:172, BQT:80, FSF:81)

ابریشم رجوع شود به: ریشتن

اِبریق آب ریز

Indo-European: Ab 1: *water* آب (POK:1) → Avestan: âp: *water* (KLN:2) → Pahlavi: âp-rex: *water container* (FVQ:46, ISS:3) → Arabic: [ ] → Persian: ebrîq: *a water container* اِبریق (FVQ:46)

Indo-European: Leigh 2, Raič: *to leave* ترک کردن (POK:669, EIV:307) → Avestan: rêxt, rêz, hâek: *to pour* (POK:669, FFD:72, SOD:11) → Pahlavi: âp-rex

ابزار

Indo-European: Ghei 2: *to propel* جلو بردن (POK:410,424) → Indo-European: Ghaise: *spear* نیزه (POK:410,424) → Avestan: zaêna 1: *weapon*; zaya: *tools, equipment* (POK:424, KLN:666, SYN:1384) → Pahlavi: abzâr: *tools* (ISS:16) → Persian: abzâr, afzâr: *tools* ابزار، افزار (ISS:16)

NOTE- For a different derivation of these words see root "Geu 2: to hasten".

Indo-European: Ghei 2: *to propel* (POK:410,424) → Indo-European: Ghaise: *spear* نیزه (POK:410,424) → Avestan: zaêmi: *eager*; zaêman: *active*; zaênah-vant: *watchful* (POK:424) → Persian: ?

ابزار

Indo-European: Geu 2: *to hasten* عجله کردن (POK:399) → Avestan: zavah, zâvar: *power, force*; api-zâwar: *tool* (POK:399, BQT:148) → Persian: abzâr, afzâr: *tools* ابزار، افزار (POK:399, BQT, HRN:149)

NOTE- For a different derivation of "abzâr & afzâr" see root "Ghei 2: to propel".

ابلیس " تهمت زن"

Indo-European: Dwo: *two* عدد دو (POK:230,) → Greek: di, dis: *two*; dia: *through, across, apart* (AHD) → Greek: dia-ballein: *to throw across, slander*; diabolos: *slanderer, devil* (KLN:440, AHD:361) → Arabic: iblis: *devil* (BQT:83, FVQ:48) → Persian: eblîs: *devil* ابلیس (BQT:83)

Indo-European: Gwel 1: *to throw, reach* پرتاب کردن، رسیدن (POK:472) → Greek: dia-ballein

اُبهت

Indo-European: Ab 1: *water* آب (POK:1) → Avestan: âp: *water* (KLN:2) → Persian: âb: *glitter (as on water surface)* آب۲ (HRN, AEF) → Arabic: ab-baha: *"glittering shine", elegance*; abboha: *magnificence, elegance* (AFM:7, FVF:11) → Persian: obbohat: *elegance* اُبهت (MON:131)

ابیورد رجوع شود به: . جرد

اپسان رجوع شود به: ساییدن

اپیون

Indo-European: Swekwo: *resin, juice* صمغ، عصاره (POK:1044) → Greek: opos: *juice*; opion: *poppy juice* (AHD) → Persian: apyûn: *opium* اپیون (افیون) (BQT:86)

اتابک رجوع شود به: بیگ

اجاره

Akkadian: Agaru: *to hire* استخدام کردن (KLN) → Syriac: [ ] (KLN) → Arabic: a`jara: *he hired* (AKD:47, FVQ:49) → Persian: ejâreh: *rent* اجاره (اجرت) (MON)

اجرت رجوع شود به: اجاره

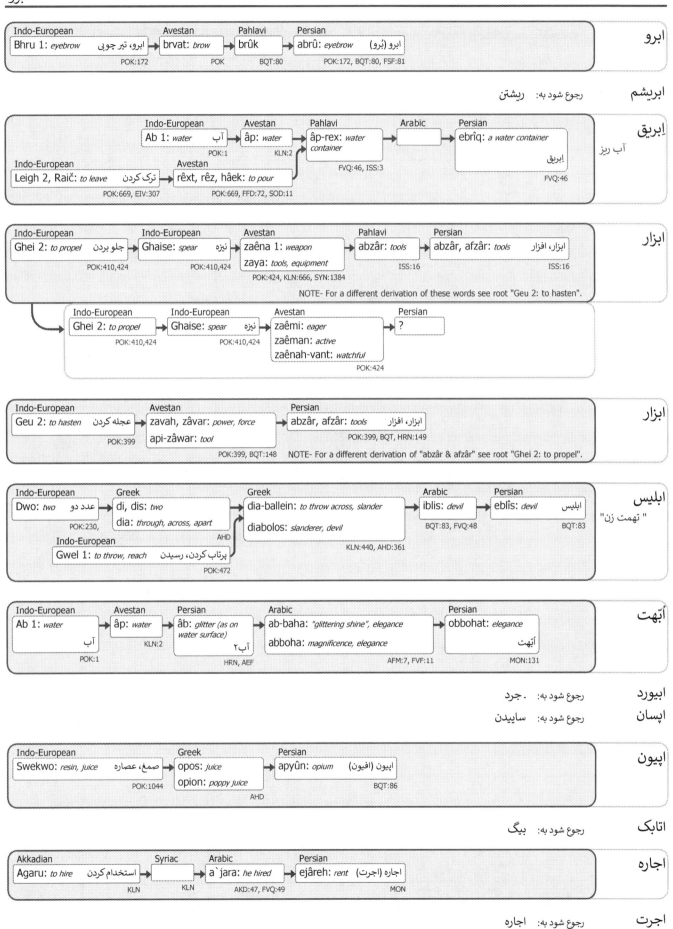

اخ

Indo-European: Agh, Aghlo: *depressed, disagreeable* افسرده، ناسازکار (POK:7,8)
→ Avestan: ağô, ağâ: *bad, ugly* (POK:8)
→ Pahlavi: âğ, âk: *trouble* (SNS:38)
→ Persian: âx, ax: *a word of rejection and grief* آخ، اخ (SNS:38, BQT:90)

اختر

Avestan: Apânk: *turned backwards, north* بازگشت، شمال (SYN:873)
→ Pahlavi: apâxtar: *north, north star*; axtar: *star* (SYN:870, BQT:99, FSF:58)
→ Persian: axtar: *star, fate* اختر (BQT, FSF)

ادب

Sumerian: Dub: *tablet, scripture* لوحه، نوشته (AKD:19, BQT:823)
→ Old Persian: dipi: *to write* (BQT:823)
→ Persian: teacher دبیر (دبستان، دیباچه، دیوان) (BQT:824, KLN:467, AKD:19, ETM:36)
→ Arabic: adab: *literature* (FVF:13,273)
→ Persian: adab: *literature* ادب (آداب، ادبیات) (FVA:28, FVF:273)

ادبیات — رجوع شود به: ادب

ارّابه — رجوع شود به: ارّاده

ارّاده

Indo-European: Ret: *to roll, run* قلتیدن، دویدن (POK:866)
→ Avestan: ratha: *chariot* (POK:866, ARN:302)
→ Persian: arrâdeh: *chariot* ارّاده (ارّابه) (BQT:97,1895, MON:191, ARN:78)

Indo-European: Ret: *to roll, run* (POK:866)
→ Old Persian: ratha: *chariot* (KNT:176)
→ ?

اراک — رجوع شود به: آریا

آران — رجوع شود به: آریا

ارتش

"سوار بر ارابه"

Indo-European: Stâ: *to stand* ایستادن (POK:1008,1009)
Indo-European: Ret: *to roll, run* قلتیدن، دویدن (POK:866) → Avestan: ratha: *chariot* (POK:866, ARN:302)
→ Avestan: ratha-eštra: *"standing on a chariot"* (POK:866, MON:191)
→ Persian: arteš: *army* ارتش (BQT:97, 1895)

ارج

Indo-European: Algwh: *worth, value* ارزش (POK:32)
→ Avestan: arej, arejah: *value*; varejah, varecah: *value* (POK:32, SYN:826)
→ Persian: arj: *value* ارج (ارز، ورج، ارزیدن، ارزش)
نه تنها شه و خسرو کشور است
که شاه است و با ورج پیغمبر است (فردوسی)
(BQT, HRN:241, MON)

ارجاسپ

"دارای اسبان ارزشمند"

Indo-European: Ekwos: *horse* اسب (POK:301) → Avestan: aspa: *horse* (POK:301, BQT:1819)
Indo-European: Algwh: *worth, value* ارزش (POK:32) → Avestan: arej, arejah: *value* (POK:32, SYN:826)
→ Avestan: arejat-aspa: *(with) valuable horses* (BQT, POK:1082, KNT, HRN:206, MON5: 419)
→ Persian: arjâsp: *"with valuable horses"* ارجاسپ (MON)

ارد

عدالت
هم: reason

Indo-European: Ar 1: *to fit together* جور و درست کردن (POK:55)
→ Av/Old Pers: arta 2, areta: *just, holy*; arata, aradra: *true* (POK:56, IRN:28)
→ Persian: ard: *just* ارد (BQT:98-101, IRN:28)

اردشیر

"شاه عادل"

Indo-European: Ar 1: *to fit together* جور و درست کردن (POK:55)
Indo-European: Ksei 1: *to be able, qualify, rule* قادر و شایسته بودن، فرمانروایی کردن (POK:626, KLN:272) → Av/Old Pers: xšača: *king, ruler* (POK:626, KNT:181)
→ Av/Old Pers: arta 2, areta: *just, holy*; arta-xšathra: *a just king.* (POK:56, IRN:28)
→ Persian: Ardešîr: *"just king"* اردشیر

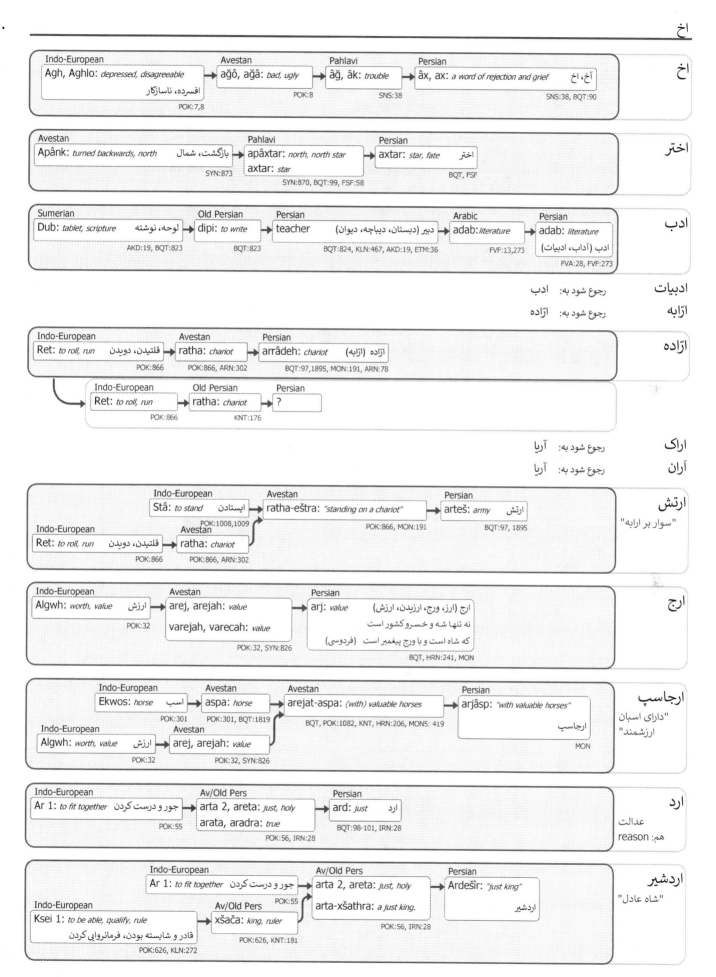

اردلان
"سرزمین شریف آریاییان"

- Indo-European: Al 1: *beyond, above* فراتر، بالاتر (POK:24) → Indo-European: Aryo, Ario: *Lord, ruler* (POK:24,67)
- Indo-European: Ar 1: *to fit together* جور و درست کردن (POK:55) → Av/Old Pers: arta 2, areta: *just, holy* (POK:56, IRN:28)
- → AV/Old Pers: arân: *land of Aryans*; art-arân: *holy Aryan land* (AHD, POK, IRN:7,28)
- → Persian: Ardalân: *"holy Aryan land"* اردلان (PRT, MON5, PRT, IRN, FSF)

اردوان
"حافظ عدالت"

- Indo-European: Ar 1: *to fit together* جور و درست کردن (POK:55) → Av/Old Pers: arta 2, areta: *just, holy*
- Indo-European: Pa: *to protect, feed* حفاظت کردن، غذا دادن (POK:787,842, SYN:103) → Av/Old Pers: pa: *to guard* (HRN:41,72, KLN:114, AHD:1532)
- → arta-pa: *protector of justice.* (POK:56, IRN:28)
- → Persian: Ardavân: *"protector of justice"* اردوان (BQT:98-101, IRN:28)

اردیبهشت
"بهترین عدالت"

- Indo-European: Isto: *most or last* پسوند صفت عالی (KLN:35) → Av/Old Pers: išta: *a superlative suffix* (KNT:191,202)
- Indo-European: Su 1: *well, good* خوب (POK:1037, KLN:548) → Avestan: vohu, vahu: *good* (POK:1174)
- Indo-European: Ar 1: *to fit together* جور و درست کردن (POK:55) → Avestan: aša 2, arta: *true* (POK:56, BQT:142)
- → Avestan: arta-vah-išta: *best true goodness* (KNT:202, TZF:26, BQT:2133)
- → Persian: Ordîbehešt: *"best justice"* اردیبهشت (MON, BQT, TZF)

أُرز رجوع شود به: برنج۲

ارز رجوع شود به: ارج

ارزش رجوع شود به: ارج

ارزن
هم: grain

- Indo-European: Ger 2, Grnom: *to become ripe, grow old. Also means grain* رسیدن، پیر شدن. همچنین غلات (POK:390-391, AEN:444) → Pahlavi: arzan: *millet* (MON:199) → Persian: arzan: *millet* ارزن (ارژن) (IEC:406)

ارزیدن رجوع شود به: ارج

ارزیز
قلع

- Indo-European: Arg: *to shine, white metal* درخشیدن، فلز سفید (POK:64) → Avestan: erezata: *white metal* (POK:64) → Pahlavi: arzyz: *tin* (SOD:56) → Persian: arzîz: *tin* ارزیز (HRN:17)
- Indo-European: Arg: *to shine, white metal* (POK:64) → Old Persian: arda-: *light*; ardata: *shiny metal, silver*; arda-stâna: *(light stand), window frame* (KNT:171) → Persian: ?

ارژن رجوع شود به: ارزن

ارس رجوع شود به: اشک

آرش
هم: آرنج
هم: elbow

- Indo-European: El 1 : *to bend, elbow* خم کردن، آرنج (POK:308, KLN:509) → Old Persian: arašn, arašni: *elbow* (ARN:81, MPP:79) → Persian: arš, araš: *unit of distance from elbow to finger tips* آرش (MON:201, ARN:81)

کمندی بفتراک بر سی ارش
کمانی ببازو زره در برش (فردوسی)

ارشاسپ
"دارای اسبان نر"

- Indo-European: Ersen: *ejector of semen, male* دفع کننده منی ، نر (POK:335) → Av/Old Pers: aršan, varešna: *male, man, hero*
- Indo-European: Ekwos: *horse* اسب (POK:301) → Avestan: aspa: *horse* (POK:301, BQT:1819)
- → aršan-aspa: *(with) male horses* (POK:336, AHD:1480, SOD:414)
- → Persian: Aršâsp: *"with male horses"* ارشاسپ (BQT)

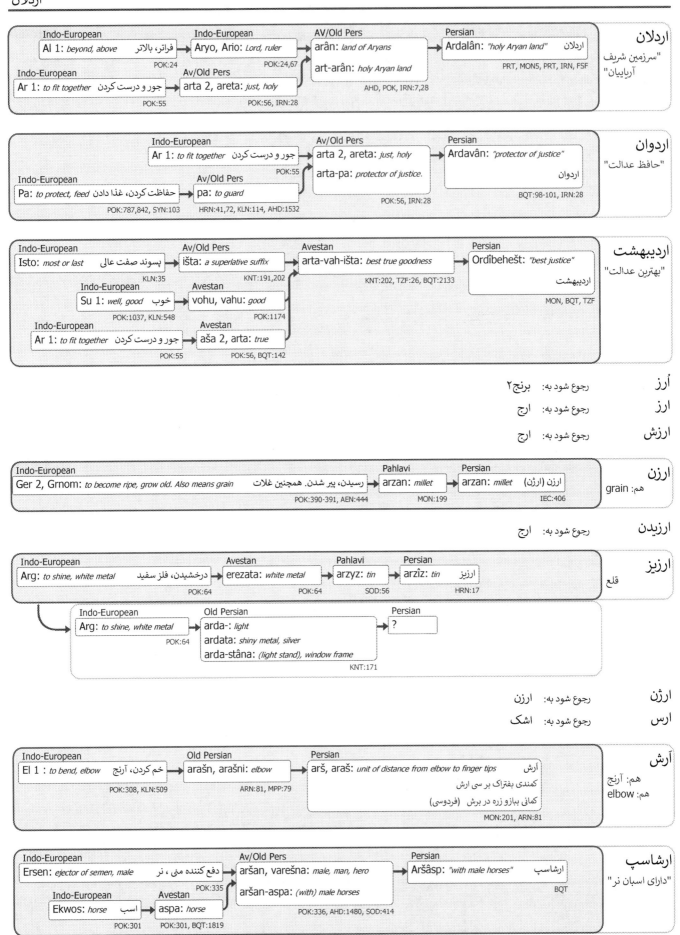

ارشام
"با نیروی خرس"

- Indo-European: **Rk-tho:** *bear (animal)* خرس — POK:875, SOD:70 → Avestan: **areša:** *bear*
- Indo-European: **Ome:** *to move with energy* با انرژی حرکت کردن — POK:778 → Avestan: **ama:** *strength, attack (injury) force* — POK:778, SYN:298 → Avestan: **areša-ama:** *with power of a bear* — POK:875
- → Persian: **Aršâm:** *"with power of a bear"* ارشام — BQT:31,733

ارشان
"مرد، مذکّر"

Indo-European: **Eres 1:** *to flow, to be wet* جریان داشتن، خیس بودن — POK:335 → Av/Old Pers: **aršan, varešna:** *male, man, hero* — POK:336, AHD:1480, SOD:414 → Persian: **Aršân:** *"man, masculine"* ارشان — BQT

ارشک

Indo-European: **Ere, Arš:** *to have bad will, envy* دشمنی یا حسادت کردن — POK:335 → Avestan: **araska:** *enmity* — POK:337 → Pahlavi: **arešk:** *envy* — EIV:167 → Persian: **arašk, rašk:** *envy, zeal* ارشک، رَشک — BQT:952

ارغنده

Indo-European: **Er, Ar 2:** *to set in motion, excite* به حرکت در آوردن، بر انگیختن — POK:327, EIV:165 → Indo-European: **Ergh :** *to excite, tremble* — POK:339 → Avestan: **ereğant:** *angry, evil* — POK:339 → Persian: **arğandeh:** *angry* ارغنده
پس آن بی درفش پلید و سترگ
به پیش اندر آید چو ارغنده گرگ (دقیقی)
— BQT:32

ارغنون

Indo-European: **Werg 1:** *to work* کار کردن — POK:1168 → Greek: **organon:** *tool* — AHD → Arabic: (blank) — MON:203 → Persian: **arğanûn:** *a musical instrument* ارغنون — BQT:106, MON:203

ارکیده

Indo-European: **Orghi:** *testicle* خایه — POK:782 → Greek: **orxis:** *orchid flower named after its testicle-shaped root* — POK:782 → Latin: **orchis** → French: (blank) → Persian: **orkîdeh:** *orchid* ارکیده

Indo-European: **Orghi:** *testicle* — POK:782 → Avestan: **êrêzi, arazi:** *testicles* — POK:782, KLN:1092, SYN:257 → Persian: ?

اروپا
"مغرب"

Akkadian: **Erêbu:** *to enter, to go down (sunset)* فرو رفتن، غروب خورشید — AKD:64, KLN:550 → Hebrew: **\`erebh:** *sunset, west* — AKD:64, KLN:550 → Greek: **europa:** *land of sunset* — KLN:550, → Latin: **eurôpa** — AHD:452 → French: **europe** → Persian: **orûpâ:** *Europe* اروپا

اروند
"با سرعت"
هم: run

Indo-European: **Er, Ar 2:** *to set in motion, excite* به حرکت در آوردن، بر انگیختن — POK:327, EIV:165 → Av/Old Pers: **aurva, aurvant:** *swift, fast* — POK:331, IRN:112, KNT:170 → Pahlavi: **alvend:** *fast* — BQT:160 → Persian: **Arvand:** *"fast", Tigris river* اروند (الوند۱); **Alvand:** *name of a mountain in Hamadan with many springs* الوند۲ — BQT, IRN

ارّه

Indo-European: **Srisâ, Sernh, Harn:** *file, saw* سوهان، اره — IEC:1277, EIV:132 → Persian: **arreh:** *saw* ارّه — IEC:1277, MON:209, EIV:132

اریکه

Indo-European: **Kei 3:** *to lie down, rest* دراز کشیدن، استراحت کردن — POK:539 → Indo-European: **Koi-to:** *bed, couch, home, domain* — POK:539 → Greek: **koite, ari-koite:** *(decorated) bed* — POK:539, TAD:2 → Arabic: **arîkeh:** *throne* — TAD:2, FVA:30 → Persian: **arîkeh:** *bed, throne, domain* اریکه — FVA:30, MON:210, BQT:112

از

Indo-European: **Sekw:** *to follow* دنبال کردن — POK:896 → Avestan: **hačâ:** *followed from* — POK:896 → Pahlavi: **aj:** *from* — HRN:12,150 → Persian: **az:** *from* از — BQT:113,1051

ازغ
شاخه

Indo-European: Ozgho: *branch, bud, offspring* شاخه ، جوانه ، فرزند — POK:786
→ Pahlavi: azg: *branch, offspring* — POK:786, IEC:863
→ Persian: azğ: *branch, shoot* ازغ، ازگ۱; azm: *child* ازم — BQT:114,115, IEC:863, MON:218

ازگ۱
رجوع شود به: ازغ

ازگ۲
بُز ماده

Indo-European: Aig-: *goat, of a goat* بز — POK:6, ARN:82
→ Avestan: iza: *goat* — POK:6, KLN:30
→ Pahlavi: azak: *goat* — POK:6, ARN:82
→ Persian: azg: *goat* ازگ۲ — POK:6, ARN:82

این لغت یا متروک شده و یا استفاده از آن بسیار محدود میباشد.

ازم
رجوع شود به: ازغ

اژدر
رجوع شود به: اژدها

اژدها

Indo-European: Angwhi: *snake* مار — POK:43
→ Avestan: aži: *snake*; aži-dahâkô: *biting snake* — POK:44, KLN:86
→ Persian: eždehâk: *serpent* اژدها، اژدهاک (ضحّاک); aždar: *torpedo* اژدر — BQT:116,1339, PLA:5,190, FSF:43

اژدهاک
رجوع شود به: اژدها

اسب
هم: استر

Indo-European: Ekwos: *horse* اسب — POK:301
→ Avestan: aspa: *horse* — POK:301, BQT:1819
→ Pahlavi: asp: *horse* — BQT:119
→ Persian: asb: *horse* اسب
مثال "اسب" در نامهای ایرانی: ارجاسپ, ارشاسپ, تهماسب, طهماسپ، جاماسب, گرشاسپ, گشتاسپ, گشناسب, گشنسپ, لهراسپ, ویشتاسپ — MON, BQT

استبرق
رجوع شود به: استبرک

استبرک
هم: ستبر

Indo-European: Stebh: *support, stem* پشتیبانی ، ساقه — POK:1012
→ Avestan: stawra: *firm* — POK:1012, BQT:1098, SOD:363
→ Pahlavi: stapr, stawr: *strong* — BQT:1098, FVQ:59, MON:261,262
→ Persian: estabrak: *strong cloth* استبرک (استبرق) — BQT, FVQ, MON

اسپرغم
هم: اسفراج
هم: spring

Indo-European: Spereg: *to swell, sprout, jump, begin* متورم شدن ، جوانه زدن ، پریدن — POK:996,998, OEW:337
→ Avestan: spareğa: *a kind of sprout* — PRT:645, KLN:1481, SYN:525
→ Pahlavi: sparm: *a plant*; spêg: *blossom* — SNS:175,177
→ Persian: espargam: *a plant* اسپرغم; šâh-esperam: *an aromatic plant* شاه اسپَرَم — BQT:1118

اسپرود
گنجشک

Indo-European: Spereg: *to swell, sprout, jump, begin* متورم شدن ، جوانه زدن ، پریدن — POK:996,998, OEW:337
→ Persian: esparûd: *sparrow* اسپرود (اسفرود)
پیش عمان کی نماید آب رود
پیش شاهین کی ببازد اسفرود (لغت نامه) — MON:232, AEF:105, HRN:19, HUB:13

NOTE- These are cognates with the German word "Sperling: sparrow".

اسپست
"غذای اسب"
هم: alfalfa

Indo-European: Ekwos: *horse* اسب — POK:301
→ Avestan: aspa: *horse* — POK:301, BQT:1819

Indo-European: Ed: *to eat* خوردن — POK:287
→ Avestan: asa 1: *food* — POK:287, BQT:44,1624

→ Avestan: aspa-asa: *horse food* — BQT:1819
→ Pahlavi: aspast: *horse food, alfalfa* — BQT:119
→ Persian: aspast: *alfalfa* اسپست (سپست)
سنبل و سوسن کجا آمد بدست از روضه ای
کاندرو تخم سپست و سیر و سیسنبر برند (سنائی)

اسپنتا
رجوع شود به: اسفند

است۱
رجوع شود به: استن

است۲
رجوع شود به: استخوان

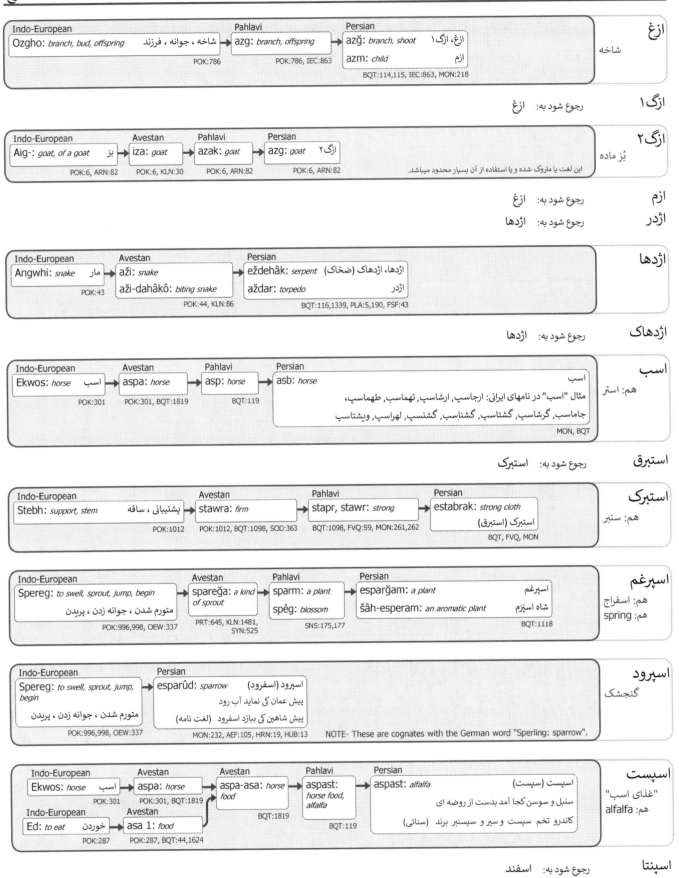

استاد
"آنکه جلو ایستاده"

Indo-European: Stâ: *to stand* ایستادن (POK:1008,1009) → Av/Old Pers: sta: *to stand, to set*; stâ, stata, šta, šti (BQT:123, HRN:20, POK:1008) → Avestan: ava-stata, hvô-îstâ: *standing in front (of students)* (KLN:1222, POK:1008, SYN:1376, SOD:439) → Persian: ostâd: *teacher* استاد (BQT, HRN)

استاک
رجوع شود به: سِتاک

استان
رجوع شود به: ستان

استخر
Indo-European: Stâ: *to stand* ایستادن (POK:1008,1009) → Avestan: sta-xra: *firm, hard* (POK:1009,1011, KLN:1508, HRN:205) → Persian: estaxr: *"firm"* استخر (HRN, BQT)

استخوان
Indo-European: Ost: *bone* استخوان (POK:783) → Avestan: ast, ascu: *bone*; asča: *shin bone* (SYN:207, POK:783, KLN:1099) → Pahlavi: astag, astak, astuxan: *bone* (BQT:124, HRN:20) → Persian: ast: *bone* است۲ (استخوان); xastu: *core* خستو۱ (هسته) (MON)

Indo-European: Ost: *bone* (POK:783) → Old Persian: ast: *bone* (TZF:26) → Persian: ?

استر
"از نسل اسب"

Indo-European: Ekwos: *horse* اسب (POK:301) → Sanskrit: asva-tara: *related to a horse* (MON:246, BQT:125) → Pahlavi: astar: *mule* (MON:246) → Persian: astar: *mule* استر (BQT:125)

آستَم
دهان

Indo-European: Stomen: *mouth* دهان (POK:1035) → Avestan: staman: *mouth (of a dog)* (POK:1035, KLN:1518) → Persian: astam: *mouth (obsolete)* آستَم (HRN:267)

این لغت یا متروک شده و یا استفاده از آن بسیار محدود میباشد.

استن
هم: is

Indo-European: Es-ti: *to be* بودن (POK:340,341,342, IEC:254) → Avestan: asti: *it is* (POK:340, KNT:214, IEC:254, EIV:152) → Pahlavi: ast, hast: *is* (IEC:254, EIV:152, ARN:528) → Persian: astan: *to be* استن (است۱); hastan: *to be* هستن (هست) (IEC:250,254, MON:260,345, EIV:152)

Indo-European: Es-ti: *to be* (POK:340,341,342, IEC:254) → Old Persian: amiy: *I am*; hašiya: *true* (POK:340,341, KNT:214) → Persian: ?

استوار
هم: ستبر

Indo-European: Stebh: *support, stem* پشتیبانی ، ساقه (POK:1012) → Avestan: stawra: *firm* (POK:1012, BQT:1098, SOD:363) → Pahlavi: stapr, stawr: *strong*; hôstubâr, astô-bâr: *firm* (BQT:1098, FVQ:59, MON:261,262) → Persian: ostovâr: *firm, an army rank* استوار (BQT, FVQ, MON)

Indo-European: Bher 1: *to carry* حمل کردن (POK:128,163, PRT:234, SYN:107) → Av/Old Pers: bar: *to carry* (POK:128) → Pahlavi (hôstubâr, astô-bâr)

استوان۱
رجوع شود به: خَستو۲

استوان۲
رجوع شود به: سُتوان۲

اسطبل
Indo-European: Stâ: *to stand* ایستادن (POK:1008,1009) → Latin: stabulum: *standing place* (AHD) → Arabic: (MON) → Persian: establ: *barn* اسطبل (MON:266)

اُسطُقس
Indo-European: Stoigh: *to stride, step, rise* قدم زدن، بلند شدن (POK:1017) → Greek: stoixeion: *shadow line, element* (POK:107, AHD) → Arabic: istoqos: *element* (TAD:3) → Persian: ostoqos: *substance, strength* اُسطُقس (MON:266)

اسطوره
"داستان تاریخی"
هم: history

- Indo-European: **Weid:** *to see, to know* — دیدن، دانستن (POK:1125)
- → Greek: **histôr:** *wise*; **istoria:** *history* (POK:1127, AHD)
- → Arabic: **ostûreh:** *historical tale, myth*
  NOTE- FVQ:56 & VDQ:113,257 derive this from Arabic "s.t.r"; from Akkadian "šatarû: to write". (TAD:3, FVQ:56)
- → Persian: **ostûreh:** *myth* — اسطوره (اساطیر) (MON:225)

اسفالت
"سطح غیر لغزنده"

- Indo-European: **Ne 1, An 3:** *no, not* — نَه (POK:756, KNT:167)
- Greek: **Sphallein:** *cause to fall, slip* — لیز خوردن، افتادن
  NOTE- From an unknown Semitic root (KLN:114, AHD:78)
- → Greek: **a-sphallein, asphaltos:** *"not slippery", asphalt* (AHD)
- → Latin:
- → French:
- → Persian: **âsfâlt:** *"not slippery"* — اسفالت (VOP)

اسفراج
مارچوبه

- Indo-European: **Spereg:** *to swell, sprout, jump, begin* — متورم شدن ، جوانه زدن ، پریدن (POK:996,998, OEW:337)
- → Avestan: **spareğa:** *a kind of sprout* (PRT:645, KLN:1481, SYN:525)
- → Greek: **asparagos:** *a sprout* (PLA:18)
- → Arabic: **isferâj:** *asparagus* (PLA:18)
- → Persian: **esferâj:** *asparagus* — اسفراج (MON:268, BQT:130)

اسفنج

- Indo-European: **Spongo :** *fluffy, empty* — پفکی، خالی (WLD2: 621)
- → Greek: **spongos:** *sponge* (WLD2: 621)
- → Arabic: **isfanj:** *sponge* (TAD:35)
- → Persian: **esfanj:** *sponge* — اسفنج (BQT:130, MON:269)

اسفند

- Indo-European: **Kwen 1:** *holy* — مقدس (POK:630)
- → Avestan: **spenta:** *holy, also an herb* (KLN:746, SYN:1476, HRN:210, BQT:121,210)
- → Persian: **esfand:** *an aromatic plant* — اسفند; **espantâ:** *holy* — اسپنتا (سپنتا) (ARN:342, MON)

اسفندیار
"خلقت مقدس"

- Indo-European: **Kwen 1:** *holy* — مقدس (POK:630)
- Indo-European: **Dô:** *to give, create* — دادن، خلق کردن (POK:223)
- → Avestan: **dâ 1:** *to give*; **dâtar:** *giver, God* (BQT:121, POK:223,225)
- → Avestan: **spento-dâto:** *holy creation* (KLN:746, SYN:1476, HRN:210, BQT:121,210)
- → Persian: **Esfandîyâr:** *"holy creation"* — اسفندیار (ARN:342, MON)

اسکله

- Indo-European: **Skand 1:** *to climb, leap* — بالا رفتن، پریدن (WLD:540, AHD:1539)
- → Latin: **scâlae:** *step, ladder* (WLD:540)
- → Italian: **scalo:** *platform, wharf*
- → Arabic: **iskileh** (TAD:4)
- → Persian: **eskeleh:** *wharf* — اسکله (MON:271)

اسکناس
"سفته"

- Indo-European: **Sekw:** *to follow* — دنبال کردن (POK:896)
- → Latin: **signum:** *sign, mark* (AHD)
- → English: **seal, sign** (AHD)
- → French: **assignat:** *assigned bonds*
- → Russian: **assignatsia:** *money bill*
- → Persian: **eskenâs:** *money bill* — اسکناس (ARK:239)

اسکندر
"حافظ مردم"

- Indo-European: **Alek:** *to ward off, protect* — دفاع کردن (POK:32)
- Indo-European: **Ner 1:** *vital energy, man* — انرژی حیاتی، مرد (POK:765)
- → Greek: **andros:** *man* (AHD, KLN:47)
- → Greek: **alexein:** *to protect*; **alex-andros:** *protector of men* (AHD:1506, KLN:47,856)
- → Arabic: **Iskandar** (MON5: 144)
- → Persian: **Eskandar:** *"Protector of people"* — اسکندر (MON5: 144)

اِسکِنه

- Indo-European: **Ken 2, Gwhen 3:** *to dig* — کندن (EIV:232, POK:534)
- Indo-European: **Ud 1:** *up, out, away* — بالا، بیرون (POK:1103)
- → Avestan: **kan:** *to dig*; **us-kan:** *to carve out (wood)* (EIV:233)
- → Persian: **eskeneh:** *chisel* — اِسکِنه (EIV:233)

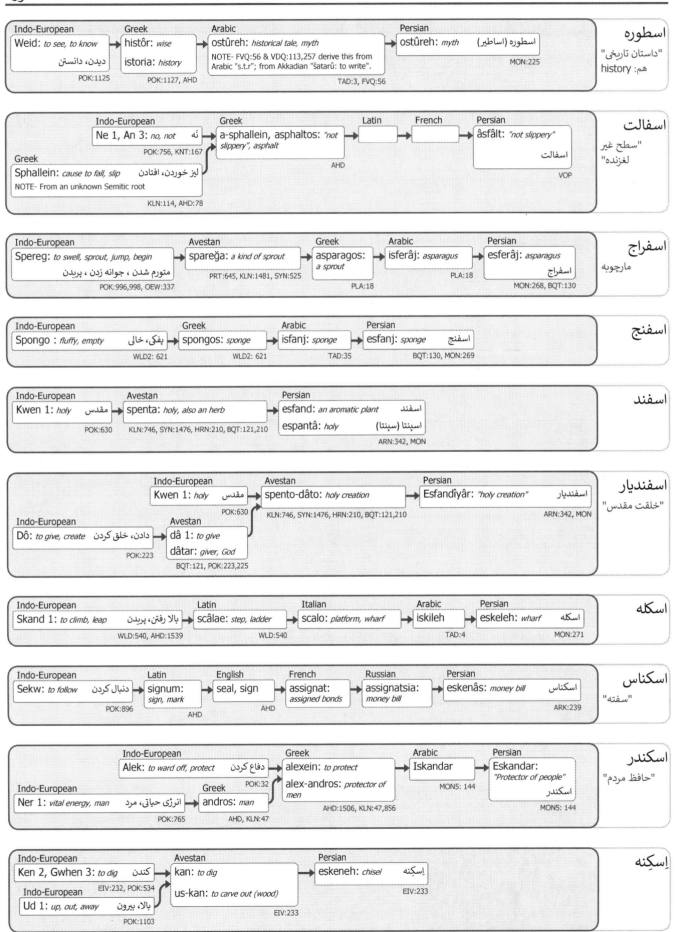

اشتر

Indo-European: Wes 1 : *wet, also male animal* خیس، حیوان نر (POK:1171,1172, IEC:1582) → Av/Old Pers: uš-tra, uštra: *camel* (POK:1172) → Persian: oštor: *camel* اشتر (شتر) (BQT:138)

اشراق

رجوع شود به: شرق

اشک

هم: tear

Indo-European: Akru: *tear, tear drop* گریه، اشک (POK:23, 179) → Avestan: asrû, asraka: *tear* (POK:23, KLN:1578) → Pahlavi: ars: *tear* → Persian: ars: *tear* ارس; ašk: *tear* اشک (BQT:103, HRN:17)

اشکم

Indo-European: Reuto: *intestines, bowels* دل و روده (POK:873) → Avestan: uruthwara, uruthwan, uruthwasča: *abdomen, belly* (POK:874) → Pahlavi: aškumb: *abdomen* (SNS:36) → Persian: eškam: *abdomen, belly* اشکم (شکم) (SNS:36)

اُشنان

صابون

Indo-European: Snâ: *to flow, swim* با جریان رفتن، شنا کردن (POK:971) → Avestan: snâ: *wash, swim*

Indo-European: Ud 1: *up, out, away* بالا، بیرون (POK:1103) → Avestan: us-snâ: *wash out* (POK:971, KLN:1030, HUB:15)

→ Persian: ošnân: *an alkaline plant used in washing, soap* اُشنان

کـنون اختر گازر انـدر گذشـت
به دگان شد و برد اشنان به دست (فردوسی)

(BQT, HRN:176, AEF:118)

اشنوسه

رجوع شود به: شنوشه

اشو

بهشت

Indo-European: Ar 1: *to fit together* جور و درست کردن (POK:55) → Avestan: aša 2, arta: *true* (POK:56, BQT:142) → Pahlavi: ahru, ahrav, ašôg: *sacred* (BQT:101,142, SNS:5) → Persian: ašû: *true, heaven* اشو (BQT, MON, TZF)

اصفهان

"سپاه دان"

Indo-European: Kwon: *dog* سگ (POK:632, KLN:746, BQT:1155) → Av/Old Pers: spâ 1: *dog*; spakâ: *dog, also "army"* (POK:632, KLN:746) → Avestan: spâda, spâtha: *army*

Indo-European: Dhê 2: *to do, set* انجام دادن، چیدن (AHD:1512, POK:235) → Avestan: dhana: *vessel, holder, pot* (POK:238) → Avestan: aspa-dâna: *army place, Isfahan* (POK:632)

→ Persian: esfahân: *a city in central Iran where armies used to gather* اصفهان (BQT:118,1087, HRN:155, POK:632)

افتادن

Indo-European: Au: *away, off, down* جدا، دور، پایین (POK:72) → Av/Old Pers: ava 1, aorâ: *down* (KLN:132, POK:72) → Avestan: ava-pat: *fall down*

Indo-European: Pet 1: *to fly, to fall* پرواز کردن، افتادن (POK:825, EIV:299) → Av/Old Pers: ptâta, tâta: *falling* (POK:825, HRN:22) → Avestan: ava-pat (KLN:132, HRN:105, BQT:733)

→ Persian: oftâdan: *to fall* افتادن (HRN:22, BQT:145,180)

Indo-European: Pet 1: *to fly, to fall* (POK:825, EIV:299) → Avestan: pataiti, patayeiti: *flies*; patareta: *flying* (POK:825) → Avestan: fra-ptaražât: *bird*; paiti-pasti: *approach, step* (POK:825) → Persian: ?

Indo-European: Pet 1: *to fly, to fall* (POK:825, EIV:299) → Old Persian: pat: *to fly* (POK:825, KNT:194) → Old Persian: ud-pat: *rise up* (POK:825, KNT:194) → Persian: ?

افراشتن

Indo-European: Ambhi: *around* اطراف، پیرامون (POK:34) → Avestan: aiwi, abi, aiwiš, ubê: *over, above, both* (POK:34)

Indo-European: Reg 1: *move straight, right* مستقیم حرکت کردن (POK:854, KNT:206) → Avestan: râsta: *right* (POK:854)

→ Avestan: aiwi-reg: *to straighten up* (POK:34) → Persian: afrâštan: *to raise* افراشتن (افراز) (HRN)

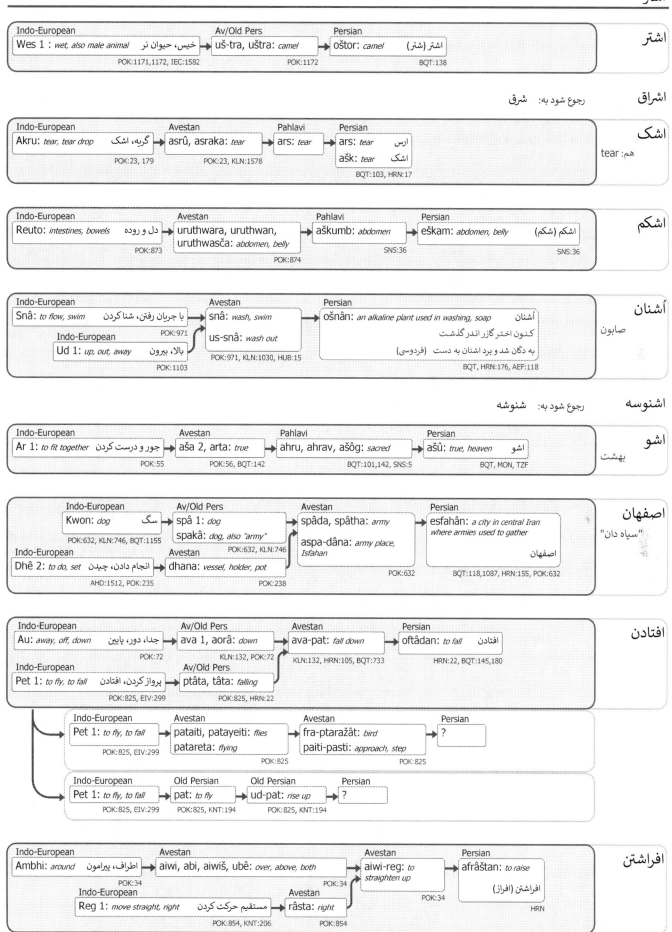

افروختن

- Indo-European: Ambhi: *around* اطراف، پیرامون — POK:34 → Avestan: aiwi, abi, aiwiš, ubê: *over, above, both* — POK:34 → Avestan: aiwi-ruč: *to light up* — POK:34 → Persian: afrûxtan: *to light up* افروختن — HRN
- Indo-European: Leuk: *light, brightness* نور، روشنایی — POK:687, KNT:205 → Avestan: raočah: *light* — HRN:23,136,140, SYN:470,991, BQT:31 → Avestan: aiwi-ruč

افزار

رجوع شود به: ابزار

افزودن

- Indo-European: Ambhi: *around* اطراف، پیرامون — POK:34 → Avestan: aiwi, abi, aiwiš, ubê: *over, above, both* — POK:34 → Avestan: aiwi-zâvayeiti: *adds up* — HUB:16 → Pahlavi: abzû-: *to increase* — EIV:112 → Persian: afzûdan: *to add* افزودن (فزون) — HRN
- Indo-European: Geu 2: *to hasten* عجله کردن — POK:399 → Avestan: zava: *haste* — POK:399, HUB:16 → Avestan: aiwi-zâvayeiti

افسار

- Indo-European: Ambhi: *around* اطراف، پیرامون — POK:34 → Avestan: aiwi, abi, aiwiš, ubê: *over, above, both* — POK:34 → Avestan: aiwi-sâra: *around the head* — POK:34 → Persian: afsâr: *bridle* افسار — HRN
- Indo-European: Ker 1: *head, horn* سر، شاخ — POK:574, KLN:261,657 → Avestan: sarah, sârah: *head* — AHD, POK:574, KLN:261 → Avestan: aiwi-sâra

افسان

رجوع شود به: ساییدن

افسانه

- Indo-European: Kens: *to speak solemnly, proclaim* موقر صحبت کردن ، اعلام کردن — POK:566, WLD1: 403 → Avestan: sah: *to say, declare* — POK:566, KNT:188 → Persian: afsâneh: *fable* افسانه — IEC:608

افسانیدن

رجوع شود به: ساییدن

افسر

- Indo-European: Ambhi: *around* اطراف، پیرامون — POK:34 → Avestan: aiwi, abi, aiwiš, ubê: *over, above, both* — POK:34 → Avestan: aiwi-sara: *on the head* — POK:34 → Persian: afsar: *crown, officer* افسر — HRN
- Indo-European: Ker 1: *head, horn* سر، شاخ — POK:574, KLN:261,657 → Avestan: sarah, sârah: *head* — AHD, POK:574, KLN:261 → Avestan: aiwi-sara

افسردن

- Indo-European: Kel 1: *cold or warm, a year* سرد یا گرم، سال — NOTE- This root has two opposing meanings — POK:551, SYN:1078 → Avestan: sarethâ: *cold* — POK:551, SYN:1078 → Pahlavi: awsartan: *to become cold, to lose hope.* — HRN:23 → Persian: afsordan: *to lose hope* افسردن — POK:551, SYN:1078, BQT

افسنتین

هم: اسفند

- Indo-European: Kwen 1: *holy* مقدس — POK:630 → Avestan: spenta: *holy, also an herb* — KLN:746, SYN:1476, HRN:210, BQT:121,210 → Greek: apsinthion: *an herb* — KLN:7 → Arabic: afsantîn — TAD:4 → Persian: afsantîn: *an herb* افسنتین — MON:316

افسوس

- Indo-European: Ambhi: *around* اطراف، پیرامون — POK:34 → Avestan: aiwi, abi, aiwiš, ubê: *over, above, both* — POK:34 → Avestan: aiwi-saoka: *burn over* — HUB:16 → Persian: afsûs: *regret* افسوس — HRN
- Indo-European: Keuk: *to shine, be white* درخشیدن — POK:597 → Avestan: saoč, sauk, saux: *to light up* — POK:597, HRN:161,165, IRN:128 → Avestan: aiwi-saoka

افشاردن

- Old Iranian: Xšarta: *to press, squeeze* فشردن — BLY:75 → Pahlavi: afsârtan, assârdan: *to squeeze* — BLY:75, PHD:5 → Persian: afšârdan: *squeeze, crush* افشاردن (فشار، افشره) — BLY:75

افشاندن

- Indo-European: Ambhi: *around* اطراف، پیرامون (POK:34)
- Avestan: aiwi, abi, aiwiš, ubê: *over, above, both* (POK:34)
- Avestan: Fšân: *spread, sprinkle* پخش کردن، پاشیدن (HRN:24)
- Avestan: aiwi-fšân: *to spread around*
- Persian: afšândan: *to spread, sprinkle* افشاندن; afšûn: *rake* افشون (HRN:24, BQT:2143, MON:317)

افشره رجوع شود به: افشاردن

افشون رجوع شود به: افشاندن

افشین

- Indo-European: Ksei 1: *to be able, qualify, rule* قادر و شایسته بودن، فرمانروایی کردن (POK:626, KLN:272)
- Sogdian: \`xš\`y: *to rule*; xšae-wan: *title of some kings* (SOD:26,28)
- Persian: afšîn: *title of some kings* افشین (SOD:26,28)

افغان

هم: خواندن

- Indo-European: Swen, Huan: *to sound, call* صدا کردن (POK:1046, EIV:144)
- Indo-European: Ambhi: *around* اطراف، پیرامون (POK:34)
- Avestan: aiwi, abi, aiwiš, ubê: *over, above, both* (POK:34)
- Avestan: xvan, xwan: *to call, sound*; abi-xwan: *call loudly, cry* (POK:1046, EIV:144, ARN:250)
- Persian: afğân, fağân: *loud call, crying* افغان، فغان (MON, EIV:144)

افکندن

- Indo-European: Ambhi: *around* اطراف، پیرامون (POK:34)
- Avestan: aiwi, abi, aiwiš, ubê: *over, above, both* (POK:34)
- Indo-European: Ken 2, Gwhen 3: *to dig* کندن (EIV:232, POK:534)
- Av/Old Pers: kan 1, xan, gan: *to dig dirt out and mound it up, build* (POK:491, HRN:194, BRT:583, ZMA:49)
- Avestan: aiwi-kand: *to throw away* (HUB:16)
- Persian: afkandan: *to throw* افکندن (HRN)

افیون رجوع شود به: اپیون

اقلیم

- Indo-European: Klei: *to lean* مایل شدن، تکیه دادن (POK:600)
- Greek: klîma: *sloping surface or land* (POK:600)
- Arabic: iqlîm: *a zone on earth, country* (TAD:57)
- Persian: eqlîm: *country, land* اقلیم (MON:326)

- Indo-European: Klei: *to lean* (POK:600)
- Avestan: sray-, srinav-, srinu-: *to lean*; srita, sray-: *leaned* (POK:600)
- Persian: ?

اکباتان

محل "گرد هم آیی"

- Indo-European: Gwa: *to walk, step* قدم زدن (POK:463, EIV:98)
- Av/Old Pers: gam: *to come, step* (POK:463, KLN:318)
- Indo-European: Sem: *same* هم، همان (POK:902,904)
- Avestan: ham 1: *with, also, too* (POK:902-904)
- Old Persian: ham-gmatana, hangmatâna: *(a place for) coming together* (BQT:2368, KNT:212)
- Persian: ekbâtân: *"a gathering place", city of Hamedan* اکباتان (همدان) (BQT:2368)

اکسیر

- Indo-European: Ksero: *dry* خشک (POK:625)
- Greek: xêros: *dry powder, medicine* (POK:625, AHD:424)
- Arabic: al-iksir: *ilixir* (AHD:424)
- Persian: eksîr: *elixir* اکسیر
  جز قلب تیره هیچ نشد حاصل و هنوز
  باطل در این خیال که اکسیر میکنند (حافظ) (MON:331)

اکنون رجوع شود به: نو

اکواب

هم: cup

- Indo-European: Gêu 1, Keub, Keup: *to bend* خم کردن (POK:394-398, POK:588-592)
- Latin: cuppa: *curved-in pot* (AHD)
- Arabic: koab: *cup*; akwab: *cups* (ARK:223, TAD:44)
- Persian: akvâb: *cups, jars* اکواب (MON, TAD:44)

NOTE- Compare with root "Kam 2: to bend"

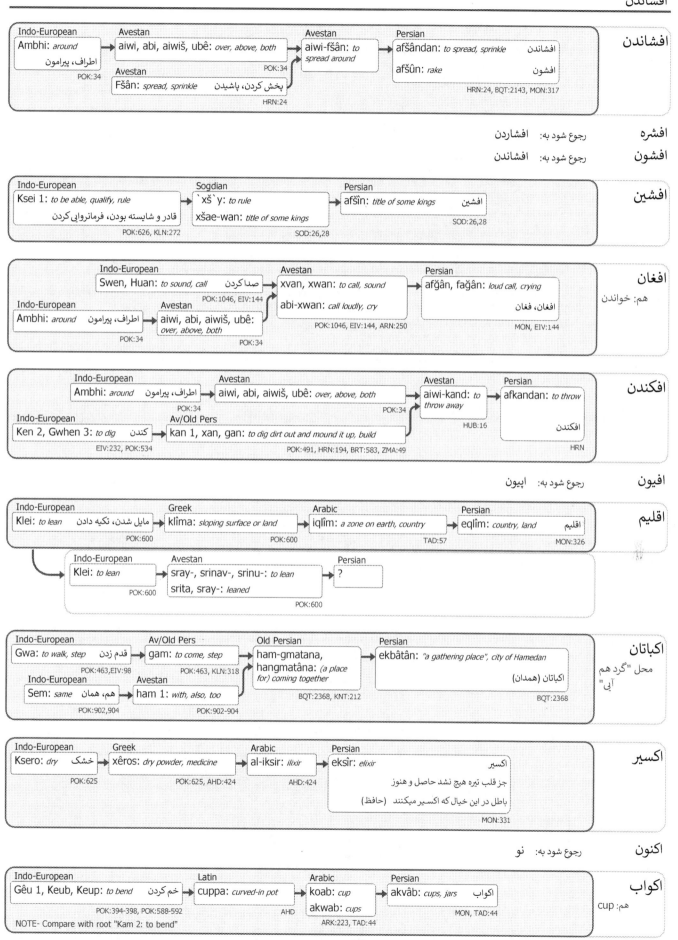

اگر

Indo-European
Ker 2, Sker 2: *to cut, separate, tear* بریدن، پاره کردن
AHD, POK:920,926,930,931,941, IEC:640,1155

Indo-European
Sem: *same* هم، همان
POK:902,904

Avestan
ham 1: *with, also, too*
POK:902-904

Avestan
ha-keret: *cut once*
POK:941, KLN:1432, HRN:188, SYN:321

Persian
agar: *if "cut once"* اگر (مگر، هرگز)
BQT, HRN, MON, SYN

الاغ
"رونده، حمل کننده"

Turkish
Ul: *to go, to step* رفتن، قدم برداشتن
KLN:857

Turkish
ulak: *runner, courier, messenger, donkey*
KLN:857

Persian
olâğ: *courier, load carrier, donkey* الاغ
MON:3334, BQT:157

الماس
"نشکن"

Indo-European
Dema: *to tame and domesticate animals* اهلی کردن حیوانات
POK:199, KLN:442

Indo-European
Ne 1, An 3: *no, not* نَه
POK:756, KNT:167

Greek
a-,an-: *no, not*
AHD

Greek
daman: *to tame, conquer*
a-damas: *unconquerable*
AHD

Pahlavi
almâs: *"unbreakable"*
BQT:159, MON:342

Persian
almâs: *"unbreakable"*
الماس

الوند رجوع شود به: اروند

اِم رجوع شود به: این

امرداد
"نا میرا"

Indo-European
Mer 2: *to rub away, harm, die* فرسوده شدن، مردن
POK:735,970, AHD:1529

Indo-European
Mor-to: *mortal man* انسان فانی
POK:735,970, AHD:1529

Indo-European
Ne 1, An 3: *no, not* نَه
POK:756, KNT:167

Av/Old Pers
a-, â-, an-: *no, not*
POK:757, KNT:167

Avestan
a-mereta, amaša: *eternal*
POK:735, BQT:1872,1934,1982-6,

Persian
amordâd: *"not mortal"*
امرداد (مرداد)
BQT, HRN, ZMA

امروز رجوع شود به: این

امید

Indo-European
Men 2: *to remain* ماندن
POK:729

Indo-European
Upo: *to, from below* بسوی، از پایین
POK:1106, KLN:1105

Av/Old Pers
upa, upâ: *to, toward*
POK:1106, KLN:1105

Av/Old Pers
man 2: *await*
upa-mati: *remain, keep the hopes up*
KLN:934, HRN:215, KNT:202, SNS:74

Pahlavi
ômêd: *hope*
SNS:74

Persian
omîd: *hope* امید
MON

انار

Indo-European
Anôr: *watery, juicy* آبدار
IEC:1645

Pahlavi
anâr: *pomegranate*
IEC:1645

Persian
anâr: *pomegranate* انار
MON:4557, IEC:1645

NOTE- SKT:360 links this to Sanskrit "Naranga: orange tree"

انبار رجوع شود به: پُر

انباز
همدم

Indo-European
Bhag: *to share out, to enjoy*
بخشیدن، لذت بردن
POK:107, IEC:61

Indo-European
Sem: *same* هم، همان
POK:902,904

Av/Old Pers
baga, bağa: *distributor of good fortune, God*
POK:107, KNT, KLN:169

Avestan
ham 1: *with, also, too*
POK:902-904

Avestan
hama-bağa: *share together*
BQT:164

Pahlavi
hambâğ: *companion*
BQT:164

Persian
anbâz: *companion* انباز
anbâğ: *rival wife* انباغ
ای خدای پاک و بی انباز و یار
دستگیر و جرم ما را در گذار (مولوی)
BQT, HRN

انباشتن رجوع شود به: پُر

انباغ رجوع شود به: انباز

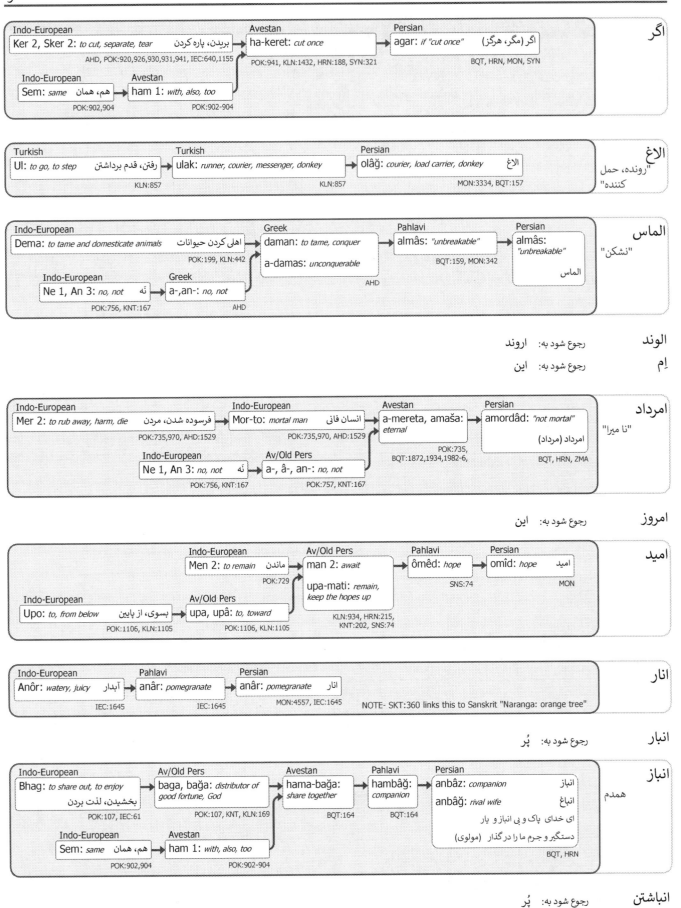

انبر

Indo-European: Bher 1: *to carry* حمل کردن — POK:128,163, PRT:234, SYN:107
Indo-European: Ambhi: *around* اطراف، پیرامون — POK:34 → Indo-European: Ambhô: *both* هردو — POK:34
→ Indo-European: Ambhô-Bhor: *a two-pronged tool for grabbing objects* — IEC:19
→ Persian: ambor: *prongs, tongs, pliers* انبر — IEC:19

Indo-European: Ambhi: *around* — POK:34 → Old Persian: abiš, abiy, abi: *over, above* — POK:34 → Persian: ?

انبست

رجوع شود به: بستن

انبیق

وسیله تهیه "آب نیک"

Indo-European: Ab 1: *water* آب — POK:1 → Avestan: âp: *water* — KLN:2
Indo-European: Nei 1: *to shine, to be excited* درخشیدن، تحریک شدن — POK:760 → Old Persian: ni 3, naiba: *beautiful, brave, good* — POK:760, KNT:192 → Pahlavi: nêv-ak: *good* — SNS:291, BQT:2237 → Persian: nîk: *good, pure* — KLN:1033, BQT:2127,
→ Persian: âbnîk: *good (distilled) water* آبنیک — PLA:22 → Arabic: al-anbîq: *distilling apparatus* — PLA:27 → Persian: anbîq: *distilling apparatus* انبیق — MON:362

انجام

Indo-European: Gwa: *to walk, step* قدم زدن — POK:463,EIV:98 → Av/Old Pers: gam: *to come, step*; jam, jantu: *to go* — POK:463, KLN:318
Indo-European: Sem: *same* هم، همان — POK:902,904 → Avestan: ham 1: *with, also, too* — POK:902-904
→ Avestan: han-jâma: *conclusion* — BQT:166,1451 → Persian: anjâm: *conclusion* انجام — ETM, FFD

انجمن

Indo-European: Gwa: *to walk, step* قدم زدن — POK:463,EIV:98 → Av/Old Pers: gam: *to come, step*; jam, jantu: *to go* — POK:463, KLN:318
Indo-European: Sem: *same* هم، همان — POK:902,904 → Avestan: ham 1: *with, also, too* — POK:902-904
→ Avestan: han-jâmana: *coming together* — BQT:166,1451 → Persian: anjoman: *society, meeting* انجمن — ETM, FFD

انجیدن

سوراخ کردن

Indo-European: Kwei 2, Ĉai: *to pile up* روی هم ریختن یا چیدن — POK:637,EIV
Indo-European: Sem: *same* هم، همان — POK:902,904 → Avestan: ham 1: *with, also, too* — POK:902-904
→ Avestan: kay, kaeš, čay, čî 1: *to prepare, spread, sprinkle*; ham-či: *to cut in pieces* — POK:637,638, BQT:167
→ Persian: anjîdan: *to cut up in pieces, pierce* انجیدن
به خنجر همه تنش انجیده اند
برآن خاک و خونش پشنجیده اند (لبیبی)
— POK:637, BQT:167

انداختن

هم: هندسه

Indo-European: Teku: *to run, flow* دویدن، جریان یافتن — POK:1059, EIV:374 → Avestan: tak, taka, tač: *to run* — POK:1059, BQT:503
Indo-European: Sem: *same* هم، همان — POK:902,904 → Avestan: ham 1: *with, also, too* — POK:902-904
→ Avestan: ham-tač, ham-tak: *to throw together* — BQT:128, HRN:27 → Pahlavi: handâčak: *throw together (like laying a yardstick next to something for measurement), measure* — BQT
→ Persian: andâxtan: *to measure* انداختن; andâzeh: *size* اندازه
نباید سخن گفت ناساخته
نشاید بریدن نینداخته (سعدی)
— BQT

NOTE- this may be related to "Tek, Tač: to reach, receive"

اندازه

رجوع شود به: انداختن

اندام

Indo-European: Dhê 2: *to do, set* انجام دادن، چیدن — AHD:1512, POK:235
Indo-European: Sem: *same* هم، همان — POK:902,904 → Avestan: ham 1: *with, also, too* — POK:902-904
→ Avestan: han-dâma: *put together, shape* — BQT:169,418, POK:238 → Pahlavi: handâm: *figure* → Persian: andâm: *body, shape* اندام — MON:813

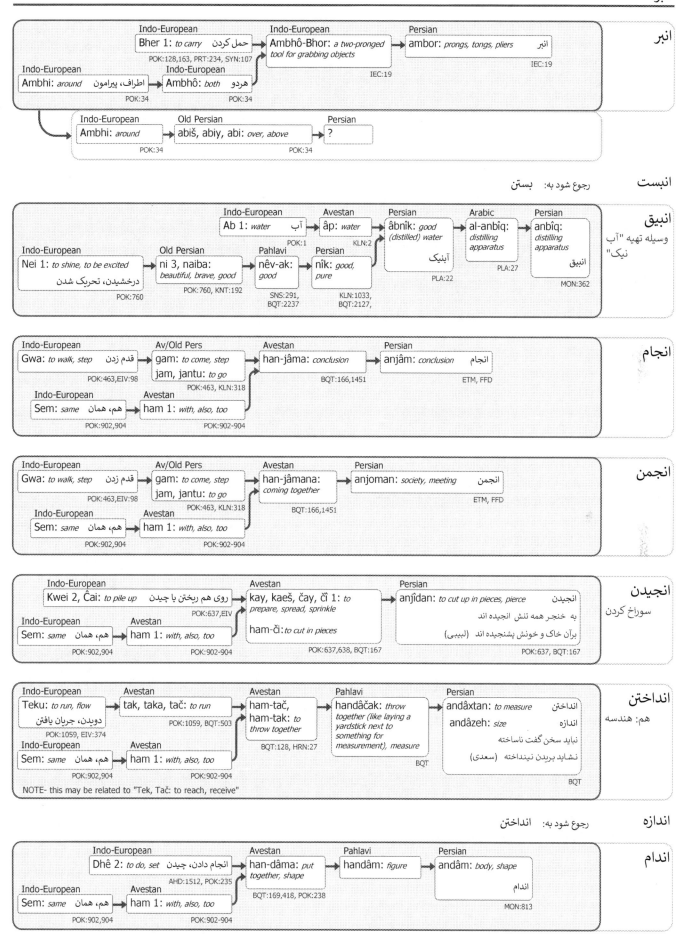

اندر ۱

- Indo-European — En: *in, inside* داخل (POK:311)
- → Av/Old Pers — an-tar, an-tare, antara: *among, in* (POK:311)
- → Persian — اندر ۱ (اندرون) (HRN:27, BRT:132)

اندر ۲

other :هم

- Indo-European — An 2: *other* دیگر (POK:37)
- Indo-European — Ter 1: *to cross over, surpass, overcome* عبور کردن ، غلبه کردن (POK:1075, KLN:1639)
- → Indo-European — An-teros: *second, other, step parent* (IEC:27)
- → Persian — andar: *a suffix meaning step as in step father* اندر ۲ — پدراندر، مادراندر، دختراندر، پسراندر (IEC:27, MON:373)

اندرز

firm :هم

- Indo-European — Sem: *same* هم، همان (POK:902,904)
- → Avestan — ham 1: *with, also, too* (POK:902-904)
- Indo-European — Dher 1, Darz, Har: *to hold firmly, keep, guard* محکم گرفتن، حفظ کردن (POK:252, EIV:129)
- → Avestan — dereza: *to hold together, close, tighten* (POK:252,258)
- → Avestan — han-dareza: *pull together, fortify, advise* (BQT:172)
- → Persian — andarz: *advice* اندرز (BQT, MON,EIV)

اندروا

"در هوا"

- Indo-European — Wê: *to blow* دمیدن (POK:81)
- Indo-European — En: *in, inside* داخل (POK:311)
- → Av/Old Pers — an-tar, an-tare, antara: *among, in* (POK:311)
- → Avestan — antara-vâyu: *in the wind* (POK:81, KLN:1745, BQT:170)
- → Persian — andarvâ: *wandering, poor* اندروا — کسی که خدمت جز اوکند همیشه بود — ز بهر عاقبت خویشتن دل اندروای (فرخی سیستانی) (BQT)

اندرون

رجوع شود به: اندر ۱

اندوختن

- Indo-European — Tauj: *to gather, gain* جمع آوری کردن (POK:1080, EIV:387)
- Indo-European — Sem: *same* هم، همان (POK:902,904)
- → Avestan — ham 1: *with, also, too* (POK:902-904)
- → Old Persian — ham-tauj, ham-taug, ham-taux: *to gather together, store* (BQT:172, FFD:32, EIV:387)
- → Pahlavi — ham-tôxtan, han-dôzh: *to store, add up, save* (BQT:172, AEF:159)
- → Persian — andûxtan: *to save, store* اندوختن (اندوزیدن) (BQT:171, AEF:159)

اندودن

- Indo-European — Dheu 3 : *to shine* درخشیدن (POK:261)
- Indo-European — Sem: *same* هم، همان (POK:902,904)
- → Avestan — ham 1: *with, also, too* (POK:902-904)
- → Av/Old Pers — dav 2, dû: *to wipe, clean*; han-du, ham-dû: *to smear together* (POK:261, BQT:172,1008, FFD:32,58)
- → Persian — andûdan: *to smear, mix* اندودن (BQT:1008)

اندوزیدن

رجوع شود به: اندوختن

اندوه

- Indo-European — Dheu 2: *smoke, mist, dizziness* دود ، غبار ، سرگیجه (POK:262)
- → Avestan — dav 1: *press* (POK:262, BRT:688)
- Indo-European — Sem: *same* هم، همان (POK:902,904)
- → Avestan — ham 1: *with, also, too* (POK:902-904)
- → Avestan — han-davathe: *depressed* (BQT:172)
- → Persian — andûh: *sorrow* اندوه (BQT, MON,EIV)

اندیشیدن

هم: دیدن

- Indo-European — Dheye: *to see* دیدن (POK:243)
- Indo-European — Sem: *same* هم، همان (POK:902,904)
- → Avestan — ham 1: *with, also, too* (POK:902-904)
- → Av/Old Pers — dais: *to show, think*; ham-dais-a: *to think* (POK:243, KNT:191, FFD:33)
- → Pahlavi — handêš: *thought* (FFD:33)
- → Persian — andišidan: *to think* اندیشیدن (FFD:33)

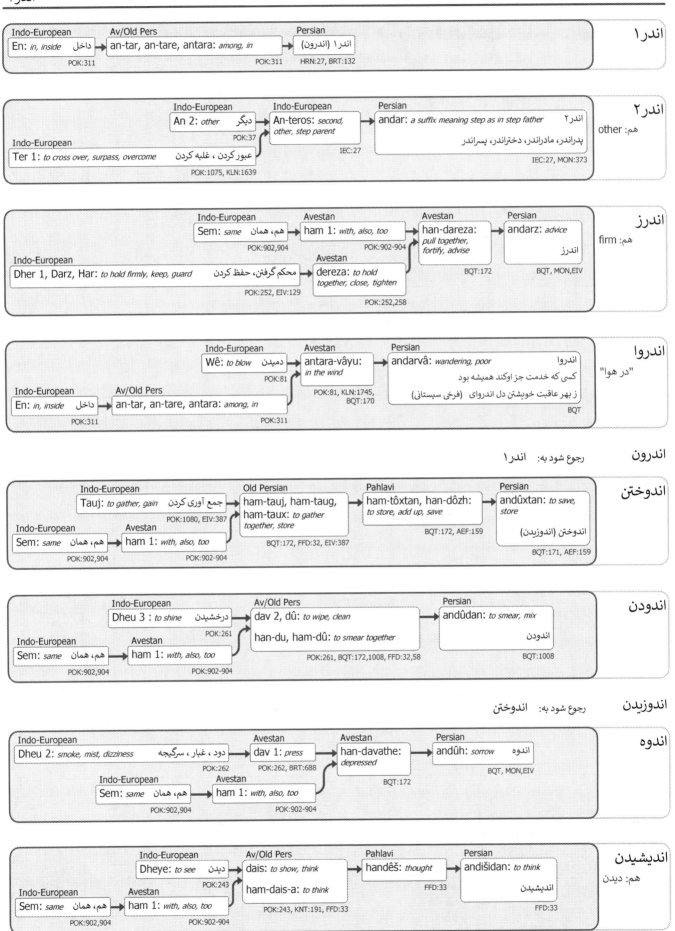

انغوزه
"صمغ شیرین"

- Indo-European — Gwhen 2, Jan: *to strike, hurt* زدن، آزردن (POK:492, EIV:222) → Av/Old Pers — jatara: *resin (obtained by striking a tree trunk)*; NOTE- Derivation of "jatara: resin" is not certain (AHD:1520, AEF:335) → Persian
- Indo-European — Embhi: *honey, honey bee* عسل، زنبور عسل (POK:311, WLD1: 125) → Avestan — ang, angu: *honey* (SOD:42) → Persian
- Persian — žad, žeh, zeh: *resin* ژد، ژه، زه۳; ang-žeh: *sweet resin* انگژه (انغوزه) (MON, BQT)

انفست رجوع شود به: بستن

انکار
هم: پیشوند "نا ـ"

- Indo-European — Ne 1, An 3: *no, not* نَه (POK:756, KNT:167) → Latin — ne: *not*; negâre: *to deny* (AHD) → Arabic — naker: *to negate, deny, not recognize* (TAD:73) → Persian — enkâr: *denial* انکار (FVA:415)

انگ۱ رجوع شود به: انگشت

انگ۲
عسل

- Indo-European — Embhi: *honey, honey bee* عسل، زنبور عسل (POK:311, WLD1: 125) → Avestan
- Indo-European — Peî: *sap, fat* شیره ، چربی (POK:793) → Avestan — payah: *milk* (POK:793) → Avestan
- Avestan — ang, angu: *honey*; angu-paêna: *sweet sap* (SOD:42) → Pahlavi — ang, angubin: *honey* (WLD1: 125) → Persian — ang: *honey* انگ۲; انگبین، سکنجبین، انغوزه (BQT, HRN:254)

انگاردن

- Indo-European — Kwer, Kar 2: *to make, form* ساختن، تشکیل دادن (POK:641, EIV:236) → Avestan
- Indo-European — Sem: *same* هم، همان (POK:902,904) → Avestan — ham 1: *with, also, too* (POK:902-904) → Avestan
- Avestan — han-kar: *to do (consider) all, imagine* (BQT:173, HRN:28,232, HUB:39) → Persian — engârdan: *imagine* انگاردن (نگاردن) (BQT)

انگاشتن رجوع شود به: انگاردن

انگبین رجوع شود به: انگ۲

انگژه رجوع شود به: انغوزه

انگشت
هم: England

- Indo-European — Ang: *to bend* خم کردن (POK:46) → Avestan — angušta: *toe, finger* (KLN:75) → Persian — انگشت، انگ۱ ، انگولک (MON:392)

انگولک رجوع شود به: انگشت

انگیختن

- Indo-European — Weik: *to shake, swing* لرزاندن، تاب دادن (POK:1130) → Av/Old Pers — waix, waig: *to swing* (POK:1130) → Pahlavi
- Indo-European — Sem: *same* هم، همان (POK:902,904) → Avestan — ham 1: *with, also, too* (POK:902-904) → Pahlavi
- Pahlavi — han-vêxt-an: *to motivate, excite* (AEF:169, HRN:30) → Persian — angîxtan: *to excite, motivate* انگیختن (انگیزه) (BQT:178, AEF:169)

انگیزه رجوع شود به: انگیختن

انوشه
"بی مرگ"

- Indo-European — Aus 1: *ear* گوش (POK:78,785, KLN:126,494) → Avestan — ûši: *two ears, intelligence, mortal life* (POK:785) → Avestan
- Indo-European — Ne 1, An 3: *no, not* نَه (POK:756, KNT:167) → Av/Old Pers — a-, â-, an-: *no, not* (POK:757, KNT:167) → Avestan
- Avestan — an-aoša: *without a mortal life* (BQT:178, FSF:51) → Pahlavi — anôšak: *eternal life* (BQT:178) → Persian — anušeh: *eternal, happiness, wine* انوشه
  بدو گفت پیران که ای شهریار
  انوشه بُدی تا بود روزگار (فردوسی)
  (BQT:178, FSF:51)

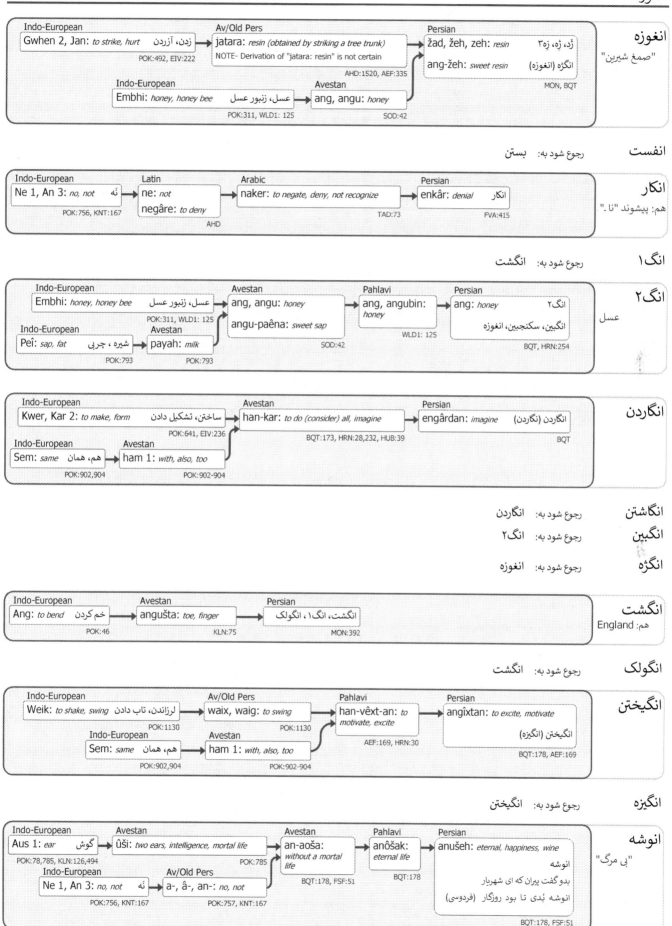

انوشیروان
"با روح جاوید"

- Indo-European — Aus 1: *ear* گوش (POK:78,785, KLN:126,494) → Avestan — ûši: *two ears, intelligence, mortal life* (POK:785) → Avestan — an-aoša: *without a mortal life* (BQT:178, FSF:51)
- Indo-European — Ne 1, An 3: *no, not* نَه (POK:756, KNT:167) → Av/Old Pers — a-, â-, an-: *no, not* (POK:757, KNT:167) → Avestan — an-aoša
- Avestan — an-aoša → Pahlavi — anôšak: *eternal life*; anôšak-ruvân: *with eternal spirit* (BQT:178) → Persian — Anošîravân: *"with eternal spirit"* انوشیروان (BQT:178, FSF:51)
- Avestan — Urvan: *spirit, soul* روح (SYN:1088, BQT:967) → Pahlavi — ruvân: *spirit* (BQT:967) → Pahlavi — anôšak-ruvân

او
that :هم

- Indo-European — So: *this, that* این، آن (POK:979) → Av/Old Pers — ava-hya, awa: *he, she* (POK:979) → Pahlavi — avâ: *he, she* (BQT:197) → Persian — oû: *he, she* او (BQT, HRN)

اوام رجوع شود به: وام

اوباش رجوع شود به: اُباردن

اوج
out :هم

- Indo-European — Ud 1: *up, out, away* بالا، بیرون (POK:1103) → Sanskrit — ucca, učča: *high, top* (POK:1104) → Arabic — awja: *tip, high top* (MON:399) → Persian — owj: *top* اوج (MON:399)
- Indo-European — Ud 1: *up, out, away* (POK:1103) → Avestan — us-tema: *outmost, extreme*; usča: *above, overhead, on top* (POK:1104) → Persian — ?
- Indo-European — Ud 1: *up, out, away* (POK:1103) → Old Persian — ud: *up*; ud-zma, uzma: *grown up from ground* (KNT:176) → Persian — ?

اورمزد رجوع شود به: اهورامزدا

اوروَر
رستنی ها

- Indo-European — Bheu: *to exist, grow* بودن، رشد کردن (POK:146) → Av/Old Pers — urvarâ: *plant* (POK:146, BQT:111, KNT:200) → Pahlavi — urvar: *plants* (AEF:298) → Persian — ûrvar: *plant* اوروَر (POK, BQT, MON, AEF)

اوژدن رجوع شود به: اوژندن

اوژندن
زمین زدن

- Indo-European — Gwhen 2, Jan: *to strike, hurt* زدن، آزردن (POK:492, EIV:222) → Old Persian — jan.: *to strike* (KNT:184,185) → Old Persian — ava-jan, apa-jan: *to strike down, kill* (KNT:184)
- Indo-European — Au: *away, off, down* جدا، دور، پایین (POK:72) → Av/Old Pers — ava 1, aorâ: *down* (KLN:132, POK:72) → Old Persian — ava-jan, apa-jan
- Old Persian — ava-jan, apa-jan → Persian — owžandan: *to strike down* اوژندن (اوژدن، اوژنیدن) شیراوژن (BQT:184, FSF:55)
- Indo-European — Gwhen 2, Jan: *to strike, hurt* (POK:492, EIV:222) → Old Persian — jan.: *to strike* (KNT:184,185) → Old Persian — pati-jan: *fight against*; fra-jan: *cut off*; vi-jan: *strike apart, shatter* (KNT:184,185, HRN:231) → Persian — ?

اوستا
"معروف و ستوده"

- Indo-European — Weid: *to see, to know* دیدن، دانستن (POK:1125) → Avestan — hu-vaeda: *well known, apparent* (POK:1125, 1126)
- Indo-European — Su 1: *well, good* خوب (POK:1037, KLN:548) → Avestan — vohu, vahu: *good* (POK:1174) → Avestan — hu-vaeda
- Avestan — hu-vaeda → Persian — Avestâ: *"well known", the Holy Book of Zoroastrians* اوستا (MON, BQT)

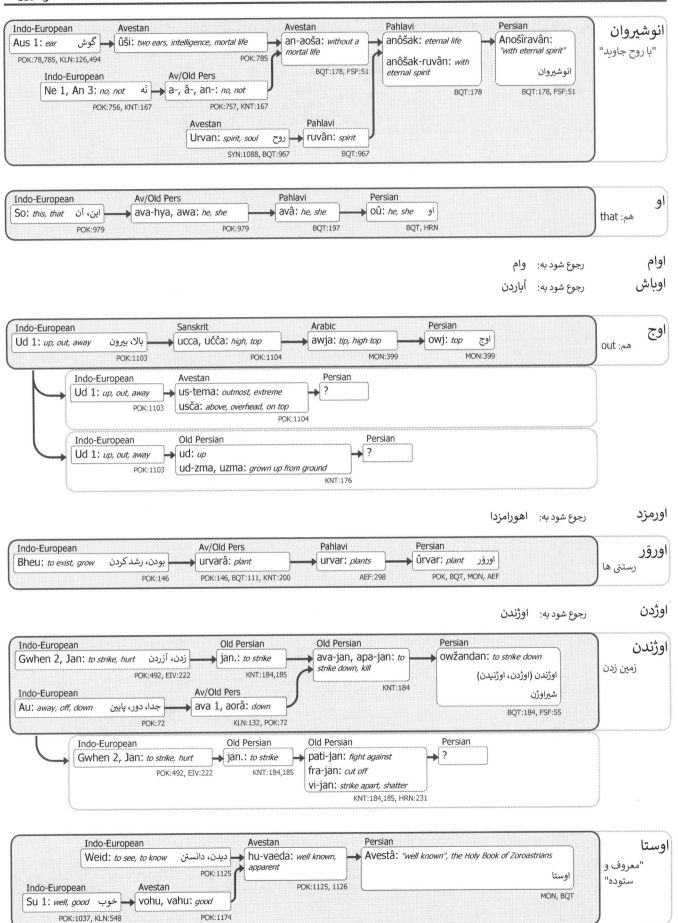

اهریمن
"با افکار خصمانه"

Indo-European — Ens: *meet with hostile intent* ملاقات با قصد خصمانه (WLD1: 134) → Avestan — anra, angra: *devilish* (WLD1: 134, BRT:361) → Avestan — anra-mainyu, ahra-manyu: *evil spirit* (POK:726, SIN:1179, ETM:35) → Persian — ahrîman: *devil* اهریمن (BQT:2083, FSF:36)

Indo-European — Men 1: *to think* فکر کردن (POK:726) → Avestan — mainyu: *spirit, heaven* (POK:726, AHD:26, KLN) → Avestan — anra-mainyu, ahra-manyu

Indo-European — Ens: *meet with hostile intent* (WLD1: 134) → Old Persian — ahrika: *adversely disposed* (WLD1: 134) → Persian — ?

اهورا
رجوع شود به: اهورامزدا

اهورامزدا
"روح عاقل"

Indo-European — Men 1: *to think* فکر کردن (POK:726) → Indo-European — Men-dh: *to learn* (POK:730) → Avestan — madz-dha: *done learning, wise* (AHD, KLN:1095) → Persian — Ahurâmazdâ: *"wise spirit", God* اهورامزدا (اهورا) اورمزد، هورمزد، هرمز (MON:400)

Indo-European — Dhê 2: *to do, set* انجام دادن، چیدن (AHD:1512, POK:235) → Avestan — madz-dha

Indo-European — An 1: *breath* نفس، دم; Ansu: *spirit, world* روح، جهان (KLN, AHD, POK:48) → Avestan — ahu, ahura: *life, spirit, world* (POK:48, KLN:41,1095, AHD, SNS:6, OEW:9) → Persian — Ahurâmazdâ

ایدر

Indo-European — I 2 : *pronominal stem* ریشه بسیاری از ضمیر ها (POK:281, KNT:203) → Avestan — itha, itta, aêta-vant: *here, there, so, thus, then* (POK:281,285, KLN:763) → Persian — îdar: *here* ایدر; îdûn: *now, such* ایدون (BQT, HRN:32)

Indo-European — I 2 : *pronominal stem* ریشه بسیاری از ضمیر ها (POK:281, KNT:203) → Avestan — im, iyam, imam: *she, he, them*; it: *that*; yô: *who, which, what*; ya-târa: *which one (of two)* (POK:283, KNT:203) → Persian — ?

ایدون
رجوع شود به: ایدر

ایران
رجوع شود به: آریا

ایرانویج
"سرزمین آریاییان"

Indo-European — Al 1: *beyond, above* فراتر، بالاتر (POK:24) → Indo-European — Aryo, Ario: *Lord, ruler* (POK:24,67) → AV/Old Pers — aria: *noble*; airyanam-vaêžo: *Aryan race and family* (AHD, POK, IRN:7,28) → Persian — Îrânvêj: *original homeland of Aryans* ایرانویج (PRT, MON5, PRT, IRN, FSF)

ایرج
"یار آریاییان"

Indo-European — Al 1: *beyond, above* فراتر، بالاتر (POK:24) → Indo-European — Aryo, Ario: *Lord, ruler* (POK:24,67) → AV/Old Pers — aria: *noble* (AHD, POK, IRN:7,28) → Avestan — airiyava: *helper of Aryans* (POK:24, BQT:196, IRN:12, FAF:86) → Persian — Îraj: *"helper of Aryans"* ایرج (POK:67, BQT:196, IRN:12)

ایرمان
"میهمان محترم"

Indo-European — Al 1: *beyond, above* فراتر، بالاتر (POK:24) → Indo-European — Aryo, Ario: *Lord, ruler* (POK:24,67) → AV/Old Pers — aria: *noble* (AHD, POK, IRN:7,28) → Avestan — airya-man: *noble mannered, friend, guest* (POK:24, BQT:196, IRN:12, FAF:86) → Persian — îrmân: *guest* ایرمان
اگر کشته آید به دست تو گرگ
توباشی به روم ایرمانی بزرگ (فردوسی)
(POK:67, BQT:196, IRN:12)

Indo-European — Men 1: *to think* فکر کردن (POK:726) → Avestan — manah: *mind, manners*; man 1: *to resemble* (POK:726,727, BQT) → Avestan — airya-man

ایزد

Indo-European — Yag: *to worship* ستایش کردن (POK:501) → Avestan — yaz: *to worship*; yazatanam: *God* (POK:501, HRN:95,252, KLN:1759) → Persian — Îzad: *God* ایزد (یزدان، یزد) (BQT, ETM)

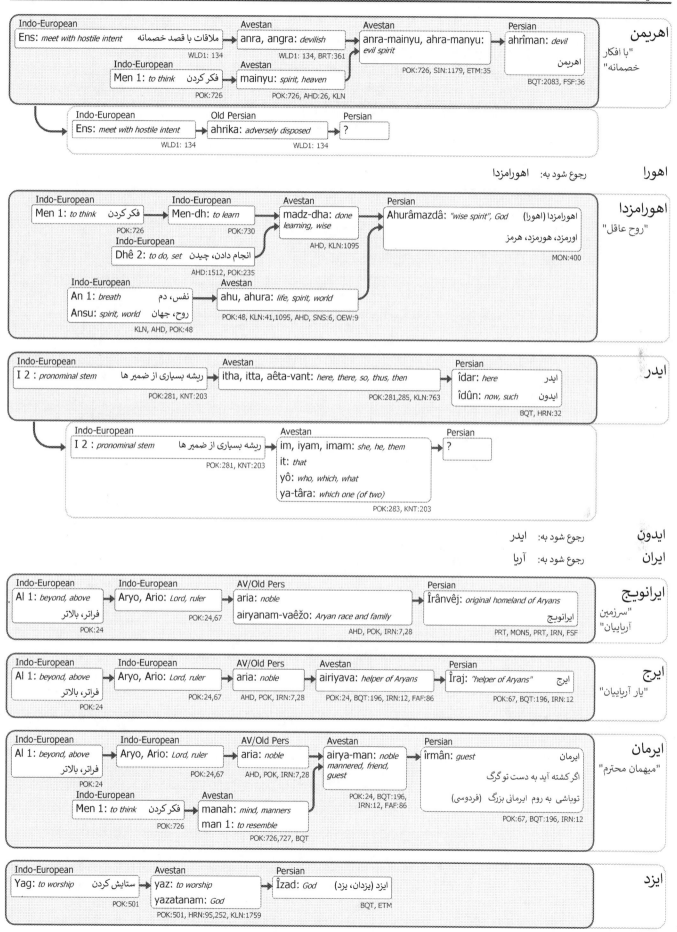

ایستادن

- Indo-European: Stâ: *to stand* ایستادن (POK:1008,1009) → Av/Old Pers: sta: *to stand, to set* (BQT:123, HRN:20, POK:1008) → Av/Old Pers: adi-sta: *in standing* (BQT:123, HRN:20, POK:1008, KNT:210)
- Indo-European: En: *in, inside* داخل (POK:311) → Old Persian: adi, adyi: *in* (POK:311) → Av/Old Pers: adi-sta
- → Persian: istâdan: *to stand* ایستادن
  - مثال فرم "ست": استاد, استان, پرستار, تابستان, ستون
  - مثال فرم "شت یا ش": آشتی، فرشته، پشت، ارتش
  - (BQT, MON)

ایشان

هم: this

- Indo-European: So: *this, that* این، آن (POK:979) → Av/Old Pers: ava-hya, awa: *he, she*; šim, šâm: *him, her* (POK:979) → Pahlavi: avâ: *he, she*; avâ-šâm: *plural form used as a sign of respect* (BQT:197) → Persian: îšân: *he/she, him/her* ایشان (BQT, HRN)

ایشه

رجوع شود به: نشان

این

- Indo-European: I 2 : *pronominal stem* ریشه بسیاری از ضمیر ها (POK:281, KNT:203) → Indo-European: Au 1: *one, this one* (POK:73,75,281,286) → Old Persian: aina, êna, aita, aêta: *this one, this*; ima, imam: *this* (POK:75,286, BQT:199, TZF:13, SOD:85,220) → Pahlavi: ên: *this*; im: *this* (MON:345,4) → Persian: în: *this* این; em-: *a time prefix meaning "this"* اِم (امروز) (MON, TZF:13)

بِ .

- Indo-European: Bhê: *indeed* واقعا (POK:113, IEC:59, WLD2: 136) → Avestan: bâ, bê, beî: *indeed* (POK:113, IEC:59) → Persian: bî-, be-: *prefixes to emphasize verbs* بِ . ، بی . (برو، بیا) (IEC:59, MON)

با

رجوع شود به: پختن

باب

رجوع شود به: بابا

بابا

هم: پدر
هم: father

- Indo-European: Pa: *to protect, feed* حفاظت کردن، غذا دادن (POK:787,842, SYN:103) → Pahlavi: pâp, Pâpak: *father. Suffix -k indicates respect and love.* NOTE- BQT claims these are cognates with Latin "papa". (BQT:202) → Persian: bâbâ: *father* بابا (باب، بابک) NOTE- The words "bâb" and "bâbû" as a title of respect may be from a different root and mixed up with "bâbâ: father". See root "Baba". (BQT:202, HRN:34, NYB:150, MON:428, AEF:197)
- NOTE- This has probably started as a nursery word. Compare with the root "Baba".

بابک

رجوع شود به: بابا

باج۱

رجوع شود به: بخشیدن۱

باج۲

رجوع شود به: واک

باختر

- Avestan: Apânk: *turned backwards, north* بازگشت، شمال (SYN:873) → Pahlavi: apâxtar: *north, north star*; axtar: *star* (SYN:870, BQT:99, FSF:58) → Persian: bâxtar: *west* باختر; axtar: *star, fate* اختر; NOTE- IEC links "axtar" to "setâreh: star". (BQT, FSF)
- NOTE- bâxtar was used to mean "north" in Avestan but now it mean "west" in modern Persian.

باختن

رجوع شود به: بازیدن

باد

هم: wind

- Indo-European: Wê: *to blow* دمیدن (POK:81) → Avestan: vâta, vâiti: *wind* (POK:81, KLN:1745, BQT:170) → Pahlavi: wâd: *wind* (ARN:102) → Persian: bâd: *wind* باد (BQT)

بادآس

- Indo-European: Ak: *sharp, also a sharp stone* تیز، سنگ تیز (POK:18, KNT:173) → Av/Old Pers: as, asan: *stone* (POK:19, KLN:18, KNT) → Pahlavi
- Indo-European: Wê: *to blow* دمیدن (POK:81) → Avestan: vâta, vâiti: *wind* (POK:81, KLN:1745, BQT:170) → Pahlavi
- Pahlavi: âs: *mill, mill stone*; vât-âs: *wind mill* (BQT:39,42,43) → Persian: bâdâs: *wind mill* بادآس (BQT)

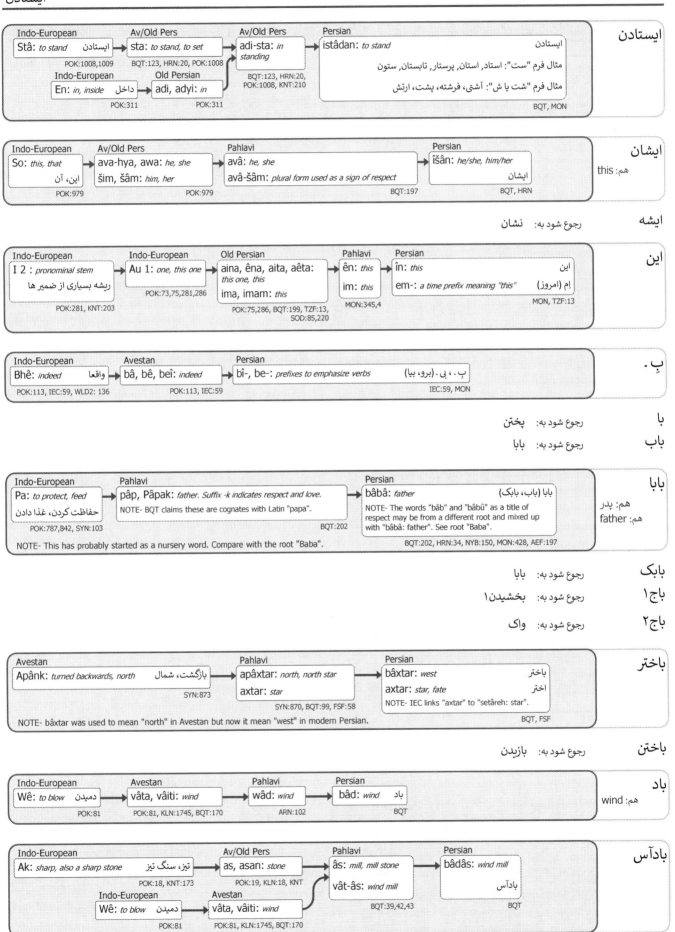

بادنجان

- Sanskrit — Vatin-ganah: *eggplant* بادنجان — KLN:125, AHD:86
- → Persian — bâdengân: *eggplant* بادنگان — KLN:125, BQT:213, MON:444
- → Arabic — badinjan / badinjan — KLN:125,165
- → Persian — bâdenjân: *eggplant* بادنجان (بادمجان) — BQT:213, MON:444

باده

- Old Persian — Batiaxê: *a bowl (of wine)* کاسه (شراب) — HRN:36
- → Pahlavi — bâtak: *wine* — AEF:207
- → Persian — bâdeh: *wine* باده; bâdîyeh: *bowl (of wine)* بادیه (باطیه) — AEF:207

بادیه رجوع شود به: باده

بار ۱ رجوع شود به: بردن

بار ۲ دفعه

- Indo-European — Wel 3: *to turn, roll* چرخاندن، تاباندن — POK:1139-1140
- → Avestan — var 3: *turn, time (as in one tine)* — POK:1140
- → Persian — bâr 2: *time (as in two times), it also refers to (time of) admission in a royal court.* بار ۲ (دربار، بارعام، بارخدا) — POK:1140, SNS:98, MON, SOD:411

بار ۳ ساحل، کنار

- Indo-European — Per 2: *to lead or fly across.* پرواز یا عبور کردن — POK:817
- → Avestan — par 2: *there, over there*; pâra 2 : *end, shore* — POK:816
- → Pahlavi — bâr 2: *shore, edge* — AEF:209
- → Persian — bâr 3: *a suffix meaning shore* بار ۳ (رودبار) — AEF:209

باران

- Indo-European — Wer 4, Ud 2: *water, wet* آب، رطوبت — POK:78, AHD:1547,1549, KLN:1732, EIV:406
- → Avestan — vâr, wâr, vâra 1: *rain* — POK:78, KLN:1682
- → Pahlavi — vârân, vârîtan — BQT:218, AEF:209
- → Persian — bârân: *rain* باران; bârgîn: *pond, storage of rain water* بارگین — BQT, AEF:209

- Indo-European — Wer 4, Ud 2: *water, wet* — POK:78, AHD:1547,1549, KLN:1732, EIV:406
- → Avestan — aoda: *fountain*; vaidi: *water way*; vairi: *sea* — POK:78
- → Persian — ?

بارگین رجوع شود به: باران

باره ۱ اسب

- Indo-European — Bher 1: *to carry* حمل کردن — POK:128,163, PRT:234, SYN:107
- → Av/Old Pers — bar: *to carry* — POK:128
- → Pahlavi — burtan: *to carry away*; bâr 1: *load* — BQT:253
- → Persian — bâreh: *carrier, horse* باره
  یکی ترگ رومی به سر برنهاد
  یکی باره زیراندرش همچو باد (فردوسی)
  — POK, BQT, AEF

باره ۲ دیوار قلعه

- Indo-European — Wer 3, Werg 2: *to cover, enclose* پوشاندن، محصور کردن — POK:1116, IEC:1599
- → Av/Old Pers — var 1, vara, vâra 2: *cover, wall* — POK:1116, AEF:212, KNT:207
- → Persian — bâru: *castle wall* بارو (باره)
  سرِ بارهٔ دژ بُد اندر هوا
  ندیدند جنگ هوا کس روا (فردوسی)
  — BQT

بارو رجوع شود به: باره۲

باروت هم: پودر

- Indo-European — Pel 3: *dust, flour* خاک، آرد — POK:802
- → Latin — pollen: *dust* — AHD
- → French — poudre: *dust, powder* — AHD:1024
- → Turkish — (blank) — BQT:216, TAD:6
- → Persian — bârût: *gun powder* باروت — BQT:216, TAD:6

باز ۱ واحد طول

- Indo-European — Bhengh, Banz: *to be thick, dense* کلفت، غلیظ — POK:127
- → Avestan — bazah: *height, depth* — POK:127, KLN:1109
- → Persian — bâz: *distance between stretched hands* باز ۱
  بلندیش با چرخ همباز بود
  ستبریش بیش از چهل باز بود (اسدی طوسی)
  — MON,EIV

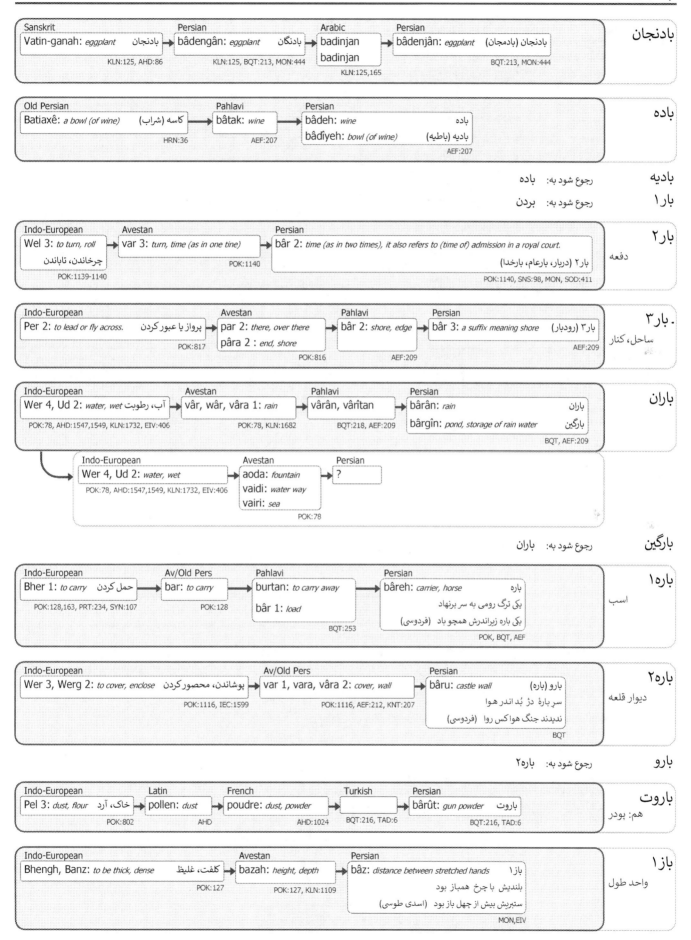

باز۲
شاهین

Indo-European	Avestan	Pahlavi	Persian
Wegh: *to go, carry* رفتن، حمل کردن (POK:1119)	vaz: *fly* vaza 1: *a bird, hawk* (POK:1119)	bâza, bâž: *hawk* (ARN:105)	bâz: *hawk, falcon* باز۲ (باشه، واشه) پس اندر دوان هفتصد باز۲ دار ابا واشه و چرخ و شاهین کار (فردوسی) (BQT, MON)

Indo-European	Avestan	Persian
Wegh: *to go, carry* (POK:1119)	vašta: *curved* vaštar: *load carrying animal* uždar, uždri: *carrier* (POK:1119)	?

باز۳
گشاده

Indo-European	Pahlavi	Persian
Bheğh: *outside, open* بیرون، باز (IEC:69,70, POK:112-113, ARN:140)	a-pâč: *open* (MON:452)	bâz: *open* باز۳ (IEC:70)

بازار
"محل تجمع"

Indo-European	Avestan	Old Persian	Pahlavi	Persian
Kwel: *to move around,turn* حرکت کردن ، چرخیدن (POK:640)	car, čâr: *to move around, also an open field* (BQT:635, FFD:73)	Abâ: *to assemble together* دور هم جمع شدن (BQT:218)	vâ-čar: *place to get together, bazaar*	bâzâr: *"place of assembly", bazaar* بازار (بازرگان) (MON, BQT, FFD:73)

بازرگان
رجوع شود به: بازار

بازو

Indo-European	Avestan	Persian
Bhâghu : *elbow, arm* آرنج، بازو (POK:108)	bâzu, bâzâu: *arm* (POK:108, KLN:190)	bâzû: *arm* بازو (BQT:220)

بازیدن

Indo-European	Iranian	Pahlavi	Persian
Weg 2: *to be lively, strong* سرزنده و قوی بودن (POK:1117)	vâz, wâz: *power, largeness or rising.* (AEF:201, IEC:1499)	vâzîtan: *to rise up, be active, play* bâxtan: *to rise up, play* (HUB:22, AEF:201)	bâzîdan: *to play* بازیدن bâxtan: *to play, also to lose a game* باختن (AEF:201, HUB:22, IEC:1499)

باژ
رجوع شود به: بخشیدن۱

باشه
رجوع شود به: باز۲

باطیه
رجوع شود به: باده

باغ

Indo-European	Avestan	Persian
Bhag: *to share out, to enjoy* بخشیدن، لذت بردن (POK:107, IEC:61)	bâga: *share, property, garden* (HRN:39, AEF:224)	bâğ: *garden* باغ (HRN:39, AEF:224)

بافتن
هم: weave

Indo-European	Avestan	Pahlavi	Persian
Webh: *to weave* بافتن (POK:1114)	ubdaena: *woven* (POK:1114)	vaf-: *to weave* (ARN:106)	bâftan: *to weave* بافتن (HRN:38, BQT:2461, POK:1114,)

بافدُم
رجوع شود به: آفدُم

باک
رجوع شود به: بیم

بالا
رجوع شود به: بلند

بالاخانه
مق: بالکن

Indo-European	Av/Old Pers	Pahlavi	Persian	Persian
Ken 2, Gwhen 3: *to dig* کندن (EIV:232, POK:534)	kan 1, xan, gan: *to dig dirt out and mound it up, build* (POK:491, HRN:194, BRT:583, ZMA:49)	kandak: *a dug-in house* (HRN:194, BQT:1707, SNS:8,155)	xâneh: *house* خانه (خَن) (HRN:194, BQT, ZMA:51, MON)	bâlâxâneh: *top room, balcony* بالاخانه (MON:465)

Indo-European	Avestan	Persian
Bhergh: *high* بالا، بلند (POK:140)	bareš, berezant: *high* (POK:140, KLN:188, KNT:200, VDQ:36)	bâlâ: *up, top* بلند، بالا (KLN:148, BQT, FSF:78)

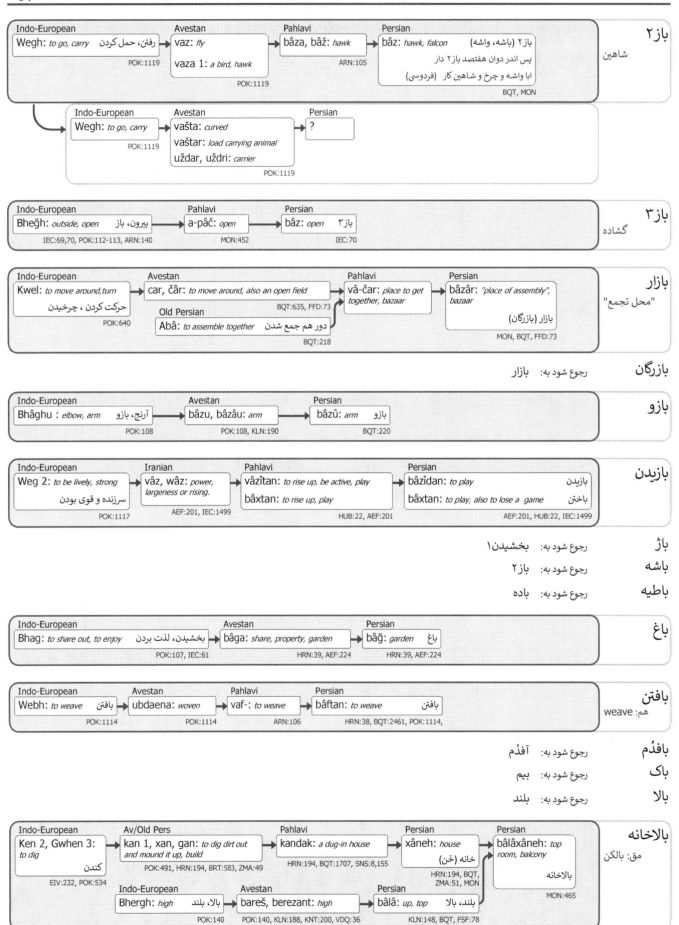

بالش

هم: belly

- **Indo-European** — Bhel: *to swell, blow, grow, overflow* ورم کردن ، دمیدن ، رشد کردن ، سرریز شدن (POK:120-158, ARN:124)
- → **Avestan** — baraziš, barašnav: *cushion, pillow* (POK:125)
- → **Pahlavi** — bâlîšn, bâlên: *pillow* (SNS:98)
- → **Persian** — bâleš: *pillow* بالش (بالین) (POK:125, SNS:98, ARN:108)

بالکن

- **Indo-European** — Ken 2, Gwhen 3: *to dig* کندن (EIV:232, POK:534)
- → **Av/Old Pers** — kan 1, xan, gan: *to dig dirt out and mound it up, build* (POK:491, HRN:194, BRT:583,)
- → **Pahlavi** — kandak: *a dug-in house* (HRN:194, BQT:1707,)
- → **Persian** — xâneh: *house* (HRN:194, BQT, ZMA:51,)
- **Indo-European** — Bhergh: *high* بالا، بلند (POK:140)
- → **Avestan** — bareš, berezant: *high* (POK:140, KLN:188, KNT:200, VDQ:36)
- → **Persian** — bâlâ: *up, top* (KLN:148, BQT, FSF:78)
- → **Persian** — bâlâxâneh: *top room, balcony* بالاخانه (MON:465)
- → **Persian** — bâlkon: *balcony* بالکن
  NOTE- through Italian & French (MON:467)

بالو

زگیل
هم: wart

- **Indo-European** — Werd: *raised point* نقطه برجسته
  Wordos: *wart, frog* زگیل ، قورباغه (IEC:1577, POK:1151)
- → **Pahlavi** — vard: *wart* (ARN:109)
- → **Persian** — bâlû: *wart* بالو
  ای عشق ز من دور که بر دل همه رنجی
  همچو زیر چشم یکی محکم بالو (شاکر بخارائی)
  (IEC:1577, MON:467, FRS:201)

بالیدن رجوع شود به: والا

بالین رجوع شود به: بالش

بام۱

صبح

- **Indo-European** — Bhâ 1: *to shine* درخشیدن (POK:104)
- → **Avestan** — bama, bâ, bâmya: *bright* (POK:104, SOD:97)
- → **Persian** — bâm: *morning* بام۱ (بامداد) (BQT:227)

بام۲

سقف

- **Indo-European** — Wes 3: *to wear, put on* پوشیدن (POK:1172)
- → **Avestan** — vah, vahna,vanhna, vasta: *cover, clothes* (POK:1172, KNT:219, ARN:62)
- → **Persian** — bâm 2: *shelter, house, roof* بام۲ (بان۲) (AEF:230)

بامداد رجوع شود به: بام۱

بان۱ رجوع شود به: پاییدن

بان۲ رجوع شود به: بام۲

بانگ

- **Indo-European** — Wekw: *voice* صدا (POK:1135)
- → **Av/Old Pers** — vak, vačah, vaxš: *word, voice, sound* (POK:1135)
- → **Old Persian** — wâk: *to speak*
  wânk: *call, called* (ETM:61)
- → **Pahlavi** — vang: *call, loud sound, crying* (BQT:229)
- → **Persian** — vang 2: *call, crying* ونگ۲
  bâng: *call, loud sound* بانگ (ETM, BQT)

باور

هم: will

- **Indo-European** — Wel 1: *to wish, desire* آرزو کردن (POK:1137)
- → **Avestan** — var 2, ver 1, varena: *to wish* (POK:1137)
- **Indo-European** — Upo: *to, from below* بسوی، از پایین (POK:1106, KLN:1105)
- → **Avestan** — upa-var: *in belief* (HRN:41,65,71,72,73)
- → **Persian** — bâvar: *belief* باور (BQT)

باه

- **Indo-European** — Wes 1 : *wet, also male animal* خیس، حیوان نر (POK:1171,1172, IEC:1582)
- → **Persian** — bâh: *sperm, sexual drive* باه (IEC:1495,1525,1582, MON:470)

باهو

گرز
هم: bridge

- **Indo-European** — Bhru 2: *beam, log* تیر و الوار چوبی (POK:173, ARN:111)
- → **Avestan** — bâru: *large stick* (POK:173, ARN:111)
- → **Persian** — bâhû: *large stick, club* باهو
  بشکنم کله به باهوی هجا و دشنام
  زآنکه آن کلهٔ شوم ازدر باهوست مرا (سوزنی)
  (ARN:111)

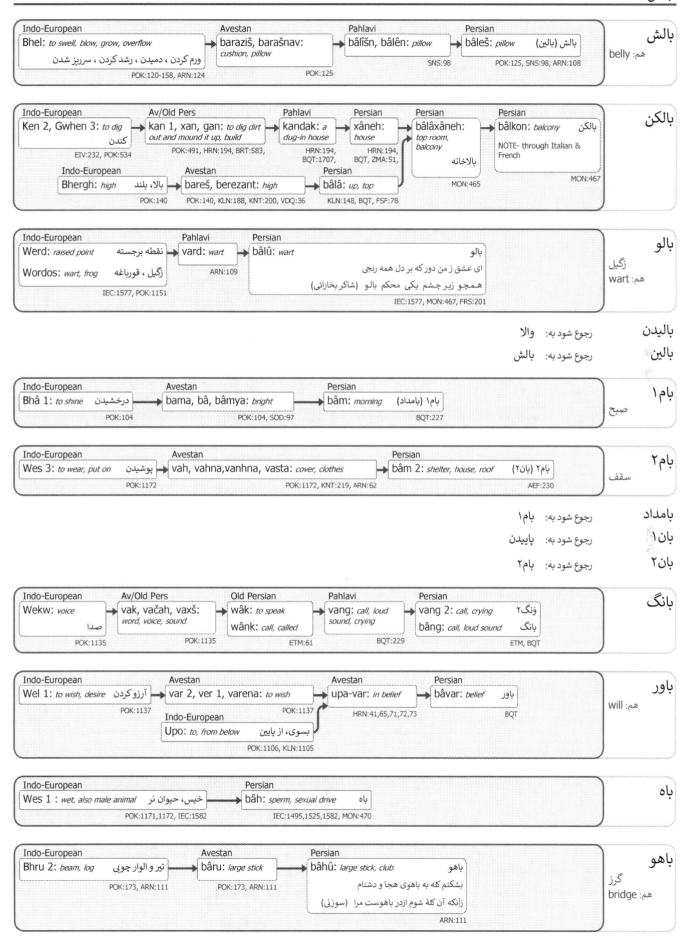

باید

- Indo-European — I 1: *to go* رفتن (POK:293,501, KLN:825) → Old Persian
- Indo-European — Upo: *to, from below* بسوی، از پایین (POK:1106, KLN:1105) → Av/Old Pers — upa, upâ: *to, toward* (POK:1106, KLN:1105) → Old Persian
- Old Persian — ay: *to move*; upâ-aitiy, upâ-ay-a: *ought to* (POK:293, FFD:35) → Pahlavi — upâyat: *have to, must* (AEF:234, FFD:35) → Persian — bâyad: *must* باید (AEF:234)

بَبَر

هم: beaver

Indo-European — Bher 4: *bright, brown* روشن، قهوه ای (POK:136) → Avestan — bowra, bawraini, bawri: *brown animal, beaver* (POK:136, KLN:158) → Pahlavi — bavarak: *beaver* (MON:471) → Persian — babar: *beaver, red fox* بَبَر (MON:471)

بَبَه

بچه

هم: baby

Indo-European — Baba: *baby words, indistinct speech.* از لغات اولیه کودک، الفاظ نا مفهوم (OEW:22, AHD:1507, POK:91) → Indo-European — Barbarah: *unclear speech, people who speak a foreign language.* (OEW:22, AHD:1507, POK:91) → Persian — baba: *baby* بَبَه (ARN:113)

NOTE- These words may be related to the root "Pa: to protect, feed".

بُت

Sogdian — Pwt: *Buddha, also used to mean an idol* بودا، بت
NOTE- SLW: 94 claims this word has a Chinese / Indian root. (SOD:332, SLW:94) → Pahlavi — bôt: *idol* (BQT) → Persian — bot: *idol* بُت (بتکده)
NOTE- See "Bheu 3" for another possible root. (MON:472, BQT:234, SLW:94)

بُت

Indo-European — Bheu: *to exist, grow* بودن، رشد کردن (POK:146) → Avestan — bûiti, buiti daevo: *name of a demon encouraging idolatry* (BQT:223, SYN:1503, POK:146) → Persian — bot: *idol* بُت (بتکده)
NOTE- See "Pwt" for another possible root. (MON:472, BQT:234)

بجز

Indo-European — Bheğh: *outside, open* بیرون، باز (IEC:69,70, POK:112-113, ARN:140) → Indo-European — Bheğh-iks: *outside, excluding* خارج ، به استثنای ، به جز (IEC:69,70, POK:112-113, ARN:140) → Persian — bejoz: *except, excluding* بجز (IEC:70, MON:473)

بچّه

Indo-European — Wet: *year, also referring to things with few years (young) or many years (old)* سال، موجود چند ساله (POK:1175, OEW:441) → Iranian — vasa: *one year old, young child* (HRN:43) → Pahlavi — vhat-čak, cačak: *one year old, child* (HRN:43, HUB:26) → Persian — bačeh: *child, baby* بچّه (BQT:237, HRN:26)

بُخت

رجوع شود به: پوزیدن

بَخت

رجوع شود به: بخشیدن۱

بَختَک

رجوع شود به: خواب

بخشیدن۱

عطا کردن

Indo-European — Bhag: *to share out, to enjoy* بخشیدن، لذت بردن (POK:107, IEC:61) → Av/Old Pers — baxto-dâta: *one who is given a good fortune, lucky*; bax-ta: *that which is given, fate* (POK:107, KNT, KLN:169) → Persian — baxšîdan: *to give, share* بخشیدن (بخت۱، بختیار); bâj: *toll, tax* باج۱ (باژ)

ز دینـار پر کرده ده چرم گاو
سه ساله فرستاده شد باژ و ساو (فردوسی)

(BQT:203,239, AEF:198,241, ETM:61, FFD:35)

بخشیدن۲

بخشودن

- Av/Old Pers — Xšad: *to forgive* بخشودن (FFD:35, EIV:450) → Av/Old Pers
- Indo-European — Apo: *off* جدا، دور (POK:53) → Avestan — ap 2, apa: *off, away, to* (POK:54, BQT:1086) → Av/Old Pers
- Av/Old Pers — apa-xšad-a: *to forgive* (FFD:35) → Pahlavi — abaxšay, abaxšâyîd (FFD:35) → Persian — baxšîdan: *to forgive* بخشودن (بخشودن) (FFD:35, EIV450)

بخشودن

رجوع شود به: بخشیدن۲

بَد

- Indo-Scythian — Vata: *small, undesirable, bad* کوچک، ناپسند، بد (ISS:223)
- → Iranian — vata: *bad* (ISS:224)
- → Pahlavi — vat: *bad* (ISS:224)
- → Persian — bad 1: *bad* بَد; vad: *bad* وَد (HRN:44, BQT, MON:4993)

بُد
پیشوا، رهبر

- Indo-European — Per 3: *oppose, hit* مخالف، مقابل (POK:815-818)
- → Avestan — paiti 2: *counter, back* (POK:815)
- → Pahlavi — paitiš, pat, pêš: *in front of, before, leader* (BQT:440)
- → Persian — bod, bed 2: *(suffix) leader* بُد، بِد (سپهبد، هیربد، موبد) (BQT)

بدخشان رجوع شود به: بلخ

بدرود رجوع شود به: دُرود۲

بذله

- Indo-European — Bhag: *to share out, to enjoy* بخشیدن، لذت بردن (POK:107, IEC:61)
- → Indo-European — Bhag-los, Bhag-mos: *enjoyment, feasting* (IEC:61)
- → Persian — bazleh: *joke* بذله (IEC:61, MON:489)

NOTE- MON derives this from Arabic

بَر۱ رجوع شود به: ویر

بَر۲
بالا

- Indo- — Bhergh: *high* بالا، بلند (POK:140)
- → Old Persian — bard-: *to be high or tall*; Bardiya: *glorified* (KNT:200,201)
- → Persian — bar 2: *high* بَر۲ (برتر، برین); Bardiyeh: *"great", a name* بردیه (FSF:79, KNT:200)

NOTE- See "Upo: from below" for another possible root.

بَر۲
بالا

- Indo-European — Upo: *to, from below* بسوی، از پایین (POK:1106, KLN:1105)
- → Indo-European — Uper: *over, above, beyond* (POK:1105, KLN:1105)
- → Avestan — upairi: *above, over, beyond* (POK:1105, KLN:1105)
- → Pahlavi — apar: *on, over, more than* (HRN)
- → Persian — abar: *super* ابَر; bar 2: *over* بَر۲ (BQT:79)

NOTE- See "Bhergh: high" for another possible root.

بَر۳ رجوع شود به: بردن

بَر۴
سینه
هم: breast

- Indo-European — Bhreus: *swollen* متورم (POK:170, ARN:116)
- → Avestan — varang,varah: *swollen, breast* (ARN:116)
- → Pahlavi — war, bar: *breast* (ARN:116)
- → Persian — bar: *breast, chest, appearance* بَر۴ (ARN:116)

برادر
هم: brother

- Indo-European — Bher 1: *to carry* حمل کردن (POK:128,163, PRT:234, SYN:107)
- Indo-European — Ter 2, Tar: *a kinship term* پسوند گروه یا فامیل (PRT:863, AHD:1500)
- → Indo-European — Bhra-ter: *carrier of load or responsibility* (POK, SYN:103-107)
- → Avestan — brâ-tar: *carrier of family* (KLN, SYN:103-107)
- → Persian — barâdar: *"load or responsibility carrier of family", brother* برادر (BQT)

برازنده رجوع شود به: برازیدن

برازیدن
هم: bright

- Indo-European — Bhereg: *to shine, bright* درخشیدن، روشن (POK:139)
- → Avestan — brâz: *to shine* (POK:139, BQT:137)
- → Persian — barâzîdan: *to look nice* برازیدن; barâzandeh: *well suited, fit* برازنده (BQT:247, MON:493, ARN:118)

بربط

- Indo-European — Baba: *baby words, indistinct speech.* از لغات اولیه کودک، الفاظ نا مفهوم (OEW:22, AHD:1507, POK:91)
- → Indo-European — Barbarah: *unclear speech, people who speak a foreign language.* (OEW:22, AHD:1507, POK:91)
- → Greek — barbitos: *foreign people or objects.* (OEW:22)
- → Pahlavi — barbut: *a stringed musical instrument* (BQT:249, MON:497)
- → Persian — barbat: *a musical instrument* بربط (MON:497)

بَرخ رجوع شود به: بهره

بردن
هم: bear

- Indo-European — Bher 1: *to carry* حمل کردن (POK:128,163, PRT:234, SYN:107)
- → Av/Old Pers — bar: *to carry* (POK:128)
- → Pahlavi — burtan: *to carry away*; bâr 1: *load* (BQT:253)
- → Persian — bordan: *to carry, take* بردن; bâr 1: *load, fruit (tree load)* بار۱ (بَر۳) (POK, BQT, AEF)

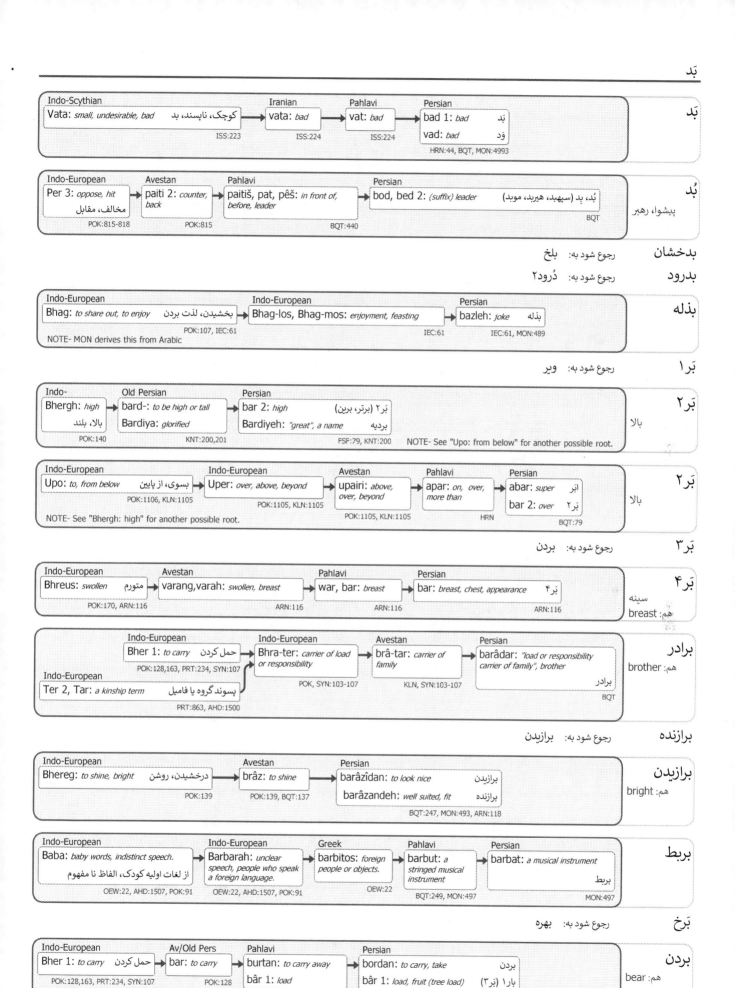

بَرده

Avestan: Vareta: *slave* برده (BQT:253) → Pahlavi: vartak 1: *slave* (BQT:253, HUB:26) → Persian: bardeh: *slave* بَرده (HUB:26, BQT:253)

بردیه

رجوع شود به: بَر۲

بُرز

هم: بَر۲

Indo-European: Bhergh: *high* بالا، بلند (POK:140) → Avestan: bareš, berezant: *high* (POK:140, KLN:188, KNT:200, VDQ:36) → Persian: borz: *tall, tallness* بُرز; barzoy: *"great"* برزوی، بروزیه (KLN, BQT, FSF, VDQ)

بَرز

رجوع شود به: ورزیدن

برزخ

مق: دوزخ

Indo-European: An 1: *breath* نفس، دم; Ansu: *spirit, world* روح، جهان (KLN, AHD, POK:48) → Avestan: ahu, ahura: *life, spirit, world* (POK:48, KLN:41,1095, AHD, SNS:6, OEW:9)

Indo-European: Bhergh: *high* بالا، بلند (POK:140)

→ Avestan: barz-ahva: *better (higher) world* (POK:48, BQT:896, VDQ:36, SOD:127) → Pahlavi: barzax: *better world* (VDQ:36) → Persian: barzax: *middle stage* برزخ (BQT:896, VDQ:36)

بَرزن

رجوع شود به: وار۱

برزوی

رجوع شود به: بُرز

بَرسَم

Indo-European: Bhel: *to swell, blow, grow, overflow* ورم کردن ، دمیدن ، رشد کردن ، سرریز شدن (POK:120-158, ARN:124) → Avestan: barez: *to grow*; bara-s-man: *bundle of twigs* (POK:120, BQT:256) → Pahlavi: barsum: *branches, twigs* (BQT:256) → Persian: barsam: *a bundle of twigs used in Zoroastrian ceremonies* برسم

جهانجوی با آن دو خسرو پرست
گرفت از پی واژ برسم بدست (فردوسی)

(BQT:256, SNS:103)

برشته

Indo-European: Bher 2: *to cook* پختن (POK:137) → Old Persian: braij: *to cook, fry* (POK:137, BQT:270, HRN:47) → Pahlavi: brištag: *roasted* (SNS:103, BQT:270) → Persian: berešteh: *roasted, toasted* برشته (بریان); berîjan: *baking oven* بریجَن (MON, BQT, AEF, FFD)

برف

Indo-European: Wep: *to throw, spray ?* پرتاب کردن، پاشیدن؟ (POK:1149) → Avestan: vafra: *snow* (POK:1149) → Pahlavi: vafr (POK:1149) → Persian: barf: *snow* برف (POK:1149, AEF:258)

برگ

هم: bloom

Indo-European: Bhel: *to swell, blow, grow, overflow* ورم کردن ، دمیدن ، رشد کردن ، سرریز شدن (POK:120-158, ARN:124) → Avestan: bara-: *branches*; Varekahe, Varaka: *leaf* (SNS:281, SYN:525, POK:123) → Pahlavi: varg, valg: *leaf* (BQT:260, AEF:259) → Persian: barg: *leaf, page, sustenance* برگ (بلگ، بلگه) (MON:571, AEF:259, ARN:124)

برگستوان

زره "حافظ پهلوها"

Indo-European: Kost: *bone, rib, side of anything* استخوان، دنده، کنار هر چیزی (POK:616, AHD:1524)

Indo-European: Upo: *to, from below* بسوی، از پایین (POK:1106, KLN:1105) → Av/Old Pers: upa, upâ: *to, toward* (POK:1106, KLN:1105)

Indo-European: Pa: *to protect, feed* حفاظت کردن، غذا دادن (POK:787,842, SYN:103) → Av/Old Pers: pa: *to guard* (HRN:41,72, KLN:114, AHD:1532)

→ Pahlavi: kost: *side*; uparô-kušta-pâma: *protection for the sides* (BQT:1643, AEF:261) → Persian: bargostovân: *armor (worn to protect the sides)* برگستوان (BQT)

NOTE- AHD claims that this may be related to the root "Ost: bone".

بَرم

آبگیر، استخر

Indo-Scythian: var: *to cover* (ISS:234) → Pahlavi: varm: *container, reservoir* (ISS:234) → Persian: barm: *reservoir, pool* بَرم (ISS:234, MON:511)

برماسیدن

رجوع شود به: پرماسیدن

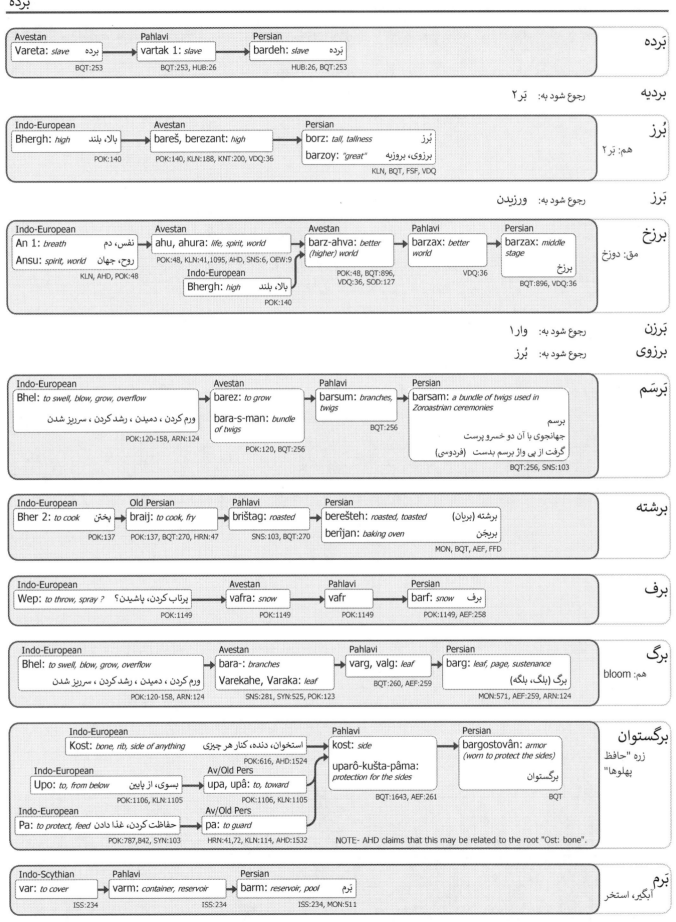

برمنش رجوع شود به: بَر۲ + منش

برنا مق: جوان

- Indo-European: Ne 1, An 3: *no, not* نَه (POK:756, KNT:167) → Av/Old Pers: a-, â-, an-: *no, not* (POK:757, KNT:167) → Pahlavi
- Indo-European: Aiw: *vitality, eternity* حیات، ابدیت (POK:17) → Avestan: âyu, ay: *life, age* (POK:17) → Avestan
- Indo-European: Pel 1: *to fill* پر کردن (POK:799, EIV:299) → Avestan: par 1, perana: *full* (POK:799) → Avestan
- Avestan: perana-âyu: *full of life* (KLN:31, BQT:264) → Pahlavi
- Pahlavi: a-purn-ây: *"not full of life", young* (BQT:264, KNT:209) → Persian: bornâ: *young* بُرنا (BQT:264)

برنج۱ رجوع شود به: برنز

برنج۲

Indo-European: Urigh: *rice* برنج (IEC:1681) → Sanskrit: Vrihi: *rice* (AHD:1116) → Av/Old Pers: brîzi, vriz, urvinj: *rice* (KLN:1346) → Persian: oroz: *rice* اُرز; varîzeh: *rice* وریزه; berenj 2: *rice* برنج۲ (BQT, MON, IEC:1681)

برنز

Avestan: Berenža: *brass* برنز (HRN:48) → Persian: berenj 1: *brass* برنج۱ (HRN:48) → Latin: boronzium: *brass* (PRT:60, KLN:203) → Italian: bronzo (PRT:60,) → French: → Persian: bronz: *bronze* برنز (MON)

بُرو رجوع شود به: ابرو

بروجرد رجوع شود به: ـ جرد

بروزیه رجوع شود به: بُرز

برّه

Indo-European: Weren: *lamb* بره (POK:1170) → Av/Old Pers: varnak: *lamb* (POK:1170) → Pahlavi: varrak: *lamb* (POK:1170, BQT:268) → Persian: barreh: *lamb* برّه (BQT, POK:1170, HRN:192,)

برهنه

Indo-European: Nogw: *naked* عریان (POK:769) → Avestan: maǧnâ: *naked* (POK:769, KLN:1026, SYN:325) → Pahlavi: brahnak: *naked* (ISS:256) → Persian: berehneh: *naked* برهنه (ISS:256, MON:517)

NOTE- See "Bûnai: naked" for another possible root.

برهنه

Indo-Scythian: Bûnai: *naked* عریان (BQT:1555) → Avestan: maǧna: *naked* (ISS:256) → Pahlavi: brahnak: *naked* (ISS:256) → Persian: berehneh: *naked* برهنه (ISS:256, MON:517)

NOTE- See "Nogw: naked" for another possible root.

بریان رجوع شود به: برشته

بریجَن رجوع شود به: برشته

بَرید

Indo-European: Bher 1: *to carry* حمل کردن (POK:128,163, PRT:234, SYN:107) → Av/Old Pers: bar: *to carry* (POK:128) → Pahlavi: burtan: *to carry away* (BQT:253) → Persian: barîd: *mail carrier* بَرید (POK, BQT, AEF)

NOTE- PLA, TAD and AFM claim "barîd" is from Pahlavi "burtan". BQT, MON and AKD claim it is from Latin "veredus: carrier".

بریدن هم: bore

Indo-European: Bher 3: *to cut, pierce* بریدن، سوراخ کردن (POK:133, 166, ARN:127) → Avestan: brây: *to cut* (HRN:49, BQT:270) → Pahlavi: brîdan: *to cut* (SNS:105) → Persian: borîdan: *to cut* بریدن (بُر، بیل) (POK:133, BQT:270, HRN:59)

بُز هم: buck

Indo-European: Bhugo: *male animal of various kinds* حیوان نر (POK:174) → Avestan: buza, bûza: *buck, goat* (POK:174, AEF:272) → Pahlavi: buc, bûž: *goat* (BQT:271, AEF:272) → Persian: boz: *goat* بُز

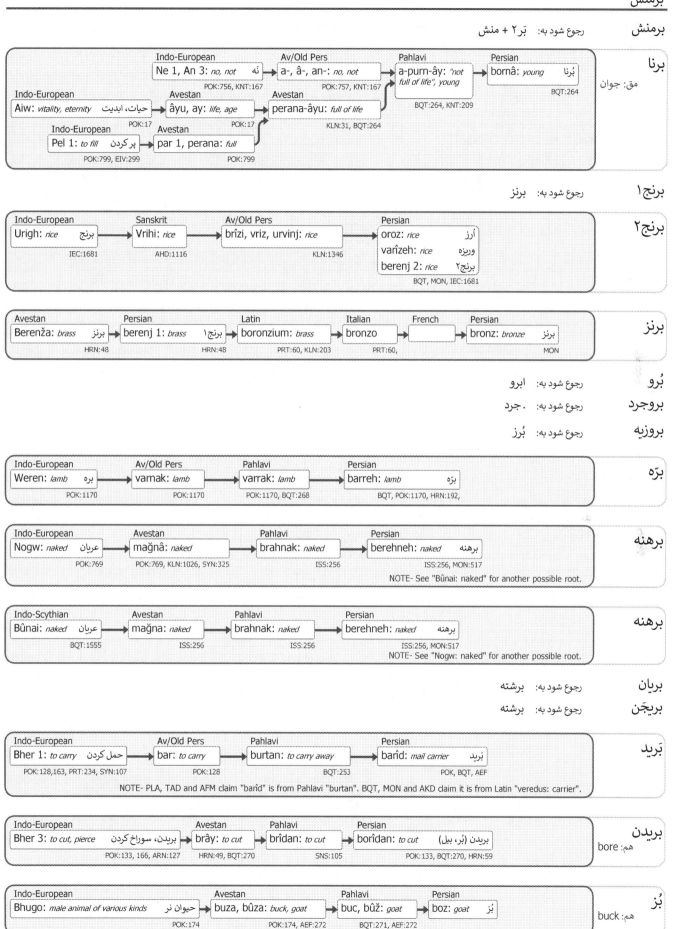

بزرگ
هم: vigor

- **Indo-European**: Weg 2: *to be lively, strong* سرزنده و قوی بودن — POK:1117
- → **Iranian**: vâz, wâz: *power, largeness or rising.* — AEF:201, IEC:1499
- → **Old Persian**: vazraka: *large* — POK:1117
- → **Pahlavi**: vajarg, bazurk: *big* — HRN
- → **Persian**: bozorg: *large* بزرگ — BQT:272, POK:1117

بزم

- **Indo-European**: Bhag: *to share out, to enjoy* بخشیدن، لذت بردن — POK:107, IEC:61
- → **Indo-European**: Bhag-los, Bhag-mos: *enjoyment, feasting* — IEC:61
- → **Pahlavi**: bazm: *feast* — MON:523
- → **Persian**: bazm: *feast* بزم — MON:523, IEC:61

بَس

- **Indo-European**: Wek: *to wish, desire* آرزو کردن، خواستن — POK:1135, KNT:207
- → **Old Persian**: vas: *to wish, desire*; vašna: *will, desire* — KNT:207
- → **Pahlavi**: vas: *enough*; vas-yâr: *plenty* — MON:537, KNT:207,
- → **Persian**: bas: *enough, sufficient* بَس (بسنده); besyâr: *plenty, many* بسیار — KNT:207, BQT:276, MON:537

- **Indo-European**: Wek: *to wish, desire* — POK:1135, KNT:207
- → **Avestan**: vasnah: *wish*; vasah: *desired*; an-usant: *not willing, reluctant* — POK:1135
- → **Persian**: ?

بَساک
تاج گل

- **Indo-European**: Puk 1: *bundled together* بهم بسته شده — POK:849
- → **Avestan**: pusâ: *crown made of bundled twigs and flowers*; pusâ-ka: *garland, crown* — POK:849, SOD:298
- → **Pahlavi**: pusag: *crown* — MON:779
- → **Persian**: pasâk: *crown of flowers* پَساک (بَساک)
  ز زیور همه غرق در سیم و زر
  بساکی ز گل برنهاده به سر (اسدی)
  — MON:779, FRS:146

بستان
رجوع شود به: بو

بستر
مق: گستردن

- **Indo-European**: Ster 1: *to spread, throw* پخش کردن، پرت کردن — POK:1029, EIV:263
- **Indo-European**: Wi: *part, apart* جدا — POK:1175,1176
- → **Avestan**: star 1: *to spread, throw*; wi-star: *to spread apart* — KLN:1522, FFD:73
- → **Pahlavi**: vi-starak: *bed (spread for sleeping)* — BQT:278,1816, HRN:205
- → **Persian**: bastar: *spread out (for sleeping)* بستر — BQT, SNS, FFD

بستن
هم: bind

- **Indo-European**: Bhendh: *to bind, fasten* بستن — POK:127
- → **Av/Old Pers**: basta: *bundled up, fastened*; ham-basta: *tied together, interwoven, spider web* — POK:127, AEF:160, HUB:18
- → **Persian**: bastan: *to tie, close* بستن; anbast: *tied together, dense, coagulated* انبست; anfast: *spider web* انفست
  شهنشاهی که خیط شمس گردون
  بود بر طاق ایوان وی انفست (شمس فخری)
  — KLN, BQT, AEF

بسنده
رجوع شود به: بَس

بسیار
رجوع شود به: بَس

بَش
یال

- **Indo-European**: Bhergh: *high* بالا، بلند — POK:140
- → **Avestan**: bareš, berezant: *high* — POK:140, KLN:188, KNT:200, VDQ:36
- → **Avestan**: barešа: *high on top (of a horse neck), mane* — SOD:104
- → **Sogdian**: bnš: *mane* — SOD:104
- → **Persian**: faš: *mane* فَش (بَش)
  بَش و یال اسبان کران تا کران
  براندوده بر مُشک و بر زعفران (فردوسی)
  — SOD:140

بَشام
رجوع شود به: بلسام

بَط

- **Indo-European**: Pad-: *duck* مرغابی — ARN:113
- → **Persian**: bat: *duck* بَط — ARN:113

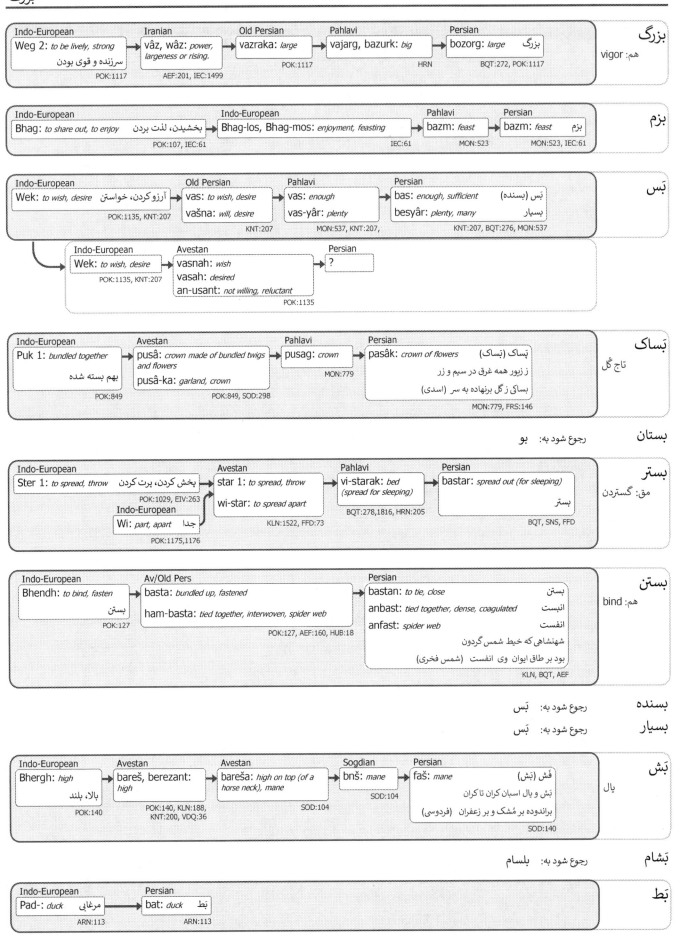

بغ
بخشنده

Indo-European — Bhag: *to share out, to enjoy* بخشیدن، لذت بردن (POK:107, IEC:61) → Av/Old Pers — baga, baǧa: *distributor of good fortune, God* (POK:107, KNT, KLN:169) → Persian — baǧ, faǧ: *God, goddess* بغ، فغ (BQT, MON, POK, TZF)

NOTE- Henning derives "baǧ" from Sogdian (SLW:94).

بغچه

Turkish — Boqčâ: *linen for wrapping clothes in it* بغچه (MON:551) → Persian — boqčeh: *bundle, pack* بغچه (MON:551,555)

بغداد
"خدا داد" یا "باغ عدالت"

Indo-European — Bhag: *to share out, to enjoy* بخشیدن، لذت بردن (POK:107, IEC:61) → Av/Old Pers — baga, baǧa: *distributor of good fortune, God* (POK:107, KNT, KLN:169) → Persian

Indo-European — Dô: *to give, create* دادن، خلق کردن (POK:223) → Avestan — dâ 1: *to give* (BQT:121, POK:223,225) → Persian

Persian — Baǧdâd: *God-given (city), Baghdad* بغداد
NOTE- Henning derives "baǧ" from Sogdian (SLW: 94).
TAD: 12 derives "Baǧdâd" from Persian "bâǧ-e-dâd: garden of justice".
(BQT, MON, POK, TZF)

بغستان
"جایگاه خدا"

Indo-European — Bhag: *to share out, to enjoy* بخشیدن، لذت بردن (POK:107, IEC:61) → Av/Old Pers — baga, baǧa: *distributor of good fortune, God* (POK:107, KNT, KLN:169) → Persian

Indo-European — Stâ: *to stand* ایستادن (POK:1008,1009) → Av/Old Pers — sta: *to stand, to set* (BQT:123, HRN:20, POK:1008) → Persian

Persian — baǧ-stân: *location or mountain of gods* بغستان، فغستان، بیستون (BQT, MON, POK, TZF)

NOTE- Henning derives "baǧ" from Sogdian (SLW:94).

بلخ

Avestan — Apânk: *turned backwards, north* بازگشت، شمال (SYN:873) → Pahlavi — apâxtar: *north, north star* (SYN:870, BQT:99,) → Pahlavi — bâxtri, bâxr, balx: *a city north of the ancient Iran* (MON5: 275, BQT:297) → Persian — balx: *an ancient city in Iran famous for its rose-red ruby gems.* بلخ (بلخش، بدخشان) (MON5: 247)

بلسام
هم: balsam

Aramaic — Busmâ: *perfume* عطر (TAD:12, KLN:144) → Hebrew — bâsam: *spice, balsam plant* (KLN:144) → Greek — balsamon: *balsam plant* (KLN:144) → Arabic — bašam: *perfume*; balšam: *balsam plant* (TAD:12, MON:567) → Persian — balsâm: *any resinous plant* بلسام; bašâm: *seed of a balsam plant* بَشام (MON:540,567)

بلگه
رجوع شود به: برگ

بلند
هم: آرزو

Indo-European — Bhergh: *high* بالا، بلند (POK:140) → Avestan — bareš, berezant: *high* (POK:140, KLN:188, KNT:200, VDQ:36) → Persian — bâlâ: *up, top* بلند، بالا (KLN:148, BQT, FSF:78)

بلوا

Indo-European — Bheru: *to boil, bubble* جوشاندن (AHD:1510, POK:132,143, IEC:116) → Persian — balvâ: *tumult* بلوا
NOTE- MON: 575 claims this is from an Arabic root
(IEC:116, MON: 575)

بُلور

Sanskrit — Bêlûr: *an Indian city famous for its crystal* نام شهری در هند (KLN:166, AHD:126) → Greek — beryllos: *crystal* (AHD:126, KLN:166) → Arabic — bolûr: *crystal* (MON:575) → Persian — bolûr: *crystal* بُلور (MON:575)

بله

Indo-European — Bhê: *indeed* واقعا (POK:113, IEC:59, WLD2: 136) → Avestan — bâ, bê, beî: *indeed* (POK:113, IEC:59) → Persian — baleh: *yes* بله (IEC:59, MON)

NOTE- MON derives "baleh & balî" from Arabic while IEC claims they are Indo-European

بَم

Indo-European — Bamb: *bang, rumble* صدای ضربه، غرش (POK:93, IEC:53,92) → Persian — bam: *bass, low* بَم (IEC:53,92, MON:578)

NOTE- MON derives this word from Arabic but IEC claims it is Indo-European

بُن۱
هم: foundation

- **Indo-European** — Bhun: *base, bottom* پایه ، پایین (POK:174, IEC:124)
- → **Avestan** — bûnô, bûnâ: *base* (POK:174)
- → **Pahlavi** — bun, bun-dât: *base* (BQT:304, AEF:288)
- → **Persian** — bon: *base, foundation, house* بُن۱ (بنیاد); boneh: *house, nest, shelter* بُنه
  چوسیمرغ را بچه شد گرسنه
  به پرواز بر شد دمان از بنه (فردوسی)
  (BQT:304, BRT:968, NYB:50, AEF:288,290)

بُن۲.
مق: بُن۱

- **Indo-European** — Wen: *to wish, desire* آرزو کردن، علاقه به شکار (POK:1146, OEW:434)
- → **Avestan** — vanâ: *woods, tree (hunting place)* (WLD1: 259)
- → **Pahlavi** — van: *tree* (WLD1: 259)
- → **Persian** — van: *tree* وَن (نارون); bon: *tree, tree stump* بُن۲ (گلبن) (WLD1: 259, AEF:287)

- **Indo-European** — Wen: *to wish, desire* (POK:1146, OEW:434)
- → **Avestan** — vanaiti: *he wishes*; vantar: *victorious* (POK:1146, KLN:1697)
- → **Pahlavi** — vânîtan: *to be victorious* (POK:1146)
- → **Persian** — ?

بند
هم: band

- **Indo-European** — Bhendh: *to bind, fasten* بستن (POK:127)
- **Indo-European** — Per 3: *oppose, hit* مخالف، مقابل (POK:815-818) → **Avestan** — paiti 2: *counter, back* (POK:815)
- → **Avestan** — banda: *band, tie*; paiti-band: *to attach* (POK:127, BQT:449)
- → **Persian** — band: *band, dam* بند; payvastan: *to attach, join* پیوستن (AHD:1509, BQT:305)

بندر رجوع شود به: دربند

بنده

- **Indo-European** — Bhendh: *to bind, fasten* بستن (POK:127)
- → **Old Persian** — bandaka: *slave* (SOD:105, KNT:199)
- → **Pahlavi** — bandak: *slave* (MON:588, KNT:199)
- → **Persian** — bandeh: *servant, slave* بنده (MON:588)

بنفش رجوع شود به: بنفشه

بنفشه
"گل میان درختان"

- **Indo-European** — Wen: *to wish, desire* آرزو کردن، علاقه به شکار (POK:1146, OEW:434) → **Avestan** — vanâ: *woods, tree (hunting place)* (WLD1: 259)
- **Indo-European** — Yeu 1, Yauj: *to join, harness* جفت کردن، مهار کردن (POK:509, EIV:217) → **Indo-European** — Aueg : *to grow, strengthen* (POK:84-85 ،510,) → **Avestan** — vaxšaiti, uxšyeiti: *grows* (POK:84,85, SYN:876,)
- → **Avestan** — vana-vaxša: *grown in the woods, pansy* (AEF:291)
- → **Pahlavi** — vana-vašak: *pansy, violet* (AEF:291)
- → **Persian** — banafšeh: *pansy* بنفشه (بنفش) (AEF:291)

بُنه رجوع شود به: بُن۱

بنیاد رجوع شود به: بُن۱

بو

- **Indo-European** — Bheudh: *to be aware, enlighten* آگاه بودن ، روشن ساختن (POK:150)
- → **Av/Old Pers** — baoidi: *nice aroma* (POK:151, BQT:311, FFD:39)
- → **Pahlavi** — bûy: *smell* (EIV:15)
- → **Persian** — بوی۱ (بو، بوستان، بستان) (BQT:311)

بوتیمار

- **Indo-European** — Beu 1: *root of muffled sounds* ریشه صداهای خفه (POK:97)
- → **Avestan** — bučahin, buxti: *howl, yell* (POK:97)
- → **Persian** — bû-tîmâr: *a bird of heron family* بوتیمار (IEC:116)

بودا

- **Indo-European** — Bheudh: *to be aware, enlighten* آگاه بودن ، روشن ساختن (POK:150)
- → **Sanskrit** — bûdhati: *he awakes*; bûdha: *wise, aware* (AHD)
- → **Persian** — budâ: *Buddha* بودا (BQT:313)

بودن
هم: be

- **Indo-European** — Bheu: *to exist, grow* بودن، رشد کردن (POK:146)
- → **Av/Old Pers** — bûta, bav: *to exist, become* (POK:146, BQT:111)
- → **Pahlavi** — bw: *to be* (EIV:17)
- → **Persian** — bûdan: *to be* بودن (POK:147, BQT:111,314, MON:603, AEF:293)

بور

Indo-European
Bher 4: *bright, brown* روشن، قهوه ای
POK:136

Avestan
bowra, bawraini, bawri: *brown animal, beaver*
POK:136, KLN:158

Persian
bûr: *brownish red, red horse, flushed from embarrassment* بور
bûreh: *borax, white* بوره
بیازید چنگال گردی بـزور
بیفشارد یک دست بر پشت بور (فردوسی)
BQT:231,314,315, MON:601, AEF:295

بوره
رجوع شود به: بور

بوس

Indo-European
Bu: *lip, kiss* لب، بوس
POK:103, SYN:1113

Persian
bûs: *kiss* بوس
POK:103

NOTE- Kissing is unknown among many races. There is no conclusive evidence that kissing was known in the Indo-European times.

بوس

Indo-European
Baud: *to feel, sense*
EIV:15

Avestan
baod: *sense*
EIV:15

Pahlavi
bwd: *perception, sense*
EIV:15

Persian
bûs: *kiss* بوس
EIV

NOTE- see Bu: lip, kiss" for another possible root.

بوستان
رجوع شود به: بو

بوف
رجوع شود به: بوم۱

بوق

Indo-European
Beu 2: *to swell, blow* ورم کردن، دمیدن
POK:98

Latin
bûcina: *trumpet, horn*
AHD

Aramaic
bucina: *horn*

Arabic
bûq: *horn*
BQT:318

Persian
bûq: *horn* بوق
BQT:318

بوم۱
جغد

Indo-European
Beu 1: *root of muffled sounds* ریشه صداهای خفه
POK:97

Pahlavi
bûm 1, buf: *owl*
MON:606, ARN:136

Persian
bûm: *owl* بوم۱ (بوف)
POK:97, ARN:136

بوم۲
سرزمین

Indo-European
Bheu: *to exist, grow* بودن، رشد کردن
POK:146

Av/Old Pers
bûmî: *earth*
POK:146, BQT:111, KNT:200

Pahlavi
bûm 2: *earth*
AEF:298

Persian
bûm: *earth, country* بوم۲
POK, BQT, MON, AEF

بومَهَن
زلزله

Indo-European
Bheu: *to exist, grow*
بودن، رشد کردن
POK:146

Av/Old Pers
bûmî: *earth*
bûmî-mathan: *earthquake*
POK:146, BQT:111, KNT:200

Pahlavi
bûmahan: *earthquake*
AEF:298

Persian
bûmmahan: *earthquake* بومَهَن
برآمد یکی بومهن نیمشب
تو گفتی زمین دارد از لرزه تب (اسدی طوسی)
POK, BQT, MON, AEF

بوی۱
رجوع شود به: بو

بوی۲
آرزو

Indo-European
Bhôu: *joy, satisfaction* شادمانی، رضایت
IEC:98

Persian
bûyeh: *desire, hope* بوی۲، بویه
چه جورها که کشیدند بلبلان از وی
ببوی آنکه دگر نو بهار باز آید (حافظ)
IEC:98, MON:607

بویه
رجوع شود به: بوی۲

بَه
خوب

Indo-European
Su 1: *well, good* خوب
POK:1037, KLN:548

Avestan
hu 1,vahu: *good*
POK:1037, SYN:1176, KLN:169, 401

Pahlavi
veh, bêh: *good*
ARN:138

Persian
beh, bah: *good* به
BQT, MON, ZMA:19

به
علیه

Indo-European
Per 3: *oppose, hit* مخالف، مقابل
POK:815-818

Avestan
paiti 2: *counter, back*
POK:815

Pahlavi
pad, pa: *to, toward*
HRN:33, AEF:190

Persian
be[h]: *to, toward* به
AEF:190,191

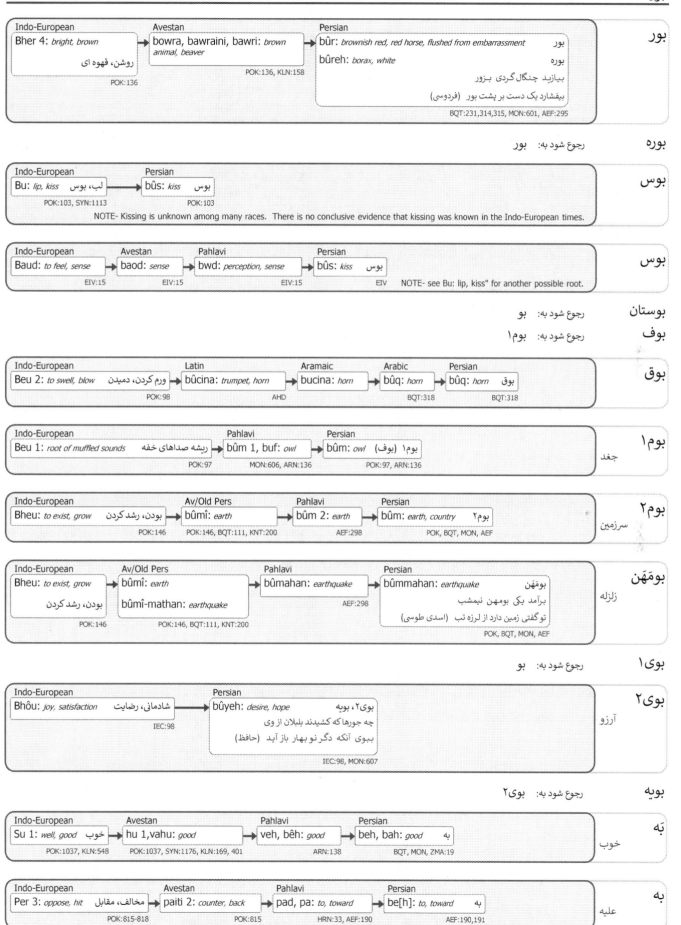

به
جهت

- Indo-European: Upo: *to, from below* بسوی، از پایین — POK:1106, KLN:1105
- Av/Old Pers: upa, upâ: *to, toward* — POK:1106, KLN:1105
- Pahlavi: pat, pa, pad: *to, toward* — HRN:33, AEF:190,191
- Persian: beh: *to, toward* به — MON:605, AEF:190,191

بها
هم: vendor

- Indo-European: Wes 2: *to buy* خریدن — POK:1173, OEW:440, AEF:302
- Pahlavi: vah-âk: *value* — AEF:302
- Persian: bahâ: *value* بها — AEF:302, FSF:91

بهادر
هم: بیگ

- Indo-European: Bhag: *to share out, to enjoy* بخشیدن، لذت بردن — POK:107, IEC:61
- Indo-European: Dher 1, Darz, Har: *to hold firmly, keep, guard* محکم گرفتن، حفظ کردن — POK:252, EIV:129
- Sanskrit: dhar: *to hold, keep* — POK:252
- Sanskrit: bhağa: *good fortune*; bhaga-dhara: *holder of happiness, brave* — AHD, HJB:49, KLN:140
- Mongolian: (blank) — HJB:49
- Persian: bahâdor: *hero* بهادر — BQT, MON

NOTE- HJB:49 claims "bhaga-dhara" may be from Persian "faghpoor"

بهار

- Indo-European: Aus 2: *to shine* درخشیدن; Ausus: *dawn* سپیده دم — POK:86, KLN:495
- Indo-European: Wes 5: *spring* — KLN:1702
- Avestan: vasar, vasri: *spring*; vanri, vanhâr: *spring* — POK:1174
- Pahlavi: vahâr: *spring* — HRN:56
- Persian: bahâr: *spring* بهار — POK:1174, KLN:1702

Alternative:

- Indo-European: Aus 2: *to shine* — POK:86, KLN:495
- Indo-European: Wes 5: *spring* — KLN:1702
- Old Persian: vâhara: *spring time* — KNT:188,207
- Persian: ?

بهانه

- Indo-European: Wes 3: *to wear, put on* پوشیدن — POK:1172
- Old Persian: vahâna: *cover* — HUB:32, AEF:305
- Pahlavi: vahânak: *hidden reason, excuse* — HUB:32
- Persian: bahâneh: *excuse* بهانه — AEF:305

بهرام
"دیو کُش"

- Indo-European: Wer 3, Werg 2: *to cover, enclose* پوشاندن، محصور کردن — POK:1116, IEC:1599
- Indo-European: Gwhen 2, Jan: *to strike, hurt* زدن، آزردن — POK:492, EIV:222
- Avestan: žata, jan., jaiti: *to hit, harm, bite* — POK:492, HRN:204, BQT:324, FFD:25
- Avestan: varethra: *defender, also name of a demon*; varethra-jan: *demon killer* — POK:1116
- Pahlavi: varhrâm: *victorious* — BQT:324
- Persian: bahrâm: *"demon killer", a male name* بهرام — BQT

بهره

- Indo-European: Bhag: *to share out, to enjoy* بخشیدن، لذت بردن — POK:107, IEC:61
- Avestan: baxadra: *interest, something given* — BQT:251,324, SNS:96
- Persian: بهره; barx: *interest* بَرخ (برخی) — BQT, SNS:96

تو ای دانشی چند نالی ز چرخ
که ایزد بَدی دادت از چرخ برخ (اسدی طوسی)

بهشت
"بهترین"

- Indo-European: Su 1: *well, good* خوب — POK:1037, KLN:548
- Indo-European: Isto: *most or last* پسوند صفت عالی — KLN:35
- Av/Old Pers: išta: *a superlative suffix* — KNT:191,202
- Avestan: hu 1,vahu: *good*; vah-išta: *best (place), heaven* — POK:1037, SYN:1176, KLN:169, 401
- Persian: behešt: *"best"* بهشت — BQT, MON, ZMA:19

بهمن
"خوش مرام"
هم: mind

- Indo-European: Su 1: *well, good* خوب — POK:1037, KLN:548
- Indo-European: Men 1: *to think* فکر کردن — POK:726
- Avestan: vohu, vahu: *good* — POK:1174
- Avestan: manah: *mind, manners* — POK:726,727, BQT
- Avestan: vahu-man: *well mannered* — POK:1037, SYN:1176, KLN:169, 401
- Persian: Bahman: *"well mannered"* بهمن — BQT, MON, ZMA:19

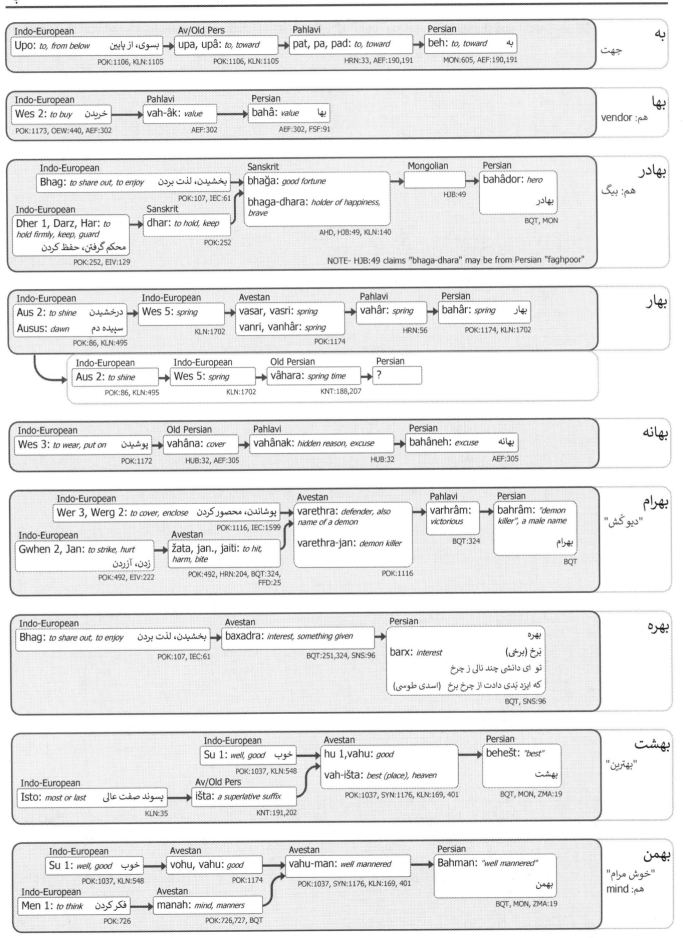

بی
هم: بجز

- **Indo-European** — Bheğh: *outside, open* بیرون، باز (IEC:69,70, POK:112-113, ARN:140)
- → **Old Persian** — bhe: *without* (POK:112-113)
- → **Pahlavi** — bê: *without* (ARN:140)
- → **Persian** — bî: *without* بی (AEF, MON)

بی - رجوع شود به: پِ -

بیا رجوع شود به: پِ -

بیختن
الک کردن

- **Indo-European** — Weidh: *to select, separate* انتخاب کردن، جدا کردن (POK:1128, EIV:407)
- → **Avestan** — vaêc: *sift* (EIV:407)
- → **Pahlavi** — wêz: *sieve* (EIV:407)
- → **Persian** — bîxtan: *to sieve* بیختن; parvîzan: *sieve* پرویزن (EIV:407)

NOTE- see "Weik: to shake, swing" for another possible root

بیختن
الک کردن

- **Indo-European** — Weik: *to shake, swing* لرزاندن، تاب دادن (POK:1130)
- → **Avestan** — vaêc: *sift* (EIV:407)
- → **Pahlavi** — wêz: *sieve* (EIV:407)
- → **Persian** — bîxtan: *to sieve* بیختن; parvîzan: *sieve* پرویزن

یک شبی محمود می شد بی سپاه
خاک بیزی دید سر بر خاک راه (عطار)

(EIV:407)

NOTE- see "Weidh: to select, separate" for another possible root

بید
هم: willow

- **Indo-European** — Wei 1: *to bend, turn, twist* خم کردن، تاباندن (POK:1120)
- → **Avestan** — vay: *twist*; vaêiti: *willow tree*; varaša: *tree* (KLN:1749, ISS:42)
- → **Pahlavi** — vêt: *willow*; vîsag, vîsak: *wooded area* (MON:58, SNS:287, BQT:338, ISS:42)
- → **Persian** — bêd: *willow tree* بید; bîšeh: *grove, woods* بیشه (BQT, SNS, ISS)

بیدار

- **Indo-European** — Ger 3: *to awaken* بیدار کردن (POK:391, EIV:173)
- → **Avestan** — gar 1: *to wake up* (POK:391, EIV:173)
- **Indo-European** — Wi: *part, apart* جدا (POK:1175,1176)
- → **Av/Old Pers** — wi, vî: *apart, away, opposite* (POK:1175, KNT:204)
- → **Pahlavi** — vîgrâs: *to awaken*; wiğrâd: *awake* (POK:391, EIV:173)
- → **Persian** — bîdâr: *awake* بیدار (MON:621, EIV:173)

بیدخت
"دختر خدا"

- **Indo-European** — Bhag: *to share out, to enjoy* بخشیدن، لذت بردن (POK:107, IEC:61)
- → **Av/Old Pers** — baga, bağa: *distributor of good fortune, God* (POK:107, KNT, KLN:169)
- **Indo-European** — Pôu: *small, young* کوچک، جوان (POK:842)
- → **Avestan** — pu 1, pu-thra, puthra: *son, child* (POK:842)
- **Indo-European** — Dheugh: *to milk* شیر دوشیدن (POK:271,277, WLD:847,868)
- **Indo-European** — Ter 2, Tar: *a kinship term* پسوند گروه یا فامیل (PRT:863, AHD:1500)
- → **Indo-European** — Dhugh-tar: *milker (of the family), daughter* (POK:277, WLD:868)
- → **Avestan** — dugeda, duğdâr: *daughter (milker)* (KLN:404, POK:277,)
- → **Avestan** — bağa-puthra: *son of God, title of respect*; bağa-dugdâr: *daughter of God, Venus* (HJB:49, BQT:333,1494)
- → **Persian** — fağpûr: *"son of God", title of respect* فغفور; Bîdoxt: *"daughter of God"* بیدخت (HJB, BQT, TZF)

NOTE- Compare "Dheugh: to milk" with the root "Dhê 1: to suckle milk"

بیدستر
"بی داس"

- **Indo-European** — Dâ 1: *to divide, cut in pieces* تقسیم کردن ، قطعه قطعه کردن (POK:175)
- → **Sanskrit** — dâtra: *sickle* (POK:175, BQT:904)
- → **Pahlavi** — dâs: *sickle* (BQT:813)
- **Indo-European** — Bheğh: *outside, open* بیرون، باز (IEC:69,70, POK:112-113, ARN:140)
- → **Old Persian** — bhe: *without* (POK:112-113)
- → **Pahlavi** — bê: *without* (ARN:140)
- → **Persian** — bî-das-tar: *beaver. An animal that cuts trees "without sickles"* بیدَستر (POK:175, BQT:333,813)

بیر رجوع شود به: ویر

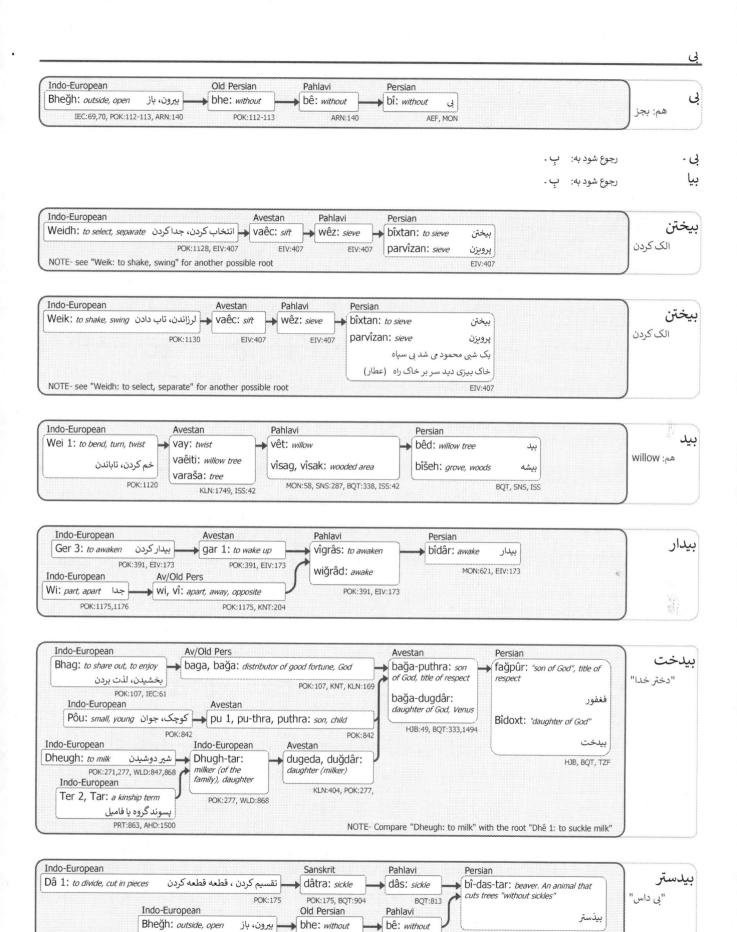

بیست

- Indo-European — Dekm: *ten* عدد ده — POK:191
- Indo-European — Wi: *part, apart* جدا — POK:1175,1176
- Av/Old Pers — wi, vî: *apart, away, opposite* — POK:1175, KNT:204
- Av/Old Pers — saiti, sat: *a suffix meaning multiples of ten*; vi-saiti: *(two) separate tens*; thri-sat: *three times ten*; čatvare-sat: *four times ten* — POK:191
- Persian — bîst: *twenty* بیست — BQT

بیستون رجوع شود به: بغستان

بیش۱ نوعی گیاه سمی — هم: virus

- Indo-European — Weis: *to rot, melt away, flow* فاسد شدن، آب شدن — POK:1134
- Avestan — vaeša: *mold*; viš 1, viša: *rotten food, poison* — POK:1134, KLN:1714
- Pahlavi — bêš 2: *a poisonous plant* — BQT:338
- Persian — bîš 2: *a poisonous plant* بیش — BQT:338

بیش۲ هم: two

- Indo-European — Dwo: *two* عدد دو — POK:230,
- Avestan — dva, duva: *two*; biš: *more* — POK:230, KLN:440,1669, SOD:145
- Pahlavi — vêš: *more* — BQT:337
- Persian — bîš: *more* بیش — BQT:337

بیشه رجوع شود به: بید

بیغاره رجوع شود به: پیغاره

بیگ

- Indo-European — Bhag: *to share out, to enjoy* بخشیدن، لذت بردن — POK:107, IEC:61
- Av/Old Pers — baga, baĝa: *distributor of good fortune, God* — POK:107, KNT, KLN:169
- Turkish — bak: *grand, Lord, God*; ata-bak: *grand father, god father* — ZMA:49
- Persian — bayg: *a title of respect* بیگ; atabak: *grand father, god father* اتابک — ETM:60

بیل رجوع شود به: بریدن

بیم

- Indo-European — Bhôi: *to fear* ترسیدن — POK:161
- Avestan — bay: *fear* — POK:161,162
- Pahlavi — bhâyaka: *fear* — ARN:107
- Persian — bîm: *fear* بیم (باک) — POK:162, HRN:39,59, BQT:340

بیمار

- Indo-European — Me 1: *to measure* اندازه گرفتن — POK:703, 731
- Indo-European — Med: *to take appropriate measures, to cure* — POK:705
- Indo-European — Wi: *part, apart* جدا — POK:1175,1176
- Av/Old Pers — wi, vî: *apart, away, opposite* — POK:1175, KNT:204
- Avestan — vi-mad: *care giver, physician* — POK:705, SYN:307
- Pahlavi — vîmâr: *patient*
- Persian — bîmâr: *sick* بیمار — BQT:340, HRN:59

بیمه

- Indo-European — Bhôi: *to fear* ترسیدن — POK:161
- Sanskrit — bhay: *to fear*; bhî-ma: *dreadful* — AEF:320
- Persian — bîmeh: *insurance* بیمه — MON:633

NOTE- IEC: 723,1562 links this word to root "Weid: to see"

بینا

- Indo-European — Dheye: *to see* دیدن — POK:243
- Old Persian — dî, dây, wai, vâe: *to see*; vâe-na, vaina: *observer* — KNT:191, AEF:322, FFD:55
- Pahlavi — vên-âk, vên-âg: *one sees* — BQT:340
- Persian — bînâ: *one who sees* بینا — BQT, SNS:291, AEF:80

بینی هم: nose

- Indo-European — Nas, Nâs: *nose* بینی — POK:755, AEN:145
- Avestan — nâh,vaenâ, vaênâ: *nose* — AEF:323, Pok:755
- Pahlavi — vênîk, bênîk: *nose* — AEF:323
- Persian — bînî: *nose* بینی — BQT:341

- Indo-European — Nas, Nâs: *nose* — POK:755, AEN:145
- Old Persian — nâh, nâham: *nose* — KNT:193
- Persian — ?

بیو رجوع شود به: بیوگ

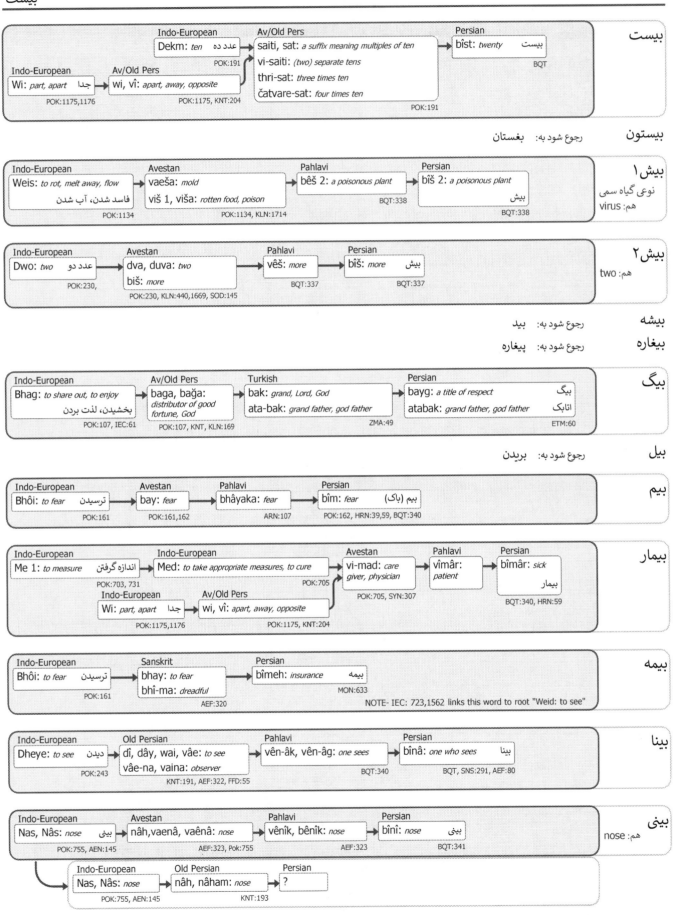

بیوَر
ده هزار

- Indo-Scythian: Byûrru: *ten thousand* ده هزار (ISS:262)
- → Avestan: baevar, baevare: *ten thousand* (ISS:262, AEF:324)
- → Pahlavi: bêvar: *ten thousand*; bêvar-asp: *(with) ten thousand horses* (AEF:324)
- → Persian: bîvar: *ten thousand* بیور; Bîvarasp: *"with 10,000 horses"* بیوراسپ
  کجا بیور از پهلوانی شمار
  بود بر زبان دری ده هزار (فردوسی)
  (MON, FSF:98)

بیوراسب
رجوع شود به: بیور

بیوسیدن
انتظار داشتن

- Indo-European: Bheudh: *to be aware, enlighten* آگاه بودن ، روشن ساختن (POK:150)
- → Av/Old Pers: baoidi: *nice aroma* (POK:151, BQT:311,)
- → Av/Old Pers: pati-baus: *to smell, expect, guess*; NOTE- EIV:427 derives this from the I.E. root "Was: to wish" (FFD:40)
- → Pahlavi: payôs: *expect* (FFD:40)
- → Persian: bîyûsîdan: *expect* بیوسیدن (پیوسیدن); nâ-bîyûsân: *unexpected* نابیوسان
  برآمد یکی نابیوسان نبرد
  که دریا همه خون شد و دشت گرد (اسدی طوسی)
  (FSF:98, FFD:40, BQT:342)

بیوگ
عروس
هم: wedding

- Indo-European: Wedh 1: *to marry* ازدواج کردن (POK:1115)
- → Avestan: vadhu, vadû: *marry* (POK:1115)
- → Persian: bayûg: *bride* بیوگ (بیوک، بیو); bayûgânî: *marriage* بیوگانی
  بس عزیزم ، بس گرامی ، شاد باش
  اندر این خانه بسان نو بیوک (رودکی)
  (BQT:342, FRS:160, AEF:264, EIV:201)

بیوه
هم: widow

- Indo-European: Weidh: *to select, separate* انتخاب کردن، جدا کردن (POK:1128, EIV:407)
- → Avestan: vidhavâ: *separated, widow* (POK:1127)
- → Persian: bîveh: *widow* بیوه (BRT:1443)

پ -

- Indo-European: Per 3: *oppose, hit* مخالف، مقابل (POK:815-818)
- → Avestan: paiti 2: *counter, back* (POK:815)
- → Persian: pa -, pâ -: *a prefix indicating opposition ،countering or facing off* پ -
  مثال: پاداش, پادافراه, پادزهر, پاسخ, پتیاره, پذیرفتن, پذیره, پرهیختن, پرهیز, پژمان, پژوهیدن, پشیمان, پیاله، پیام, پیش, پیشانی, پیشوا, پیغاره, پیغام, پیکار, پیکان, پیکر, پیمان, پیمانه, پیمودن, پیوستن
  (BQT)

پا
هم: foot

- Indo-European: Pod: *foot* پا (POK:790, ARN:148)
- → Av/Old Pers: pâd, pad, pada: *foot, step* (KLN:1112)
- → Pahlavi: pay, pây: *foot* (ARN:148)
- → Persian: pâ: *foot* پا (پای، پی، پایین) (BQT, HRN)

پاتیل

- Indo-European: Pô, Pe: *to drink* نوشیدن (POK:839, EIV:289)
- → Sanskrit: pâtila: *a large drinking vessel* (POK:839)
- → Persian: pâtîl: *a large liquid container* پاتیل (MON:643)

پاداش

- Indo-European: Dô: *to give, create* دادن، خلق کردن (POK:223)
- → Avestan: dâ 1: *to give* (BQT:121, POK:223,225)
- Indo-European: Per 3: *oppose, hit* مخالف، مقابل (POK:815-818)
- → Avestan: paiti 2: *counter, back* (POK:815)
- → Pahlavi: dâtan: *to give*; paiti-dâhišn: *reward, given back* (NYB:56, HRN:61,115)
- → Persian: pâdâš: *reward* پاداش (BQT, FSF, SNS)

پادافراه
مق: پرسیدن

- Indo-European: Perk 1 : *to ask* پرسیدن (POK:821)
- Indo-European: Per 3: *oppose, hit* مخالف، مقابل (POK:815-818)
- → Avestan: paiti 2: *counter, back* (POK:815)
- → Avestan: fras: *to ask*; paiti-frasna: *interrogation, punishment* (POK:821, SNS:141, AEF:205)
- → Pahlavi: pâtî-frâs: *punishment* (BQT:206,385)
- → Persian: pâdafrâh: *punishment* پادافراه (BQT, AEF:205, ETM:62)

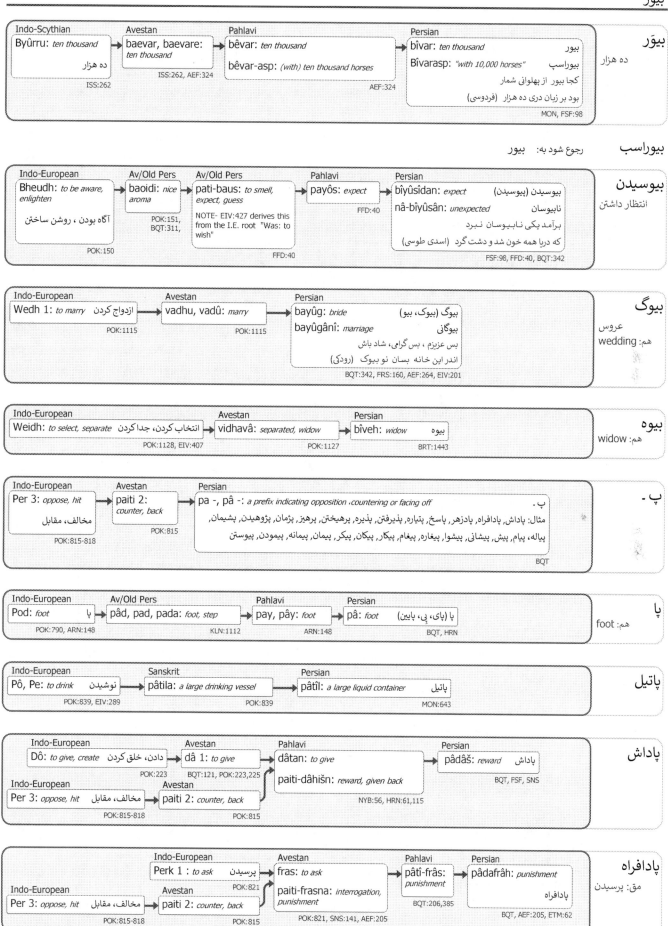

پادزهر

- **Indo-European** — Gwhen 2, Jan: *to strike, hurt* زدن، آزردن (POK:492, EIV:222)
- **Indo-European** — Per 3: *oppose, hit* مخالف، مقابل (POK:815-818)
- → **Av/Old Pers** — jathra: *poison*; paiti-jathra: *anti-poison* (AHD:1520, AEF:335)
- → **Persian** — zahr: *poison* زهر; pâdzahr: *antitoxin* پادزهر (BQT:1047)

پادشاه

- **Indo-European** — Pa: *to protect, feed* حفاظت کردن، غذا دادن (POK:787,842, SYN:103)
- → **Av/Old Pers** — pa: *to guard* (HRN:41,72, KLN:114, AHD:1532)
- **Indo-European** — Ksei 1: *to be able, qualify, rule* قادر و شایسته بودن، فرمانروایی کردن (POK:626, KLN:272)
- → **Av/Old Pers** — xšača: *king, ruler*; xša-thra, xšathra: *"having a king", kingdom* (POK:626, KNT:181)
- → **Av/Old Pers** — paiti 1, patiy: *protector*; paiti-xšathra: *protecting king* (POK:842, HRN:41, KLN:144,157, AHD:1532)
- → **Persian** — pâdešâh: *protecting king* پادشاه (BQT, KLN, FSF, TZF)

پار

- **Indo-European** — Per 1: *around, forward.* پیرامون، پیش (POK:810)
- **Indo-European** — Ayer: *day, morning* روز، صبح (POK:12, AHD:1507, OEW:3)
- → **Avestan** — ayare: *day*; prô-ayare: *yesterday* (POK:12, AEF:376)
- → **Avestan** — paurva, parô, para, parâ: *former, earlier*; parô-ayare: *last day* (POK:810,813,815, HRN:61, AEF:376)
- → **Persian** — pâr: *earlier* پار، پارسال، پَرندوش; parîr: *yesterday* پَریر، پریروز
  چنین داد پاسخ که برکوه و دشت
  سواری پرندوش بر من گذشت (فردوسی)
  (BQT, AEF, ZMA:55)

پارت

- **Old Persian** — Parth, Parti: *the name of a tribe in Khorâsân who rose to power and pushed the Greeks out of Iran in 250 BC.*
  نام قبیله ای در خراسان که به قدرت رسید و یونانی ها را در سال 250 قبل از میلاد از ایران بیرون راند.
  Parthava, Partia: *the province of Parths in N.E. of the Persian Empire.*
  استان پارت در شمال شرق امپراتوری پارس.
  (KNT:196)
- → **Persian** — pârt: *an ancient Iranian dynasty* پارت; pahlov: *a Parthian, a strong and brave hero* پَهلَو۱ (پهلَبُد، پهلوی) (BQT, MON, FSF:117)

پارد

هم: leopard

- **Indo-European** — Perd, Pers: *speck, spot, sprinkle* لکه (POK:823, IEC:1003, EIV:298)
- → **Medit** — parnas, pard: *spotted animal* (PRT:349, IEC:998,1003)
- → **Sanskrit** — pardâku: *panther* (PRT:349, KLN:1129)
- → **Persian** — pard: *panther* پارد، پارس۲; palang: *leopard* پلنگ (HRN:72, SKT:372, BQT)

پارس۱

- **Old Persian** — Pârsa: *name of an Aryan (Indo-European) tribe who migrated to Persia (Iran) about 4000 years ago.*
  نام یک قبیله آریایی (هند و اروپایی) است که حدود 4000 سال پیش به جنوب ایران مهاجرت کرد.
  (KNT:196)
- → **Persian** — Pârs, Fârs: *Persia* پارس۱، فارس; Pâsârgâd: *home of the Pârs people* پاسارگاد
  NOTE- Pâsârgâd was also name of an early Iranian tribe.
  (BQT, MON5: 322, IRN:63)

پارس۲

رجوع شود به: پارد

پارسا

- **Indo-European** — Pel 2: *pale, gray* کمرنگ، خاکستری (POK:804, IEC:977)
- → **Indo-European** — Porkwos: *bright, clean, pure* روشن، تمیز، خالص (POK:804, IEC:977)
- → **Persian** — pârsâ: *chaste* پارسا (MON:653, IEC:977)

پارسال

رجوع شود به: پار

پاره

تکه

هم: part

- **Indo-European** — Per 4: *to give, present* هدیه دادن (POK:817, EIV:297)
- → **Avestan** — pâra 1: *gift* (POK:817)
- → **Pahlavi** — pârak: *bribe, gift* (NYB:150)
- → **Persian** — pâreh: *money, gift, a piece of something* پاره (آتشپاره)
  به از نیکو سخن چیزی نیابی
  که زی دانا بری بررسم پاره (ناصرخسرو)
  (MON, BQT:351, AEF:333)

پاس

رجوع شود به: پاسبان

پاسارگاد

رجوع شود به: پارس۱

پاسبان

هم: spy

- Indo-European: **Spek:** *to look, examine* نگاه کردن ، بررسی کردن — POK:984
- → Avestan: **spasyeiti:** *to observe, watch, wait on (serve)*; **spas, spasânô:** *guard, watcher* — POK:984
- → Pahlavi: **spâs:** *to serve, wait on*; **pâsbân:** *guard, police* — HRN:154, SNS:117
- → Persian: **sepâs:** *appreciation* سپاس (پاس، پاسبان) — BQT:1086, SNS:117, ARN:151

پاسخ

- Indo-European: **Eueguh, Wegwh:** *to speak solemnly* موقرانه صحبت کردن — POK:348
- Indo-European: **Per 3:** *oppose, hit* مخالف، مقابل — POK:815-818
- → Avestan: **paiti 2:** *counter, back* — POK:815
- → Old Persian: **aok:** *to speak*; **paiti-aok:** *counter speech, response* — TZF:29
- → Persian: **pâsox:** *response* پاسخ — TZF:29

NOTE- See Root "Kâs: to command" for another possible derivation

- Indo-European: **Eueguh, Wegwh:** *to speak solemnly* — POK:348
- → Avestan: **aog, aoj, aox:** *to speak*; **aojaiti, aoxia, aogeda** — POK:348, KLN:1722, SYN:1256
- → ?

پاسخ

مق: سخن

- Indo-European: **Kâs 3:** *to direct, command* هدایت کردن، فرمان دادن — POK:533, WLD1: 358
- Indo-European: **Per 3:** *oppose, hit* مخالف، مقابل — POK:815-818
- → Avestan: **paiti 2:** *counter, back* — POK:815
- → Av/Old Pers: **sâs, sâh:** *command*; **sâxvan, sâsnâ:** *instructions, teachings*; **paiti-sahva:** *return of speech, answer* — POK:533, BRT:1574, SYN:1338, BQT:354
- → Pahlavi: **passaxv, pasux:** *answer* — BQT:354,1573,
- → Persian: **pâsox:** *answer* پاسخ — BQT, HRN:160, MON, FSF:99

NOTE- see root " Eueguh: to speak solemnly" as another suggested root for "pâsox: answer"

پاشنه

- Indo-European: **Persna:** *heel* پاشنه — POK:823
- → Avestan: **pâšna:** *heel* — POK:823
- → Pahlavi: **pâšnak:** *heel* — BQT:355
- → Persian: **pâšneh:** *heel* پاشنه

پاشیدن

- Indo-European: **Perd, Pers:** *speck, spot, sprinkle* لکه — POK:823, IEC:1003, EIV:298
- → Avestan: **pareš:** *drip*; **paršuya:** *of water* — IEC:1003, POK:823
- → Persian: **pâšîdan** پاشیدن — IEC:1003, MON:665

پاک

هم: pure

- Indo-European: **Peu:** *to purify* پاک کردن — POK:827
- → Avestan: **pûttika, pâvaka:** *pure, clean* — HRN:62, ARN:152
- → Pahlavi: **pavak, pâk:** *clean* — ARN:152
- → Persian: **pâk:** *clean* پاک — ARN:152

پالان

- Indo-European: **Leu:** *to smear, make dirty* مالیدن، کثیف کردن — POK:681
- → Av/Old Pers: **rû, râu:** *to be dirty* — FFD:26
- Indo-European: **Pa:** *to protect, feed* حفاظت کردن، غذا دادن — POK:787,842, SYN:103
- → Av/Old Pers: **pa:** *to guard* — HRN:41,72, KLN:114, AHD:1532
- → Pahlavi: **pâlutan (pat-lutan):** *to filter, protect against dirt* — BQT:58,358, HRN:10,62,
- → Persian: **pâlân:** *a straw-filled saddle* پالان — AEF, FFD

پالایش

رجوع شود به: پالودن

پالودن

- Indo-European: **Leu:** *to smear, make dirty* مالیدن، کثیف کردن — POK:681
- → Av/Old Pers: **rû, râu:** *to be dirty* — FFD:26
- Indo-European: **Pa:** *to protect, feed* حفاظت کردن، غذا دادن — POK:787,842, SYN:103
- → Av/Old Pers: **pa:** *to guard* — HRN:41,72, KLN:114, AHD:1532
- → Pahlavi: **pâlutan (pat-lutan):** *to filter, protect against dirt* — BQT:58,358, HRN:10,62, HUB:8,36
  - NOTE- HUB: 36 does not agree with the link between "âlûdan" and "pâlûdan".
- → Persian: **pâlûdan:** *to clean* پالودن (پالیدن، پالایش); **pâlûneh:** *filter, pot used for cleaning* پالونه — AEF, FFD

NOTE- ARN:153 derives "paludan" from the Indo-European root "Peu" and cognate with Persian "pâk"

پالوده

- Indo-European: **Leu:** *to smear, make dirty* مالیدن، کثیف کردن — POK:681
- → Av/Old Pers: **rû, râu:** *to be dirty* — FFD:26
- Indo-European: **Pa:** *to protect, feed* حفاظت کردن، غذا دادن — POK:787,842, SYN:103
- → Av/Old Pers: **pa:** *to guard* — HRN:41,72, KLN:114, AHD:1532
- → Pahlavi: **pâlutan (pat-lutan):** *to filter, protect against dirt* — BQT:58,358, HRN:10,62,
- → Persian: **pâlûdeh:** *clean, also name of a dessert* پالوده، فالوده — AEF, FFD

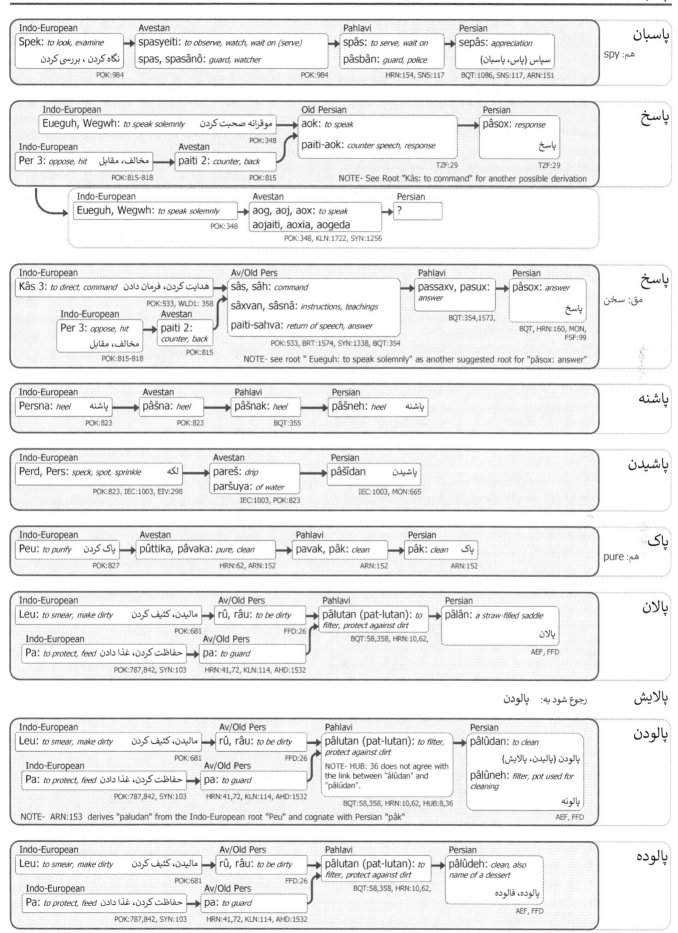

پالونه رجوع شود به: پالودن

پالیدن۱ رجوع شود به: پالودن

پالیدن۲
لمس کردن
هم: feel

Indo-European — Pôl : *to touch, feel* لمس کردن، حس کردن (POK:847) → Persian — pâlîdan: *to touch a surface in search of something* پالیدن۲ (POK:841, MON, ARN:154)

پالیز رجوع شود به: پردیس

پای رجوع شود به: پا

پاییدن
هم: feed

Indo-European — Pa: *to protect, feed* حفاظت کردن، غذا دادن (POK:787,842, SYN:103) → Av/Old Pers — pa: *to guard* (HRN:41,72, KLN:114, AHD:1532) → Av/Old Pers — paiti 1, patiy: *protector* (POK:842, HRN:41, KLN:144,157, AHD:1532) → Persian — pâyîdan: *to watch* پاییدن; bân: *a suffix meaning protector* بان۱ (دربان) (BQT, KLN, FSF, TZF)

پایین رجوع شود به: پا

پتیاره
"مخالف پیشرفت"

Indo-European — Er, Ar 2: *to set in motion, excite* به حرکت در آوردن، بر انگیختن (POK:327, EIV:165) → Av/Old Pers — ar, ra: *to move*
Indo-European — Per 3: *oppose, hit* مخالف، مقابل (POK:815-818) → Avestan — paiti 2: *counter, back* (POK:815) → Av/Old Pers — paity-âra: *against progress, ugly* (POK:327, BRT, FSF:105)
→ Persian — patyâreh: *"against progress", ugly* پتیاره (HRN, BQT, FSF, FFD)

پِچگم
خانه تابستانی

Indo-European — Skabh: *to support* حمایت کردن (POK:916, EIV:344) → Avestan — skambem: *support*
Indo-European — Upo: *to, from below* بسوی، از پایین (POK:1106, KLN:1105) → Av/Old Pers — upa, upâ: *to, toward* (POK:1106, KLN:1105) → Avestan — upa-skambem: *support, pillar* (POK:916, SOD:152)
→ Persian — pečkam: *roof on columns, porch* پِچگم (پشکم) (POK:916, BQT:410, MON:798, FRS:183)

پختن
هم: cook

Indo-European — Pekw: *to cook* پختن (POK:798) → Avestan — pax, pač, pačaiti: *to cook*; -pâka: *a suffix referring to the cook.* (POK:798, BQT:370, SYN:336, FFD:40) → Pahlavi — puxtag: *cooked*; paz: *cook* (SNS:137, FFD:40) → Persian — poxtan: *to cook, bake* پختن (پَزیدن، پَز); bâ, vâ: *suffixes for cook or cooking* .با، .وا (نانوا، شوربا) (BQT:370, AEF:195, IEC:920)

پدر
"حافظ خانواده"

Indo-European — Pa: *to protect, feed* حفاظت کردن، غذا دادن (POK:787,842, SYN:103) → Indo-European — Pa-ter: *protector/ feeder of the family*
Indo-European — Ter 2, Tar: *a kinship term* پسوند گروه یا فامیل (PRT:863, AHD:1500) → Pa-ter (POK, SYN:103-107)
→ Avestan — pi-tar: *protector of family* (KLN, SYN:103-107) → Persian — pedar: *"protector of family", father* پدر (BQT)

پدرام
"آراسته، آرام"

Indo-European — Rem: *to rest* استراحت کردن (POK:864) → Avestan — râman: *quiet, restful*
Indo-European — Per 3: *oppose, hit* مخالف، مقابل (POK:815-818) → Avestan — paiti 2: *counter, back* (POK:815) → Avestan — paiti-râman: *well arranged, pleasant* (POK:864, KLN:1335, SYN:841, AEF:351)
→ Persian — pedrâm: *"pleasant", also could be "rebellious"* پدرام (BQT, HRN, AEF, FAF, FFD)

NOTE- The name Pedrâm could mean both against calm and having calmness.

پدراندر رجوع شود به: اندر۲

پدید

Indo-European — Upo: *to, from below* بسوی، از پایین (POK:1106, KLN:1105) → Av/Old Pers — upa, upâ: *to, toward* (POK:1106, KLN:1105) → Avestan — upa-diti: *to (in) sight, apparent*
Indo-European — Dheye: *to see* دیدن (POK:243) → upa-diti (HRN:41,65,71,72,73)
→ Persian — padîd: *apparent* پدید (BQT)

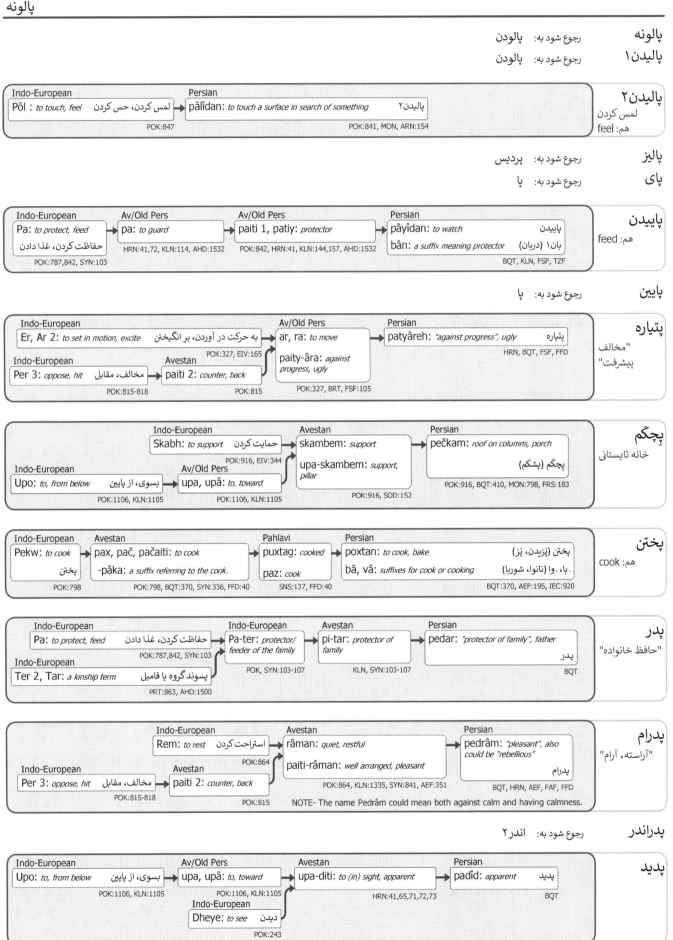

پذیرفتن
هم: grab

- Indo-European: Ghrebh 1: *seize* گرفتن (POK:455) → Av/Old Pers: grab: *to grab*; paiti-grab: *accept* (POK:455, SOD:237) → Persian: gereftan: *to grab, take* گرفتن (گرو); pazîroftan: *accept* پذیرفتن (BQT, EIV:121)
- Indo-European: Per 3: *oppose, hit* مخالف، مقابل (POK:815-818) → Avestan: paiti 2: *counter, back* (POK:815) → Av/Old Pers

پذیره
به نبرد طلبیدن

- Indo-European: Er, Ar 2: *to set in motion, excite* به حرکت در آوردن، بر انگیختن (POK:327, EIV:165) → Av/Old Pers: ar, ra: *to move*; pati-ara: *challenge, fight* (POK:327, BRT, FSF:105) → Persian: pazîreh: *to challenge an enemy, fight* پذیره
  پذیره شدش دیو را جنگجوی
  سپه را چوروی اندرآمد به روی (فردوسی)
  (HRN, BQT, FSF, FFD)
- Indo-European: Per 3: *oppose, hit* مخالف، مقابل (POK:815-818) → Avestan: paiti 2: *counter, back* (POK:815) → Av/Old Pers

پُر
هم: full

- Indo-European: Pel 1: *to fill* پر کردن (POK:799, EIV:299) → Avestan: par 1, perana: *full*; ham-par: *to fill together, store* (POK:799) → Persian: por: *full* پُر; anbâr: *storage* انبار (انباشتن) (BQT, FFD:31)
- Indo-European: Sem: *same* هم، همان (POK:902,904) → Avestan: ham 1: *with, also, too* (POK:902-904) → Avestan
- Indo-European: Pel 1: *to fill* (POK:799, EIV:299) → Old Persian: paru,parav: *much, many* (KNT:196, POK:800) → Persian: ?

پَر

- Indo-European: Parn, Porno: *wing, feather* پَر، بال (POK:850, EIV:297) → Avestan: parena: *feather, wing* (POK:817,850) → Pahlavi: parr: *wing, feather* (POK:850, EIV:297) → Persian: par: *feather* پَر (پریدن) (BQT:397, EIV:297)

پراکندن

- Indo-European: Ken 2, Gwhen 3: *to dig* کندن (EIV:232, POK:534) → Av/Old Pers: kan 1, xan, gan: *to dig dirt out and mound it up, build* (POK:491, HRN:194, BRT:583, ZMA:49) → Avestan: para-kan: *spread around* (POK:491, HRN:194) → Persian: parâkandan: *to spread around* پراکندن (BQT, FFD:26)
- Indo-European: Per 1: *around, forward.* پیرامون، پیش (POK:810) → Avestan: pairi, pari: *around, forward* (POK:244,810) → Avestan

پرتو

- Indo-European: Tep: *to be warm* گرم بودن (POK:1069) → Avestan: tap 2, tab: *warm, glowing* (POK:1069, KLN:1589) → Avestan: para-tab: *shine forward, light ray* (BQT:49,453,1252,1958) → Persian: parto: *light rays (Bqt:378)* پرتو (BQT, HRN)
- Indo-European: Per 1: *around, forward.* پیرامون، پیش (POK:810) → Avestan: pairi, pari: *around, forward* (POK:244,810) → Avestan

پرچین
مق: چیدن

- Indo-European: Kwei 2, Ĉai: *to pile up* روی هم ریختن یا چیدن (POK:637,EIV) → Avestan: kay 2, kaeš, čay, či 1: *to prepare*; čayeiti, činvaiti: *selects, sorts*; pairi-čayeti: *set around, surround* (POK:637,638) → Persian: parčin: *fence* پرچین (POK:637, BQT, HRN:204, AEF)
- Indo-European: Per 1: *around, forward.* پیرامون، پیش (POK:810) → Avestan: pairi, pari: *around, forward* (POK:244,810) → Avestan

پرداختن۱
انجام دادن

- Indo-European: Teku: *to run, flow* دویدن، جریان یافتن (POK:1059, EIV:374) → Avestan: tak, taka, tač: *to run* (POK:1059, BQT:503) → Avestan: pairi-tak: *to run around* (BQT:380, HRN:66) → Persian: pardâxtan: *to do, set to do* پرداختن
- Indo-European: Per 1: *around, forward.* پیرامون، پیش (POK:810) → Avestan: pairi, pari: *around, forward* (POK:244,810) → Avestan

NOTE- Teku may be related to "Tek, Tač: to reach, receive"

- Indo-European: Teku: *to run, flow* (POK:1059, EIV:374) → Avestan: tak, taka, tač: *to run* (POK:1059, BQT:503) → Avestan: tačar: *road*; tačan: *haste, hurry*; tahra: *swift* (POK:1059) → Persian: ?

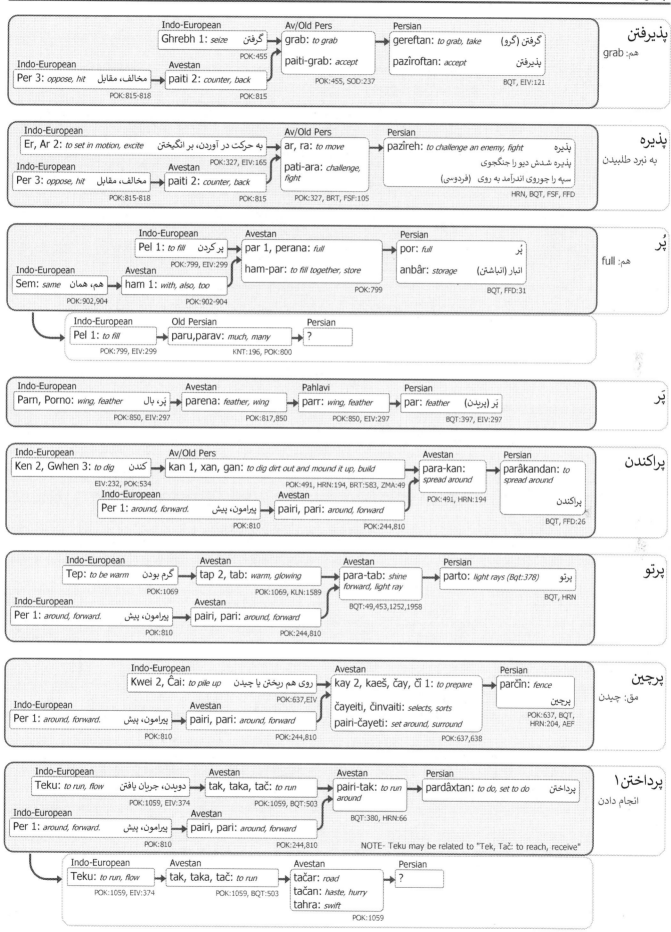

پرداختن۲

- Indo-European: **Tek, Tač:** *to stretch the hand, reach, receive* دست دراز کردن، دریافت کردن — POK:1057, EIV:374
- Indo-European: **Per 1:** *around, forward.* پیرامون، پیش — POK:810
- Avestan: **pairi, pari:** *around, forward* — POK:244,810
- Pahlavi: **par-daz-:** *to accomplish, pay* — EIV:374
- Persian: **pardâxtan:** *to pay* پرداختن — EIV:374

NOTE- Teku may be related to "Tek, Tač: to reach, receive"

پرده

- Indo-European: **Paita:** *to spread, make flat* پهن کردن — POK:805, IEC:918, CEL2: 3
- Iranian: **partaka:** *flap of cloth, curtain* — IEC:918
- Pahlavi: **pardag:** *curtain, veil* — PHD:64
- Persian: **pardeh:** *curtain* پرده

پردیس

"محصور به دیوار"

- Indo-European: **Dheigh:** *to form out of clay, to knead clay or dough* درست کردن با خاک رس یا خمیر — POK:244, KNT:191, CEL3: 203
- Avestan: **daeza:** *wall, fortification* — POK:244
- Indo-European: **Per 1:** *around, forward.* پیرامون، پیش — POK:810
- Avestan: **pairi, pari:** *around, forward* — POK:244,810
- Avestan: **pairi-daeza:** *with walls around it (garden)* — POK:244
- Persian: **pardîs:** *paradise* پردیس، فردوس، پالیز، جالیز — BQT:359, 1455: MON: 680

پرستار

رجوع شود به: پرستیدن

پرستو

هم: sparrow

- Indo-European: **Sper:** *sparrow* گنجشک، پرستو — POK:991, IEC:613,1056
- Old Persian: **peleštuk:** *sparrow* — ARN:162
- Pahlavi: **paristôk:** *sparrow* — ARN:162
- Persian: **parastû** پرستو — BQT, ARN:162

پرستیدن

- Indo-European: **Stâ:** *to stand* ایستادن — POK:1008,1009
- Av/Old Pers: **sta:** *to stand, to set* — BQT:123, HRN:20, POK:1008
- Indo-European: **Per 1:** *around, forward.* پیرامون، پیش — POK:810
- Avestan: **pairi, pari:** *around, forward* — POK:244,810
- Avestan: **par-šta:** *[stand around], worship, serve*; **par-šti:** *"stand up", back* — KLN:1222, POK:1008, SYN:1376, SOD:439
- Persian: **parastîdan:** *worship* پرستیدن (پرستار); **pošt:** *back* پشت — BQT, HRN

پَرسنگ

- Old Persian: **Fra-sanga:** *a distance of about five kilometers* فرسنگ — HRN:182
- Pahlavi: **farsang** — BQT:1462
- Persian: **farsang:** *a distance of about 5 kilometers* فرسنگ (پَرسنگ); **farsax:** *Arabic pronunciation of "farsang"* فرسخ — MON:743,2517, BQT:1462

پرسیدن

مق: پادافراه

- Indo-European: **Perk 1 :** *to ask* پرسیدن — POK:821
- Avestan: **fras:** *to ask*; **prs-sa, pere-sa:** *to ask* — POK:821, SNS:141, AEF:205
- Pahlavi: **porsitan:** *to ask* — BQT:206,385
- Persian: **porsîdan:** *to ask* پرسیدن — BQT, AEF:205, ETM:62

پرگار

"پیرامون نگار"

هم: perimeter

- Indo-European: **Kwer, Kar 2:** *to make, form* ساختن، تشکیل دادن — POK:641, EIV:236
- Indo-European: **Per 1:** *around, forward.* پیرامون، پیش — POK:810
- Avestan: **pairi, pari:** *around, forward* — POK:244,810
- Avestan: **pairi-kara:** *go (draw) around, a compass* — BQT:173, HRN:28,232, HUB:39
- Persian: **pargâr:** *compass* پرگار — BQT

NOTE- HUB:39 is not sure about the derivation of "pargâr"

پَرماسیدن۱

لمس کردن، سودن

- Indo-European: **Mêlg, Marz?:** *to wipe off, rub, milk* لمس کردن، پاک کردن، دوشیدن — POK:722, EIV:180, 269
- Indo-European: **Per 1:** *around, forward.* پیرامون، پیش — POK:810
- Avestan: **pairi, pari:** *around, forward* — POK:244,810
- Avestan: **pairi-marz:** *to touch around* — POK:722, FFD:77, EIV:180
- Persian: **parmâsîdan:** *to touch, feel* پرماسیدن۱، پرماس

آنکه او نبض خویش نشناسد
نبض دیگر کسی چه پرماسد (سنائی)

— BQT:262,387, EIV:180

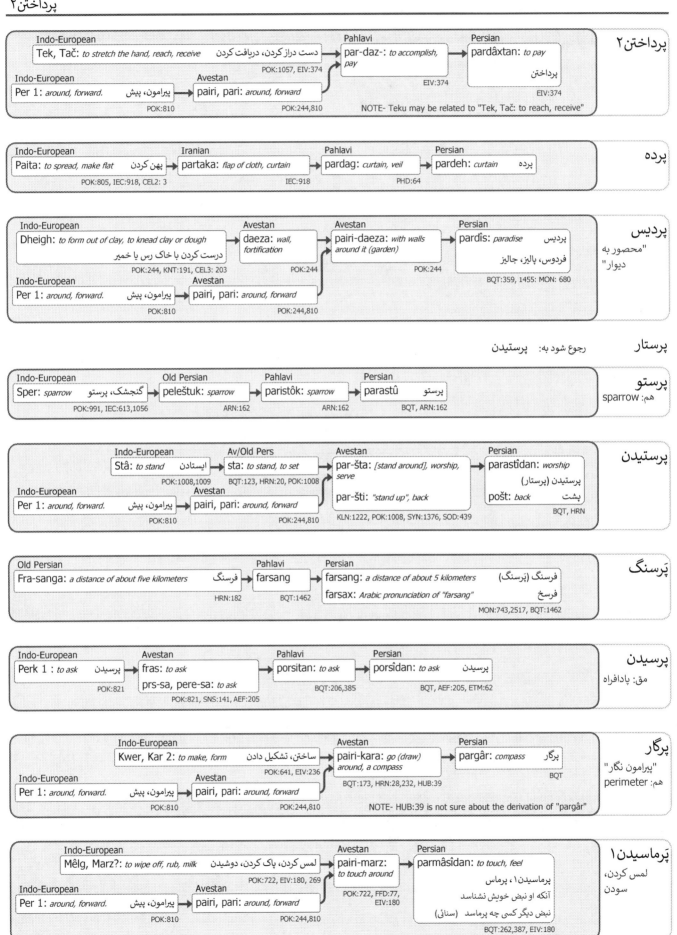

پَرماسیدن۲
دانستن

- Indo-European: **Me 1:** *to measure* اندازه گرفتن — POK:703, 731 → Avestan: **pairî-mâ-:** *to know* — EIV:256 → Persian: **parmâsîdan:** *to know* پَرماسیدن۲ — EIV:256, BQT
- Indo-European: **Per 1:** *around, forward.* پیرامون، پیش — POK:810 → Avestan: **pairi, pari:** *around, forward* — POK:244,810 → Avestan: pairî-mâ-

پَرَندوش رجوع شود به: پار

پروار
"بزرگ شده در حصار "

- Indo-European: **Wer 3, Werg 2:** *to cover, enclose* پوشاندن، محصور کردن — POK:1116, IEC:1599 → Av/Old Pers: **var 1, vara, vâra 2:** *cover, wall* — POK:1116, AEF:212, KNT:207 → Av/Old Pers: **pairi-vâra:** *walled around, barn* — POK:1116, AEF:268 → Persian: **parvâr:** *barn, barn-raised animal, fat animal* پروار — BQT, AEF
- Indo-European: **Per 1:** *around, forward.* پیرامون، پیش — POK:810 → Avestan: **pairi, pari:** *around, forward* — POK:244,810 → Av/Old Pers: pairi-vâra

پرواز

- Indo-European: **Wegh:** *to go, carry* رفتن، حمل کردن — POK:1119 → Avestan: **vaz:** *fly*; **pairi-vaza:** *fly around* — POK:1119 → Persian: **parvâz:** *flight* پرواز — BQT, MON
- Indo-European: **Per 1:** *around, forward.* پیرامون، پیش — POK:810 → Avestan: **pairi, pari:** *around, forward* — POK:244,810 → Avestan: pairi-vaza

پروانه

- Indo-European: **Pelpel:** *butterfly* پروانه — NOTE- it is a vocal imitation of sound (onomatopoeia) — ARN:164 → Pahlavi: **parvânak:** *butterfly* — ARN:164 → Persian: **parvâneh:** *butterfly* پروانه — ARN:164, BQT

پروردن

- Indo-European: **Werg 2, Warz:** *nourished, strong* تغذیه شده، قوی — POK:1169, EIV:422 → Avestan: **varez-:** *strength(ening)* — EIV:422 → Pahlavi: **par-war-:** *to foster, nurture* — EIV:422 → Persian: **parvardan:** *breed, raise* پروردن — EIV:422
- Indo-European: **Per 1:** *around, forward.* پیرامون، پیش — POK:810 → Avestan: **pairi, pari:** *around, forward* — POK:244,810 → Pahlavi: par-war-

NOTE- ARN:164 derives this word from the Indo-European root "Pa: to feed, protect"

پرویزن رجوع شود به: بیختن

پروین
"گروه ستارگان"

- Indo-European: **Pel 1:** *to fill* پر کردن — POK:799, EIV:299 → Indo-European: **Pelu:** *a quantity of, a group of* تعداد یا گروه — POK:799, EIV:299 → Avestan: **paoiry-aêini:** *a cluster of stars* — POK:800 → Persian: **parvin:** *a cluster of stars* پروین — BQT:395, AEF:372

پرهیختن
پرهیز کردن

- Indo-European: **Leigh 2, Raič:** *to leave* ترک کردن — POK:669, EIV:307 → Avestan: **paiti-raeč:** *avoid, leave* — POK:669, FFD:72, SOD:11 → Pahlavi: **par-hêxtan, pahrêzišn:** *to avoid* — BQT, HRN:141,203, FVQ:46, SNS:115 → Persian: **parhîxtan :** *to avoid* پرهیختن (پرهیز) — POK:669, BQT, AEF:373
- Indo-European: **Per 3:** *oppose, hit* مخالف، مقابل — POK:815-818 → Avestan: **paiti 2:** *counter, back* — POK:815 → Avestan: paiti-raeč

پرهیز رجوع شود به: پرهیختن

پری

- Indo-European: **Parîkâ:** *sweet heart, fairy* دلبر، پری — POK:789 → Avestan: **pairikâ:** *beautiful woman* — POK:789, KLN:1115 → Pahlavi: **parî:** *fairy* — POK:789, KLN:1115 → Persian: **parîk:** *fairy* پری — POK:789, KLN:1115, HRN:69, BQT:396,864

پریدن رجوع شود به: پَر

پَریر رجوع شود به: پار

پریروز رجوع شود به: پار

پَز رجوع شود به: پختن

پزشک

- Indo-European: Bhâ 2: *to speak, heal* صحبت کردن، درمان کردن — POK:105
- → Av/Old Pers: bišazka: *healer, doctor*; baešaza: *doctor, medicine* — NYB:48, POK:105,EIV
- → Pahlavi: bešazak: *doctor* — AEF:237,EIV
- → Persian: pezešk پزشک — BQT:399,EIV

پَزیدن

رجوع شود به: پختن

پَژ

کوه

- Sanskrit: Parvan: *knot* گره; Parvata: *knotty, rugged* پر گره، ناهموار — SYN:26
- → Avestan: paurvatâ: *mountain range* — SYN:26, BQT:401
- → Persian: paž: *rough terrain, mountain* پَژ
  سفر خوش است کسی را که بامراد بود
  اگر سراسر کوه و پژ آیدش در پیش (خسروانی)
  — BQT:345,399,401

پژمان

پشیمان

- Indo-European: Per 3: *oppose, hit* مخالف، مقابل — POK:815-818
- → Avestan: paiti 2: *counter, back* — POK:815
- Indo-European: Men 1: *to think* فکر کردن — POK:726
- → Avestan: manah: *mind, manners* — POK:726,727, BQT
- → Avestan: paiti-man: *to think against (an earlier action), regret* — HRN:68-88, BQT:400-445
- → Persian: pažmân: *regretting* پژمان; pašîmân: *regretting* پشیمان — BQT, HRN

پژمردن

- Indo-European: Mer 2: *to rub away, harm, die* فرسوده شدن، مردن — POK:735,970, AHD:1529
- → Avestan: mar.2: *to die*
- Indo-European: Per 1: *around, forward.* پیرامون، پیش — POK:810
- → Avestan: pairi, pari: *around, forward* — POK:244,810
- → Avestan: paei-mar: *to fade, wither* — EIV:265
- → Persian: pažmordan: *to fade, wither* پژمردن — EIV:265

پژواک

"صدای کوه"

- Sanskrit: Parvan: *knot* گره; Parvata: *knotty, rugged* پر گره، ناهموار — SYN:26
- → Avestan: paurvatâ: *mountain range*
- Indo-European: Wekw: *voice* صدا — POK:1135
- → Av/Old Pers: vak, vačah, vaxš: *word, voice, sound* — POK:1135
- → Avestan: paurvatâ-vac: *sound of mountains, echo* — SYN:26, BQT:401
- → Persian: pažvâk, pežvâk: *echo* پژواک — BQT:345,399,401

پژوهیدن

- Indo-European: Weid: *to see, to know* دیدن، دانستن — POK:1125
- → Avestan: vaeda, vîdada: *I know* — POK:1125, 1126
- Indo-European: Per 3: *oppose, hit* مخالف، مقابل — POK:815-818
- → Avestan: paiti 2: *counter, back* — POK:815
- → Avestan: paitiš-vaêd: *to search for* — POK:1121, AEF:379, HRN:70
- → Persian: pažuhîdan: *search* پژوهیدن — AEF:379

پس

- Indo-European: Apo: *off* جدا، دور — POK:53
- → Indo-European: Pos: *after, behind* — POK:841, AHD:1506
- → Av/Old Pers: pasča, pasca, pasâ: *after, behind* — POK:842
- → Persian: pas: *later, after* پس (پس انداز) — HRN:70, BQT:403, IEC:29

پَساک

رجوع شود به: بَساک

پَست

- Indo-European: Pet 1: *to fly, to fall* پرواز کردن، افتادن — POK:825, EIV:299
- → Av/Old Pers: ptâta, tâta: *falling* — POK:825, HRN:22
- → Avestan: patta: *fallen, low, inferior* — AEF:382, HUB:41
- → Persian: past: *low, inferior* پَست۱ — AEF:382

پِست

آرد

- Indo-European: Pais: *crush, grind* خرد کردن — WLD2: 1, EIV:292
- → Avestan: pišant: *crushing, grinding*; pîštra: *flour* — WLD2: 1, EIV:292
- → Persian: pest: *flour, crushed roasted wheat* پِست۲
  بیاورد جامی ز یاقوت زرد
  پر از شگر و پست با آب سرد (فردوسی)
  — HUB:42, MON, EIV:292

پستان

- Indo-European: Pestêno: *breast* پستان — POK:990
- → Avestan: fštâna: *breast* — KLN:1513, POK:990
- → Persian: pestân: *breast* پستان — POK:990, BQT:405

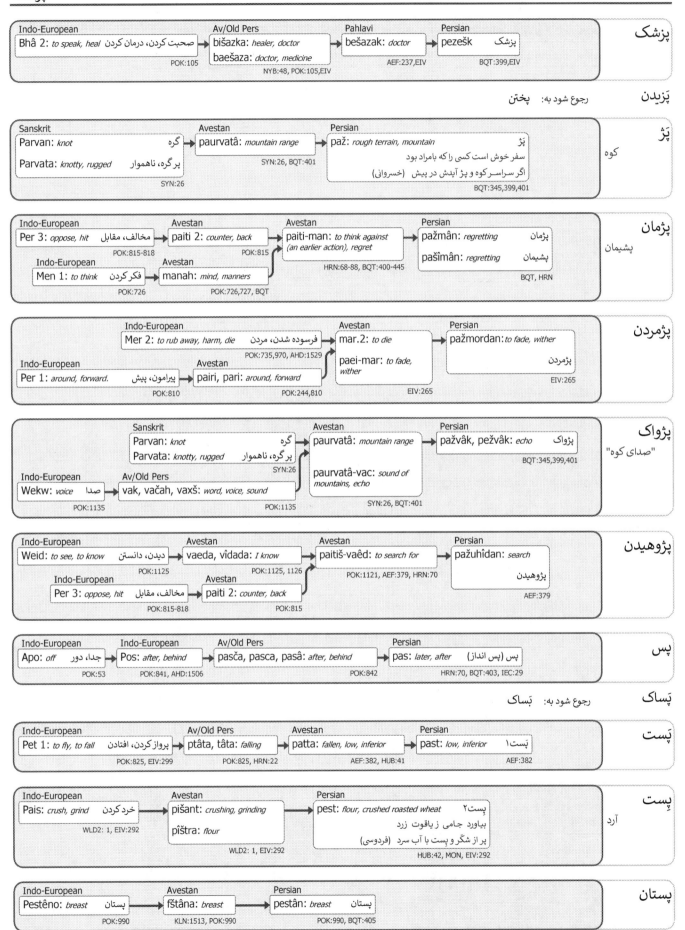

پسته

- Pahlavi: Bistak: *pistachio* پسته → Persian: pesteh: *pistachio* پسته (PLA:210, AHD:998)

پسر

- Indo-European: Pôu: *small, young* کوچک، جوان (POK:842) → Avestan: pu 1, pu-thra, puthra: *son, child* (POK:842) → Pahlavi: pus, pusar: *boy, child* (ARN:169) → Persian: pesar: *son* پسر (پور) (BQT, AEF:384)
- Indo-European: Pôu: *small, young* (POK:842) → Old Persian: puča: *son* (TZF:13) → ?

پسراندر

رجوع شود به: اندر۲

پسندیدن

- Indo-European: Sed, Had: *to sit, also to place a step, to go* نشستن، رفتن (POK:884,887, KLN:1075, EIV:125)
- Indo-European: Upo: *to, from below* بسوی، از پایین (POK:1106, KLN:1105) → Av/Old Pers: upa, upâ: *to, toward* (POK:1106, KLN:1105)
- → Avestan: sad, sand: *settlement, agreement*; upa-sad: *(good for) agreement* (HRN:71, FFD:43) → Persian: pasandîdan: *to admire, select* پسندیدن (BQT)

پشت

رجوع شود به: پرستیدن

پِشگم

رجوع شود به: پِچگم

پشم

هم: چوپان

- Indo-European: Pek: *wool, to pluck wool* پشم، پشم کندن; Peku: *woolly animals, cattle, property* حیوانات پر پشم، احشام، دارایی (POK:797) → Avestan: pasu, pašman: *wool*; fšu: *cattle* (POK:797) → Persian: pašm: *wool* پشم (POK:797, SNS:123,125)

پشملبا

"بستنی سیب پارسی"

- Old Persian: Pârsa: *name of an Aryan (Indo-European) tribe who migrated to Persia (Iran) about 4000 years ago.* نام یک قبیله آریایی (هند و اروپایی) است که حدود 4000 سال پیش به جنوب ایران مهاجرت کرد. (KNT:196) → Greek: persis: *Persia* (SYN:377) → Latin: malus persica: *Persian apple (peach)* → French: pêches: *peach*; pêches melba: *peach ice cream* (VOP:120) → Persian: pešmelbâ: *ice cream made with the "Persian apple" (peach)* پشملبا (VOP:120)

پشنجیدن

هم: خیساندن

- Indo-European: Seiku, Haič: *to flow, moisten* جاری شدن، خیس خوردن (OEW:340, POK:893, EIV:127)
- Indo-European: Per 1: *around, forward.* پیرامون، پیش (POK:810) → Avestan: pairi, pari: *around, forward* (POK:244,810)
- → Avestan: fra-šaêkam: *spilling* (POK:893) → Persian: pašanjîdan: *sprinkle* پشنجیدن

  به خنجر همه تنْش انجیده اند
  بر آن خاک و خونش پشنجیده اند (لبیبی)

  (AEF:391, MON:799, EIV:127)

پشوتن

"با بدن محکوم"

- Indo-European: Ten 1, Temp: *to stretch, pull* کشیدن (POK:1064,1067) → Indo-European: Tenu: *thin* (AHD, POK) → Avestan: pešô-tanu: *with condemned body* (POK:1069, BQT:411,515) → Persian: Pašûtan: *"with condemned body"* پشوتن (HRN, BQT)

پشه

هم: flea

- Indo-European: Plou, Blou: *flea* کک (POK:102, ARN:171) → Pahlavi: pakhšag: *mosquito* (ARN:171) → Persian: pašeh: *mosquito* پشه (ARN:171, BQT:411)

پشیمان

رجوع شود به: پژمان

پُف

هم: puff

- Indo-European: Puk 2, Pauk: *puff, a blow of air* فوت، پُف (POK:849, ARN:172) → Persian: pof: *puff, blow* پُف (ARN:172)

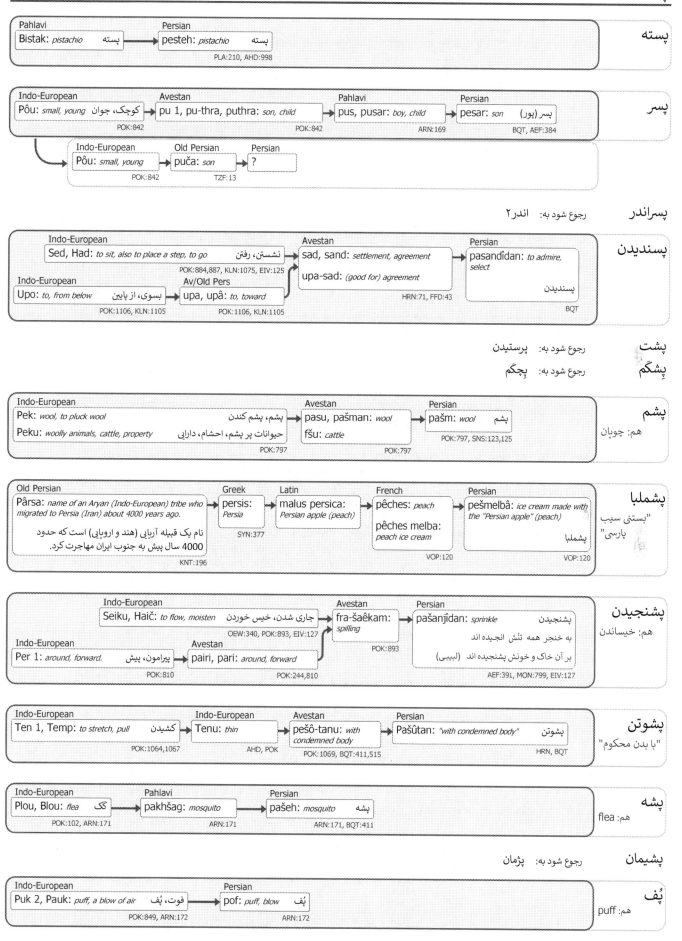

پگاه

Indo-European: Upo: *to, from below* بسوی، از پایین (POK:1106, KLN:1105) → Av/Old Pers: upa, upâ: *to, toward* (POK:1106, KLN:1105) → Avestan: upa-gâh: *to time, morning* (HRN:41,65,71,72,73) → Persian: pegâh: *early morning* پگاه (BQT)

پَل

پاشنه

Indo-European: Pod: *foot* پا (POK:790, ARN:148) → Sogdian: pd: *foot* (SOD:270,273) → Persian: pal: *heel* پَل

همیشه کفش و پلش را کفیده بینم من

بجای کفش و پلش دل کفیده بایستی (معروفی)

(SOD:270, FRS:173, SLW:98)

پُل

هم: ford

Indo-European: Per 2: *to lead or fly across.* پرواز یا عبور کردن (POK:817) → peretu: *bridge* (POK:817, KLN:1220) → Pahlavi: puhl: *bridge* (SNS:137) → Persian: pol: *bridge* پُل (BQT:414)

پلپل رجوع شود به: فلفل

پلنگ رجوع شود به: پارد

پلو

Sanskrit: Pulâka: *ball of rice* گوله برنج (پلو) (KLN:1185) → Persian: polo: *cooked rice* پلو (KLN:1185, HJB:710, MON:810)

پنام

دهان بند

Indo-European: Dhê 2: *to do, set* انجام دادن، چیدن (AHD:1512, POK:235) → Avestan: paiti-dâma: *protection for* (BQT:169,418,)

Indo-European: Pa: *to protect, feed* حفاظت کردن، غذا دادن (POK:787,842, SYN:103) → Av/Old Pers: pa: *to guard* (HRN:41,72, KLN:114, AHD:1532) → Avestan: paiti-dâma

→ Pahlavi: pa-dâm, panum: *a cloth mouthpiece worn to protect the holy fire* → Persian: panâm: *a protective mouthpiece* پنام (MON:813)

پناه

Indo-European: Pa: *to protect, feed* حفاظت کردن، غذا دادن (POK:787,842, SYN:103) → Av/Old Pers: pa: *to guard* (HRN:41,72, KLN:114, AHD:1532) → Av/Old Pers: pa-nâh: *protecting help, shelter* (HRN:72) → Persian: panâh: *shelter* پناه (BQT)

Indo-European: Nâ: *to help* کمک کردن (POK:754) → Av/Old Pers: pa-nâh

پنج

Indo-European: Penkwe: *five* پنج (POK:808) → Avestan: panca: *five*; pancâsas: *fifty* (POK:808) → Persian: panj: *five* پنج; panjâh: *fifty* پنجاه (BQT:419, MON)

پند

هم: path

Indo-European: Pent: *to go, pass* رفتن، گذر کردن (POK:808) → Av/Old Pers: pant, panta, path, pathi, pathâ: *way, path, advice* (POK:808, KNT:195) → Persian: pand: *advice* پند (BQT:422)

پندار رجوع شود به: داشتن

پنداشتن رجوع شود به: داشتن

پنکه

Indo-European: Peg: *breast* پستان (POK:792) → Sanskrit: pakša: *breast, wing* (AHD) → Hindustani: pankâ: *a curtain used to fan a room* (AHD, KLN:1272) → Persian: pankeh: *fan* پنکه (MON:824)

پَنگان رجوع شود به: فنجان

پنهان رجوع شود به: نهادن

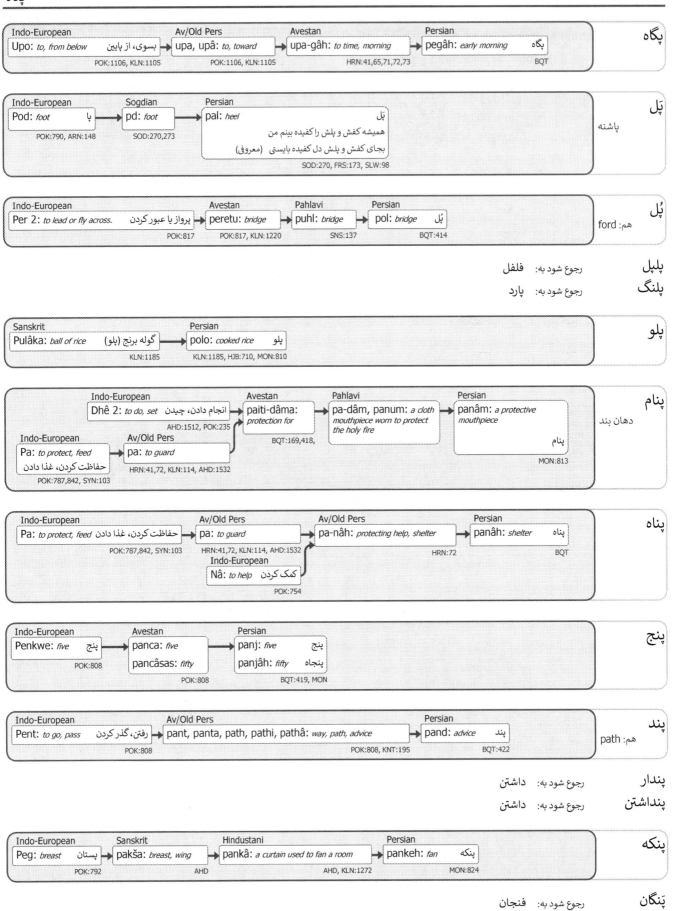

پنیر

- Indo-European: Peî: *sap, fat* شیره ، چربی — POK:793
- → Avestan: payah: *milk*; paêman: *mother's milk* — POK:793
- → Persian: pînû: *dried whey, sour milk* پینو; panîr: *cheese* پنیر — MON, BQT, SNS

پو دویدن

- Indo-European: Peud: *to press, hasten* فشار آوردن، عجله کردن — POK:998, EIV:302
- → Old Iranian: paud, paud-a: *to run* — FFD:44
- → Pahlavi: pôy: *to run* — FFD:44
- → Persian: pû: *running* پو (پویا، تکاپو); pûyîdan: *to walk fast* پوییدن — POK:998, ISS:130, MON

پوپک رجوع شود به: پوپو

پوپو

- Indo-European: Opop: *a bird sound* صدای نوعی پرنده — POK:325
- → Persian: pupu: *a bird with tall crown and long beak* پوپو (پوپک) — POK:325, BQT:424

پودر

- Indo-European: Pel 3: *dust, flour* خاک، آرد — POK:802
- → Latin: pollen: *dust* — AHD
- → French: poudre: *dust, powder* — AHD:1024
- → Persian: pûdr: *powder* پودر — MON:827

پوده رجوع شود به: پوسیدن

پور رجوع شود به: پسر

پوزش رجوع شود به: پوزیدن

پوزیدن

- Indo-European: Bheug: *to purify, save, free* پاک کردن، نگهداری کردن، آزاد کردن — POK:152
- → Avestan: baog, bunja: *to save*; baoxtar: *rescuer* — POK:152
- → Pahlavi: bôxtan: *to save, free*; bôzišn: *pardon* — POK:152, SNS:106
- → Persian: boxt: *saved, rescued, forgiven* بُخت; pûzîdan: *to ask for pardon* پوزیدن (پوزش) — SNS, MON

- Indo-European: Bheug: *to purify, save, free* — POK:152
- → Old Persian: baug: *to set free*; baga-buxša: *God-freed* — KNT:199
- → Persian: ?

پوست

- Indo-European: Wes 3: *to wear, put on* پوشیدن — POK:1172
- Indo-European: Apo: *off* جدا، دور — POK:53
- → Av/Old Pers: apa-vasta, pavasta, pastô: *outer cover, skin, bark* — BRT:904, AEF:410, KLN:1223, KNT:196
- → Pahlavi: pôst: *skin, bark, cover* — SNS:410, SNS:139
- → Persian: pûst: *skin, hide* پوست — BQT:427, AEF:410, MON:830

پوسیدن هم: foul

- Indo-European: Peua: *to decay, rot* فاسد شدن، پوسیدن — POK:848
- → Avestan: pu 2, pav, puyeiti: *to decay*; pûtay, pûiti: *rotten* — POK:849, SNS:137
- → Pahlavi: pûsîtan: *to rot*; pûdag, pûtak: *rotten* — POK:849, SNS:137
- → Persian: pûsîdan: *to rot* پوسیدن; pûdeh: *rotten* پوده — BQT:425,429, FFD:44, BLY:73

پوک

- Indo-European: Pu: *to blow, swell* فوت کردن، ورم کردن — POK:847
- → Persian: pûk: *empty* پوک — POK:847, HRN:75

پول مق: فَلس

- Indo-European: Gwel 2: *to pierce* سوراخ کردن — POK:470
- → Greek: obolos: *nail, nail-shaped Greek coins* — POK:470, KLN:1068
- → Persian: pûl: *money* پول — BQT:428

پویا رجوع شود به: پو

پوییدن رجوع شود به: پو

پِه رجوع شود به: پیه

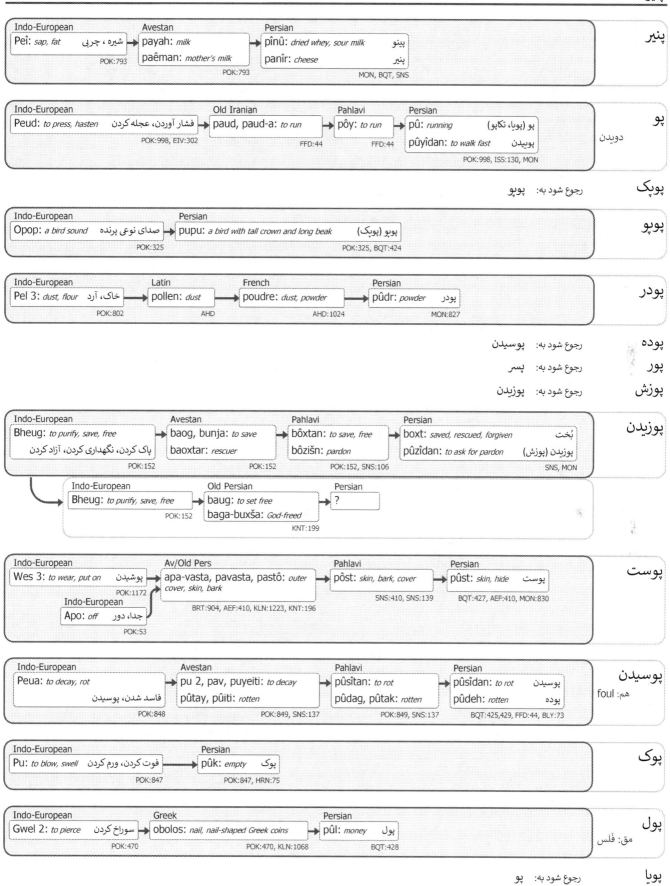

پهلبُد رجوع شود به: پارت

پهلو۱

- Indo-European: Perk 2: *rib, chest* دنده، سینه (POK:820)
- → Avestan: paresu, peresu: *rib, side* (POK:820)
- → Pahlavi: pahlûg: *side* (SNS:114)
- → Persian: pahlû: *side* پهلو۲ (AEF:415)

پَهلُو۲ رجوع شود به: پارت

پهلوی رجوع شود به: پارت

پَهن

- Indo-European: Pet 2: *to spread* پخش شدن (POK:824)
- → Avestan: pathana, perethu: *wide* (POK:824)
- → Persian: pahn: *wide* پَهن (BQT:433)

پِی رجوع شود به: پا

پیاده

- Indo-European: Pod: *foot* پا (POK:790, ARN:148)
- → Av/Old Pers: pâd, pad, pada: *foot, step* (KLN:1112)
- → Avestan: padika: *walker*; padâtaka: *pedestrian* (POK:790)
- → Persian: pîyâdeh: *on foot* پیاده (پیک) (BQT:434, NYB:147)

پیاله

- Indo-European: Gwer 3: *to swallow* قورت دادن (POK:474)
- → Avestan: gar 3: *to swallow, devour* (POK:474, KNT:199)
- Indo-European: Per 3: *oppose, hit* مخالف، مقابل (POK:815-818)
- → Avestan: paiti 2: *counter, back* (POK:815)
- → Avestan: pati-gâra: *a cup "for drinking"* (KNT:199)
- → Persian: pîâleh: *cup* پیاله (KNT:199)

NOTE- MON lists "pîyâleh" as a cognate of Greek "piâle"

پیام

مق: گام

- Indo-European: Gwa: *to walk, step* قدم زدن (POK:463,EIV:98)
- → Av/Old Pers: gam: *to come, step* (POK:463, KLN:318)
- Indo-European: Per 3: *oppose, hit* مخالف، مقابل (POK:815-818)
- → Avestan: paiti 2: *counter, back* (POK:815)
- → Avestan: paiti-gama: *come forth (with a message)* (POK:463)
- → Persian: payâm: *message* پیام (پیغام) (HRN:11, BQT)

پیر

- Indo-European: Pel 2: *pale, gray* کمرنگ، خاکستری (POK:804, IEC:977)
- → Avestan: pouruša, parya: *gray, old* (POK:807)
- → Persian: pîr: *old, aged, spiritual leader* پیر (BQT:436)

پیراستن

"آراستن پیرامون"

هم: order

- Indo-European: Ar 1: *to fit together* جور و درست کردن (POK:55)
- Indo-European: Per 1: *around, forward.* پیرامون، پیش (POK:810)
- → Avestan: pairi, pari: *around, forward* (POK:244,810)
- → Avestan: râd: *right, correct, proper*; pati-râd: *to trim around* (WLD:74, POK:56)
  NOTE- EIV:196 derives this from the root "Reg 1: straight"
- → Persian: pîrâstan: *to trim (add or cut)* پیراستن (پیرایه) (BQT, AEF, FFD)

پیرامون

- Indo-European: Per 1: *around, forward.* پیرامون، پیش (POK:810)
- → Avestan: pairi, pari: *around, forward* (POK:244,810)
- → Persian: pîrâmûn: *perimeter* پیرامون (HRN, BQT)
  مثال فرم "پَر-": پراکندن, پرتو, پرچین, پرداختن۱ , پردیس, پرستار, پرستیدن, پرگار, پروار, پرواز
  مثال فرم "فَر-": فرا, فراز, فرامرز, فرجام, فردین, فرزانه, فرزین, فرستادن, فرشته, فرمان, فرهنگ, فروختن

- Indo-European: Per 1: *around, forward.* (POK:810)
- → Old Persian: paruva: *early*; pariy: *around*; para: *later, beyond*; parâ: *along* (KNT:195,196)
- → Persian: ?

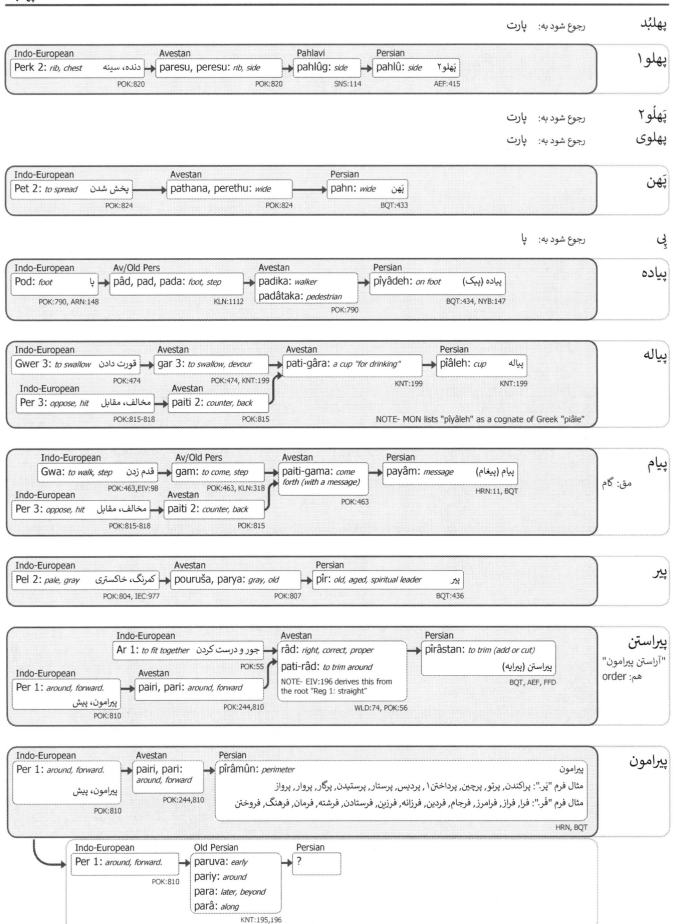

پیراهن
هم: جامه

- Indo-European: Yôs: *to gird, belt* کمر بستن، دور چیزی را پوشاندن (POK:513)
- Indo-European: Per 1: *around, forward.* پیرامون، پیش (POK:810)
- Avestan: pairi, pari: *around, forward* (POK:244,810)
- Av/Old Pers: yâsta, yânhaeiti: *belted*; pairi-yân: *shirt* (POK:513, KLN:1770, SYN:434, EIV:210)
- Persian: pîrâhan: *shirt* پیراهن (EIV:210)

پیرایه
رجوع شود به: پیراستن

پیروز
"توانا و مسلط"

- Indo-European: Yeu 1, Yauj: *to join, harness* جفت کردن، مهار کردن (POK:509, EIV:217)
- Indo-European: Aueg : *to grow, strengthen* رشد کردن، قوی شدن (POK:84-85 ,510, EIV:217)
- Avestan: aogah: *strength*; yaôxaôra: *warlike strain* (POK:84,509)
- Indo-European: Per 1: *around, forward.* پیرامون، پیش (POK:810)
- Avestan: pairi, pari: *around, forward* (POK:244,810)
- Avestan: pairi-aojastara, pari-aužah : *all strong, victorious* (HUB:45, NYB:160, BRT:862)
- Persian: pîrûz: *victorious* پیروز (BRT:862, SNS:144)

پیژامه

- Indo-European: Yôs: *to gird, belt* کمر بستن، دور چیزی را پوشاندن (POK:513)
- Av/Old Pers: yâhma: *cover, clothes* (POK:513, KLN:1770, SYN:434, EIV:210)
- Pahlavi: yâmak: *clothes* (HUB:49,)
- Indo-European: Pod: *foot* پا (POK:790, ARN:148)
- Av/Old Pers: pâd, pad, pada: *foot, step* (KLN:1112)
- Persian: pâ-jâmeh: *pants, pajamas* پاجامه (BQT)
- English: pajamas NOTE- through Hindustani (AHD, KLN)
- French: (ETM:63)
- Persian: pîjâmeh: *pajamas* پیژامه (MON:868,902)

پیسه

- Indo-European: Peig: *to mark* علامت گذاری کردن (POK:794)
- Avestan: paes, paeš: *to decorate, mark* (POK:794, SYN:1284, SNS:143)
- Persian: pîseh: *black and white markings* پیسه; pîsî: *a disease identified with markings on skin* پیسی (BQT:440, 443, MON:904, HRN:80)

پیش
هم: - pre

- Indo-European: Per 3: *oppose, hit* مخالف، مقابل (POK:815-818)
- Avestan: paiti 2: *counter, back* (POK:815)
- Pahlavi: paitiš, pat, pêš: *in front of, before, leader* (BQT:440)
- Persian: pîš: *front, ahead* پیش (پیشانی، پیشوا) (BQT)

پیشانی
رجوع شود به: پیش

پیشه

- Indo-European: Peig: *to mark* علامت گذاری کردن (POK:794)
- Avestan: paes, paeš: *to decorate, mark*; paêsah, pištra: *decorated, skilled* (POK:794, SYN:1284, SNS:143)
- Persian: pîšeh: *skill, job skill, job* پیشه (BQT:440, 443, MON:904, HRN:80)

پیشوا
رجوع شود به: پیش

پیغاره
سرزنش

- Indo-European: Gwer 2: *to praise, welcome, sing* خوش آمد گفتن، آواز خواندن (POK:478)
- Indo-European: Per 3: *oppose, hit* مخالف، مقابل (POK:815-818)
- Avestan: paiti 2: *counter, back* (POK:815)
- Avestan: gar 2, gard: *to call, cry, pray*; paiti-gar: *to speak against, blame* (POK:478)
- Persian: payğâreh: *blame* پیغاره، بیغاره
  بدو گفت شاه ای بد بدکنش
  سزاوار بیغاره و سرزنش (فردوسی)
  (HRN, BQT, EIV)

پیغام
رجوع شود به: پیام

پیک
رجوع شود به: پیاده

پیکار

- Indo-European: Kwer, Kar 2: *to make, form* ساختن، تشکیل دادن (POK:641, EIV:236)
- Indo-European: Per 3: *oppose, hit* مخالف، مقابل (POK:815-818)
- Avestan: paiti 2: *counter, back* (POK:815)
- Av/Old Pers: kar 2, kara 1: *to work*; paiti-kâra: *work against, fight* (NYB:157, HRN:80, SYN:628, EIV:237)
- Persian: paykâr: *fight* پیکار (MON, FFD)

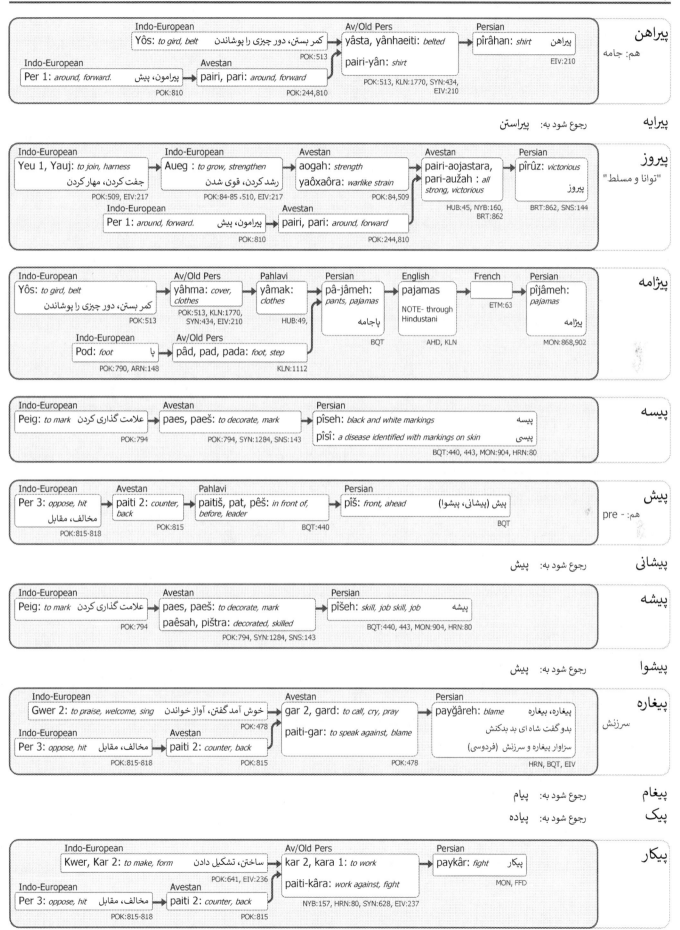

پیکان

- Indo-European — Ken 2, Gwhen 3: *to dig* کندن — EIV:232, POK:534
- → Av/Old Pers — kan 1, xan, gan: *to dig dirt out and mound it up, build* — POK:491, HRN:194, BRT:583, ZMA:49
- Indo-European — Per 3: *oppose, hit* مخالف، مقابل — POK:815-818
- → Avestan — paiti 2: *counter, back* — POK:815
- → Avestan — paiti-kan: *front digger, arrow tip* — POK:491, HRN:194
- → Persian — paykân: *arrow tip* پیکان — BQT, FFD:26

پیکر

"شبیه"

- Indo-European — Kwer, Kar 2: *to make, form* ساختن، تشکیل دادن — POK:641, EIV:236
- Indo-European — Per 3: *oppose, hit* مخالف، مقابل — POK:815-818
- → Avestan — paiti 2: *counter, back* — POK:815
- → Av/Old Pers — paiti-kara: *form against (like) something* — NYB:157, HRN:80, SYN:628, EIV:237
- → Persian — paykar: *body, statue* پیکر — MON, FFD

پیل

- Egyptian — Elu-ephas: *elephant* فیل
  NOTE- These words had appeared in the Hamitic (old Egyptian) language — KLN:507,821, AHD:423
- → Aramaic — pîlâ: *elephant* — MON:953
- → Persian — pîl: *elephant* پیل (فیل)
  pîl-âs: *"elephant's bone", ivory* پیلاس — PLA:214, BQT:446, MON:953, KLN:507

پیلاس رجوع شود به: پیل

پیله

- Indo-European — Pilo: *hair* مو — POK:830, IEC:940,1650
- → Persian — pîleh: *cocoon* پیله — IEC:940,1650

پیمان رجوع شود به: پیمودن

پیمانه رجوع شود به: پیمودن

پیمودن

هم: measure

- Indo-European — Per 3: *oppose, hit* مخالف، مقابل — POK:815-818
- → Avestan — paiti 2: *counter, back* — POK:815
- Indo-European — Me 1: *to measure* اندازه گرفتن — POK:703, 731
- → Av/Old Pers — mâ 1: *to measure* — POK:703,731, SYN:54,877,1010
- → Avestan — paiti-ma: *to measure against* — HRN:68-88, BQT:354,400-434, FSF:99, POK:243
- → Persian — paymûdan: *measure* پیمودن (پیمانه، پیمان) — BQT, HRN

پیموزیدن رجوع شود به: موزه

پینه

تکه پارچه

- Indo-European — Pend, Spen: *twist* پیچ دادن — IEC:971, POK:988
- → Persian — pîneh: *patch of cloth, calluses* پینه — IEC:971, MON:970

پینو رجوع شود به: پنیر

پیوستن رجوع شود به: بند

پیوسیدن رجوع شود به: بیوسیدن

پیه

هم: fat

- Indo-European — Peî: *sap, fat* شیره ، چربی — POK:793
- → Avestan — pitu, pithwa: *food, fat* — HRN:81,181
- → Pahlavi — pîh: *fat (noun)* — BQT:1450
- → Persian — pîh: *fat (like on meat)* پیه (په)
  صد جگر پاره شد زهر سویی
  تا درآمد پهی به پهلویی (نظامی گنجوی) — BQT, MON

تاب رجوع شود به: تب

تابستان

- Indo-European — Stâ: *to stand* ایستادن — POK:1008,1009
- → Av/Old Pers — sta: *to stand, to set* — BQT:123, HRN:20, POK:1008
- Indo-European — Tep: *to be warm* گرم بودن — POK:1069
- → Avestan — tap 2, tab: *warm, glowing* — POK:1069, KLN:1589
- → Av/Old Pers — tap-stana: *place (time) of heat* — BQT:123, HRN:20, POK:1008, KNT:210
- → Persian — tâbestân: *summer* تابستان — BQT, MON

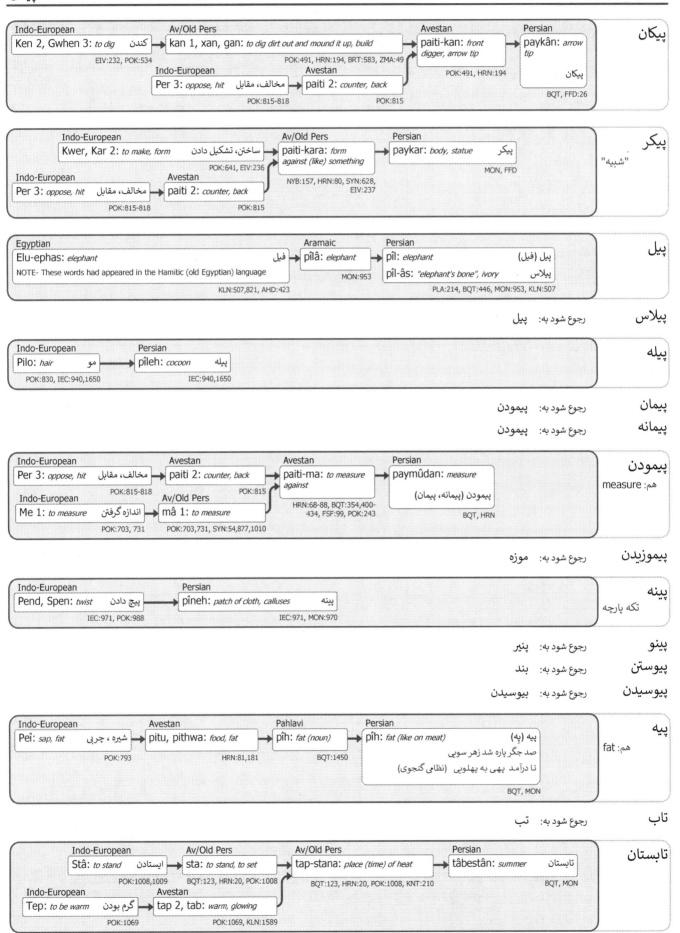

تابیدن۱

Indo-European: Ten 1, Temp: *to stretch, pull* کشیدن (POK:1064,1067) → Avestan: tan, tapayati: *to pull, stretch, spin* (SNS:147, ARN:186) → Persian: tâbîdan: *to spin, twist* تابیدن۱ (تافتن۱) (POK:1064, ARN:186)

تابیدن۲ رجوع شود به: تب

تاج

Indo-European: Steg: *to cover* پوشاندن (POK:1013) → Persian: tâj: *crown* تاج (تاجور، تاجیک، تازی) (AHD:1543, KLN:1510)

تاجور رجوع شود به: تاج

تاجیک رجوع شود به: تاج

تاختن

Indo-European: Teku: *to run, flow* دویدن، جریان یافتن (POK:1059, EIV:374) → Avestan: tak, taka, tač: *to run* (POK:1059, BQT:503) → Persian: tâxtan: *to ride fast* تاختن; tâzîdan: *to ride fast* تازیدن (تکیدن، تازیانه) (BQT, MON, IEC:1372)

NOTE- Teku may be related to "Tek, Tač: to reach, receive"

تار۱ هم: thin

Indo-European: Ten 1, Temp: *to stretch, pull* کشیدن (POK:1064,1067) → Avestan: tathra: *string* (POK:1065) → Persian: târ: *string* تار (سه تار)

تار۲ رجوع شود به: تَم

تاریک رجوع شود به: تَم

تازی رجوع شود به: تاج

تازیانه رجوع شود به: تاختن

تازیدن رجوع شود به: تاختن

تاس رجوع شود به: تیشه

تافتن۱ رجوع شود به: تابیدن۱

تافتن۲ رجوع شود به: تب

تالار اطاق با ستونهای چوبی

Indo-European: Tâl: *to grow, twig, a stick used as a unit of length* رشد کردن، ترکه، تکه چوب (برای اندازه گیری) (POK:1055, WLD1: 705) → Persian: tâlâr: *a roof or room on (wooden) pillars* تالار (ISS:88)

تالک

Persian: Talk: *a mineral, talc, talcum powder* طلق، پودر تالک (MON:1133, BQT:509) → Arabic: talq: *talc* (MON:1133,) → M. Latin: talcum (AHD:1312) → French: talc (AHD:1312) → Persian: tâlk: *talcum powder* تالک (VOP:135)

تایر هم: تاجور

Indo-European: Steg: *to cover* پوشاندن (POK:1013) → Persian: tâj: *crown* تاج (تاجور، تاجیک، تازی) (AHD:1543, KLN:1510) → Greek: tiara: *a head dress* (PRT:719) → English: tiara, tire (PRT:358) → Persian: tâyer: *tire* تایر (MON:1014)

تب

Indo-European: Tep: *to be warm* گرم بودن (POK:1069) → Avestan: tap 2, tab: *warm, glowing* (POK:1069, KLN:1589) → Persian: tab: *fever* تب (تاب); tâbîdan: *shine* تابیدن۲ (تافتن۲، تفت) (BQT, HRN, FFD:46)

تباه

Indo-European: Teup: *to push, beat, hit, also throw* هل دادن، زدن، پرت کردن (POK:1032) → Avestan: tap 1: *to hit, hurt, destroy* (SNS:147) → Persian: tabâh: *ruined, destroyed, bad* تباه (SNS:147)

NOTE- IEC derives these words from Indo-European root "Tâbh: to rot"

تبوراک رجوع شود به: تنبور، طبل

تبیر رجوع شود به: تنبور، طبل

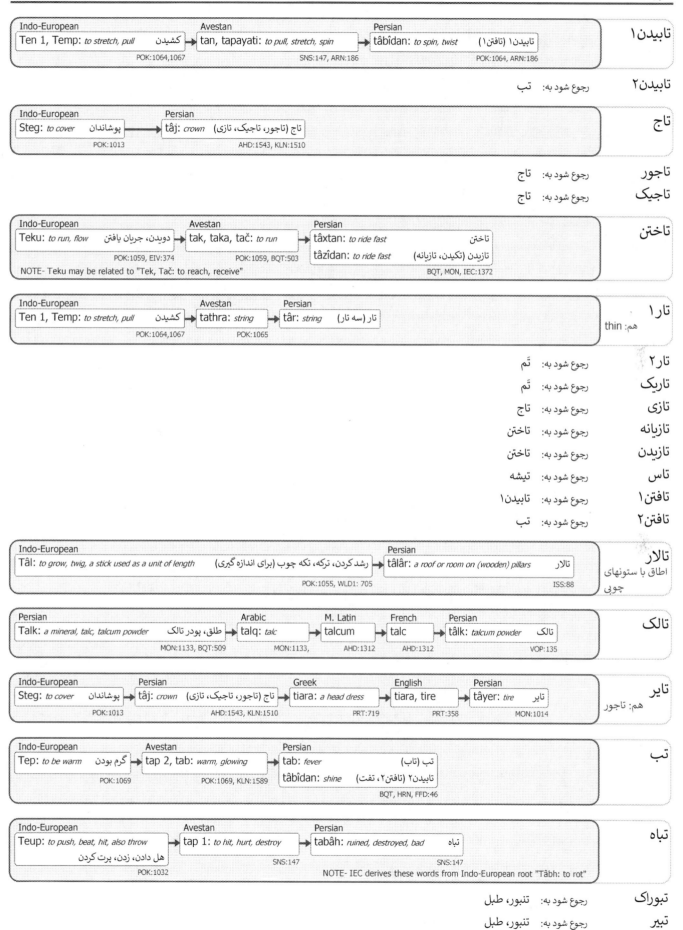

تپیدن

Indo-European: Tep: *to be warm* گرم بودن (POK:1069) → Avestan: tap 2, tab: *warm, glowing* (POK:1069, KLN:1589) → Persian: tapîdan: *beat* تپیدن (BQT, HRN, FFD:46)

تَجَر
خانه زمستانی

Indo-European: Steg: *to cover* پوشاندان (POK:1013) → Old Persian: tačara: *cover, house, castle* (KNT:186) → Persian: tajar: *winter house, castle* تَجَر (تَزَر)
میان این تجر و گنبد فلک فرق است
که هست این بثبات، آن نباشد آرامش (نزاری قهستانی)
(HRN:84, BQT:472)

تخته
رجوع شود به: تیشه

تخش
تیر و کمان

Indo-European: Teku: *to run, flow* دویدن، جریان یافتن (POK:1059, EIV:374) → Old Persian: taxša: *a type of bow & arrow* (POK:1059) → Persian: taxš: *bow and arrow* تخش
همه بنده در پیش رخش منند
جگر خستهٔ تیغ و تخش منند (فردوسی)
(BQT:476)

NOTE- Teku may be related to "Tek, Tač: to reach, receive"

تخشا
رجوع شود به: تخشیدن

تخشیدن
کوشیدن

Indo-European: Tuxš: *to be busy, working* فعالیت کردن (POK:1081, EIV:400) → Av/Old Pers: taxš: *effort*; ham-taxš: *to work with* (EIV:400) → Pahlavi: tuxš: *to struggle with* (EIV:400) → Persian: taxšîdan: *to strive, try* تخشیدن (تخشا) (MON, EIV:400, ARN:190)

تخم

Indo-European: Têu: *to swell* ورم کردن (POK:1082, 1084-1085) → Indo-European: Teuk: *egg, seed* (POK:1085) → Avestan: taoxman: *seed, egg* (POK:1085) → Persian: toxm: *seed, egg* تخم (HRN:84, MON:1052)

Indo-European: Têu: *to swell* (POK:1082, 1084-1085) → Indo-European: Teuk: *egg, seed* (POK:1085) → Old Persian: taumâ: *family* (KNT:185) → Persian: ?

تذرو

Indo-European: Teter: *chatter* پچ پچ کردن (POK:1079) → Pahlavi: titar: *pheasant* (POK:1079, KLN:1596) → Persian: tazarv: *pheasant* تذرو (BQT:478, IEC:1388)

تر ۱.

Indo-European: Ter 1: *to cross over, surpass, overcome* عبور کردن ، غلبه کردن (POK:1075, KLN:1639) → Avestan: taro, tarya, tar: *surpass* (POK:1075, KLN:1639) → Persian: tar 1, tarîn: *more, most* تَر۱، .ترین (BQT, HRN:161, MON)

تَر۲
هم: thaw

Indo-European: Ten 1, Temp: *to stretch, pull* کشیدن (POK:1064,1067) → Avestan: tauruna: *stretched, tender, young animals* (KLN:1585) → Persian: tar 2: *wet* تَـر۲ (HRN, BQT)

ترابری

Indo-European: Ter 1: *to cross over, surpass, overcome* عبور کردن ، غلبه کردن (POK:1075, KLN:1639) → Avestan: taro, tarya, tar: *surpass* (POK:1075, KLN:1639) → Persian

Indo-European: Bher 1: *to carry* حمل کردن (POK:128,163, PRT:234, SYN:107) → Av/Old Pers: bar: *to carry* (POK:128) → Persian

Persian: tarâbarê: *"carrying through", transportation* ترابری (ARN:193)

تراخم
"زبری" پوست پلک

Indo-European: Dher 2, Dhragh 2: *to confuse, disturb* گیج کردن ، مزاحم شدن (POK:251) → Greek: traxus: *disturbing, rough* (AHD) → Latin: trachôma: *roughness of the eylid skin* → French: → Persian: tarâxom: *"roughness"* تراخم (MON:1058)

تراز

- Indo-European — Tel: *to lift* بلند کردن (POK:1060, KLN:122) → Sanskrit — tulâ, tulya: *balance weight* (POK:1060, AHD) → Avestan — tara-âz, tara-âzu: *balance, scale* (PLA:194, BQT:480) → Persian — tarâz: *level, balanced* تراز، طراز; tarâzu: *scale, balance* ترازو (BQT:480)
- Indo-European — Ag: *to drive* راندن، چراندن (POK:4) → Avestan — az: *to drive* (KLN:37, POK:4, PLA:194) → Avestan tara-âz

ترازو
رجوع شود به: تراز

تراشیدن
رجوع شود به: تیشه

ترافیک
"پخش و پراکندگی"

Arabic — F.r.q: *to split, divide* فرق گذاشتن، تقسیم کردن; Tafrîq: *distribution* پخش (KLN:1637) → Italian — traffico: *traffic*. NOTE- KLN claims "traffico" is possibly from Arabic "tafrîq: distribution", influenced by Latin "traficere: to take over". (KLN:1637) → French — trafic (KLN:1637) → Persian — trâfic: *traffic* ترافیک

ترانه
"لطیف"

Indo-European — Ten 1, Temp: *to stretch, pull* کشیدن (POK:1064,1067) → Avestan — tauruna: *stretched, tender, young animals* (KLN:1585) → Persian — tarâneh: *"a tender" love song* ترانه (HRN, BQT)

تُرُب
"توده"

Indo-European — Tulupos: *lump, ball, mass, crowd* توپ، توده، جمعیت (IEC:1455) → Persian — torob, torb: *radish* تُرُب (IEC:1455)

ترجمه

Akkadian — Targumânu: *interpreter* مترجم (KLN:1573, AHD:396) → Aramaic — tûrgemânâ: *interpreter* (AHD:396, KLN:1573) → Arabic — tarjama: *he translated* (KLN:1573) → Persian — tarjomeh: *translation* ترجمه; tarjom: *speech, statement* تَرجُم (ترجمان) (MON:1064)

ترخون

Indo-European — Derk: *to see* دیدن (POK:218) → Greek — drakoon: *a dragon with devil eyes* (KLN:480,1574) → Arabic — tarxûn: *an aromatic bushy plant* (KLN:1554, TAD:49) → Persian — tarxûn: *tarragon* ترخون (MON)

ترخینه
هم: تنگ (خشک و سفت)

Indo-European — Tenk: *to become firm and thick* محکم و ضخیم شدن (POK:1068) → Avestan — tanj, taxma: *pulled together, tight, strong* (POK:1068, KLN:1617, MON5: 405, BQT:511) → Persian — tarxêneh: *a food made with wheat and milk and dried to be eaten later* ترخینه (تلخینه) (ARN:193)

تُرد

Indo-European — Turd: *hard, strong* سخت، محکم (WLD1: 747, IEC:1472) → Persian — tord: *brittle, stiff* تُرد (IEC:1472, MON:1066)

Indo-European — Turd: *hard, strong* (WLD1: 747, IEC:1472) → Old Persian — sparda, sfard: *stiff, hard* (IEC:1472) → Persian — ?

ترسا
رجوع شود به: ترسیدن

ترسیدن
هم: سهمناک

Indo-European — Tres: *to tremble* لرزیدن. NOTE- May be related to the root "Trep: to tremble" (POK:1095) → Avestan — tras: *fear*; taršta, thrâsa: *frightened* (KLN:1592, HRN:86, NYB:172) → Persian — tarsîdan: *to be afraid* ترسیدن; tarsâ: *afraid (of God), Christian* ترسا (BQT:484, FFD:81)

تُرش
هم: starve

Indo-European — Ster 3, Sterp, Terp 2: *stiff, hard* سفت (POK:1022-1025) → Pahlavi — turuš: *sour (stiff) taste* (HRN:86, ARN:195) → Persian — torš: *sour* تُرش (POK:1022, BQT:485, ARN:195)

تَرفند

- Indo-European: Terp 1: *to lie, steal* دزدیدن، دروغ گفتن — POK:1077, EIV:383
- → Avestan: trap: *to steal* — POK:1077, EIV:383
- → Pahlavi: turftag: *stolen* — EIV:383
- → Persian: tarfand: *lie, fraud* ترفند، تروند — EIV:383

ترکش رجوع شود به: کیش۲

ترنج رجوع شود به: ترنجیدن

تَرنجیدن
چروکیدن

- Indo-European: Trenk, Thranč: *to compress* فشردن — POK:1093, EIV:395
- → Avestan: Thranc: *to compress*; traxtanam: *pressed together* — POK:1092, KLN:1612, EIV:395
- → Greek: taranjîdan: *to compress, to wrinkle* تَرنجیدن; toranj: *bergamot* تُرنج — MON, EIV:395

تروند رجوع شود به: تَرفند

تره
هم: thorn

- Indo-European: Ster 3, Sterp, Terp 2: *stiff, hard* سفت — POK:1022-1025
- → Indo-European: Stern: *stiff, stiff grass* درشت، اشاره به گیاهانی گسترده که شبیه چمن باشند ولی درشت تر. بعضی از مشتقات اروپایی این ریشه به معنی خار میباشد. — POK:1031
- → Pahlavi: tarak — ARN:196
- → Persian: tareh: *leek* تَره — ARN:196

ترّهات
سخنان بیهوده

- Indo-European: Ret: *to roll, run* قلتیدن، دویدن — POK:866
- → Avestan: rad: *to run* — POK:866, ARN:302
- → Pahlavi: râs: *path, way* — BQT:934
- → Persian: râh: *way, manner* راه (زه); râygân: *"found on the road", free* رایگان; râheb: *one who watches his manners, monk* راهب (راه بان) — HUB:66, BQT:984, PLA:133, FFD:56
- → Arabic: torrahat : *minor paths* — TAD:17
- → Persian: torrahât: *worthless things* تُرّهات; نخوت و دعوی و کبر و تُرّهات / دور کن از دل که تا یابی نجات (مولوی) — MON:1074

ـ ترین رجوع شود به: ـ تر۱

تَزَر رجوع شود به: تَجَر

تزویر
هم: زور۳

- Indo-European: Ghuel: *crooked, bent* ناصاف، خمیده — POK:489
- → Av/Old Pers: zûrah: *lie, cheat* — POK:489
- → Pahlavi: zûr: *not true*
- → Arabic: zûr: *lie* — ETM:67, VDQ:240
- → Persian: tazvîr: *pretense* تزویر — ETM:67

تشت رجوع شود به: تیشه

تشنه
هم: thirsty

- Indo-European: Ters: *dry, to dry* خشک کردن — POK:1078
- → Avestan: taršu: *dry*; taršna: *thirst* — POK:1078, KLN:1592
- → Pahlavi: tišn: *thirst*; tišnak: *thirsty*
- → Persian: tešneh: *thirsty* تشنه — BQT:499

تُف
هم: spit

- Indo-European: Spyeu: *to spit* تف کردن — POK:1000
- → Avestan: spâma: *to spit* — ARN:198
- → Pahlavi: tûfek: *spit* — ARN:198
- → Persian: tof: *spit* تُف; tofang: *"spitter", gun* تفنگ — POK:1000, BQT:502

تفت رجوع شود به: تب

تفنگ رجوع شود به: تُف

تکاپو رجوع شود به: پو

تکدّی رجوع شود به: گدا

تکیدن رجوع شود به: تاختن

تَم

- Indo-European: Tem: *dark* تاریک — POK:1063
- → Avestan: temah: *darkness* — POK:1063
- → Persian: tam: *dark* تَم (تار، تاریک، تیره) — BQT:456,511,544

تمدّن رجوع شود به: دین۲

تلخینه رجوع شود به: ترخینه

تَن هم: تهمتن

- Indo-European — Ten 1, Temp: *to stretch, pull* کشیدن — POK:1064,1067
- → Indo-European — Tenu: *thin* — AHD, POK
- → Avestan — tanu: *stretched, body* — POK:1069, BQT:411,515
- → Persian — tan: *"stretched" body* تَن — HRN, BQT

تنباکو

- Caribbean — Tabaco: *a pipe for smoking, roll of tobacco leaves* برگ توتون که برای دود کردن لوله میکردند — KLN:1623
- → Persian — tanbâkû: *tobacco* تنباکو (تمباکو) — MON:1147

تنبک

- Indo-European — Dumb: *tail* دُم — POK:227
- → Avestan — duma: *tail* — POK:227, HRN:128
- → Persian — donbak, tonbak: *a long tailed drum* دنبک، تنبک — MON:1563

تنبور

- Pahlavi — Tabûrâk: *a drum* طبل — MON:1025
- → Persian — tabûrâk: *a kind of drum* تبوراک (تبیر)
  پس تبیری دید نزدیک درخت
  هرگهی بانگی بجستی تند و سخت (رودکی) — MON:1025
- → Arabic — tanbûr: *drum, also a type of stringed instrument* — AHD:1313
- → Persian — tanbûr: *a stringed musical instrument* تنبور (طنبور) — MON

تنجیدن رجوع شود به: تَنگ

تُند رجوع شود به: توان

تُندر هم: thunder

- Indo-European — Ten 2: *to thunder* رعد کردن — POK:1021
- → Parthian — tndwr: *thunder* — POK:1021
- → Persian — tondar: *thunder* تُندر — BQT:517, KLN:1613

تندیس رجوع شود به: تن + دیس

تنش رجوع شود به: تَنیدن

تُنُک هم: thin

- Indo-European — Ten 1, Temp: *to stretch, pull* کشیدن — POK:1064,1067
- → Indo-European — Tenu: *thin* — AHD, POK
- → Sanskrit — tanuka: *thin, soft* — POK:1069
- → Persian — tonok: *thin, little* تُنُک; tonekeh: *underwear from thin soft cloth* تُنکه — HRN, BQT, MON

NOTE- See root "Kitu: cotton clothing" for another possible root of "tonekeh"

تُنکه

- Akkadian — Kitu: *cotton clothing* لباس کتان — BQT:1594
- → Hebrew — kuttoneth: *cotton clothing* — KLN:1664
- → Aramaic — kittunâ — KLN:1664
- → Latin — tunica: *cotton clothing, tunic* — KLN:1664
- → Persian — tonekeh: *underwear* تُنکه — MON:1154

NOTE- tonekeh is probably from "tonok: thin, soft". See root "Ten 1".

تَنگ هم: رستم

- Indo-European — Tenk: *to become firm and thick* محکم و ضخیم شدن — POK:1068
- → Avestan — tanj, taxma: *pulled together, tight, strong* — POK:1068, KLN:1617, MON5: 405, BQT:511
- → Persian — tang: *tight* تَنگ; tanjîdan: *to squeeze* تنجیدن — BQT, POK:1068

NOTE- BQT:516 and HUB claim "tanjîdan" is from Sanskrit "tanj, tanc" that is, ultimately, from the same root.

تنور

- Indo-European — Tanûr: *fire, oven* آتش، تنور — FVQ:92-94
  NOTE- TAD:18 derives it from the Arabic root "N.w.r: light, fire". FVQ: 92 claims it is a word from the pre-Indo-European and pre-Semitic tribes.
- → Avestan — tanûra: *oven* — FVQ:94, BQT:523
- → Pahlavi — tanûr: *oven* — FVQ:94
  NOTE- Henning (MPP: 88) gives "tnwr" as a Parthian form.
- → Persian — tanûr: *oven* تنور — BQT:523

تَنیدن

- Indo-European — Ten 1, Temp: *to stretch, pull* کشیدن — POK:1064,1067
- → Indo-European — Tenu: *thin* — AHD, POK
- → Avestan — tanu: *stretched, body* — POK:1069, BQT:411,515
- → Persian — tanîdan: *to stretch, pull* تَنیدن (تنش) — HRN, BQT

تو ۱
شما

- Indo-European — Tu: *you* شما (POK:1097)
- → Av/Old Pers — taiy, tû, tûm, tuvam, tava, tvâm: *you* (POK:1097, BQT:525)
- → Persian — to: *you* تو ۱ (BQT:525)

تو ۲
داخل

- Indo-European — Teub: *side* طرف (IEC:1371,1676)
- → Persian — tû: *fold, plait, inside* تو ۲ (IEC:1371,1676, MON:1158)

توان

- Indo-European — Têu: *to swell* ورم کردن (POK:1082, 1084-1085)
- → Avestan — tav: *power*; tavant: *fast, quick* (POK:1082, HRN:89, NYB:196)
- → Pahlavi — tuwân: *power* (ARN:206)
- → Persian — tavân: *power* توان; tond: *fast* تُند (BQT)

توبره

- Indo-European — Têu: *to swell* ورم کردن (POK:1082, 1084-1085)
- → Persian — tûbreh: *bag* توبره (IEC:1450,1458)

توپ

- Indo-European — Stewe: *to cluster, condense* جمع کردن، فشرده (POK:1035)
- → Sanskrit — stupa: *a round mass, ball* (POK:1035, AHD)
- → Turkish — top, tob: *ball, cannon ball* (HJB:933)
- → Persian — tûp: *ball, cannon* توپ (HJB:933, BQT:526)

توختن
پرداختن

- Indo-European — Kwei 2, Ĉai: *to pile up* روی هم ریختن یا چیدن (POK:637,EIV)
- → Avestan — kay 2, kaeš, čay, či 1: *to prepare* (POK:637,638)
- → Avestan — taug, taux: *to pay* (HRN:90, FFD:47)
- → Pahlavi — tôxtan: *to pay* (HRN:90, FFD:47)
- → Persian — tozîdan: *to pay* توزیدن (توختن، توز، کینه توز)
  چو وامش بتوزی درم صد هزار
  بده تا بدارد زما یادگار (فردوسی)
  (HRN:90, FFD:47)

توده

- Indo-European — Gwou: *cow, ox, bull* گاو (KLN:364, POK:483)
- → Indo-European — Gwôu: *dung* (AHD:1520, POK:483)
- → Avestan — gutha: *dung* (POK:484, HRN:211)
- → Persian — tûdeh: *pile, heap* توده (BQT, HRN:211)

NOTE- ARN:207 shows "tûdeh: pile, heap" from the Indo_European root "Têu: to swell"

توده

- Indo-European — Têu: *to swell* ورم کردن (POK:1082, 1084-1085)
- → Persian — tudeh: *mass, crowd* توده (ARN:207)

NOTE- see "Gwou: cow, bull" for another suggested root for this word

توره
شغال

- Indo-European — Ten 1, Temp: *to stretch, pull* کشیدن (POK:1064,1067)
- → Avestan — tauruna: *stretched, tender, young animals* (KLN:1585)
- → Persian — tûrah: *jackal* توره
  تنها من و یک شهر پر از خصم و تو با من
  شیری و یکی دشت پراز روبه و توره (قطران تبریزی)
  (HRN, BQT)

توریدن
رمیدن
هم: turn

- Indo-European — Tuer, Tur: *to hurry, hasten* عجله کردن (POK:1100, EIV:300)
- → Pahlavi — ni-har-: *to hurry* (EIV:399)
- → Persian — turîdan: *to run away in fear* توریدن (MON, EIV:399, ARN:196)

توزیدن

رجوع شود به: توختن

تولف
راضی

- Indo-European — Trp: *to satisfy* راضی کردن (POK:1077, KLN:1592)
- → Avestan — thrafza, thrafda: *satisfied*; tarep: *to steal* (POK:1077, KLN:1592)
- → Persian — tulf: *fully satisfied (obsolete)* تولف (POK:1077)

این لغت یا متروک شده و یا استفاده از آن بسیار محدود میباشد.

- Indo-European — Trp: *to satisfy* راضی کردن (POK:1077, KLN:1592)
- → Avestan — thrafza, thrafda: *satisfied*; tarep: *to steal* (POK:1077, KLN:1592)
- → Pahlavi — tirft: *theft* (POK:1077)
- → Persian — ?

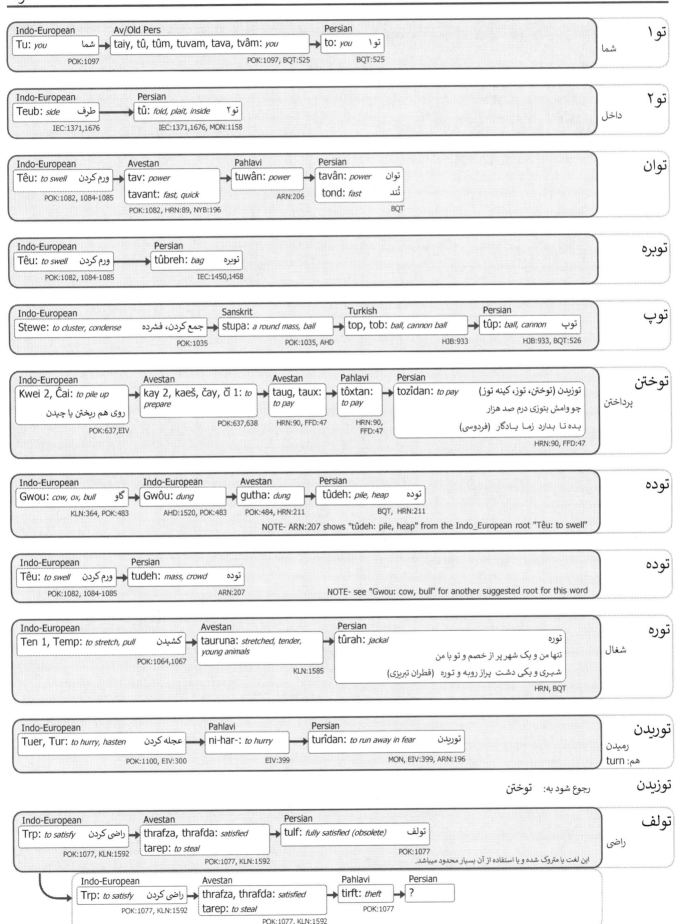

توله

Indo-European	Avestan	Pahlavi	Persian
Ten 1, Temp: *to stretch, pull* کشیدن	tauruna: *stretched, tender, young animals*	tôrag, tûrak: *baby animal*	tûleh: *"a tender" animal baby* توله
POK:1064,1067	KLN:1585	ARN:207	HRN, BQT

تَه

Indo-European	Av/Old Pers	Pahlavi	Persian
Teus: *empty* خالی	taoš, tuš, tusen, tussya: *empty*	tihîk, tuhîk: *empty*	tah: *bottom* تَه / tahî, tohî: *empty* تهی
POK:1085	POK:1085, SYN:933	BQT:539, SNS:151	BQT:539,537, HRN:90

تهماسب
"با اسبان قوی"

Indo-European	Avestan	Persian
Têu: *to swell* ورم کردن	tav: *power*	Tahmâsb: *"with strong horses"*
POK:1082, 1084-1085	tum-âspa: *(with) strong horses*	تهماسب (طهماسب)
Indo-European / Ekwos: *horse* اسب / POK:301	Avestan / aspa: *horse* / POK:301, BQT:1819	POK:1082, HRN:89, NYB:196	BQT

تهمتن
"با تن قوی"

Indo-European	Indo-European	Avestan	Persian
Ten 1, Temp: *to stretch, pull* کشیدن / POK:1064,1067	Tenu: *thin* / AHD, POK	tanu: *stretched, body* / taxma-tanu: *with strong body*	Tahamtan: *"with strong body"* تهمتن
Indo-European / Tenk: *to become firm and thick* محکم و ضخیم شدن / POK:1068	Avestan / tanj, taxma: *pulled together, tight, strong* / POK:1068, KLN:1617, MON5: 405, BQT:511	POK:1069, BQT:411,515	HRN, BQT

تهمورث
"با سگهای قوی"

Indo-European	Indo-European	Avestan	Persian
	Tenk: *to become firm and thick* محکم و ضخیم شدن / POK:1068	taxma-urupa: *(with) strong dogs* / POK:1068, KLN:1617, MON5: 405, BQT:511	Tahmûras: *"with strong dogs"* تهمورث / BQT, POK:1068
Indo-European / Ulk,Ulkos: *wolf (with fiery eyes)* گرگ / NOTE- This may be from the root "Ulk: shine, fiery" / POK:1144, 1179	Indo-European / Wlp: *wolf, dog* / POK:1179	Avestan / urpa, urupis: *dog* / raopias: *fox* / POK:1179	

تهی   رجوع شود به: تَه

تیتو

Indo-European	Sanskrit	Persian
Titi: *imitation of a bird song* تقلید صدای پرنده	tittibha: *a water bird*	tîtû: *a water bird* تیتو (طیطو)
POK:1086	POK:1086	BQT:1364

تیر

Indo-European	Av/Old Pers	Pahlavi	Persian
Steig, Teig: *pointed, sharp* نوک دار ، تیز	tiğra: *sharp, pointed* / taêža, taêğa: *sharp*	têr: *stick, pointed* / têx: *pointed, sharp*	tîr: *"pointed" thing, sharp, arrow* تیر (تیز، تیغ)
POK:1016	POK:1016	BQT, ARN:209-210	BQT, ARN

تیره   رجوع شود به: تَم

تیز   رجوع شود به: تیر

تیشه

Indo-European	Avestan	Persian
Tex: *to build from wood, to build* از چوب ساختن ، ساختن / POK:1058	taš: *to cut, carve* / taša: *ax* / tašta: *cup* / traš, trâš: *to cut* / KLN, HRN, POK:1058	tîšeh: *ax, hatchet* تیشه (تخته، تشت، طاس، تاس) / tarâšîdan: *to carve* تراشیدن / IEC:1374,1409, FFD:46, MON

تیغ   رجوع شود به: تیر

تیم
بازار، کاروانسرا

Chinese	Sogdian	Persian
Tien: *store, shop* فروشگاه، بازار / ETM:63	Tien: *bazaar, inn* / ETM:63, SOD:394	tîm: *bazaar, caravansary* تیم۱ (تیمچه) / ETM:63, MON, BQT:547

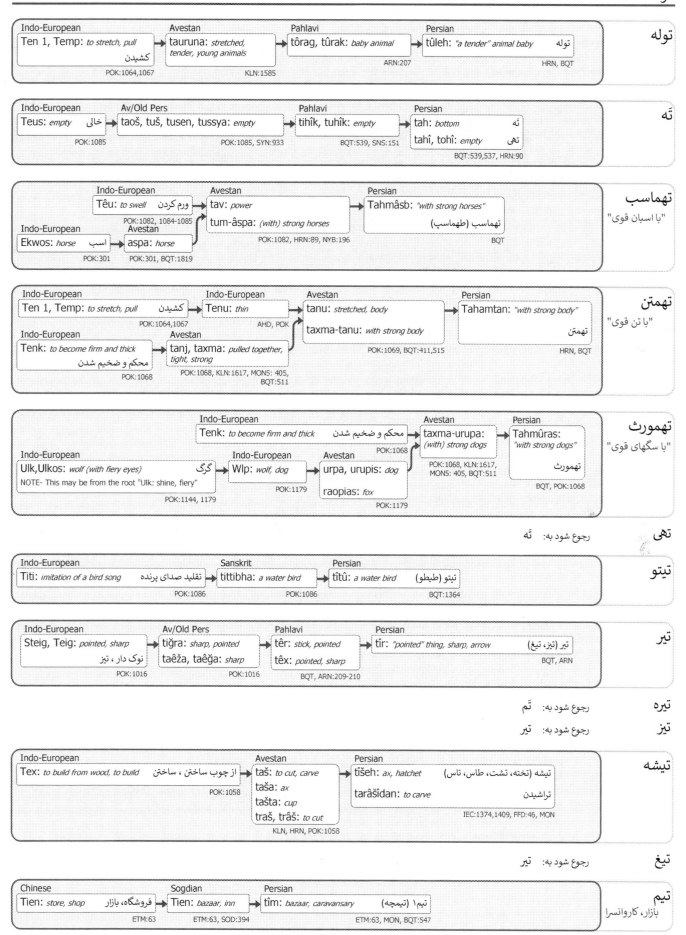

تیمچه رجوع شود به: تیم

ثور

Indo-European: Têu: *to swell* ورم کردن (POK:1082, 1084-1085) → Indo-European: Tauro: *bull* (POK:1083, AHD) → Arabic: thwr: *bull* (POK:1083, KLN:1509) → Persian: sowr: *bull* ثور (BQT:550)

جا

Indo-European: I 1: *to go* رفتن (POK:293,501, KLN:825) → Avestan: yâ: *to go* (POK:293-296, KLN:825) → Pahlavi: giyâk, givâk: *location* (BQT:551, ISS:252) → Persian: jâ: *place, location* جا (جای) (HRN:94, BQT)

NOTE- ARN:211 shows this word as a cognate of "gâh: location" from the Indo_European root "Gwa: to walk"

جادّه

Indo-European: Iâtom: *going, movement, crowd* رفتن، حرکت، جمعیت (IEC:441) → Avestan: yâtem: *road* (IEC:441) → Persian: jâddeh: *road* جادّه (IEC:441)

NOTE- MON:1202 claims "jâddeh" is an Arabic word while FVF:140 and AFM:39 claim Arabic has borrowed it from Persian.

جادو

Indo-European: Yâ: *to be aroused* برانگیخته شدن (POK:501) → Avestan: yâ-tu: *magic*; yâsâ: *wish* (POK:501) → Pahlavi: žâtûk: *magic*; yâsak: *wish* (BQT:553,2419) → Persian: jâdû: *magic* جادو; yâseh: *wish* یاسه (BQT, HRN:92, HUB:107)

جاروب رجوع شود به: جا + رُفتن

جالیز رجوع شود به: پردیس

جاماسب
"اسب دار"

Indo-European: Ekwos: *horse* اسب (POK:301) → Avestan: aspa: *horse* (POK:301, BQT:1819) → Avestan: jâm-âspa: *owning horses* (BQT, POK:1082, KNT, HRN:206, MON5:) → Persian: Jamasb: *a name meaning "has horse(s)"* (MON)

جامه

Indo-European: Yôs: *to gird, belt* کمر بستن، دور چیزی را پوشاندن (POK:513) → Av/Old Pers: yâh 2: *to put belt on*; yâhma: *cover, clothes* (POK:513, KLN:1770, SYN:434, EIV:210) → Pahlavi: yâmak: *clothes* (HUB:49, HRN:93) → Persian: jâmeh: *clothes* جامه (BQT)

جان

Indo-European: Dheye: *to see* دیدن (POK:243) → Sanskrit: dhi: *to see, to think*; dhyânah: *seeing mentally* (POK:243) → Pahlavi: gyân, jân: *soul* (BQT:558) → Persian: jân: *life, soul* جان (HUB:49, BQT:558)

NOTE- HRN: 93 derives this from AV "dhay: to see"

جاوید
هم: eternal

Indo-European: Aiw: *vitality, eternity* حیات، ابدیت (POK:17) → Avestan: âyu, ay: *life, age*; yave: *forever* (POK:17) → Pahlavi: yavê-tân: *ever lasting* (BQT:564, HRN:93) → Persian: jâvîd: *eternal* جاوید

جاه

Indo-European: Gwa: *to walk, step* قدم زدن (POK:463,EIV:98) → Av/Old Pers: gam: *to come, step* (POK:463, KLN:318) → Av/Old Pers: gât, gâthu, gâv, gâtuš: *place, seat, throne* (POK:463, KNT:183) → Persian: gâh 2: *place, position, rank* گاه۲ (BQT:1771,1773) → Arabic: jah: *rank* (FVF:144) → Persian: jâh: *position, rank* جاه (MON)

جبر
هم: جبروت

Aramaic: J.b.r: *to reunite, join together, force* بهم آوردن، وصل کردن، نیرو; Jabra: *powerful, man* نیرومند، مرد (KLN:633) → Arabic: J.b.r: *to reunite, force*; Al-Jabr-w'al-Moqâbalah: *"Reunion and Comparison", the first book on Algebra by Al-Khârazmî* (KLN:633, FVA:67) → Persian: jabr: *force, algebra* جَبر (FVA:67)

جدا

Indo-European: Yau 2, Yeu 4: *to separate* جدا کردن (EIV:215, POK:510) → Avestan: yu: *to separate* (EIV:215) → Pahlavi: jud: *separated* (EIV:216) → Persian: joda: *separate* جدا (EIV:216)

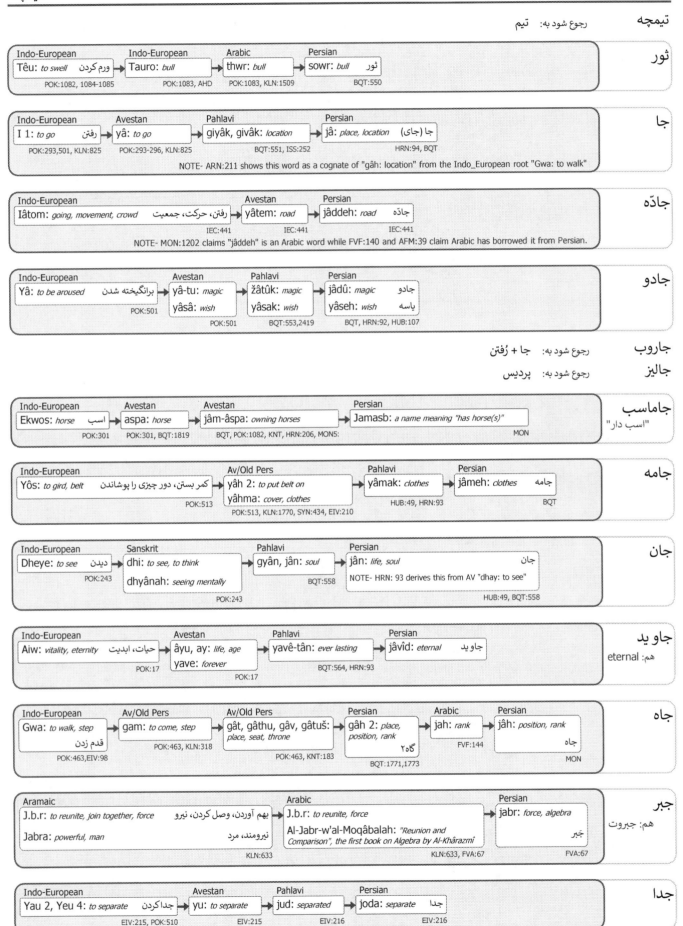

جرد.
شهرک

Indo-European	Old Persian	Persian
Kwer, Kar 2: *to make, form* ساختن، تشکیل دادن (POK:641, EIV:236)	krta: *creation, city* (HRN:201)	-vard, -gerd, - jerd: *town* پسوند بمعنی شهر (ابیورد، بروجرد، سوسنگرد) (BQT)

NOTE- see "Gher 1: enclose" for an alternative root

جرد.
شهرک

Indo-European	Indo-European	Avestan	Persian
Gher: *to grasp, enclose* گرفتن ، محصور کردن (POK:442, 444)	Ghordho: *an enclosed land, yard, garden* زمین محصور، حیاط، باغ (POK:442, 444)	gereda, geredho: *house, village* (ARN:427)	-vard, -gerd, - jerd: *town* پسوند بمعنی شهر (ابیورد، بروجرد، سوسنگرد) (BQT)

NOTE- see "Kwer 1: to make" for an alternative root

جَستن

Indo-European	Avestan	Persian
Yes, Ies: *to boil* جوشاندن (POK:506, EIV:209)	yah 1: *to boil*; yaešyaiti: *boils* (POK:506, KLN:1761, EIV:209)	jastan: *to jump up* جَستن; jahîdan: *to jump up* جهیدن; jûšîdan: *to boil* جوشیدن (BQT, EIV:209)

NOTE- see "Yeu3" for another possible root of "jûšîdan: to boil"

جُستن

Indo-European	Indo-European	Avestan	Pahlavi	Persian
Yeu 3: *to mix, blend* مخلوط کردن (POK:506)	yeu-dh: *shaken, active, fight* (KLN:833, POK:512)	yaod, yaošti: *active, searching* (KLN:833, POK:512, IEC:446)	jôyšn : *search* (BQT:571)	jostan: *search* جُستن (جوییدن) (BQT:571, FFD:47)

جشن

Indo-European	Avestan	Persian
Yag: *to worship* ستایش کردن (POK:501)	yesnya: *worship* (POK:501, HRN:95,252, KLN:1759)	jašn: *celebration* جشن (BQT, ETM)

جفت
رجوع شود به: یوغ

جگر

Indo-European	Avestan	Pahlavi	Persian
Yekwer: *liver* جگر (POK:504)	yâkara: *liver* (POK:504)	jakar, jagar: *liver* (SNS:317)	jegar: *liver* جگر (BQT:579, POK:504)

جم
"دوقلو"

Indo-European	Avestan	Pahlavi	Persian
Yem: *hold together (pair)* باهم نگاه داشتن (POK:505)	yemô, yemâ, yîma: *twin (king)* (KLN:1763, BRT:1301, IRN:5)	yam: *king* (BQT:587)	jam: *king* جم (BQT:587, MON5: 433, TZF:28)

NOTE- King Jamshîd's twin sister was also nicknamed "Yimâ: twin".

جمشید

Indo-European	Avestan	Pahlavi	Persian
Yem: *hold together (pair)* باهم نگاه داشتن (POK:505); Indo-European Ksei 2: *bright* روشن (WLD1: 501, BRT:541)	yemô, yemâ, yîma: *twin (king)*; yima-xšaetem: *brilliant king* (KLN:1763, BRT:1301, IRN:5)	yam-šît: *brilliant king* (BQT:587)	Jamšîd: *"brilliant king"* جمشید (BQT:587, MON5: 433, TZF:28)

NOTE- King Jamshîd's twin sister was also nicknamed "Yimâ: twin".

جَن
راه
هم: transit

Indo-European	Sanskrit	Persian
I 1: *to go* رفتن (POK:293,501, KLN:825)	yâna: *path* (KLN:825)	jan: *side, path* جَن (BQT:589)

پرندوش از این جَن سواری گذشت
که لرزید از او سر بسر بوم و دشت (فردوسی)

جُناح
مق: گناه

Indo-European	Av/Old Pers	Old Persian	Pahlavi	Arabic	Persian
Wi: *part, apart* جدا (POK:1175,1176)	wi, vî,vi: *apart, against* (POK:1175, KNT:204); Indo-European Nek: *to destroy* خراب کردن (POK:762)	nath: *perish*; vi-nath: *injure, harm* (KNT:192,193)	vinâs, vinâh, gunâh: *destruction, sin* (BQT:1836, SNS:282)	jonah: *sin* (VDQ:38)	jonâh: *sin* جناح (VDQ:38, MON:1243,1245)

جنازه
تابوت

Parthian: Gzn: *treasure* گنج — SOD:182
→ Pahlavi: ganj: *treasure*
NOTE- FVQ claims it is possibly borrowed from a Median root — BQT:1841, FVQ:122
→ Arabic: j.n.z: *covers, hides*; jenazeh: *casket* — KLN:648, FVA:82
→ Persian: jenâzeh: *casket, dead body* جنازه — FVA:82

جنبیدن

Indo-European: Yamb: *to move, wander* حرکت کردن، جنبیدن — EIV:212
→ Pahlavi: junbîtan: *to move* — MON:1244, EIV:212
→ Persian: jonbîdan: *to move* جنبیدن
NOTE- IEC:475 links this word to the root "ğhumbo: to move" — MON:1244, IEC:425

جنگ

Indo-European: Ghengh: *to proceed, step* پیش رفتن; Ksengio: *pace* سرعت — POK:438, IEC:414,571
→ Persian: jang: *fight, war* جنگ; xeng: *horse* خِنگ — IEC:414

جنگل

Sanskrit: Jangalah: *wasteland covered with wild growths* زمین بایر پوشیده شده از گیاهان وحشی — AHD:710
→ Hindustani: jangal: *forest* — KLN:836
→ Persian: jangal: *forest* جنگل — BQT:592

جو۱
"رود"

Indo-Scythian: Yau 1: *move, movement* حرکت کردن — ISS:91
→ Old Persian: yauviya: *channel (to move water)* — ISS:91, KNT:204
→ Pahlavi: yôî, jôî: *stream* — BQT:602
→ Persian: jû: *stream* جو، جوی، جوب — ISS:91, BQT:602

Indo-Scythian: Yau 1: *move, movement* — ISS:91
→ Avestan: yaona: *movement* — ISS:91
→ Persian: ?

جو۲
نوعی غله

Indo-European: Ieuo: *grain* غلات — POK:512
→ Avestan: yava: *grain* — SYN:513, POK:512, KLN:1766
→ Pahlavi: jav: *grain, barley* — BQT:594
→ Persian: jow: *barley* جو — BQT:594

جُوازه
هاون کوچک

Indo-European: Angh: *tight, compressed* تنگ، فشرده; Az: *to drive, lead* راندن (فشردن) — POK:42, EIV:171
Indo-European: Ieuo: *grain* غلات — POK:512
→ Avestan: yava: *grain* — SYN:513, POK:512, KLN:1766
→ Avestan: azaehê: *compressed, in need*; yava-az: *grain crusher or juicer, a small mortar* — POK:42, EIV:172
→ Pahlavi: jav-az: *a small mortar* — MON:4877,
→ Persian: jovâzeh: *a small wood or stone mortar* جُوازه (گوازه) — BQT:594, EIV:172

جوان
هم: young

Indo-European: Yeu 2: *young* جوان — POK:510
→ Avestan: yuvan, yvan: *young* — POK:510, KLN:1764, HRN
→ Persian: javân: *young* جوان — BQT
NOTE- Compare with root "Aiw: vitality"

جوب رجوع شود به: جو۱

جوجه رجوع شود به: ژوژه

جوشیدن
هم: yeast

Indo-European: Yes, Ies: *to boil* جوشاندن — POK:506, EIV:209
→ Avestan: yah 1: *to boil* — POK:506, KLN:1761, EIV:209
→ Persian: jûšîdan: *to boil* جوشیدن — BQT, EIV:209

جوهر رجوع شود به: گوهر

جوی رجوع شود به: جو۱

جویبار رجوع شود به: جو۱ + بار۳

جویدن
هم: chew

Indo-European: Geu 3, Gieu, Jiau: *to chew* جویدن — POK:400, EIV:226
→ Old Persian: jutan: *to chew* — POK:400
→ Persian: javîdan: *to chew* جویدن — KLN:275, EIV:226, ARN:216

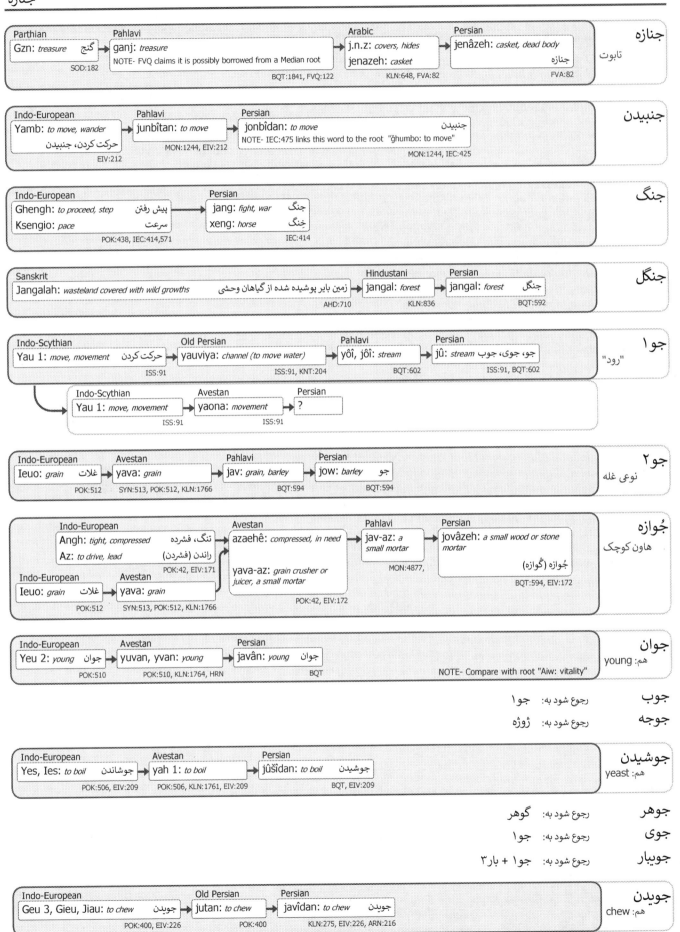

جوییدن رجوع شود به: جُستن

جهان رجوع شود به: گیتی

جهیدن رجوع شود به: جَستن

جیوه رجوع شود به: زیستن

چابک

هم: trepid

- Indo-European: Trep: *to tremble, be restless* لرزیدن، بیقرار بودن — POK:1094
- → Old Iranian: thrapu: *restless, quick* — BQT:1083
- → Old Persian: čapu-ka: *restless, quick* — BQT:1083
- → Pahlavi: čâpûk: *swift*; sapûk: *light, swift* — BQT:607, 1083
- → Persian: čâbok: *swift* چابک (سبُک) — BQT:607, 1083

NOTE- May be related to the root "Tres: to tremble"

چاپیدن

- Indo-European: Ĉap 1: *to seize, strike* چنگ زدن، گرفتن — EIV:33
- → Persian: čâpîdan: *to plunder* چاپیدن — EIV:33

چادر

- Indo-European: Sked,Sâd: *to cover* پوشاندن — POK:919, EIV:341
- → Pahlavi: čâdur: *sheet, veil*; a-sâyag: *shelter* — EIV:341
- → Persian: čâdor: *veil* چادر; čatr: *umbrella* چتر; آسایش ؟ — BQT, EIV:341

- Indo-European: Sked,Sâd: *to cover* — POK:919, EIV:341
- → Avestan: sâdayantî: *an article of clothing* — POK:919
- → Persian: ?

چاره

مق: وچر

- Indo-European: Kwer, Kar 2: *to make, form* ساختن، تشکیل دادن — POK:641, EIV:236
- → Avestan: čâra: *to mediate* — POK:641, BQT:1813
- → Persian: čâreh: *choice, solution* چاره — BQT, HRN

چاشت رجوع شود به: چشیدن

چاشنی رجوع شود به: چشیدن

چاقو

- Indo-European: Keku: *club* گرز، چکش — WLD1: 381, POK:543, IEC:1390
- → Avestan: kakuš, čakuš: *ax* — POK:543
- → Pahlavi: cakôč: *ax* — BQT:613
- → Persian: čakkoš: *hammer* چکش; čâqû: *knife* چاقو — POK:543, SYN:597, BRT:575, MON:1268, IEC:1390

NOTE- IEC links "čakkoš" to "čowgân". See root "Ĉop: wood"

- Indo-European: Keku: *club* — WLD1: 381, POK:543, IEC:1390
- → Old Persian: queke: *club, staff* — POK:543
- → Persian: ?

چاک

- Indo-European: Ĉak, Ĉag: *to strike, hit* ضربه زدن، دریدن — EIV:31
- → Persian: čâk: *rupture, crack* چاک — EIV:31

چال رجوع شود به: چلیدن

چالاک رجوع شود به: چلیدن

چالش رجوع شود به: چلیدن

چانه

هم: chin

- Indo-European: Genu 2: *chin, jaw bone* چانه، استخوان فک — POK:381
- → Avestan: zânu, zanva: *chin* — POK:381, SYN:221
- → Persian: zanax: *chin* زنخ (زنخدان); čâneh: *chin* چانه — SYN:221, BQT:1036, HRN:148, ARN:218

چاه

- Indo-European: Ken 2, Gwhen 3: *to dig* کندن — EIV:232, POK:534
- → Av/Old Pers: kan 1, xan, gan: *to dig dirt out and mound it up, build*; čât: *well* — POK:491, HRN:194, BRT:583, ZMA:49
- → Pahlavi: kantan, xandan: *to dig*; xânîg: *spring, water pond*; čâh: *well* — HRN:194, BQT:1707, SNS:8,155
- → Persian: xânî: *spring, water pond* خانی; čâh: *water well* چاه — BQT, SYN:46, MON:1395

چای

Chinese: Ĉ'a: *tea* چای — KLN:1578
→ Persian: čây: *tea* چای — MON:1270

چاییدن

Indo-European: Ki, Ĉih: *to freeze* یخ زدن — EIV:39
→ Persian: čâîdan: *to become cold* چاییدن — EIV:39

چپ

رجوع شود به: چَپه

چپق

Old Persian: Ĉop: *stick, wood* چوب — HRN:99
→ Persian: čûb: *wood, stick* چوب — HRN:99
→ Turkish: čubûq: *smoking pipe with wooden stem*
NOTE- Derivation of the Turkish word is not clear.
→ Persian: čopoq: *smoking pipe* چپق — ARK:211

چَپه

Indo-European: Kam 2, Kamp: *to bend, also a cavity, vault* خم کردن، حفره — POK:524,525, EIV:229
→ Old Persian: kanpa: *to bend* — POK:524,525
→ Persian: čapeh: *turned over* چَپه (چپ); čafteh: *bent* چفته (چمبر) — POK:525, BQT, HRN:99, FFD:48

NOTE- Compare "Kam 2" with "Gêu 1: to bend"

چتر

رجوع شود به: چادر

چَتوَر

"یک چهارم"

Indo-European: Kwetwer : *four* چهار — POK:642
→ Armenian: čatvar: *one fourth* — SNS:148
→ Persian: čatvar: *one quarter of a kilogram* چَتوَر
NOTE- MON: 1273 claims this word has entered Persian through Russian. — SNS:148

چِرا

Indo-European: Ar 1: *to fit together* جور و درست کردن — POK:55
→ Old Persian: râd, râdiy: *cause, reason* — WLD:74, POK:56, KNT:205
→ Persian: râ: *reason, cause* را; čerâ (če-râ): *for what reason?* چرا ؟
NOTE- see "Kwo: stem of interrogative pronouns" — NYB:164, BQT:926, AEF:250

چَرا

رجوع شود به: چریدن

چراغ

Pahlavi: Cîrâğ: *lamp* چراغ — PLA:157
→ Persian: čerâğ: *lamp, light, illumination, guiding light* چراغ — BQT:626

چرب

هم: salve

Indo-European: Selp: *fat, oil* چربی، روغن — POK:901, ARN:219
→ Pahlavi: čarb, čarbišn: *fat* — ARN:219
→ Persian: čarb: *greasy* چرب — ARN:219

چرخ

هم: wheel

Indo-European: Kwel: *to move around,turn* حرکت کردن ، چرخیدن — POK:640
→ Av/Old Pers: čaxra, čakra, caxra: *wheel* — POK:640, BQT:629, SYN:725,905
→ Persian: čarx: *wheel* چرخ

چرده

Indo-European: Ker 4, Kers: *black, dirty* سیاه، کثیف — OEW:182, POK:573
→ Pahlavi: karic: *dirt* — POK:573
→ Persian: čardeh: *a suffix indicating (dark) color* چرده (چَرته، چَرد، چَرزه) — POK:573, BQT, MON

چرم

هم: shear

Indo-European: Ker 2, Sker 2: *to cut, separate, tear* بریدن، پاره کردن — AHD, POK:920,926,930,931,941, IEC:640,1155
→ Avestan: kereta: *knife, a cut trench*; kareman, čareman: *hide cut off animals* — POK:941, KLN:1432, HRN:188, SYN:321
→ Persian: čarm: *hide (cut from animals)* چرم — BQT, HRN, MON, SYN

چرمه

Indo-European	Persian
Kel 4: *light and dark spots, gray color tones* لکه های سایه روشن →	čarmeh: *horse, white horse* چرمه
POK:547	POK:547

چریدن
هم: چرخیدن

Indo-European	Avestan	Pahlavi	Persian
Kwel: *to move around,turn* حرکت کردن ، چرخیدن →	car, čâr: *to move around, also an open field* →	čâr: *an open field, also to graze* →	čarîdan: *to graze* چریدن (چرا)
POK:640	BQT:635, FFD:73		MON, BQT, FFD:73

چسبیدن

Indo-European	Old Persian	Persian
Kap, Ĉap 2: *grasp* چنگ زدن →	čifsati: *attach* →	časbîdan: *to attach* چسبیدن (چفسیدن)
POK:527,EIV	BQT:636	POK:527, HRN:98, IEC:473,EIV

چُست
هم: shoot

Indo-European	Sanskrit	Persian
Skeud, Ĉaud: *to throw, shoot* پرت کردن، تیر اندازی کردن →	čodatî: *to hurry, propel* →	čost: *quick, fast* چُست
POK:955,EIV	POK:955, HRN:99	POK:955, BQT:636,EIV

چشم

Indo-European	Avestan	Persian
Kwek, Kas 1: *to appear, see, show* ظاهر شدن، دیدن، نمایش →	kas, čas, čaš: *to behold, see, taste* čašman: *eyes* →	čašm: *eye* چشم
POK:638, EIV:245	POK:638, KLN:42, SYN:1436	BQT, HRN

چشیدن

Indo-European	Avestan	Pahlavi	Persian
Kwek, Kas 1: *to appear, see, show* ظاهر شدن، دیدن، نمایش →	kas, čas, čaš: *to behold, see, taste* →	čâšišn: *taste* čašîtan: *to taste* →	čašîdan: *to taste* چشیدن (چاشنی) čâšt: *morning meal* چاشت
POK:638, EIV:245	POK:638, KLN:42, SYN:1436	ISS:98,EIV	ISS:98,EIV

چفته رجوع شود به: چَپه

چفسیدن رجوع شود به: چسبیدن

چَک رجوع شود به: شاه

چکاد
مکان بلند

Indo-European	Pahlavi	Persian
Keku: *club* گرز، چکش →	čakât: *peak* →	čakâd: *peak, summit* چکاد بیامد دوان دیده بان از چکاد که آمد از ایران سپاهی چو باد (فردوسی)
WLD1: 381, POK:543, IEC:1390	MON:1300	FRS:80, MON:1300

چکش رجوع شود به: چاقو

چگونه رجوع شود به: چه + گون

چلپاسه رجوع شود به: کرباسو

چلتوک رجوع شود به: شالی

چلیپا

Aramaic	Persian
Salîbâ: *cross* خاج، صلیب →	čalîpâ: *cross* چلیپا
BQT:656, MON:1310	MON:1310, BQT:656

چلیدن
هم: چرخ

Indo-European	Sanskrit	Persian
Kwel: *to move around,turn* حرکت کردن ، چرخیدن →	cal: *to move* →	čalîdan: *to walk proudly* چلیدن (چال) čâlâk: *quick, fast* چالاک čâleš: *struggle, quarrel* چالش
POK:640	POK:639	BQT

چَمان رجوع شود به: چَمیدن

چماندن رجوع شود به: چَمیدن

چمبر رجوع شود به: چَپه

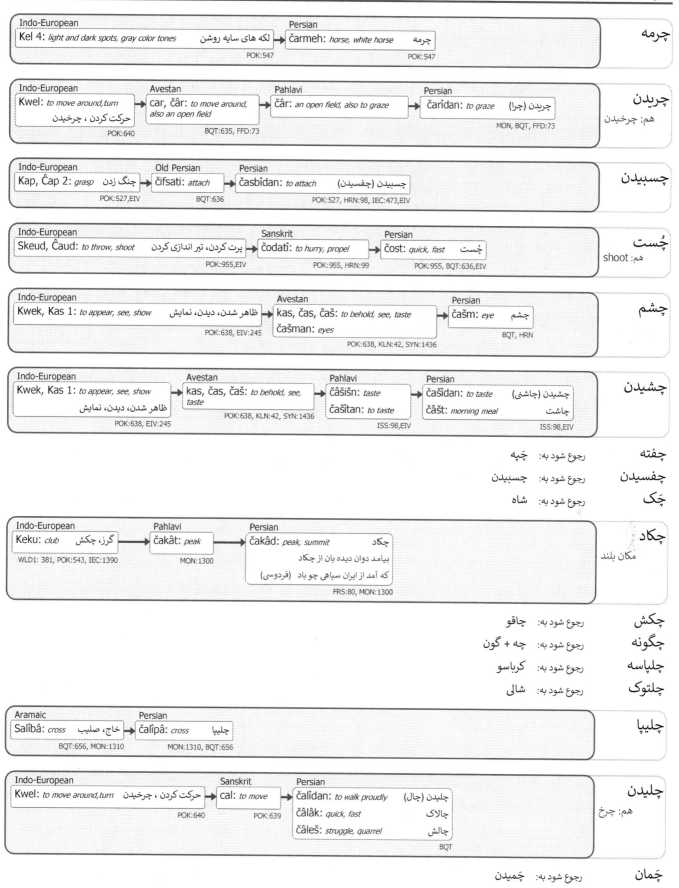

چمدان رجوع شود به: جامه + دان

چمیدن۱ خرامیدن

- Indo-European: Kam 2, Kamp: *to bend, also a cavity, vault* خم کردن، حفره — POK:524,525, EIV:229
- Old Persian: kanpa: *to bend*; čam: *to bend, move fluently* — POK:524,525
- Persian: čamîdan 1: *to flaunt* چَمیدن (چماندن، چَمان) — POK:525, BQT, HRN:99, FFD:48

NOTE- Compare "Kam 2" with "Gêu 1: to bend"

چمیدن۲ نوشیدن

- Indo-European: Kwen 2: *sip, swallow* جرعه ، قورت دادن — POK:640
- Old Iranian: čam: *to sip, drink* — AHM:184
- Persian: čamîdan 2: *to sip, drink* چَمیدن۲ — POK:640, AHM:184

این لغت یا متروک شده و یا استفاده از آن بسیار محدود میباشد.

چند رجوع شود به: چه

چندش

- Indo-European: Skeht, Ĉat: *tremble, shake* لرزیدن — EIV:36
- Pahlavi: čand: *tremble, shake* — EIV:36
- Persian: čendeš: *trembling* چندش — EIV:36

چنگ هم: hook

- Indo-European: Keg, Keng: *hook* قلاب — POK:537, IEC:458
- Avestan: cang: *hook* — POK:537
- Persian: čang: *hook, paw, harp* چنگ (چنگال) — POK:537, BQT:665, ARN:227

چُندل رجوع شود به: کُندر

چُندن رجوع شود به: کُندر

چوب مق: چوگان

- Old Persian: Ĉop: *stick, wood* چوب — HRN:99
- Persian: čûb: *wood, stick* چوب — HRN:99

چوپان هم: پشم

- Indo-European: Pek: *wool, to pluck wool* پشم، پشم کندن; Peku: *woolly animals, cattle, property* حیوانات پر پشم، احشام، دارایی
- Indo-European: Pa: *to protect, feed* حفاظت کردن، غذا دادن — POK:787,842, SYN:103
- Av/Old Pers: pa: *to guard* — HRN:41,72, KLN:114, AHD:1532
- Avestan: fšu: *cattle*; fšu-pait: *protector of cattle* — POK:797
- Pahlavi: šupân, šubân: *shepherd* — ARN:375
- Persian: čûpân, šabân: *shepherd* چوپان، شبان — POK:797,

چوگان مق: چوب

- Old Persian: Ĉop: *stick, wood* چوب — HRN:99
- Old Persian: Ĉop-gân: *a long stick* چوب بلند — HRN:99
- Persian: čowgân: *club, polo* چوگان — HRN:99

چون رجوع شود به: چه + گون

چه مق: کی۲ هم: what

- Indo-European: Kwo: *stem of interrogative and relative pronouns* ریشه ضمایر سئوالی و نسبی — POK:644,646, AHD
- Avestan: č-, čû, čî 2: *how?*; čiš, čiš-ca: *who?*; čeč: *whether*; cit: *even, in any case*; čaiti, chvant: *how many?*; ča-hyâ: *who, which?* — POK:644,648, BQT:1748, HRN:196
- Persian: چه، چی، چون، چیز، چند — BQT:672

چهار هم: four

- Indo-European: Kwetwer : *four* چهار — POK:642
- Avestan: čatwârao: *four* — POK:642
- Persian: čahâr: *four* چهار (چهارک) — POK:642

چهارک رجوع شود به: چهار

چهارم رجوع شود به: چهار + ـُ م

چهره

- Indo-European: Skai: *shining, bright* درخشان، روشن — POK:917
- → Avestan: čitra: *clarity, face, also race and origin* — POK:700,916, BQT:2047,674, KNT:184
- → Persian: čehreh: *face* چهره — BQT, MON

چهل

- Indo-European: Dekm: *ten* عدد ده — POK:191
- Indo-European: Kwetwer : *four* چهار — POK:642
  - → Avestan: čatwârao: *four* — POK:642
- → Av/Old Pers: saiti, sat: *a suffix meaning multiples of ten*; vi-saiti: *(two) separate tens*; thri-sat: *three times ten*; čatvare-sat: *four times ten* — POK:191
- → Persian: čehel: *forty* چهل

چی

رجوع شود به: چه

چیدن

- Indo-European: Kwei 2, Ĉai: *to pile up* روی هم ریختن یا چیدن — POK:637,EIV
- → Avestan: kay 2, kaeš, čay, či 1: *to prepare*; čayeiti, činvaiti: *selects, sorts* — POK:637,638
- → Persian: čidan: *to arrange* چیدن — POK:637, BQT, HRN:204, AEF

Branches:

- Indo-European: Kwei 2, Ĉai: *to pile up* — POK:637,EIV → Avestan: spâ 2: *throw away* — KNT:209 → Pahlavi: pari-sp: *wall (built around)* — KNT:209 → Persian: ?
- Indo-European: Kwei 2, Ĉai: *to pile up* — POK:637,EIV → Avestan: fra-kaêš, vi-kaêš: *to prepare, arrange* — POK:637 → Persian: ?
- Indo-European: Kwei 2, Ĉai: *to pile up* — POK:637,EIV → Old Persian: sâ 1: *to build, pile up*; fra-sâ: *build, erect* — KNT:209 → Persian: ?

چیره

- Av/Old Pers: Ĉirya: *brave, quick* شجاع، سریع — BRT:598, BQT:676, SYN:1150
- → Pahlavi: cêr, čêrîh: *strong, brave, quick, dominating* — BQT:676
- → Persian: čir: *dominating, victorious* چیر (چیره) — BRT:598, BQT:676

چیز

رجوع شود به: چه

چیلان

آهن، آهنی

- Indo-European: Skhai: *to cut, strike* بریدن، ضربه زدن — POK:917
- → Old Persian: kai, či: *to cut* — ISS:84
- → Pahlavi: čêlân: *metal objects*; čêlânkar: *metal worker* — ISS:84
- → Persian: čilân: *small objects made of iron* چیلان; čilângar: *metal worker* چیلنگر — MON:1327

چیلنگر

رجوع شود به: چیلان

حربا

آفتابپرست

هم: sun

- Indo-European: Sâwel: *sun* خورشید — POK:881
  - → Avestan: hvare, xvar 1: *sun, light* — POK:881
- Indo-European: Pa: *to protect, feed* حفاظت کردن، غذا دادن — POK:787,842, SYN:103
  - → Av/Old Pers: pa: *to guard* — HRN:41,72, KLN:114, AHD:1532
- → Persian: hûr 2: *sun, star* هور; hûr-bân: *"sun guard", chameleon.* هوربان — FVF:189, AFM:50, BQT
- → Arabic: herba' — FVF:189, AFM:50
- → Persian: herbâ: *chameleon* حربا — MON:1347

حور

"خوش اندام"

- Indo-European: Su 1: *well, good* خوب — POK:1037, KLN:548
  - → Avestan: hu 1: *good* — POK:1037
- Indo-European: Leudh, Raud 2: *to grow* رشد کردن — POK:684, KLN:885, SYN:874, VDQ:39
  - → Avestan: raod 1, raodha: *growth* — KLN:885, SYN:874
- → Avestan: hava-rd: *well grown* — VDQ:39
- → Pahlavi: hu-rust: *well built, beautiful*
- → Arabic: hûr: *heavenly woman* — VDQ:39
- → Persian: hûr: *heavenly women* حور — MON:1378

خار

- Indo-European: Kar 1: *hard* سخت — POK:531, IEC:1056,1632
- → Pahlavi: xâr: *hard, rough* — BQT:697, WLD:355, SYN:173
- → Persian: xâr 2: *thorn* خار; xârâ: *a hard stone* خارا — BQT, HRN

NOTE- ARN:232 suggests the Indo-European root "Ğhers: spiky animal" for the origin of Persian "xârpošt: porcupine" and "xâr: thorn".

خارا

رجوع شود به: خار

خاراندن

هم: sore

- Indo-European: Swer: *to press, cut, hurt* فشردن، بریدن — POK:1050, IEC:1348
- → Indo-European: Huar: *to itch, scratch* خاراندن — EIV:150
- → Avestan: Xvara: *wound, sore* — EIV:150
- → Persian: xârândan: *to scratch* خاراندن (خاریدن) — EIV:150

NOTE- see Kar for an alternative root.

خارپشت

رجوع شود به: خار

خاریدن

- Indo-European: Kar 1: *hard* سخت — POK:531, IEC:1056,1632
- → Indo-European: Qusêro: *scrape, scratch* — IEC:1056
- → Persian: xârîdan: *to scratch, itch* خاریدن — IEC:1056

NOTE- see Swer for an alternative root

خاستن

- Indo-European: Suîğ: *jump, dance* پرش، رقص — IEC:1354
- → Av/Old Pers: haiz: *to rise*; xvîsat: *he rises* — HRN:103, ETM:66
- → Pahlavi: xâstan, xêzistan: *to rise* — NYB:39, FVS:199
- → Persian: xâstan: *to rise* خاستن (خیزیدن، رستاخیز) — BQT:700,745,948, HRN:103, IEC:1354

- Indo-European: Suîğ: *jump, dance* — IEC:1354
- → Avestan: haxš: *to rise* — HRN:102
- → Persian: ?

خاک

- Pahlavi: Xâk: *dust, soil, earth* خاک، زمین — BQT:701
- → Persian: xâk: *dust, soil* خاک — MON:1390

خاکستر

- Indo-European: Ster 1: *to spread, throw* پخش کردن، پرت کردن — POK:1029, EIV:263
- → Avestan: star 1: *to spread, throw* — KLN:1522, FFD:73
- Pahlavi: Xâk: *dust, soil, earth* خاک، زمین — BQT:701
- → Pahlavi: xâk-astar: *spread dust (fire ashes)* — BQT:278,1816, HRN:205
- → Persian: xâkestar: *ashes* خاکستر — BQT, SNS, FFD

خام

- Indo-European: Om: *raw, bitter* خام، تلخ — POK:638, ARN:233
- → Old Persian: âmâd — ARN:233
- → Pahlavi: xâm: *raw* — ARN:233
- → Persian: xâm: *raw, not cooked* خام — ARN:233

خاموش

- Indo-European: Mer 2: *to rub away, harm, die* فرسوده شدن، مردن — POK:735,970, AHD:1529
- → Indo-European: Mers, Marš: *to forget* فراموش کردن — POK:737, EIV:268
- → Persian: xâmuš: *quiet* خاموش — BQT:706,1448

NOTE- Sanskrit "â-marš: quiet" is from this root too.

خانم

" مادر یا اُم خان"

- Arabic: Umm: *mother* مادر — KLN:160
- → Turkish: xân-umm: *mother of Khan* — KLN:160
- → Persian: xânom: *"khan's mother"* خانم — BQT:339

خانه

- Indo-European: Ken 2, Gwhen 3: *to dig* کندن — EIV:232, POK:534
- → Av/Old Pers: kan 1, xan, gan: *to dig dirt out and mound it up, build* — POK:491, HRN:194, BRT:583, ZMA:49
- → Pahlavi: kantan, xandan: *to dig*; kandak: *a dug-in house* — HRN:194, BQT:1707, SNS:8,155
- → Persian: xâneh: *house* خانه (خَن) — HRN:194, BQT, ZMA:51, MON

خانی

رجوع شود به: چاه

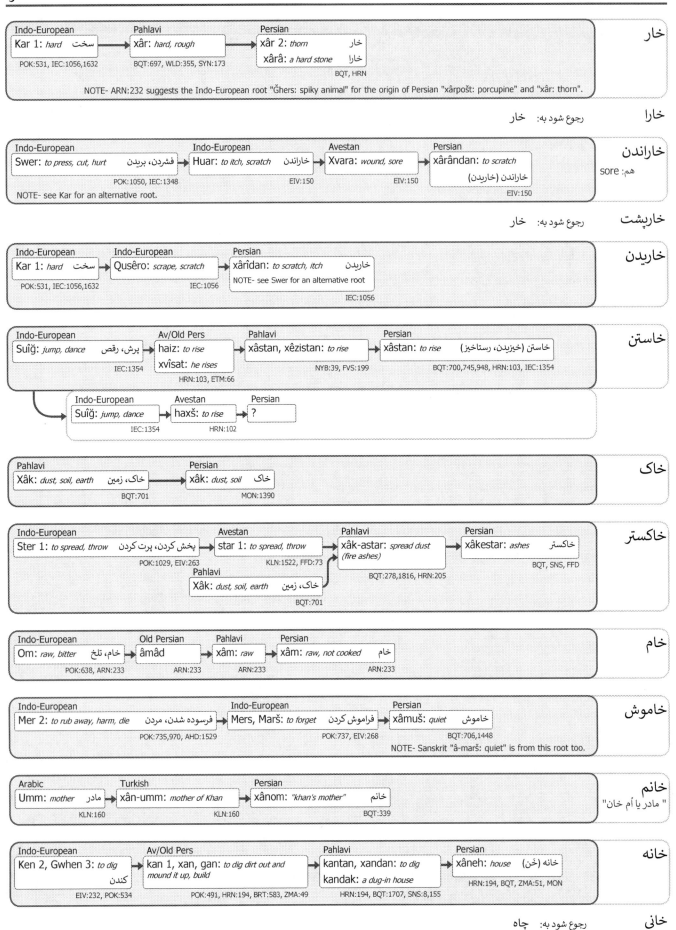

خاور

Indo-European: Sâwel: *sun* خورشید — POK:881 → Avestan: hvare, xvar 1: *sun, light* — POK:881

Indo-European: Bher 1: *to carry* حمل کردن — POK:128,163, PRT:234, SYN:107 → Av/Old Pers: bar: *to carry* — POK:128

→ Avestan: hvare-varân: *where sun is carried, west.*
NOTE- it could be a misinterpretation as this word is used to mean east.
POK:881, KLN:1469, HRN:111

→ Persian: xâvar[ân]: *east* خاور — BQT, MON

خاویار

ماهی "خایه بار"

Indo-European: Aw: *bird* پرنده — POK:86 → Indo-European: Ow: *a bird egg* — POK:86,783 → Av/Old Pers: âvaya, xâya: *egg* — POK:783, SYN:256

Indo-European: Bher 1: *to carry* حمل کردن — POK:128,163, PRT:234, SYN:107 → Av/Old Pers: bar: *to carry* — POK:128

→ Pahlavi: hâyîk, xâyak: *egg, testicle*
xâyak-bar, xâyak-bâr: *egg carrier (fish)*
HRN:103, PLA:104, BQT:711

→ Persian: xâvîyâr: *caviar* خاویار — HRN:103, SYN:256, PLA:104

خایه

هم: egg

Indo-European: Aw: *bird* پرنده — POK:86 → Indo-European: Ow: *a bird egg* — POK:86,783 → Av/Old Pers: âvaya, xâya: *egg* — POK:783, SYN:256 → Pahlavi: hâyîk, xâyak: *egg, testicle* — HRN:103, PLA:104, BQT:711 → Persian: xâyeh: *egg, testicle* خایه — HRN:103, SYN:256, PLA:104

خاییدن

Indo-European: Khâd: *to bite* گاز زدن — POK:634, WLD1: 341 → Avestan: xad 1, xâ — HRN:104, ARN:234 → Persian: xâyîdan: *to grind with teeth, chew* خاییدن (خای) — BQT:712, ARN:234

خجسته

Indo-European: Su 1: *well, good* خوب — POK:1037, KLN:548 → Avestan: hu 1: *good* — POK:1037

Indo-European: Gwhedh: *to ask, wish, want* پرسیدن، خواستن — POK:488

→ Avestan: hu-jasta: *well wished, blessed* — BQT:717,737,748,2365, HRN:108

→ Persian: xojasteh: *"blessed"* خجسته — BQT

خدا

"کسی که از او کمک میطلبند"

Indo-European: Ghu 1: *to call for help, appeal* کمک خواستن — POK:413 → Indo-European: Ghu-to: *God, one who is called upon for help* — AHD → Avestan: zavaiti: *invoked, God* — WLD:599, KLN:413 → Pahlavi: xvatây: *God* — HUB:54 → Persian: Xodâ: *God (who is called upon for help)* خدا خدیو، خواجه — BQT:718, HRN:104, FSF:159

NOTE- See "Aiw" for another possible root.

خدا

"زنده از خود"

Indo-European: Seu 1: *one's own self* خود، نفس — POK:882, AHD:1538

Indo-European: Aiw: *vitality, eternity* حیات، ابدیت — POK:17 → Avestan: âyu, ay: *life, age* — POK:17

→ Avestan: hva, hava, xva, xvâothra: *self*
xvâjo-ayâo, xvadâya: *alive from self*
POK:882, BQT:718, BRT:1862

→ Pahlavi: Xvatây: *God* — HUB:54, SNS:79 → Persian: Xodâ: *"alive from self"* خدا خدیو، خواجه — BQT:779, HRN:104

NOTE- See "Ghu 1" for another possible root.

خدنگ

Chinese: Xalen: *birch tree, birch wood* درخت توس ، چوب توس — SIN:552 → Altaic: — SIN:553 → Persian: xadang: *hard wood, arrow made of this wood* خدنگ — SIN:553, BQT:719, FSF:158

NOTE- Xalen was a common tree in north China and Tabarestân. The artifacts from this wood were exported to Iran.

خدیو

رجوع شود به: خدا

خر

Indo-European: Kar 1: *hard* سخت — POK:531, IEC:1056,1632 → Avestan: xara: *a harsh voiced animal, donkey* — SOD:166 → Pahlavi: xar: *donkey, harsh* — WLD:355, SYN:173 → Persian: xar: *donkey, symbol of harshness* خر — BQT, HRN, FVF:190

خراسان

"خاستگاه خورشید"

Indo-European: Sâwel: *sun* خورشید — POK:881 → Avestan: hvare, xvar 1: *sun, light* — POK:881

Old Persian: âs, âsa: *to arrive, come* آمدن، رسیدن — TZF:62

→ Avestan: hvare-âsân: *sun rise, east* — POK:881, KLN:1469, HRN:111

→ Persian: xorâsân: *an eastern state in Iran* خراسان
زبان پهلوی هرکو شناسد
خراسان آن بود کزوی خورآسد (فخر گرگانی)
BQT, MON

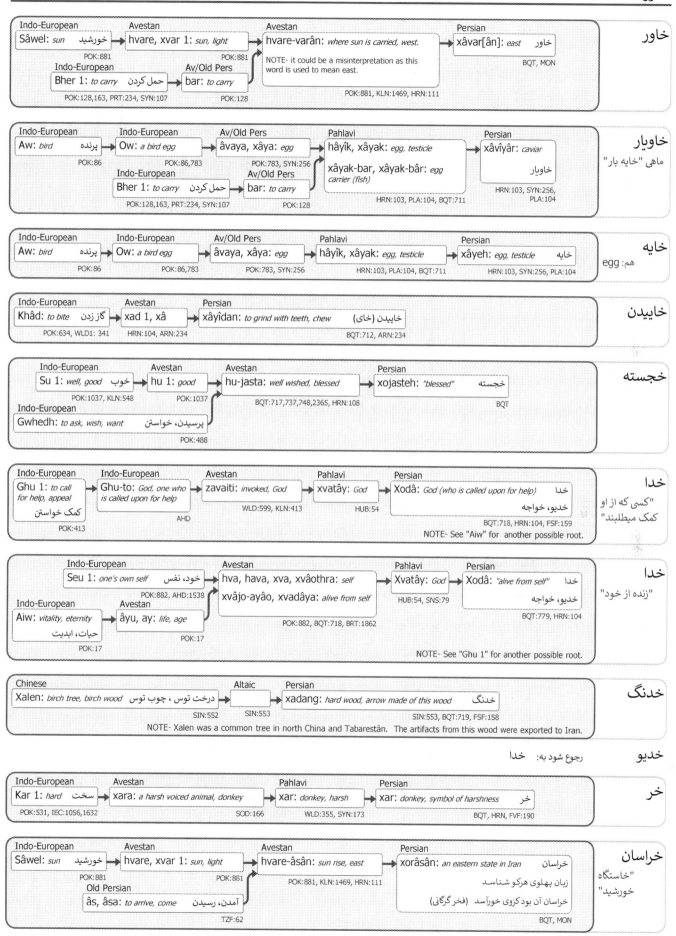

خرامیدن

- Sanskrit: Kram: *to walk, to step* قدم زدن، راه رفتن — BQT:724, MON:1406, HRN:104
- → Av/Old Pers: xram: *to step, walk* — FFD:50
- → Pahlavi: a-xrâm: *to flaunt* — FFD:50
- → Persian: xarâmîdan: *to flaunt* خرامیدن — MON:1406, FFD:50, BQT:724

خرچنگ

هم: خارا

- Indo-European: Kar 1: *hard* سخت — POK:531, IEC:1056,1632
- → Pahlavi: xâr: *hard, rough*; kar-cang: *crab (hard body)* — BQT:697, WLD:355, SYN:173
- → Persian: xarčang: *crab* خرچنگ — BQT, HRN

خرخره

رجوع شود به: غرغره

خُرد

- Indo-European: Ksudros: *coarse, crushed in small pieces* درشت ، خرد شده در قطعات کوچک — IEC:576,1060
- → Avestan: xšudram: *seed*; xvareta: *small* — BQT:729, IEC:576,1060
- → Pahlavi: kvart: *small* — BQT
- → Persian: xord: *small* خُرد — BQT:729, IEC:576,1060

NOTE- see "Skordh: small" for another possible root of this word.

خُرد

- Indo-European: Skordh, Kerdh: *small* کوچک — Pok:949, ARN:236
- → Avestan: xvareta: *small* — BQT:729, IEC:576,1060
- → Pahlavi: kvart: *small* — BQT
- → Persian: xord: *small* خُرد — BQT:729, IEC:576,1060

NOTE- see "Ksudros: crushed into small pieces" for another possible root of this word.

خِرَد

هم: hard

- Indo-European: Kar 1: *hard* سخت — POK:531, IEC:1056,1632
- → Avestan: xratu: *mental strength* — POK:531, SYN:1201
- → Pahlavi: xrat: *intelligence*
- → Persian: xerad: *intelligence* خِرَد — BQT:729

خرداد

"کامل"

- Indo-European: Sol: *whole* تمام، کامل — POK:979
- → Avestan: haurva 1: *whole, all, each*; haurvatât: *completeness* — POK:979
- → Persian: Xordâd: *"perfect"* خرداد — BQT:729,2318

خرس

- Indo-European: Rk-tho: *bear (animal)* خرس — POK:875, SOD:70
- → Avestan: areša: *bear* — POK:875
- → Persian: xers: *bear* خرس — BQT:31,733

خرسند

- Indo-European: Au: *away, off, down* جدا، دور، پایین — POK:72
- → Av/Old Pers: ava 1, aorâ: *down* — KLN:132, POK:72
- Indo-European: Sed, Had: *to sit, also to place a step, to go* نشستن، رفتن — POK:884,887, KLN:1075, EIV:125
- → Avestan: avara-sad: *settle down, satisfy* — KLN:132, HRN:105, BQT:733
- → Persian: xorsand: *satisfied* خرسند — HRN:22, BQT:145,180

خِرَفستَر

جانور موذی

- Indo-European: Krep: *body* بدن — POK:620, KLN:352
- Indo-European: Ed: *to eat* خوردن — POK:287
- → Avestan: adâiti: *to eat* — POK:287, BQT:44,1624
- → Avestan: kerefs: *body*; xrafs-tra: *carnivorous creatures* — POK:617, ARN:237
- → Pahlavi: xrafstar: *pests, troublesome creatures* — SNS:37, ARN:237
- → Persian: xerafstar: *pest* خِرَفستَر (خَستَر) — SNS:40, MON, ARN:237

خُرَّم

- Indo-European: Su 1: *well, good* خوب — POK:1037, KLN:548
- → Avestan: hu 1: *good* — POK:1037
- Indo-European: Rem: *to rest* استراحت کردن — POK:864
- → Avestan: râman: *quiet, restful* — POK:864, KLN:1335, SYN:841, AEF:351
- → Avestan: hu-rama: *well rested* — BQT:717,737,748,2365, HRN:108
- → Persian: xorram: *"well rested"* خُرَّم — BQT

خروار

- **Indo-European:** Kar 1: *hard* سخت — POK:531, IEC:1056,1632
- → **Avestan:** xara: *a harsh voiced animal, donkey* — SOD:166
- **Indo-European:** Bher 1: *to carry* حمل کردن — POK:128,163, PRT:234, SYN:107
- → **Av/Old Pers:** bar: *to carry* — POK:128
- → **Pahlavi:** xar: *donkey, harsh*; xar-bâra: *donkey load* — WLD:355, SYN:173
- → **Persian:** xarvâr: *the load size a donkey could carry* خروار — BQT, HRN, FVF:190

خروس رجوع شود به: خروشیدن

خروشیدن

- **Indo-European:** Ker 3: *loud noise, noisy birds* صدای بلند، پرندگان پر صدا — POK:567
- → **Avestan:** xraos: *loud noise* — POK:571, KLN:1305
- → **Pahlavi:** xrusîten: *roar*; xros: *rooster* — BQT:741
- → **Persian:** xorûšîdan: *to roar* خروشیدن; xorûs: *rooster* خروس (خروج) — BQT

خریدن

هم: cheap

- **Indo-European:** Kwri: *to buy* خریدن — POK:648
- → **Av/Old Pers:** xrî: *to buy* — FFD:50
- → **Persian:** xarîdan: *to buy, accept* خریدن — POK:648, KLN:1241, SYN:817, BQT, ARN:239

خزانه

هم: magazine

- **Parthian:** Gzn: *treasure* گنج — SOD:182
- → **Pahlavi:** ganj: *treasure* — BQT:1841, FVQ:122
- → **Arabic:** kanz: *treasure* — FVQ:251
- → **Arabic:** maxzan: *storage* — PLA:108, FVQ:122
- → **Persian:** xazâneh: *storage, treasury* خزانه (مخزن) — FVA

NOTE- FVQ claims Pahlavi "ganj: treasure" was is possibly borrowed from a Median root

خُست

کوبیده شده

- **Indo-European:** Svas: *thresh, beat grain* خرمن کوبی کردن — SYN:510
- → **Avestan:** xvasta: *threshed* — SYN:510
- → **Persian:** xost: *pressed, squeezed, mashed* خُوست (خُست) — SYN:510, MON:1455

خَستَر رجوع شود به: خِرَفستَر

خَستن رجوع شود به: خسته

خسته

- **Indo-Scythian:** Xad: *to beat, to wound* زدن، زخمی کردن — ISS:60
- → **Avestan:** xad 2, xas: *to tear, beat* — ISS:60, FFD:50
- → **Pahlavi:** xvastan: *to beat*; xastak: *beaten* — ISS:60
- → **Persian:** xastan: *to beat* خَستن; xasteh: *beaten, tired* خسته — ISS:60, BQT:747

NOTE- ARN:240 suggests root "Swer: to hurt"

خسته

- **Indo-European:** Swer: *to press, cut, hurt* فشردن، بریدن — POK:1050, IEC:1348
- → **Avestan:** Xvara: *wound, sore* — EIV:150
- → **Pahlavi:** xvastan: *to beat*; xastak: *beaten* — ISS:60
- → **Persian:** xastan: *to beat* خَستن; xasteh: *beaten, tired* خسته — ISS:60, BQT:747

NOTE- ISS:60 suggests root "Xad: to wound"

خستو۱ رجوع شود به: استخوان

خَستو۲

هم: ستاییدن

- **Indo-European:** Steu: *to praise* ستایش کردن — POK:1035
- → **Avestan:** stav: *to praise*; staoiti: *praised* — POK:1035
- → **Pahlavi:** stâyîtan: *to praise*; âstvân: *believer, trusted*; âstôbân: *confessor* — BQT:747,1098, SNS:31
- → **Persian:** ostovân: *believer, confessor* اُستوان۱ (ستوان۱); xastû: *believer, confessor* خَستو۲

  تو خَستو شوآنراکه هست و یکیست
  روان و خرد را جـز این راه نیست (فردوسی)

  — BQT, HRN:159, NYB:180, SNS:31, MON

خُسُر

پدر همسر

- **Indo-:** Kleu, Srau: *to hear* شنیدن — POK:605, EIV:356
- → **Avestan:** sru, srav, xšnu, xšnaw: *to hear* — HRN:177
- **Indo-European:** Su 1: *well, good* خوب — POK:1037, KLN:548
- → **Avestan:** hu 1: *good* — POK:1037
- → **Avestan:** hu-srav: *well famed, famous* — HRN:108, SNS:331
- → **Pahlavi:** hu-srov: *well-famed, title of kings and in-laws.* — BQT:748
- → **Persian:** xosor: *father-in-law* خُسُر (خسور، خسوره); xošû: *mother-in-law* خُشو — BQT

NOTE- BQT:749 indicates these words are cognates of "xosrow: king"

خسرو
خوشنام

Indo-European: Kleu, Srau: *to hear* شنیدن (POK:605, EIV:356) → Avestan: sru, srav, xšnu, xšnaw: *to hear* (HRN:177) → Avestan: hu-srav: *well famed, famous (ruler)* (BQT:717,737,748, 2365, HRN:108) → Persian: xosrow: *"well known" king* خسرو (کسری) (BQT)

Indo-European: Su 1: *well, good* خوب (POK:1037, KLN:548) → Avestan: hu 1: *good* (POK:1037) → Avestan: hu-srav

NOTE- POK:1043-44 derives "xosor" from "Swekru: father-in-law or mother-in-law"

Indo-European: Kleu, Srau: *to hear* (POK:605, EIV:356) → Avestan: sru, srav, xšnu, xšnaw: *to hear* (HRN:177) → Avestan: dâuš-sravah: *ill-famed* (HRN:108, SNS:331) → Pahlavi: du-srav: *ill famed* (SNS:331) → Persian: ?

خُسور رجوع شود به: خُسُر

خُسوره رجوع شود به: خُسُر

خسوف رجوع شود به: کسوف

خسیدن
جویدن

Indo-European: Kes: *to scratch* خراشیدن (POK:585, WLD1: 449) → Persian: xasîdan: *to chew* خسیدن (IEC:572)

خشایار
"شاه مردان"

Indo-European: Ersen: *ejector of semen, male* دفع کننده منی ، نر (POK:335) → Av/Old Pers: aršan, varešna: *male, man, hero*; xšaya-aršan: *hero among kings or king of men* (POK:336, AHD:1480, SOD:414) → Persian: Xašâyâr: *"king of men"* خشایار (BQT)

Indo-European: Ksei 1: *to be able, qualify, rule* قادر و شایسته بودن، فرمانروایی کردن (POK:626, KLN:272) → Av/Old Pers: xšây, xši: *to rule, to qualify* (POK:626, KNT:181) → xšaya-aršan

خشت۱
هم: هیزم

Indo-European: Aidh: *to burn* سوزاندن (PRT, KLN, AHD) → Avestan: ištya: *dried clay, brick* (POK:11, HRN:108, SYN:604) → Pahlavi: xišt: *clay brick* (SNS:36) → Persian: xešt 1: *clay brick* خشت۱ (BQT:750, SYN:604)

خِشت۲
نیزه کوتاه

Indo-European: Eres 2: *to pierce* سوراخ کردن (POK:335) → Av/Old Pers: ašti, aštrâ: *a short spear* (POK:335, KNT:172, TZF:31) → Persian: xešt 2: *a short spear* خِشت۲

چو شیر نر بر آن خوک دژم تاخت
سیه پر خشت پیچان را بیانداخت (ویس و رامین)

(BQT:751, TZF: 31)

خشک

Indo-European: Saus, Hauš: *dry* خشک (POK:881, EIV:174) → Av/Old Pers: hauš: *to dry*; hauš-a, huška: *dry* (POK:881, SOD:373, ETM:64, EIV:174) → Persian: xošk: *dry* خشک (خوشیدن)

بخوشید سرچشمه های قدیم
نماند آب جز آب چشم یتیم (سعدی)

(BQT:752, MON:1461, ETM:64, EIV:174)

Indo-European: Saus, Hauš: *dry* (POK:881, EIV:174) → Old Persian: uška: *dry* (KNT:178) → Persian: ?

خشم

Indo-European: Eis 1: *passion* شور و هیجان (POK:299) → Avestan: aes-ma, aêš-ma: *anger* (POK:299, BQT:754) → Pahlavi: hišm, xešm: *anger* (ARN:244) → Persian: xešm (xašm) : *anger* خشم (HRN:109)

خَشَن
رنگ آبی تیره

Indo-European: Ksei 2: *bright* روشن (WLD1: 501, BRT:541) → Avestan: xšae-ta, xšôithmi: *bright* (WLD1: 501, BQT:788,1320) → Avestan: a-xšae-na: *not bright, a dark color,* (WLD1: 501, BQT:1320, SYN:1053) → Persian: xašan: *dark blue* خَشَن; xašîsâr: *a blue bird with white head* خَشیسار

پیاده همی رفت جویان شکار
خشیسار دید اندرآن رودبار (فردوسی)

(BQT:756, MON:1425, FRS:89)

Indo-European: Ne 1, An 3: *no, not* نَه (POK:756, KNT:167) → Av/Old Pers: a-, â-, an-: *no, not* (POK:757, KNT:167) → a-xšae-na

خشنود

Indo-European	Avestan	Persian
Kes: *to scratch* خراشیدن (POK:585, WLD1: 449)	hu-xšnuta, hu-šnûta: *well polished, pleasant, happy* (POK:585, KNT:175)	xošnûd: *happy, satisfied* خشنود (خوش) (HRN:113, BQT:755, FFD:52)
Su 1: *well, good* خوب (POK:1037, KLN:548)	hu 1: *good* (POK:1037)	

خُشو — رجوع شود به: خُسُر

خشیسار — رجوع شود به: خَشَن

خُفتَک — رجوع شود به: خواب

خُفتن — رجوع شود به: خواب

خَفج — رجوع شود به: خواب

خلبان — رجوع شود به: خَلیدن

خَلِه — رجوع شود به: خَلیدن

خَلیدن

هم: sword

Indo-European	Avestan	Persian
Swer: *to press, cut, hurt* فشردن، بریدن (POK:1050, IEC:1348)	xvara: *thorn, to pierce* (POK:1050, KLN:1554)	xalîdan: *to pierce, dip in water* خَلیدن xaleh: *thorn, also an oar* خَلِه xale-bân: *one who rows a boat, pilot* خلبان (HRN:109, BQT:766)

خُم

Indo-European	Avestan	Pahlavi	Persian
Gêu 1, Keub, Keup: *to bend* خم کردن (POK:394-398, POK:588-592)	xumba: *bent container, pot* (POK:591,592, KLN:391)	xombak: *a jar* (HRN:195)	xom: *jar* خُم۱ (خمره) (BQT, WLD1)

NOTE- Compare with root "Kam 2: to bend"

خَم

Indo-European	Old Persian	Persian
Kam 2, Kamp: *to bend, also a cavity, vault* خم کردن، حفره (POK:524,525, EIV:229)	kanpa: *to bend* čam: *to bend, move fluently* (POK:524,525)	xam: *a curve* خم (POK:525, BQT, HRN:99, FFD:48)

NOTE- Compare "Kam 2" with "Gêu 1: to bend"

خمره — رجوع شود به: خُم

خَن — رجوع شود به: خانه

خندق

Indo-European	Av/Old Pers	Pahlavi	Arabic	Persian
Ken 2, Gwhen 3: *to dig* کندن (EIV:232, POK:534)	kan 1, xan, gan: *to dig dirt out and mound it up, build* (POK:491, HRN:194, BRT:583, ZMA:49)	kantan, xandan: *to dig* (HRN:194, BQT:1707, SNS:8,155)	xandaq: *a dug out trench* (PLA:113)	xandaq: *trench* خندق (MON:1443)

خِنگ — رجوع شود به: جنگ

خُنیا

خوش + نوا

Indo-European	Av/Old Pers	Avestan	Persian
Wekw: *voice* صدا (POK:1135)	vak, vačah, vaxš: *word, voice, sound* (POK:1135)	ni-vak: *sound, music* hu-ni-vak: *good sound* (BQT:2174)	navâ: *sound, melody* نوا (نواختن) xonyâ: *melody, music* خُنیا (BQT:2174,2178)
Su 1: *well, good* خوب (POK:1037, KLN:548)	hu 1: *good* (POK:1037)		

خنیدن

مشهور بودن

Indo-European	Avestan	Pahlavi	Persian
Swen, Huan: *to sound, call* صدا کردن (POK:1046, EIV:144)	xvan, xwan: *to call, sound* (POK:1046, EIV:144, ARN:250)	xvântan: *to read, sing, call* (BQT:784, ARN:250)	xanîdan: *to echo, to be famous* خنیدن خنیده به گیتی به مهر و وفا زآهرمنی دور و دور از جفا (فردوسی) (HRN, BQT, EIV:144)

خو — رجوع شود به: خود۱

خواب

Indo-European: Swep: *to sleep* خوابیدن (POK:1048)
→ Avestan: xwap, xvap, xwaf: *to sleep*; xvafna, xwafsa, hufsa: *sleep* (POK:1048, HRN:107, FFD:50)
→ Pahlavi: xwâb, xuft: *sleep* (FFD:50)
→ Persian: xâb: *sleep, dream* خواب (خُفتن); xoftak: *nightmare* خُفتَک (بَختَک، خَفَج) (BQT:746,760,780, HUB:56, MON:1431)

خواجه

رجوع شود به: خدا

خوار

Indo-European: Ĕter: *internal (insignificant) organs* اعضای داخلی (ناچیز) (POK:344, IEC:1347, WLD1: 264)
→ Avestan: xv-âthra: *insignificant, low in value* (POK:344)
→ Pahlavi: xâr (HRN:110,127)
→ Persian: xâr 1: *of low value* خوار (BQT:780,866, HRN:110,127)

خوارزم

"سرزمین خوب"

Indo-European: Su 1: *well, good* خوب (POK:1037, KLN:548)
→ Old Persian: hu, u, uv: *good* (KNT:175)

Indo-European: Ghdhem: *earth* زمین (POK:414,SYN:16,AHD:1513)
→ Av/Old Pers: zam: *earth* (AHD, BQT:1032, KNT:177)

→ Av/Old Pers: u-vâra-zmi: *good ... land* (KNT:177)
→ Persian: Xârazm, Khârazm: *a city in central Asia, modern Khiva* خوارزم (BQT:781,805, MON5: 488,491, KLN:49)

خواستن

Indo-European: Swâd: *sweet* شیرین (POK:1039)
→ Avestan: xwâs, xwâd: *to desire* (POK:1040, FFD:51)
→ Pahlavi: xvâstan: *to desire, want* (HRN:110, BQT:783)
→ Persian: xâstan: *to want* خواستن (خواهش) (BQT:783)

خوال

دوده برای مرکب

هم: swart

Indo-European: Swerd: *dirty, dark* کثیف، تاریک; Hwar: *to paint, stain* رنگ زدن، لک کردن (POK:1052, ARN:248, EIV:151)
→ Persian: xwâl: *soot used for making black ink* خوال (BQT:782, EIV:151, ARN:248)

خوان

Avestan: Xvaini: *cover, carpet* پوشش، فرش (SNS:59, HRN:110)
→ Pahlavi: xvân: *table cloth, food table*; NOTE- Hubshmân does not agree with this derivation (HRN:110, AEF:640)
→ Persian: xân: *food table, table cloth* خوان (خوانچه) (BQT:783)

خوانچه

رجوع شود به: خوان

خواندن

هم: sound

Indo-European: Swen, Huan: *to sound, call* صدا کردن (POK:1046, EIV:144)
→ Avestan: xvan, xwan: *to call, sound* (POK:1046, EIV:144, ARN:250)
→ Pahlavi: xvântan: *to read, sing, call* (BQT:784, ARN:250)
→ Persian: xândan: *to read, sing, call* خواندن; âxûnd: *preacher* آخوند (HRN, BQT, EIV:144)

خواهر

هم: خود

هم: sister

Indo-European: Seu 1: *one's own self* خود، نفس (POK:882, AHD:1538)

Indo-European: Ter 2, Tar: *a kinship term* پسوند گروه یا فامیل (PRT:863, AHD:1500)

→ Indo-European: Swe-sor: *one's own female* (SYN: 85,108, POK:1051)
→ Avestan: xvan-har: *sister*
→ Persian: xâhar خواهر

خواهش

رجوع شود به: خواستن

خوب

"عمل نیک"

Indo-European: Su 1: *well, good* خوب (POK:1037, KLN:548)
→ Avestan: hu 1: *good* (POK:1037)

Indo-European: Op: *work, produce in abundance* کار کردن (POK:780)

→ Avestan: hu-apah: *good deed* (POK:780,1037, HRN:111, HUB:57)
→ Persian: xûb: *good* خوب
مثال فرم "خُ": خجسته، خُرّم، خسرو، خُسوره، خشنود، خُنیا، خوش
مثال فرم "هُ": هُژیر، هما، همایون، هنر، هوشنگ، هومن، هویدا
(SOD:462)

Indo-European: Su 1: *well, good* (POK:1037, KLN:548)
→ Old Persian: hu, u, uv: *good* (KNT:175)
→ Persian: ?

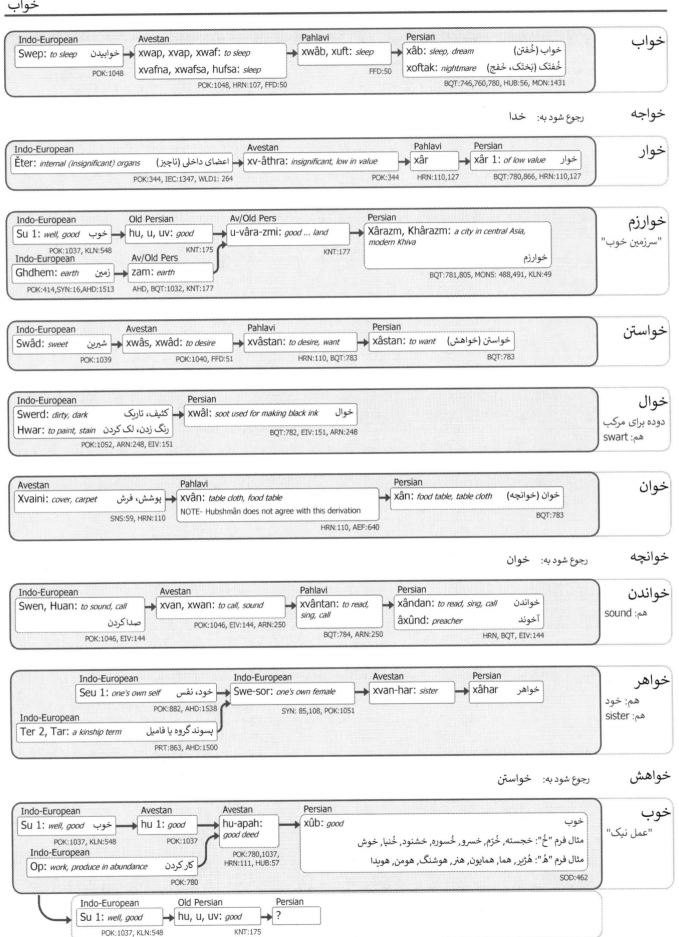

خود۱

Indo-European: Seu 1: *one's own self* خود، نفس (POK:882, AHD:1538)
→ Avestan: hva, hava, xva, xvâothra: *self* (POK:882, BQT:718, BRT:1862)
→ Avestan: xwa-tam, xwa-tô: *the self, character, habit*; xvaê-pati, xvaê-paithya: *one's own self*; NOTE- pati, paithya means self or own in this combination (POK:842, SNS:267, IEC:1351)
→ Persian: xû: *character, habit* خود (خو); xîš: *self* خویش (POK:842, SNS:267, IEC:1351)

خویش
هم: self

خود۲

Indo-European: Sku: *to cover* پوشاندن (POK:952,953, IEC:1193, AHD:1540)
→ Indo-European: Kut-no: *cover, shell* (POK:952,953, IEC:1193, AHD:1540)
→ Av/Old Pers: xaôda, xaudâ: *helmet* (POK:952, KNT:180, BQT:785)
→ Persian: xûd: *helmet* خود۲ (کلاهخود) (POK:952, KNT:180, BQT:785)

خور

Indo-European: Sâwel: *sun* خورشید (POK:881)
→ Avestan: hvare, xvar 1: *sun, light* (POK:881)
→ Persian: hûr 2: *sun, star* هور; xor: *sun* خور (MON:5220, BQT:2389)

Indo-European: Sâwel: *sun* (POK:881)
→ Avestan: xvang: *sun* (POK:881)
→ Persian: ?

هم: sun

خوردن

Indo-European: Swel: *to eat* خوردن (POK:1045)
→ Avestan: xvar 2, xwar: *to eat* (POK:1045, AEF:10)
→ Pahlavi: xvartan: *to eat* (MON:1455, BQT:788)
→ Persian: xordan: *to eat* خوردن; xavarnağ: *royal dining room (castle)* خَوَرنَق
برافراشت قصری که قصرخَوَرنَق
به بازار کالای آن گشت مغبون (صحبت لاری)
(MON, FVF:221)

خورشید

Indo-European: Sâwel: *sun* خورشید (POK:881)
→ Avestan: hvare, xvar 1: *sun, light* (POK:881)
Indo-European: Ksei 2: *bright* روشن (WLD1: 501, BRT:541)
→ Avestan: xšae-ta, xšôithmi: *bright* (WLD1: 501, BQT:788,1320)
→ Avestan: hvare-xšâeta: *bright sun* (POK:881, KLN:1469, HRN:111)
→ Persian: xoršîd: *sun* خورشید (BQT, MON)

خَوَرنَق رجوع شود به: خوردن
خورنگاه رجوع شود به: خوردن + گاه۲

خوره

Indo-European: Swer: *to press, cut, hurt* فشردن، بریدن (POK:1050, IEC:1348)
→ Avestan: xwarô: *wound* (IEC:1348)
→ Persian: xoreh: *gangrene, leprosy* خوره; NOTE- MON derives this from Persian "xordan". (IEC:1348)

خُوست رجوع شود به: خُست
خوش رجوع شود به: خشنود
خوشیدن رجوع شود به: خشک

خوک

Indo-European: Ker 2, Sker 2: *to cut, separate, tear* بریدن، پاره کردن (AHD, POK:920,926,930,931,941, IEC:640,1155)
Indo-European: Su 2: *wild boar, pig* گراز، خوک (POK:1038)
→ Avestan: hu 2: *wild boar* (POK:1038)
→ Avestan: xerpta: *cut, shaped*; hu-xerpta, hu-kehrpta: *shaped like a boar, pig* (POK:926)
→ Persian: xûk: *"boar-shaped animal", pig* خوک (BQT:794)

هم: swine

خون

Indo-European: Wes 1 : *wet, also male animal* خیس، حیوان نر (POK:1171,1172, IEC:1582)
→ Avestan: vanhu, vohnua, vohuni: *blood* (POK:1172)
→ Persian: xûn: *blood* خون (BRT:1434, HRN:113, SYN:206)

خِوی
عرق

Indo-European: Sweid, Huaid: *to sweat* عرق — POK:1043, EIV:143
→ Avestan: xvaeza: *sweat* — POK:1043
→ Persian: xay, xoy: *sweat, saliva* خوی
زبیش دهستان سوی ری کشید
زاسبان به رنج و به تگ خِوی کشید (فردوسی)
BQT:797

خویش رجوع شود به: خود۱

خیال رجوع شود به: مالیخولیا

خیزیدن رجوع شود به: خاستن

خیساندن
هم: پشنجیدن

Indo-European: Seiku, Haič: *to flow, moisten* جاری شدن، خیس خوردن — OEW:340, POK:893, EIV:127
→ Avestan: haeč: *to irrigate* — EIV:127
→ Persian: xîsândan: *to soak, moisten* خیساندن (خیس) — EIV:127

خیش
گاوآهن

Indo-European: Oies: *pole* تیر — WLD1: 167
→ Avestan: aeša: *pole, plow shaft* — SYN:496, BRT:32
→ Persian: xîš: *plow or wagon pole* خیش
xîškâr: *farmer* خیشکار
کنم چاه آب اندرو صدهزار
توانگر کنم مردم خیش کار (فردوسی)
HRN:114, BQT:803, MON:1465

خیشکار رجوع شود به: خیش

خیم

Avestan: Haem, Haya: *character, nature* شخصیت ، طبیعت — HRN:114, FVS:168,179
→ Pahlavi: xîm: *temper, nature* — PHD:94, HRN:114
→ Persian: xîm: *temper, nature* خیم (خوش خیم، دُژخیم) — BQT:804, HRN:114, FSF:168,179

خیو
آب دهان

Indo-European: Sweid, Huaid: *to sweat* عرق — POK:1043, EIV:143
→ Avestan: xvaeza: *sweat* — POK:1043
→ Persian: xeyû: *saliva* خیو (خیوه)
زدیدار پیران فرو ماندند
خیو زیر لبها برافشاندند (فردوسی)
HRN:114, BQT:805, MON:1472

خیوه رجوع شود به: خیو

داد
عدالت

Indo-European: Dhê 2: *to do, set* انجام دادن، چیدن — AHD:1512, POK:235
→ Avestan: dâ 2: *to settle, to give*
dâtô, dâta: *that which is settled, law* — POK:235, FFD:52
→ Persian: dâd: *justice* داد — BQT:807,814,821, HRN:118, NYB:60

NOTE- NYB:60 derives "dâd" from "dâdan: to give one's right"

دادار

Indo-European: Dô: *to give, create* دادن، خلق کردن — POK:223
→ Avestan: dâ 1: *to give*
dâtar: *giver, God* — BQT:121, POK:223,225
→ Pahlavi: dâdâr: *God* — NYB:56, HRN:61,115
→ Persian: dâdâr: *God* دادار — BQT, FSF, SNS

دادن

Indo-European: Dô: *to give, create* دادن، خلق کردن — POK:223
→ Avestan: dâ 1: *to give* — BQT:121, POK:223,225
→ Pahlavi: dâtan: *to give* — NYB:56, HRN:61,115
→ Persian: dâdan: *to give* دادن — BQT, FSF, SNS

Indo-European: Dô: *to give, create* — POK:223
→ Avestan: dâ 1: *to give* — BQT:121, POK:223,225
→ Avestan: dâthra: *gift* — POK:225
→ Pahlavi: dâsr: *gift, kindness* — SNS:298
→ Persian: ?

دار رجوع شود به: درخت

داراب رجوع شود به: داشتن

دارابگرد
مق: داشتن، داراب

- Indo-European — Dher 1, Darz, Har: *to hold firmly, keep, guard* محکم گرفتن، حفظ کردن — POK:252, EIV:129
- Old Persian — dâr: *to hold* — AHD:335
- Indo-European — Kwer, Kar 2: *to make, form* ساختن، تشکیل دادن — POK:641, EIV:236
- Old Persian — krta: *creation, city* — HRN:201
- Persian — dârâbgard: *"city of Dârâb"* دارابگرد — BQT, TZF

دارکوب رجوع شود به: درخت

دارو۱ رجوع شود به: درست

دارو۲ رجوع شود به: درمان

داریه

- Indo-European — Deru: *wood, tree, to be firm* چوب، درخت، محکم بودن — POK:214
- Avestan — dru, dâuru, derežda, draxta: *tree, wood* — POK:214, KLN:1644, SNS:318, ETM:65
- Persian — dârîyeh: *a wood frame, a tambourine with wood rim* داریه
  NOTE - FVA:146 derives this from the Arabic "D.v.r.: turns". — FVF:256

داریوش
"دارندهٔ نیکی"

- Indo-European — Dher 1, Darz, Har: *to hold firmly, keep, guard* محکم گرفتن، حفظ کردن — POK:252, EIV:129
- Indo-European — Su 1: *well, good* خوب — POK:1037, KLN:548
- Avestan — vohu, vahu: *good* — POK:1174
- Old Persian — dâr: *to hold*; dârayat-vahu: *he holds goodness* — AHD:335
- Persian — Dârîûš: *Darius, king of Persia* داریوش — BQT, TZF

داس
مق: بیدستر

- Indo-European — Dâ 1: *to divide, cut in pieces* تقسیم کردن ، قطعه قطعه کردن — POK:175
- Sanskrit — dâtra: *sickle* — POK:175, BQT:904
- Pahlavi — dâs: *sickle* — BQT:813
- Persian — dâs: *sickle* داس — POK:175, BQT:333,813

داستان
"مورد قانونی"

- Indo-European — Dhê 2: *to do, set* انجام دادن، چیدن — AHD:1512, POK:235
- Avestan — dâ 2: *to settle, to give*; dâtô, dâta: *that which is settled, law* — POK:235, FFD:52
- Pahlavi — dâtastân: *law, a legal case (story)* — HRN:127
- Persian — dâstân: *story* داستان — BQT:862

داشتن

- Indo-European — Dher 1, Darz, Har: *to hold firmly, keep, guard* محکم گرفتن، حفظ کردن — POK:252, EIV:129
- Av/Old — dâr, dr: *to hold* — POK:252
- Pahlavi — dâštan: *to have*; pad-en-dâštan: *to take, consider* — FFD:43,52
- Persian — dâštan: *to have, own* داشتن (دارا، داراب); pendâštan: *to think, consider* پنداشتن (پندار) — BQT:810, FFD:43

داشن
هم: دادن
هم: donate

- Indo-European — Dô: *to give, create* دادن، خلق کردن — POK:223
- Avestan — dâ 1: *to give* — BQT:121, POK:223,225
- Pahlavi — dâtan: *to give*; dâhišn: *gift* — NYB:56, HRN:61,115
- Persian — dâšan: *gift, tip* داشن (دهش، دَشت۲) — BQT, FSF, SNS

داغ
هم: day

- Indo-European — Dhegh: *to heat, burn* گرم کردن، سوزاندن — POK:240
- Avestan — daġa, dâġah: *hot*; daxma: *place for burning the dead* — POK:240, BQT:815, 827
- Persian — dâġ: *hot* داغ; daxmeh: *tomb* دخمه — FSF:173

دام۱
حیوانات اهلی

- Indo-European — Dema: *to tame and domesticate animals* اهلی کردن حیوانات — POK:199, KLN:442
- Avestan — dâman: *domestic animals* — BQT:817
- Persian — dâm: *domestic animals* دام — KLN:1569, POK:199, BQT:817

دام۲
تله

- Indo-European — Dê, Dah 2: *to bind, tie* بستن — POK:183,EIV
- Avestan — dâ 4: *trap* — POK:183
- Pahlavi — dâm: *trap* — EIV:47
- Persian — dâm: *trap* دام — BQT:817,EIV

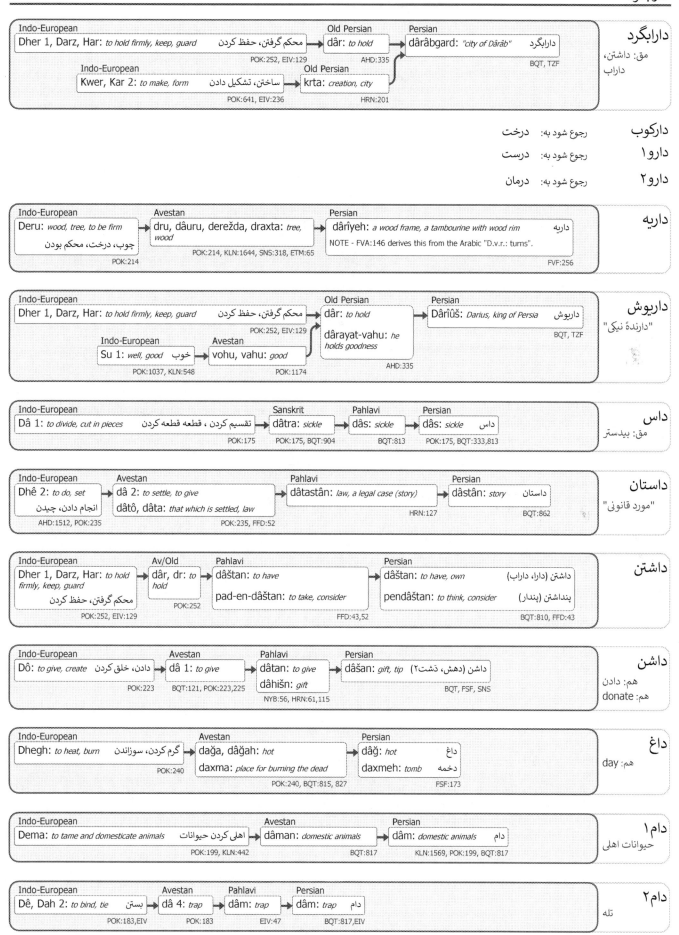

داماد

- Indo-European: Geme: *to marry* ازدواج کردن — POK:369
- Indo-European: Ter 2, Tar: *a kinship term* پسوند گروه یا فامیل — PRT:863, AHD:1500
- → Avestan: jâma: *kinship (daughter)*; zâmâ-tar: *married to the family* — POK:369, HRN:117, IEC:402
- → Pahlavi: dâmât: *bride groom* — MON:1487
- → Persian: dâmâd: *son-in-law, bride groom* داماد — BQT:817

دان .

- Indo-European: Dhê 2: *to do, set* انجام دادن، چیدن — AHD:1512, POK:235
- → Avestan: dhana: *vessel, holder, pot* — POK:238
- → Persian: dân: *vessel, holder* دان (گلدان) — BQT:818

دانستن
هم: know

- Indo-European: Gnô: *to know* دانستن — POK:376
- → Av/Old Pers: dan, dânâ: *to know* — POK:376, BQT:1298
- → Persian: dânestan دانستن (دانش) — BQT, FFD

دانش رجوع شود به: دانستن

دانگ رجوع شود به: دانه

دانه

- Indo-European: Dhê 1, Dah 1: *to suckle milk, to produce* شیردادن، تولید کردن — POK:241,EIV
- → Av/Old Pers: dânô: *grain*; danâxe: *grain* — POK:242
- → Persian: dâneh: *grain* دانه; dâng: *grain, also one sixth* دانگ — BQT:820

NOTE- Compare with the root "Dheugh: to milk"

دانوب
"رودخانه"

- Indo-European: Dâ 2: *to flow* جریان یافتن; Dânu: *river* رودخانه — POK:175
- → Av/Old Pers: dânu: *river, water*; Dânavo: *Danube river* — POK:175, IRN:123
- → Greek: Dânao: *Danube* — POK:175, IRN:123, MON5: 772
  NOTE- This word apparently entered European languages through Scythians (7th century B.C.).
- → French
- → Persian: Dânûb دانوب — MON5: 516

دانیدن
غلطانیدن

- Indo-European: Dhen: *to flow, run around* جاری شدن ، دور زدن — POK:249
- → Old Persian: danuvatiy: *flows* — POK:249, ARN:265
- → Persian: dânîdan: *to roll* دانیدن — ARN:265

داو رجوع شود به: داوطلب

داور

- Indo-European: Dhê 2: *to do, set* انجام دادن، چیدن — AHD:1512, POK:235
- Indo-European: Bher 1: *to carry* حمل کردن — POK:128,163, PRT:234, SYN:107
- → Av/Old Pers: bar: *to carry* — POK:128
- → Avestan: â-vare, â-bar-a: *bring* — BQT:66, MON:1395, FFD:28
- → Avestan: dâ 2: *to settle, to give*; dâtô, dâta: *that which is settled, law*; dâtô-vare: *carrier of judgment, judge* — POK:235, FFD:52
- → Persian: dâvar: *judge, referee* داور — BQT:807,814,821, HRN:118, NYB:60

NOTE- NYB:60 derives "dâd" from "dâdan: to give one's right"

داوطلب
"نوبت طلب"

- Indo-European: Dâ 1: *to divide, cut in pieces* تقسیم کردن ، قطعه قطعه کردن — POK:175
- → Indo-European: Dabh, Dâbh: *one's turn or strike in battle, harm* — IEC:129, AHD:1511
- → Persian: dâv: *one's turn or strike in a game* داو; dâv-talab: *one who seeks his turn, volunteer* داوطلب — IEC:129, MON:1492

دایه

- Indo-European: Dhê 1, Dah 1: *to suckle milk, to produce* شیردادن، تولید کردن — POK:241,EIV
- → Indo-European: Dhe-mnâ: *one who gives milk, nurse* شیر دهنده، پرستار — POK:241,EIV
- → Avestan: daenu: *female* — POK:241
- → Pahlavi: dâyag: *foster-mother* — EIV:47
- → Persian: dâyeh: *baby sitter, nurse* دایه; dâyê: *mother's brother* دایی — BQT:822, HRN:119

NOTE- Compare with the root "Dheugh: to milk"

دایی رجوع شود به: دایه

دَبز
ضخامت

- Indo-European: Bhengh, Banz: *to be thick, dense* کلفت، غلیظ — POK:127
- → Avestan: bazah: *height, depth* — POK:127, KLN:1109
- → Persian: dabz: *thickness, roughness* دبز — MON,EIV

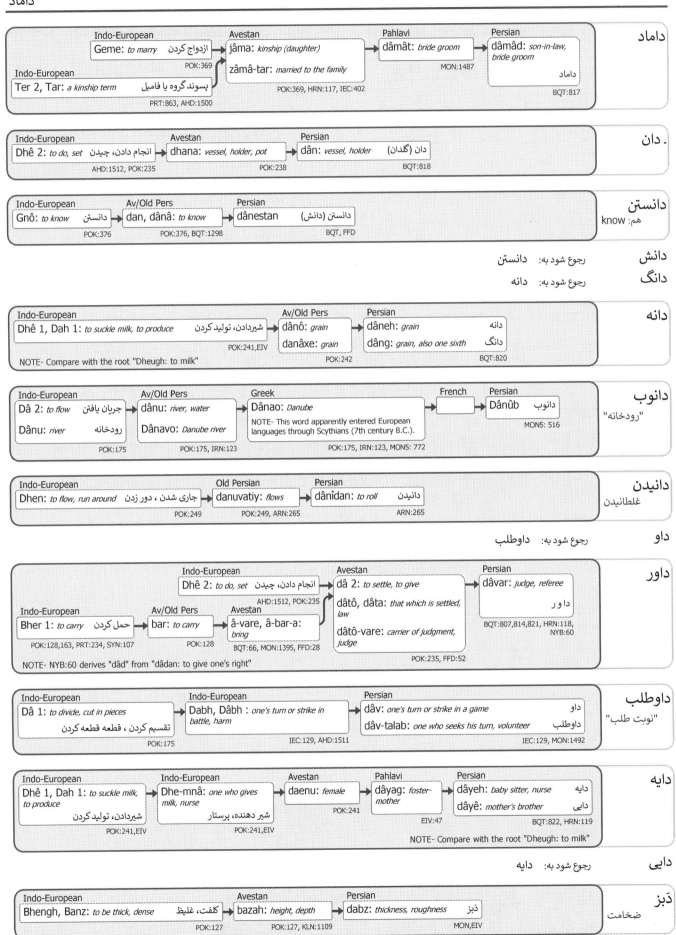

دبستان — رجوع شود به: دبیر

دبیر
- Sumerian — Dub: *tablet, scripture* لوحه، نوشته (AKD:19, BQT:823)
- → Old Persian — dipi: *to write* (BQT:823)
- → Persian — teacher دبیر (دبستان، دیباچه، دیوان) (BQT:824, KLN:467, AKD:19, ETM:36)

دجله — "سریع"
- Indo-European — Steig, Teig: *pointed, sharp* نوک دار ، تیز (POK:1016)
- → Av/Old Pers — tiğra: *sharp, pointed*; tigrâ: *Tigris, "fast moving" river* (POK:1016)
- → Semitic — Diglat: *Tigris* (IRN:112)
- → Arabic — dijlat: *river name* (IRN:112)
- → Persian — dejleh: *Tigris river* دجله (دیاله) (MON5: 520, IRN:112)

NOTE- "Arvand: swift (river)" is a translation of "Dejleh: fast (river)".

دختر — "شیر دوش"; هم: daughter
- Indo-European — Dheugh: *to milk* شیر دوشیدن. NOTE- Compare with "Dhê 1: to suckle milk" (POK:271,277, WLD:847,868)
- Indo-European — Ter 2, Tar: *a kinship term* پسوند گروه یا فامیل (PRT:863, AHD:1500)
- → Indo-European — Dhugh-tar: *milker (of the family), daughter* (POK:277, WLD:868)
- → Avestan — dugeda, duğdâr: *daughter (milker)* (KLN:404, POK:277, BQT:333)
- → Persian — doxtar: *daughter, girl* دختر (BQT, WLD:868)

NOTE- compare with the Persian word "dûxtan: to milk"

دختراندر — رجوع شود به: دختر + اندر۲

دخش۱ — حرفه
- Indo-European — Dek: *take, accept, understand* گرفتن، قبول کردن (POK:189)
- → Avestan — daxš 1: *make things understandable, teach* (POK:189, WLD1: 784, SYN:1227)
- → Persian — daxš 1: *trade, occupation* دخش۱ (POK:189, BRT:667, BQT:827)

دخش۲ — تاریک
- Indo-European — Dhegh: *to heat, burn* گرم کردن، سوزاندن (POK:240)
- → Avestan — dağa, dâğah: *hot*; daxša: *burnt* (POK:240, BQT:815, 827)
- → Persian — daxš 2: *dark* دخش۲
  گناهش به یزدان بخشنده بخش
  مکن روز بر دشمن ودوست دخش (فردوسی) (FSF:173)

دخمه — رجوع شود به: داغ

دَد — هم: دندان
- Indo-European — Denk: *to bite* گاز گرفتن (POK:201)
- → Avestan — danta, dantan: *tooth*; daitika: *wild (biting) animals* (POK:201, SYN:138)
- → Persian — dad: *wild animal* دَد (BQT:884, BRT:653, HRN:120)

دده۱
- Indo-European — Âtos: *father, mother, family, race* پدر، مادر، فامیل، نژاد (POK:71, AHD:1507)
- → Indo-European — Tât, Tâta: *daddy*; Dhêdh: *grandfather* (SYN:94, WLD1: 44, IEC:178,1369)
- → Persian — dadeh: *great-grandparents* دده۱ (IEC:178, MON:1499)

دَده۲
- Indo-European — Dhedh: *nurse* پرستار (IEC:178)
- → Persian — dadeh: *maid servant, nurse* دَده۲ (IEC:178, MON:1499)

در — هم: door
- Indo-European — Dhwer: *door* در (POK:278, KNT:191)
- → Av/Old Pers — dvar, duvara: *door* (BQT:828, KNT:191)
- → Persian — dar: *door* در (درب) (BQT, FVF:98,240)

دراز — هم: درنگ
- Indo-European — Del: *long* دراز، طولانی (POK:197, KNT:190)
- → Avestan — daraga, darağa, drâjah: *long* (POK:197, BQT:829, SNS:324)
- → Persian — derâz: *long* دراز (POK, BQT, SNS)

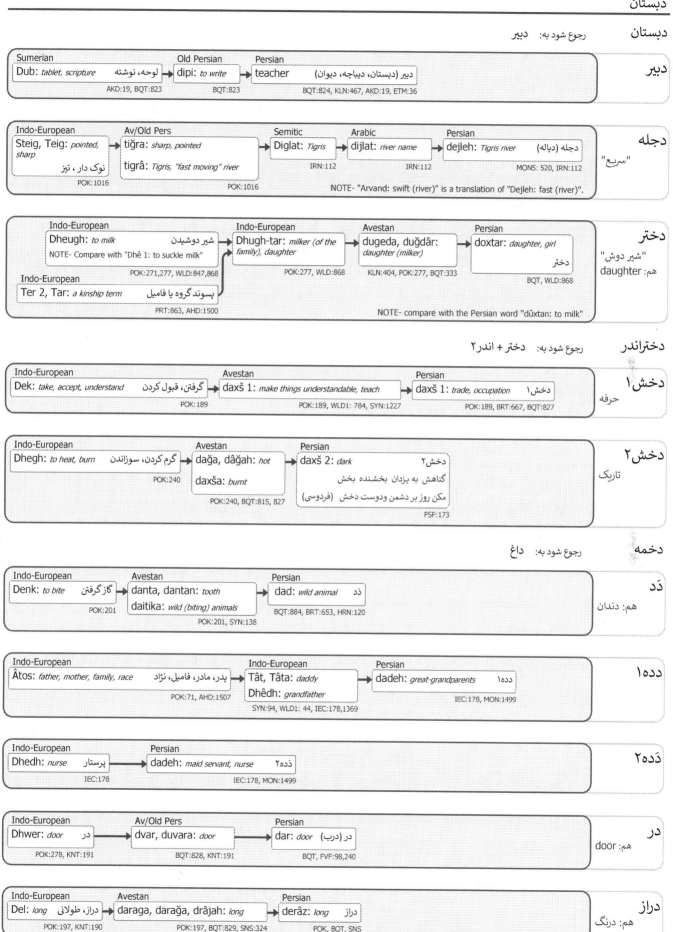

دراییدن

- **Indo-European** — Dhreu, Drau: *to call on* فراخواندن (EIV:77)
- → **Pahlavi** — drâyî: *to howl, talk* (EIV:77)
- → **Persian** — darâyîdan: *to talk* دراییدن
  - نزاری ، ز پاکیزه کاران درای
  - ز پاکان و پاکیزه کاران سرای (نزاری قهستانی)
  - (EIV:77)

درب رجوع شود به: در

دربار رجوع شود به: بار۲

دربان رجوع شود به: پاییدن

دربند

"منطقه محصور"

- **Indo-European** — Dhwer: *door* در (POK:278, KNT:191)
- → **Av/Old Pers** — dvar, duvara: *door* (BQT:828, KNT:191)
- **Indo-European** — Bhendh: *to bind, fasten* بستن (POK:127)
- → **Avestan** — banda: *band, tie* (POK:127, BQT:449)
- → **Persian** — darband: *"enclosed area"* دربند (بندر) (BQT, FVF:98,240)

درخت

هم: tree

- **Indo-European** — Deru: *wood, tree, to be firm* چوب، درخت، محکم بودن (POK:214)
- → **Avestan** — dru, dâuru, derežda, draxta: *tree, wood* (POK:214, KLN:1644, SNS:318, ETM:65)
- → **Persian** (BQT, HRN, FVF, ETM, FSF)
  - deraxt: *tree* درخت
  - dorûd 1: *wood* دُرود۱ (درودگر)
  - dâr 2: *wood* دار۲ (دارکوب)

- **Indo-European** — Deru: *wood, tree, to be firm* (POK:214)
- → **Old Persian** (KNT:190)
  - dâru: *wood*
  - asâ-dâru: *stone wood, hard wood, ebony*
- → **Persian** — ?

درخش رجوع شود به: رخش

درخشیدن رجوع شود به: رخش

دَرد رجوع شود به: دریدن

دَرد

- **Indo-European** — Darh: *to have pain* درد داشتن (EIV:61)
- → **Pahlavi** — dard: *pain, illness* (EIV:61)
- → **Persian** — dard: *pain, illness* دَرد (EIV:61)

NOTE- see "Der 1: to split, tear" for another possible root

درز

- **Indo-European** — Dher 1, Darz, Har: *to hold firmly, keep, guard* محکم گرفتن، حفظ کردن (POK:252, EIV:129)
- → **Avestan** — dereza: *to hold together, close, tighten* (POK:252,258)
- → **Persian** (HRN:122, CEL3: 254, MON:1510,EIV)
  - darz: *seam* درز
  - darzî: *tailor* درزی
  - darzmân: *thread* درزمان
  - darzan: *needle* درزن

درزمان رجوع شود به: درز

درزن رجوع شود به: درز

درزی رجوع شود به: درز

درست

هم: درخت

- **Indo-European** — Deru: *wood, tree, to be firm* چوب، درخت، محکم بودن (POK:214)
- → **Avestan** (POK:214, ETM:65)
  - drva: *healthy, sound*
  - dârug: *medicine from plants*
- → **Persian** (POK, BQT)
  - dorost: *healthy, right* درست
  - dârû: *medicine. See "Dher 1" for another possible root.* دارو
  - dorûd 2: *greetings* دُرود۲

درشت

هم: dare

- **Indo-European** — Dhars: *to dare* جرات کردن (POK:259)
- → **Av/Old Pers** (POK:259, SYN:1149, KNT:190)
  - darš: *dare, to be bold*
  - daršam: *boldly*
- → **Persian** — dorošt: *large, rough* درشت (HRN:122, BQT:837)

NOTE- POK:216 derives it from "Deru: wood, firm".

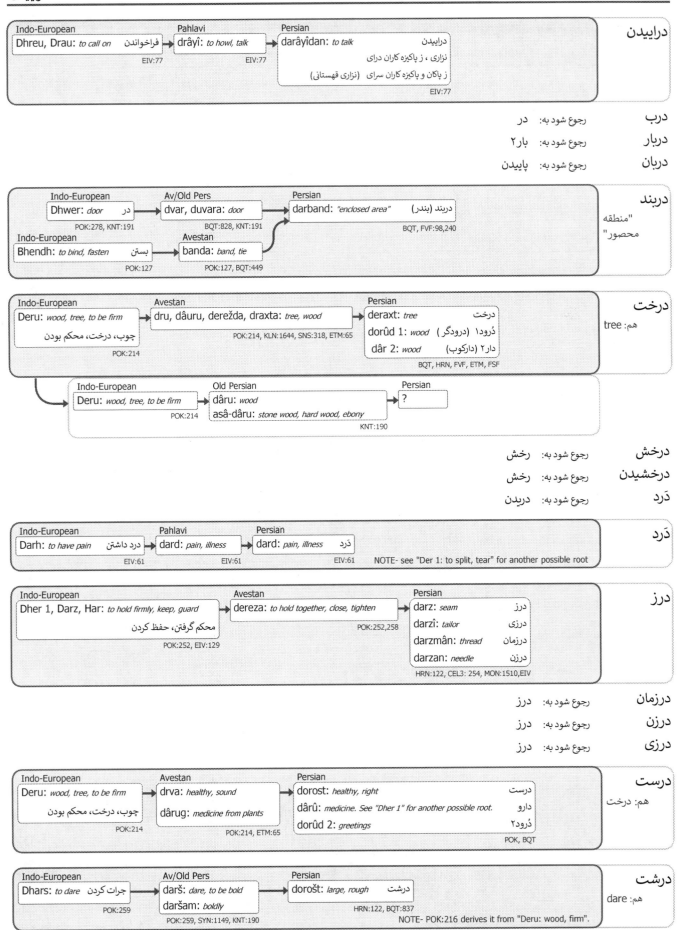

درشکه
هم: drag

- Indo-European: Dhragh 1: *to pull* کشیدن — POK:257
- → Russian: drožki: *carriage* — AHD:400
- → Persian: doroškeh درشکه — MON:1511, BQT:837

درفش۱
رجوع شود به: رخش

درفش۲
پرچم

- Indo-European: Der 1: *to split, to tear* تقسیم کردن، پاره کردن; Drauh: *to mow, cut* بریدن — POK:206, IEC:165,EIV
- → Indo-European: Drep: *a piece of cloth, banner* — POK:211, IEC:159
- → Avestan: drafšâ, drafšô: *banner* — SYN:396, POK:211, IEC:159
- → Persian: derafš: *banner* درفش۲ — BQT:838, HRN:123

درفش۳
وسیله سوراخ کردن

- Indo-European: Darb, Darf: *to join, sew* بهم دوختن — EIV:60
- → Persian: derafš: *awl, needle* درفش۳ — EIV:63

درفشیدن
رجوع شود به: درخشیدن

دِرَم

- Greek: Drassoman: *as much as one can hold in the hand* آنچه در دست بگنجد — FVQ:129
- → Greek: draxmon : *a coin, also a unit of weight* — NOTE- This may be from a Semitic root — FVQ:129
- → Pahlavi: dram, diram: *a silver coin* — FVQ:130, MON:1513
- → Persian: deram: *a coin (money)* دِرَم (دِرهم) — BQT:840

درمان

- Indo-European: Dher 1, Darz, Har: *to hold firmly, keep, guard* محکم گرفتن، حفظ کردن — POK:252, EIV:129
- → Av/Old Pers: dâr, dr: *to hold* — POK:252
- → Persian: darmân: *treatment* درمان (دارو) — BQT:840, HRN:116,123

NOTE- ETM:65 derives these words from "Deru: wood (also firm and healthy)".

درنگ

- Indo-European: Del: *long* دراز، طولانی — POK:197, KNT:190
- → Avestan: daraga, darağa, drâjah: *long*; drang: *hesitation* — POK:197, BQT:829, SNS:324
- → Persian: dîr: *late* دیر; derang: *length of time, hesitation* درنگ — POK, BQT, SNS

دِرو

- Indo-European: Der 1: *to split, to tear* تقسیم کردن، پاره کردن; Drauh: *to mow, cut* بریدن — POK:206, IEC:165,EIV
- → Avestan: dereta: *cuts, harvests*; deretô: *cut, mown* — POK:208
- → Persian: dero: *harvest* دِرو; dorûdan: *to harvest* دُرودن — POK:208, HRN:124

دِروش
داغ و مُهر

- Indo-European: Drauš: *to make a mark, brand* مُهر و داغ کردن — EIV:80
- → Avestan: drauša: *to mark, brand* — EIV:80
- → Pahlavi: drôš: *to brand* — EIV:80
- → Persian: dirôš: *to mark, brand* دِروش — به موسمی که ستوران دروش و داغ کنند / ستورواز بر اعدا نهاده داغ و دروش (سوزنی) — EIV:80

درو یش

- Indo-European: Dregh: *unwilling* بی میل — WLD:821
- → Avestan: drigu, dregu, driwi: *poor* — WLD:821
- → Pahlavi: driyôš: *poor* — BRT:849
- → Persian: darvîš: *poor* درو یش (دریوز، دریوزگی) — BQT:846, HRN:124, KLN:431

NOTE- TAD:27 suggests "darvîsh" is a distorted form of Persian "dar pîsh: at the door, beggar". BQT: 846 does not agree with this derivation.

دُرود۱
رجوع شود به: درخت

دُرود۲
رجوع شود به: درست

درودگر
رجوع شود به: درخت

دُرودن
رجوع شود به: دِرو

دروغ

Indo-European: Dhreugh: *to deceive* فریب دادن — POK:276
→ Avestan: draoga,drauga: *a lie, a demon* — POK:276, BQT:845, SNS:324
→ Pahlavi: drôg: *a lie*; druvand: *non-believer* — BQT:846, SNS:324,325
→ Persian: dorûğ: *a lie* دروغ; dorvand: *atheist* دُروند — BQT:846, SNS:324, BQT:845, TZF:22

Indo-European: Dhreugh: *to deceive* — POK:276
→ Old Persian: duruj: *lie, deceive* — KNT:191
→ Persian: ?

درون
دعای زرتشتیان

Indo-European: Der 2: *to run* دویدن — POK:205
→ Avestan: draonah: *travel goods* توشه راه — POK:205
→ Persian: darûn: *a Zoroastrian prayer* درون۱ — HRN:274, BQT:844 ?

دُروَند
رجوع شود به: دروغ

درونه

Indo-European: Deru: *wood, tree, to be firm* چوب، درخت، محکم بودن — POK:214
→ Sanskrit: druna: *made of wood* — POK:214
→ Persian: darûneh: *bow, rainbow* درونه
سرو بودیم چندگاه بلند
کوژ گشتیم و چون درونه شدیم (کسائی مروزی)
BQT:854, HRN:124, FRS:217

درّه

Indo-European: Der 1: *to split, to tear* تقسیم کردن، پاره کردن; Drauh: *to mow, cut* بریدن — POK:206, IEC:165,EIV
→ Avestan: darêna: *a cut in earth, ravine* — POK:206
→ Persian: darreh: *valley* درّه — BQT:845, HUB:62, HRN:124

دِرهم
رجوع شود به: دِرَم

دریا
هم: زراه

Indo-European: Glei: *run up to, water flow* حرکت (یا تموج) آب — POK:401, KNT:192
→ Old Persian: drayah: *sea* — POK:401, SYN:37
→ Pahlavi: drai-âp: *sea water* — MON:1730, BQT:847
→ Persian: daryâ: *sea* دریا — MON:37, BQT:847, HRN:125,

Indo-European: Ab 1: *water* آب — POK:1
→ Avestan: âp: *water* — KLN:2
→ Pahlavi: drai-âp

دریدن
هم: tear

Indo-European: Der 1: *to split, to tear* تقسیم کردن، پاره کردن; Drauh: *to mow, cut* بریدن — POK:206, IEC:165,EIV
→ Avestan: dar, dareta: *to split* — POK:206, SYN:565
→ Pahlavi: darîtan: *to tear*; dart: *pain* — SYN:565
→ Persian: darîdan: *to tear* دریدن; dard: *pain* دَرد — BQT, POK, SYN

NOTE- see "Darh: to have pain" for another possible root for "dard: pain"

دریوزگی
رجوع شود به: درو یش

دزد
هم: دشمن

Indo-European: Dus: *bad, evil* بد، شیطانی — POK:227
→ Avestan: duš, duž, duždâo: *bad, evil* — POK:227, FSF:179, 183
→ Persian: dozd: *thief* دزد — BQT, HRN:126, MON

دزفول
رجوع شود به: دژ

دِژ

Indo-European: Dheigh: *to form out of clay, to knead clay or dough* درست کردن با خاک رس یا خمیر — POK:244, KNT:191, CEL3: 203
→ Avestan: daeza: *wall, fortification* — POK:244
→ Pahlavi: diz: *wall, fortification* — ARN:278
→ Persian: dež: *fort* دژ (دژبان، دژدار); dež-pol: *fort bridge* دژ پل (دزفول) — BQT:851, MON5: 528

دُژ-

Indo-European: Dus: *bad, evil* بد، شیطانی — POK:227
→ Av/Old Pers: duš, duž: *bad, evil* — BQT:866
→ Persian: dož: *a prefix meaning bad or evil* دُژ- (دُش-)
مثال: دژخیم، دژم، دژپیه، دژمان، (دزد، دوزخ)
دشمن، دشنام، دشیاد، دشپیه، دشپیل، دشخوار، دشوار
BQT:866

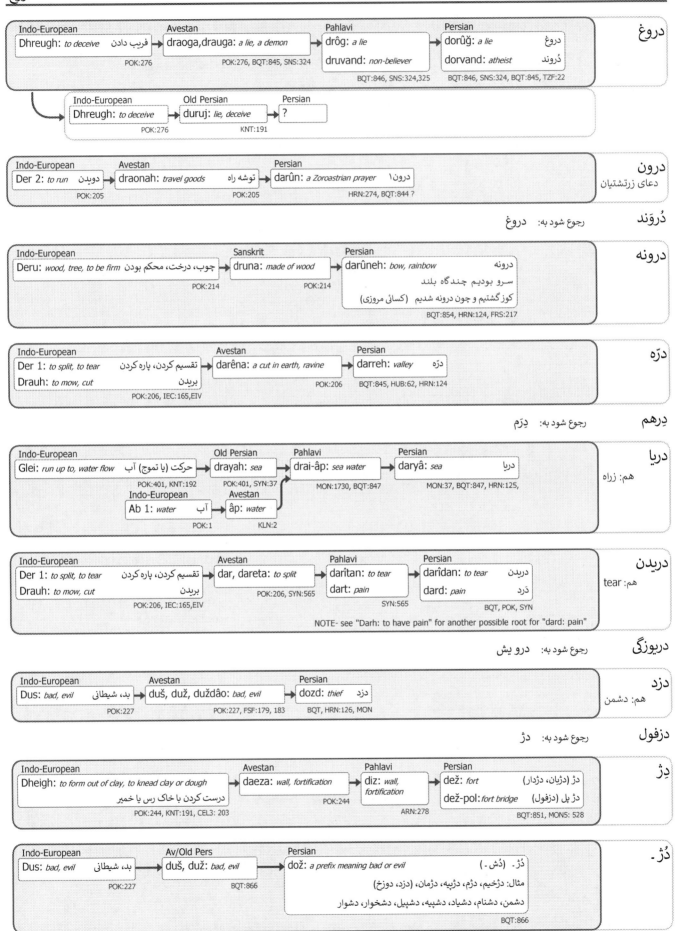

دُژپیه

- Indo-European — Dus: *bad, evil* بد، شیطانی — POK:227
- Indo-European — Peî: *sap, fat* شیره ، چربی — POK:793
- → Avestan — duš-pithwa: *bad fat, abscess* — BQT:897, TZF:22
- → Persian — dožpîh: *abscess* دُژپیه (دُشپیه، دُشپیل) — BQT, HRN, TZF

دژخیم

- Avestan — Haem, Haya: *character, nature* شخصیت ، طبیعت — HRN:114, FVS:168,179
- → Pahlavi — xîm: *temper, nature* — PHD:94, HRN:114
- Indo-European — Dus: *bad, evil* بد، شیطانی — POK:227
- → Avestan — duš, duž, duždâo: *bad, evil* — POK:227, FSF:179, 183
- → Persian — dožxîm: *bad tempered* دُژخیم — BQT:804, HRN:114

دُژم رجوع شود به: دشمن

دُژمان رجوع شود به: دشمن

دستور

- Indo-European — Dhê 2: *to do, set* انجام دادن، چیدن — AHD:1512, POK:235
- Indo-European — Bher 1: *to carry* حمل کردن — POK:128,163, PRT:234, SYN:107
- → Av/Old Pers — bar: *to carry* — POK:128
- → Avestan — dâ 2: *to settle, to give*; dâtô, dâta: *that which is settled, law*; dâtô-vare: *carrier of judgment, judge* — POK:235, FFD:52
- → Pahlavi — dast-war: *judge, priest* — NOTE- NYB:59 claims "dastwar" is from Avestan "dah: to teach" — HRN:127
- → Persian — dastûr: *story, priest, agenda* دستور — BQT:862

NOTE- see Dens for another possible root

دستور

- Indo-European — Dens, Danh: *to teach, instruct* تعلیم دادن — EIV:56
- → Avestan — danh: *to teach, instruct* — EIV:56
- Indo-European — Bher 1: *to carry* حمل کردن — POK:128,163, PRT:234, SYN:107
- → Av/Old Pers — bar: *to carry* — POK:128
- → Pahlavi — dast-war: *carrier of authority, judge, priest* — EIV:56
- → Persian — dastûr: *authority, judge, Zoroastrian priest* دستور — EIV:56

NOTE- see Dhê 2 for another possible root.

دُش - رجوع شود به: دُژ-

دُشپیه رجوع شود به: دُژپیه

دُشپیل رجوع شود به: دُژپیه

دشت۱

- Indo-European — Dek: *take, accept, understand* گرفتن، قبول کردن — POK:189
- → Indo-European — Deks: *right, on the right side* — POK:190, AHD:1511
- → Avestan — dašina: *right* — POK:190
- → Pahlavi — dašn: *right* — SNS:316
- → Persian — dašn: *right side, also the first (daily) sales* دَشن; dašt: *the first sales of a business in a day* دشت۱ — SNS:316, BQT:866

دَشت۲ رجوع شود به: داشن

دشخوار رجوع شود به: دشوار

دشمن

- Indo-European — Men 1: *to think* فکر کردن — POK:726
- → Avestan — manah: *mind, manners* — POK:726,727, BQT
- Indo-European — Dus: *bad, evil* بد، شیطانی — POK:227
- → Avestan — duš, duž, duždâo: *bad, evil* — POK:227, FSF:179, 183
- → Avestan — duš-manah: *with unfriendly thoughts* — POK:726, BQT
- → Persian — došman: *enemy* دشمن (دُژم، دُژمان) — BQT, HRN, ZMA

دَشن رجوع شود به: دشت۱

دشنام

هم: name

- Indo-European — Dus: *bad, evil* بد، شیطانی — POK:227
- Indo-European — Nomn: *name* نام — POK:321
- → Av/Old Pers — nâma, nâman: *name* — POK:321, KNT:193
- → Avestan — duš, duž, duždâo: *bad, evil*; duš-nâma: *bad name* — POK:227, FSF:179, 183
- → Persian — došnâm: *insult* دشنام — BQT, HRN:126, MON

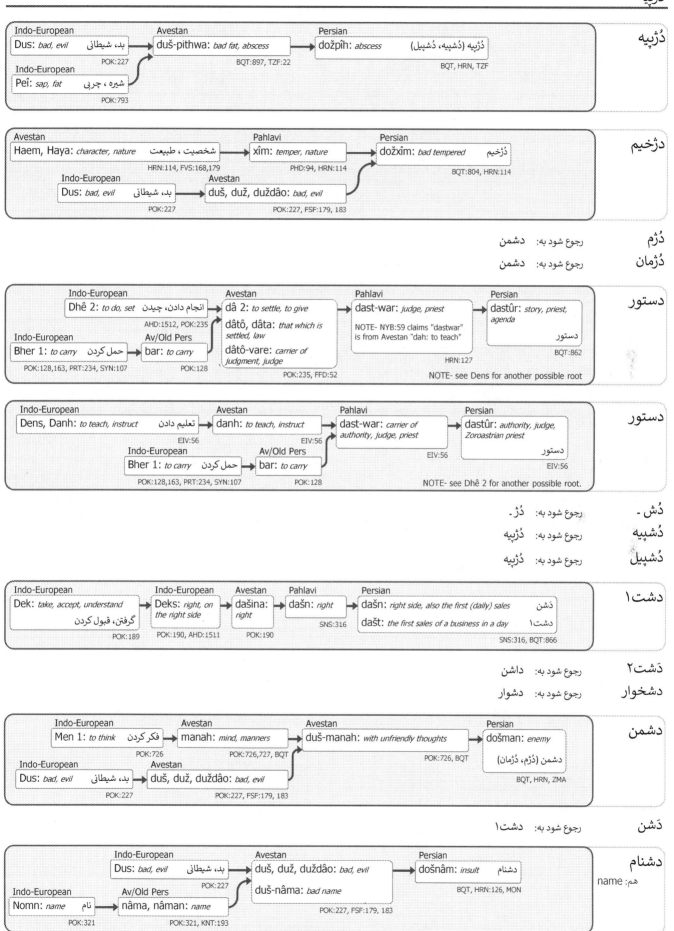

دشوار
"بار بَد"

Indo-European
Dus: *bad, evil* بد، شیطانی
POK:227

Indo-European
Bher 1: *to carry* حمل کردن
POK:128,163, PRT:234, SYN:107

Av/Old Pers
bar: *to carry*
POK:128

Avestan
duš-vâre: *difficult to carry*
POK:227, FSF:179, 183

Persian
došxâr: *difficult* دشخوار (دشوار)
BQT, HRN:126, MON

دشیاد
غیبت

Indo-European
Dus: *bad, evil* بد، شیطانی
POK:227

Indo-European
Yem: *hold together (pair)* باهم نگاه داشتن
POK:505

Avestan
yata, yâta, ya: *remember*
POK:505

Avestan
duš-yâta: *backbite*
BQT:897, TZF:22

Persian
došyâd: *humiliation of people in their absence*
دشیاد
BQT, HRN, TZF

دَف

Sumerian
Dub: *tablet, scripture* لوحه، نوشته
AKD:19, BQT:823

Akkadian
duppu: *tablet*
AKD:19, BQT:823

Aramaic
dappa: *skin for writing tablet*

Arabic
daf: *a tambourine made of animal skin on a frame*
MON:1540

Persian
daf: *tambourine* دَف (شندف)
MON:1540
NOTE- See "Deru 1" for another possible root

دفتر
هم: letter

Indo-European
Deph: *to stamp* مهر زدن
POK:203

Greek
diphtera: *prepared hide, leather used to write on*
AHD

Arabic
daftar: *record book*
HJB:329, KLN:487

Persian
daftar: *notebook, office* دفتر
BQT:869
NOTE- BQT:870 indicates that the Greek "diphtera" may have been derived from the Sumerian "Dub: scripture".

دقَل
خرمای نامرغوب
هم: date

Semitic
Daqal: *fruit of palm tree, date* میوه نخل، خرما

Arabic
daqal: *inferior date palm*
KLN:403

Persian
daqal: *inferior date* دقَل
MON:1543

دل
هم: heart

Indo-European
Kerd 1: *heart* قلب
POK:579, SYN:251

Avestan
zered, zaredaya: *heart, center*
POK:580, KLN:352, SYN:251

Pahlavi
dîl: *heart*
BQT:873

Persian
del: *heart* دل
BQT:873
NOTE- The "z" sound is kept in Kurdish "zar: heart" and Baluchi "zirdê: heart".

دلمه

Turkish
Dolmak: *to wind, wrap* پیچیدن
AHD:389

Turkish
dolman: *wrapping, cover, coating*
AHD:389

Persian
dolmeh: *food wrapped in vine leaves* دلمه
MON:1554

دلیر
هم: dare

Indo-European
Dhars: *to dare* جرات کردن
POK:259

Av/Old Pers
darš: *dare, to be bold*
daršam: *boldly*
POK:259, SYN:1149, KNT:190

Pahlavi
dilêr: *brave*
ARN:281

Persian
dalêr: *brave* دلیر
ARN:281

دَم
هم: damp

Indo-European
Dhem: *to make vapor, raise dust* بخارکردن، گرد و خاک کردن
POK:247

Avestan
dam: *to blow, breathe*
POK:247

Persian
dam: *breath, air, vapor, weather* دَم
damâ: *weather, heat* دما
POK, BQT, HRN

دُم
هم: tip

Indo-European
Dumb: *tail* دُم
POK:227

Avestan
duma: *tail*
POK:227, HRN:128

Persian
dom: *tail* دُم (دُنب)
BQT:876,882, NYB:82

دما
رجوع شود به: دَم

دماوند

Indo-European
Dhem: *to make vapor, raise dust* بخارکردن، گرد و خاک کردن
POK:247

Avestan
dam: *to blow, breathe*
POK:247

Persian
Damâvand: *a mountain (with vapor)* دماوند
POK, BQT, HRN
NOTE- BQT:878 suggests "Damâvand" may be from the root "Dumb: tail".

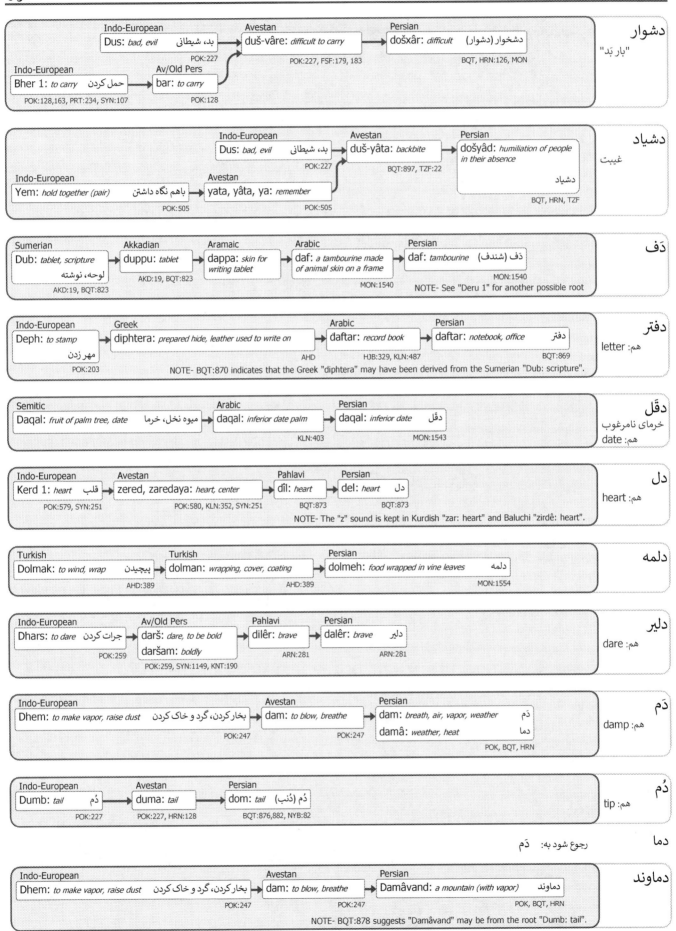

دُمَل

- Indo-European — Dus: *bad, evil* بد، شیطانی (POK:227)
- Indo-European — Peî: *sap, fat* شیره ، چربی (POK:793)
- → Avestan — duš-pithwa: *bad fat, abscess* (BQT:897, TZF:22)
- → Persian — domal: *abscess* دُمَل (BQT, HRN, TZF)

NOTE- See "Dumb: tail" for another possible root of "domal"

دُمَل

- Indo- — Dumb: *tail* دُم (POK:227)
- → Avestan — duma: *tail* (POK:227, HRN:128)
- → Persian — dom: *tail* دُم (دُنب) (BQT:876,882, NYB:82)
- → Persian — donbal: *testicles* دُنبَل، دنبلان (FVF:258, MON:1563)
- → Arabic — domal: *abscess* (FVF:258)
- → Persian — domal: *abscess* دُمَل (MON:1561)

NOTE- See "Peî: sap, fat" for another possible root of "domal"

دَن
فریاد شادی

- Indo-European — Dhen: *to flow, run around* جاری شدن ، دور زدن (POK:249)
- → Old Persian — danuvatiy: *flows* (POK:249, ARN:265)
- → Persian — danîdan: *to run joyfully* دَنیدن
  dan: *joyful shouting* دَن (دَنان)
  پس اندر سپاه منوچهر شاه
  دمان و دنان برگرفتند راه (فردوسی)
  (BQT:888, POK:249, HRN:128, FSF:88,)

دَنان رجوع شود به: دَن

دُنب رجوع شود به: دُم

دُنبک رجوع شود به: تنبک

دنبلان

- Indo-European — Dumb: *tail* دُم (POK:227)
- → Avestan — duma: *tail* (POK:227, HRN:128)
- → Persian — dom: *tail* دُم (دُنب) (BQT:876,882, NYB:82)
- → Persian — donbal: *testicles* دُنبَل، دنبلان (FVF:258, MON:1563)

دندان

- Indo-European — Denk: *to bite* گاز گرفتن (POK:201)
- → Avestan — danta, dantan: *tooth* (POK:201, SYN:138)
- → Persian — dandân: *tooth* دندان
  dandeh: *rib* دنده
  (BQT:884, BRT:653, HRN:120)

NOTE- POK:287-289 derives it from "Ed: to eat > Ed-ont, Dnt: tooth"

دندان

- Indo-European — Ed: *to eat* خوردن (POK:287)
- → Indo-European — Ed-ont, Dont, Dnt: *tooth* دندان (POK:287-289, ARN:284)
- → Avestan — danta, dantan: *tooth* (POK:201, SYN:138)
- → Persian — dandân: *tooth* دندان (BQT:884, BRT:653, HRN:120)

NOTE- POK:201 derives it from "Denk: to bite"

دنده رجوع شود به: دندان

دَنیدن رجوع شود به: دَن

دو
هم: two

- Indo-European — Dwo: *two* عدد دو (POK:230,)
- → Avestan — dva, duva: *two*
  duvitya-kara: *the other one*
  (POK:230, KLN:440,1669, SOD:145)
- → Persian — do: *two* دو
  di-gar: *other* دیگر
  (BQT:888,902,914, HRN:132, HUB:65)

دوازده رجوع شود به: دو + دَه۱

دوجین
"دو بالای ده"
هم: dozen

- Indo-European — Dwo: *two* عدد دو (POK:230,)
- Indo-European — Dekm: *ten* عدد ده (POK:191)
- → Latin — bis, duo: *two*
  duo-decem: *two plus ten (dozen)*
  (AHD, KLN:175)
- → French — douzaine (KLN:175)
- → Persian — dojên: *"two on ten"* دوجین (MON)

دوختن۱

- Indo-European — Deuk: *to lead, move, draw* هدایت کردن، حرکت دادن (POK:220)
- → Iranian — duk, duč, davč: *to sew* (HUB:63, HRN:129)
- → Pahlavi — dôxtan: *to sew* (HUB:63)
- → Persian — dûxtan: *to sew* دوختن۱ (دوزیدن) (BQT:892, FFD:54, MON)

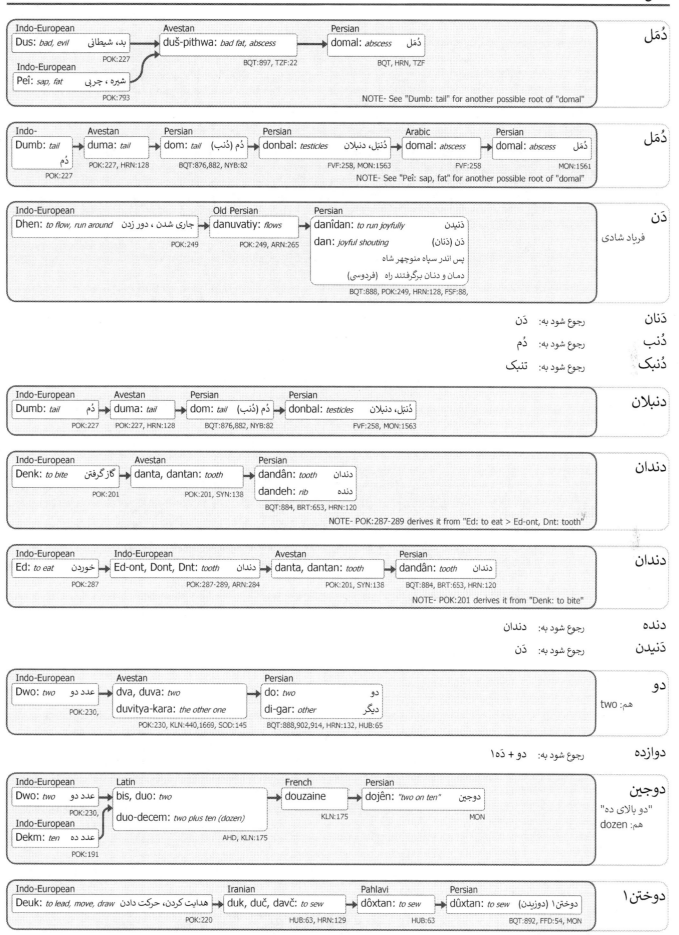

دوختن۲
دوشیدن

- **Indo-European** — Dheugh: *to milk* شیر دوشیدن (POK:271,277, WLD:847,868)
- → **Iranian** — dhauğ, daux, dauxš: *to milk* (POK:271, SYN:386)
- → **Pahlavi** — dûxtan, dôxtan: *to milk* (HRN:129)
- → **Persian** — dûxtan: *to milk* دوختن۲; dûğ: *diluted yogurt* دوغ (BQT, POK, SYN, AEF, FFD)

NOTE- Compare with the root "Dhê 1: to suckle milk"

دود
هم: fume

- **Indo-European** — Dheu 2: *smoke, mist, dizziness* دود ، غبار ، سرگیجه (POK:262)
- → **Avestan** — dvaidi: *smoke* (POK:262)
- → **Pahlavi** — dûd: *smoke* (HRN:129, POK:262, BQT:894)
- → **Persian** — dûd: *smoke* دود (BQT:894, HRN:129)

دودمان

- **Indo-European** — Dheu 2: *smoke, mist, dizziness* دود ، غبار ، سرگیجه (POK:262)
- → **Avestan** — dvaidi: *smoke* (POK:262)
- **Indo-European** — Dem: *house* خانه (POK:198)
- → **Avestan** — demâna, nmâna, mân: *house* (POK:199, KNT:302)
- → **Pahlavi** — dûd: *smoke*; dûtak-mân: *family members sitting around a fire* (HRN:129, POK:262, BQT:894)
- → **Persian** — dûdmân: *family* دودمان (BQT:894, HRN:129)

دور

- **Indo-European** — Deu 2: *to lack, not available, far away* فاقد بودن، موجود نبودن (POK:219)
- → **Av/Old Pers** — dûraê, dûra: *far* (POK:219)
- → **Persian** — dûr: *far away* دور۱ (SNS:335)

دوزخ
مق: برزخ

- **Indo-European** — An 1: *breath* نفس، دم; Ansu: *spirit, world* روح، جهان (KLN, AHD, POK:48)
- → **Avestan** — ahu, ahura: *life, spirit, world* (POK:48, KLN:41,1095, AHD, SNS:6, OEW:9)
- **Indo-European** — Dus: *bad, evil* بد، شیطانی (POK:227)
- → **Avestan** — daoš-ahva: *evil world* (POK:48, BQT:896, VDQ:36, SOD:127)
- → **Pahlavi** — dužax: *bad world* (VDQ:36)
- → **Persian** — dûzax: *hell* دوزخ (BQT:896, VDQ:36)

دوزیدن
رجوع شود به: دوختن۱

دوست
هم: choose

- **Indo-European** — Geus: *to love, favor, choose* دوست داشتن، ترجیح دادن (POK:399)
- → **Av/Old Pers** — zaošô: *to agree*; zuštô: *favorite*; dauštar: *friend* (POK:399, KNT:189)
- → **Persian** — dûst: *friend* دوست (HRN:130, BQT:897)

دوش۱
دیشب

- **Indo-European** — Deu 1: *to penetrate, sink* فرو رفتن، غرق شدن (POK:217)
- → **Av/Old Pers** — dauša: *sunset, night* (POK:217, ETM:66)
- → **Persian** — dûš: *last night* دوش۱ (POK:217, HRN:130, BQT:898)

دوش۲
کتف

- **Indo-European** — Dous: *arm* بازو (POK:226)
- → **Avestan** — daoš: *shoulder* (POK:226)
- → **Persian** — dûš: *shoulder* دوش۲ (BQT:898, HRN:130, POK:226)

دوش۳

- **Indo-European** — Deuk: *to lead, move, draw* هدایت کردن، حرکت دادن (POK:220)
- → **Latin** — (HUB:63, AHD)
- → **Italian** — doccione: *pipe* (KLN:477)
- → **French** — (KLN:477)
- → **Persian** — duš: *shower* دوش۳ (VOP:172, ETM:66)

دوشیدن

- **Indo-European** — Dheugh: *to milk* شیر دوشیدن (POK:271,277, WLD:847,868)
- → **Iranian** — dhauğ, daux, dauxš: *to milk* (POK:271, SYN:386)
- → **Pahlavi** — dûšitan: *to milk* (HRN:129)
- → **Persian** — dûšîdan: *to milk* دوشیدن (BQT, POK, SYN, AEF, FFD)

NOTE- Compare with the root "Dhê 1: to suckle milk"

دوشیزه
"دوشنده"
هم: daughter

- **Indo-European** — Dheugh: *to milk* شیر دوشیدن (POK:271,277, WLD:847,868)
  NOTE- Compare with "Dhê 1: to suckle milk"
- → **Iranian** — dhauğ, daux, dauxš: *to milk* (POK:271, SYN:386)
- → **Pahlavi** — dûšitan: *to milk* (HRN:129)
- → **Persian** — dûšîzeh: *"milker", girl. See "doxtar"* دوشیزه (BQT, POK, SYN, AEF, FFD)
  بز و میش بد شیرور همچنین
  به دوشیزگان داده بد پاکدین (فردوسی)

NOTE- dûšîzeh has lost its original meaning as "milker" and, in some prints of this poem, has been changed to "dûšandegân"

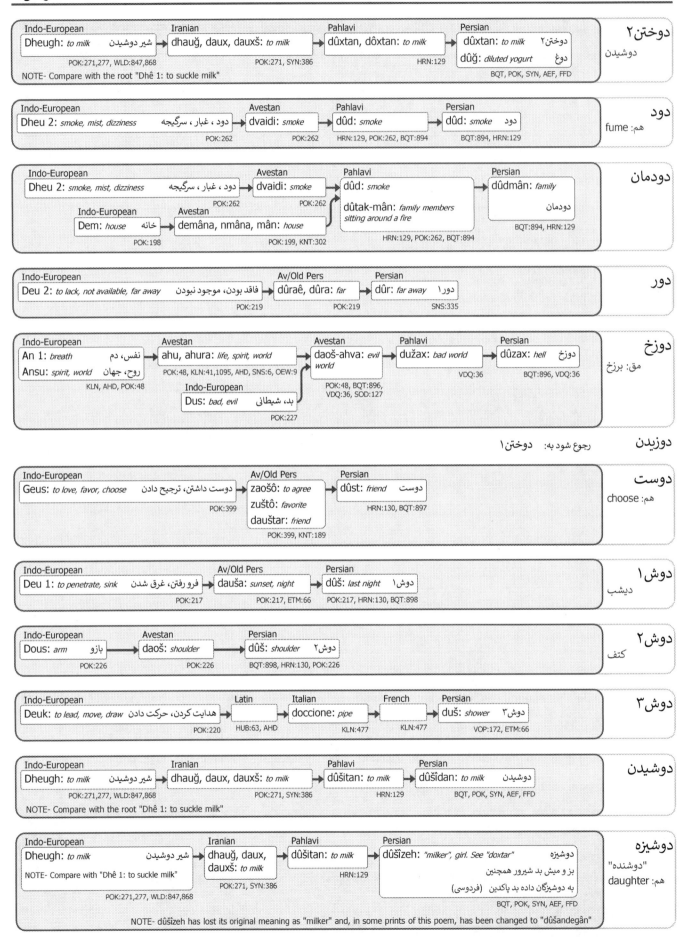

دوغ رجوع شود به: دوختن۲

دوک

Indo-European: Dhûs: *whir, whirring object, spindle* چرخاندن، اجسام مدور، دوک (IEC:224) → Persian: dûk: *spindle* دوک (IEC:224)

دوم رجوع شود به: دو + ـُ م

دویدن

Indo-European: Dheu 1: *to flow, move* جریان داشتن (POK:259,EIV) → Av/Old Pers: daw: *to run* (FFD:54) → Pahlavi: davîtan: *to run* (POK:259, FFD:54) → Persian: davîdan: *to run* دو یدن (BQT:902, HRN:130)

دویست
هم: hundred

Indo-European: Dekm: *ten* عدد ده (POK:191) → Indo-European: Dkm-tom: *hundred* (AHD) → Avestan: sata, satam: *hundred*; dve-sate, duye-saite: *two hundred* (POK:191,.192) → Persian: devîst: *two hundred* دویست (BQT)

Indo-European: Dwo: *two* عدد دو (POK:230,) → Avestan: dva, duva: *two* (POK:230, KLN:440,1669, SOD:145) → Avestan: dve-sate, duye-saite

دَه
مق: شَست
هم: ten

Indo-European: Dekm: *ten* عدد ده (POK:191) → Av/Old Pers: dasa: *ten or "plus ten"* (POK:191) → Pahlavi: dah: *ten* (BQT) → Persian: šânzdah: *sixteen* شانزده (BQT)

دِه

Indo-European: Dhîs: *village, land* ده، زمین (IEC:191) → Av/Old Pers: dahyu, dainhu: *land, country* (SYN:1302, KNT:190, BRT:706) → Pahlavi: deh, dih: *village* (BQT:902, SNS:242) → Persian: deh 2: *village, country* دِه۲ (SYN:1302, BQT:902, MON:1585, TZF:13)

دهره
هم: damage

Indo-European: Dâ 1: *to divide, cut in pieces* تقسیم کردن ، قطعه قطعه کردن (POK:175) → Sanskrit: dâtra: *sickle* (POK:175, BQT:904) → Persian: dahreh: *a sickle shaped weapon* دهره
تبر بر نارون گستاخ میزد
به دهره سرو بن را شاخ میزد (نظامی گنجوی)
(BQT:904)

دهش رجوع شود به: داشن

دِی۱
ماه دهم

Indo-European: Ghei 1: *winter* زمستان (POK:425) → Avestan: zaem, zyam: *winter* (POK:425, KLN:728, SYN:1014) → Persian: day: *(first month of) winter* دی۱ (POK:425, SYN:1014)

NOTE- See root "Dô: to give, create" for another possible root.

دِی۱
ماه دهم

Indo-European: Dô: *to give, create* دادن، خلق کردن (POK:223) → Avestan: dâ 1: *to give*; dâtar: *giver, God* (BQT:121, POK:223,225) → Avestan: dathuš: *creator* (BQT:121,907) → Persian: day: *creator, the tenth month in Persian calendar* دی۱ (MON:1588)

NOTE- See root "Ghei 1: winter" for another possible root.

دی۲
هم: yesterday

Indo-European: Ghdies: *yester* دی (گذشته) (POK:416) → Avestan: zyô: *yester* (POK:416, KLN:1762) → Pahlavi: dîk: *yester* → Persian: dî: *yester* دی۲ (دیروز) (MON:1588)

دیاله رجوع شود به: دجله

دیبا
هم: divine

Indo-European: Dei: *to shine, used to describe bright days and heavenly spirits* درخشیدن، برای توصیف روزهای روشن و ارواح آسمانی استفاده می شده (POK:183, AHD) → Sanskrit: dîp: *to shine* (POK:183, AHD) → Pahlavi: dêpâk, dêbâg: *a colorful type of cloth* (BQT:908, SNS:313) → Persian: dîbâ: *a colorful cloth* دیبا (BQT:908)

NOTE- See root "Zi: to adorn" for another possible derivation.

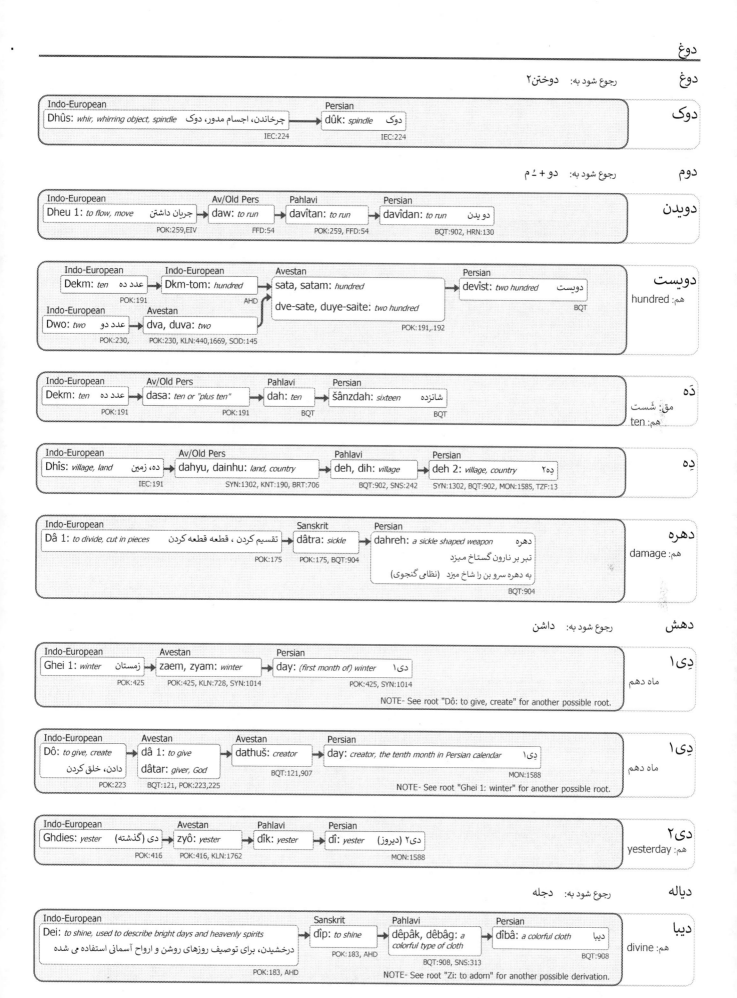

دیبا

Indo-Scythian: Zi: *to adorn* آراستن (ISS:16) → Pahlavi: dêpâk: *a beautiful cloth, brocade* (ISS:16) → Persian: dîbâ: *a colorful cloth* دیبا (دیباج) (BQT:908)

NOTE- See root "Dei: to shine" for another possible derivation.

دیباچه رجوع شود به: دبیر

دیدن

Indo-European: Dheye: *to see* دیدن (POK:243) → Avestan: dâ 3, dây, dâi, dî: *to see*; vaêna: *observer* (POK:243, BQT:373,910, SOD:421) → Pahlavi: dîtan: *to see*; âdênak: *mirror* (BQT:74,373,910) → Persian: dîdan: *to see* دیدن (آینه) (BQT, ARN:296)

دیر رجوع شود به: درنگ

دیروز رجوع شود به: دی۳ + روز

. دیز رجوع شود به: . دیس

دیزی رجوع شود به: دیگ

. دیس
پسوند شباهت

Indo-European: Deik: *to show* نشان دادن (POK:188) → Avestan: daês: *to show, demonstrate* (POK:188) → Persian: dîs, dîz: *appearance* . دیس، . دیز; تندیس، شبدیز (HUB:65, BQT:912)

دیگ

Indo-European: Dheigh: *to form out of clay, to knead clay or dough* درست کردن با خاک رس یا خمیر (POK:244, KNT:191, CEL3: 203) → Old Persian: daika: *clay pot* (HUB:65, KLN:469) → Persian: dîg: *a large cooking pot* دیگ (دیزی) (BQT:912,914, KLN:469)

دیگر رجوع شود به: دو

دیم
چهره

Indo-European: Dheye: *to see* دیدن (POK:243) → Avestan: dâ 3, dây, dâi, dî: *to see*; daêman: *eye* (POK:243, BQT:373,910, SOD:421) → Persian: dîm, dîmeh: *light, face* دیم، دیمه
بدانگه که صبح زمان دیمه داد
زراتشت فرخ ز مادر بزاد (زرتشت نامه)
(BQT, ARN:296)

دیمه رجوع شود به: دیم

دین۱
باور مذهبی

Indo-European: Dheye: *to see* دیدن (POK:243) → Avestan: daêna: *insight, religion* (POK:243) → Pahlavi: dîn: *religion*; dînkart: *religious instructions* (BQT:916) → Persian: dîn 1: *religion* دین۱
NOTE- after going through Arabic, this word came back in different forms like adyân, tadayyon, motedayyen, etc.
(BQT:916, MON:1597, FSF:191)

NOTE- FVQ:132 claims Arabic "dîn: religion" is borrowed from Iranian while "dîn: judgment" is borrowed from Aramaic and passed to Persian.

دین۲
حکومت و قضاوت

Akkadian: Dînu: *law, right, judgment* قانون، حق، قضاوت (BQT:916, KLN:399) → Aramaic: dîn: *to rule* (BQT:916, KLN:399) → Arabic: dîn 2: *judgment*; dayn: *debt* (BQT:916, FVQ:131) → Persian: dîn 2: *judgment, rule* دین۲ (مدینه، تمدن); dayn: *debt* دین۳ (FVA:148, MON)

NOTE- FVQ:132 claims Arabic "dîn: religion" is borrowed from Iranian while "dîn: judgment" is borrowed from Aramaic and passed to Persian.

دِین۳ رجوع شود به: دین۲

دینار
هم: ten

Indo-European: Dekm: *ten* عدد ده (POK:191) → Latin: dên-ârius: *a coin worth ten bronze "asses".* (AHD:352,) → Pahlavi: denâr (BQT:916) → Persian: dînar: *a currency unit in several countries that was originated in the ancient Rome.* دینار (BQT:916)

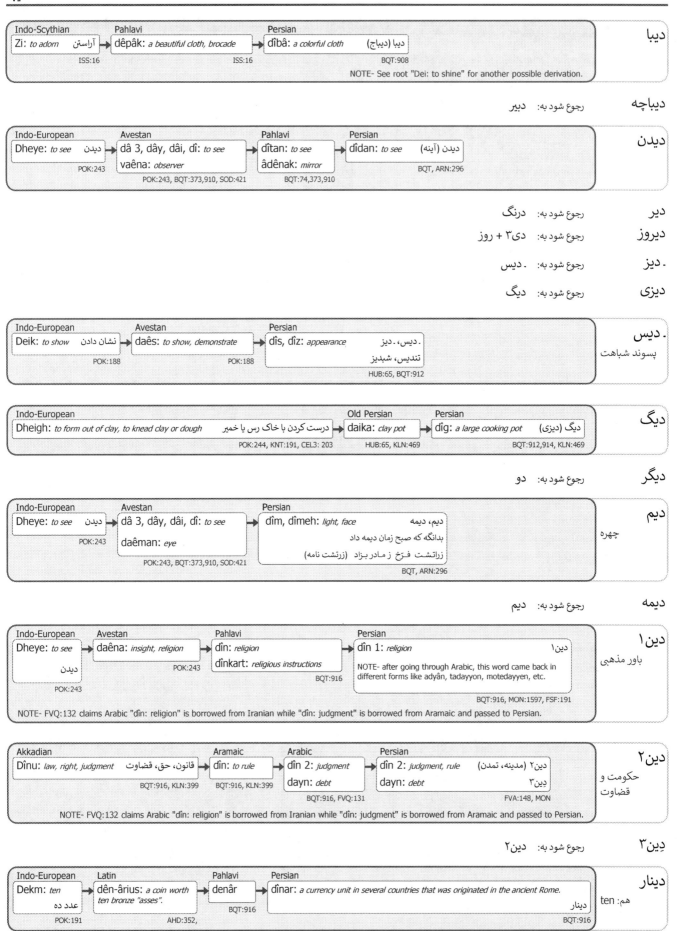

دیو

Indo-European
Dei: *to shine, used to describe bright days and heavenly spirits*
درخشیدن، برای توصیف روزهای روشن و ارواح آسمانی استفاده می شده
POK:183, AHD

→ **Avestan**
daêv, daêvoh: *originally meant god but when Zoroaster introduced Ahuramazda, old gods were rejected and considered as demons.*
POK:185, AHD:1511, BQT:917

→ **Persian**
dîv: *demon* دیو
dîvâneh: *like a demon, crazy* دیوانه
HRN:133

دیوار

"حصار گلی"
هم: cover

Indo-European
Wer 3, Werg 2: *to cover, enclose*
پوشاندن، محصور کردن
POK:1116, IEC:1599

→ **Av/Old Pers**
var 1, vara, vâra 2: *cover, wall*
POK:1116, AEF:212, KNT:207

Indo-European
Dheigh: *to form out of clay, to knead clay or dough* درست کردن با خاک رس یا خمیر
POK:244, KNT:191, CEL3: 203

→ **Av/Old Pers**
dêğa-vâra: *clay wall*
POK:1116, AEF:268

→ **Persian**
dîvâr: *"clay wall"*
دیوار
BQT, AEF

دیوان

رجوع شود به: دبیر

دیوانه

رجوع شود به: دیو

دیهیم

Indo-European
Dê, Dah 2: *to bind, tie* بستن
POK:183,EIV

Indo-European
Dwo: *two* عدد دو
POK:230,

→ **Greek**
di, dis: *two*
dia: *through, across, apart*
AHD

→ **Greek**
dia-dein, dia-dêma: *a headband tied on two sides*
POK:183

→ **Persian**
dayhîm: *crown* دیهیم
BQT:921, MON:1603

ذغال

هم: coal

Indo-European
Dhegh: *to heat, burn* گرم کردن، سوزاندن
POK:240

→ **Indo-European**
Geulo: *coal*
IEC:379,407, POK:399

→ **Avestan**
skarana, skairya: *coal*
HRN:163, BQT:1150, IEC:379,407

→ **Persian**
zoğâl: *coal* ذغال
BQT:1026,1150, HRN:163,

راد۱

درست
هم: order

Indo-European
Ar 1: *to fit together* جور و درست کردن
POK:55

→ **Avestan**
râd: *right, correct, proper*
NOTE- EIV:196 derives this from the root "Reg 1: straight"
WLD:74, POK:56

→ **Persian**
râd: *proper, brave* راد۱
BQT, AEF, FFD

Indo-European
Ar 1: *to fit together*
POK:55

→ **Avestan**
arânte: *puts in order*
aram, arem: *suitable*
POK:56

→ **Persian**
?

راد۲

بخشنده
هم: real

Indo-European
Rei 1: *possession* مالکیت
POK:860

→ **Avestan**
râ: *to give*
râiti, a-râiti: *generous*
POK:860, BQT, ARN:301

→ **Persian**
râd: *generous* راد۲
BQT:926

راز

Indo-European
Redh: *to separate, isolate* جدا کردن
KNT:205

→ **Avestan**
rah: *to escape, set free*
razah: *isolation*
KNT:205, NYB:167

→ **Persian**
râz: *secret* راز
BQT:926, HRN:134

رازی

رجوع شود به: ری

راست

هم: right

Indo-European
Reg 1: *move straight, right* مستقیم حرکت کردن
POK:854, KNT:206

→ **Avestan**
râsta: *right*
erezu: *straight (line)*
POK:854

→ **Persian**
râst: *right, straight* راست
raj: *line, row* رج
BQT, HRN

Indo-European
Reg 1: *move straight, right*
POK:854, KNT:206

→ **Old Persian**
arštâ: *rectitude*
ardu: *upright*
râsta: *right, true*
KNT:171,206

→ **Persian**
?

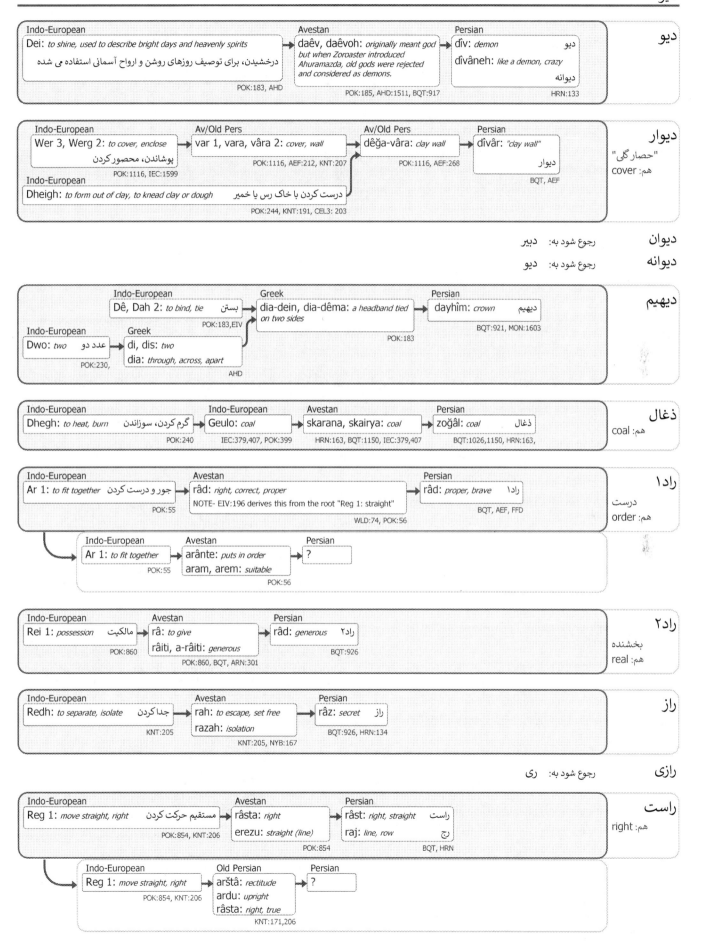

راسو

- Indo-European: Lohrk: *weasel* راسو یا حیوان شبیه آن (ARN:299)
- → Pahlavi: rasug: *weasel* (ARN:299)
- → Persian: râsû: *weasel?* راسو (ARN:299, BQT:929)

رام

- Indo-European: Rem: *to rest* استراحت کردن (POK:864)
- → Avestan: râman: *quiet, restful* (POK:864, KLN:1335, SYN:841, AEF:351)
- → Persian: râm: *quiet* رام (شهرام، رامش، رامین، رامیدن); ârâm: *quiet* آرام (BQT, HRN, AEF, FAF, FFD)

- Indo-European: Rem: *to rest* (POK:864)
- → Old Persian: ram: *to be at peace* (KNT:206)
- → Persian: ?

رامش رجوع شود به: رام

رامین رجوع شود به: رام

ران

- Indo-European: Srêno: *thigh, hip* ران (POK:1002)
- → Avestan: râna: *thigh* (POK:1002)
- → Persian: rân: *thigh* ران (BQT:932, HRN:135)

راندن هم: run

- Indo-European: Er, Ar 2: *to set in motion, excite* به حرکت در آوردن، بر انگیختن (POK:327, EIV:165)
- → Av/Old Pers: ar, ra: *to move* (POK:327, BRT, FSF:105)
- → Pahlavi: rân: *to drive* (EIV:165)
- → Persian: rândan: *to drive* راندن (EIV:165)

را رجوع شود به: چرا

راه

- Indo-European: Ret: *to roll, run* قلتیدن، دویدن (POK:866)
- → Avestan: rad: *to run* (POK:866, ARN:302)
- → Pahlavi: râs: *path, way* (BQT:934)
- → Persian: râh: *way, manner* راه (رَه); râygân: *"found on the road", free* رایگان; râheb: *one who watches his manners, monk* راهب (راه بان) (HUB:66, BQT:984, PLA:133, FFD:56)

راهب رجوع شود به: راه

رای هم: real

- Indo-European: Rei 1: *possession* مالکیت (POK:860)
- → Avestan: raêvant: *rich* (POK:860, BQT, ARN:301)
- → Pahlavi: râyomand: *with power and grace* (BQT936, ARN:301)
- → Persian: ráy: *wisdom* رای (BQT:936, ARN:302)

رایگان رجوع شود به: راه

ربودن هم: loot

- Indo-European: Leup, Raup 2: *to break, peel off* شکستن، پوست کندن (POK:690. EIV:195)
- → Av/Old Pers: rup,rupâ: *to rob* (FFD:55)
- → Pahlavi: rôp 1: *to rob* (HRN:135)
- → Persian: robûdan: *to steal* ربودن (BQT:938, EIV:195)

رج رجوع شود به: راست

رَجیدن رجوع شود به: رزیدن

رخش هم: light

- Indo-European: Leuk: *light, brightness* نور، روشنایی (POK:687, KNT:205)
- → Avestan: raočah: *light* (HRN:23,136,140, SYN:470,991, BQT:31)
- Indo-European: Ksei 2: *bright* روشن (WLD1: 501, BRT:541)
- → Avestan: raoč-xšaena, raoxšna: *bright light*; drafša: *(bright) banner* (WLD1: 501, BQT:788,1320)
- → Persian: raxš: *brightness* رخش (درخش، درخشیدن); derafš: *banner* درفش۱ (BQT, MON)

رَد فرمانده، قاضی

- Indo-European: Ar 1: *to fit together* جور و درست کردن (POK:55)
- → Avestan: ratu: *judge, religious leader* (WLD:74, POK:56)
- → Pahlavi: rad: *leader, master, Sir* (SNS:226)
- → Persian: rad: *leader, judge* رَد; دل بخردان داشت و مغز رَدان; دو کتف یلان و هُش موبدان (فردوسی) (BQT:943, MON:1645, FSF:199)

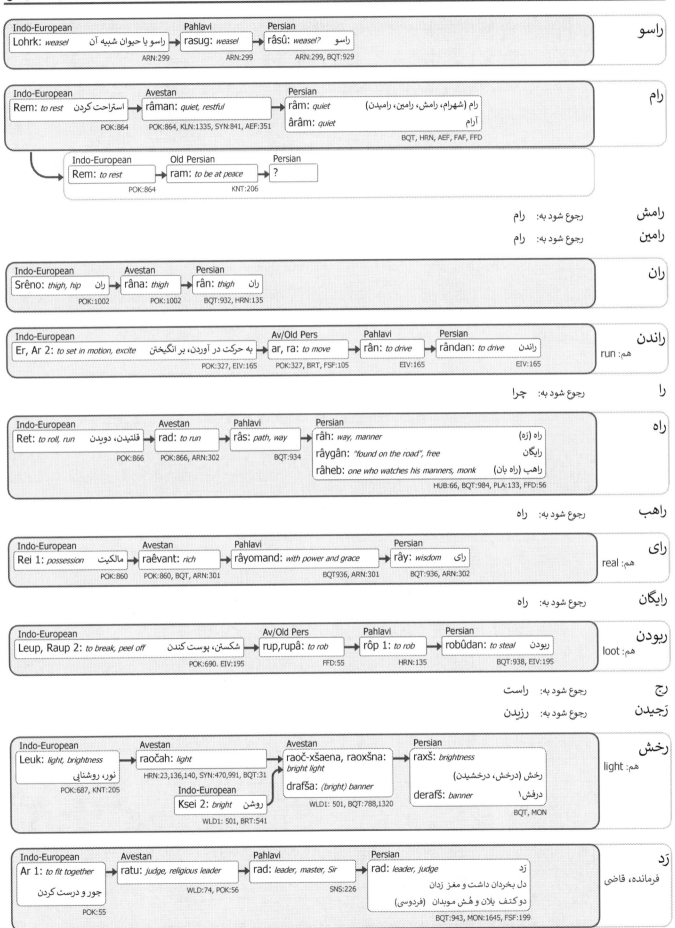

رده

Indo-European: Reg 1: *move straight, right* مستقیم حرکت کردن — POK:854, KNT:206
→ Avestan: râsta: *right*; erezu: *straight (line)* — POK:854
→ Persian: radeh: *a row of soldiers* رده (رژه) — BQT, HRN

NOTE- see "Ret: to roll" as another suggested root for "radeh: row of soldiers"

رده

Indo-European: Ret: *to roll, run* قلتیدن، دویدن — POK:866
→ Avestan: ratha: *chariot* — POK:866, ARN:302
→ Pahlavi: radag: *row of soldiers* — ARN:302, BQT:944
→ Persian: radeh: *row of soldiers* رَده — ARN:302, BQT:944

NOTE- see "Reg: move straight" as another suggested root for "radeh: row of soldiers"

رَز ۱

رجوع شود به: روییدن

رُز ۲

Indo-European: Word: *thorn, flower* خار ، گل — KLN:1357, SYN:527
→ Av /Old Iranian: wrda, varedha: *rose* — KLN:1357, BQT:1822
→ Greek: rhodon: *rose* — SYN:527, KLN:1357,
→ Latin: [empty]
→ French: [empty]
→ Persian: roz: *rose* رُز — MON:1647

رزق

هم: light

Indo-European: Leuk: *light, brightness* نور، روشنایی — POK:687, KNT:205
→ Avestan: raočah: *light* — HRN:23,136,140, SYN:470,991, BQT:31
→ Persian: rûz: *day* روز (فروزان، فروغ) — BQT, FSF:176
→ Arabic: rizq: *daily food* — AFM:72, PLA:135
→ Persian: rezq: *daily bread* رزق — MON

رزم

Indo-European: Reg 1: *move straight, right* مستقیم حرکت کردن — POK:854, KNT:206
→ Avestan: razma: *lined up (for a fight)* — POK:854
→ Persian: razm: *battle (with rows of soldiers)* رزم — BQT, HRN

رزیدن

Indo-European: Reg 2: *to dye, color* رنگ ، رنگ زدن — POK:854
→ Persian: rajîdan: *to paint* رَزیدن (رجیدن، رنگرز) — IEC:1065, MON:1640

رژه

رجوع شود به: رده

رستاخیز

"قیام مردگان"

Indo-European: Leith: *to go forth, die* مردن — POK:672
→ Avestan: raêth, ris, rith: *to die* — POK:672, WLD:401, ETM:66
→ Pahlavi: rist: *dead*; rist-axez: *rising dead* — NYB:170, HRN:103
→ Persian: rastâxîz: *rising of the dead* رستاخیز — BQT:948, HRN:136, NYB:170

Indo-European: Suîğ: *jump, dance* پرش، رقص — IEC:1354
→ Av/Old Pers: haiz: *to rise*; xvîsat: *he rises* — HRN:103, ETM:66
→ Pahlavi: rist-axez (see above)

رستگار

رجوع شود به: رهیدن

رُستم

"با قدرت رشد کرده"

Indo-European: Leudh, Raud 2: *to grow* رشد کردن — POK:684, KLN:885, SYN:874, VDQ:39
→ Avestan: raod 1, raodha: *growth* — KLN:885, SYN:874
→ Avestan: raodha-taxma: *grown strong, name of a legendary hero* — KLN:885, SYN:874
→ Persian: Rostam: *"grown strong"* رُستم — BQT

Indo-European: Tenk: *to become firm and thick* محکم و ضخیم شدن — POK:1068
→ Avestan: tanj, taxma: *pulled together, tight, strong* — POK:1068, KLN:1617, MON5: 405, BQT:511
→ Avestan: raodha-taxma (see above)

رُستن

رجوع شود به: روییدن

رَستن

رجوع شود به: رهیدن

رَسَن

Indo-European: Rek: *to tie* بستن — POK:863, WLD2: 362
→ Sanskrit: račana, rašanâ: *rope, strap, belt* — WLD2: 362, POK:863
→ Pahlavi: rasan: *rope* — SNS:227
→ Persian: rasan: *rope, string* رَسَن — HRN:137, SNS:227

NOTE- MON: 1654 & AFM: 72 claim "rasan" is the Arabic pronunciation of Persian rîsmân. PLA: 138 claims Arabic "rasan" is from Pahlavi "rasan".

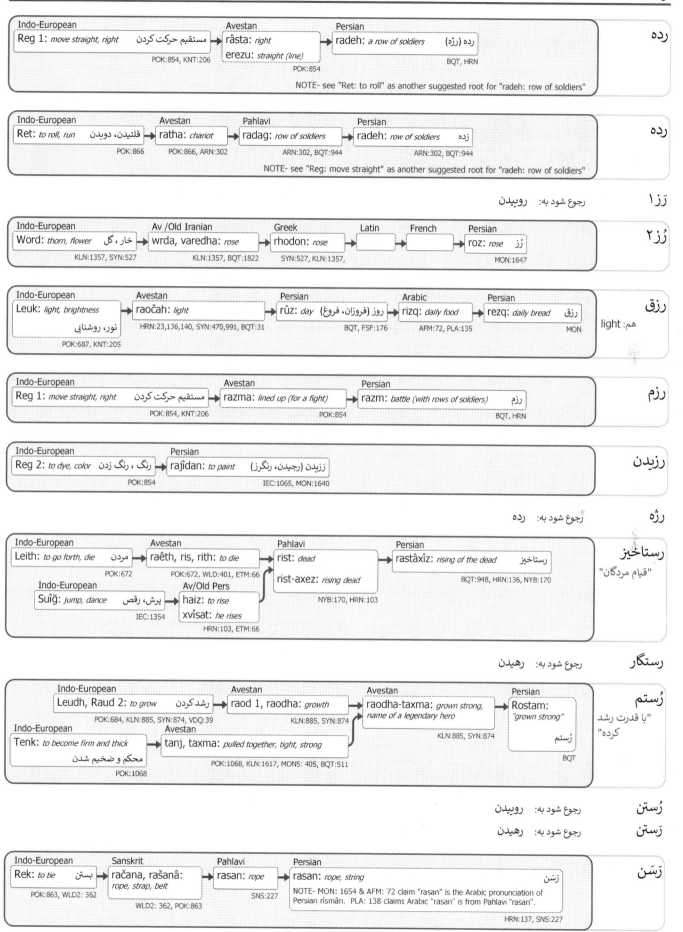

رسیدن — هم: run

- Indo-European: Er, Ar 2: *to set in motion, excite* به حرکت در آوردن، بر انگیختن — POK:327, EIV:165
- → Av/Old Pers: ar, ra: *to move*; ras 1, rasa: *to come, arrive* — POK:327, BRT, FSF:105
- → Persian: resîdan: *to arrive, to ripe* رسیدن — HRN, BQT, FSF, FFD

رشته — رجوع شود به: ریشتن

رِشک

- Indo-European: Erek: *flea, mite* کک ، کنه — POK:335
- → Old Persian: rikša: *louse, flea eggs* — ARN:307
- → Persian: rešk: *flea eggs* رشک — HRN:137, BQT:952, ARN:307

رَشک — رجوع شود به: ارشک

رطل — هم: liter

- Indo-European: Lithra: *a scale, balance* ترازو، تراز; NOTE- This is most likely a Mediterranean word — AHD:1527
- → Greek: litra: *a unit of liquid measurement* — AHD:762, KLN:896
- → Arabic: ratl: *a large liquid container*; NOTE- ratl is a distorted form of "lîtr"
- → Persian: ratl: *a large cup of wine* رطل — MON:1660

رُغ — رجوع شود به: آروغ

رَغزه — پوشش پشمی

- Indo-European: Rezg, Resg: *to plait, wind* بافتن، تابیدن — POK:874
- → Persian: rağzeh: *woolen clothes, woolen blanket* رَغزه — ARN:307, BQT

رُفتن

- Indo-Scythian: Raup 1: *to sweep away* جارو کردن — ISS:251
- → Pahlavi: rôpet, rôp 2: *sweep* — ISS:252
- → Persian: roftan: *to sweep* رُفتن (جاروب، لایروبی) — ISS:252

رَفتن

- Indo-European: Rêp: *to crawl* خزیدن — POK:865
- → Avestan: rap: *to go* — HUB:67, HRN:137
- → Persian: raftan: *to go* رفتن; روا، روان۱، روش — BQT:955
- → Arabic: rawaj: *circulation* — AFM:74
- → Persian: ravâj: *popularity, prevalence* رواج — HRN:137, AFM:74

رفوزه

- Indo-European: Gheu: *to pour* ریختن — POK:447
- → Latin: fundere: *to pour* — AHD
- → French: refuse: *poured back, rejected* — AHD
- → Persian: refûzeh: *failed* رفوزه — MON:1665

رگ

- Indo-European: Eres 1: *to flow, to be wet* جریان داشتن، خیس بودن — POK:335
- → Avestan: ranhâ: *vein* — POK:336, AHD:1115, SOD:339
- → Pahlavi: rahg, rag: *vein* — SOD:339
- → Persian: rag: *vein* رگ — SOD:339

رَم — رجوع شود به: رمیدن

رمیدن

- Indo-European: Ser 1, Sreu: *to flow* جاری شدن; Srêm: *running* جاری — POK:909,1003, KNT:205, IEC:1276
- → Persian: ram: *flight* رَم; ramîdan: *to be scared* رمیدن — IEC:1276

رنج

- Indo-European: Lanğ: *to droop, be sad, sorrow* غمگین بودن، غم; Ranj: *to take action, effort* زحمت کشیدن — IEC:663, EIV:191
- → Avestan: ranj: *trouble, effort* — EIV:191
- → Pahlavi: ranz, ranj: *pain, suffering* — BQT:963
- → Persian: ranj: *pain, suffering* رنج — MON:1676, IEC:663

رنده

- Indo-European: Rand: *to scrape* تراشیدن — EIV:312
- → Pahlavi: Rand: *scratch* — EIV:312
- → Persian: randîdan: *to grate* رندیدن (رنده) — MON:964, HRN:138

رندیدن — رجوع شود به: رنده

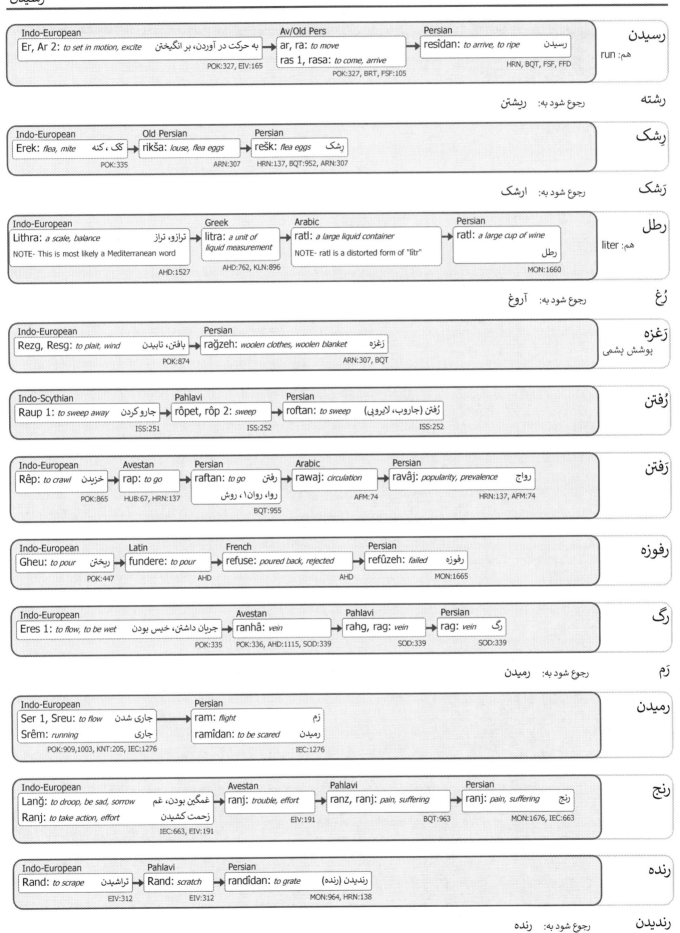

رنگ

Indo-European: Reg 2: *to dye, color* رنگ ، رنگ زدن (POK:854) → Sanskrit: ranga (SYN:1051) → Pahlavi: rang: *color* (HRN:138, BQT:964, PHD:72) → Persian: rang: *color* رنگ (MON:1677)

روا — رجوع شود به: رَفتن

رو۲ — رجوع شود به: روی

رواج — رجوع شود به: رَفتن

روان۱ — رجوع شود به: رَفتن

روان۲

Avestan: Urvan: *spirit, soul* روح (SYN:1088, BQT:967) → Pahlavi: ruvân: *spirit* (BQT:967) → Persian: ravân: *spirit* روان۲ (BQT:967)

روباه

Indo-European: Ulk,Ulkos: *wolf (with fiery eyes)* گرگ
NOTE- This may be from the root "Ulk: shine, fiery" (POK:1144, 1179) → Indo-European: Wlp: *wolf, dog* (POK:1179) → Avestan: urpa, urupis: *dog*; raopias: *fox* (POK:1179) → Pahlavi: ropas: *fox* (Pok:1179, ARN:309) → Persian: rûbâh روباه (BQT, MON5)

رود۱

هم: stream

Indo-European: Ser 1, Sreu: *to flow* جاری شدن; Srêm: *running* جاری (POK:909,1003, KNT:205, IEC:1276) → Av/Old Pers: rautah, raodah: *river* (POK:1003, HRN:139) → Pahlavi: rôt 2: *river* (MON) → Persian: rûd: *river* رود (BQT:969)

Indo-European: Ser 1, Sreu: *to flow* (POK:909,1003, KNT:205, IEC:1276) → Avestan: ravan: *river*; raonami: *the rivers*; urvant, sru-vant: *fluently* (POK:1003) → Persian: ?

رود۲

فرزند
هم: son

Indo-European: Seu 3, Hau 2: *to give birth* زاییدن (POK:913, EIV: 135) → Avestan: hu 3, hav, hunâmi: *to give birth*; hunuš: *son* (POK:913, KLN:1473, EIV: 135) → Persian: rûd: *child* رود
زهی دولت مادر روزگار
که رودی چنین پرورد در کنار (سعدی)
(BQT:969, EIV135)

Indo-European: Seu 3, Hau 2: *to give birth* (POK:913, EIV: 135) → Avestan: hu 3, hav, hunâmi: *to give birth*; hunuš: *son* (POK:913, KLN:1473, EIV: 135) → Persian: ?

رودبار — رجوع شود به: رود + بار۳

روده

Indo-European: Reuto: *intestines, bowels* دل و روده (POK:873) → Pahlavi: rôt 1: *intestine* (POK:874) → Persian: rûdeh: *intestine* روده (POK:874, HRN:139, BQT:970)

روز

هم: light

Indo-European: Leuk: *light, brightness* نور، روشنایی (POK:687, KNT:205) → Avestan: raočah: *light* (HRN:23,136,140, SYN:470,991, BQT:31) → Persian: rûz: *day* روز (فروزان، فروغ) (BQT, FSF:176)

Indo-European: Leuk: *light, brightness* (POK:687, KNT:205) → Old Persian: raucah: *day* (KNT:205) → Persian: ?

روستا

Indo-European: Leudh, Raud 2: *to grow* رشد کردن (POK:684, KLN:885, SYN:874, VDQ:39) → Avestan: raod 1, raodha: *growth* (KLN:885, SYN:874) → Pahlavi: rôstâk: *village* (MON:1689) → Persian: rûstâ: *village* روستا (IEC:1103, MON:1689)

روش — رجوع شود به: رَفتن

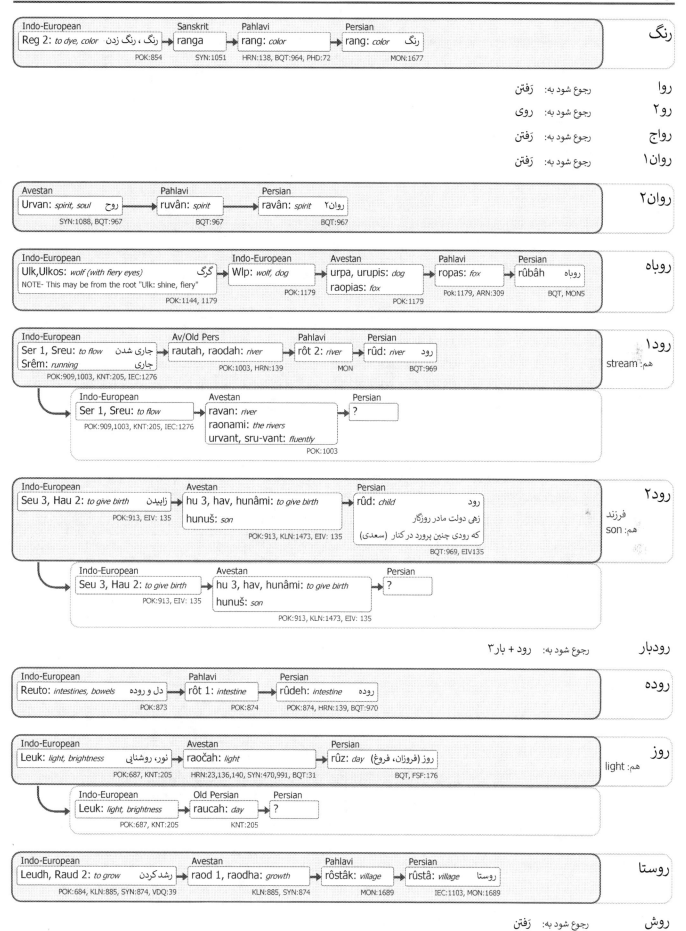

روشن
هم: light

- Indo-European: Leuk: *light, brightness* نور، روشنایی — POK:687, KNT:205
- Indo-European: Ksei 2: *bright* روشن — WLD1: 501, BRT:541
- Avestan: xšae-ta, xšôithmi: *bright* — WLD1: 501, BQT:788,1320
- Avestan: raoč-xšaema, raoxšna: *bright light* — HRN:23,136,140, SYN:470,991, BQT:31
- Persian: rošan: *bright* روشن — BQT, FSF:176

روضه
هم: روییدن

- Indo-European: Leudh, Raud 2: *to grow* رشد کردن — POK:684, KLN:885, SYN:874, VDQ:39
- Avestan: raod 1, raodha: *growth* — KLN:885, SYN:874
- Persian: rûîdan: *to grow* رو ییدن (رُستن); raz: *garden, vineyard, vine* رز ۱ — FSF:199, BQT:944
- Arabic: rauza: *garden* — PLA:138
- Persian: rowzeh: *garden* روضه — MON

NOTE- AFM derives the Arabic "rauza: garden" from Persian "rîxtan: to pour". VDQ derives it from Pahlavi "rôt: river".

روضه
هم: رود

- Indo-European: Ser 1, Sreu: *to flow* جاری شدن — POK:909,1003, KNT:205,
- Av/Old Pers: rautah, raodah: *river* — POK:1003, HRN:139
- Pahlavi: rôt 2: *river* — MON
- Arabic: rauza: *land of rivers, garden* — VDQ:226
- Persian: rowzeh: *garden* روضه — MON

NOTE- PLA:138 derives Arabic "rauza: garden" from Persian "raz: garden".

روغن

- Indo-European: Reughmen: *oil, cream* روغن، کرم — POK:873
- Avestan: raoğna: *oil* — POK:873, KLN:1307
- Pahlavi: rôğn: *oil* — BQT:978
- Persian: roğan: *oil* روغن — BQT:978

روناس
هم: red

- Indo-European: Reudh: *red* قرمز — POK:872
- Avestan: raoidita: *red* — POK:872
- Persian: ronâs: *a plant used for dying* روناس — BQT:980,981, HRN:141, MON:1696

رونق
رجوع شود به: نیک

روی

- Indo-European: Leudh, Raud 2: *to grow* رشد کردن — POK:684, KLN:885, SYN:874, VDQ:39
- Avestan: raod 1, raodha: *growth* — KLN:885, SYN:874
- Persian: rôy: *face* روی (رو ۲) — KLN:885, SYN:874

روییدن

- Indo-European: Leudh, Raud 2: *to grow* رشد کردن — POK:684, KLN:885, SYN:874, VDQ:39
- Avestan: raod 1, raodha: *growth* — KLN:885, SYN:874
- Persian: rûîdan: *to grow* رو ییدن (رُستن); raz: *garden, vineyard, vine* رز ۱ — FSF:199, BQT:944

رهیدن

- Indo-European: Redh: *to separate, isolate* جدا کردن — KNT:205
- Old Persian: rad, radh, ras 2: *set free* — KNT:205, BQT:949
- Persian: rahîdan: *escape, become free* رهیدن (زستن، وارستن، رستگار) — BRT:1505, KNT:205, BQT:949, FFD:55

ری

- AV/Old Pers: Ragâ, Rağâ: *city of "Ray" south of Tehran.* نام شهر ری در جنوب تهران — MON5: 636
- Persian: Ray: *a city south of Tehran* ری; râzî: *from Ray* رازی — BQT:985, FVF:278

ریال
هم: royal

- Indo-European: Reg 1: *move straight, right* مستقیم حرکت کردن — POK:854, KNT:206
- Latin: rex: *ruler, king* — AHD
- Spanish: real: *royal coin* — AHD
- Persian: rîyâl: *unit of currency* ریال — BQT:985

NOTE- Currency from the Spanish commerce in the Persian Gulf.

ریختن
مق: گریختن

- Indo-European: Leigh 2, Raič: *to leave* ترک کردن — POK:669, EIV:307
- Avestan: rêxt, rêz, hâek: *to pour* — POK:669, FFD:72, SOD:11
- Pahlavi: rextan: *to pour* — BQT, HRN:141,203, FVQ:46, SNS:115
- Persian: rîxtan : *to pour* ریختن — POK:669, BQT, AEF:373

ریدن

- Indo-European: Er, Ar 2: *to set in motion, excite* به حرکت در آوردن، بر انگیختن (POK:327, EIV:165)
- → Avestan: rî, rae, raec: *discharge* (BQT:987, SYN:278, HRN:142)
- → Pahlavi: rîtan: *to defecate* (HRN:142, BQT:987, SNS:235)
- → Persian: rîdan: *defecate* ریدن (HRN:142, BQT:987,990)

ریزه

- Indo-European: Rei 2, Raiš: *to hurt, tear, cut* آزردن، پاره کردن (POK:857, IEC:1067, EIV:308)
- → Persian: rîzeh: *small pieces, crumbs* ریزه (IEC:1067)

ریسمان رجوع شود به: ریشتن

ریسیدن رجوع شود به: ریشتن

ریش۱ زخم

- Indo-European: Rei 2, Raiš: *to hurt, tear, cut* آزردن، پاره کردن (POK:857, IEC:1067, EIV:308)
- → Avestan: raesah, raeš: *wound* (POK:858)
- → Persian: rîš 1: *wound, wounded* ریش۱ (BQT:988, EIV:308)

ریش۲

- Indo-European: Uroiks: *twist, beard* تاباندن، ریش (IEC:704,1593)
- → Avestan: raeša: *hair, beard* (HRN:142, IEC:104,1593)
- → Pahlavi: rêš: *beard*; rêšak: *(hairy) root* (BQT:988, SOD:348)
- → Persian: rîš 2: *beard* ریش۲; rîšeh: *root* ریشه (BQT:988,989, HRN:142, IEC:704,1593)

NOTE- ARN:319 indicates that these words are from the Indo-European root "Werd, Wrad: to grow" (POK:1167)

ریشتن هم: rope

- Indo-European: Rei 2, Raiš: *to hurt, tear, cut* آزردن، پاره کردن (POK:857, IEC:1067, EIV:308)
- → Av/Old Pers: riš, rîz: *to spin threads* (FFD:56)
- → Persian: rîštan: *to spin threads* ریشتن (رشته); rîsîdan: *to spin threads* ریسیدن (ریسمان); abrîšam: *silk* ابریشم (BQT:951, HUB:12, FFD:56)

ریشه رجوع شود به: ریش۲

ریغ کینه و دشمنی

- Indo-European: Er, Ar 2: *to set in motion, excite* به حرکت در آوردن، بر انگیختن (POK:327, EIV:165)
- → Avestan / Sanskrit: ari, arika, araeka: *enemy, hostility, hatred* (WLD1: 136, AEF:20)
- → Persian: ârîğ: *hostility, hatred* آریغ; rîğ: *animosity, also hated, enemy, dung* ریغ (BQT, AEF:20,21)

جهان و یژه کردم به بژنده تیغ
چرا دارد ازمن به دل شاه ریغ (فردوسی)

- Indo-European: Er, Ar 2: *to set in motion, excite* (POK:327, EIV:165)
- → Avestan: arati: *energy*; aranu, ham-aranu: *hostile coincidence, fight, competition*; ham-ara, ham-aratha: *opponents*; râna: *fighter*; artha: *affair* (POK:327-331)
- → Persian: ?

ریگ

- Old Persian: Raika: *sand, gravel* شن، سنگ ریزه (HRN:142, BRT)
- → Pahlavi: rêg: *sand* (PHD:73)
- → Persian: rîg: *sand, gravel* ریگ (HUB:68, BQT:989, HRN:142)

ریم

- Indo-European: Er, Ar 2: *to set in motion, excite* به حرکت در آوردن، بر انگیختن (POK:327, EIV:165)
- → Avestan: rî, rae, raec: *discharge* (BQT:987, SYN:278, HRN:142)
- → Pahlavi: rêman: *dirty discharges from eyes etc.* (HRN:142, BQT:987, SNS:235)
- → Persian: rîm: *dirt, dirty discharge from the eye* ریم، ریمه (HRN:142, BQT:987,990)

ریو رجوع شود به: فریب

ریواس هم: rhubarb

- Indo-European: Eres 1: *to flow, to be wet* جریان داشتن، خیس بودن (POK:335)
- → Avestan: raêvas: *rhubarb, grown on Rha (Volga) banks.* (POK:336, AHD:1115, SOD:339)
- → Persian: rîvâs: *rhubarb* ریواس (ریوند) (BQT:991)

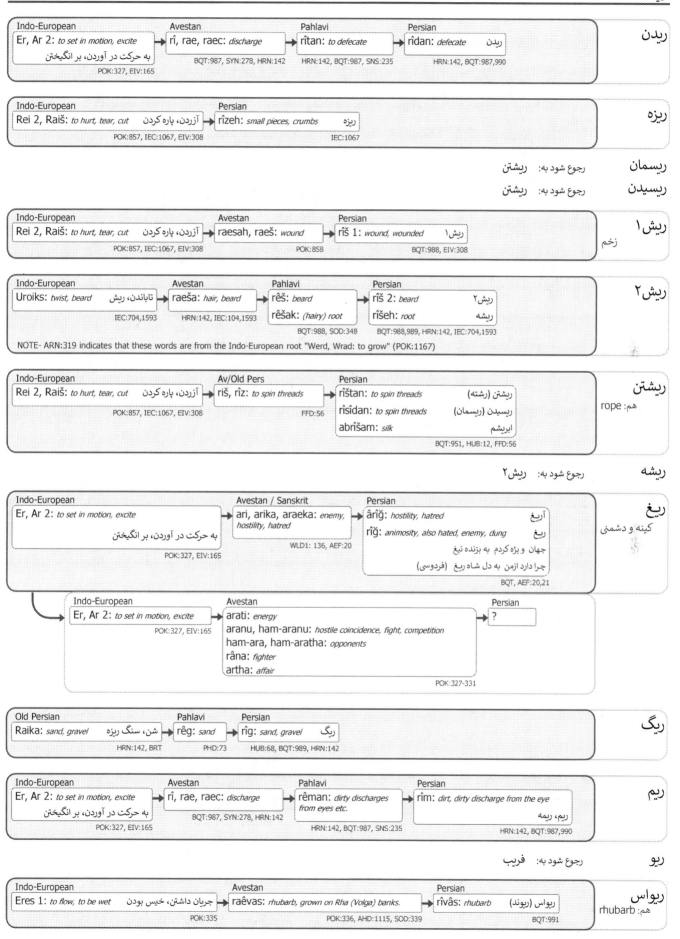

ریوند رجوع شود به: ریواس

زادن هم: gene

Indo-European — Gene: *to give birth to* زاییدن (POK:373) → Avestan — zan 1: *to give birth to* (POK:373, SOD:462) → Persian — zâdan: *to give birth to* زادن (زاییدن) (POK:373, BQT, HRN:181,231)

Indo-European — Gene: *to give birth to* (POK:373) → Av/Old Pers — zana: *human being* (POK:376, KNT:211) → Persian — ?

زار۱

Indo-European — Ger 2, Grnom: *to become ripe, grow old. Also means grain* رسیدن، پیر شدن. همچنین غلات (POK:390-391, AEN:444) → Av/Old Pers — zar 2: *to grow old* (POK:390) → Persian — zâr 1: *ill, weak* زار۱ (HRN:143, POK:390, BQT)

زار۲ هم: care

Indo-European — Ger 4: *to cry hoarsely, growl* گریه کردن ، غر زدن (POK:383, IEC:308) → Sanskrit — jaratê: *to cry loudly* (POK:383) → Persian — zâr 2: *cry* زار۲ (زاری) (HRN:143, BQT:995)

زار۳-

Indo-European — Kwel: *to move around, turn* حرکت کردن ، چرخیدن (POK:640) → Avestan — car, čâr: *to move around, also an open field* (BQT:635, FFD:73) → Pahlavi — čâr: *an open field, also to* → Persian — zâr: *place of, home of* زار۳ (گلزار) (MON, BQT, FFD:73)

زاری رجوع شود به: زار۲

زاغ

Indo-European — Gwag: *cry, quack, squeak, squeal* فریاد، جیر جیر (POK:1110, IEC:351,354) → Persian — zâǧ: *crow* زاغ (IEC, BQT, MON)

NOTE- See "Ghâgwh: young animal" for another possible root

زاغ

Indo-European — Ghâgwh: *young animal* بچه حیوان (POK:409, ARN:318) → Persian — zâǧ: *crow* زاغ (POK:409, ARN:318)

NOTE- See "Gwag: cry, quack" for another possible root

زاق هم: goat

Indo-European — Ghaido: *goat* بز (POK:409, CEL5: 7) → Persian — zâq: *young of any animal* زاق; zâq-dân: *womb* زاقدان (CEL5: 7, MON:1712)

زاقدان رجوع شود به: زاق

زال رجوع شود به: زر۲

زالو

Indo-European — Gel 2: *to swallow, devour* بلعیدن; NOTE- The Old Irish form "Gelid" means a blood sucker, leech (POK:365) → Indo-European — Gelu: *leech* (ARN:318) → Pahlavi — zalug (ARN:318) → Persian — zâlu: *leech* زالو (زلو) (ARN:318)

زانو هم: knee

Indo-European — Genu 1: *angle, knee* زاویه، زانو (POK:381) → Avestan — žnu, znum: *knee* (POK:381, SOD:184) → Pahlavi — zânûg, zânûk: *knee* (ARN:319) → Persian — zânu: *knee* زانو (BQT:1000, ARN:319)

زاو رجوع شود به: زور۱

زاوَر رجوع شود به: زور۱

زاوش

Indo-European — Dei: *to shine, used to describe bright days and heavenly spirits* درخشیدن، برای توصیف روزهای روشن و ارواح آسمانی استفاده می شده (POK:183, AHD) → Greek — Zeus: *a god in Greek mythology, Jupiter* (AHD) → Persian — zâvoš: *Jupiter* زاوش (ARN:319)

زاهیدن رجوع شود به: زِه۲

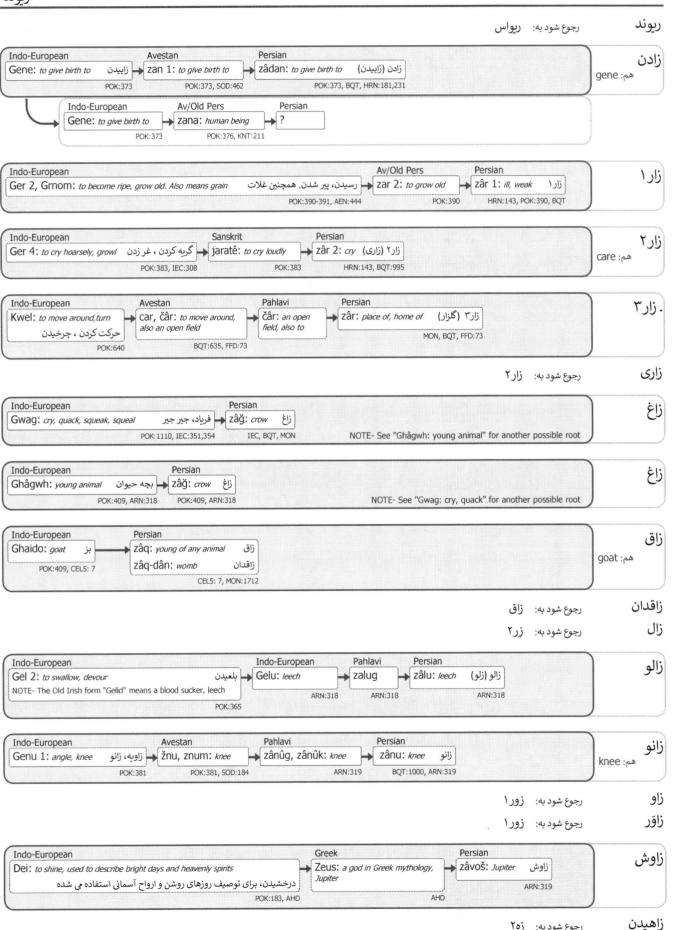

زاییدن
رجوع شود به: زادن

زبان
هم: tongue

Indo-European: Ghu 2: *tongue* زبان (POK:223, PRT:335, KNT:211) → Avestan: zav 1, zbâ: *call*; hizû, hizvâ: *tongue* (PRT:335, SYN:230, KNT:211,214) → Pahlavi: uzvân → Persian: zabân: *tongue, language* زبان; hozvân: *tongue* هزوان (PRT:335, BQT, BRT:1815, IEC:409,410, MON)

Indo-European: Ghu 2: *tongue* (POK:223, PRT:335, KNT:211) → Old Persian: zbâ: *call*; hizana: *tongue* (KNT:211,214) → Persian: ?

زخم

Indo-European: Zgwes: *to extinguish* خاموش کردن (POK:479) → Sanskrit: jas: *extinguished, exhausted, wounded* (POK:479) → Avestan: zaxya: *wound* (HRN:145) → Persian: zaxm: *wound* زخم (BQT:1007)

زدن

Indo-European: Gwhen 2, Jan: *to strike, hurt* زدن، آزردن (POK:492, EIV:222) → Avestan: žata, jan., jaiti: *to hit, harm, bite* (POK:492, HRN:204, BQT:324, FFD:25) → Persian: zadan: *to hit, strike* زدن (HRN, BQT, FSF, EIV)

زدودن

Indo-European: Dheu 3 : *to shine* درخشیدن (POK:261) → Av/Old Pers: dav 2, dû: *to wipe, clean*; uz-dâvayati, uz-dû: *wipes off* (POK:261, BQT:172,1008, FFD:32,58) → Persian: zodûdan: *to wipe out* زدودن (BQT:1008)

Indo-European: Ud 1: *up, out, away* بالا، بیرون (POK:1103) → Avestan: ud, us, uz: *up, out* (POK:1103, HRN:154, BQT:1049) → Av/Old Pers: uz-dâvayati, uz-dû

زر۱
هم: gold

Indo-European: Ghel: *to shine, also a bright yellow color* درخشیدن، زرد روشن (POK:429) → Avestan: zairita, zareta: *golden, yellow* (POK:429, KLN:667, SOD:411) → Persian: zar 1: *gold* زر۱، زریر; zard: *yellow* زرد; zardak: *carrot* زردک; zarnîx: *arsenic* زرنیخ (HRN:145, BQT)

Indo-European: Ghel: *to shine, also a bright yellow color* (POK:429) → Old Persian: daraniya: *gold* (KNT:189) → Persian: ?

زر۲
پیر

Indo-European: Ger 2, Grnom: *to become ripe, grow old. Also means grain* رسیدن، پیر شدن. همچنین غلات (POK:390-391, AEN:444) → Av/Old Pers: zar 2: *to grow old*; zarmân: *old man* (POK:390) → Persian: zar 2: *old* زر۲ (زرمان); zâl: *old* زال (HRN:143, POK:390, BQT)

زرّاد

Indo-European: Ghlâd: *to sound, to ring* صدا کردن ، زنگ زدن (POK:451) → Avestan: zrâda: *linked armor* (POK:451) → Arabic: zard, sarad: *armor*; zarrâd: *armor maker* (VDQ:257) → Persian: zarrâd: *armor maker* زرّاد (MON:1729)

زراه
هم: دریا

Indo-European: Glei: *run up to, water flow* حرکت (یا تموج) آب (POK:401, KNT:192) → Avestan: zrayah, zarayah: *body of water* (POK:401, SYN:37) → Pahlavi: zrê: *sea* (MON:1730,) → Persian: zrâh: *sea* زراه (BQT:1010, POK:401)

زرتشت

Indo-European: Wes 1 : *wet, also male animal* خیس، حیوان نر (POK:1171,1172, IEC:1582) → Av/Old Pers: uš-tra, uštra: *camel*; zara-uštra: *(with) old camels* (POK:1172) → Persian: Zartošt: *"owner of old camels", Zoroaster* زرتشت (BQT:138)

Indo-European: Ger 2, Grnom: *to become ripe, grow old. Also means grain* رسیدن، پیر شدن. همچنین غلات (POK:390-391, AEN:444) → Av/Old Pers: zar 2: *to grow old* (POK:390) → zara-uštra

NOTE- BQT:1011 links Avestan "zara" to the Indo-European root "Ghel: yellow", thus zara-uštra means (with) yellow camels.

زرد رجوع شود به: زر۱

زردشت رجوع شود به: زرتشت

زردک رجوع شود به: زر۱

زرگون

Indo-European: Ghel: *to shine, also a bright yellow color* درخشیدن، زرد روشن (POK:429) → Avestan: zairita, zareta: *golden, yellow* (POK:429, KLN:667, SOD:411) → Persian: zar 1: *gold* زر۱، زریر (HRN:145, BQT) → Persian: zargûn: *like gold, golden* زرگون (HRN:145, BQT:1012) → French: jargon → English: zirconium (AHD:1489) → Persian: زیرکونیم

Indo-European: Gêu 1, Keub, Keup: *to bend* خم کردن (POK:394-398, POK:588-592) → Avestan: gaona: *hair, hair color, type, like* (SYN:1051, SNS:90) → Persian: zargûn

زرمان رجوع شود به: زر۲

زرنیخ رجوع شود به: زر۱

زروان رجوع شود به: زر۲

زره

Indo-European: Ghlâd: *to sound, to ring* صدا کردن ، زنگ زدن (POK:451) → Avestan: zrâda: *linked armor* (POK:451) → Pahlavi: zrih (VDQ:257) → Persian: zereh: *armor* زره (POK:451, HRN:146, BQT:1019)

زریر رجوع شود به: زر۱

زشت

Indo-European: Gheis: *to frighten, to be angry* ترساندن، خشمگین بودن (POK:427) → Avestan: zaêša, zaêšta: *terrible, ugly* (POK:427, KLN:655) → Persian: zešt: *ugly* زشت (BQT:1021, HRN:147)

زغن

Indo-Scythian: Gan: *to seize* گرفتن (ISS:27) → Indo-Scythian: Uysgani: *vulture* (ISS:27) → Persian: zağan: *a black bird (kite)* زغن (ISS:27, BQT:1023)

زفت
هم: asphalt

Greek: Sphallein: *cause to fall, slip* لیز خوردن، افتادن
NOTE- From an unknown Semitic root (KLN:114, AHD:78) → Greek: a-sphallein: *not slippery, a bonding agent*; asphaltos: *tar* (AHD:78) → Persian: zeft: *tar* زفت (BQT:1024)

زفر
هم: jaw

Indo-European: Geph: *mouth* دهان (POK:382) → Avestan: zaf-: *mouth*; zaf-an: *mouth*; zaf-ar: *mouth* (POK:382, KLN:833, SYN:221) → Persian: dahân: *mouth* زفر
زبانش بسان درختی سیاه
زفر باز کرده فگنده به راه (فردوسی)
(BQT:1024, HRN:589,663)

زکیدن
بخود از خشم سخن گفتن

Indo-European: Gwag: *cry, quack, squeak, squeal* فریاد، جیر جیر (POK:1110, IEC:351,354) → Persian: zakîdan: *bluster, rage, talk to oneself in rage* زکیدن (ژکیدن) (IEC, BQT, MON)

زلو رجوع شود به: زالو

زم

Indo-European: Ghei 1: *winter* زمستان (POK:425) → Av/Old Pers: zem: *cold*; zyâ 1, zyâo, zimô: *winter* (POK:425) → Persian: zam: *cold* زم; zemestan: *winter* زمستان; zamharîr: *a very cold place* زمهریر (BQT, FVF:320)

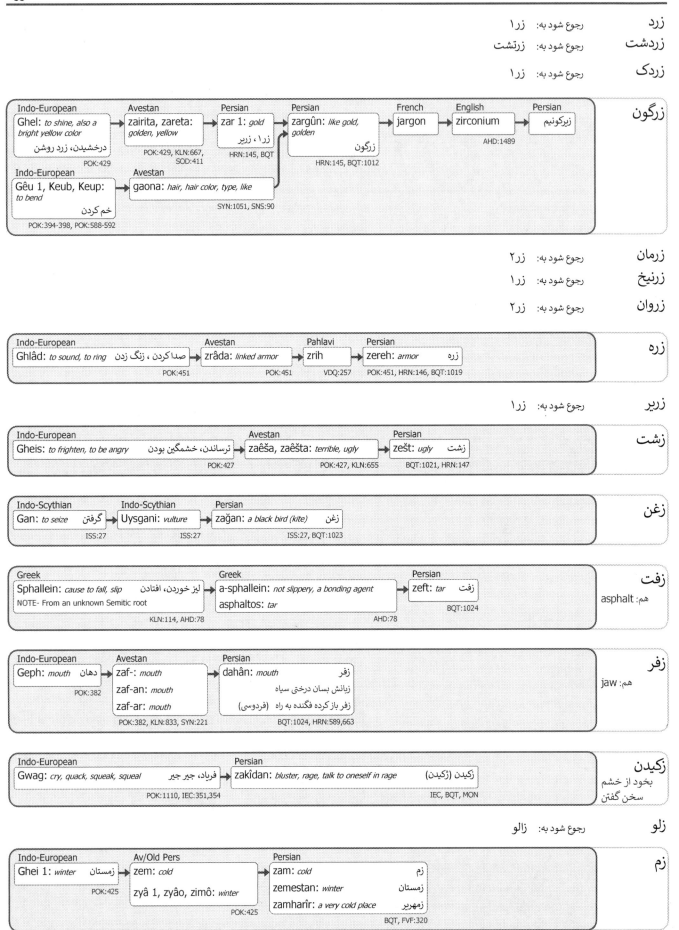

زمان — هم: هنگام

- Indo-European: Gwa: *to walk, step* قدم زدن (POK:463,EIV:98)
- → Av/Old Pers: gam: *to come, step*; jam, jantu: *to go* (POK:463, KLN:318)
- → Av/Old Pers: jamâna: *a step (period) of time*; thamân: *time* (PLA:146, NYB:228)
- → Persian: zamân: *time* زمان (MON:1746)

زمستان رجوع شود به: زم

زمهریر رجوع شود به: زم

زمین

- Indo-European: Ghdhem: *earth* زمین (POK:414,SYN:16,AHD:1513)
- → Av/Old Pers: zam: *earth* (AHD, BQT:1032, KNT:177)
- → Pahlavi: zamîk: *earth* (ARN:325)
- → Persian: zamîn: *earth, land* زمین (BQT, ARN:325)

زن — هم: queen

- Indo-European: Gwen: *woman, female* زن، ماده (POK:473)
- → Avestan: ğnâ, genâ, žaini, jâni: *woman* (POK:473, SYN:82)
- → Persian: zan: *woman, wife* زن (POK:473, BQT:1033)

زنّار — هم: zone

- Indo-European: Yôs: *to gird, belt* کمر بستن، دور چیزی را پوشاندن (POK:513)
- → Greek: zônê: *girdle*; zonarion: *a girdle worn by non-Moslems to be identified* (AHD)
- → Persian: zonnâr: *belt used to be worn by non-moslems* زنّار (BQT:1033, MON)

زنجبیل — مق: شنگبیل — هم: ginger

- Indo-European: Ker 1: *head, horn* سر، شاخ (POK:574, KLN:261,657)
- → Sanskrit: srnga: *horn*; sringa-vera: *horn-shaped root of ginger* (AHD:1522, KLN:657)
- → Pali: singivera: *ginger* (KLN:657)
- → Greek: ziggiberis: *ginger* (KLN:657)
- → Arabic: zanzabîl: *ginger* (VDQ:238)
- → Persian: zanjebil: *ginger* زنجبیل (MON:1751, VDQ:238)

زنجرف

- Old Persian: Sinkadruš: *the red ore of mercury (mercuric sulfide) used as a pigment* سنگ معدن سرخ رنگ جیوه که در رنگرزی بکار میرفته (MON:2083)
- → Persian: šangarf: *red lead, cinnabar, red pigment* شنگرف (زنجرف) (MON:2083, BQT:1302)

زنجیر

- Indo-European: Ghei 2: *to propel* جلو بردن (POK:410,424)
- → Avestan: zaêna 1: *weapon*; zayan: *equipped, armed* (POK:424, KLN:666, SYN:1384)
- → Avestan: zaêna 2: *chain ?* (HRN:149)
- → Persian: zanjîr: *chain* زنجیر (HRN:149)

زنخدان رجوع شود به: چانه

زند — هم: know

- Indo-European: Gnô: *to know* دانستن (POK:376)
- → Av/Old Pers: zan 2, zânâ: *to know* (POK:376, BQT:1298)
- → Persian: Zand: *interpretation of the Avesta book* زند; zandîq: *familiar with the Zand book* زندیق (BQT, FFD)

زندان — مق: زنجیر

- Indo-European: Ghei 2: *to propel* جلو بردن (POK:410,424)
- → Avestan: zaêna 1: *weapon*; zayan: *equipped, armed* (POK:424, KLN:666, SYN:1384)
- Indo-European: Dhê 2: *to do, set* انجام دادن، چیدن (AHD:1512, POK:235)
- → Avestan: dhana: *vessel, holder, pot* (POK:238)
- → Avestan: zaêna 2: *chain ?*; zaêna-dana: *house of chains, prison* (HRN:149)
- → Persian: zendân: *prison* زندان (HRN:149)

زندگی رجوع شود به: زیستن

زندیق رجوع شود به: زند

زنگ — پا

- Indo-European: Ghengh: *to proceed, step* پیش رفتن; Ksengio: *pace* سرعت (POK:438, IEC:414,571)
- → Avestan: zanga: *ankle*; zangô: *upper part of the foot* (POK:438, KLN:639, IEC:414)
- → Persian: zang: *foot (obsolete)* زنگ (HRN:302)

این لغت یا متروک شده و یا استفاده از آن بسیار محدود میباشد.

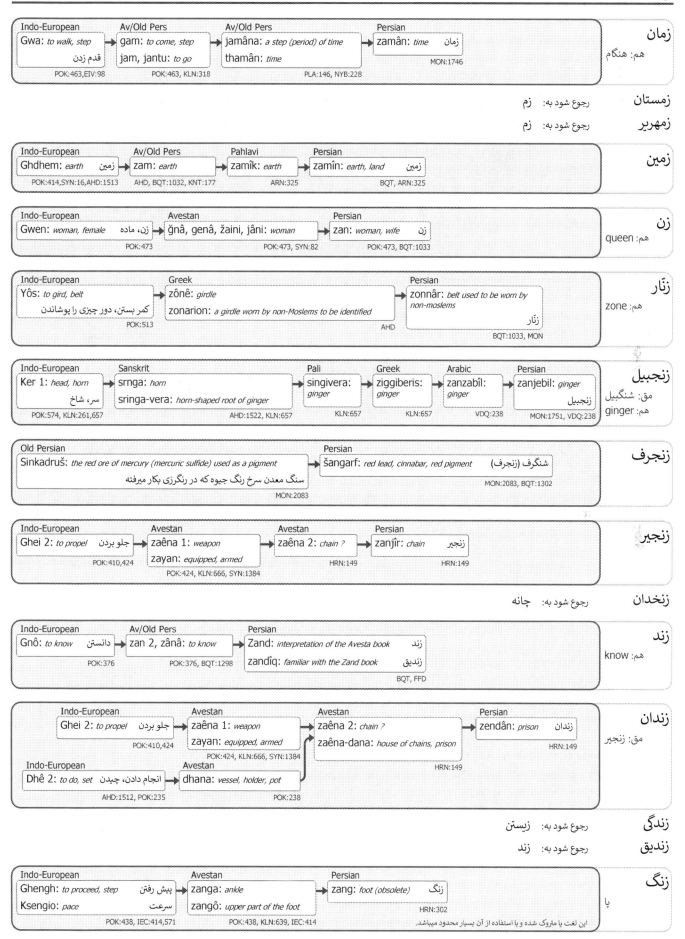

زنودن رجوع شود به: نُویدن

زنویه رجوع شود به: نُویدن

زنهار
"مسلح باش"

- Indo-European — Ghei 2: *to propel* جلو بردن (POK:410,424) → Indo-European — Ghaise: *spear* نیزه (POK:410,424) → Avestan
- Indo-European — Dher 1, Darz, Har: *to hold firmly, keep, guard* محکم گرفتن، حفظ کردن (POK:252, EIV:129) → Av/Old Pers — dâr, dr: *to hold* (POK:252) → Avestan
- Avestan — zaêna 1: *weapon*; zaenô-hâra: *hold (your) weapons, be careful* (POK:424, KLN:666, SYN:1384) → Persian — zenhâr: *"hold your weapons"* زنهار (زینهار) (HUB:60, HRN:116, BQT:1055)

زوار رجوع شود به: زیبا

زوت رجوع شود به: زَور۲

زوج
هم: yoke

Indo-European — Yeu 1, Yauj: *to join, harness* جفت کردن، مهار کردن (POK:509, EIV:217) → Greek — zugon: *yoke, arm of a pair of balances, scale* (POK:509, AHD, VDQ:346) → Arabic — zawj: *pair* (VDQ:239) → Persian — zowj: *pair* زوج (FVA:180)

زود
هم: زور۱

Indo-European — Geu 2: *to hasten* عجله کردن (POK:399) → Avestan — zava: *haste* (POK:399, HUB:16) → Persian — zûd: *fast, soon* زود (POK:399, BQT:1043, HRN:149,)

زور۱
قدرت

Indo-European — Geu 2: *to hasten* عجله کردن (POK:399) → Avestan — zavah, zâvar: *power, force* (POK:399, BQT:148) → Persian — zûr 1: *force, power* زور۱ (زاوَر); zâv: *powerful* زاو (POK:399, BQT, HRN:149)

زَور۲
آب مقدس
هم: gush

Indo-European — Gheu: *to pour* ریختن (POK:447) → Avestan — zaothra, zaothar, zaothr: *holy water* (POK:447, ARN:329) → Pahlavi — zôt : *holy water* (ARN:329) → Persian — zawr: *holy water (in Zoroastrian religion)* زَور۲; zot: *Zoroastrian priest* زوت (زوتر) (MON:1761, BQT:1043, ARN: 329)

Indo-European — Gheu: *to pour* (POK:447) → Avestan — âzûtay: *melted butter or fat*; zav 2: *a kind of alcoholic beverage* (POK:447, SOD:184) → Persian — ?

زور۳
هم: تزویر
هم: false

Indo-European — Ghuel: *crooked, bent* ناصاف، خمیده (POK:489) → Av/Old Pers — zûrah: *lie, cheat* (POK:489) → Pahlavi — zûr: *not true* → Persian — zûr 2: *lie* زور۳ (HRN:147, ETM:67, POK:489)

زورق
هم: galleon

Indo-European — Ǧaulos: *vessel, boat* کشتی ، قایق (IEC:388) → Persian — zowraq: *boat* زورق (AEC:388, BQT:1044)

زوش
بد اخلاق

Avestan — Zauša: *raising a noise, being violent or bad tempered* داد زدن و بد اخلاق کردن (AHM:220) → Persian — zôš: *talk loudly, be violent, a bad tempered person* زوش
بانگ کردمت ای بت سیمین
زوش خواندم تراکه هستی زوش (رودکی)
(AHM:220, BQT:1044, MON:1762)

زه۱
چلۀ کمان

Indo-European — Gwhi: *thread, string* نخ، رشته (POK:481,489, AHD) → Avestan — žyâ: *bow string* (POK:481) → Persian — zeh 1: *bow string* زه۱ (HRN:150, BQT:1046)

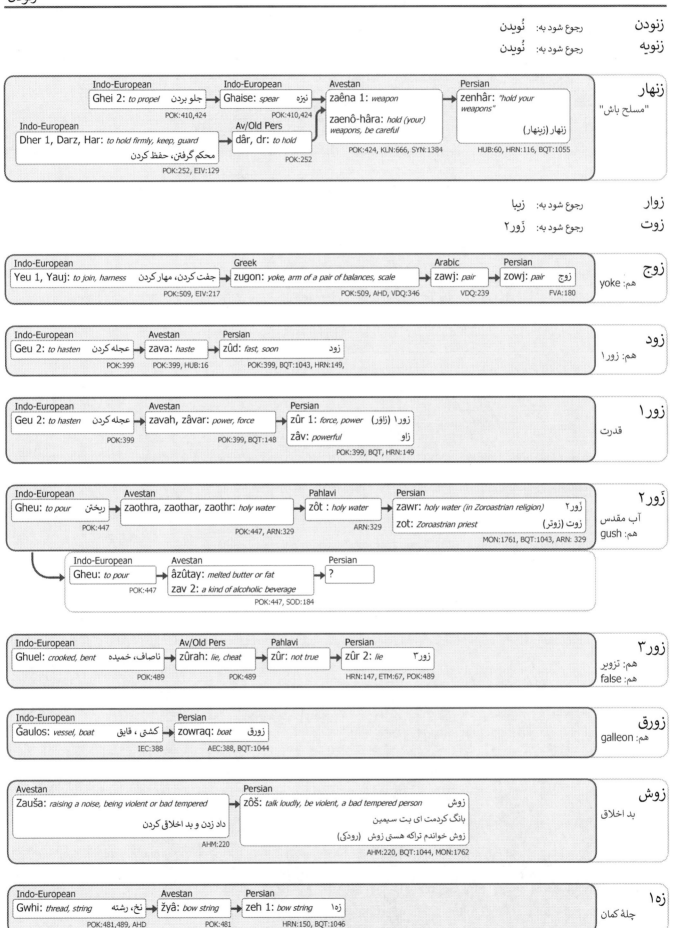

زِه۲
زاییدن

- Indo-European: Ôus: *mouth, lip* دهان، لب — POK:784
- Indo-European: Ud 1: *up, out, away* بالا، بیرون — POK:1103
- → Avestan: âh: *mouth*; aošta, aoštra: *lip*; uz-ah, zâ 2: *push out of opening, give birth* — POK:785, SYN:228, KLN:1091, BQT:1049
- → Persian: zeh 2: *to give birth* زِه۲ (زاهیدن، زهیدن) — MON, IRN

زِه۳
صمغ

- Indo-European: Gwhen 2, Jan: *to strike, hurt* زدن، آزردن — POK:492, EIV:222
- → Av/Old Pers: jatara: *resin (obtained by striking a tree trunk)*; NOTE- Derivation of "jatara: resin" is not certain — AHD:1520, AEF:335
- → Persian: žad, žeh, zeh: *resin* ژَد، ژِه، زِه۳; ang-žeh: *sweet resin* انگژه (انغوزه) — MON, BQT

زهاب
چشمه

- Indo-European: Ud 1: *up, out, away* بالا، بیرون — POK:1103
- Indo-European: Ôus: *mouth, lip* دهان، لب — POK:784 → Avestan: âh: *mouth* — POK:785, SYN:228, KLN:1091, BQT:1049
- Indo-European: Ab 1: *water* آب — POK:1 → Avestan: âp: *water* — KLN:2
- → Avestan: ud, us, uz: *up, out*; uz-ah-âp: *where water comes out, spring* — POK:1103, HRN:154, BQT:1049
- → Persian: zahâb: *river, spring* زهاب — MON, IRN

زهدان
کیسه رحِم

- Indo-European: Ôus: *mouth, lip* دهان، لب — POK:784
- Indo-European: Ud 1: *up, out, away* بالا، بیرون — POK:1103
- Indo-European: Dhê 2: *to do, set* انجام دادن، چیدن — AHD:1512, POK:235 → Avestan: dhana: *vessel, holder, pot* — POK:238
- → Avestan: âh: *mouth*; aošta, aoštra: *lip*; uz-ah, zâ 2: *push out of opening, give birth*; zâ-dhana: *child holder, womb* — POK:785, SYN:228, KLN:1091, BQT:1049
- → Persian: zehdân: *womb* زهدان — MON, IRN

زهر

- Indo-European: Gwhen 2, Jan: *to strike, hurt* زدن، آزردن — POK:492, EIV:222
- → Av/Old Pers: jathra: *poison* — AHD:1520, AEF:335
- → Persian: zahr: *poison* زهر — BQT:1047

زَهره

- Indo-European: Ghel: *to shine, also a bright yellow color* درخشیدن، زرد روشن — POK:429
- → Av/Old Pers: zahr, zara: *bile* — POK:429
- → Persian: zahreh: *bile, courage* زَهره

زهیدن
رجوع شود به: زِه۲

زیان

- Indo-European: Gweie: *to over power, defeat* چیره شدن، شکست دادن — POK:469
- → Avestan: zinât: *to injure*; zyâ 2, zyâni: *injury* — POK:469, SOD:470
- → Persian: zîyân: *loss, damage* زیان — BQT:1050

- Indo-European: Gweie: *to over power, defeat* — POK:469
- → Avestan: žayâi: *to defeat*; žya: *defeated, diluted* — POK:469
- → Persian: ?

زیب
رجوع شود به: زیبا

زیبا

- Indo-Scythian: Zi: *to adorn* آراستن — ISS:16
- → Persian: zîb: *beauty* زیب (زیبیدن، زیبنده، زیبا); zîvar: *ornament* زیور (زوار) — ISS:16, EIV:462

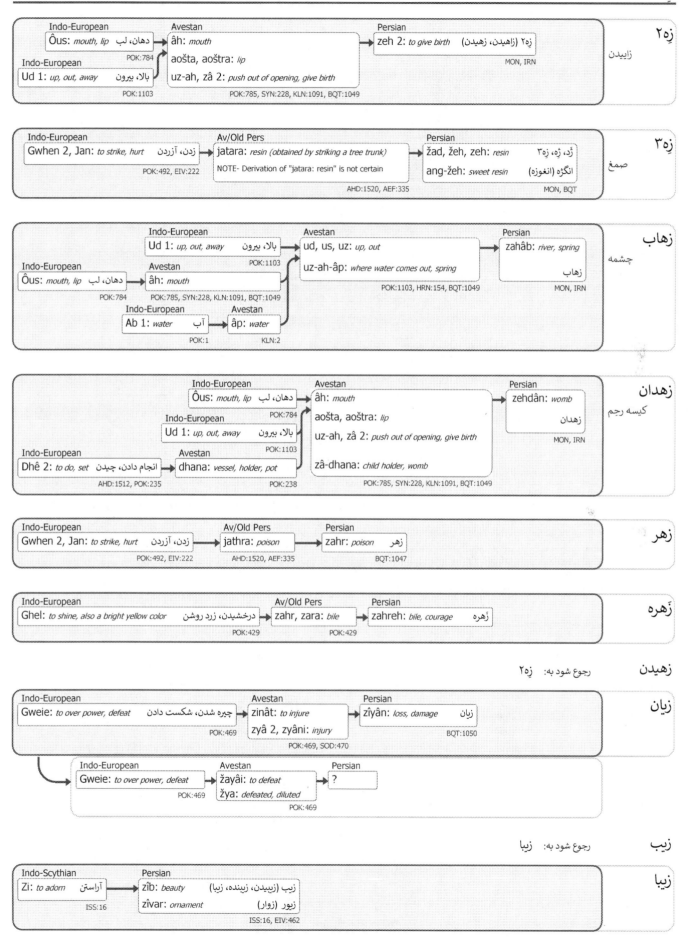

زیبق
فلز "زنده"

- **Indo-European:** Gwei, Jai: *to live* زندگی کردن — POK:467, EIV:222
- **Av/Old Pers:** jiva, jîta, jva: *living* — KLN:1288, POK:467,750, SNS:173, SOD:91
- **Pahlavi:** zivastan: *to live*; zivandak: *"live (metal)", mercury* — BQT:606,1038
- **Arabic:** zîbaq — PLA:102
- **Persian:** zîbaq: *mercury* زیبق
  اصل این سیم و زر ز زیبق خاست
  زان چو زیبق بجنبد از چپ و راست (اوحدی)
  — MON:1768

زیبنده رجوع شود به: زیبا

زیبیدن رجوع شود به: زیبا

زیر

- **Indo-European:** Ndhos, Ndheros: *under* زیر — POK:771
- **Avestan:** adâ, adairi: *under, below* — POK:771, ARN:333
- **Pahlavi:** êr, azir: *below* — ARN:333
- **Persian:** zir: *under, below* زیر — ARN:333

زیرک
هم: آژیر

- **Indo-European:** Gwei, Jai: *to live* زندگی کردن — POK:467, EIV:222
- **Avestan:** žîra, â-žîra: *alert* — POK:468
- **Persian:** zîrak: *alert, smart* زیرک — FAF:28

زیرکونیم رجوع شود به: زرگون

زیره
هم: grain

- **Indo-European:** Ger 2, Grnom: *to become ripe, grow old. Also means grain* رسیدن، پیر شدن. همچنین غلات — POK:390-391, AEN:444
- **Persian:** zîreh: *caraway seed* زیره — IEC:406

زیستن
هم: quick

- **Indo-European:** Gwei, Jai: *to live* زندگی کردن — POK:467, EIV:222
- **Av/Old Pers:** jiva, jîta, jva: *living* — KLN:1288, POK:467,750, SNS:173, SOD:91
- **Pahlavi:** zivastan: *to live*; zivandak: *"live (metal)", mercury* — BQT:606,1038
- **Persian:** zîstan: *to live* زیستن; zendegî: *life* زندگی; jîveh: *"live metal", mercury* جیوه — MON, EIV

زین
هم: ابزار

- **Indo-European:** Ghei 2: *to propel* جلو بردن — POK:410,424
- **Avestan:** zaêna 1: *weapon*; zaya: *tools, equipment* — POK:424, KLN:666, SYN:1384
- **Persian:** zîn: *saddle* زین — BQT, PLA, FVF

زینهار رجوع شود به: زنهار

زیور رجوع شود به: زیبا

ژاژ
حرف بی ارزش

- **Indo-European:** Gwag: *cry, quack, squeak, squeal* فریاد، جیر جیر — POK:1110, IEC:351,354
- **Persian:** žâž: *worthless speech* ژاژ — IEC, BQT, MON

ژاله

- **Indo-European:** Gheled: *ice, hail* یخ، تگرگ — POK:435
- **Persian:** žâleh: *hail, dew* ژاله — ARN:335, BQT, MON, FSF:216

NOTE- the Persian word is cognate with the Sanskrit "jada: hail" but it is not clear if it is derived from it.

ژَد رجوع شود به: زِه۳

ژرف

- **Indo-European:** Gwebh: *to dip, sink* فرو بردن در مایعات، غرق کردن — POK:465
- **Avestan:** jafra, jaiwi: *deep* — POK:466
- **Pahlavi:** žafr, zufar: *deep* — FVA:293, ARN:336
- **Persian:** žarf: *deep* ژرف — ARN:336, BQT:1059, HRN:152

ژکیدن رجوع شود به: زکیدن

ژوژه

- **Indo-European:** Ang: *to bend* خم کردن — POK:46
- **Indo-European:** Dus: *bad, evil* بد، شیطانی — POK:227
- **Avestan:** anku, aka: *hook*; duž-aka: *with bad sting hooks, porcupine* — POK:45, BRT:755
  NOTE- BRT: 755 is not quite certain about "duž-aka" etymology.
- **Pahlavi:** žužag, zuzag, jujag: *porcupine* — SNS:168, BQT:1063
- **Persian:** žûžeh: *porcupine* ژوژه; jûjeh: *chicken* جوجه — BRT:755, BQT, HRN:152, MON, IEC:1391

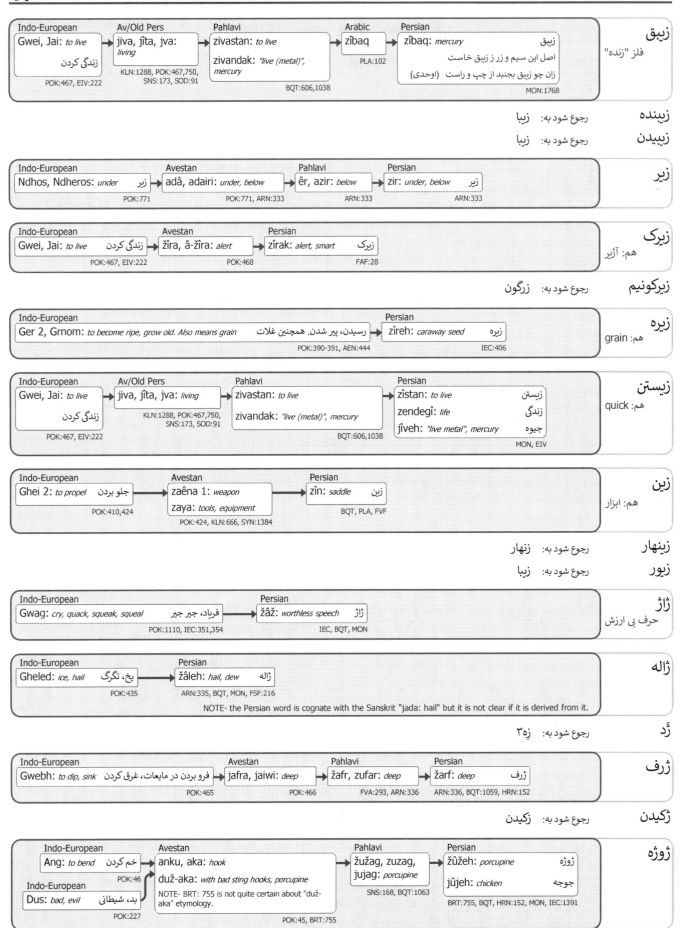

ژِه رجوع شود به: زِه۳

ساج هم: teak

Sanskrit: Sakah: *teak wood* چوب درخت ساج (KLN:1578) → Hindustani: sâgun: *teak* (HJB:910) → Arabic: saj: *teak* (HJB:910, KLN:1578) → Persian: sâj: *teak tree* ساج (MON:1783)

ساخارین رجوع شود به: سوخاری

ساختن

Indo-European: Kak 1: *to have power, help, enable* قادر بودن، کمک کردن (POK:522, ARN:352) → Avestan: sak, sač, sâx: *to do* (POK:522, HRN:152, FFD:58) → Persian: sâxtan: *to build* ساختن (سازش) (HRN, BQT, POK:522)

Indo-European: Kak 1: *to have power, help, enable* (POK:522, ARN:352) → Avestan: čagad: *helped*; čageman: *gift*; čagvah: *offered* (POK:522) → Persian: ?

سار۱ رجوع شود به: سرای

سار۲ غم هم: hate

Indo-European: Kâd: *sorrow, hatred* غم، تنفر (POK:517) → Avestan: sâdra: *pain, grief* (POK:517) → Persian: sâr: *grief, pain* سار۲ (BQT:1069, MON:1790)

سار۳ هم: sperling

Indo-European: Storos: *a type of bird (sparrow?)* نوعی پرنده کوچک (Pok:1036) → Pahlavi: sâr: *sparrow* (ARN:337) → Persian: sâr: *sparrow* سار۳ (ARN:337)

NOTE- see "Sper" for a different suggested root

سار۳ هم: sparrow

Indo-European: Sper: *sparrow* گنجشک، پرستو (POK:991, IEC:613,1056) → Pahlavi: sâr: *sparrow* (MON:1789) → Persian: sâr: *sparrow* سار۳ (IEC:613,1056, MON:1789)

NOTE- see "Storos" for a different suggested root

سازش رجوع شود به: ساختن

ساس

Indo-European: Kiês: *bug, tick* حشره، کنه (IEC:622) → Persian: sâs: *louse* ساس (IEC:622, MON:1795)

ساستا ستمگر

Indo-European: Kâs 3: *to direct, command* هدایت کردن، فرمان دادن (POK:533, WLD1: 358) → Av/Old Pers: sâs, sâh: *command*; sâsta, sâstar: *ruler, oppressor* (POK:533, BRT:1574, SYN:1338, BQT:354) → Pahlavi: sâstâr: *ruler, oppressor*; sâstâreh: *bad domination* (BQT:354,1573, MON:1843) → Persian: sâstâ: *oppressor, demon* ساستا، ساستار (BQT, HRN:160, MON, FSF:99)

ساکارُز

Indo-European: Korkâ: *gravel* سنگ ریزه (POK:615) → Sanskrit: sarkarah: *gravel, sugar* (POK:615) → Pali: sakkara: *sugar* → Persian: šekar: *sugar* شِکر (BQT:1279) → Arabic: sukkar (PLA:163) → French: sucre (AHD:1288) → Persian: ساکارُز (MON:1802)

سال

Indo-European: Kel 1: *cold or warm, a year* سرد یا گرم، سال (POK:551, SYN:1078)
NOTE- This root has two opposing meanings
→ Avestan: sarez, sareda: *a warm season, a year* (POK:551, SYN:1012) → Pahlavi: sâlak, sâl: *year* (HRN:153) → Persian: sâl: *year* سال (POK:551, SYN:1012)

سالار رجوع شود به: سر

سام "سیاه"

Indo-European: Kei 1: *gray or black color, dark* رنگ تیره، تاریک (POK:540) → Avestan: sâma: *black* (POK:541, KLN:288) → Persian: sâm: *"black", a male name* سام (BQT:1075)

سایه

" بدون تابش"

هم: shine

- Indo-European: Skai: *shining, bright* درخشان، روشن — POK:917
- Indo-European: Ne 1, An 3: *no, not* نَه — POK:756, KNT:167
- Av/Old Pers: a-, â-, an-: *no, not* — POK:757, KNT:167
- Avestan: čâyâ, asaya: *not bright, shade* — POK:917, SOD:367
- Persian: sâyeh: *shadow* سایه — HRN:154

ساییدن

هم: hone

- Indo-European: Ak: *sharp, also a sharp stone* تیز، سنگ تیز — POK:18, KNT:173
- Indo-European: Ke: *sharp, to sharpen* — POK:541,542
- Avestan: saêni, saêniš, čâna: *pointed, sharp or rough objects used for grinding*; asânam: *whetstone*; abi-čâna, abhi-čâna: *grinding stone* — POK:542, SNS:18, IEC:11
- Persian: sâyîdan: *to grind, rub* ساییدن (سوهان); fesânîdan: *to grind, rub* فسانیدن (افسانیدن); fesân: *grinding stone* فسان (افسان، اپسان) — POK, BQT, SNS

- Indo-European: Ak: *sharp, also a sharp stone* — POK:18, KNT:173
- Indo-European: Ke: *sharp, to sharpen* — POK:541,542
- Old Persian: asa, asam: *whetstone* — IEC:11
- Persian: ?

سَبْت

هم: شنبه

- Akkadian: Šabatu: *to cut, stop working* قطع کردن، دست برداشتن از کار — AKD:67, BQT:1300
- Hebrew: šâbat: *to stop work* — BQT:1300
- Arabic: s.b.t: *to cut, day of stopping the work, Saturday* — BQT:1300
- Persian: sabt: *Saturday* سَبْت — MON:1815

سُبک

رجوع شود به: چابک

سپار

گاوآهن

- Indo-European: Sphel: *to split* شکافتن — POK:985
- Sanskrit: sphal: *to open* — POK:985
- Persian: spâr: *the cutting tip of plow* سپار
  ای بدو رخ بسان تازه بهار
  نکنی کار جز به بیل و سپار (مسعود سعد سلمان)
  — BQT:1085

سپاردن

- Indo-European: Spher: *ankle, move fast, spread* مچ پا، سریع حرکت کردن، گستردن — POK:992
- Indo-European: Apo: *off* جدا، دور — POK:53
- Avestan: ap 2, apa: *off, away, to* — POK:54, BQT:1086
- Avestan: spar: *to walk*; apa-spar: *walk up to, trust (BQT: 1086)* — POK:992
- Persian: sepârdan: *walk, trust* سپاردن (سپردن) — BQT:1086, SNS:19

سپاس

- Indo-European: Spek: *to look, examine* نگاه کردن ، بررسی کردن — POK:984
- Avestan: spasyeiti: *to observe, watch, wait on (serve)*; spas, spasânô: *guard, watcher* — POK:984
- Pahlavi: spâs: *to serve, wait on*; pâsbân: *guard, police* — HRN:154, SNS:117
- Persian: sepâs: *appreciation* سپاس (پاس، پاسبان) — BQT:1086, SNS:117, ARN:151

سپاه

- Indo-European: Kwon: *dog* سگ — POK:632, KLN:746, BQT:1155
- Av/Old Pers: spâ 1: *dog*; spakâ: *dog, also "army"* — POK:632, KLN:746
- Avestan: spâda, spâtha: *army*; spatha-paiti: *army protector* — POK:632
- Persian: sepâh: *army, corps* سپاه (سپهبد) — BQT:118,1087, HRN:155, POK:632

سپر

هم: سپار

- Indo-European: Sphel: *to split* شکافتن — POK:985
- Avestan: spâra: *shield* — POK:985
- Persian: separ: *shield* سپر — HRN:155

سپردن

رجوع شود به: سپاردن

سِپُرز

هم: spleen

- Indo-European: Spelgh: *spleen* طحال — POK:987
- Avestan: sperezan: *spleen* — POK:987, KLN:1492
- Persian: seporz: *spleen* سِپُرز — HRN:155, MON:1827

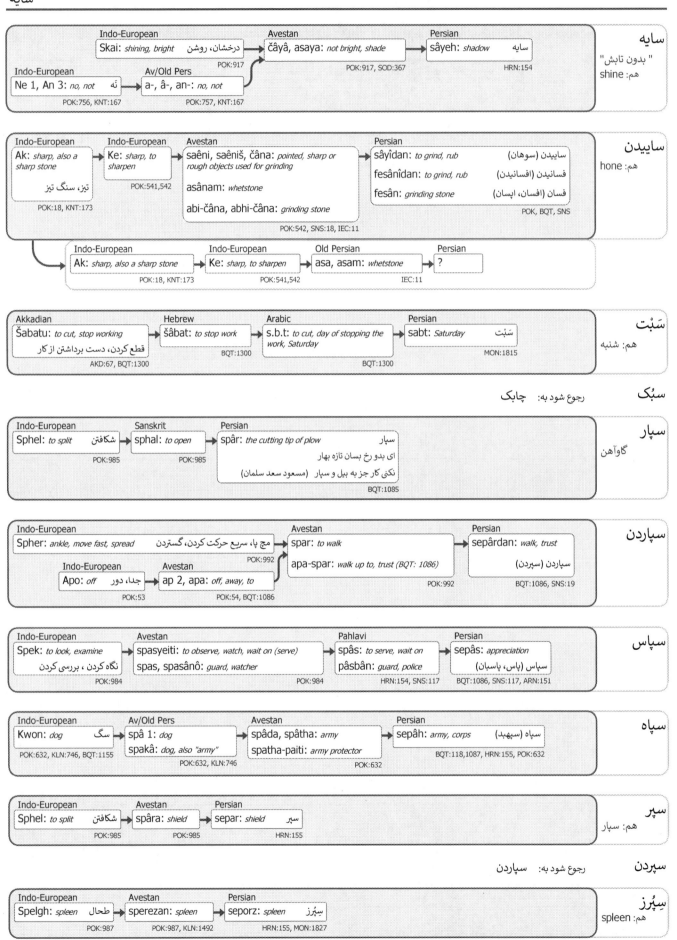

سپری
"کاملا پُر شده"

- Indo-European: Pel 1: *to fill* پر کردن (POK:799, EIV:299)
- Indo-European: Ud 1: *up, out, away* بالا، بیرون (POK:1103)
- → Av/Old Pers: us-pari, sipari: *filled out, complete* (FSF:107, BQT:374, KNT:194, EIV:299)
- → Persian: separî: *: completed, past* سپری (EIV:299)

NOTE- see "Spher: move" for another suggested root

سپری
"رفته، گذشته"

- Indo-European: Spher: *ankle, move fast, spread* مچ پا، سریع حرکت کردن، گستردن (POK:992)
- Indo-European: Ud 1: *up, out, away* بالا، بیرون (POK:1103)
- → Avestan: spar: *to walk*; us-spar: *to walk away, trust (HRN: 154)* (POK:992)
- → Persian: separî: *past, elapsed* سپری (BQT:1086, SNS:19)

NOTE- see "Pel: to fill" for another suggested root

سپست رجوع شود به: اسپست

سپنتا رجوع شود به: اسفند

سپنج
پوچ
هم: sponge

- Indo-European: Spongo : *fluffy, empty* پفکی، خالی (WLD2: 621)
- → Greek: spongos: *sponge* (WLD2: 621)
- → Pahlavi: spynj: *sponge, hollow, inn* (SOD:64)
- → Persian: sepanj: *hollow, worthless, inn* سپنج (BQT:1090)

سپنجی سراییست دنیای دون
بسی چون تو میرفت غمگین برون (فردوسی)

سپوختن۱
انداختن
هم: puncture

- Indo-European: Peuk: *to prick* سوراخ کردن (POK:828)
- → Avestan: spôz: *to pull out, remove, also hesitate* (SNS:175, HUB:73)
- → Pahlavi: spož, spôxtan: *to pierce, pull out* (HRN:156)
- → Persian: sepûxtan: *to pierce, throw in* سپوختن۱ (سپوزیدن) (BQT:1091, FSF:221)

ولی را گاه نه بر گاه بنشان
عدو را چاه کن در چاه بسپوز (سوزنی)

سپوختن۲
به تاخیر انداختن

- Indo-European: Peuk: *to prick* سوراخ کردن (POK:828)
- → Avestan: spôz: *to pull out, remove, also hesitate* (SNS:175, HUB:73)
- → Pahlavi: spôzed: *hesitate* (SNS:175)
- → Persian: sepûxtan: *to hesitate, delay* سپوختن۲ (سپوزگار) (BQT:1091, FSF:221)

نه مرگ از تن خویش بتوان سپوخت
نه چشم جهان کس به سوزن بدوخت (فردوسی)

سپوزگار رجوع شود به: سپوختن۲

سپوزیدن رجوع شود به: سپوختن۱

سپهبد رجوع شود به: سپاه + بُد

سپهر
هم: sphere

- Indo-European: Spher: *ankle, move fast, spread* مچ پا، سریع حرکت کردن، گستردن (POK:992)
- → Greek: spairen: *to walk in a bouncing manner*; sphaira: *a bouncing object, ball* (POK:992)
- → Pahlavi: spihr: *sphere, sky* (ETM:68)
- → Persian: sepehr: *sky, fate* سپهر (ETM:68, MON: 1827)

NOTE - See "Kuei: shining" for another possible root

سپهر
هم: white

- Indo-European: Kuei: *white, shining* سفید، درخشان (POK:629)
- → Old Persian: sipithra: *white, bright sky* (BQT:1092, ARN:343)
- → Pahlavi: spihr: *sky* (BQT:1092, ARN:343)
- → Persian: sepehr: *sky, fate* سپهر (BQT:1092, ARN:343)

NOTE- See "Spher: move" for another possible root

سپید
هم: white

- Indo-European: Kuei: *white, shining* سفید، درخشان (POK:629)
- → Avestan: spaêta: *white*; spiti-doithra: *bright* (POK:629)
- → Persian: sepîd: *white* سپید (سفید) (HRN:157)

ستادن

- Indo-European: Stâi: *to steal* دزدیدن (POK:1010)
- → Old Persian: stan, sta: *to steal* (FFD:59)
- → Persian: setâdan : *to grab, steal* ستادن (HRN:157, BQT, FFD:59)

ستاره
star :هم

Indo-European: Ster 2: *star* ستاره — POK:1027
→ Avestan: star 2 — POK:1027
→ Pahlavi: stârak, stârag, star: *star* — ARN:344
→ Persian: setâreh: *star* ستاره
NOTE- IEC: 260 derives "setâreh" and "axtar" from the same root.
AHD

سِتاک
شاخه
stand :هم

Indo-European: Stâ: *to stand* ایستادن — POK:1008,1009
→ Av/Old Pers: sta: *to stand, to set* — BQT:123, HRN:20, POK:1008
→ Persian: setâk: *branch* سِتاک (اِستاک) — BQT, HRN: 20
NOTE- ARN:345 indicates that this word may be from the Indo European root "Steug, Stugnos: stiff"

ستان
stand :هم

Indo-European: Stâ: *to stand* ایستادن — POK:1008,1009
→ Av/Old Pers: sta: *to stand, to set* — BQT:123, HRN:20, POK:1008
→ Persian: - stân: *location of , center of* ستان (استان) — BQT, HRN: 20

ستایش
رجوع شود به: ستاییدن

ستاییدن

Indo-European: Steu: *to praise* ستایش کردن — POK:1035
→ Avestan: stav: *to praise*; staoiti: *praised* — POK:1035
→ Pahlavi: stâyîtan: *to praise*; âstvân: *believer, trusted* — BQT:747,1098, SNS:31
→ Persian: setâyîdan: *to praise* ستاییدن (ستودن، ستایش) — BQT, HRN:159, NYB:180, SNS:31,

ستبر

Indo-European: Stebh: *support, stem* پشتیبانی ، ساقه — POK:1012
→ Avestan: stawra: *firm* — POK:1012, BQT:1098, SOD:363
→ Pahlavi: stapr, stawr: *strong* — BQT:1098, FVQ:59, MON:261,262
→ Persian: setabr: *strong, thick* ستبر — BQT, FVQ, MON

سُتُرگ
stand :هم

Indo-European: Stâ: *to stand* ایستادن — POK:1008,1009
→ Avestan: stûra: *thick, large, husky* — POK:1009,1011, KLN:1508, HRN:205
→ Persian: sotorg: *"large and strong"* سُتُرگ — HRN, BQT

سَتَروَن
عقیم
sterilized :هم

Indo-European: Ster 4: *barren* عقیم — POK:1031
→ Persian: satarvan: *sterile* سَتَروَن — BQT:1100, MON:1833
Note- cognate with Sanskrit "stari: infertile, barren"

ستم

Indo-European: Stâ: *to stand* ایستادن — POK:1008,1009
→ Avestan: sta-xma, sta-mba: *hardship, cruelty* — POK:1009,1011, KLN:1508, HRN:205
→ Persian: setam: *"hardship"* ستم — HRN, BQT

ستنبه
زشت و خشن

Indo-European: Stebh: *support, stem* پشتیبانی ، ساقه — POK:1012
→ Old Persian: stambaka: *strong*; stamb: *stand firm, revolt* — BQT:1100, KNT:210
→ Persian: setonbeh: *strong, violent, ugly* ستنبه
گرفتش دایه و گفتش چه بودت ؟
ستنبه دیو بدخو چه نمودت ؟ (ویس و رامین)
BQT, FSF:223

ستوان۱
رجوع شود به: خَستو۲

سُتوان۲
"محکم"

Indo-European: Stebh: *support, stem* پشتیبانی ، ساقه — POK:1012
→ Avestan: stawra: *firm* — POK:1012, BQT:1098, SOD:363

Indo-European: Pa: *to protect, feed* حفاظت کردن، غذا دادن — POK:787,842, SYN:103
→ Av/Old Pers: paiti 1, patiy: *protector* — POK:842, HRN:41, KLN:144,157, AHD:1532

→ Pahlavi: astô-bân: *firm* — BQT:1098, FVQ:59, MON:261,262
→ Persian: ostovân: *firm, an army rank* استوان۲ (سُتوان۲) — BQT, FVQ, MON

ستودن
رجوع شود به: ستاییدن

ستور
steer :هم

Indo-European: Stâ: *to stand* ایستادن — POK:1008,1009
→ Indo-European: Steu, Staurus, Taurus: *sturdy, strong, also bull* — POK:1004-1010
→ Avestan: staura, staora: *strong domestic animals* — POK:1004-1010, ARN:349
→ Pahlavi: stôr: *cattle* — POK:1004-1010, ARN:349
→ Persian: sotûr: *cattle* ستور — BQT:1102, HRN:152, ARN:349

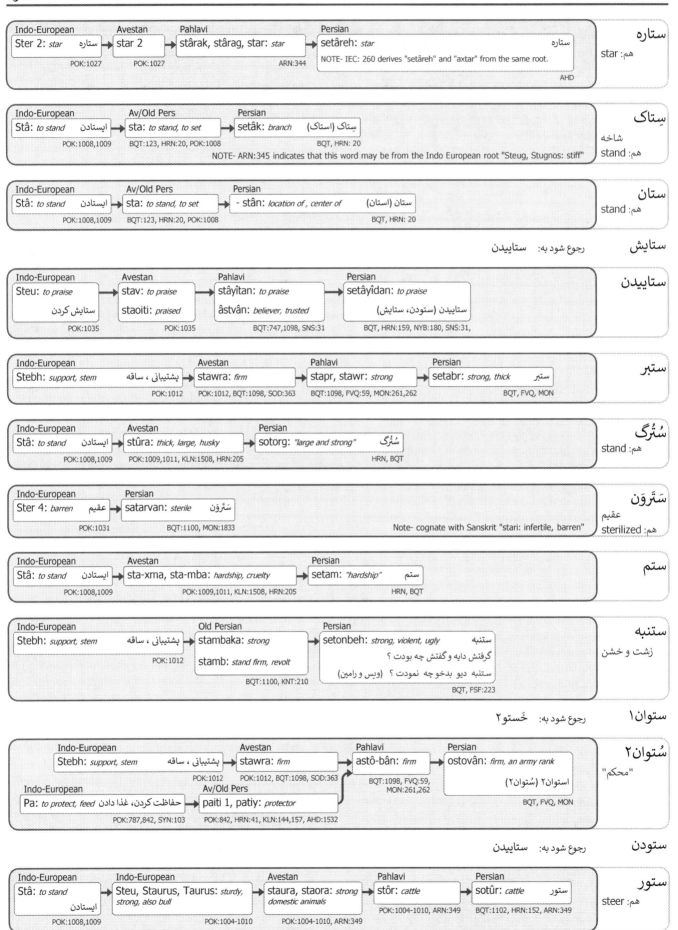

ستون
هم: stand

- Indo-European — Stâ: *to stand* ایستادن — POK:1008,1009
- → Av/Old Pers — sta: *to stand, to set* — BQT:123, HRN:20, POK:1008
- → Av/Old Pers — stuna, stûnâ: *column, pillar* — BQT:123, HRN:20, POK:1008, KNT:210
- → Persian — sotun: *pillar* ستون — BQT, MON

ستوه
خسته

- Indo-European — Têu: *to swell* ورم کردن — POK:1082, 1084-1085
- Indo-European — Ud 1: *up, out, away* بالا، بیرون — POK:1103
- → Avestan — ud, us, uz: *up, out* — POK:1103, HRN:154, BQT:1049
- Indo-European — Ne 1, An 3: *no, not* نَه — POK:756, KNT:167
- → Avestan — tav: *power*; us-tavah: *out of power, tired*; ni-us-tavah: *not tired (of fighting)* — POK:1082, HRN:89, NYB:196
- → Persian — sotûh: *tired, stressed* ستوه; nastûh: *energetic in fighting* نَستوه — BQT

ستیز
هم: تیر و تیز
هم: stick

- Indo-European — Steig, Teig: *pointed, sharp* نوک دار ، تیز — POK:1016
- → Av/Old Pers — tiğra: *sharp, pointed* — POK:1016
- → Pahlavi — stêğ: *sharp, pointed* — ARN:351
- → Persian — setîz: *"sharp"* ستیز (ستیغ); setîhîdan: *to fight* ستیهیدن — BQT, ARN

ستیغ رجوع شود به: ستیز

ستیهیدن رجوع شود به: ستیز

سجلّ
" مُهر شده"
هم: sign, seal

- Indo-European — Sekw: *to follow* دنبال کردن — POK:896
- → Latin — signum: *sign, mark*; sigillatus: *a record* — AHD
- → Arabic — sejell: *a sealed record* — AHD:1159
- → Persian — sejel: *a record* سجلّ — AHD, ARK:221

سخت

- Indo-European — Kak 1: *to have power, help, enable* قادر بودن، کمک کردن — POK:522, ARN:352
- → Avestan — sačaiti: *hard, strong* — ARN:352
- → Pahlavi — saxt: *hard* — BQT:1106
- → Persian — saxt: *difficult* سخت — SNS:173

سختن
وزن کردن

- Indo-European — Ak: *sharp, also a sharp stone* تیز، سنگ تیز — POK:18, KNT:173
- → Av/Old Pers — athagaina, athangaina: *stone*; âthanga, asenga, asan: *stone*; sang, sax: *to weigh* — SYN:52, BRT:208, KNT:166, FFD:60
- → Pahlavi — sang: *stone*; saxt: *weigh* — BQT:1175, SNS:193
- → Persian — saxtan: *to weigh* سختن (سختیدن); همه گنج ارجاسپ در باز کرد / به کپّان درم سختن آغاز کرد (فردوسی) — BQT:1175, FFD:60, FSF:224

سختیدن رجوع شود به: سختن

سُخن

- Indo-European — Kâs 3: *to direct, command* هدایت کردن، فرمان دادن — POK:533, WLD1: 358
- → Av/Old Pers — sâs, sâh: *command*; sâxvan, sâsnâ: *instructions, teachings* — POK:533, BRT:1574, SYN:1338, BQT:354
- → Pahlavi — soxvan: *instructions, speech* — BQT:354,1573, MON:1843
- → Persian — soxan: *speech* سخن — BQT, HRN:160, MON, FSF:99

NOTE- ARN:354 suggests the Indo-European root "Sekw: to see, speak" (POK:897) for this word.

سِدر
هم: cedar

- Hebrew — Qâter: *smoke, incense* دود، بخور — KLN:255
- → Greek — Kedrus: *a tree (wood) used for burning sacrifices* — KLN:255
- → Latin — cedrus: *cedar tree* — KLN:255
- → Persian — sedr: *cedar tree* سِدر — MON:1846

سدیم
مق: صداع

- Arabic — S.d.a`: *to split* شکافتن — KLN:1468
- → Arabic — soda`: *a head-splitting headache*
- → Latin — sodanum: *an alkaline used to cure headaches* — KLN:1468
- → French —
- → Persian — sodiyom: *sodium* سدیم — MON:1847

سر
هم: migraine

- Indo-European — Ker 1: *head, horn* سر، شاخ — POK:574, KLN:261,657
- → Avestan — sarah, sârah: *head* — AHD, POK:574, KLN:261
- → Pahlavi — sar: *head* — BQT:1111
- → Persian — sar: *head, chief* سر (سالار) — BQT

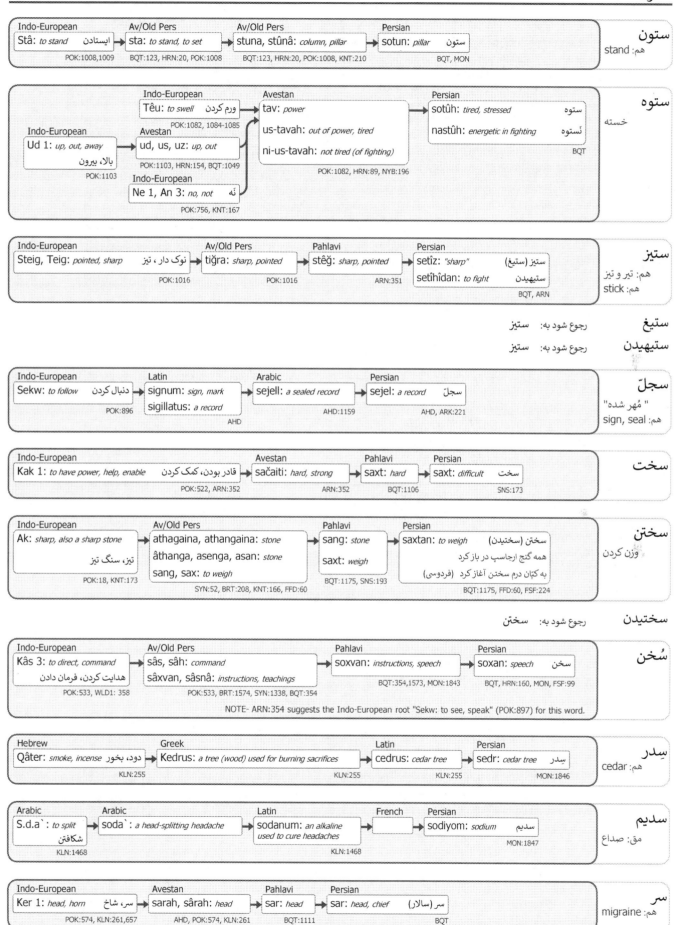

سراج

- Pahlavi: Cîrâğ: *lamp* چراغ — PLA:157
- Aramaic: — PLA:157
- Arabic: sîrâj: *lamp* — PLA:157, FVQ:166
- Persian: serâj: *lamp* سراج — FVA:188

سُرادِق
مق: سرای

- Indo-European: Ter 1: *to cross over, surpass, overcome* عبور کردن ، غلبه کردن — POK:1075, KLN:1639
- Old Persian: srâd, srâda: *house, shelter* — MON:1850, VDQ:255
- Arabic: sorâdeq: *tent* NOTE- This word may have been borrowed from Persian "sarâ-pardeh: tent". — VDQ:255, MON:1850
- Persian: sorâdeq: *tent, house* سُرادِق — MON:1850

سرای
مق: سرادق

- Indo-European: Ter 1: *to cross over, surpass, overcome* عبور کردن ، غلبه کردن — POK:1075, KLN:1639
- Avestan: thrâ, thrâya: *shelter, cover* — POK:1075, KLN:1639
- Persian: sarây: *house, place* سرای (ـ سارا ، کوهسار) — BQT, HRN:161, MON

ARN:354 offers another Indo-European root "Kel,Kol (from Rel): cover" (POK:553)

سراییدن
هم: listen

- Indo-European: Kleu, Srau: *to hear* شنیدن — POK:605, EIV:356
- Avestan: sru, srav, xšnu, xšnaw: *to hear* — HRN:177
- Avestan: srû-ta: *speech*; sraw: *to read*; srâw: *to sing* — POK:605, KLN:1456, FFD:60
- Persian: sarâîdan: *to sing* سراییدن (سرود) — BQT, MON, FRS

سرب

- Avestan: Sru, Srva : *lead (metal)* سرب — BQT:1116, SYN:617, BRT:1649, SNS:183
- Pahlavi: srpîn, srubên: *lead, made of lead* — HRN:161, BQT:1116, SNS:183
- Persian: sorb: *lead* سرب — MON:266,1854, BQT:1116, SNS:614

سرخ

- Indo-European: Keuk: *to shine, be white* درخشیدن — POK:597
- Avestan: suxra: *glowing red* — POK:597, HRN:161,165, IRN:128
- Persian: sorx: *red* سرخ (سهراب) — BQT, IRN:128, FFD:61

سرد
هم: سال

- Indo-European: Kel 1: *cold or warm, a year* سرد یا گرم، سال NOTE- This root has two opposing meanings — POK:551, SYN:1078
- Avestan: sarethâ: *cold* — POK:551, SYN:1078
- Pahlavi: sart: *cold (adj.)*; sarmâk: *cold* — HRN:23
- Persian: sard: *cold* سرد (سرما) — POK:551, SYN:1078, BQT

سرده
نژاد
هم: herd

- Indo-European: Kerd 2: *row, herd* گروه، گله — POK:579
- Avestan: saredha: *way, kind, race, breed* — POK:579
- Pahlavi: sartak: *breed*
- Persian: sardeh: *race, breed, kind* سرده — BQT:1122, SNS:183

سرشار
رجوع شود به: شاریدن

سرشت

- Indo-European: Klis: *adhere* چسبیدن، پایبند بودن — IEC:1637
- Old Iranian: srîš, sraîš: *a plant and its resin used for making glue.* — FFD:60
- Avestan: sraêš: *mixture, nature* — HRN:162, HUB:75
- Persian: sereštan: *to mix* سرشتن; serešt: *nature* سرشت — BQT:1124, HRN:162

سرشتن
رجوع شود به: سرشت

سرشک

- Indo-European: Sresk: *to drip* چکیدن — POK:1002
- Avestan: srask: *tear drop* — POK:1002
- Pahlavi: srešk: *drop* — BQT:1124, SNS:183
- Persian: serešk: *tear drop* سرشک — POK:1002, BQT:1124

سرفه
هم: scream

- Indo-European: Ker 3: *loud noise, noisy birds* صدای بلند، پرندگان پر صدا — POK:567
- Persian: sorfeh: *cough* سرفه — POK:569

سرگرد
رجوع شود به: گُرد

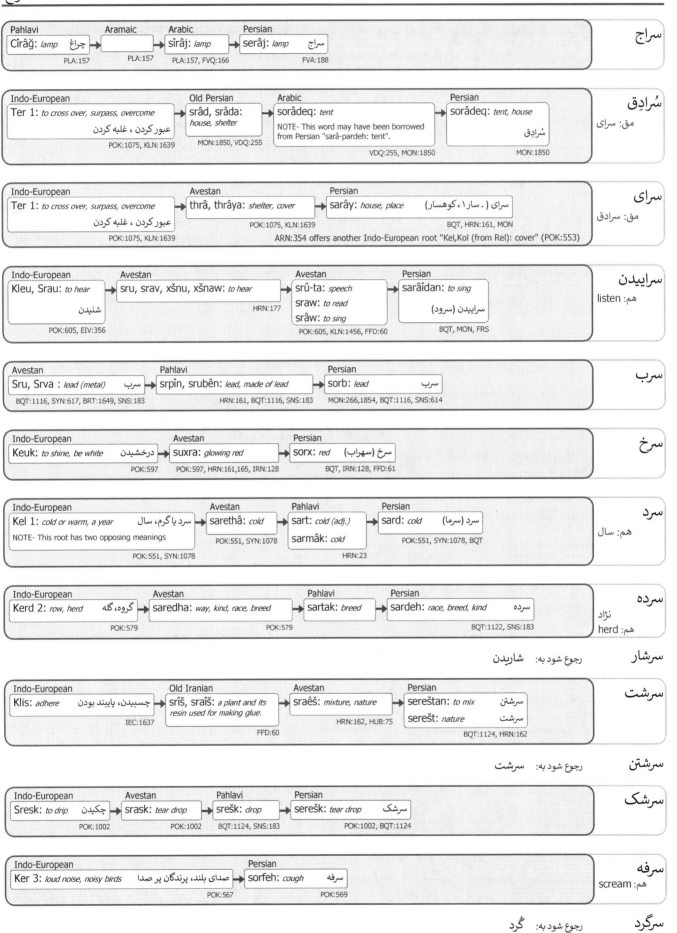

سرگین

Indo-European: Ker 2, Sker 2: *to cut, separate, tear* بریدن، پاره کردن → Avestan
AHD, POK:920,926,930,931,941, IEC:640,1155

Indo-European: Gêu 1, Keub, Keup: *to bend* خم کردن
POK:394-398, POK:588-592
→ Avestan: gaona: *hair, hair color, type, like*
SYN:1051, SNS:90

Avestan: sairi-gaona: *like cut (dropped) from the body, dung*
POK:578,920,947

→ Persian: sargin, sergin: *animal dung* سرگین
HRN, BQT,

سِرُم
هم: رود
هم: stream

Indo-European: Ser 1, Sreu: *to flow* جاری شدن
Srêm: *running* جاری
POK:909,1003, KNT:205, IEC:1276

→ Latin: serum: *liquid from animal tissue*
AHD

→ French:

→ Persian: serom: *liquid from animal tissue* سِرُم
MON, AHD

سرما
رجوع شود به: سرد

سرنا
مق: کُرنا

Indo-European: Nedo: *reed, pipe, flute* نِره، لوله، فلوت
POK:759, BQT:2221
→ Old Persian: nada: *flute*
HRN:237

Indo-European: Keu 1: *to shine, bright* درخشیدن، روشن
POK:594
→ Avestan: sûr, savah: *morning*
POK:594, BRT:221,1631, SYN:995
→ Pahlavi: sûr: *breakfast, festivity*
HRN:166

→ Persian: sornâ: *"festivity flute"* سرنا
POK:759, BQT, MON

سُرو
رجوع شود به: سَرون۱

سَرو

Akkadian: Šurmênu: *cypress tree* درخت سرو
BQT:1130, AKD:53

→ Aramaic: šarwainâ: *cypress*
AKD:53, BQT:1130

→ Arabic: sarw: *cypress tree*
BQT:1130

→ Pahlavi: sarv, sarb: *cypress*
BQT:1130

→ Persian: sarv: *cypress* سَرو
BQT:1130

سروا
هم: سراییدن
هم: listen

Indo-European: Kleu, Srau: *to hear* شنیدن
POK:605, EIV:356

→ Avestan: sru, srav, xšnu, xšnaw: *to hear*
HRN:177

→ Avestan: sravah: *word, speech*
POK:605, KLN:1456,

→ Persian: sarvâ: *poem, story* سروا (سرواد)
چند دهی وعدهٔ دروغ همی
چند فروشی تو بر من این سروا (اورمزدی)
BQT, MON, FRS

سرواد
رجوع شود به: سروا

سرود
رجوع شود به: سراییدن

سُروش
هم: شنیدن

Indo-European: Kleu, Srau: *to hear* شنیدن
POK:605, EIV:356

→ Avestan: sru, srav, xšnu, xšnaw: *to hear*
HRN:177

→ Avestan: sraothra, sraosha: *ear, one who listens and follows*
POK:605

→ Pahlavi: srôsh: *one who obeys (God)*
BQT:1132

→ Persian: sorûsh: *one of God's angels* سُروش
BQT

سَرون۱
شاخ
هم: horn

Indo-European: Ker 1: *head, horn* سر، شاخ
POK:574, KLN:261,657

→ Avestan: srû, srvâ: *head, horn, nail*
POK:574, BRT:1650

→ Persian: sorû, sarûn: *horn* سُرو، سَرون۱
زبیشانی هر یک از مرد و زن
سَرونی است برُسته چون کرگدن (نظامی گنجوی)
BQT:1130, HRN:162

سُرون۲
کفل

Indo-European: Klou-ni: *buttock, rump* باسن، کفل
POK:607

→ Avestan: sraoni: *buttock*
POK:607

→ Pahlavi: sarûk: *buttock*
HRN:162

→ Persian: sorûn: *buttock* سُرون۲ (سَرین)
چونزدیک اسب اندر آمد ز راه
سَرونی بزد بر سَرین سیاه (فردوسی)
BQT:1134

Indo-European: Klou-ni: *buttock, rump*
POK:607

→ Old Persian: slaunis: *buttock*
POK:608

→ Persian: ?

سری
ردیف

Indo-European: Ser 3: *to line up, arrange, sort* ردیف کردن
POK:911, IEC:1131

→ Latin: serere: *to arrange, join*
AHD:1538

→ French: se'rie, se'riel
VOP:212

→ Persian: serî: *series, sequence* سری (سریال)
VOP:212

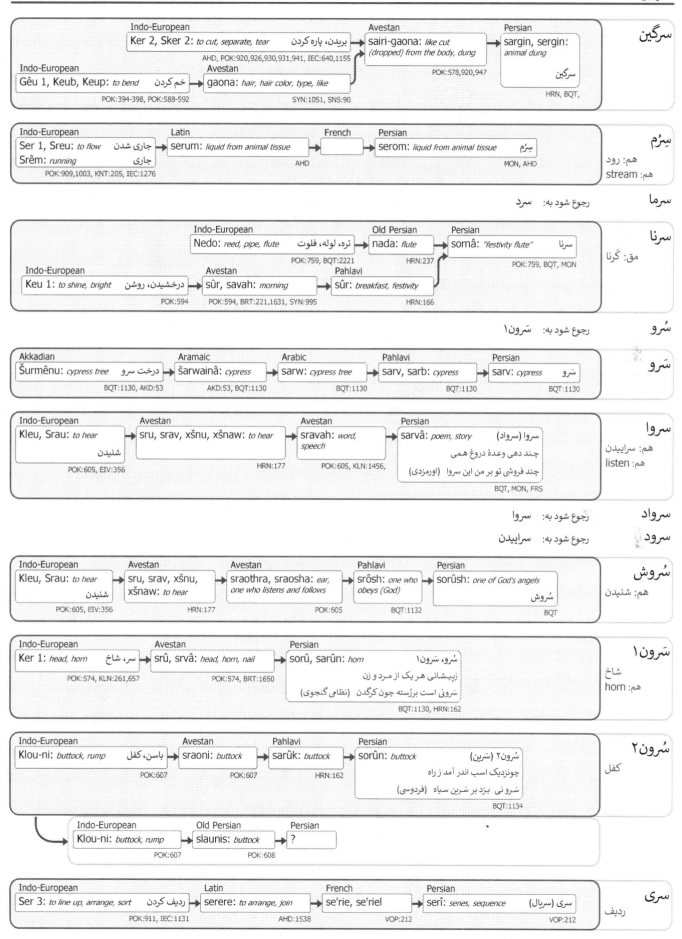

سِریش

- Indo-European — Klis: *adhere* چسبیدن، پایبند بودن — IEC:1637
- Old Iranian — srîš, sraîš: *a plant and its resin used for making glue.* — FFD:60
- Avestan — srîš: *to join, glue* — BQT:1136,
- Pahlavi — sriš: *glue* — FFD:60
- Persian — serîš: *glue* سِریش (سریشم) — BQT:1136, FFD:60, MON ،IEC:1637, EIV:385

سَرین — رجوع شود به: سُرون۲

سزا — رجوع شود به: سزیدن

سزیدن

- Indo-European — Kak 1: *to have power, help, enable* قادر بودن، کمک کردن — POK:522, ARN:352
- Avestan — sačaiti: *able, qualified* — POK:522, HRN:152, FFD:58
- Persian — sezîdan: *to qualify* سزیدن (سزا) — HRN, BQT, POK:522

سطل

- Indo-European — Sê: *to sift* الک کردن — POK:889, AHD:1537
- Latin — situla: *a sift, bucket, pail* — POK:889, WLD2: 459
- Persian / Arabic — satl: *bucket, pail* سطل — ARK:221, TAD:35, FVF:361

NOTE- MON believes it is Arabic but PLA: 160 claims it is borrowed from Persian.

سُغُر
جوجه تیغی

- Avestan — Sukurna, Skarna: *porcupine* جوجه تیغی — HRN:164
- Pahlavi — sukur: *a large porcupine* — MON:1905
- Persian — sogor: *a large porcupine* سُگر (سُغُر)
  چون رسن گر زپس آید همه رفتار مرا
  بسغر مانم کز باز پس اندازم تیر (بوشکور)
  — BQT:1157, HRN:164, MON:1905, FRS:100

سُفت
شانه

- Indo-European — Rup, Sup: *shoulder* شانه — POK:627
- Avestan — supti: *shoulder* — POK:627
- Pahlavi — suft: *shoulder* — ARN:359
- Persian — soft: *shoulder* سُفت
  بر آن سُفت سیمینش مشکین کمند
  سرش گشته چون حلقهٔ پای بند (فردوسی)
  — SYN:236, POK:627, BQT:1143, HRN:163

سُفتن — رجوع شود به: سوراخ

سفسطه
مغالطه

- Greek — Sophos: *skilled, wise* با تجربه، عاقل — AHD:1232
- Greek — sophisma: *a skilled but false reasoning, fallacy* — AHD:1232
- Arabic — safsatah: *fallacy* — TAD:35,53
- Persian — safsateh: *fallacy* سفسطه — MON

سَفَل
سُم

- Indo-European — Kapho: *hoof* سُم — POK:530
- Avestan — safa: *hoof* — POK:530
- Persian — safal: *hoof (of a camel)* سَفَل — MON:1825, SOD:65

سفلیس
"دوست خوکان"

- Indo-European — Bhilo: *friendly, loving* خوب، دوستانه — NOTE- SYN: 1110 claims this is an Anatolian word — POK:153
- Greek — philos: *love* — POK:154
- Indo-European — Su 2: *wild boar, pig* گراز، خوک — POK:1038
- Greek — sûs-philos: *friend of swine (a shepherd's name)* — AHD, KLN
- Latin — (blank)
- French — Syphilis: *(see the note below)* — AHD:1306, KLN:1561
- Persian — seflîs: *syphilis* سفلیس — MON

NOTE- Syphilis (friend of swine) was the name of a shepherd in a poem by a physician (1530) who became a victim of this disease.

سفید — رجوع شود به: سپید

سقرلات
هم: scarlet

- Indo-European — Sekw: *to follow* دنبال کردن — POK:896
- Latin — signum: *sign, mark* — AHD
- Arabic — siqillat: *with little images* — AHD:1159
- Persian — saqarlât: *a rich red cloth* سقرلات — AHD, ARK:221

سکار
هم: coal

- Indo-European — Dhegh: *to heat, burn* گرم کردن، سوزاندن — POK:240
- Indo-European — Geulo: *coal* — IEC:379,407, POK:399
- Avestan — skarana, skairya: *coal* — HRN:163, BQT:1150, IEC:379,407
- Persian — sekâr: *coal* سکار (سکارو)
  بدار دنیا چو برفروخت آتش ظلم
  سکار آن بجهنّم همی خورد چو ظلیم (سوزنی سمرقندی)
  — BQT:1026,1150, HRN:163, MON

سکنجبین رجوع شود به: انگ۲

سکوبا
هم: spy

Indo-European: Spek: *to look, examine* نگاه کردن ، بررسی کردن (POK:984) → Greek: skopos: *one who watches* (AHD) → Old Persian: skuba: *bishop, priest* (MON:1901, FSF:228) → Persian: sekubâ: *a Christian bishop* سکوبا
نوشتند نامه به هر کشوری
سکوبا و بطریق و هر مهتری (فردوسی)
(MON:1901, FSF:228)

سکوره
کاسه سفالی

Indo-European: Sku: *to cover* پوشاندن (POK:952,953, IEC:1193, AHD:1540) → Persian: skûreh: *earthen bowl* سکوره (IEC:594,1193, MON)

سگ

Indo-European: Kwon: *dog* سگ (POK:632, KLN:746, BQT:1155) → Av/Old Pers: spâ 1: *dog* (POK:632, KLN:746) → Pahlavi: sak: *dog* (HRN:164) → Persian: sag: *dog* سگ (BQT:1155)

سِگال
افکار ناخوش

Indo-European: Ker 2, Sker 2: *to cut, separate, tear* بریدن، پاره کردن (AHD, POK:920,926,930,931,941, IEC:640,1155) → Indo-: Skêl: *division, part, thought* (IEC:1155) → Old Iranian: kar, kâr: *to think*
Indo-European: Ud 1: *up, out, away* بالا، بیرون (POK:1103) → Old Iranian: us-kâr-a: *to think* (FFD:61) → Pahlavi: uskâr, uskârd: *to think* (EIV:237) → Persian: segâl: *a (bad) thought* سِگال (FFD:61, MON:1903)

NOTE- see "Kwer: to make" for another possible root

سِگال
افکار ناخوش

Indo-European: Kwer, Kar 2: *to make, form* ساختن، تشکیل دادن (POK:641, EIV:236)
Indo-European: Ud 1: *up, out, away* بالا، بیرون (POK:1103)
→ Av/Old Pers: us-kar: *think (through)* (NYB:157, HRN:80, SYN:628, EIV:237) → Pahlavi: uskâr, uskârd: *to think* (EIV:237) → Persian: segâl: *a (bad) thought* سِگال (MON:1903, EIV:237)

NOTE- see "Ker 2: to cut" for another possible root

سُگر رجوع شود به: سُغُر

سگک

Indo-European: Kakis: *spike, prong* سنبله، شاخک (IEC:599) → Persian: sagak: *buckle* سگک (IEC:599)

سُم
هم: hoof

Indo-European: Kapho: *hoof* سُم (POK:530) → Avestan: safa: *hoof* (POK:530) → Pahlavi: sumb: *hoof* (HRN:164) → Persian: som: *hoof* سُم (سُنب) (BQT:1163)

سماور
"خود جوش"

Indo-European: Wer 5: *to burn* سوزاندن (POK:1166)
Indo-European: Sem: *same* هم، همان (POK:902,904)
→ Russian: samo-war: *a device that had water and heat together in the same appliance* (POK:1166, AHD:1148) → Persian: samâvar: *a boiler that has "fire included" with its water tank* سماور (MON:1918)

سُمبه رجوع شود به: سوراخ

سَمت

Indo-European: Mei 3: *to go, move* رفتن، حرکت کردن (POK:710,713,715, AHD:1528) → Latin: se-mitita: *path* (KLN:1767) → Arabic: samt: *direction* (KLN:1767) → Persian: samt: *direction* سَمت (MON:1919)

سمرقند
ده یا شهر "سمر"

Indo-European: Ken 2, Gwhen 3: *to dig* کندن (EIV:232, POK:534) → Av/Old Pers: kan 1, xan, gan: *to dig dirt out and mound it up, build* (POK:491, HRN:194, BRT:583, ZMA:49) → Sogdian: kang, kanp: *village* (BQT:1165,1703) → Pahlavi: (blank) → Persian: Samarqand: *the village of "Samar"* سمرقند (BQT:1703)

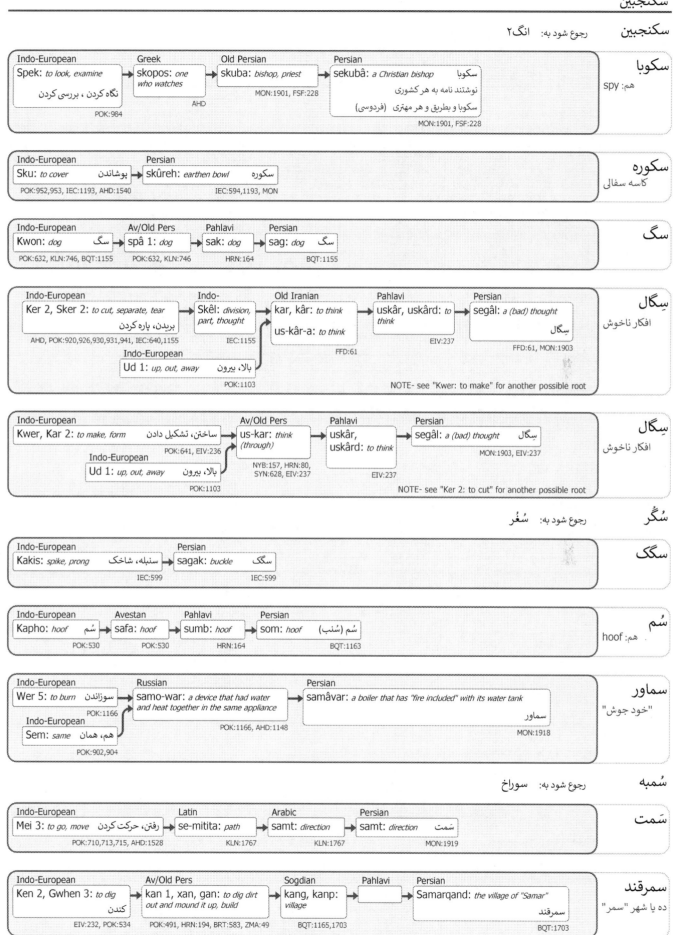

سمور

- Indo-European: Ker 4, Kers: *black, dirty* سیاه، کثیف — OEW:182, POK:573
- → Indo-European: Kormen: *weasel* راسو یا حیوانی شبیه آن — POK:573, 615, ARN:361
- → Pahlavi: samôr, simôr: *weasel or an animal like that* — ARN:361
- → Persian: samûr: *weasel?* سمور — ARN:361

NOTE- ARN:361 is not certain about the Indo-European root of this word

سنا
"مجمع پیران"
هم: senior

- Indo-European: Sen: *old* پیر — POK:907
- → Latin: senior: *old, old man* — POK:907, AHD
- → French: seinat: *an assembly of old wise men* — AHD
- → Persian: senâ: *senate* سنا (سناتور) — MON:1925,4125

سُنب رجوع شود به: سُم

سُنبه رجوع شود به: سوراخ

سنتور
هم: feel

- Indo-European: Pôl : *to touch, feel* لمس کردن، حس کردن — POK:847
- → Greek: psallein: *to touch, play harp* — AHD
- → Arabic: santîr: *a kind of harp* — KLN:1382
- → Persian: santur: *a music instrument* سنتور — MON:1927

سنج رجوع شود به: صنج

سنجیدن
هم: سنگ

- Indo-European: Ak: *sharp, also a sharp stone* تیز، سنگ تیز — POK:18, KNT:173
- → Av/Old Pers: athagaina, athangaina: *stone*; âthanga, asenga, asan: *stone* — SYN:52, BRT:208, KNT:166, FFD:60
- → Pahlavi: sang: *stone* — BQT:1175, SNS:193
- → Persian: sanjîdan: *to weigh* سنجیدن — BQT:1175, FFD:60, FSF:224

سَندَروس
هم: sandal

- Indo-European: Kand: *to shine, to be white* درخشیدن، سفید بودن — POK:526
- → Sanskrit: candrah-râga: *"bright red", referring to a tree resin* — AHD:1149
- → Greek: sandarak: *a red resin from trees* — AHD:1149
- → Arabic: sendarûs: *a resinous tree* — TAD:37
- → Persian: sandarûs: *a resinous tree and its red resin* سَندَروس (سَندره) — MON:1929

سندل

- Indo-European: Kand: *to shine, to be white* درخشیدن، سفید بودن — POK:526
- → Sanskrit: kandrak: *shining*; kundruka: *sandalwood* — POK:526
- → Pahlavi: kundurûk: *sandalwood* — SIN:585
- → Persian: sandal: *sandalwood, sandal shoe* سندل; sandalî: *chair (originally made of sandalwood)* صندلی — SIN:552,585, BQT, MON

سنگ

- Indo-European: Ak: *sharp, also a sharp stone* تیز، سنگ تیز — POK:18, KNT:173
- → Av/Old Pers: athagaina, athangaina: *stone*; âthanga, asenga, asan: *stone* — SYN:52, BRT:208, KNT:166, FFD:60
- → Pahlavi: sang: *stone* — BQT:1175, SNS:193
- → Persian: sang: *stone* سنگ — BQT:1175, FFD:60, FSF:224

سنَوَر
زردپی
هم: nerve

- Indo-European: Sâi, Hai: *to bind, tie* بستن — POK:891, POK:977, KLN:1448, EIV:135
- → Indo-European: Sneu: *cord, band, tendon* رشته، بند، زردپی — POK:891, POK:977, KLN:1448, EIV:135
- → Avestan: snâvar: *band, sinew* — POK:977, KLN:1448
- → Persian: snavar: *cord (obsolete)* سنَوَر — HRN:291

این لغت یا متروک شده و یا استفاده از آن بسیار محدود میباشد.

سِنِهر
برف

- Indo-European: Sneigwh: *snow, to snow* برف، برف باریدن — POK:974
- → Avestan: snaêž, snaêj, snaêža: *to snow* — POK:974, KLN:1466
- → Persian: snêhr: *snow (obsolete)* سِنِهر — HRN:292

این لغت یا متروک شده و یا استفاده از آن بسیار محدود میباشد.

سو

- Indo-European: Teub: *side* طرف — IEC:1371,1676
- → Pahlavi: sûk, sôk: *side, direction* — HRN:165, MON:1942
- → Persian: sû: *direction, path* سو (سوی) — BQT:1182, MON:1942, IEC:1371,1676

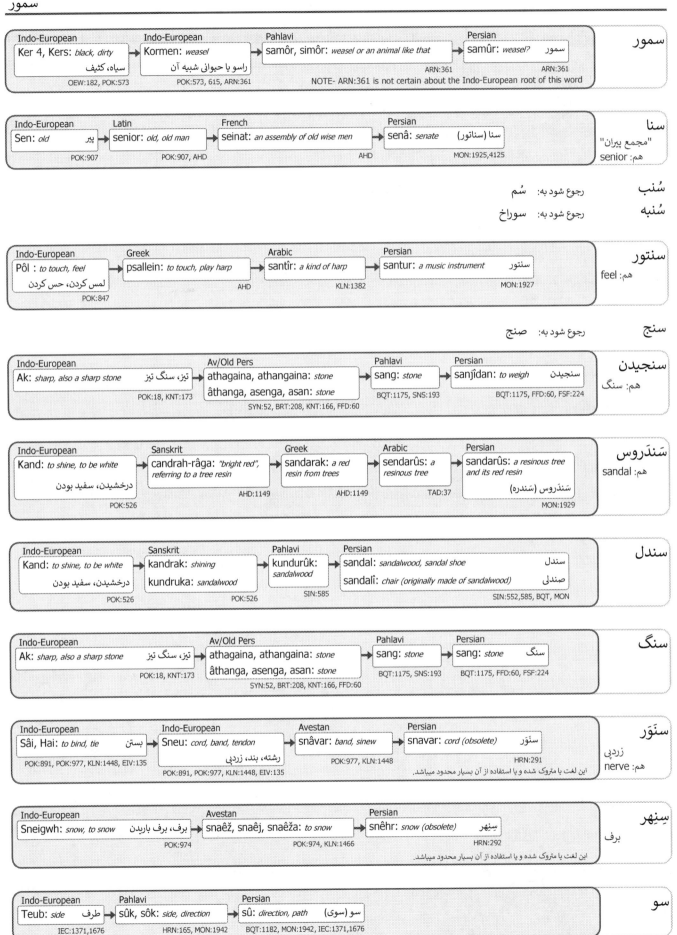

سوار
هم: اسب، بار

- Indo-European: Ekwos: *horse* اسب (POK:301) → Avestan
- Indo-European: Bher 1: *to carry* حمل کردن (POK:128,163, PRT:234, SYN:107) → Av/Old Pers: bar: *to carry* (POK:128) → Avestan
- Avestan: aspa: *horse*; aspa-bâra: *horse load, rider* (POK:301, BQT:1819) → Pahlavi: asbâr: *rider* (BQT:119) → Persian: savâr: *rider* سوار (MON, BQT)

سوخاری
مق: ساکارز
هم: sugar

Indo-European: Korkâ: *gravel* سنگ ریزه (POK:615) → Sanskrit: sarkarah: *gravel, sugar* (POK:615) → Pali: sakkara: *sugar* → Greek: sakkaron (KLN:1370) → Latin: saccharon → French: saccharine: *sugar, sweet bread* (VOP:208) → Persian: sâxârîn: *a type of sweet bread* ساخارین (سوخاری) (VOP:208)

NOTE- MON:1945 derives "soxârî" from Russian "suxâr: sweet bread"

سوختن
هم: سرخ، افسوس

Indo-European: Keuk: *to shine, be white* درخشیدن (POK:597) → Avestan: saoč, sauk, saux: *to light up* (POK:597, HRN:161,165, IRN:128) → Persian: sûxtan: *to burn* سوختن; سوزش، سوزان، سوزاک، سوز (BQT, IRN:128, FFD:61)

سود

Indo-European: Keu 2, Su(m)b: *to swell, cavity, hole* ورم کردن، حفره، سوراخ (POK:592, IEC:589, EIV:341,368) → Avestan: Sav : *to swell, increase* ورم کردن، زیاد شدن (HRN:166, NYB:181, EIV:341) → Pahlavi: sût: *benefit, interest* (HRN:166) → Persian: sûd: *profit* سود (HRN:166)

سودن

Indo-European: Ker 2, Sker 2: *to cut, separate, tear* بریدن، پاره کردن (AHD, POK:920,926,930,931,941, IEC:640,1155) → Avestan: sâ 2, sâna, sya: *to sharpen ?*; fra-sanam: *destruction* (POK:919) → Persian: sûdan: *to rub, grind* سودن (فرسودن) (BQT:1184, 1462)

سور
مق: سورنا

Indo-European: Keu 1: *to shine, bright* درخشیدن، روشن (POK:594) → Avestan: sûr, savah: *morning* (POK:594, BRT:221,1631, SYN:995) → Pahlavi: sûr: *breakfast, festivity* (HRN:166) → Persian: sûr: *festivity, party* سور (BQT:1185, HRN:237)

- Indo-European: Keu 1: *to shine, bright* (POK:594) → Old Persian: caune: *a plant with bright colored fruits* (POK:594) → Persian: ?
- Indo-European: Keu 1: *to shine, bright* (POK:594) → Avestan: sûr, savah: *morning* (POK:594, BRT:221,1631, SYN:995) → Avestan: sûram: *early morning*; a-sûr: *not morning, dawn*; sûirya: *breakfast*; savahî: *the East* (POK:594, BRT:221,1631, SYN:995) → Persian: ?

سوراخ
هم: cave

Indo-European: Keu 2, Su(m)b: *to swell, cavity, hole* ورم کردن، حفره، سوراخ (POK:592, IEC:589, EIV:341,368) → Avestan: surâ, suwrâ: *hole*; sufrâ, sufrâka: *to plow, pierce* (POK:593, FFD:61) → Pahlavi: sûrâk: *hole*; sûlâk: *hole* (SNS:192) → Persian: surâx: *hole* سوراخ; softan: *to pierce* سُفتن; sonbeh, sombeh: *ramrod* سُنبه، سُمبه (BQT, HRN, MON, EIV:368)

سورنا — رجوع شود به: سرنا

سوز — رجوع شود به: سوختن

سوزاک — رجوع شود به: سوختن

سوزان — رجوع شود به: سوختن

سوزش — رجوع شود به: سوختن

سوزن
هم: cuneiform

Indo-European: Kû 2: *spike* سنبله، میخ (POK:626) → Avestan: sû-ka: *needle* (POK:626) → Persian: sûzan: *needle* سوزن; sûk: *needle-like growth at the tip of wheat* سوگ۲، سوک۲ (BQT, HRN:167)

سوسن

Egyptian: Šôšen: *lotus* نیلوفر آبی، سوسن (KLN:1548) → Arabic: sausan: *lily* (KLN:1548) → Pahlavi: sawsan, sûsan: *lily* (MON:1954) → Persian: sûsan: *lily* سوسن (MON:1954)

سوسنگرد رجوع شود به: ـ جرد

سوق بازار

Indo-European: Teub: *side* طرف (IEC:1371,1676) → Pahlavi: sûk, sôk: *side, direction* (HRN:165, MON:1942) → Persian: sû: *direction, path* سو (سوی) (BQT:1182, MON:1942, IEC:1371,1676) → Arabic: sôq: *path* (FVF:380) → Persian: sûq: *inroads of a bazaar* سوق (اسواق) (BQT:1182, MON:1955)

سوک۱

Indo-European: Keuk: *to shine, be white* درخشیدن (POK:597) → Avestan: saoč, sauk, saux: *to light up*; saoka: *flame* (POK:597, HRN:161,165, IRN:128) → Persian: sûk: *sorrow, mourning* سوک۱ (سوگ۱، سوگواری) (BQT, IRN:128, FFD:61)

سوک۲ رجوع شود به: سوزن

سوگ۱ رجوع شود به: سوک۱

سوگ۲ رجوع شود به: سوزن

سوگند

Indo-European: Keuk: *to shine, be white* درخشیدن (POK:597) → Avestan: saoč, sauk, saux: *to light up*; saoka: *flame* (POK:597, HRN:161,165, IRN:128) → Avestan: saokenta: *a burning substance, sulfur*; saokenta-vant: *a drink mixed with sulfur* (HRN:167) → Persian: sogand: *oath* سوگند (BQT:1190)

NOTE- Originally "sogand" was a sulfur drink given to defendants to determine the truth based on their body reaction to it.

سوم رجوع شود به: سه + ـُ م

سوهان رجوع شود به: ساییدن

سوی رجوع شود به: سو

سویا هم: soya

Chinese: Chiang-yu: *soybean oil* روغن سویا (KLN:1479, AHD:1237) → Japanese: shôyû: *soya beans* (KLN:1479) → Dutch: soja: *soya beans* (KLN:1479) → French: → Persian: soyâ: *soya* سویا (VOP:224)

سه هم: three

Indo-European: Trei: *three* سه (POK:1090) → Av/Old Pers: thri, thrâyô: *three* (POK:1090, SYN:941, KLN:1611) → Persian: seh: *three* سه (BQT:1194)

سهراب رجوع شود به: سرخ

سُهرَوَرد رجوع شود به: سرخ + وَرد

سهم ترس هم: terror

Indo-European: Tres: *to tremble* لرزیدن
NOTE- May be related to the root "Trep: to tremble" (POK:1095) → Old Persian: thrah: *fear*; thrah-man, thras-man: *afraid* (BQT:1197) → Persian: sahm: *fear* سهم (سهمناک) (BQT:1197)

سی

Indo-European: Dekm: *ten* عدد ده (POK:191) →
Indo-European: Trei: *three* سه (POK:1090) → Av/Old Pers: thri, thrâyô: *three* (POK:1090, SYN:941, KLN:1611) →
Av/Old Pers: saiti, sat: *a suffix meaning multiples of ten*; vi-saiti: *(two) separate tens*; thri-sat: *three times ten*; čatvare-sat: *four times ten* (POK:191) → Persian: sî: *thirty* سی

سیامک "سیاه مو"

Indo-European: Kei 1: *gray or black color, dark* رنگ تیره، تاریک (POK:540) → Avestan: syâva: *black*; syâ-maka: *owner of "black hair"* (POK:541, BRT:1631) → Persian: Sîyâmak: *with "black hair"* سیامک (HRN:168, BQT, SNS:172)

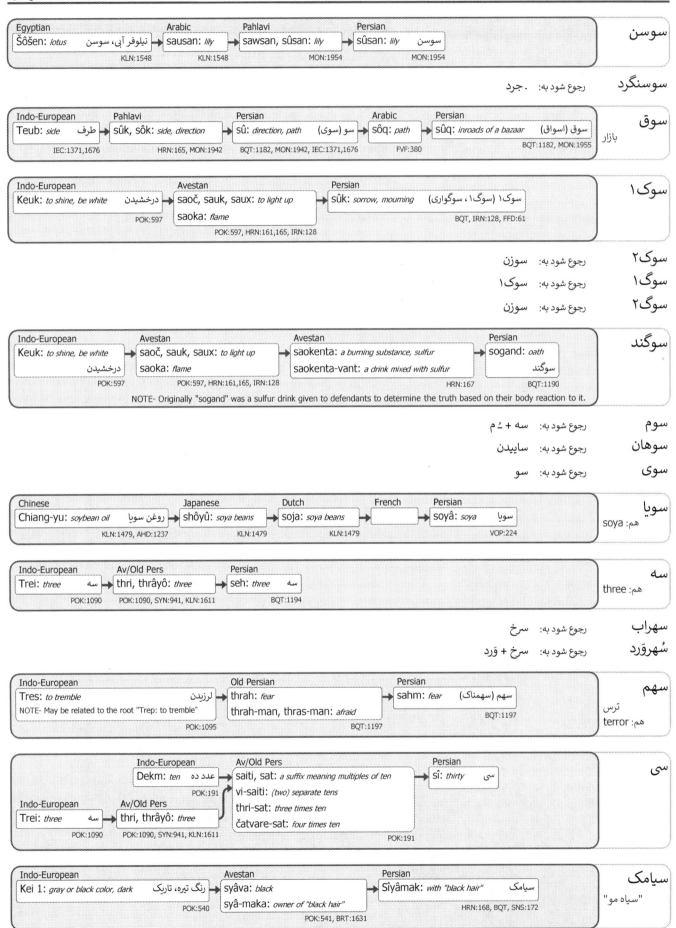

سیاوش
"با اسبان سیاه"

- Indo-European — Ersen: *ejector of semen, male* دفع کننده منی ، نر (POK:335)
- Indo-European — Kei 1: *gray or black color, dark* رنگ تیره، تاریک (POK:540)
- Avestan — syâva: *black* (POK:541, BRT:1631)
- Av/Old Pers — aršan, varešna: *male, man, hero*; syâva-aršan: *(with) black male animals* (POK:336, AHD:1480, SOD:414)
- Persian — Sîyâvaš: *"with black horses"* سیاوش (BQT)

سیاه
مق: سام

- Indo-European — Kei 1: *gray or black color, dark* رنگ تیره، تاریک (POK:540)
- Avestan — syâva: *black* (POK:541, BRT:1631)
- Persian — sîyâh: *black* سیاه (HRN:168, BQT, SNS:172)

سیج
درد و رنج

- Indo-European — Tiegu: *to approach shyly* با خجالت نزدیک شدن (POK:1086)
- Avestan — ithyajah, ithyejah: *abandonment* (POK:1086)
- Pahlavi — sêj: *trouble, pain* (SNS:314)
- Persian — sîj: *suffering, pain* سیج (سیجمند)
  جهان سیجمند و پر انائی
  که او را پیشه باشد بیوفائی (ارداویراف نامه)
  (SNS:314, BQT:1202)

سیخ

- Sanskrit — Çîxâ : *point, tip, skewer* نوک، سیخ (HRN:168)
- Persian — sîx: *skewer* سیخ
  NOTE - derivation of the Persian word from Sanskrit is not clear (BQT:1203, HRN:168, FVF:383)
- Turkish — šîš: *skewer* (TAD:38, BQT:1203, MON:2112)
- Persian — šîšlîk, šîš-kabob: *meats roasted on a skewer* شیشلیک، شیش کباب (MON:2112)

سیر

- Avestan — Srîra: *satisfied* راضی
  NOTE- POK:618 shows the Avestan "srîra" from the Indo-European root "Krei: to appear, shine" with the meaning of "beautiful". (BLY:78)
- Pahlavi — sêr: *satisfied, not hungry* (BLY:78)
- Persian — sîr: *not hungry, satisfied, full* سیر (BLY:78)

سیف

- Indo-European — Kiph: *thin flexible twig* شاخه نرم، ترکه (POK:598)
- Greek — xiphos: *branch, rod* (POK:598)
- Arabic — sayf: *sword* (TAD:39,78)
- Persian — sayf: *sword* سیف (MON:1979)

سیلی

- Indo-European — Ker 2, Sker 2: *to cut, separate, tear* بریدن، پاره کردن (AHD, POK:920,926,930,931,941, IEC:640,1155)
- Persian — sîlî: *slap, blow* سیلی (IEC:640, MON:1982)

سیم۱
تیر یوغ

- Indo-European — Kem 1: *stick* چوب، تیر (POK:556)
- Avestan — simâ: *yoke beam* (POK:556, AHM:274)
- Persian — sîm 1: *yoke beam* سیم۱ (HRN:168, BQT:1205, AHM:274)

سیم۲
"نقره سکه نشده"

- Greek — Sêma: *marked, stamped (coin)* علامت خورده، ضرب شده (سکه شده) (KNT:209, MON:1982)
- Indo-European — Ne 1, An 3: *no, not* نَه (POK:756, KNT:167)
- Greek — A-sêma: *unmarked, unstamped (silver)*
- Pahlavi — asêm, sîm: *silver* (KNT:209)
- Persian — sîm 2: *silver* سیم۲ (BQT:1212, KNT:209,

Alternative:

- Greek — Sêma: *marked, stamped (coin)* (KNT:209, MON:1982)
- Old Persian — siyaman: *made of silver* (KNT:209)
- Persian — ?

سیما

- Indo-European — Dheye: *to see* دیدن (POK:243)
- Greek — sema: *things seen, signs* (POK:243, AHD)
- Arabic — sîma: *sign, symbol* (VDQ:275)
- Persian — sîmâ: *sign, face* سیما (MON:1983)

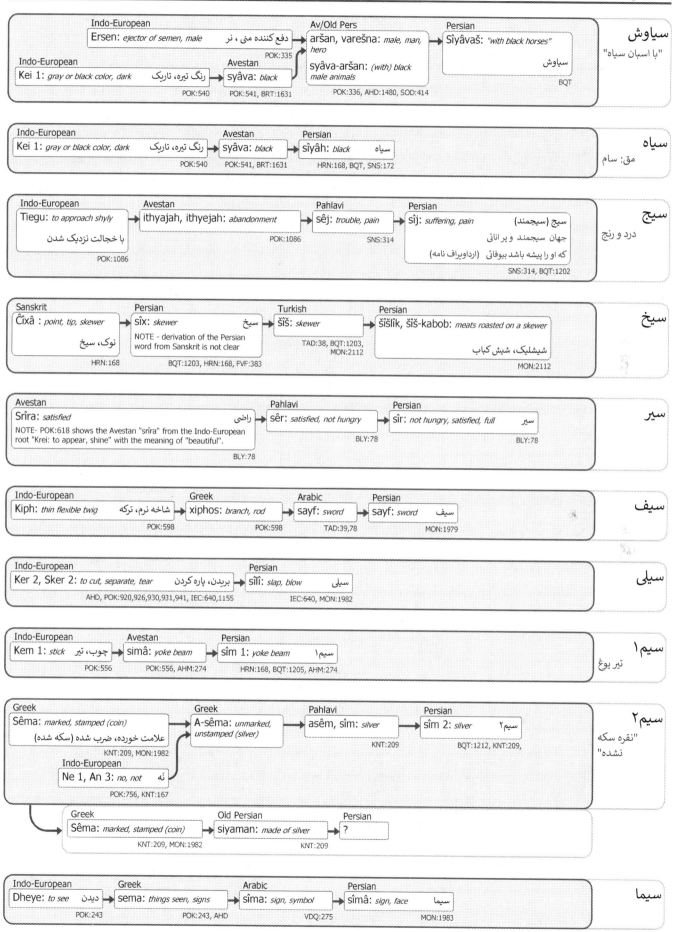

سیمرغ
پرنده تیره رنگ

- Indo-European — Kei 1: *gray or black color, dark* رنگ تیره، تاریک — POK:540
- Avestan — Mereğa: *a large bird* نوعی پرنده بزرگ — BQT:190, KLN:959
- Avestan — saêna: *gray, gray bird (falcon)*; saêna-mereğa: *dark bird* — POK:541
- Persian — šâhîn: *falcon* شاهین; sîmorğ: *a legendary bird* سیمرغ — BQT, HRN:169

شاخ

- Indo-European — Kâk: *twig, branch* شاخه، ترکه — POK:523
- Sanskrit — šâxa: *branch* — POK:523
- Persian — šâx: *horn, branch* شاخ (شاخه) — POK:523, BQT:1219, SYN:525

شاد
هم: quiet

- Indo-European — Kweye, Ĉiah: *quiet, comfortable* آرام، راحت — KLN:1740, POK:638,EIV
- Av/Old Pers — šâ 2, šyâ: *to rest*; šâiti, šyâtî: *happiness, peace* — POK:638, KLN:1740, KNT:210
- Pahlavi — šâd: *cheerful* — EIV:38
- Persian — šâd: *happy* شاد — HRN, BQT. EIV

شار
رجوع شود به: شاریدن

شاریدن

- Indo-European — Gwhder: *to flow, run* جریان یافتن، دویدن — POK:487
- Avestan — xšar: *to flow* — POK:487
- Persian — šârîdan: *to flow* شاریدن (شِریدن) — HRN:172, BQT

شاش

- Indo-European — Ĉiah: *to move, throw, relieve oneself* حرکت کردن، انداختن، خود را راحت کردن — EIV:38
- Avestan — šâ 1: *to defecate, urinate* — EIV:38
- Persian — šâš: *urine* شاش — EIV:38

شاگرد
"دنبال رو"
هم: pursue

- Indo-European — Kwer, Kar 2: *to make, form* ساختن، تشکیل دادن — POK:641, EIV:236
- Indo-European — Sekw: *to follow* دنبال کردن — POK:896
- Avestan — haša-kerta, aša-gerd: *one who follows work or instructions of a teacher* — BQT:173, HRN:28,232, HUB:39
- Persian — šâgerd: *student, follower* شاگرد — BQT

شال۱
هم: shawl

- Sanskrit — Šavala: *(a fabric) marked with colors* پارچه با علائم رنگی — HJB:824
- Persian — šâl 1: *scarf* شال۱ — HJB:824, KLN:1432, MON:2000, FRS:171, BQT:1228

NOTE- KLN:1432 derives it from "Šaliat" an Indian town famous for its shawls

شال۲
گلیم

- Sanskrit — Šavala: *(a fabric) marked with colors* پارچه با علائم رنگی — HJB:824
- Persian — šâl 2, šâlang: *a thin, inexpensive rug* شال۲، شالنگ — HJB:824, KLN:1432, MON:2000, FRS:171, BQT:1228

شالی

- Sanskrit — Šâli: *grains, cereals* غلات — BQT:1229
- Persian — šâlî: *rice, especially in the husk* شالی — BQT:1229, MON:2000
- Persian — šâlîzâr: *rice field* شالیزار; šaltûk: *rice in the husk* شَلتوک (چلتوک) — BQT, MON

شالیزار
رجوع شود به: شالی

شام
رجوع شود به: شب

شانزده
هم: ten

- Indo-European — Dekm: *ten* عدد ده — POK:191
- Indo-European — Seks: *six* شِش — POK:1044
- Av/Old Pers — xšvaš: *six* — POK:1044
- Av/Old Pers — dasa: *ten or "plus ten"*; xšvaš-dasa: *six plus ten*; -iti,-ti: *a suffix meaning "multiple of ten"*; xšvaš-ti: *six times ten* — POK:191
- Persian — šânzdah: *sixteen* شانزده; šast: *sixty* شَست — BQT

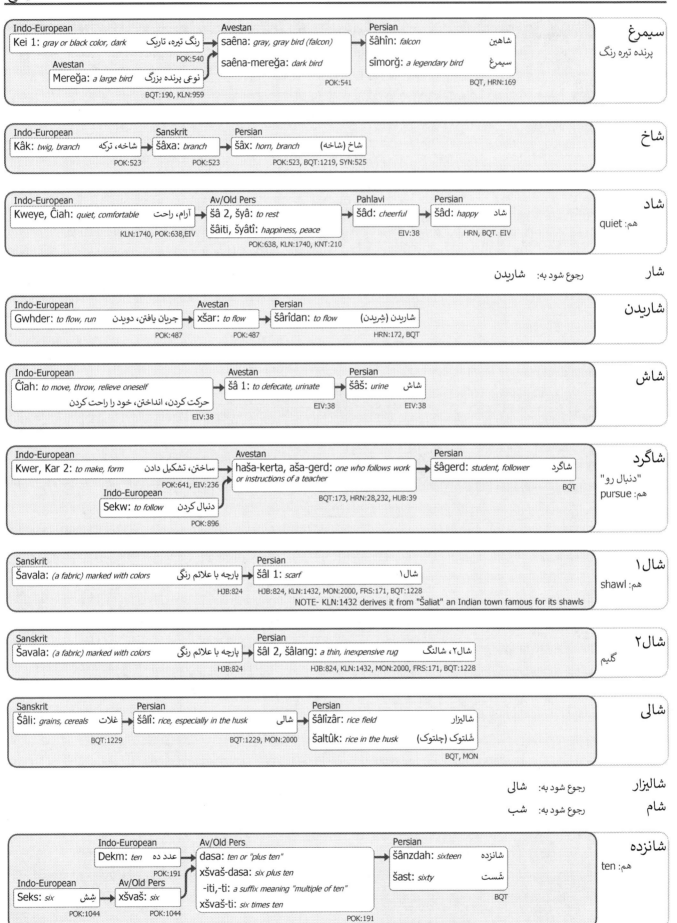

شانه

Indo-European: Kes: *to scratch* خراشیدن (POK:585, WLD1: 449) → Greek: ksniô: *to scratch, comb* (POK:587, IEC:572) → Pahlavi: šânak: *comb* (HRN:170) → Persian: šâneh: *comb* شانه (BQT:1230)

NOTE- see "Ksen: to card wool" for another possible root

شانه

Indo-European: Ksen: *to card wool* از هم باز کردن پشم; Fšan: *to drag, split* کشیدن، از هم جدا کردن (EIV:92) → Pahlavi: šânag: *comb* (EIV:92) → Persian: šâneh: *comb* شانه (EIV:92)

NOTE- see "Kes: to scratch" for another possible root

شاه

Indo-European: Ksei 1: *to be able, qualify, rule* قادر و شایسته بودن، فرمانروایی کردن (POK:626, KLN:272) → Av/Old Pers: xšây, xši: *to rule, to qualify*; xšača: *king, ruler* (POK:626, KNT:181) → Pahlavi: šâh: *king* (BQT:626, HRN:177, HUB:83) → Persian: šâh: *king* شاه; čak: *a promissory note, check* چک (POK:626, BQT, ZMA:25)

شاه اسپَرَم رجوع شود به: اسپرغم

شاهین رجوع شود به: سیمرغ

شاید رجوع شود به: شایستن

شایستن

Indo-European: Ksei 1: *to be able, qualify, rule* قادر و شایسته بودن، فرمانروایی کردن (POK:626, KLN:272) → Av/Old Pers: xšây, xši: *to rule, to qualify* (POK:626, KNT:181) → Pahlavi: šâyîtan: *to be able to, deserve* (HRN:171, FFD:62) → Persian: šâyestan: *to deserve, qualify* شایستن (شایسته); šâyad: *perhaps* شاید (BQT:1237, EIV:451)

شایسته رجوع شود به: شایستن

شب

Indo-European: Kwsep: *darkness* تاریکی (POK:649) → Avestan: xšap: *night*; xšâfniya: *night meal* (POK:649) → Persian: šab: *night* شب; šâm: *dinner, night* شام (MON, BQT, HRN:169, SYN:992)

شبان رجوع شود به: چوپان

شبدیز رجوع شود به: شب + دیس

شبستان

Indo-European: Kwsep: *darkness* تاریکی (POK:649) → Avestan: xšap: *night* (POK:649) →
Indo-European: Stâ: *to stand* ایستادن (POK:1008,1009) → Av/Old Pers: sta: *to stand, to set* (BQT:123, HRN:20, POK:1008) →
Persian: šabestan: *"place for holding the night"* شبستان (MON, BQT, HRN:169, SYN:992)

شپش

Avestan: Spiš: *an insect, bug, flea* حشره، شپش (BQT:1249) → Pahlavi: spiš: *flea* (BQT:1249) → Persian: šepeš: *flea* شپش (BQT:1249, MON:2022)

شتاب

Indo-European: Tep: *to be warm* گرم بودن (POK:1069) → Avestan: tap 2, tab: *warm, glowing* (POK:1069, KLN:1589) →
Indo-European: Ambhi: *around* اطراف، پیرامون (POK:34) → Avestan: aiwi, abi, aiwiš, ubê: *over, above, both* (POK:34) →
Avestan: aiwiš-tap: *in heat, in hurry* (BQT:49,453,1252,1958) → Persian: šetâftan: *to hurry* شتافتن (شتاب) (BQT, HRN)

شتافتن رجوع شود به: شتاب

شتر رجوع شود به: اشتر

شترنگ رجوع شود به: شطرنج

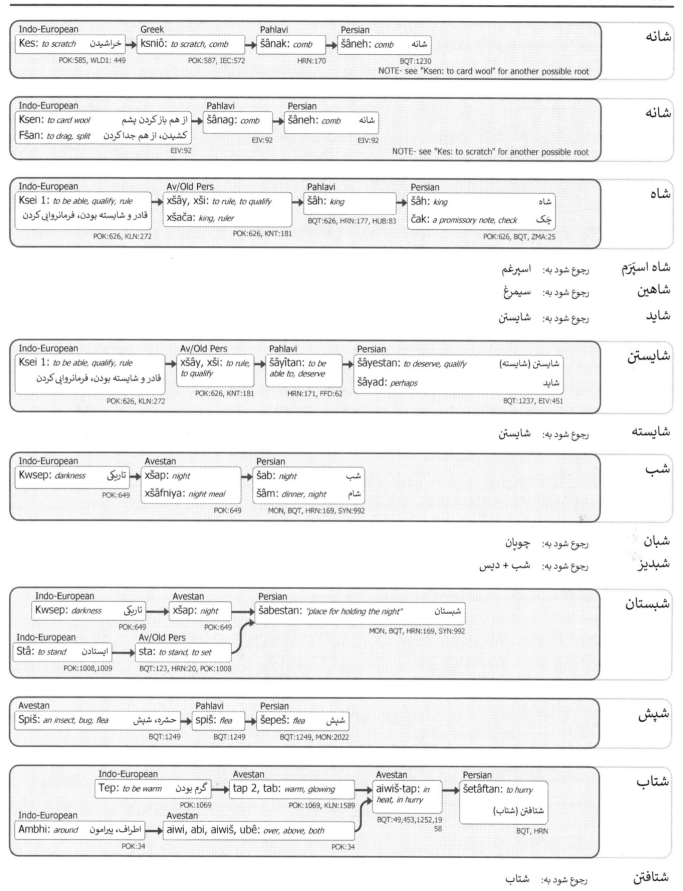

شدن

- Indo-European: Kei 2, Ĉiau: *to set in motion* به حرکت درآوردن (POK:539,EIV) → Old Persian: šiyav: *to set in motion*; šaw: *to go* (POK:539, HRN:172) → Pahlavi: šutan: *to become* (HRN:172) → Persian: šodan: *to become* شدن (BQT:1261, FFD:62,EIV)
- Indo-European: Kei 2, Ĉiau: *to set in motion* (POK:539,EIV) → Avestan: šav, šyav: *to go*; šyaothna: *conduct*; šyaoman: *work*; fra-šûte: *moved* (POK:539) → Persian: ?

شُرشُر

رجوع شود به: شاریدن

شرق

- Pahlavi: Cîrâğ: *lamp* چراغ (PLA:157) → Persian: čerâğ: *lamp, light, illumination, guiding light* چراغ (BQT:626) → Arabic: îšrâğ: *illumination, intuition* (PLA:157) → Persian: ešrâq: *illumination, intuition* اشراق; šarq: *source of light, east* شرق (FVA:211)

شرم

هم: harm

- Indo-European: Kormo: *pain, suffering* درد، رنج بردن (POK:615) → Avestan: fšarema: *pain* (POK:615) → Persian: šarm: *shame* شرم (HRN:172, BQT:1264)

شِریدن

رجوع شود به: شاریدن

شَست

رجوع شود به: شانزده

شستن

- Indo-European: Kseud: *water, to clean by stamping in water* آب، پاک کردن در آب (POK:625, WLD1: 502) → Avestan: xšaod, xšaud: *flow* (POK:625, WLD1: 502) → Persian: šostan: *to clean, wash* شستن (شوی۲، شور۲) (HRN, BQT, FFD)

شُش

هم: هوا

- Indo-European: Kwes: *to pant, to breathe fast* نفس نفس زدن (POK:631, CEL6: 284, EIV:369) → Avestan: suši, suš: *the lungs* (POK:631, SYN:260) → Pahlavi: suš: *lung* (SNS:192) → Persian: šoš: *lung* شُش (HRN:173, BQT:1266, EIV:369)

شطرنج

هم: "چهار مهره" four

- Indo-European: Ang: *to bend* خم کردن (POK:46) + Indo-European: Kwetwer : *four* چهار (POK:642) → Sanskrit: angam: *member, part*; catur-anga: *the four major parts (castle, Knight, Bishop and Pawn in the game of chess)* (POK:46, BQT:1254) → Pahlavi: catrang → Persian: Satranj: *chess* شطرنج (شترنگ، کترنگ)
  - تا جز از بیست و چهارش نبود خانهٔ نرد
  - همچودر سی ودو خانه است اساس شترنگ (نجار)
  - (BQT:1254, FVF:404)

شغال

- Sanskrit: Srgâla: *howler* زوزه کش (KLN:823, MON:2050) → Pahlavi: šağâl: *coyote* (MON:2050) → Persian: šağâl, šoğâl: *coyote* شغال (KLN:823) → Turkish: → English: jackal (KLN:823)
- NOTE- BQT:1270 indicates that "Srgâla" may be from Babylonia

شَفش

هم: سیف

- Indo-European: Kiph: *thin flexible twig* شاخه نرم، ترکه (POK:598) → Sanskrit: šiphâ, čiphâ: *twig, hair* (POK:598, WLD1: 452) → Persian: šafš: *twig, wire* شَفش; šafšâhang: *a tool for extruding thin silver and gold wires* شفشاهنگ، شفتاهنج (BQT, MON)

شکار

- Indo-European: Kwer, Kar 2: *to make, form* ساختن، تشکیل دادن (POK:641, EIV:236) + Indo-European: Ambhi: *around* اطراف، پیرامون (POK:34) → Avestan: aiwi, abi, aiwiš, ubê: *over, above, both* (POK:34) → Av/Old Pers: kar 2, kara 1: *to work*; aiwiš-kar: *chase (animals) away, hunt* (NYB:157, HRN:80, SYN:628, EIV:237) → Persian: šekâr: *hunt* شکار (MON, FFD)

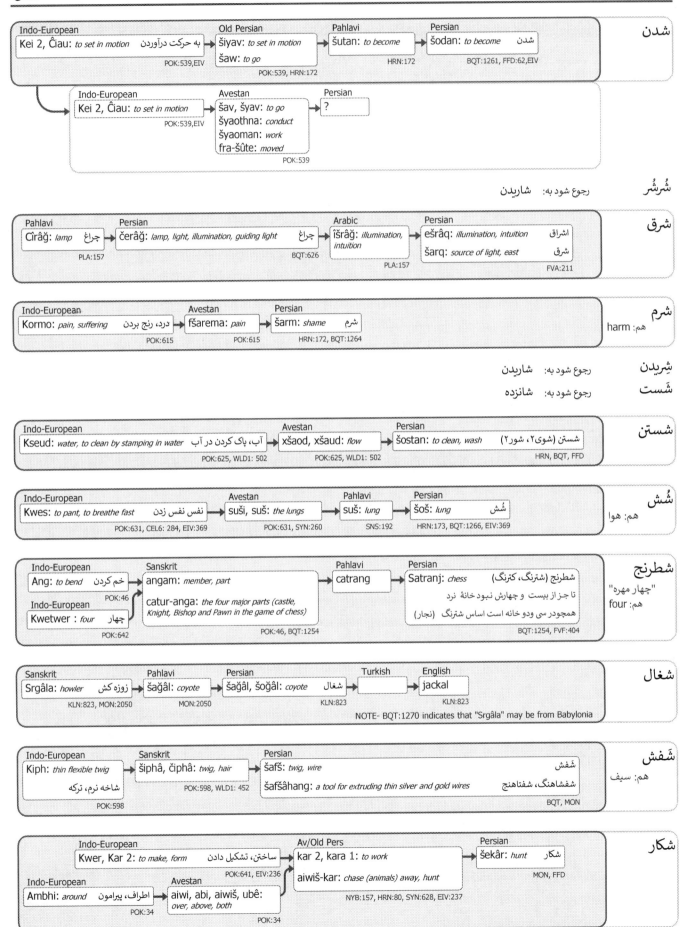

شکافتن
هم: science

Indo-European: Ker 2, Sker 2: *to cut, separate, tear* بریدن، پاره کردن → Avestan: scapti: *to split* → Persian: šekâftan: *to split* شکافتن، کافتن، شگفت، شکوفه، شکاف

AHD, POK:920,926,930,931,941, IEC:640,1155 — POK:919,930, SOD:61, EIV:342 — BQT, HRN:175

شِکر

Indo-European: Korkâ: *gravel* سنگ ریزه → Sanskrit: sarkarah: *gravel, sugar* → Pali: sakkara: *sugar* → Persian: šekar: *sugar* شِکر → Arabic: sukkar → French: sucre → English: sugar

POK:615 — POK:615 — BQT:1279 — PLA:163 — AHD:1288 — KLN:1539

شکرفیدن
تلو تلو خوردن

Indo-European: Skarf: *to stumble* لغزیدن → Pahlavi: skarw: *to stumble* → Persian: šekarfîdan: *to stumble* شکرفیدن

POK:929, EIV:347 — EIV:347 — EIV:347, MON

شکستن

Indo-European: Skand 2: *to break* شکستن → Avestan: sčand: *to break* → Persian: šekastan: *to break* شکستن

POK:920, EIV:342 — POK:919,930, SOD:61, EIV:342 — BQT, HRN:175

شکله

Indo-European: Kâk: *twig, branch* شاخه، ترکه → Sanskrit: šakala: *part, piece* → Persian: šeklah: *slice, piece, a torn piece of garment* شکله

POK:523 — POK:523 — BQT:1280

شکم رجوع شود به: اشکم

شکوفه رجوع شود به: شکافتن

شُکوه
هم: show

Indo-European: Keu 3, Skeu: *to watch, see, hear* دیدن، شنیدن → Pahlavi: škôh: *grace* → Persian: šokûh: *glory* شُکوه

POK:587 — ARN:382 — POK:588

Indo-European: Keu 3, Skeu: *to watch, see, hear* → Old Persian: au-šaudîhtwei: *to trust* → Persian: ?

POK:587 — POK:588

Indo-European: Keu 3, Skeu: *to watch, see, hear* → Avestan: čevîšî: *attend, hope* → Persian: ?

POK:587 — WLD:1369, POK:587

شکیبا

Old Iranian: Skaip: *to wait* منتظر بودن → Pahlavi: škêb: *patient* → Persian: šakîbîdan: *to be patient* شکیبیدن (شکیبا)

FFD:63 — FFD:63 — FFD:64, MON

شکیبیدن رجوع شود به: شکیبا

شگفت رجوع شود به: شکافتن

شَل

Indo-European: Skel: *bent, curved* خمیده → Persian: šal 1: *leg, thigh* شَل; šelang: *step* شلنگ

POK:928 — HRN:175, BQT, EIV:207

شَلپوی
صدای پا

Indo-European: Skel: *bent, curved* خمیده → Persian: šalpûy: *sound from foot steps* شَلپوی

توانگر بنزدیک زن خفته بود
زن از خواب شلپوی مردی شنود (شهید بوشکور بلخی)

POK:928 — HRN:175, BQT, EIV:207

شَلتوک رجوع شود به: شالی

شلنگ رجوع شود به: شَل

شلوار

Indo-European: Wel 3: *to turn, roll* چرخاندن، تاباندن (POK:1139-1140) → Avestan: var 4: *similar to, like, also cover* (POK:1140) → Persian

Indo-European: Skel: *bent, curved* خمیده (POK:928) → Persian

Persian: šal 1: *leg, thigh* شَل; šalvâr: *"like legs" or "leg covers", pants* شلوار (HRN:175, BQT, EIV:207)

شما

Indo-European: Yu: *you* شما (POK:513) → Avestan: yûš, yûšmat: *you* (POK:513) → Persian: šomâ: *you* شما (HRN:176, BQT:1291)

هم: you

شماره

Indo-European: Mer 1, Smer, Hmar: *to remember* بیاد آوردن (POK:969, EIV:137) → Avestan: mar.1, smer: *to remember*; mar-aiti, hiš-mar-aiti: *counted for* (MON, KLN:961, FFD:64) → Persian: šemordan: *to count* شمردن (شماره) (HUB, HRN, BQT, EIV)

هم: memory

شمردن رجوع شود به: شماره

شمشیر

Pahlavi: Šfšyr, Šypšyr, Šamšêr: *sword* شمشیر (MPP:88, BQT:1294, NYB:186) → Persian: šamšîr: *sword* شمشیر (BQT:1294) → English: scimitar (KLN:1397, SKT:468, HJB:804)

NOTE- BQT rejects derivation of "šamšîr" from "šam-šîr: lion's paw" suggested by SKT:468.

شَمَن

Indo-European: Klem: *tired, loose, dull* خسته، بی ذوق (POK:602) → Sanskrit: saman: *one who is only interested in worshipping, a monk.* (POK:602) → Pahlavi: šaman: *idol worshipper* (TZF:77) → Persian: šaman: *idol worshiper* شَمَن

اگر تـاج ایران سپارد به مـن
پرستش کنم چون بتان را شمن (فردوسی)

(BQT:1296, ETM:37, TZF:77)

شَن

Indo-European: Ken 2, Gwhen 3: *to dig* کندن (EIV:232, POK:534) → Av/Old Pers: šan, šyangh: *house, household*; NOTE- Cognate with "kan 1: to dig out" (ZMA:49-51) → Pahlavi: šân: *house, shelter* (BQT:46, ZMA:49-51) → Persian: šan: *house* شَن (گلشن) (ZMA:49-50, BQT)

شنا

Indo-European: Snâ: *to flow, swim* با جریان رفتن، شنا کردن (POK:971) → Avestan: snâ: *wash, swim* (POK:971, KLN:1030, HUB:15) → Pahlavi: snâz: *swim* (ARN:384) → Persian: šenâ: *swim* شنا (BQT, HRN:176, AEF:118)

شناختن

Indo-European: Gnô: *to know* دانستن (POK:376) → Old Persian: xšnâ: *to know* (POK:376, BQT:1298) → Persian: šenâxtan: *to know, recognize* شناختن (آشنا)

NOTE- Avestan form is "zânati"

هم: know

شنبه

Akkadian: Šabatu: *to cut, stop working* قطع کردن، دست برداشتن از کار (AKD:67, BQT:1300) → Hebrew: šâbat: *to stop work* (BQT:1300) → Persian: šanbeh: *Saturday, day of rest* شنبه (MON:2081, BQT:1300)

هم: Sabbath

شندف رجوع شود به: دَف

شنگبیل

Indo-European: Ker 1: *head, horn* سر، شاخ (POK:574, KLN:261,657) → Sanskrit: srnga: *horn*; sringa-vera: *horn-shaped root of ginger* (AHD:1522, KLN:657) → Pahlavi: šanga-vîr, singiber (VDQ:42) → Persian: šangabîl: *ginger* شنگبیل (MON:1751, VDQ:42)

مق: زنجبیل
هم: ginger

شنگرف رجوع شود به: زنجرف

شنوشه

Indo-European: Skêu: *to sneeze* عطسه کردن (POK:838,953) → Pahlavi: šanôšag: *to sneeze* (ARN:91) → Persian: šonûšeh: *sneeze* شنوشه (اشنوسه)

مرا امروز توبه سود دارد
چنان چون دردمندان را شنوشه (رودکی)

(POK:953, BQT:1102,1304)

هم: sneeze

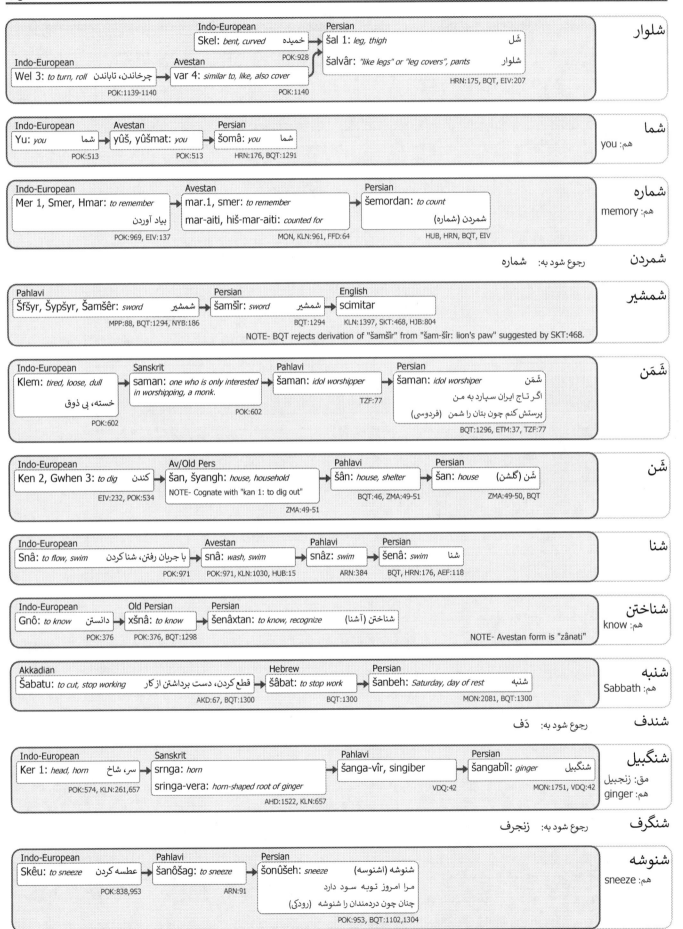

شنیدن
listen :هم

- Indo-European: Kleu, Srau: *to hear* شنیدن — POK:605, EIV:356
- → Avestan: sru, srav, xšnu, xšnaw: *to hear* — HRN:177
- → Pahlavi: ašnûdan: *to hear* — FFD:64
- → Persian: šenîdan: *to hear* شنیدن — BQT:1304

شوخ

- Indo-European: Skaivos: *sinister, odd, strange* شوم، عجیب و غریب — WLD2: 537, IEC:1146
- → Persian: šûx: *vulgar, rude, a joker* شوخ — IEC:1146, MON:2085

شور۱
مق: شوربا

- Indo-European: Kes: *to scratch* خراشیدن — POK:585, WLD1: 449
- → Persian: šûr: *with sharp taste, salty* شور — POK:585, BQT:1307

شور۲
رجوع شود به: شستن

شوربا

- Indo-European: Pekw: *to cook* پختن — POK:798
- → Avestan: pax, pač, pačaiti: *to cook*; -pâka: *a suffix referring to the cook.* — POK:798, BQT:370, SYN:336, FFD:40
- → Pahlavi: puxtag: *cooked*; paz: *cook* — SNS:137, FFD:40
- → Persian: bâ, vâ: *suffixes for cook or cooking* با، وا (نانوا، شوربا). — BQT:370, AEF:195, IEC:920
- Indo-European: Kes: *to scratch* خراشیدن — POK:585, WLD1: 449
- → Persian: šûr: *with sharp taste, salty* شور; shûr-bâ: *a salty soup* شوربا — POK:585, BQT:1307

شوشو
ارزن

- Chinese: Chou-shu: *millet* ارزن — SIN:565
- → Mongolian: — SIN:565
- → Persian: šošo, šûšû: *millet* شوشو — MON:2089, BQT:1309

شولک
اسب تند رو

- Sanskrit: Šûlaka: *wild horse* اسب وحشی — BQT:1310
- → Persian: šûlak: *wild or fast horse* شولک
  نشست از بر شولک اسفندیار
  برفت از پسش لشگر نامدار (فردوسی)
  — MON:2092, BQT:1310, FSF:242

شوی۱

- Indo-European: Kseud: *water, to clean by stamping in water* آب، پاک کردن در آب — POK:625, WLD1: 502
- → Avestan: xšudra: *water, liquid, semen*; xšâudra: *male, husband* — POK:625, WLD1: 502
- → Persian: šûy: *husband* شوی۱ (شوهر) — HRN, BQT, FFD

شوی۲
رجوع شود به: شستن

شهر

- Indo-European: Ksei 1: *to be able, qualify, rule* قادر و شایسته بودن، فرمانروایی کردن — POK:626, KLN:272
- → Av/Old Pers: xšây, xši: *to rule, to qualify*; xša-thra, xšathra: *"having a king", kingdom*; NOTE- -thra, -tra are Avestan suffixes meaning "owner of". — POK:626, KNT:181
- → Pahlavi: šatr: *kingdom, town* — BQT:626, HRN:177, HUB:83
- → Persian: šahr: *town, city* شهر — POK:626, BQT, ZMA:25

شهرام
رجوع شود به: شاه + رام

شهریور
"شهر یا کشور مطلوب"

- Indo-European: Wel 1: *to wish, desire* آرزو کردن — POK:1137
- Indo-European: Ksei 1: *to be able, qualify, rule* قادر و شایسته بودن، فرمانروایی کردن — POK:626, KLN:272
- → Av/Old Pers: xša-thra, xšathra: *"having a king", kingdom* — POK:626, KNT:181
- → Avestan: var 2, ver 1, varena: *to wish*; xšatra-vairya: *desired city, heavenly country* — POK:1137
- → Pahlavi: šatri-var: *name of a month* — BQT:1316,1303
- → Persian: Šahrîvar: *"desired city"* شهریور — BQT, HRN, MON

شیب۱

- Indo-European: Ksîp: *strike, weapon, spike* ضربه، اسلحه، وسیله نوک تیز — IEC:573
- → Av/Old Pers: xšvaepâ: *back, behind, slope* — HRN:178, FFD: 65
- → Pahlavi: šîp: *slope* — HRN:178
- → Persian: šîb: *slope* شیب۱ — BQT:1318, MON:2101

شیب۲ رجوع شود به: شیفتن

شیب۳ شلاق

Indo-European	Av/Old Pers	Pahlavi	Persian
Ksîp: *strike, weapon, spike* ضربه، اسلحه، وسیله نوک تیز	xšip, xšwaip, xšwaif: *movement, strike*	šêb: *whip*	šîb: *whip* شیب۳
IEC:573	HRN:178, FFD: 65	FFD:65	MON:2101

شیبا هم: swift

Indo-European	Avestan	Pahlavi	Persian
Swei: *to bend, twist* خم کردن Sweib: *move swiftly like a snake* چون مار سریع حرکت کردن	xšvira, xšvaewa: *swift*	šêpâk: *fast, easy to understand*	šîbâ: *a large snake* شیبا šîvâ: *easy to understand, clear* شیوا
POK:1041	POK:1041	BQT:1319,1329	BQT:1319,1329, HRN:178,179, MON:2115

شیبیدن رجوع شود به: شیفتن

شیپور

Syriac / Aramaic	Pahlavi	Persian
Šypwr: *trumpet* شیپور	šayfur	šaypûr: *trumpet* شیپور
TZF:77	TZF:77	TZF:77, MON:2101, BQT:1319

شید

Indo-European	Avestan	Persian
Ksei 2: *bright* روشن	xšae-ta, xšôithmi: *bright*	šîd: *bright* شید (شیده)
WLD1: 501, BRT:541	WLD1: 501, BQT:788,1320	BQT, MON

شیدا

Akkadian	Aramaic	Persian
Šedû: *devil, mad person* شیطان، دیوانه	šêdâ, šâtân: *demon*	šeydâ: *crazy, frenzied (with love)* شیدا
AKD:69	BQT:1320	BQT:1320

شیده رجوع شود به: شید

شیر۱

Indo-European	Avestan	Persian
Ksîro: *milk* شیر	xšîra, xšvipata: *milk* apa-xšîra: *milk*	šîr 1: *milk* شیر۱ (شیرین)
WLD1: 503	AHD:1175, HRN:178, SOD:29	SYN:385, BQT:1322, HRN:178, MON:2108,5187,

شیر۲

Indo-European	Av/Old Pers	Pahlavi	Persian
Ksei 1: *to be able, qualify, rule* قادر و شایسته بودن، فرمانروایی کردن	xšây, xši: *to rule, to qualify*	šâh: *king* šêr: *lion*	šîr: *lion* شیر۲
POK:626, KLN:272	POK:626, KNT:181	BQT:626, HRN:177, HUB:83	POK:626, BQT, ZMA:25

شیراوژن رجوع شود به: شیر۲ + اوژندن

شیرین رجوع شود به: شیر۱

شیش کباب رجوع شود به: سیخ

شیشلیک رجوع شود به: سیخ

شیطان هم: satan

Akkadian	Aramaic	Arabic	Persian
Šedû: *devil, mad person* شیطان، دیوانه	šêdâ, šâtân: *demon*	šaytân: *devil*	šeytân: *devil* شیطان
AKD:69	BQT:1320	BQT:1320	MON

شیفتن

Indo-European	Av/Old Pers	Pahlavi	Persian
Ksîp: *strike, weapon, spike* ضربه، اسلحه، وسیله نوک تیز	xšip, xšwaip, xšwaif: *movement, strike*	šîb: *to be disturbed*	šîftan: *to be agitated* شیفتن šîbîdan: *to be disturbed* شیبیدن (شیب۲) شکیب آور از درد و بر من مشیب که از مهر بسیار بهتر شکیب (اسدی طوسی)
IEC:573	HRN:178, FFD: 65	FFD:65	FFD:65, MON

شیمی "اختلاط و امتزاج"

Indo-European	Greek	Arabic	Latin	French	Persian
Gheu: *to pour* ریختن	xymeia: *infusion by pouring (mixing) liquids*	al-kimya: *chemistry*	alchymia	chimie: *chemistry*	šîmî: *chemistry* شیمی
POK:447	OEW:124	OEW:124	AHD		MON:2115

NOTE- KLN, OEW & AHD derive the Arabic "al-kimyâ" from the Egyptian "khem: black". See root "Ker 4: black".

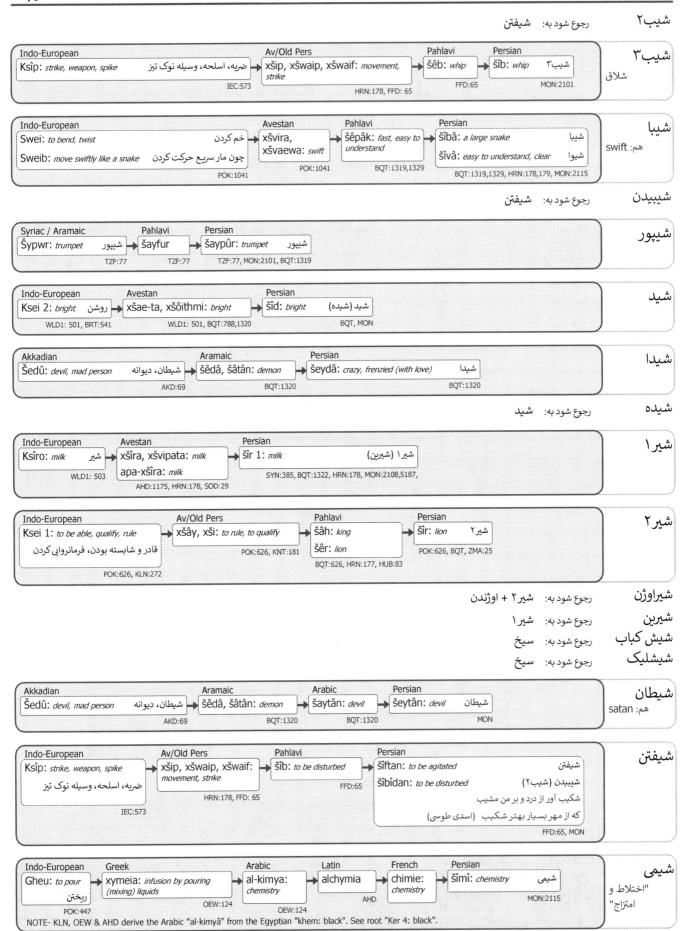

شیمی "صنعت مصری"

Indo-European: Ker 4, Kers: *black, dirty* سیاه، کثیف (OEW:182, POK:573) → Egyptian: khem: *black* (AHD:30, OEW:182) → Greek: xêma: *black land, the former name of Egypt where transmutation was practiced.* (AHD:30, KLN:45) → Arabic: al-kîmîya: *the art of transmutation* (AHD) → Latin: alchymia (AHD) → French: chimie: *chemistry* → Persian: šîmî: *chemistry* شیمی (MON:2115)

NOTE- OEW & FSD believe the Arabic "al-kimyâ" may be from Greek "xymeia: infusion". KLN does not agree.

شیوا رجوع شود به: شیبا

شیون

Indo-European: Xšai: *weep, lament* گریستن، نالیدن (EIV:452) → Av/Old Pers: Xšî: *grief, poverty* غم، فقر; Xšaivan: *grief, crying* غم، گریه (BQT:1329) → Pahlavi: šêvan: *crying* → Persian: šîvan: *crying* شیون (BQT:1329, EIV:5045)

صابون هم: soap

Indo-European: Seip: *to pour out, drip* بیرون ریختن، چکه کردن (POK:894) → Latin: sâpô: *soap* (POK:894, AHD) → Greek: sapôn: *soap* (BQT:1330) → Arabic: saboun: *soap* (TAD:43) → Persian: sâbûn: *soap* صابون (MON:2118)

صد هم: hundred

Indo-European: Dekm: *ten* عدد ده (POK:191) → Indo-European: Dkm-tom: *hundred* (AHD) → Avestan: sata, satam: *hundred* (POK:191, 192) → Persian: sad: *hundred* صد (BQT)

صراط هم: street

Indo-European: Ster 1: *to spread, throw* پخش کردن، پرت کردن (POK:1029, EIV:263) → Latin: strata: *paved path* (KLN:1522) → Greek: (KLN) → Aramaic: isrâta: *paved path* (KLN:56) → Arabic: sirât: *path, way* (POK:56, FVQ:195, TAD:34) → Persian: serât: *road* صراط (MON)

صفر هم: zero

Indo-European: Keu 2, Su(m)b: *to swell, cavity, hole* ورم کردن، حفره، سوراخ (POK:592, IEC:589, EIV:341,368) → Sanskrit: sunyâ, sunyâh: *empty* (POK:592) → Arabic: sifr: *empty, zero* (KLN:290) → Persian: sefr: *zero* صفر (MON)

صلیب

Aramaic: Salîbâ: *cross* خاج، صلیب (BQT:656, MON:1310) → Arabic: salîb: *cross* (MON:1310,2161) → Persian: salîb: *cross* صلیب (MON:2161)

صنج

Indo-European: Gêu 1, Keub, Keup: *to bend* خم کردن (POK:394-398, POK:588-592) → Latin: cuppa: *curved-in pot*; cymbalon: *curved-in plate* (AHD) → Arabic: sanj: *cymbal* (ARK:223, TAD:44) → Persian: sanj: *cymbal* صنج (سنج) (MON, TAD:44)

NOTE- See root "Keg: hook" for another possible derivation.

صنج

Indo-European: Keg, Keng: *hook* قلاب (POK:537, IEC:458) → Avestan: cang: *hook* (POK:537) → Persian: čang: *hook, paw, harp* چنگ (چنگال) (POK:537, BQT:665, ARN:227) → Arabic: sanj: *harp, cymbal* (PLA:188) → Persian: sanj, senj: *cymbal* صنج (سنج) (MON:2165)

NOTE- See root "Gêu 1: to bend" for another derivation.

صندلی رجوع شود به: سندل

ضحّاک رجوع شود به: اژدها

طاس رجوع شود به: تیشه

طاووس

Tamil: Tôkei: *peacock* (KLN:1143, SKT:378) → Sanskrit: (BQT:1346) → Arabic: tawoos: *peacock* (BQT:1346) → Persian: tâvûs: *peacock* طاووس (BQT:1346,) → Latin: pâuo, pâvô: *peacock* (SKT:378) → Old English: pea: *peacock* (AHD) → English: peacock (SKT:378)

NOTE- Tanil is a Dravidian language spoken in south India

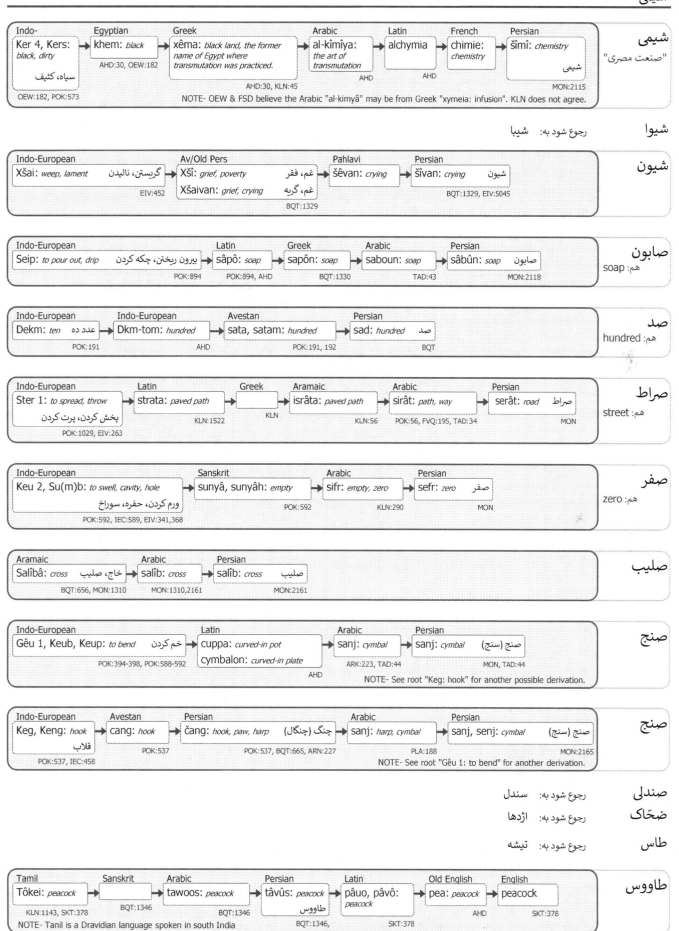

طبل

- Pahlavi — Tabûrâk: *a drum* طبل (MON:1025)
- → Persian — tabûrâk: *a kind of drum* تبوراک (تبیر)
  پس تبیری دید نزدیک درخت
  هرگهی بانگی بجستی تند و سخت (رودکی)
  (MON:1025)
- → Arabic — tabûl: *drum*
- → Persian — tabl: *drum* طبل (MON:2211)

طلسم

هم: چرخ

- Indo-European — Kwel: *to move around,turn* حرکت کردن ، چرخیدن (POK:640)
- → Greek — ku-klos: *wheel*; telos: *end of a cycle, far away*; telesma: *mystery* (AHD)
- → Arabic — tilism: *talisman*
- → Persian — telesm: *mystery, spell* طلسم (MON:2232)

طلق

مق: تالک

- Persian — Talk: *a mineral, talc, talcum powder* طلق، پودر تالک (MON:1133, BQT:509)
- → Arabic — talq: *talc* (MON:1133,)
- → Persian — talq: *mica* طلق (MON:2232, BQT:1358)

طنبور رجوع شود به: تنبور، طبل

طوفان

هم: typhoon

- Indo-European — Dheu 2: *smoke, mist, dizziness* دود ، مه ، سرگیجه (POK:262)
- → Greek — tuphos: *smoke*; tuphun: *typhoon* (AHD, KLN:1670)
- → Arabic — tûfan: *hurricane, typhoon* (KLN:1670, SKT:581)
- → Persian — tûfân: *storm, strong winds* طوفان (MON:2240)

طهماسپ رجوع شود به: تهماسب

طیطو رجوع شود به: تیتو

عار

هم: average

- Arabic — \`Awar: *he damaged* خراب کرد
- → Arabic — \`awar: *damaged goods* (AHD:91, KLN:133)
- → Persian — âr 2: *damage, shame* عار; avâr: *defect, damaged goods* عوار
  گنگ باد آن کس که اندر طعن تو گوید سخن
  کور باد آن کس که اندر عرض تو جوید عوار (فرخی)
  (MON)

عسگر رجوع شود به: لشکر

عوار رجوع شود به: عار

عود

- Sanskrit — Agaruh: *aloe wood* چوب آلوئه (KLN:55)
- → Arabic — al-oud: *the wood, also a stringed musical instrument* (KLN:55)
- → Persian — ûd: *any fragrant wood, also a musical instrument (lute)* عود (BQT:1385)

غاز

هم: goose

- Indo-European — Ghans: *goose* غاز (POK:412, IEC:314)
- → Persian — ğâz: *goose* غاز (IEC:314, MON:2375)

NOTE- ARN:394 mentions the Avestan cognate "zâô"

غانغرایا

هم: gangrene

- Indo-European — Gras: *to eat* خوردن (POK:404)
- → Greek — gangraina: *decay of tissue (in a limb)* (POK:404)
- → Arabic — (BQT:1339)
- → Persian — ğânqrâyâ: *gangrene* غانغرایا، غانقرایا (MON:2383)

غانه

مق: خانه

- Indo-European — Gwhen 1: *to fill* پر کردن; NOTE- compare with Ken 2: to dig (POK:491)
- → Av/Old Pers — kan 1, xan, gan: *to dig dirt out and mound it up, build* (POK:491, HRN:194, BRT:583,)
- → Pahlavi — kantan, xandan: *to dig* (HRN:194, BQT:1707, SNS:8,155)
- → Persian — ğâneh: *house* غانه (دامغان) (HRN:194, BQT, ZMA:51, MON)

غرب

هم: Europe

- Akkadian — Erêbu: *to enter, to go down (sunset)* فرو رفتن، غروب خورشید (AKD:64, KLN:550)
- → Arabic — ğ.r.b: *to set (sun)* (AKD:640,854)
- → Persian — ğarb: *west* غرب (MON)

غربال

Indo-European: Ker 2, Sker 2: *to cut, separate, tear* بریدن، پاره کردن — AHD, POK:920,926,930,931,941, IEC:640,1155
→ Latin: crî-bellâre: *to sieve, separate* — AHD
→ Arabic: ğarbala: *a sieve* — AHD:543
→ Persian: ğarbâl: *a sieve* غربال — MON:2397

غرش

رجوع شود به: غُرنبیدن

غرغره

Indo-European: Gwer 3: *to swallow* قورت دادن — POK:474
→ Indo-European: Gargelos, Gulgul: *gargle* — IEC:265,305
→ Persian: ğerğereh: *gargle* غرغره
xerxereh: *throat* خرخره
ğolğol: *boil, gargle* غلغل، قُلقُل — IEC:265,305, MON

غَرمیدن

رجوع شود به: غُرنبیدن

غُرنبیدن

هم: grim

Indo-European: Ghrem, Gram: *to roar, be angry* غرش کردن، خشمناک بودن — POK:458, EIV:122
→ Avestan: gram: *to anger* — EIV:122
→ Persian: ğurunbîdan: *to thunder, roar* غرنبیدن (غرش)
ğarmîdan: *to be angry* غَرمیدن (غَرمان) — MON, EIV:122

غرّیدن

هم: crow

Indo-European: Ger 4: *to cry hoarsely, growl* گریه کردن ، غر زدن — POK:383, IEC:308
→ Persian: ğorridan: *to growl* غرّیدن — MON:2411, IEC:308

غَزال

هم: gazelle

Arabic: Ğazal: *a new born deer, a wild goat* بچه آهو، بز وحشی — FVA:209
→ Persian: ğazâl: *antelope* غزال — FVA:297

غُزم

رجوع شود به: غُژم

غژ

رجوع شود به: کژاکند

غژغاو

رجوع شود به: کژاکند

غُژم

خشم
هم: grim

Indo-European: Ghrem, Gram: *to roar, be angry* غرش کردن، خشمناک بودن — POK:458, EIV:122
→ Avestan: gram: *anger* — POK:458
→ Persian: gozm, gožm: *anger* غُزم، غُژم
شیر غُژم آورد و جست از جای خویش
وآمد آن خرگوش را آزغده پیش (رودکی)
— POK:458, MON:2413, FRS:187

غلغل

رجوع شود به: غرغره

غنودن

Indo-European: Gnauh: *to sleep, Slumber* خوابیدن — EIV:119
→ Persian: ğonûdan: *to sleep* غنودن — EIV:119

غوز

هم: cove, hump

Indo-European: Gêu 1, Keub, Keup: *to bend* خم کردن — POK:394-398, POK:588-592
→ Persian: ğûz: *a lump on the back bone* غوز (قوز، کوژ، غوزک، قوزک) — POK:395, POK:589

NOTE- Compare with root "Kam 2: to bend"

غوک

Indo-European: Ghûk: *hoot, whoop* صدای بعضی پرندگان — IEC:347
→ Persian: ğûk: *frog* غوک — IEC:347, MON:2454

فارس

رجوع شود به: پارس۱

فاژ

خمیازه
هم: yawn

Indo-European: Ghêi 3: *to yawn* خمیازه کشیدن — POK:419, IEC:418
→ Persian: fâž: *yawn* فاژ (فاژیدن) — IEC:418, MON:2470, FRS:120

فاژیدن

رجوع شود به: فاژ

فاشیسم
هم: band

- Indo-European — Bhendh: *to bind, fasten* بستن (POK:127)
- → Latin — fascis: *bundle* (KLN:152,576)
- → Italian — fascismo: *bundle, (a political) group* (KLN:576)
- → French — fascism
- → Persian — fâšizm: *dictatorship of political "groups"* فاشیسم (MON:2471)

فالوده
رجوع شود به: پالوده

فام۱
هم: photo

- Indo-European — Bhâ 1: *to shine* درخشیدن (POK:104)
- → Avestan — bama, bâ, bâmya: *bright* (POK:104, SOD:97)
- → Sogdian — b`m: *color, brilliance* (BQT:1437, SOD:97)
- → Persian — fâm: *a suffix meaning color* فام۱ (SOD:97, SLW:100)

فام۲
رجوع شود به: وام

فانوس
هم: phosphor

- Indo-European — Bhâ 1: *to shine* درخشیدن (POK:104)
- → Greek — phôs: *light*; phânôs: *torch* (AHD, KLN:1170)
- → Persian — fânûs: *lantern* فانوس (BQT:1437)

فَر
زیبائی و شکوه
هم: sun

- Indo-European — Sâwel: *sun* خورشید (POK:881)
- → Avestan — hvarenah, xvarenah, farnah: *brilliance, elegance*; farnavant: *with bright fate, blessed* (POK:881, BQT:1451)
- → Persian — far: *elegance* فَر (فرزاد، فرشاد، فرشید، فرناز); farrox: *blessed* فرّخ (فرخُنده) (BQT, FSF)

فرا
پیش
هم: forward

- Indo-European — Per 1: *around, forward.* پیرامون، پیش (POK:810)
- → Avestan — fra 2, frank: *forward* (HRN:184, BQT:1442-82)
- → Persian — farâ: *forward, more* فرا، فراز (BQT)

فُرات

- Indo-European — Per 2: *to lead or fly across.* پرواز یا عبور کردن (POK:817)
- → Avestan — peretu: *bridge* (POK:817, KLN:1220)
- Indo-European — Su 1: *well, good* خوب (POK:1037, KLN:548)
- → Avestan — hu 1: *good* (POK:1037)
- → Avestan — hu-parathwa: *good to cross over, the Euphrates river* (POK:817, AHD:452)
- → Persian — forât: *Euphrates river* فُرات

فراخ
هم: flat

- Indo-European — Paita: *to spread, make flat* پهن کردن (POK:805, IEC:918, CEL2: 3)
- → Indo-European — Plat: *to spread* (POK:833)
- → Avestan — frathah: *wide* (POK:833, KLN:1192)
- → Persian — farâx: *wide, large* فراخ (BQT:1444, HRN:180)

فرارون
پاکدامن

- Old Persian — Ardha: *swept, moved, pushed* جارو کرد ، جابجا کرد (BQT:1445)
- Indo-European — Per 1: *around, forward.* پیرامون، پیش (POK:810)
- → Avestan — fra 2, frank: *forward* (HRN:184, BQT:1442-82)
- → Old Persian — fra-ardha, frârdha, frârdha-van : *pushed forward, correct, right* (NYB:23,76, BQT:1445)
- → Pahlavi — frârôn: *honest, forward, upright* (BQT:1445,2246, NYB:23,76)
- → Persian — frârûn: *correct, honest* فرارون (فریرون، فیرون) (MON:2499)

فراز
رجوع شود به: فرا

فرامرز
هم: آمرزیدن

- Indo-European — Mêlg, Marz?: *to wipe off, rub, milk* لمس کردن، پاک کردن، دوشیدن (POK:722, EIV:180, 269)
- Indo-European — Per 1: *around, forward.* پیرامون، پیش (POK:810)
- → Avestan — â-marz: *wipe out sins*; fra-â-marz: *one who forgives all sins* (POK:722, BQT:1448, HRN:12)
- → Persian — farâmarz: *"forgiver of all sins"* فرامرز (MON)

فراموشیدن

- Indo-European — Mer 2: *to rub away, harm, die* فرسوده شدن، مردن (POK:735,970, AHD:1529)
- → Indo-European — Mers, Marš: *to forget* فراموش کردن (POK:737, EIV:268)
- → Av/Old Pers — muš, fra-â-muš: *to forget* (FFD:65)
- → Pahlavi — frâmûštan: *to forget* (FFD:65)
- → Persian — farâmûšîdan: *to forget* فراموشیدن (FFD:65, MON:2506)

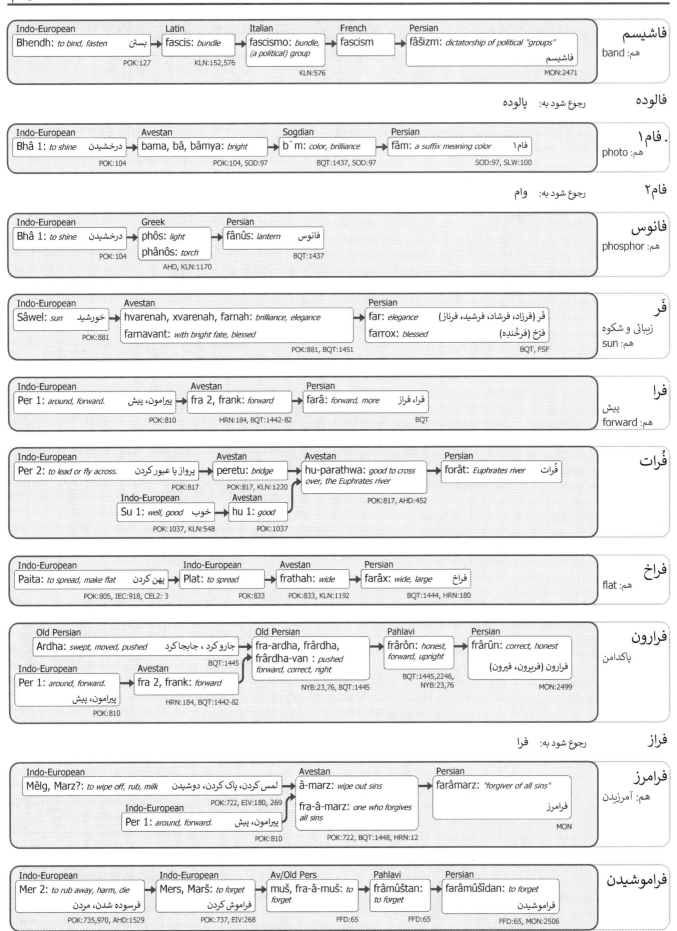

فراوان

هم: full

فربه

مق: پیه
هم: fat

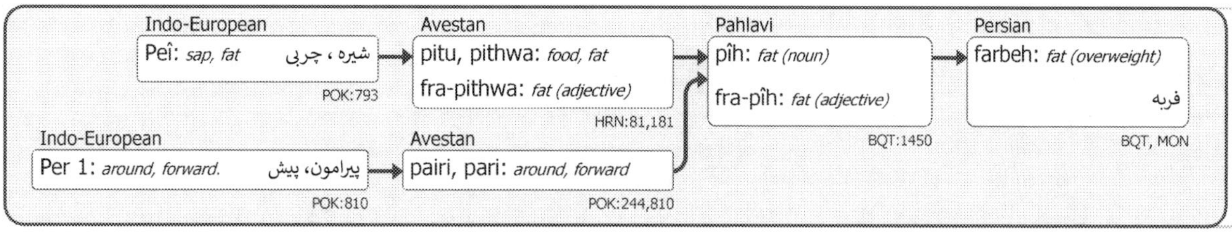

فرجام

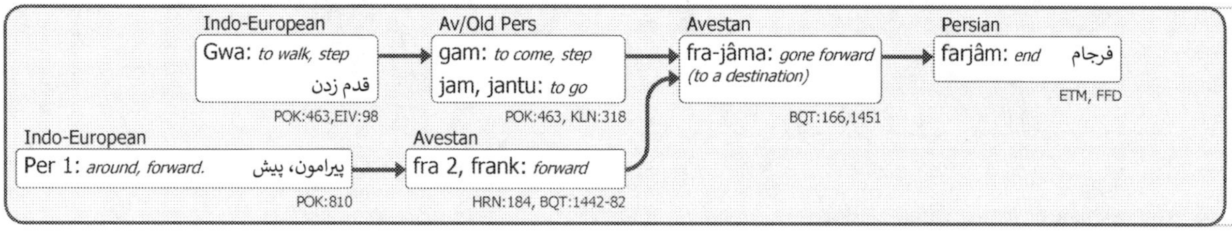

فرّخ — رجوع شود به: فَر

فرخُندِه — رجوع شود به: فَر

فردوس — رجوع شود به: پردیس

فردین — رجوع شود به: فروردین

فرزاد — رجوع شود به: فَر

فرزانه

"از پیش میداند"
هم: knowledge

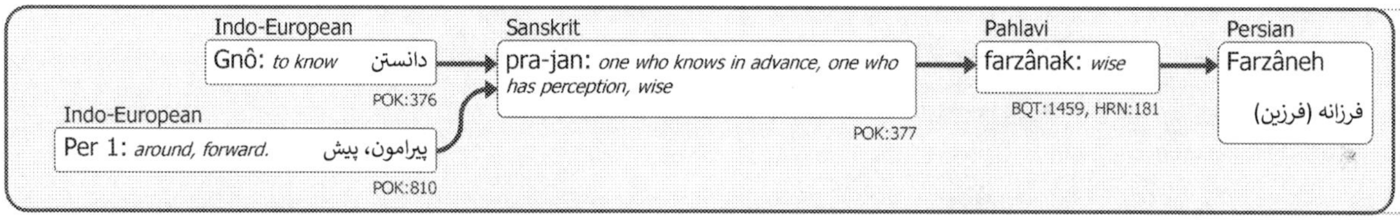

فرزند

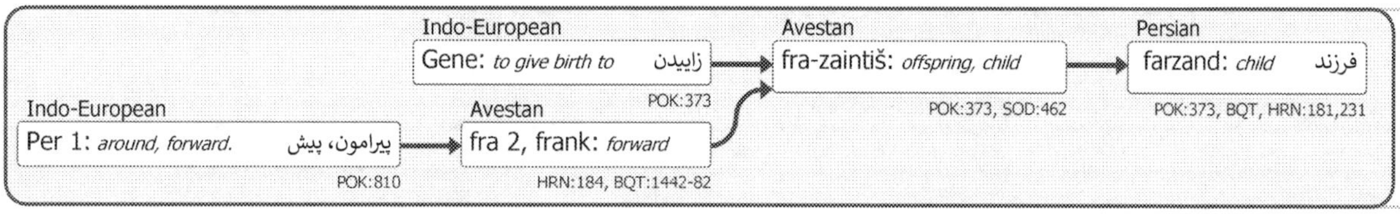

فرزین — رجوع شود به: فرزانه

فرستادن

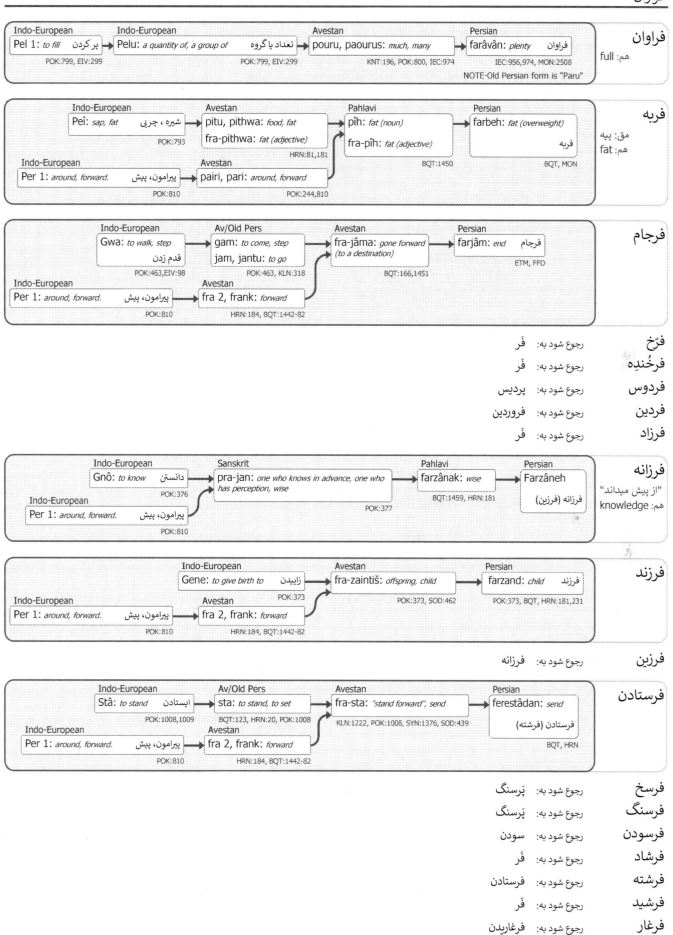

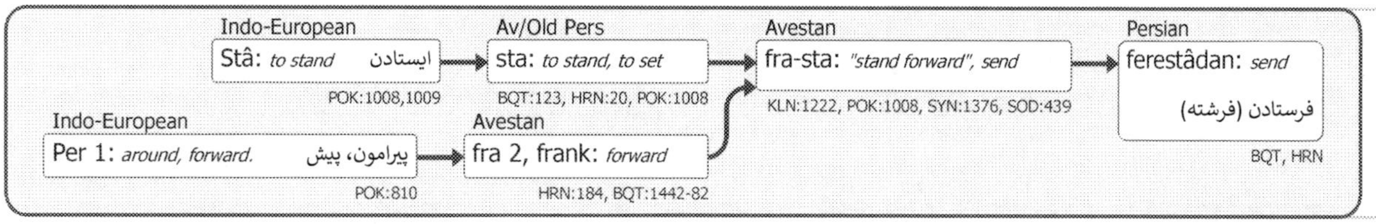

فرسخ — رجوع شود به: پَرسنگ

فرسنگ — رجوع شود به: پَرسنگ

فرسودن — رجوع شود به: سودن

فرشاد — رجوع شود به: فَر

فرشته — رجوع شود به: فرستادن

فرشید — رجوع شود به: فَر

فرغار — رجوع شود به: فرغاریدن

فرغاریدن
خیساندن

Indo-European
Gherto: *milk, butter* شیر، کره
POK:446

Sanskrit
ğar: *milk, also anything wet*
â-gar: *to soak, also to swallow*
POK:446, AEF:40

Persian
farğârîdan: *to soak* فرغاریدن، فرغردن
farğâr: *soaked* فرغار
BQT, FRS, MON

فرغر
حوضچه

Indo-European
Gherto: *milk, butter* شیر، کره
POK:446

Sanskrit
ğar: *milk, also anything wet*
â-gar: *to soak, also to swallow*
POK:446, AEF:40

Persian
farğar: *little puddles of water in a dried river* فرغر
farğan: *new river* فرغن
ازآب دریا گفتی همی بگوش آمد
که شهریارا دریا توئی و من فرغر (فرخی)
BQT, FRS, MON

فرغردن رجوع شود به: فرغاریدن

فرغن رجوع شود به: فرغر

فرغنده
متعفن

Indo-European
Gherto: *milk, butter* شیر، کره
POK:446

Sanskrit
ğar: *milk, also anything wet*
â-gar: *to soak, also to swallow*
POK:446, AEF:40

Persian
farğandeh: *rotten* فرغنده
BQT, FRS, MON

فَرفَر
با عجله

Indo-European
Per 1: *around, forward.* پیرامون، پیش
POK:810

Indo-European
Per-per-os: *flighty, giddy*
POK:810,811, IEC:927

Persian
farfar: *in hurry* فَرفَر
برداشت کلک و کاغذ و فَرفَر نوشت
فی الفور این قصیدهٔ مطبوع آبدار (انوری)
IEC:927, MON:2521

فرمان
هم: measure

Indo-European
Me 1: *to measure* اندازه گرفتن
POK:703, 731

Av/Old Pers
mâ 1: *to measure*
POK:703,731, SYN:54,877,1010

Indo-European
Per 1: *around, forward.* پیرامون، پیش
POK:810

Avestan
fra 2, frank: *forward*
HRN:184, BQT:1442-82

Old Persian
fra-ma-na: *to measure beforehand, decide, order*
KNT:201

Persian
farmân: *command* فرمان
BQT:1470, FFD:66

NOTE- see "Wer 1: to talk" for an alternative root suggested ARN:391

فرمان

Indo-European
Wer 1: *to speak* صحبت کردن
POK:1162

Avestan
ver 2: *to decide, command*
urvata: *determination, command*
POK:1162, KLN:1751, SYN:1254

Persian
farmân: *command* فرمان
ARN:391

NOTE- see "Ma: to measure" for an alternative root

فرناز رجوع شود به: فَر

فَرناس
هم: nuisance

Indo-European
Nek: *to destroy* خراب کردن
POK:762

Sanskrit
nâša: *to disappear*
pra-nač: *absent, absent minded*
POK:762, BQT:1471, HRN:285

Persian
farnâs: *dumb, crazy* فَرناس
گفت نقّاش چونکه نشناسم
که نه دیوانه و نه فرناسم (عنصری)
HRN:182, BQT:1471

فرو

Indo-European
Per 1: *around, forward.* پیرامون، پیش
POK:810

Old Persian
fra: *forward*
frava, fravata: *forward, downward*
POK:813, KNT:198,200

Pahlavi
frôt: *downward*
KNT:198

Persian
forû: *down* فرو
KNT:198, BQT:1473, HRN:183

فَروار رجوع شود به: پروار

فروختن
"فراخواندن مشتری"

Indo-European
Wekw: *voice* صدا
POK:1135

Av/Old Pers
vak, vačah, vaxš: *word, voice, sound*
POK:1135

Indo-European
Per 1: *around, forward.* پیرامون، پیش
POK:810

Avestan
fra 2, frank: *forward*
HRN:184, BQT:1442-82

Av/Old Pers
â-vač: *voice, song*
fra-vaxš: *call out, sell*
POK:1135, KLN:1719, SYN:26

Persian
forûxtan: *to sell* فروختن
BQT, HRN

فروردین
"ماه فروهر"

- Indo-European: Wer 3, Werg 2: *to cover, enclose* پوشاندن، محصور کردن (POK:1116, IEC:1599)
- Av/Old Pers: var 1, vara, vâra 2: *cover, wall* (POK:1116, AEF:212, KNT:207)
- Indo-European: Per 1: *around, forward.* پیرامون، پیش (POK:810)
- Avestan: fra 2, frank: *forward* (HRN:184, BQT:1442-82)
- Av/Old Pers: fra-var, fra-vahr, fravaši: *a protecting angel*; fra-var-tinam: *descent of holy spirits* (BQT:1476,1478)
- Pahlavi: farvartin: *the month of "Farvahar"* (BQT)
- Persian: Farvardîn: *the first month of year* فروردین (فردین) (BQT:1476-1478)

فروزان
رجوع شود به: روز

فروغ
رجوع شود به: روز

فروَهَر
"فرشته نگهبان"
هم: cover

- Indo-European: Wer 3, Werg 2: *to cover, enclose* پوشاندن، محصور کردن (POK:1116, IEC:1599)
- Av/Old Pers: var 1, vara, vâra 2: *cover, wall* (POK:1116, AEF:212, KNT:207)
- Indo-European: Per 1: *around, forward.* پیرامون، پیش (POK:810)
- Avestan: fra 2, frank: *forward* (HRN:184, BQT:1442-82)
- Av/Old Pers: fra-var, fra-vahr, fravaši: *a protecting angel*; fra-var-tinam: *descent of holy spirits* (BQT:1476,1478)
- Pahlavi: farvahr: *a guarding angel* (BQT)
- Persian: Farvahar: *a protecting angel* فروَهَر (BQT:1476-1478)

فروهیختن
مق: آهیختن
هم: tension

- Indo-European: Ten 1, Temp: *to stretch, pull* کشیدن (POK:1064,1067)
- Avestan: thang, â-thax, hanč: *to pull, also a path* (BQT:1481,2376,2381, SNS:7)
- Indo-European: Per 1: *around, forward.* پیرامون، پیش (POK:810)
- Old Persian: frava, fravata: *forward, downward* (POK:813, KNT:198,200)
- Pahlavi: frôt: *downward* (KNT:198)
- Persian: hîxtan: *to pull* هیختن; forûâhîxtan: *to pull down* فروهیختن (BQT, HRN, SNS)

فِرِه
فراوان
هم: full

- Indo-European: Isto: *most or last* پسوند صفت عالی (KLN:35)
- Av/Old Pers: išta: *a superlative suffix* (KNT:191,202)
- Indo-European: Pel 1: *to fill* پر کردن (POK:799, EIV:299)
- Avestan: frâ 1, fra 1: *plenty*; fra-êšta: *most* (POK:800)
- Pahlavi: frây, frêh: *plenty*; frêh-est: *most, plenty* (SNS:126, BQT:1479,)
- Persian: fereh, fareh: *plenty, good* فِره; farh-ast: *too much, magic* فَرهَست (BQT:1479, MON:2537,2538)

فَرهَست
رجوع شود به: فِرِه

فرهنگ
رجوع شود به: فرهیختن

فرهیختن
تعلیم دادن

- Indo-European: Ten 1, Temp: *to stretch, pull* کشیدن (POK:1064,1067)
- Indo-European: Per 1: *around, forward.* پیرامون، پیش (POK:810)
- Avestan: fra 2, frank: *forward* (HRN:184, BQT:1442-82)
- Avestan: thang, â-thax, hanč: *to pull, also a path*; far-thang: *pull forward, educate* (BQT:1481,2376,2381, SNS:7)
- Persian: farhîxtan: *to educate* فرهیختن (فرهنگ) (BQT, MON, HRN, SNS, FFD)

فریاد

- Indo-European: Per 1: *around, forward.* پیرامون، پیش (POK:810)
- Avestan: fra-dâta: *promotion, call for help* (HRN:184, BQT:1442-82)
- Persian: faryâd: *call, yell* فریاد (BQT)

فریب

- Indo-European: Leip, Raip: *to smear with oil, cover* روغن مالی کردن، پوشاندن (POK:670, EIV:308)
- Persian: rîv: *deceit* ریو; farîb: *deceit, trick* فریب (فریفتن)

که زنهار از این مکر و دستان و ریو
بجای سلیمان نشستن چو دیو (سعدی)

(POK:670, HRN:142,184, MON:1707, EIV:308)

فریبرز
"خوش قد و بالا"
هم: burg

- Indo-European: Bhergh: *high* بالا، بلند (POK:140)
- Avestan: bareš, berezant: *high* (POK:140, KLN:188, KNT:200, VDQ:36)
- Indo-European: Sâwel: *sun* خورشید (POK:881)
- Avestan: hvarenah, xvarenah, farnah: *brilliance, elegance* (POK:881, BQT:1451)
- Persian: Farîborz: *"with elegant height", a male name* فریبرز (KLN, BQT, FSF, VDQ)

فریرون رجوع شود به: فرارون

فریفتن رجوع شود به: فریب

فزون رجوع شود به: افزودن

فژ
آلوده

Avestan: Bazda: *bad, sin* بد، گناه (SOD:18) → Persian: faž: *dirt, dirty* فژ; fažâk: *dirty, impure* فژاک (فژاکن) (BQT:1485)

فژاک رجوع شود به: فژ

فسان رجوع شود به: ساییدن

فسانیدن رجوع شود به: ساییدن

فسفسه
مق: اسپست
هم: alfalfa

Indo-European: Ed: *to eat* خوردن (POK:287) → Avestan: asa 1: *food* (POK:287, BQT:44,1624)
Indo-European: Ekwos: *horse* اسب (POK:301) → Avestan: aspa: *horse* (POK:301, BQT:1819)
→ Avestan: aspa-asa: *horse food* (BQT:119) → Pahlavi: aspast, aspasti: *alfalfa* (BQT:119,1624) → Syriac: pespesta (BQT:119) → Arabic: al-fesfeseh: *alfalfa* → Persian: fesfeseh: *alfalfa* فسفسه، فصفصه (BQT:1624)

فَش رجوع شود به: بَش

فشار رجوع شود به: افشاردن

فصفصه رجوع شود به: فسفسه

فغ رجوع شود به: بغ

فغان رجوع شود به: افغان

فغستان رجوع شود به: بغستان

فغفور رجوع شود به: بیدخت

فلاخن

Indo-European: Dhegh: *to heat, burn* گرم کردن، سوزاندن (POK:240) → Avestan: daĝa, dâĝah: *hot* (POK:240, BQT:815, 827)
Indo-European: Per 1: *around, forward.* پیرامون، پیش (POK:810) → Avestan: fra 2, frank: *forward* (HRN:184, BQT:1442-82)
→ Avestan: daxš 2, rax, rak: *to hurt (burn)*; fra-daxšanâ: *a device to hurt or strike from a distance, sling* (AHM:181,192) → Persian: falâxon: *sling* فلاخن (AHM:192, MON:2564)

فَلس
مق: پول

Indo-European: Gwel 2: *to pierce* سوراخ کردن (POK:470) → Greek: obolos: *nail, nail-shaped Greek coins* (POK:470, KLN:1068) → Arabic: fals: *money, also fish scales* (ARK:232, TAD:52) → Persian: fals: *money, fish scales* فَلس; mofless: *poor* مُفلس (FVA:319, BQT:428, ARK:232)

فلسفه
مق: سفسطه

Indo-European: Bhilo: *friendly, loving* خوب، دوستانه (POK:153) → Greek: philos: *love* (POK:154)
Greek: Sophos: *skilled, wise* با تجربه، عاقل (AHD:1232)
→ Greek: philo-sophos: *fond of wisdom* (AHD, KLN) → Arabic: falsafah (TAD:53) → Persian: falsafeh: *philosophy* فلسفه (MON:2567)

NOTE- SYN:1110 claims "Bhilo" is an Anatolian word

فلفل

Sanskrit: Pippalî: *pepper* فلفل (AHD:1535, KLN:1154, SYN:382) → Persian: pelpel: *pepper* پلپل (BQT:1499, FVF:503) → Arabic: filfil: *pepper* (FVF:503) → Persian: felfel: *pepper* فلفل (BQT:1499)

فلوت
مق: عود

Sanskrit: Agaruh: *aloe wood* چوب آلوئه (KLN:55) → Arabic: al-oud: *the wood, also a stringed musical instrument* (KLN:55) → French: luth: *lute*; flute: *this is probably from another root* (KLN:605,914) → Persian: folût: *flute* فلوت (MON:2573)

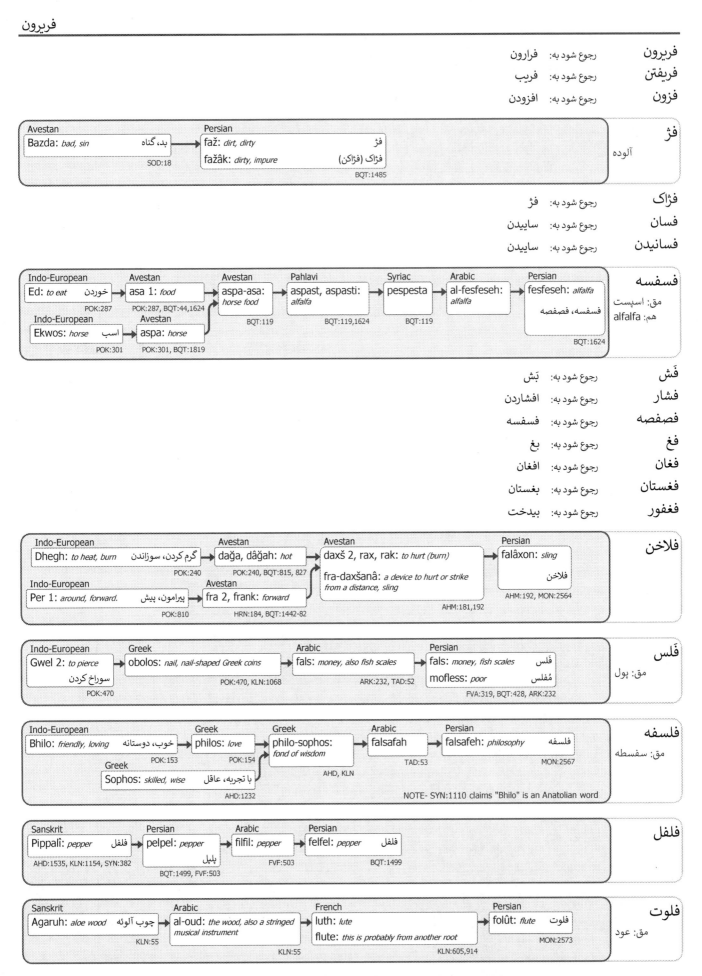

فنجان

Indo-European: Pin: *wood, tree stump* چوب، کنده درخت (POK:830) → Greek: pinakx: *board, platter* (POK:830, SYN:345) → Persian: pangân: *cup* پَنگان (BQT:1502) → Arabic: → Persian: fenjân: *cup* فنجان (MON)

فَه

Indo-European: Sphê: *long flat piece of wood* تکه چوب پهن و بلند (POK:980) → Persian: fah, fih: *oar, paddle* فَه، فیه (ARN:394)

پارو
هم: spoon

فیرون رجوع شود به: فرارون

فیل رجوع شود به: پیل

فیله

Indo-European: Gwhi: *thread, string* نخ، رشته (POK:481,489, AHD) → Latin: filum: *thread* (POK:489, AHD) → French: fil: *thread (used to tie papers)*; filet: *a strip of boneless meat* (AHD) → Persian: fîleh: *filet* فیله (MON:2599)

فیه رجوع شود به: فَه

قابوس رجوع شود به: کِی۳

قاطر

Indo-European: Kar 1: *hard* سخت (POK:531, IEC:1056,1632) → Avestan: xara: *a harsh voiced animal, donkey* (SOD:166) → Sogdian: xr: *donkey*; xara-tara: *related to a donkey, mule* (SOD:166) → Persian: qâter: *mule* قاطر (MON:2615)

"از نسل خر"
هم: hard

قالب رجوع شود به: کالب

قانون

Indo-European: Ken 2, Gwhen 3: *to dig* کندن (EIV:232, POK:534) → Av/Old Pers: kan 1, xan, gan: *to dig dirt out and mound it up, build* (POK:491, HRN:194, BRT:583, ZMA:49) → Arabic: qanah: *reed, cane*; qanat: *underground water way* (KLN:232, FVF:539,545) → Greek: kanon: *measuring stick, rule* (KLN:232) → Arabic: qânun: *law* (BQT:1516) → Persian: qânun: *rule, law* قانون (کانون۲) (BQT:1516, MON:2875)

NOTE- These words also reached the Greek and Latin languages through Semitic languages

قَباریس رجوع شود به: گَبر

قُبّه

Iranian: Gabbah: *dome, vault, blister* گنبد ، طاق ، تاول (AFM:123) → Arabic: qabbah: *arched, bent* (NOTE- KLN:46 claims this is from the Semitic root "Q.b.b: to be bent") (FVF:520, AFM:120) → Persian: qobbeh: *dome, vault* قُبّه (MON:2637, FVA:323)

مق: کُبّه

قپان

Indo-European: Kam 2, Kamp: *to bend, also a cavity, vault* خم کردن، حفره (POK:524,525, EIV:229) → Latin: campus: *bent land, valley*; Campania: *an area in Italy famous for its scales* (POK:525, AHD:193) → Persian: capân: *a weighing scale* کپان (قپان) (MON:2896, ARK:222, PLA:216)

هم: camp

قرطاس

Greek: Ĉartês: *leaf of papyrus* برگ پاپیروس (NOTE- Probably from an Egyptian origin) (AHD:203, KLN:239, PRT:79) → Arabic: qertâs: *paper* (TAD:55, VDQ:342) → Persian: qertâs: *paper* قرطاس (MON:2659)

هم: carton

قرمز

Indo-European: Wer 2, Kwermi: *to turn, bend* چرخیدن، خم شدن (POK:1142-1157, POK:649) + Indo-European: Gene: *to give birth to* زاییدن (POK:373) → Sanskrit: krmi: *worm*; krmi-ja: *made from worms (a red dye)* (POK:649) → Persian: qermez: *red* قرمز (MON:2663)

رنگ "کرم زاد"
هم: worm

قَرن

Indo-European: Gher: *to grasp, enclose* گرفتن ، محصور کردن — POK:442, 444
→ Greek: ğr-on-os, chronos, xronos: *that which encloses all things, time* — KLN:284
→ Arabic: qarn: *a century* — TAD:56
→ Persian: qarn: *century* قَرن — MON:2665

قَز
رجوع شود به: کژاکند

قزاغند
رجوع شود به: کژاکند

قسط
"عدل و میزان"
هم: yoke

Indo-European: Yeu 1, Yauj: *to join, harness* جفت کردن، مهار کردن — POK:509, EIV:217
→ Greek: zugon: *yoke, arm of a pair of balances, scale* — POK:509, AHD, VDQ:346
→ Arabic: qist: *balance, scale, justice* — VDQ:346
→ Persian: qest: *justice, loan payment* قسط
qestâs: *balance, scale* قسطاس
بقسطاسی بسنجم راز موبد
که جو سنگش بود قسطای لوقا (خاقانی)
— MON:2674

قسطاس
رجوع شود به: قسط

قشنگ

Sogdian: \`Xšnk: *nice* زیبا — SOD:28
→ Sogdian: gašnaka: *nice* — SOD:28
→ Persian: qašang: *beautiful* قشنگ — SOD:28, MON

قصر
"محل منزوی"
هم: castle

Indo-European: Kas: *to cut* بریدن، قطع کردن — POK:586
→ Latin: castellum: *an "isolated" place, castle* — AHD
→ Arabic: al-qasr: *castle* — KLN:45
→ Persian: qasr: *castle* قصر — MON:2682

قفس
هم: capsule

Indo-European: Kap, Ĉap 2: *grasp* گرفتن، نگه داشتن — POK:527,EIV
→ Greek: kapsa: *box, cage*
→ Arabic: qafas — MON:2700
→ Persian: qafas: *cage* قفس — BQT:1534

قفقاز
"با یخهای درخشان"

Indo-European: Kû 1: *to burn (also firewood)* سوزاندن (هیزم) — POK:595
Indo-European: Kreu: *icy or solid* سرد، منجمد — POK:621, KLN:252
→ Greek: kau: *burning, shining*
kau-casos: *(mountains) shining with ice* — KLN:252
→ Latin: caucasus: *mountains between Caspian and Black sea.*
→ Arabic: (blank)
→ Persian: qafqâz: *Caucasia* قفقاز — MON5: 1474

قفیز
رجوع شود به: کویز

قُلقُل
رجوع شود به: غرغره

قلم

Indo-European: Kolemos: *grass, reed, cane* علف، تره، نی — POK:612
→ Greek: kalamos: *a reed (used as a pen)* — POK:612
→ Arabic: qalam: *pen* — TAD:57
→ Persian: qalam: *pen* قلم — MON:2715

قمیص
هم: شُمیز

Indo-European: Kem 2: *to cover* پوشاندن — POK:556, CEL6: 122
→ Greek: kamision: *shirt* — VDQ:352
→ Latin: camisia: *shirt* — POK:556
→ Arabic: qamîs: *cotton shirt* — VDQ:352
→ Persian: qamîs: *cotton shirt* قمیص — MON:2729

قنات
هم: canal

Indo-European: Gwhen 1: *to fill* پر کردن
NOTE- compare with Ken 2: to dig — POK:491
→ Av/Old Pers: kan 1, xan, gan: *to dig dirt out and mound it up, build* — POK:491, HRN:194, BRT:583, ZMA:49
→ Arabic: qanah: *reed, cane*
qanat: *underground water way* — KLN:232, FVF:539,545
→ Persian: qanât: *underground water way* قنات — MON, FVA:341, KLN:231, SNS:8

NOTE- These words also reached the Greek and Latin languages through Semitic languages

قناری
هم: سگ

Indo-European: Kwon: *dog* سگ — POK:632, KLN:746, BQT:1155
→ Latin: canis: *dog*
insula canaria: *dog island, named after its dogs* — KLN:746
→ Spanish: canario: *from the Canary Islands. A yellow bird.* — KLN:230
→ French: canari: *canary bird*
→ Persian: qanârî: *canary* قناری — MON:2730

قند
هم: cane

Indo-European: Gwhen 1: *to fill* پر کردن — NOTE- compare with Ken 2: to dig (POK:491)
→ Sanskrit: ğanâ: *ditch*; xanda: *a broken lump of sugar* (PRT:75)
→ Persian: qand: *sugar* قند (BQT:1544)
→ Arabic: qandat: *sugar candy* (KLN:231)
→ French:
→ English: candy (AHD:196)

قندیل
هم: candle

Indo-European: Kand: *to shine, to be white* درخشیدن، سفید بودن (POK:526)
→ Greek: kandhêla: *light, lamp, candle* (AHD)
→ Arabic: qandîl: *light, lamp* (TAD:59, BQT:1545)
→ Persian: qandîl: *lamp* قندیل (MON:2734, ARK:235)

قوز رجوع شود به: غوز

قوزک رجوع شود به: غوز

قولنج رجوع شود به: قولون

قولون
هم: colon

Indo-European: Skel: *bent, curved* خمیده (POK:928)
→ Greek: kôlon: *limb, part, member, large intestine* (AHD)
→ Arabic: (TAD:59)
→ Persian: qûlûn: *colon* قولون (قولنج) (MON:2749, BQT:1548, ETM:45)

قهرمان
"ماهر در کارش"
هم: mind

Indo-European: Kwer, Kar 2: *to make, form* ساختن، تشکیل دادن (POK:641, EIV:236)
Indo-European: Men 1: *to think* فکر کردن (POK:726)
→ Avestan: manah: *mind, manners* (POK:726,727, BQT)
→ Av/Old Pers: kar 2, kara 1: *to work*; kara-manah: *wise at work, manager* (NYB:157, HRN:80, SYN:628, EIV:237)
→ Persian: qahr-e-mân: *"wise at work", hero* قهرمان (کهرمان) (BQT)

قهوه
مق: کافه

Ethiopian: Kaffa: *the plant or drink coming from Kaffa, a district in southwestern Ethiopia* گیاه یا دانه قهوه که از اتیوپی آمده (KLN:309)
→ Arabic: qahwah: *a drink from Ethiopian "Kaffa"*
→ Persian: qahveh: *coffee* قهوه (MON:2756)

قیر
هم: گریس
هم: kerosene

Akkadian: Kîru: *wax* موم (AKD:60)
→ Greek: kêros: *wax* (AHD:718)
→ Aramaic: qîra: *wax, tar*
→ Arabic: qîr: *tar* (AKD:60)
→ Persian: qîr: *tar* قیر (MON:2765,)

قیراط
هم: سر
هم: carat

Indo-European: Ker 1: *head, horn* سر، شاخ (POK:574, KLN:261,657)
→ Greek: keras, keration: *little horn, referring to the horn-shaped fruit of the carob tree used as a unit of weight.* (KLN:237)
→ Arabic: qirât: *a unit of weight.* (KLN:237, TAD:60)
→ Persian: qîrât: *a small unit if weight* قیراط

قیصر

Indo-European: Skhai: *to cut, strike* بریدن، ضربه زدن (POK:917)
→ Latin: caedere: *to cut* (POK:917, AHD:186,217, ISS:84)
→ Greek: kaisar: *Caesar, born by "cesarean" section* (AHD, KLN:839)
→ Arabic: qaysar: *Caesar* (BQT:1551)
→ Persian: qaysar: *Caesar* قیصر (BQT:217)

قیفال
هم: cephalic

Indo-European: Ghebh-el: *head, top* سر، بالا (POK:423)
→ Greek: kephalê: *head* (POK:423, KLN:259)
→ Arabic: qîfaleh: *head* — NOTE- KLN: 259 claims this is of an unknown origin (MON:2769, KLN:259)
→ Persian: qîfâl: *head* قیفال (MON:2769)

ک.

Indo-European: Kak 3, Kas 2: *to become thin, diminish* کم شدن (POK:521, EIV:247)
→ Av/Old Pers: kasu: *small* (POK:521, FFD:67)
→ Persian: -ak: *suffix indicating smallness* ک. (مرغک) (HUB:86, BQT, HRN:185, FFD:67)

NOTE- See "Akos: diminish" for another possible root

ک.

Indo-European: Akos: *suffix indicating small size* پسوند تحقیر (IEC:9)
→ Pahlavi: -ak (MON:2775)
→ Persian: -ak: *a suffix indicating small size* ک (مرغک، دخترک) (IEC:9, MON:2775)

NOTE- See "Kak: small size" for another possible root

کاتوره
سرگیجه

Sanskrit: Kâtara: *shy, disoriented, wandering* خجالتی ، گمراه ، سرگردان
BQT:1555
→ Persian: kâtûreh: *wandering, dizziness* کاتوره
هیچ راحت می نبینم در سـرود و رود تو
جزکه ازفریاد و زخمه ات خلق راکاتوره خاست (رودکی)
BQT:1555

NOTE- Persian words may be cognates with rather than derivatives from Sanskrit.

کاچ

Sanskrit: Xac: *shine through* درخشش از لابلای مانع
SYN:620
→ Sanskrit: kâca: *glass, pearl*
SYN:620, BQT:1556
→ Persian: kâč: *glass, pearl* کاچ
kâčî: *a thin glazed tile* کاچی (کاشی)
MON:2834 BQT: 1556,1568

کاچی
رجوع شود به: کاچ

کار ۱

Indo-European: Kwer, Kar 2: *to make, form* ساختن، تشکیل دادن
POK:641, EIV:236
→ Av/Old Pers: kar 2, kara 1: *to work*
NYB:157, HRN:80, SYN:628, EIV:237
→ Persian: kârîdan: *to do* کاریدن (کردن، کار ۱)
BQT

کار ۲
جنگ
هم: harsh

Indo-European: Koro: *war, army, a large crowd* جنگ، ارتش، سپاه
POK:615, IEC:536
→ Old Persian: kâr, kâra: *war, army, people*
POK:615, KNT:175
→ Persian: kâr-: *a prefix meaning war, army* کار ۲
BQT, HRN, MON

کارت
مق: قرطاس
هم: card

Greek: Ĉartês: *leaf of papyrus* برگ پاپیروس
NOTE- Probably from an Egyptian origin
AHD:203, KLN:239, PRT:79
→ Latin: carta: *papyrus leaf*
AHD, KLN:239
→ French: carte
KLN:239
→ Persian: cârt: *card* کارت
cârton: *cardboard box* کارتون
MON:2801

کارد
هم: section

Indo-European: Ker 2, Sker 2: *to cut, separate, tear* بریدن، پاره کردن
AHD, POK:920,926,930,931,941, IEC:640,1155
→ Avestan: kereta: *knife, a cut trench*
POK:941, KLN:1432, HRN:188, SYN:321
→ Persian: kârd: *knife* کارد
kart: *a trench cut for irrigation* گرت
BQT, HRN, MON, SYN

کارزار
"میدان جنگ"

Indo-European: Koro: *war, army, a large crowd* جنگ، ارتش، سپاه
POK:615, IEC:536
→ Old Persian: kâr, kâra: *war, army, people*
POK:615, KNT:175
→ Persian: kârzâr: *battle field* کارزار
BQT, HRN, MON

Indo-European: Kwel: *to move around,turn* حرکت کردن ، چرخیدن
POK:640
→ Avestan: car, čâr: *to move around, also an open field*
BQT:635, FFD:73
→ Persian: kârzâr

کاروان

Indo-European: Koro: *war, army, a large crowd* جنگ، ارتش، سپاه
POK:615, IEC:536
→ Old Persian: kâr, kâra: *war, army, people*
POK:615, KNT:175
→ Persian: kâr-vân: *army, caravan* کاروان
BQT, HRN, MON
→ French: caravane
KLN:238
→ English: caravan, van

کاریدن
رجوع شود به: کار ۱

کاز
رجوع شود به: کازه

کازه
کلبه
هم: hut

Indo-European: Sku: *to cover* پوشاندن
POK:952,953, IEC:1193, AHD:1540
→ Indo-European: Kut-no: *cover, shell*
POK:952,953, IEC:1193, AHD:1540
→ Persian: kâz: *hut, cover* کاز (کازه)
امید وصل تو نیست در وهم من که آخر
در کازهٔ گدایان سلطان چگونه گنجد (مولوی)
BQT:1562, MON:2821, SOD:187

کاس
رجوع شود به: کاسه

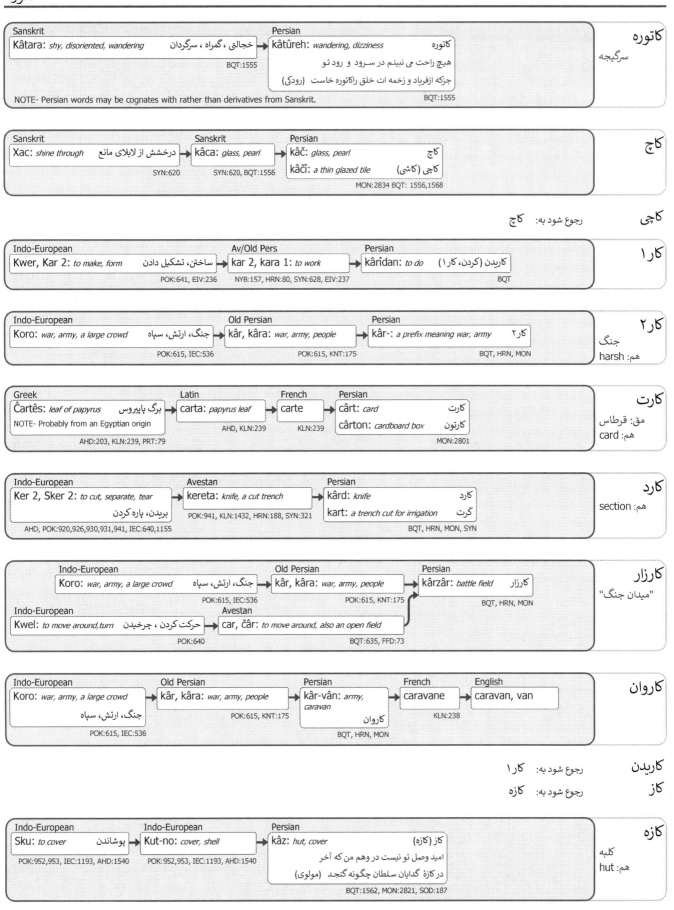

کاست

- Indo-European — Kak 3, Kas 2: *to become thin, diminish* کم شدن (POK:521, EIV:247) → Av/Old Pers — kasu: *small*; kâs: *to reduce* (POK:521, FFD:67) → Avestan — kas-išta: *least* (KNT:202, TZF:26, BQT:2133) → Persian — kâst: *deficiency* کاست
- Indo-European — Isto: *most or last* پسوند صفت عالی (KLN:35) → Av/Old Pers — išta: *a superlative suffix* (KNT:191,202) → Avestan

چو خورشید بی کاست بادی و راست
بداندیش چون ماه بگرفته کاست (اسدی)

HUB:86, BQT, HRN:185, FFD:67

کاستن

Indo-European — Kak 3, Kas 2: *to become thin, diminish* کم شدن (POK:521, EIV:247) → Av/Old Pers — kasu: *small*; kâs: *to reduce* (POK:521, FFD:67) → Persian — kâstan: *to reduce* کاستن (کاهش، کاهیدن، کاه٥) (HUB:86, BQT, HRN:185, FFD:67)

کاسه

Indo-European — Kel 5: *cup, bowl* فنجان، کاسه (POK:550) → Greek — kalix: *cup* (POK:550) → Syriac (AFM:131) → Persian — kâseh: *bowl* کاسه (کاس); kûzeh: *pitcher, jug* کوزه (AFM:131, MON)

کاشتن

Indo-European — Kwel: *to move around,turn* حرکت کردن ، چرخیدن (POK:640) → Avestan — kar 1: *to plow*; karaya: *to sow*; kaeša: *furrow* (POK:639, SOD:203) → Pahlavi — kištan: *to plow, sow, plant* (SNS:220) → Persian — kâštan: *to plant, farm* کاشتن (کشاورز) (BQT:1567, HRN:185, EIV:239)

NOTE- EIV:240 suggests the root "Kwer: to scatter seed".

کاشی

رجوع شود به: کاچ

کاغذ

Turkish — Kagaz: *tree bark* پوست درخت (SIN:559) → Pahlavi — kâgad: *paper* (SIN:559, PLA:225) → Persian — kâğaz: *paper* کاغذ (BQT:1569)

NOTE- Chinese paper was imported in Iran (Samarghand) as early as 650 AD but the word "kâğaz" was not borrowed from the Chinese word "Ku-Ĉih".

کافتن

رجوع شود به: شکافتن

کافه

مق: قهوه

Ethiopian — Kaffa: *the plant or drink coming from Kaffa, a district in southwestern Ethiopia* گیاه یا دانه قهوه که از اتیوپی آمده (KLN:309) → Arabic — qahwah: *a drink from Ethiopian "Kaffa"* → Turkish — qhve': *coffee* (AHD:258) → Italian → French — cafe' → Persian — kâfeh: *coffee house* کافه (MON:2851)

کافور

Sanskrit — Karpurah: *camphor tree* درخت کافور (KLN:229) → Pahlavi — kâpûr: *camphor* (VDQ:356, BQT:1571) → Persian — kâfûr: *camphor* کافور (BQT:1571)

کاک

هم: cake

Indo-European — Kak 2: *a round object (loaf), cake* گرد، قرص (نان) (POK:349, BQT:1572, AHD:1520)
NOTE- This word is apparently of Egyptian origin
→ Persian — kâk: *dry hard bread, a dry cookie* کاک (BQT:1572) → Arabic — ka`k: *a dry bread* (PLA:233) → Persian — ka`k: *dry bread* کعک (BQT:1572)

کال

زمین شکافته، کانال

Indo-European — Kard: *keep down, subside* پایین نگه داشتن، فروکش کردن (EIV:239) → Persian — kal: *ditch, ravine, canal* کال (EIV:239)

این لغت یا متروک شده و یا استفاده از آن بسیار محدود میباشد.

کالا

- Indo-European — Pod: *foot* پا (POK:790, ARN:148) → Greek
- Indo-European — Kû 1: *to burn (also firewood)* سوزاندن (هیزم) (POK:595) → Greek

Greek — kalo-podion: *wooden foot used as a shoe mold, shape* (AHD:1365, KLN, POK:790) → Pahlavi — kal-pâd: *mold, shape, body* (BQT:1075)
NOTE- IEC: derives it from Avestan "kehrp: flesh", from Indo-European "Kwrp, Kwerp: shape, body".
→ Persian — kâlâ: *manufactured (molded) goods* کالا (MON:2858, IEC:1047)

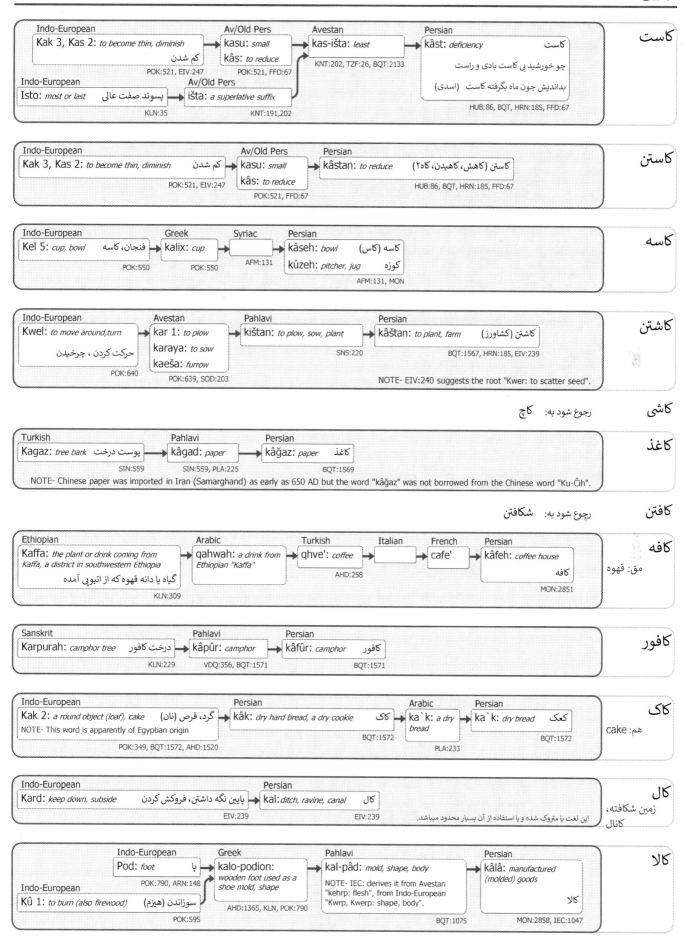

کالب
هم: caliber

- Indo-European — Kû 1: *to burn (also firewood)* سوزاندن (هیزم) — POK:595
- Indo-European — Pod: *foot* پا — POK:790, ARN:148
- → Greek — Kalo: *to burn, firewood, wood*; kalo-podein: *wooden foot, mold* — POK:595, WLD1: 376, KLN:223
- → Pahlavi — kal-pâd: *fabrication mold, shape, body* — NOTE- IEC derives this from Avestan "kehrp: flesh", from Indo-European "Kwrp, Kwerp: shape, body". — BQT:1095
- → Persian — kâleb: *mold, body* کالب; kâlbod: *body* کالبد — BQT, MON
- → Arabic — qâlib — KLN:223, PLA:215
- → Persian — qâleb: *mold* قالب — MON:2621,

کالبد
رجوع شود به: کالب

کالسکه
هم: wheel

- Indo-European — Kwel: *to move around,turn* حرکت کردن ، چرخیدن — POK:640
- → Russian — kaljaska: *carriage* — SYN:724, AHD
- → Persian — kâleskeh: *carriage, stroller* کالسکه — MON:2861

کالنجار
رجوع شود به: کلنجار

کالیبر
هم: قالب

- Indo-European — Pod: *foot* پا — POK:790, ARN:148
- Indo-European — Kû 1: *to burn (also firewood)* سوزاندن (هیزم) — POK:595
- → Greek — Kalo: *to burn, firewood, wood* — POK:595, WLD1: 376, KLN:223
- → Greek — kalo-podion: *wooden foot used as a shoe mold, shape* — AHD:1365, KLN, POK:790
- → Pahlavi — kal-pâd: *mold, shape, body* — BQT:1075
- → Persian — kâlbod: *body* کالبد — BQT, MON
- → Italian — calibro: *mold, size* NOTE- through Arabic — KLN:223
- → French
- → Persian — kâlîbr: *caliber* کالیبر — MON:2868

کام۱
آرزو
هم: cherish

- Indo-European — Kâ: *to wish, desire* آرزو کردن — POK:515
- → Av/Old Pers — kâ 2, kâm 2, kâma : *desire* — POK:515
- → Pahlavi — kâm: *desire* — BQT:1578, SNS:209
- → Persian — kâm 1: *desire* کام۱ — BQT:1578

کام۲
هم: آشامیدن

- Indo-European — Kwen 2: *sip, swallow* جرعه ، قورت دادن — POK:640
- → Old Iranian — čam: *to sip, drink* — AHM:184
- → Persian — kâm 2: *palate* کام۲ — POK:640

کانال
هم: قنات

- Indo-European — Ken 2, Gwhen 3: *to dig* کندن — EIV:232, POK:534
- → Av/Old Pers — kan 1, xan, gan: *to dig dirt out and mound it up, build* — POK:491, HRN:194, BRT:583,
- → Arabic — qanah: *reed, cane*; qanat: *underground water way* — KLN:232, FVF:539,545
- → Latin — canalis: *water pipe* — KLN
- → French
- → Persian — kânâl: *canal, channel* کانال — MON

NOTE- These words also reached the Greek and Latin languages through Semitic languages

کانون۱
بخاری، آتشگاه

- Akkadian — Kânûnu: *fireplace* آتشدان — MON:2875, BQT:1580
- → Syriac — MON:2875
- → Arabic — MON:2875
- → Persian — kânûn: *fireplace* کانون۱ — چو گیرد آتش خشم تو بالا / نیابد از دو عالم نیم کانون (انوری) — BQT:1580, MON:2875

کانون۲
رجوع شود به: قانون

کاوُش
رجوع شود به: کاو یدن

کاووس
رجوع شود به: کِی۳

کاو یدن
مق: کافتن
هم: section

- Indo-European — Ker 2, Sker 2: *to cut, separate, tear* بریدن، پاره کردن — AHD, POK:920,926,930,931,941, IEC:640,1155
- → Avestan — kaf, kâf: *to break* — POK:919,930, SOD:61, EIV:342
- → Persian — kâvîdan: *to break open, split* کاویدن (کَفتن، کاوُش) — BQT, HRN:175

کاه۱

- Indo-European — Kuâtos: *straw* کاه — IEC:1021
- → Sanskrit — Kâča: *straw* — HRN:186
- → Pahlavi — kah: *straw* — HRN:186
- → Persian — kâh: *straw* کاه۱ — BQT:1583, IEC:1021

کاه۲
رجوع شود به: کاستن

کاهش
رجوع شود به: کاستن

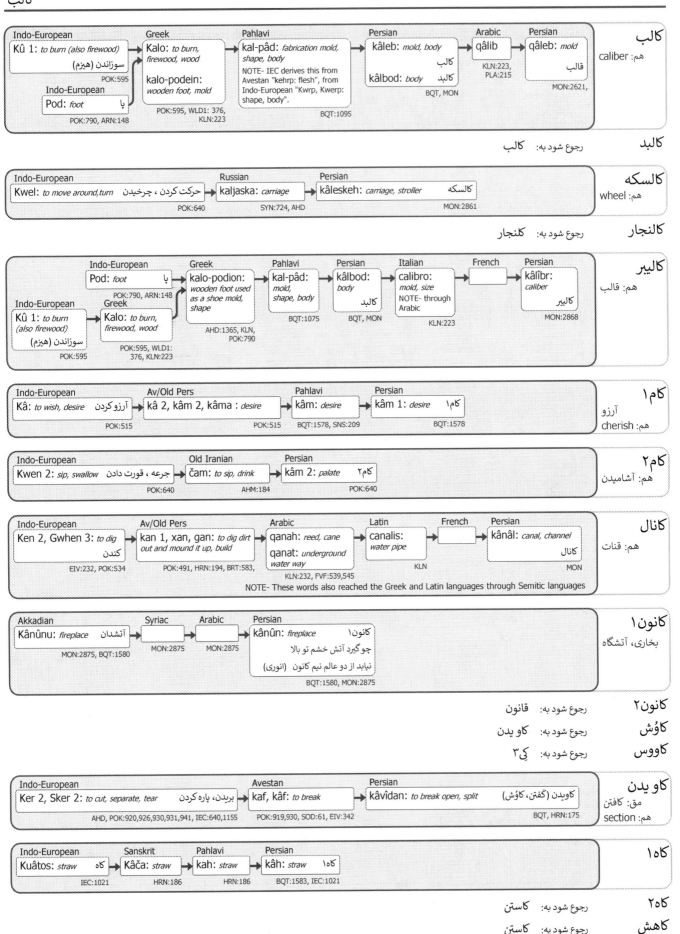

کاهیدن رجوع شود به: کاستن

گَبار رجوع شود به: گَبَر

گَبَر
نوعی گیاه
هم: caper

- Greek — Kapparis: *a shrub* درختچه (AHD:199, KLN:234)
- → Persian — kabar: *a shrub* گَبَر (گبار، قَباریس) (KLN:234, SKT:75, BQT:1587, AFM:131)

کبریت
"گوگرد"

- Akkadian — Kupriti: *sulfur* سولفور (AKD:60)
- → Aramaic — kubrîtâ: *sulfur* (AKD:60)
- → Arabic — kibrit: *sulfur, match* (AKD:60, BQT:1588)
- → Persian — kebrît: *sulfur, match* کبریت (BQT:1588, MON:2887)

کَبست
سَم

- Av/Old Pers — Kapastay : *poison, a bitter plant* سم، گیاهی تلخ مزه (BRT:436)
- → Pahlavi — kapast: *poison* (HRN:187)
- → Persian — kabast: *poison* کَبست
  چرا کشت باید درختی بدست
  که بارش بود زهر و بیخش کَبست (فردوسی)
  (BQT:1588)

کبک

- Indo-European — Kau 2: *to howl, a raucous bird* زوزه کشیدن، نوعی پرنده با صدای خشن (IEC:483, POK:434, 535)
- → Persian — kabk: *partridge* کبک (IEC:1521, MON:2888)

کبوتر

- Indo-Scythian — Kavûta: *gray, dark blue* خاکستری، آبی تیره (ISS:43)
- → Old Persian — kapautaka: *gray, dove* (ISS:43)
- → Pahlavi — kapôt, kapôtar (HRN:187, KNT:178)
- → Persian — kabûd: *gray, dark blue, purple* کبود
  kabûtar: *dove* کبوتر (کفتر)
  (BQT:1589, MON:2890)

NOTE- CEL6:46 derives Persian "kabûtar" from Indo-European "Kepro: a kind of bird"

کبود رجوع شود به: کبوتر

کُبّه
مق: قُبّه

- Iranian — Gabbah: *dome, vault, blister* گنبد ، طاق ، تاول (AFM:123)
- → Persian — kobbeh: *pile, heap* کُبّه (کُپّه)
  kapîdan: *to pile up* کَپیدن
  (MON)

کترنگ رجوع شود به: شطرنج

کُپ
هم: خُم
هم: cup

- Indo-European — Gêu 1, Keub, Keup: *to bend* خم کردن (POK:394-398, POK:588-592)
- → Persian — kop: *mouth, also a large glass jar with narrow opening* کُپ (ARN:399, BQT)

کپان رجوع شود به: قپان

کُپّه رجوع شود به: کُبّه

کَپی
میمون

- Indo-European — Kûp: *to smoke, cook, also move violently, be agitated* دود دادن، پختن، با خشونت عمل کردن (POK:596)
- → Sanskrit — kapî: *brownish animal, monkey* (POK:596, SYN:188)
- → Pahlavi — kapik: *monkey* (HRN:87, SIN:581)
- → Persian — kapî: *monkey* کَپی، کَپّی
  بر هر دو بیشه یکی بُرز کوه
  برآن کوه کَپی فراوان گروه (فردوسی)
  (BQT:1593, FSF:268, HUB:87)

- Indo-European — Kûp: *to smoke, cook, also move violently, be agitated* (POK:596)
- → Old Persian — kupsins: *mists* (POK:597)
- → Persian — ?

کَپیدن رجوع شود به: کُبّه

کتان
هم: cotton

- Akkadian — Kitu: *cotton clothing* لباس کتان (BQT:1594)
- → Arabic — qutun: *cotton* (BQT:1594)
- → Persian — katân: *cotton fabric* کتان (BQT:1594, MON:3543)

کج
هم: hook

Indo-European: Keg, Keng: *hook* قلاب (POK:537, IEC:458) → Persian: kaj: *bent* کج (کژ) (IEC:458, MON:2910)

کجا
رجوع شود به: کی۲

کچل
مق: گروه ۲

Indo-European: Kelewo: *lacking, bald* فاقد، کچل (POK:554, KLN:226) → Avestan: kaurva: *bald* (POK:554, KLN:226) → Persian: kal: *bald* کل، کچل (BQT:1665, POK:554)

کد.

Indo-European: Ket: *living room* اطاق نشیمن (POK:586) → Avestan: kata: *house*; bûiti-kata: *idol house* (POK:586) → Pahlavi: katak: *house*; bôt-katak: *temple* (BQT:1604) → Persian: kad-: *of the house* کد. (کدبانو، کدخدا); -kadeh: *a suffix meaning house of.* کده (بتکده) (POK:586, BQT:1604)

NOTE- BQT:234 claims Avestan "kata: house" is derived from Avestan "kan: to dig", cognate with Persian "xâneh: house". See root "Ken 2: to dig".

کدام
رجوع شود به: کی۲

کده
رجوع شود به: کد.

کَر
هم: ear

Indo-European: Ker 2, Sker 2: *to cut, separate, tear* بریدن، پاره کردن (AHD, POK:920,926,930,931,941, IEC:640,1155) → Avestan: karena_oša: *cut from hearing, deaf* (POK:941, KLN:1432, HRN:188, SYN:321) → Persian: kar: *deaf (with cut hearing)* کَر (BQT, HRN, MON, SYN)

Indo-European: Aus 1: *ear* گوش (POK:78,785, KLN:126,494) → Avestan: ûši: *two ears, intelligence, mortal life* (POK:785) → Avestan: karena_oša

کران
هم: curb

Indo-European: Sker 1: *to turn, bend* چرخیدن، خم کردن (POK:935) → Indo-European: Kor-ôna: *bent* (POK:935, IEC:535) → Av/Old Pers: Karana: *end, edge* (SYN:857, BRT:46,451) → Pahlavi: kanâr: *edge* (BQT:1611,1699, HRN:189) → Persian: karân: *edge* کران (کنار) (BRT:451, SYN:857, IEC:535)

Indo-European: Sker 1: *to turn, bend* (POK:935) → Indo-European: Kur-wo: *bent, curly* (POK:935) → Old Persian: Kûru: *curly hair* (FAF:513, KNT:180) → Persian: ?

کرب
مق: کار۲

Indo-European: Koro: *war, army, a large crowd* جنگ، ارتش، سپاه (POK:615, IEC:536) → Indo-European: Koros: *fighting, bullying, arrogance* (POK:615, IEC:536) → Indo-European: koruos: *bitter, harsh* (IEC:538) → Persian: karb: *sorrow* کرب (IEC:538)

NOTE- MON:2932 states that Persian "karb" is derived from Arabic

کرباس
هم: carbasus

Sanskrit: Karpâsah: *cotton* پنبه (KLN:238, SYN:402) → Persian: karpâs: *cotton cloth* کرپاس (KLN:238, MON:2932) → Arabic: karbas (MON:2932, KLN:238) → Persian: karbâs: *cotton cloth* کرباس (MON:2932)

کرباسو

Avestan: Kahrpu, Kharpuna: *lizard* مارمولک (BQT:1612, SOD:193) → Pahlavi: karpu, krpwk: *lizard* (BQT:1612, SOD:193) → Persian: karbâsû: *lizard* کرباسو (چلپاسه)
میکشد هم نهنگ را راسو
مرگ عقرب بود ز کرباسو (آذری طوسی)
(MON:2933)

کَرت
رجوع شود به: کارد

کردن
رجوع شود به: کار۱

کَرس
مق: چرده

Indo-European: Ker 4, Kers: *black, dirty* سیاه، کثیف (OEW:182, POK:573) → Old Persian: kirsman: *black* (POK:583) → Persian: kars: *dirt* کرس (کرسنه۱) (BQT:1619)

کِرسنه۱
رجوع شود به: کرس

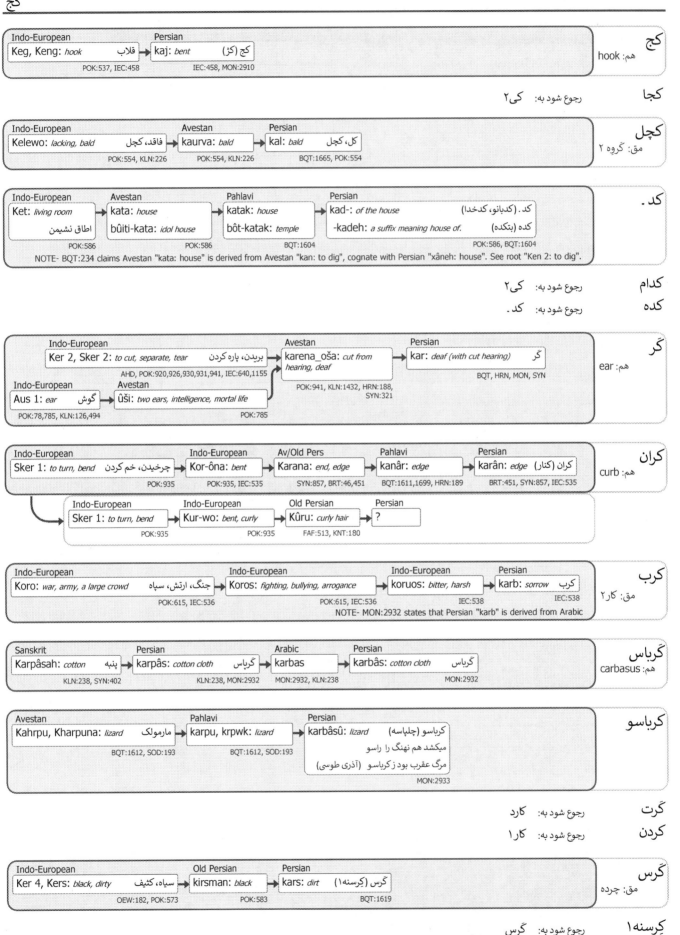

گرسنه۲
گاودانه

- Indo-European — Ker 4, Kers: *black, dirty* سیاه، کثیف (OEW:182, POK:573)
- → Sanskrit — kršna: *black* (POK:583)
- → Persian — karsneh: *a black grain* گرسنه۲ (BQT:1619, MON:942)

کَرک
ماکیان
هم: scream

- Indo-European — Ker 3: *loud noise, noisy birds* صدای بلند، پرندگان پر صدا (POK:567)
- → Avestan — kahrkatât: *some noisy birds* (POK:568, EIV:167)
- → Persian — kark, karak: *poultry* کرک (ورتک)
  تانباشد همچو عنقا خاصه در عزلت غراب
  تانباشد همچو شاهین خاصه درقدرت کرک (انوری)
  (BQT:1624,2268, MON:5001)

کرکس

- Indo-European — Ker 3: *loud noise, noisy birds* صدای بلند، پرندگان پر صدا (POK:567)
- Indo-European — Ed: *to eat* خوردن (POK:287) → Avestan — asa 1: *food* (POK:287, BQT:44,1624)
- → Avestan — kahrkâ-asa: *eating bird (vulture)*
  NOTE- EIV does not agree with the derivation of this word from the root Ed: to eat.
  (POK:568, EIV:167)
- → Persian — karkas: *vulture* کرکس (BQT:1624,2268, MON:5001)

کَرگ
رجوع شود به: کرگدن

کرگدن

- Akkadian — Kurkizannu: *rhinoceros* کرگدن (AKD:51)
- → Syriac — karkedânâ (AKD:51)
- → Arabic — karkadan (AKD:51)
- → Persian — karg, kargadan: *rhinoceros* کرگ، کرگدن (BQT:1622, FSF:270)

کِرم
هم: worm

- Indo-European — Wer 2, Kwermi: *to turn, bend* چرخیدن، خم شدن (POK:1142-1157, POK:649)
- → Av/Old Pers — kermi, kerma, karem: *worm* (POK:649)
- → Persian — kerm: *worm* کِرم (BQT:1625)

کُرنا
مق: سرنا

- Indo-European — Nedo: *reed, pipe, flute* تره، لوله، فلوت (POK:759, BQT:2221)
- → Old Persian — nada: *flute* (HRN:237)
- Indo-European — Koro: *war, army, a large crowd* جنگ، ارتش، سپاه (POK:615, IEC:536)
- → Old Persian — kâr, kâra: *war, army, people* (POK:615, KNT:175)
- → Persian — kornâ: *"war horn"* کُرنا (POK:759, BQT, MON)

کَرو
هم: whale

- Indo-European — Kwal: *a big fish, whale* ماهی بزرگ، وال (POK:958)
- → Avestan — kara 2: *whale* (POK:958, SOD:194)
- → Persian — karv: *a kind of fish* کرو (SOD:194)

کُروه

- Indo-European — Ker 3: *loud noise, noisy birds* صدای بلند، پرندگان پر صدا (POK:567)
- → Sanskrit — krosa: *a loud sound, also the distance reached by such a loud voice* (POK)
- → Persian — korûh: *a distance of about two miles* کُروه (BQT:1630, MON:2960)

کَروه
پوسیدگی دندان

- Indo-European — Kelewo: *lacking, bald* فاقد، کچل (POK:554, KLN:226)
- → Sogdian — krw`: *empty, lacking*
  NOTE- the link is not quite certain
  (SLW:96)
- → Persian — karveh: *tooth cavity* کروه
  باز چون بر گرفت دست زروی
  گروه دندان و پشت چوگان است (رودکی)
  (BQT:1631)

کَره
آلودگی

- Indo-European — Ker 4, Kers: *black, dirty* سیاه، کثیف (OEW:182, POK:573)
- → Pahlavi — karic: *dirt* (POK:573)
- → Persian — kareh: *dirt* کره
  چون دست و پای پاک نبینمت جان و دل
  این هردو پاک بینم و آن هردو با کره (ناصرخسرو)
  (POK:573, BQT, MON)

کُرّه — هم: colt

- Indo-European: Gel 1: *to form into a ball, stick together* — گوله کردن — POK:357-364, SYN: 908, IEC:303
- → Indo-European: Gelt: *young of human or animal* — بچه آدم یا حیوان — Pok:358
- → Pahlavi: kurrag: *young of some animals like horses and donkeys* — ARN:403
- → Persian: korreh: *young of some animals like horses and donkeys* — کُرّه — ARN:403

گز — رجوع شود به: کژاکند

کژ۱ — رجوع شود به: کج

گژ۲ — رجوع شود به: کژاکند

کژاکند — جامه جنگ که بجای پنبه از

- Old Persian: Kaž, Kaz: *inexpensive silk* — ابریشم ارزان
- → Pahlavi: kac, kač: *an inexpensive silk* — BQT:1637, PLA:218
- Indo-European: Gwhen 1: *to fill* — پر کردن — NOTE- compare with Ken 2: to dig — POK:491
- → Avestan: â-kand, â-gand: *to fill* — POK:491, HRN:194
- → Persian: kaz: *inexpensive silk* — گز (گژ ، غز، غزغاو); kazâkand: *silk-filled* — کزاکند (کژاکند) — MON
- → Arabic: qaz: *a type of cloth* — PLA:218
- → Persian: qaz: *a kind of cloth* — قَز، قزاغند — MON

گس

- Indo-European: Kwo: *stem of interrogative and relative pronouns* — ریشه ضمایر سئوالی و نسبی — POK:644,646, AHD
- → Avestan: kas, kas-čit: *a person, someone* — POK:644, ARN:404
- → Pahlavi: kas: *someone* — ARN:404
- → Persian: kas: *someone, anyone* — کس — BQT:1641, SNS:86

NOTE- Old Persian form is "kaš-čiy: someone"

کُستی — مق: کُشتی

- Indo-European: Kost: *bone, rib, side of anything* — استخوان، دنده، کنار هر چیزی — POK:616, AHD:1524
- → Pahlavi: kost: *side* — BQT:1643, AEF:261
- → Persian: kostî: *side, also a belt* — کُستی — BQT

NOTE- AHD claims that this may be related to the root "Ost: bone".

کسریٰ — رجوع شود به: خسرو

کَسَک — رجوع شود به: کَشَک

کسوف — هم: eclipse

- Indo-European: Leigh 2, Raič: *to leave* — ترک کردن — POK:669, EIV:307
- → Greek: ek-leipein: *to leave out*; ek-leipsis: *cessation of light* — AHD:413
- → Arabic: kosûf, xosûf: *eclipse* — TAD:63
- → Persian: kosûf: *solar eclipse* — کسوف; xosûf: *lunar eclipse* — خسوف — MON:2975

کشاله — هم: کشیدن

- Indo-European: Karš: *to drag, pull* — کشیدن — EIV:243
- → Av/Old Pers: kaša: *arm pit*; karš: *to pull* — KLN:735, BRT:456
- → Persian: kešâleh: *crutch* — کشاله — HRN:191, BQT

NOTE- See "Koksâ: hip, foot" for an alternative root

کشاله

- Indo-European: Koksâ: *a part of body like foot, hip, etc.* — قسمتی از بدن مانند پا و باسن — POK:611
- → Avestan: kašâ: *crotch* — POK:611, ARN:405
- → Pahlavi: kaš: *crotch* — ARN:405
- → Persian: kašâleh: *crotch, armpit* — کشاله — ARN:405

NOTE- See "Karš: to pull" for an alternative root

کشاورز — رجوع شود به: کاشتن

کُشتن

- Indo-European: Kâu 1: *to strike, beat* — زدن — POK:535, WLD:331
- → Avestan: kôš: *strike* — SYN:290, WLD:331, SNS:150
- → Persian: koštan: *to kill* — کُشتن — BQT

NOTE- ARN:405 suggests the root "Gwhen 2: to strike, hurt" for this word

کُشتی — کمربند

- Indo-European: Kost: *bone, rib, side of anything* — استخوان، دنده، کنار هر چیزی — POK:616, AHD:1524
- → Pahlavi: kost: *side* — BQT:1643, AEF:261
- → Persian: košti: *belt, wrestling (by grabbing the opponent's belt)* — کُشتی
  درخرابات نبینی که ز مستی همه سال
  راهب دیر ترا کُشتی و زنّار دهد (سنائی)
  — BQT

NOTE- AHD claims that this may be related to the root "Ost: bone".

کَشَف

Avestan: Kasyapa: *tortoise* لاک پشت
NOTE- Cognate with Sanskrit "kačyâpa"
MON:2987, SOD:204, BQT:1651
→ Persian: kašaf: *tortoise* کَشَف
MON:2987, BQT:1651,

کَشُفتن
پریشان کردن

Indo-European: Kseubh: *to shake, rock, disturb* تکان دادن
POK:625
→ Avestan: xšaub: *to shake*
POK:625, FFD:26
→ Pahlavi: âšûptak
ISS:11
→ Persian: kašoftan: *to disturb* کَشُفتن
یکی را خانهٔ شادی گشفته
یکی را باغ پیروزی شکفته (ویس و رامین)
POK:625, BQT, MON, FFD:26

کَشَک
"پرنده سریع"

Indo-European: Pet 1: *to fly, to fall* پرواز کردن، افتادن
POK:825, EIV:299
Indo-European: Ôku: *swift* سریع
POK:775
→ Av/Old Pers: karši-ptan: *swift flying (bird)*
POK:825, BRT:458
→ Pahlavi: karšift: *a fast bird*
HRN:191
→ Persian: kašak: *a bird, magpie*
کَشَک (کَشک، کَشکَرک)
BQT:1659, HRN:191

کَشَکرک
رجوع شود به: کَشَک

کشکول
"کشیده به کول"

Indo-European: Karš: *to drag, pull* کشیدن
EIV:243
→ Av/Old Pers: karš: *to pull*
KLN:735, BRT:456
→ Persian: kaškûl: *Dervish's cup that is "carried by the shoulder"* کشکول
HRN:191, BQT

کشور

Av/Old Pers: Karšvar: *a "circle" of land, country* حلقه ای (محدوده ای) از زمین، کشور
BRT:459, HRN:191
→ Pahlavi: kîšvar: *country*
BRT:459
→ Persian: kešvar: *country* کشور
BQT:1656, BRT:459

کشیدن

Indo-European: Kwel: *to move around,turn* حرکت کردن ، چرخیدن
POK:640
→ Av/Old Pers: karš: *to pull*
KLN:735, BRT:456
→ Persian: kešîdan: *to pull* کشیدن
HRN:191, BQT
NOTE- EIV:243 suggests the root "Karš: to pull" for this word

کعک
رجوع شود به: کاک

کف

Avestan: Kafa: *foam* کف
NOTE- This is cognate with Sanskrit "kapha"
HRN:192
→ Pahlavi: kaf: *froth, foam*
MON:2997
→ Persian: kaf: *foam, froth, lather* کف (کفج)
kafč-lîz: *a ladle for removing scum or foam from liquids* کفچلیز
تو در این جوشش چو معمار منی
کفچلیزم زن که بس خوش میزنی (مولوی)
BQT, MON
NOTE- IEC:481 derives Persian "kofč: ladle" from Indo-European root "Kauks: bowl"

کفتر
رجوع شود به: کبوتر

کَفتن
رجوع شود به: کاو یدن

کفچ
رجوع شود به: کف

کفچلیز
رجوع شود به: کف

ککه
مدفوع

Indo-European: Kakka: *to defecate* ریدن
POK:521
→ Persian: kekeh, kaka: *excrement* ککه
ARN:409, BQT
NOTE- Sanskrit cognates are "cack" and "kaknas"

کُل
خَم

Indo-European: Skel: *bent, curved* خمیده
POK:928
→ Greek: skhelos, kellos: *crooked*
WLD:597, OEW:363
→ Persian: kol: *crooked* کُل
بدانگه که گیرد جهان گرد و میغ
کُل پشت چوگانت گردد ستیغ (بوشکور)
WLD:597, HRN:192, MON:3012

کل
رجوع شود به: کچل

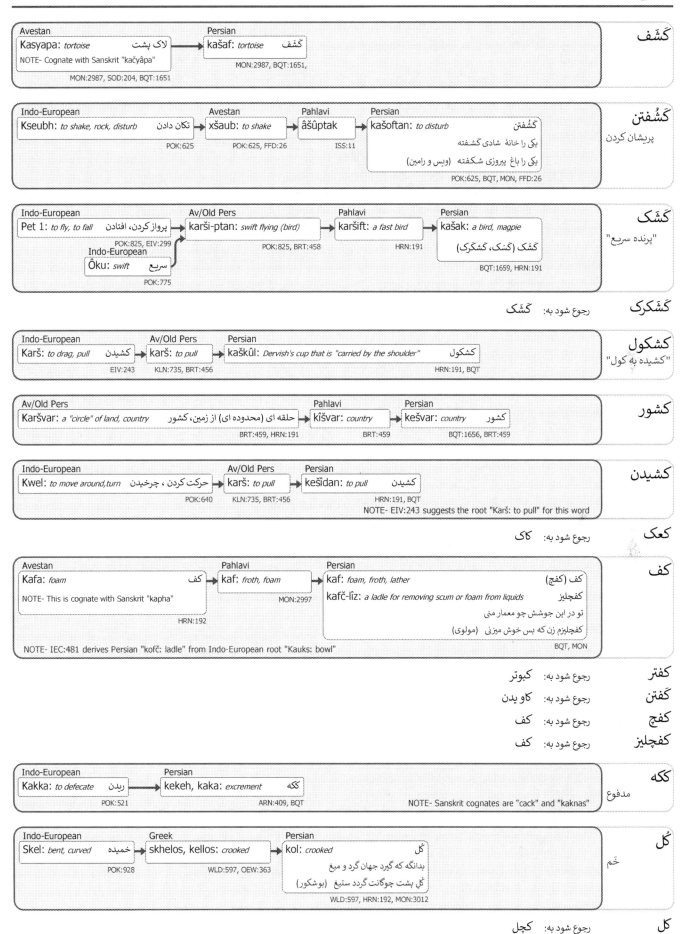

کلاغ رجوع شود به: ورغنه

کلاه هم: helmet
- Indo-European: Kel 2: *to cover* پوشاندن (POK:553)
- → Pahlavi: kulâf: *cover, hat* (HRN:192,193, HUB:88)
- → Persian: kolâh: *hat* کلاه (BQT, PLA:233)

کلبه هم: hole
- Indo-European: Kel 2: *to cover* پوشاندن (POK:553)
- → Pahlavi: kurpak: *shelter, hut* (HRN:192,193, HUB:88)
- → Persian: kolbeh: *hut* کلبه (BQT, PLA:233)

کلنجار هم: harsh
- Indo-European: Koro: *war, army, a large crowd* جنگ، ارتش، سپاه (POK:615, IEC:536)
- → Old Persian: kâr, kâra: *war, army, people* (POK:615, KNT:175)
- → Persian: kalanjâr: *fight, quarrel* کلنجار (کالنجار) (BQT, HRN, MON)

گلند رجوع شود به: کلنگ

کلنگ هم: calamity
- Indo-European: Kel 3: *to strike, cut, stab* خنجر زدن، بریدن (POK:545)
- → Persian: kaland, kolang: *spade* کلند، کلنگ (MON:3037, IEC:464)

کلوخ هم: crude
- Indo-European: Kreu: *icy or solid* سرد، منجمد (POK:621, KLN:252)
- → Persian: kolûx: *clump* کلوخ (IEC:562, MON:3040)
- Indo-European: Kreu: *icy or solid* (POK:621, KLN:252)
- → Avestan: xrû, xrûm: *bloody flesh*; xrûra: *bloody, cruel*; xrûma, xrûta, xrus: *dreadful*; xrûždra: *heart* (POK:621, KLN:377)
- → Persian: ?

کلّه
- Indo-European: Kaput, Kapolo: *head, cup* سر، کاسه (POK:529-530)
- → Persian: kalleh: *head* کلّه (ARN:411)
- POK:529-530 suggests Phalavi "kapârak: cup" as a cognate

کلید هم: close
- Indo-European: Klêu: *hook, peg used to lock doors* قلاب، قفل (POK:604)
- → Greek: kleidos: *key* (AHD)
- → Persian: kelîd: *key* کلید (BQT:1687, FVQ:268, ARK:236)

کم
- Indo-European: Kamma: *little, small* ناچیز، کوچک (WLD:601, IEC:1044)
- → Av/Old Pers: kamna, kamnô: *little* (WLD:601, KNT:179, IEC:1044)
- → Persian: kam: *little* کم (کمین) (BQT:1689)

کمر هم: chamber
- Indo-European: Kam 2, Kamp: *to bend, also a cavity, vault* خم کردن، حفره (POK:524,525, EIV:229)
- → Avestan: kamarâ: *waist, belt, also a vault* (POK:524)
- → Persian: kamar: *waist, belt* کمر; kamrâ: *a room with high ceiling, also a stable* کمرا (BQT, MON)

کمرا رجوع شود به: کمر

کمند
- Indo-European: Kam 1: *to restrain* محدود کردن (IEC:466)
- → Persian: kamand: *halter* کمند (IEC:466, MON:3076)

کمین رجوع شود به: کم

کنار رجوع شود به: کران

کُنج
- Indo-European: Kung: *corner* گوشه (IEC:588,1635)
- → Persian: konj: *corner, hunchback* کُنج (IEC:588,1635)

کُند۱

- Indo-European — Kund: *blunt, stocky, rough* رک ، تنومند ، خشن (IEC:588,589)
- → Persian — kond 1: *dull* کُند۱ (IEC:588)

کُند۲
دلاور

- Indo-European — Kund: *blunt, stocky, rough* رک ، تنومند ، خشن (IEC:588,589)
- → Sanskrit — kunthah: *strong* (IEC:588,589)
- → Persian — kond 2: *a strong fighter, hero* کُند۲ (کُنداور); kondî: *courage* کُندی
  بزیر اندرش زنگهٔ شاوران
  دلیران و گردان و کنداوران (فردوسی) (MON:3088)

کُنداور
رجوع شود به: کُند۲

کُندر

- Indo-European — Kand: *to shine, to be white* درخشیدن، سفید بودن (POK:526)
- → Sanskrit — kandrak: *shining*; kundruka: *sandalwood* (POK:526)
- → Pahlavi — kundurûk: *sandalwood* (SIN:585)
- → Persian — kondor: *incense* کُندر (چُندل، چُندن) (SIN:552,585, BQT, MON)

کَندَک
رجوع شود به: کندن

کندن
هم: canal

- Indo-European — Ken 2, Gwhen 3: *to dig* کندن (EIV:232, POK:534)
- → Av/Old Pers — kan 1, xan, gan: *to dig dirt out and mound it up, build* (POK:491, HRN:194, BRT:583,)
- → Pahlavi — kantan, xandan: *to dig*; kandak: *a dug-in house* (HRN:194, BQT:1707, SNS:8,155)
- → Persian — kandan: *to dig* کندن; kandak: *places dug out in a house* کَندَک; kandû: *bee hive* کندو (BQT, HRN:186, FVF:593)

کندو
رجوع شود به: کندن

کُندی
رجوع شود به: کُند۲

گَنز
هم: گنج

- Parthian — Gzn: *treasure* گنج (SOD:182)
- → Pahlavi — ganj: *treasure*
  NOTE- FVQ claims it is possibly borrowed from a Median root (BQT:1841, FVQ:122)
- → Arabic — kanz: *treasure* (FVQ:251)
- → Persian — kanz: *treasure* گنز (MON:3096)

کنگره۱
دندانه بالای دیوار

- Indo-European — Kar 1: *hard* سخت (POK:531, IEC:1056,1632)
- → Sanskrit — kankarta: *fortified, armor* (POK:531, IEC:1632)
- → Persian — kongereh: *battlement on a castle wall* کنگره۱ (IEC:1632, MON:3102)

کنگره۲
همایش

- Indo-European — Gredh: *to walk, go* قدم زدن، رفتن (POK:456)
- → Latin — gradi: *to walk*; gradus: *step* (POK:456)
- → French — grade, congres (AHD)
- → Persian — kongereh 2: *congress* کنگره۲ (MON:3102,3212)

کَنَند

- Indo-European — Ken 2, Gwhen 3: *to dig* کندن (EIV:232, POK:534)
- → Av/Old Pers — kan 1, xan, gan: *to dig dirt out and mound it up, build* (POK:491, HRN:194, BRT:583,)
- → Pahlavi — kantan, xandan: *to dig* (HRN:194, BQT:1707, SNS:8,155)
- → Persian — kandan: *to dig* کندن (BQT, HRN:186, FVF:593)
- → Persian — kanand: *a tool for tilling earth* کَنَند
  برگیر کنند و تبر و تیشه و ناوه
  تا ناوه کشی، خار زنی گرد بیابان (خجسته) (MON:3102)

کنون
رجوع شود به: نو

کنیز

- Indo-European — Ken 1: *young, fresh* جوان، تازه (POK:563)
- → Avestan — kan 2, kaine, kainîn, kaimyâ: *young girl*; kan-yâ, kain-ika: *small woman* (POK:563, SOD:190)
- → Pahlavi — kanik, kaničak: *young girl* (FSF:275, HRN:194)
- → Persian — kanîz: *maid* کنیز (BQT:1715, HRN:174)

کو

Indo-European
Kwo: *stem of interrogative and relative pronouns* ریشه ضمایر سئوالی و نسبی
POK:644,646, AHD

Avestan
kô, ka 1, kû, kû-thra, ka-hya: *who, which, where?*
kâ 3: *how?*
kam 1, kam-čit, katama: *which?*
kat: *whether*
ka-da, ka-tha: *when?*
katâra: *which of the two? either*
POK:644,648, BQT:1748, HRN:196

Persian
کو، کجا، کدام، کِی۱، کی۲
BQT:672

کوبیدن
هم: hew

Indo-European Kâu 1: *to strike, beat* زدن — POK:535, WLD:331
→ **Pahlavi** kôftan: *to pound, crush* — ARN:416
→ **Persian** kûbidan: *to crush, pound, smash* کوبیدن (کوفتن) — ARN:416

کوپال

Indo-European Wer 2, Kwermi: *to turn, bend* چرخیدن، خم شدن — POK:1142-1157, POK:649
→ **Indo-European** Wropal: *club, mace* — IEC:1596
→ **Persian** kûpâl: *mace, club* کوپال (گوپال) — IEC:1596, MON:3109

کوتاه

Indo-European Kut: *small, short* کوچک، کوتاه — IEC:594
→ **Avestan** ku, kva, kutaka: *small*; kvataka, kautaka: *child* — HUB:89, HRN:194, IEC:594
→ **Persian** kûtâh: *short* کوتاه; kûdak: *child* کودک; kûčak: *small* کوچک — BQT, IEC:594

کوچ
قبیله، خانواده
هم: hut

Indo-European Sku: *to cover* پوشاندن — POK:952,953, IEC:1193, AHD:1540
→ **Indo-European** Kut-no: *cover, shell* — POK:952,953, IEC:1193, AHD:1540
→ **Persian** kûč: *household, family, tribe* کوچ — IEC:594,1193, MON

کوچک
رجوع شود به: کوتاه

کود

Indo-European Gwou: *cow, ox, bull* گاو — KLN:364, POK:483
→ **Indo-European** Gwôu: *dung* — AHD:1520, POK:483
→ **Avestan** gutha: *dung* — POK:484, HRN:211
→ **Persian** goh: *dung* گوه; cûd: *fertilizer* کود — BQT, HRN:211

کودک
رجوع شود به: کوتاه

کور

Indo-European Kûr: *dark, blind* تاریک، سیاه — IEC:591,1046
→ **Avestan** kaurvô: *black* — IEC:1046
→ **Pahlavi** kôr: *blind* — MON:3118
→ **Persian** kûr: *blind* کور — MON:3118, IEC:1046

NOTE- see "Kai-Ko: one-eyed" for another possible root

کور

Indo-European Kai: *alone* تنها — POK:519
→ **Indo-European** Kai-Ko: *one-eyed, dark, blind* یک چشم، نابینا، تاریک — POK:519-520
→ **Pahlavi** kôr: *blind* — ARN:415
→ **Persian** kûr: *blind* کور — ARN:415

NOTE- see "kûr: blind, dark" for another possible root

کوره
هم: carbon

Indo-European Ker 5, Kur: *heat, fire* حرارت، آتش — POK:571, IEC:590
→ **Persian** kûreh: *fireplace, oven, kiln* کوره — IEC:590, MON:3121

کوزه
رجوع شود به: کاسه

کوژ
رجوع شود به: غوز

کوس

Indo-European Kaus: *to pound, beat* کوبیدن، کوفتن — EIV:228, POK:535
→ **Pahlavi** kôs- to beat, pound — EIV:228
→ **Persian** kôs: *drum* کوس (کوسیدن) — EIV:228

کوشش
رجوع شود به: کوشیدن

کوشک
رجوع شود به: گوشه

کوشیدن

Indo-European: Kâu 1: *to strike, beat* زدن (POK:535, WLD:331) → Avestan: kau-kušati: *tries, fights* (SYN:290, WLD:331, SNS:150) → Persian: kûŝîdan: *to try, to fight* کوشیدن (کوشش) (BQT)

کوفتن رجوع شود به: کوبیدن

کوفیّه "سر پوش"

Indo-European: Ghebh-el: *head, top* سر، بالا (POK:423) → Greek: kephalê: *head* (POK:423, KLN:259) → Italian: cuffia: *headband, scarf* (TAD:65) → Arabic: kûfiyyah: *scarf* (TAD:65) → Persian: kûfîyyeh: *scarf* کوفیّه (MON:3127)

کوکو فاخته

Indo-European: Kau 2: *to howl, a raucous bird* زوزه کشیدن، نوعی پرنده با صدای خشن (IEC:483, POK:434, 535) → Persian: kûkû: *cuckoo, owl* کوکو (ARN:417)

کوه هم: hump

Indo-European: Gêu 1, Keub, Keup: *to bend* خم کردن (POK:394-398, POK:588-592) → Avestan: kaofa: *mountain* (POK:591,592, KLN:391) → Pahlavi: kôf: *mountain* (HRN:195) → Persian: kûh: *mountain* کوه; kohân: *camel's hump* کوهان (کوهه) (BQT, WLD1)

NOTE- Compare with root "Kam 2: to bend"

Indo-European: Gêu 1, Keub, Keup: *to bend* (POK:394-398, POK:588-592) → Avestan: kava: *humped* (POK:395,588) → Persian: ?

Indo-European: Gêu 1, Keub, Keup: *to bend* (POK:394-398, POK:588-592) → Old Persian: kaufa: *mountain* (KNT:178) → Persian: ?

کوهان رجوع شود به: کوه

کوهسار رجوع شود به: کوه + سرای

کویز هم: قفس

Indo-European: Kap, Ĉap 2: *grasp* چنگ زدن (POK:527,EIV) → Old Persian: kapithe: *a box for measuring grain* (POK:527, HUB:89) → Pahlavi: kapîč (MON:3010) → Persian: kavîz: *a measure of capacity for grain* کویز (قفیز) (MON:3010)

که هم: that

Indo-European: So: *this, that* این، آن (POK:979) → Av/Old Pers: hâ 2, hô, hâu 2, hauv, hya: *it, that, the* (POK:979) → Pahlavi: kê: *that* (BQT:197) → Persian: keh: *that* که (BQT, HRN)

کهربا

Indo-European: Leup, Raup 2: *to break, peel off* شکستن، پوست کندن (POK:690, EIV:195) → Av/Old Pers: rup,rupâ: *to rob* (FFD:55) → Pahlavi: kah-rupâti: *attracting straw, amber* (HRN:135) → Persian: kahrobâ: *amber* کهرُبا (BQT:938, EIV:195)

Indo-European: Kuâtos: *straw* کاه (IEC:1021) → Sanskrit: Kâča: *straw* (HRN:186) → Pahlavi: kah: *straw* (HRN:186) → Pahlavi: kah-rupâti

کهرمان رجوع شود به: قهرمان

کِی۱، کِی۲ رجوع شود به: کو

کِی۳ شاه

Indo-European: Keu 3, Skeu: *to watch, see, hear* دیدن، شنیدن (POK:587) → Avestan: kavi: *sovereign*; kâvâ-usân: *rich king* (HRN:196, FAF:504) → Pahlavi: kay: *king*; kayos: *rich king* (HRN:196) → Persian: kay 1: *king* کِی۳ (کیا، کیان); Kâvûs: *"rich king"* کاووس (قابوس) (BQT, MON, FAF:491,504)

کیا رجوع شود به: کِی۳

کیان رجوع شود به: کِی۳

کیخسرو رجوع شود به: کِی۳ + خسرو

کیش۱ آیین

Indo-European: Kweis, Kaiš: *to assign, teach* درس دادن، مکلف کردن (EIV:30) → Avestan: tkaeša: *agreement, teaching* (BQT:1755, HRN:196) → Pahlavi: kêš: *religious belief, religion* (MON:3153) → Persian: kîš 3: *religion* کیش (HRN:196, BQT:1755,)

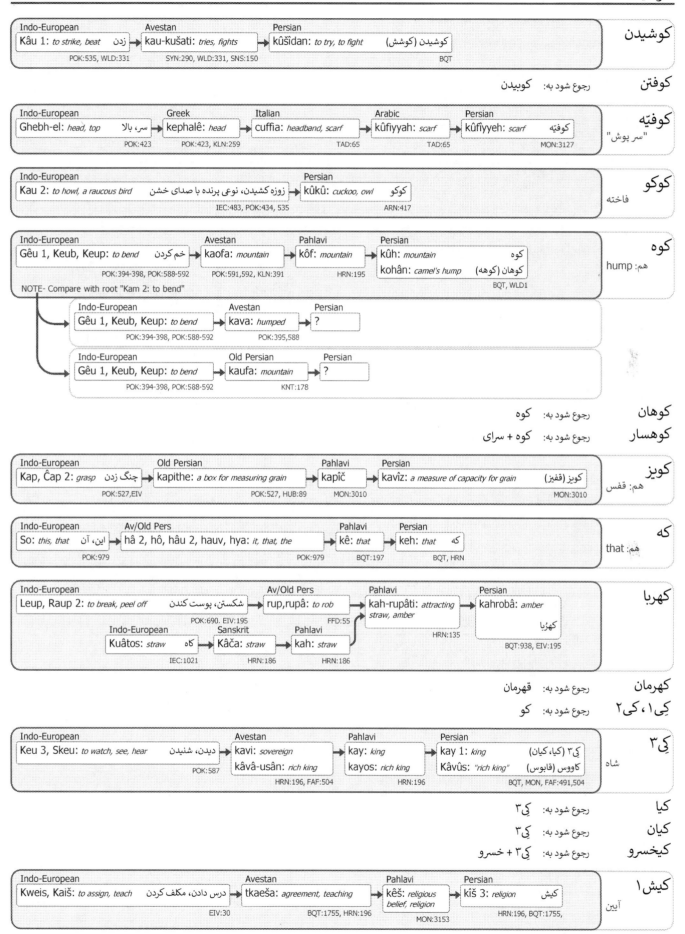

کیش۲
ترکش

- Indo-European — Karš: *to drag, pull* کشیدن (EIV:243) → Av/Old Pers — karš: *to pull* (KLN:735, BRT:456) →
- Indo-European — Steig, Teig: *pointed, sharp* نوک دار ، تیز (POK:1016) → Av/Old Pers — tiğra: *sharp, pointed* (POK:1016) →
- Persian — tîr-kaš: *bag for carrying arrows, quiver* تیرکش (ترکش); kîš: *distorted form of "tîr-kaš", quiver* کیش۲; kîš: *a quiver-looking island in the Persian Gulf* کیش۳ (AHD:326)

کیش۳
رجوع شود به: کیش۲

کیمیا
"اختلاط و امتزاج"

Indo-European — Gheu: *to pour* ریختن (POK:447) → Greek — xymeia: *infusion by pouring (mixing) liquids* (OEW:124) → Arabic — al-kimya: *chemistry* (OEW:124) → Persian — kîmîyâ: *elixir* کیمیا (کیموس) (BQT:1759)

NOTE- KLN, OEW & AHD derive the Arabic "al-kimyâ" from the Egyptian "khem: black". See root "Ker 4: black".

کیمیا
"صنعت مصری"

Indo-European — Ker 4, Kers: *black, dirty* سیاه، کثیف (OEW:182, POK:573) → Egyptian — khem: *black* (AHD:30, OEW:182) → Greek — xêma: *black land, the former name of Egypt where transmutation was practiced.* (AHD:30, KLN:45) → Arabic — al-kîmîya: *the art of transmutation* (AHD) → Persian — kîmîyâ: *chemistry, any rare substance* کیمیا (BQT:1759)

کین

Indo-European — Kwei 1: *to pay back, revenge, punish* بازپرداخت ، انتقام ، مجازات (POK:637) → Avestan — kây: *be punished*; kaênâ: *punishment* (POK:637, SYN:826,1447) → Pahlavi — cy, kyn: *hate, hatred* (EIV:28) → Persian — kîn: *hostility* کین (کینه) (POK:637, KLN:1759,EIV)

کیوسک
رجوع شود به: گوشه

کیومرث
"انسان فانی"

- Indo-European — Gwei, Jai: *to live* زندگی کردن (POK:467, EIV:222) → Av/Old Pers — jiva, jîta, jva: *living* (KLN:1288, POK:467,750, SNS:173, SOD:91) →
- Indo-European — Mer 2: *to rub away, harm, die* فرسوده شدن، مردن (POK:735,970, AHD:1529) → Avestan — mahrka, marathyu: *death* (POK:735, BQT:1872,1934,1982-6, KLN:1005) →
- Avestan — gayô-maretan: *perishable life (man)* (BQT:1872) → Persian — Kîûmars: *"mortal man"* کیومرث (BQT:1872, ZMA:21)

کیهان
رجوع شود به: گیتی

گ -

Indo-European — Wi: *part, apart* جدا (POK:1175,1176) → Av/Old Pers — wi, vî,vi: *apart, against* (POK:1175, KNT:204) → Persian — g-: *a prefix meaning apart, against, analyze, etc.* گ - مثال: گداختن, گذشتن, گریختن, گزیدن, گستردن, گسستن, گسیختن, گسیل, گشادن (BQT)

- Indo-European — Wi: *part, apart* (POK:1175,1176) → Old Persian — visa, vispa: *all* (KNT:208) → Persian — ?
- Indo-European — Wi: *part, apart* (POK:1175,1176) → Avestan — viš 3, vît: *apart, away, opposite* (POK:1175) → Avestan — vîtarem: *sideways*; vîtara: *further, later, tomorrow, morning*; vithra: *separate*; ôithara: *lonely* (POK:1176, KNT:208, SOD:73) → Persian — ?

گات
رجوع شود به: گاه۱

گاز۱
پارچه زخم بندی
هم: gauze

Old Persian — Kaž, Kaz: *inexpensive silk* ابریشم ارزان → Pahlavi — kac, kač: *an inexpensive silk* (BQT:1637, PLA:218) → Persian — kaz: *inexpensive silk* گز (کژ ، غژ، غژغاو) (MON) → Arabic — qaz: *a type of cloth* (PLA:218) → French — gaze: *a loosely woven cotton fabric* → Persian — gâz: *a surgical dressing* گاز (MON:3166)

گاز۲

Indo-European — Gaz: *to bite, string* گاز زدن، نیش زدن (EIV:117) → Pahlavi — gaz-: *to string* (EIV:117) → Persian — gâz: *bite* گاز (EIV:118)

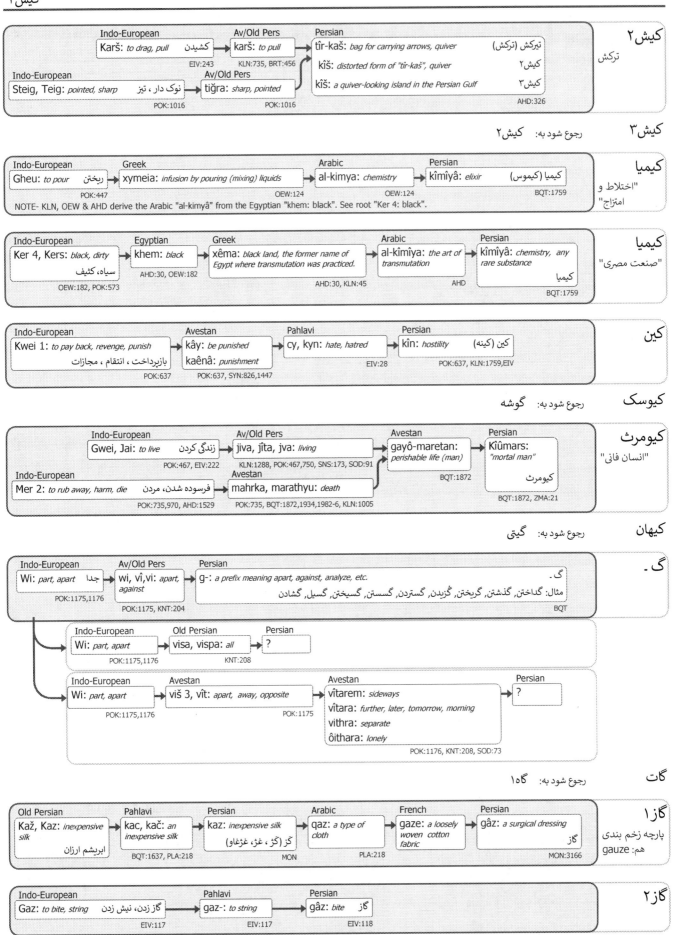

گام
هم: come

- **Indo-European** — Gwa: *to walk, step* قدم زدن (POK:463,EIV:98) → **Av/Old Pers** — gam: *to come, step* (POK:463, KLN:318) → **Avestan** — gâman: *step* (POK:463) → **Persian** — gâm: *step* گام (HRN:11, BQT)

گاو
هم: cow

- **Indo-European** — Gwou: *cow, ox, bull* گاو (KLN:364, POK:483) → **Avestan** — gâuš, gave, gâvô, gao: *cow, domestic animal* (KLN:364) → **Persian** — gâv: *cow* گاو (گوپان، گوساله، گوشت) (SYN:202, BQT:1856, HRN:210, MON)

گاه۱
"آواز"

- **Indo-European** — Gêi: *to sing, song* آواز خواندن، آواز (POK:355) → **Avestan** — gâ 1: *to sing*; gâtâ: *song, religious hymn* (POK:355, KLN:169) → **Persian** — gât: *Zoroastrian religious songs* گات; gâh: *music, tune* گاه۱ (سه گاه) (MON6: 1648, MON:3190, KLN:169)

گاه۲
مکان

- **Indo-European** — Gwa: *to walk, step* قدم زدن (POK:463,EIV:98) → **Av/Old Pers** — gam: *to come, step*; jam, jantu: *to go* (POK:463, KLN:318) → **Av/Old Pers** — gât, gâthu, gâv, gâtuš: *place, seat, throne*; gâtu-bar: *(baby) carriage* (POK:463, KNT:183) → **Persian** — gâh 2: *place, position, rank* گاه۲; gahvâreh: *carriage* گهواره (BQT:1771,1773)
- **Indo-European** — Bher 1: *to carry* حمل کردن (POK:128,163, PRT:234, SYN:107) → **Av/Old Pers** — bar: *to carry* (POK:128) → (Av/Old Pers gât, gâthu…)

گاییدن

- **Indo-European** — Gweie: *to over power, defeat* چیره شدن، شکست دادن (POK:469) → **Avestan** — gâ 2: *to rape* (POK:470, HRN:197, FFD:70) → **Pahlavi** — gâtan: *to rape* (HRN:197) → **Persian** — gâdan: *to rape* گادن (گاییدن) (HRN:197, FFD:70)

گبر

- **Aramaic** — J.b.r: *to reunite, join together, force* بهم آوردن، وصل کردن، نیرو; Jabra: *powerful, man* نیرومند، مرد (KLN:633) → **Persian** — gabr: *man, referred to Zoroastrians* گبر (MON:3193)

NOTE- BQT: 1774 does not agree with this derivation.

گپ
رجوع شود به: گفتن

گچ
هم: gypsum

- **Akkadian** — Gassu: *mortar* گِل بنایی، ملات (HRN:199) → **Avestan** — vîčiča: *mortar, gypsum* (HRN:199) → **Old Persian** — gač: *chalk* (HRN:199) → **Persian** — gač: *chalk* گچ (SNS:310)

NOTE- MON and HUB:90 derive the Old Persian "gač" from Arabic "jass" which is, itself, derived from the same Akkadian root.

گدا

- **Indo-European** — Gwhedh: *to ask, wish, want* پرسیدن، خواستن (POK:488) → **Av/Old Pers** — ža 3, gad: *to wish, beg* (POK:488, WLD:673, SYN:1471,) → **Persian** — gedâ: *beggar* گدا (BQT, HRN:470) → **Arabic** — kada (FVF:565) → **Persian** — takaddî: *begging* تَکَدّی (FVF:565, FVA:349)

گداختن
هم: تاختن

- **Indo-European** — Teku: *to run, flow* دویدن، جریان یافتن (POK:1059, EIV:374) → **Avestan** — tak, taka, tač: *to run* (POK:1059, BQT:503) → **Avestan** — vi-taxti: *to melt (run apart)* (POK:1059) → **Persian** — godâxtan: *to smelt* گداختن (NYB:217, BQT:1777)
  NOTE- Compare with derivations from root "Dhogh: to heat"
- **Indo-European** — Wi: *part, apart* جدا (POK:1175,1176) → **Av/Old Pers** — wi, vî,vi: *apart, against* (POK:1175, KNT:204) → (Avestan vi-taxti)

NOTE- Teku may be related to "Tek, Tač: to reach, receive"

گدار
رجوع شود به: گذشتن

گدازیدن
هم: داغ

- **Indo-European** — Dhegh: *to heat, burn* گرم کردن، سوزاندن (POK:240) → **Avestan** — dažaiti: *to burn*; vi-dâz: *to melt* (NYB:217, KLN:404) → **Persian** — godâzîdan: *to melt* گدازیدن (MON:3199, BQT:1777)
  NOTE- Compare with derivations from root "Teku 1: to flow, run"
- **Indo-European** — Wi: *part, apart* جدا (POK:1175,1176) → **Av/Old Pers** — wi, vî,vi: *apart, against* (POK:1175, KNT:204) → (Avestan vi-dâz)

گذار
رجوع شود به: گذشتن

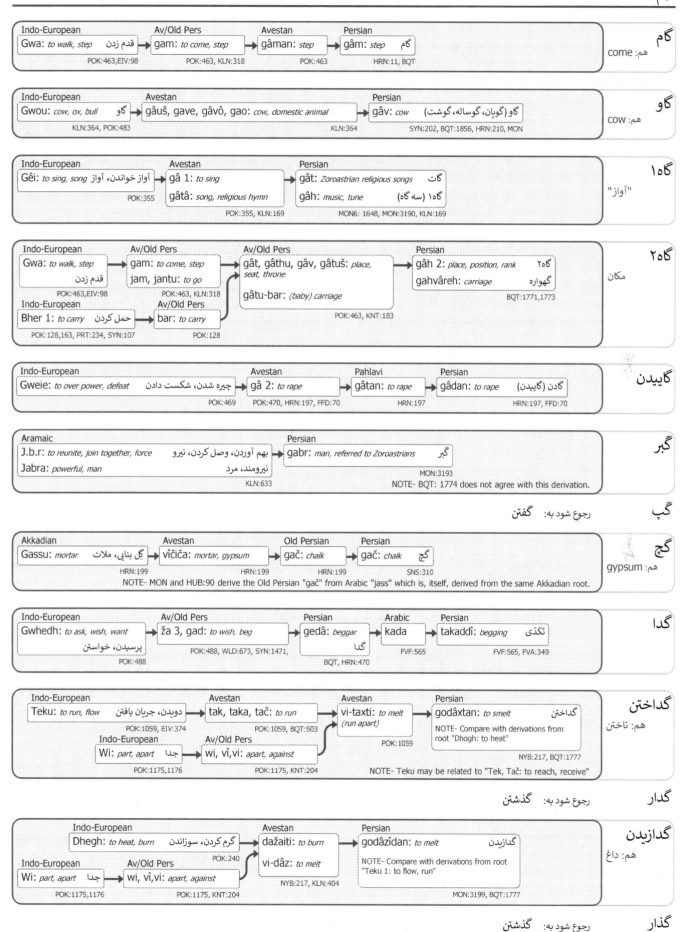

گذر
رجوع شود به: گذشتن

گذشتن
هم: through

- Indo-European — Wi: *part, apart* جدا (POK:1175,1176) → Av/Old Pers — wi, vî: *apart, away, opposite* (POK:1175, KNT:204) → Avestan — vi-tar: *to go further, cross* (POK:1176, HRN:199,203) → Persian — gozaštan: *to pass, cross* گذشتن (گذر، گذار، گدار) (BQT)
- Indo-European — Ter 1: *to cross over, surpass, overcome* عبور کردن ، غلبه کردن (POK:1075, KLN:1639) → Avestan — taro, tarya, tar: *surpass* (POK:1075, KLN:1639) → Avestan — vi-tar

گر۱
کوه

- Indo-European — Gwer 4: *mountain* کوه (POK:477) → Avestan — gairi: *mountain* (POK:477, KLN:374, SYN:25) → Pahlavi — gar 1: *mountain* (SNS:318) → Persian — gar 1: *mountain* گر۱; garšâh: *"king of mountains"* گرشاه (گرشا، گلشاه) (MON, SNS:318)

گر۲
کار

- Indo-European — Kwer, Kar 2: *to make, form* ساختن، تشکیل دادن (POK:641, EIV:236) → Av/Old Pers — kar 2, kara 1: *to work* (NYB:157, HRN:80, SYN:628, EIV:237) → Persian — gar 2: *a suffix meaning worker or doer* گر۲ (آهنگر) (BQT)

گر۳
کچل

- Avestan — Garenu: *scab on animal skin* پوسته روی پوست حیوانات (BQT:1779) → Pahlavi — gar 2: *scab* (MON:3211) → Persian — gar 3: *scab on skin (causing baldness)* گر۳; gargen: *one who has scab, bald* گرگن (HRN:200, BQT:1779, MON:3211)

گراز

- Avestan — Varâza: *boar (animal)* گراز; NOTE- Cognate with Sanskrit "varâha" (BQT:1779) → Pahlavi — varâz: *boar* (MON:3212) → Persian — vorâz: *boar, also a bold and strong person* وُراز (گراز) (MON, HRN:200, BQT:1780,2263)

گرازیدن

- Indo-European — Wreg: *to push, drive* هل دادن ، راندن (POK:1181) → Sanskrit — vrâj: *to walk, go* (POK:1181) → Persian — gorâzîdan: *to walk proudly, stride* گرازیدن
  نوازنده بلبل به باغ اندرون
  گرازنده آهو به راغ اندرون (فردوسی)
  (HRN:200, BQT:1781)

گرامی
هم: grace

- Indo-European — Gwer 2: *to praise, welcome, sing* خوش آمد گفتن، آواز خواندن (POK:478) → Avestan — gar 2, gard: *to call, cry, pray* (POK:478) → Pahlavi — gar-âmîk: *revered, respected* (MON:3214) → Persian — gerâmî: *dear, respected* گرامی (MON:3214, IEC:376)

گران
هم: gravity

- Indo-European — Gwer 1: *heavy* سنگین (POK:476) → Avestan — gouru: *heavy* (POK:476) → Pahlavi — garân: *heavy, expensive* (ARN:426) → Persian — gerân: *heavy, expensive* گران (BQT:1781, MON:3214)

گراییدن
هم: grade

- Indo-European — Gredh: *to walk, go* قدم زدن، رفتن (POK:456) → Av/Old Pers — grâ: *to lean toward* (POK:456: FFD: 71) → Pahlavi — grây: *to lean toward* (FFD:71) → Persian — grâyîdan: *to be inclined* گراییدن (FFD:71, BQT:1783)

گُرد۱

- Indo-European — Gurdos 1: *brave, proud* شجاع، مغرور (IEC:307) → Old Persian — Vtra, Vurt: *hero* (BQT:1786, HUB:91) → Pahlavi — gort, gurt: *hero, strong* (BQT:1786) → Persian — gord: *strong, hero* گُرد (گُردان، سرگرد) (HRN:200, BQT:1786, IEC:307)

گِرد۲
هم: گردیدن

- Indo-European — Wer 2, Kwermi: *to turn, bend* چرخیدن، خم شدن (POK:1142-1157, POK:649) → Av/Old Pers — varet, wars, vart: *to turn* (KLN:1703, ISS:223, KNT:207) → Persian — gerd: *round* گِرد۲ (HRN:198, 201, BQT)

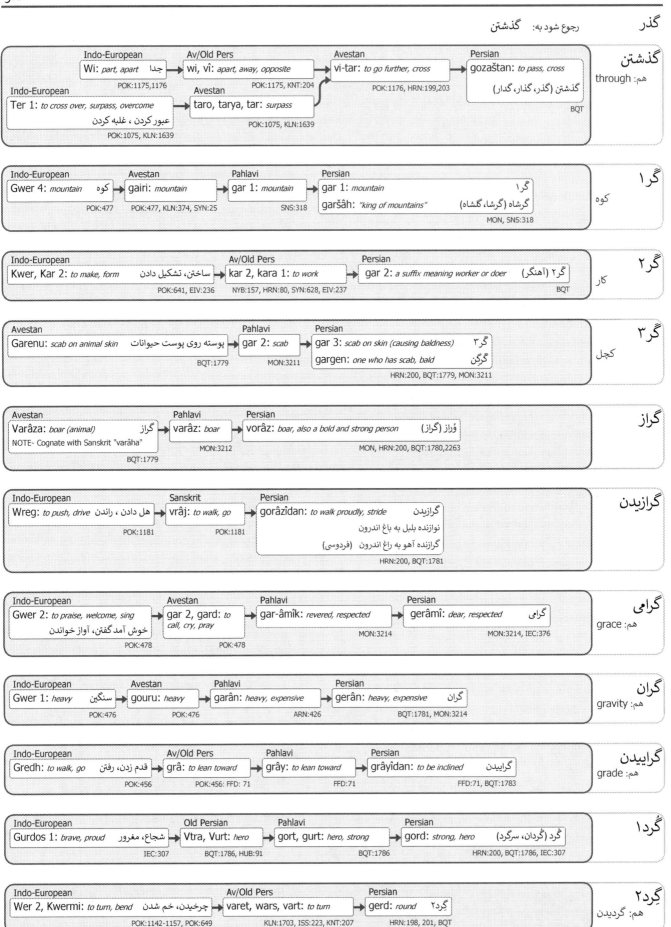

گرد۳

- Indo-European: Wer 2, Kwermi: *to turn, bend* چرخیدن، خم شدن — POK:1142-1157, POK:649
- → Av/Old Pers: varet, wars, vart: *to turn* — KLN:1703, ISS:223, KNT:207
- → Persian: gard: *dust* گرد۳ — HRN:198, 201, BQT

.گِرد۴
رجوع شود به: .جرد

گُردان
رجوع شود به: گُرد۱

گردن
رجوع شود به: گردیدن

گُرده
هم: گِرد۲

- Indo-European: Wer 2, Kwermi: *to turn, bend* چرخیدن، خم شدن — POK:1142-1157, POK:649
- → Avestan: verdeka, veredka: *kidney* — POK:1157
- → Pahlavi: gurtak: *kidney* — MON:3255
- → Persian: gordeh: *kidney* گرده — MON:3255

گردیدن

- Indo-European: Wer 2, Kwermi: *to turn, bend* چرخیدن، خم شدن — POK:1142-1157, POK:649
- → Av/Old Pers: varet, wars, vart: *to turn* — KLN:1703, ISS:223, KNT:207
- → Persian: gardîdan: *to turn* گردیدن (گشتن); gardan: *neck* گردن — HRN:198,201, BQT:1820,1787, BLY:75

- Indo-European: Wer 2, Kwermi: *to turn, bend* — POK:1142-1157, POK:649
- → Avestan: urvisyeiti: *turns*; varep: *to mark*; a-vareta: *a valuable object* — KLN:1752,1755, POK
- → Persian: ?

گرز
هم: بزرگ

- Indo-European: Weg 2: *to be lively, strong* سرزنده و قوی بودن — POK:1117
- → Iranian: vâz, wâz: *power, largeness or rising.* — AEF:201, IEC:1499
- → Avestan: vazra: *a club* — POK:1117
- → Pahlavi: vazr: *a club* — HRN:202
- → Persian: gorz: *a club* گرز — BQT:1793

گرزمان
"محل دعا"
هم: grace

- Indo-European: Gwer 2: *to praise, welcome, sing* خوش آمد گفتن، آواز خواندن — POK:478
- Indo-European: Dem: *house* خانه — POK:198 → Avestan: demâna, nmâna, mân: *house* — POK:199, KNT:302
- → Avestan: gar 2, gard: *to call, cry, pray*; garô-demâna: *house of prayer, sky* — POK:478
- → Persian: garzmân: *sky* گرزمان — BQT:1793

گرزه
موش

- Indo-European: Garz 1: *to bite, sting* گاز گرفتن، نیش زدن — EIV:106
- → Persian: garzeh: *mouse, also a type of snake* گرزه
  آهو از دام اندرون آواز داد
  پاسخ گرزه بدانش بازداد (رودکی)
  — EIV:106

گرزین
پیکان

- Indo-European: Gwel 1: *to throw, reach* پرتاب کردن، رسیدن — POK:472
- → Avestan: gar 4: *to throw* — POK:472, KLN:143
- Indo-European: Ghei 2: *to propel* جلو بردن — POK:410,424 → Avestan: zaêna 1: *weapon* — POK:424, KLN:666, SYN:1384
- → Persian: gar-zin: *weapon to be thrown, arrow* گرزین — MON, EIV:108

گُرس۱
رجوع شود به: گرسنه

گُرس۲
موی فرفری
هم: wool

- Indo-European: Wel 2, War: *to tear, wound, plunder* پاره کردن، زخمی کردن، غارت کردن — POK:1144, EIV:208
- → Indo-European: Welâ: *plucked off (wool)* — POK:1139
- → Avestan: varesa: *hair* — POK:1139
- → Pahlavi: vars: *curly hair* — HRN:202
- → Persian: vares: *a string used in Zoroastrian ceremonies* وَرِس (وریس); gors: *curly hair, braided hair* گُرس۲ — MON, SNS:285, BQT, KLN:856

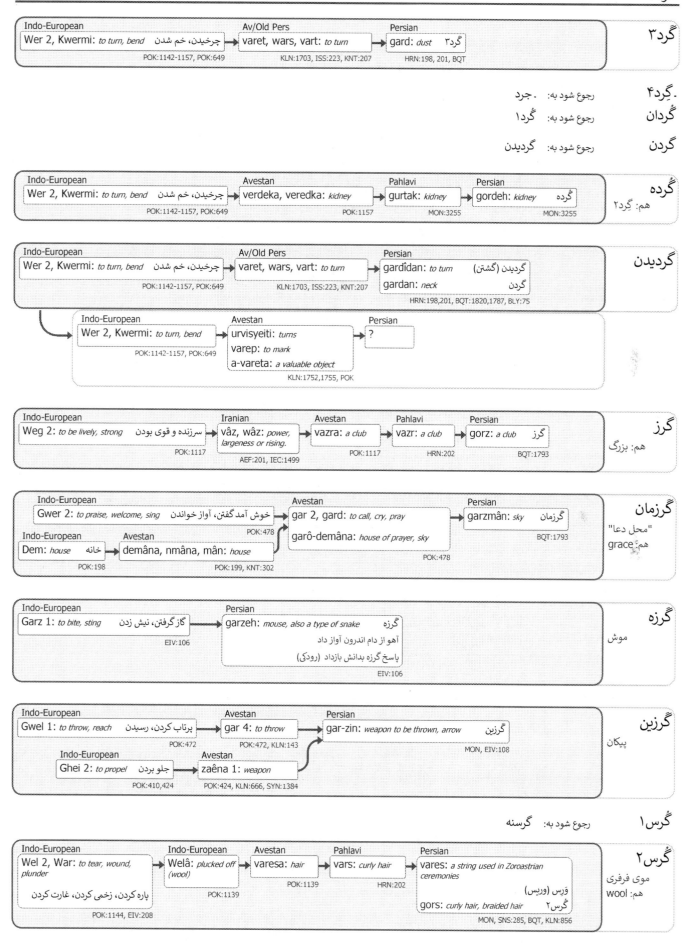

گرسنه

- Indo-European — Warš: *to be hungry* گرسنه بودن (EIV:423)
- → Old Persian — Vrsa: *hunger* گرسنگی (BQT:1794)
- → Pahlavi — gursak: *hungry*; gursakîh: *hunger* (BQT:1794)
- → Persian — gors 1: *hunger* گرس۱; goresneh: *hungry* گرسنه; gošneh: *hungry* گشنه (BQT:1794, HUB:92, EIV:423)

گرسیوز

"با استقامت کم"

- Indo-European — Kerk: *thin, slender* نازک، لاغر (POK:581)
- → Avestan — keresa: *thin, little*; keresa-vazda: *with "little power"* (POK:581, BQT:1795, KLN:672)
- → Persian — Garsîvaz: *"with little resistance"* گرسیوز (BQT:1795)

گرشاسپ

"با اسبان لاغر"

- Indo-European — Kerk: *thin, slender* نازک، لاغر (POK:581)
- Indo-European — Ekwos: *horse* اسب (POK:301) → Avestan — aspa: *horse* (POK:301, BQT:1819)
- → Avestan — keresa: *thin, little*; keresa-aspa: *with "lean horses"* (POK:581, BQT:1795, KLN:672)
- → Persian — Garšâsp: *"with lean horses"* گرشاسپ (BQT:1795)

گرشاه

رجوع شود به: گر۱

گرفتن

هم: grab

- Indo-European — Ghrebh 1: *seize* گرفتن (POK:455)
- → Av/Old Pers — grab: *to grab* (POK:455, SOD:237)
- → Persian — gereftan: *to grab, take* گرفتن (گرو) (BQT, EIV:121)

NOTE- SNS:322 claims that Persian "gero: collateral" is derived from "garîveh: neck" meaning to accept responsibility.

گرگ

هم: wolf

- Indo-European — Wel 2, War: *to tear, wound, plunder* پاره کردن، زخمی کردن، غارت کردن (POK:1144, EIV:208)
- → Indo-European — Wlkwo: *tearing animals, wolf* (KLN:1750)
- → Avestan — vherka, vehrka: *wolf* (KLN:1750, SOD:423)
- → Pahlavi — gurg (HRN:202)
- → Persian — gorg: *wolf* گرگ (BQT:1797)

گرگان

هم: wolf

- Indo-European — Wel 2, War: *to tear, wound, plunder* پاره کردن، زخمی کردن، غارت کردن (POK:1144, EIV:208)
- → Indo-European — Wlkwo: *tearing animals, wolf* (KLN:1750)
- → Old — varkana: *wolf land* (KNT:206)
- → Pahlavi — vurkân, gorgân: *wolves, name of a city in north east Iran* (KNT:206, BQT:1798)
- → Persian — gorgân: *a city in north east Iran* گرگان (KNT:206)

گرگِن

رجوع شود به: گر۳

گرم

هم: thermos

- Indo-European — Gwher: *warm* گرم (POK:493)
- → Avestan — garema: *warm* (POK:493, KNT:183)
- → Pahlavi — garm: *warm* (ARN:432)
- → Persian — garm: *warm* گرم (HRN:203, BQT:1800)

گرو

رجوع شود به: گرفتن

گرو یدن

هم: good

- Indo-European — Wel 1: *to wish, desire* آرزو کردن (POK:1137)
- → Avestan — var 2, ver 1, varena: *to wish* (POK:1137)
- → Pahlavi — varavistan: *to believe* (BQT:1316,1303)
- → Persian — geravîdan: *to believe* گرو یدن (BQT, HRN, MON)

گروگر

رجوع شود به: گریستن

گروه

مق: گره
هم: group

- Indo-European — Ger 1: *crooked, curved, round object* ناصاف، خمیده، گرد; Grath: *to tie (a knot)* گره زدن (POK:385, EIV:122)
- → Sanskrit — granth: *knot* (POK:386,EIV:122)
- → Old Persian — gratha: *knot, tie*; gravatha: *assembly, group* (BQT:1803)
- → Pahlavi — groh: *group*
- → Persian — gorûh: *group* گروه (MON)

گره

هم: group

- Indo-European — Ger 1: *crooked, curved, round object* ناصاف، خمیده، گرد; Grath: *to tie (a knot)* گره زدن (POK:385, EIV:122)
- → Old Persian — gratha: *knot, tie* (BQT:1803)
- → Pahlavi — grih: *knot* (EIV:122)
- → Persian — gereh: *knot* گره (BQT:1803, MON:3280)

گریبان
هم: گلو

- Indo-European: **Gwer 3:** *to swallow* قورت دادن — POK:474
- Indo-European: **Pa:** *to protect, feed* حفاظت کردن، غذا دادن — POK:787,842, SYN:103
- Av/Old Pers: **pa:** *to guard* — HRN:41,72, KLN:114, AHD:1532
- Avestan: **grîvâ:** *neck, also a hump*; **grîvâ-pân:** *protector of neck, collar* — POK:475, BQT:1807
- Persian: **garîveh:** *neck, also a hilly land* گریوه; **garîbân:** *collar* گریبان — SYN:233, BQT

گریختن
مق: ریختن

- Indo-European: **Leigh 2, Raič:** *to leave* ترک کردن — POK:669, EIV:307
- Indo-European: **Wi:** *part, apart* جدا — POK:1175,1176
- Av/Old Pers: **wi, vî:** *apart, away, opposite* — POK:1175, KNT:204
- Avestan: **vi-raeč:** *leave away, run away* — POK:669, FFD:72, SOD:11
- Pahlavi: **v-rextan:** *run away* — BQT, HRN:141,203, FVQ:46, SNS:115
- Persian: **gorîxtan :** *to flee* گریختن (گریز) — POK:669, BQT, AEF:373

گریز
رجوع شود به: گریختن

گریس
هم: قیر

- Akkadian: **Kîru:** *wax* موم — AKD:60
- Latin: **crassus:** *fat, oil* — KLN
- Old French:
- English: **grease** — KLN, AHD
- Persian: **grîs:** *grease* گریس

گریستن
هم: گِله

- Indo-European: **Gal, Garz 2:** *to shout, complain, cry* فریاد زدن، شکایت کردن، نالیدن — POK:351, EIV:111
- Avestan: **garez:** *to complain* — POK:351, EIV:111
- Pahlavi: **griy:** *to weep* — EIV:111
- Persian: **gerîstan:** *to cry* گریستن (گریه) — EIV:111

NOTE- see "Gwer2: to praise" for a different suggested root

گریستن

- Indo-European: **Gwer 2:** *to praise, welcome, sing* خوش آمد گفتن، آواز خواندن — POK:478
- Avestan: **gar 2, gard:** *to call, cry, pray*; **garo-gar:** *fulfiller of prayers, God* — POK:478
- Persian: **gerîstan:** *to cry* گریستن (گریه); **garogar:** *God* گروگر — HRN, BQT, EIV

NOTE- see "Gal: to cry" for a different suggested root

گریوه
هم: گلو

- Indo-European: **Gwer 3:** *to swallow* قورت دادن — POK:474
- Avestan: **grîvâ:** *neck, also a hump* — POK:475, BQT:1807
- Persian: **garîveh:** *neck, also a hilly land* گریوه — SYN:233, BQT

گریه
رجوع شود به: گریستن

گزاردن

- Indo-European: **Kwel:** *to move around,turn* حرکت کردن ، چرخیدن — POK:640
- Indo-European: **Wi:** *part, apart* جدا — POK:1175,1176
- Av/Old Pers: **wi, vî:** *apart, away, opposite* — POK:1175, KNT:204
- Avestan: **car, čâr:** *to move around, also an open field*; **wi-čâr:** *to do* — BQT:635, FFD:73
- Pahlavi: **wîzârdan:** *to do, translate*
- Persian: **gozârdan:** *to do, translate* گزاردن (گزارش) — MON, BQT, FFD:73

گزارش
رجوع شود به: گزاردن

گَزَر
هویج

- Indo-European: **Gogel:** *knob, tapering object* دستگیره ، جسم مخروطی — IEC:287
- Persian: **gazar:** *carrot* گزر — IEC:287, MON:3306

گزند
رجوع شود به: گزیدن

گُزیدن
انتخاب کردن

- Indo-European: **Wi:** *part, apart* جدا — POK:1175,1176
- Av/Old Pers: **wi, vî:** *apart, away, opposite* — POK:1175, KNT:204
- Indo-European: **Kwei 2, Ĉai:** *to pile up* روی هم ریختن یا چیدن — POK:637,EIV
- Avestan: **kay 2, kaeš, čay, či 1:** *to prepare* — POK:637,638
- Avestan: **vi-čay, vi-kay:** *choose apart* — NYB:217, FFD:75
- Persian: **gozîdan:** *"choose apart"* گزیدن (گزینش) — BQT, FFD:75

NOTE- see "Kwer: to make" for another possible root

گزیدن
انتخاب کردن

- Indo-European — Kwer, Kar 2: *to make, form* ساختن، تشکیل دادن — POK:641, EIV:236
- Indo-European — Wi: *part, apart* جدا — POK:1175,1176
- Av/Old Pers — wi, vî: *apart, away, opposite* — POK:1175, KNT:204
- Avestan — čâra: *to mediate*; vi-čir: *to find a choice, judge*; vi-kay: *to set apart, choose*; NOTE- cognate with Sanskrit "vi-cay: to choose" — POK:641, BQT:1813
- Persian — gozîdan: *to choose* گزیدن (گزیر، ناگزیر) — BQT:1813, HRN

NOTE- see "Kwei 2: to pile up" for another possible root

گزیدن
نیش زدن

- Indo-European — Gwhen 2, Jan: *to strike, hurt* زدن، آزردن — POK:492, EIV:222
- Indo-European — Wi: *part, apart* جدا — POK:1175,1176
- Av/Old Pers — wi, vî: *apart, away, opposite* — POK:1175, KNT:204
- Avestan — žata, jan., jaiti: *to hit, harm, bite*; vî-jainti: *to sting, harm* — POK:492, HRN:204, BQT:324,
- Persian — gazîdan: *to sting* گزیدن (گزند) — HRN, BQT, FSF, EIV

گزیر
رجوع شود به: چاره

گزینش
رجوع شود به: گُزیدن

گست
بد و زشت

- Indo-European — Gwedh: *to injure, destroy* زخم زدن، خراب کردن — POK:466
- Old Persian — gasta: *offensive, evil* — SYN:1024, KNT:183
- Pahlavi — gasta: *ugly* — MON:3314
- Persian — gast: *bad, ugly* گست
  چه عاشق باشد اندر عشق، چه مست
  کجا بر چشم او نیکی بود گست (ویس و رامین)
  — MON:3314, SYN:1024

گستاخ

- Indo-European — Stâ: *to stand* ایستادن — POK:1008,1009
- Indo-European — Wi: *part, apart* جدا — POK:1175,1176
- Av/Old Pers — wi, vî: *apart, away, opposite* — POK:1175, KNT:204
- Avestan — vi-stâ-ka: *standing against, harsh* — POK:1009,1011, KLN:1508, HRN:205
- Persian — gostâx: *"hard mannered"* گستاخ — HRN, BQT

گستردن

- Indo-European — Ster 1: *to spread, throw* پخش کردن، پرت کردن — POK:1029, EIV:263
- Indo-European — Wi: *part, apart* جدا — POK:1175,1176
- Avestan — star 1: *to spread, throw*; wi-star: *to spread apart* — KLN:1522, FFD:73
- Pahlavi — vi-startan: *to spread out* — BQT:278,1816, HRN:205
- Persian — gostardan: *to spread* گستردن — BQT, SNS, FFD

گسستن
رجوع شود به: گسیختن

گسیختن
هم: section

- Indo-European — Ker 2, Sker 2: *to cut, separate, tear* بریدن، پاره کردن — AHD, POK:920,926,930,931,941, IEC:640,1155
- Indo-European — Wi: *part, apart* جدا — POK:1175,1176
- Av/Old Pers — wi, vî: *apart, away, opposite* — POK:1175, KNT:204
- Avestan — sâri, sari, said, sid: *fragment*; wi-sis, vi-saêd: *cut apart, send away* — POK:578,920,947
- Persian — gosîxtan: *cut apart* گسیختن گسستن، گسیل — HRN, BQT, POK:578,947

گسیل
رجوع شود به: گسیختن

گش
خوشحال

- Indo-European — Ghers, Gharš: *to be delighted* شاد — POK:445, EIV:471
- Avestan — zarš: *happy* — EIV:471
- Old Persian — gaš: *happy* گش
  همانا برآمد یکی باد خوش
  ببرد ابر و روی هوا کرد گش (فردوسی)
  — EIV:471

گشادن

- Indo-European — Sâi, Hai: *to bind, tie* بستن — POK:891, POK:977, KLN:1448, EIV:135
- Indo-European — Wi: *part, apart* جدا — POK:1175,1176
- Av/Old Pers — wi, vî: *apart, away, opposite* — POK:1175, KNT:204
- Av/Old Pers — sâ 1, hâ 1, hây: *to tie*; wi-sâ, vi-hây: *untie* — POK:891,892, BRT:1800, FFD:74, EIV:136
- Pahlavi — višâtan: *to open* — BQT:1818
- Persian — gošâdan: *to open* گشادن — BRT:1801, HRN:205, FFD:74, EIV:136

گشتاسپ "با اسبان خاکستری"

- Indo-European: Ekwos: *horse* اسب — POK:301
- Avestan: aspa: *horse* — POK:301, BQT:1819
- Avestan: višta-aspa: *(with) gray or old horses* — BQT, POK:1082, KNT, HRN:206, AEF:324
- Persian: goštâsp: *with gray (old) horses* گشتاسپ

گشتن رجوع شود به: گردیدن

گُشن پزرگ، قوی، مرد

- Indo-European: Ersen: *ejector of semen, male* دفع کننده منی ، نر — POK:335
- Av/Old Pers: aršan, varešna: *male, man, hero* — POK:336, AHD:1480, SOD:414
- Pahlavi: vušn, gushn: *male* — MON:3329
- Persian: gošn, gošan: *male, strong, husband, big, wide* گشن; gošnî: *insemination* گشنی
  - درختی گُشن سایه بر پیش آب
  - نهان گشته زو چشمهٔ آفتاب (فردوسی)
  - BQT, HRN:206, FSF:297

گشناسب رجوع شود به: گشنسپ

گشنسپ "با اسبان قوی"

- Indo-European: Ersen: *ejector of semen, male* دفع کننده منی ، نر — POK:335
- Av/Old Pers: aršan, varešna: *male, man, hero* — POK:336, AHD:1480, SOD:414
- Indo-European: Ekwos: *horse* اسب — POK:301
- Avestan: aspa: *horse* — POK:301, BQT:1819
- Pahlavi: vušn, gushn: *male*; gušn-asp: *(with) male horses* — MON:3329
- Persian: Gošnasp: *"with strong horses"* گشنسپ (گشناسب) — BQT, HRN:206, FSF:297

گشنه رجوع شود به: گرسنه

گُشنی رجوع شود به: گُشن

گفتن

- Indo-European: Ghu 1: *to call for help, appeal* کمک خواستن — POK:413
- Indo-European: Gheu-bh: *to speak* — KNT:182
- Old Persian: gaub, gub: *to speak* — BQT:1821, FFD:75, KNT:182
- Pahlavi: guftan: *to tell* — FFD:75, MON:3333
- Persian: goftan: *to say* گفتن; gap: *gossip* گپ — FFD, HRN, BQT, MON

گل رجوع شود به: گلو

گُل هم: rose

- Indo-European: Word: *thorn, flower* خار ، گل — KLN:1357, SYN:527
- Av /Old Iranian: wrda, varedha: *rose* — KLN:1357, BQT:1822
- Pahlavi: vardâ, vard, vart
- Persian: val, vel, vol: *flower, rose* وَل، وِل، وُل; valğûneh: *(red cheeks), facial powder* ولغونه — BQT:2290, IRN:129
- Persian: gol: *flower* گل — SKT:454, AHD:129,1550

NOTE- This pronunciation change took place in early Aškânî era.

گلبن رجوع شود به: گُل + بُن۱

گلشاه رجوع شود به: گر۱

گلشن رجوع شود به: گُل + شَن

گلو

- Indo-European: Gwer 3: *to swallow* قورت دادن — POK:474
- Avestan: gar 3: *to swallow, devour*; garah: *throat* — POK:474, KNT:199
- Pahlavi: garûk: *throat* — HRN:207
- Persian: galû: *throat* گلو ، گل — POK:474, BQT:1832,

NOTE- Compare with "gal: mountain" from root "Gwer 4".

- Indo-European: Gwer 3: *to swallow* — POK:474
- Old Persian: gar: *to devour* — KNT:199
- Persian: ?

گلوله هم: globule

- Indo-European: Gel 1: *to form into a ball, stick together* گوله کردن — POK:357-364, SYN: 908, IEC:303
- Persian: gulleh: *ball* گولّه; goluleh: *bullet* گلوله — POK:361, MON:3382, BQT:1861

NOTE- Sanskrit form is "gula: ball".

گِله هم: گریستن، هم: call

- Indo-European: Gal, Garz 2: *to shout, complain, cry* فریاد زدن، شکایت کردن، نالیدن — POK:351, EIV:111
- Avestan: garez: *to complain* — POK:351, EIV:111
- Pahlavi: gilak: *complaint* — BQT:1832
- Persian: geleh: *complaint* گِله — BQT:1832, EIV:111

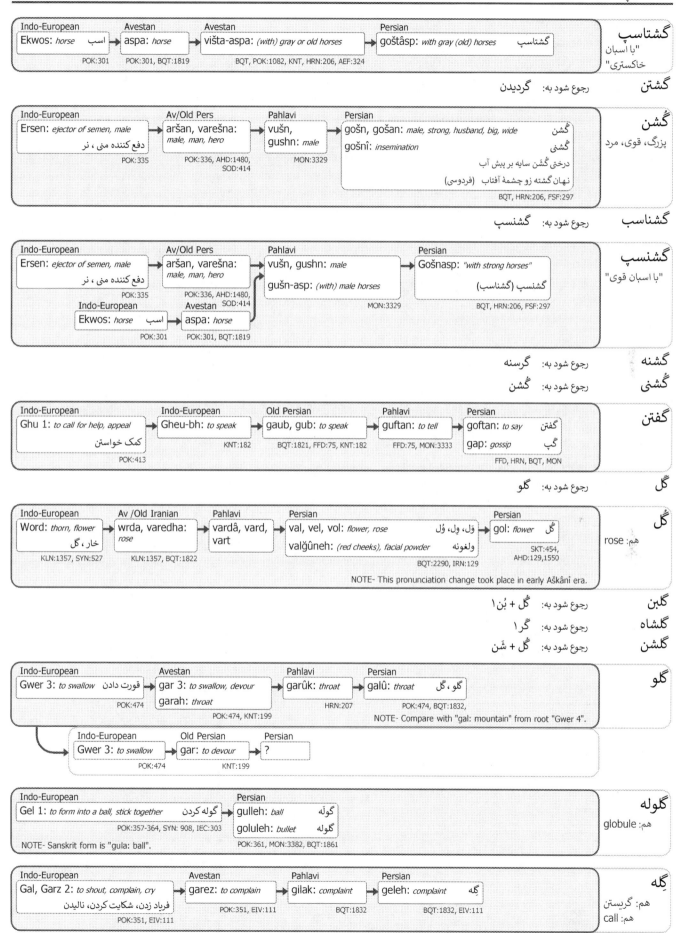

گم

- Indo-European: Mai 2, Mei 6: *to harm, reduce* زیان زدن — EIV:258, POK:711
- → Avestan: mîto: *damaged, lost* — EIV:257
- → Persian: gom: *lost, missing* گم — EIV:258

گماردن

- Indo-European: Mer 1, Smer, Hmar: *to remember* بیاد آوردن — POK:969, EIV:137
- Indo-European: Wi: *part, apart* جدا — POK:1175,1176
- → Av/Old Pers: wi, vî: *apart, away, opposite* — POK:1175, KNT:204
- → Avestan: vi-mar: *designate (off)* — MON, KLN:961, FFD:64
- → Persian: gomârdan: *designate* گماردن (گماشتن) — HUB, HRN, BQT, EIV

گماشتن

رجوع شود به: گماردن

گمان

- Indo-European: Men 1: *to think* فکر کردن — POK:726
- → Avestan: manah: *mind, manners* — POK:726,727, BQT
- Indo-European: Wi: *part, apart* جدا — POK:1175,1176
- → Av/Old Pers: wi, vî: *apart, away, opposite* — POK:1175, KNT:204
- → Avestan: vi-manah: *to think apart, guess* — POK:726, BQT
- → Persian: gomân: *thought* گمان — BQT:1949, 2316, HRN

گمرک

هم: commerce

- Indo-European: Merk: *to take, grasp* گرفتن — POK:739
- → Latin: merx, comerx: *merchandise* — POK:739
- → Italian: commerci: *commerce* — MON:3392
- → Portuguese: comercio: *commerce* — MON:3392
- → Turkish: gumrook: *customs fees* — MON
- → Persian: gomrok: *customs duties* گمرک — MON:3392, HJB:384

گُمیختن

مق: میختن
هم: mix

- Indo-European: Meigh 1: *to sprinkle, urinate* پاشیدن، ادرار کردن — POK:712-714, AHD
- Indo-European: Wi: *part, apart* جدا — POK:1175,1176
- → Av/Old Pers: wi, vî: *apart, away, opposite* — POK:1175, KNT:204
- → Avestan: a-minašti: *to mix, mixed*; vi-maik, vi-minašti: *bad mix, urine* — POK:714, BQT:1835
- → Persian: gomîxtan: *to mix up, urinate* گمیختن; gomîz: *urine* گمیز — HRN, BQT

گمیز

رجوع شود به: گمیختن

گناه

مق: جناح

- Indo-European: Nek: *to destroy* خراب کردن — POK:762
- Indo-European: Wi: *part, apart* جدا — POK:1175,1176
- → Av/Old Pers: wi, vî,vi: *apart, against* — POK:1175, KNT:204
- → Old Persian: nath: *perish*; vi-nath: *injure, harm* — KNT:192,193
- → Pahlavi: vinâs, vinâh, gunâh: *destruction, sin* — BQT:1836, SNS:282
- → Persian: gonâh: *sin* گناه — BQT:1836

گنبد

هم: کوه

- Indo-European: Gêu 1, Keub, Keup: *to bend* خم کردن — POK:394-398, POK:588-592
- → Pahlavi: gumbat: *dome* — POK:396
- → Persian: gonbad: *dome* گنبد — MON:3396, BQT:1836

گنج

مق: کنز

- Parthian: Gzn: *treasure* گنج — SOD:182
- → Pahlavi: ganj: *treasure* — NOTE- FVQ claims it is possibly borrowed from a Median root — BQT:1841, FVQ:122
- → Persian: ganj: *treasure* گنج — BQT:1838,1841

گُنج

حجم

- Indo-European: Wiač: *to contain* محتوی بودن — POK1130, EIV:434
- → Pahlavi: winj: *to be contained* — EIV:434
- → Persian: gonj: *volume* گنج (گنجایش، گنجیدن) — EIV:434

گنجایش

رجوع شود به: گُنج

گنجیدن

رجوع شود به: گُنج

گُند

غده، خایه

- Indo-European: Gong, Geng: *lump* توده، غده — POK:379-380
- → Pahlavi: gund: *tumor, testicle* — ARN:443
- → Persian: gond: *testicle, tumor* گند — ARN:443

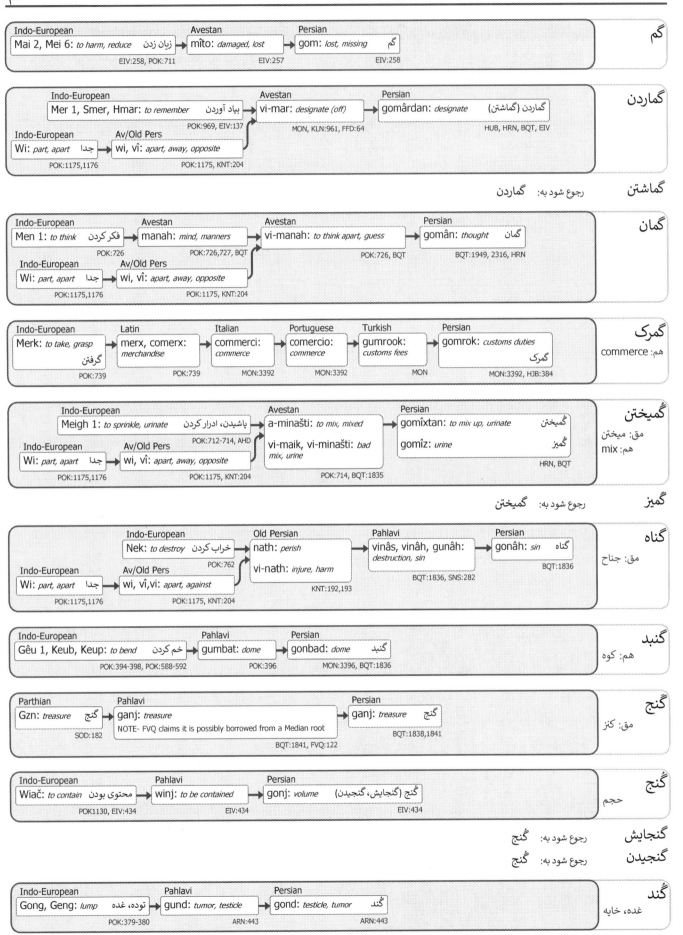

گند
مق: گست

- Indo-European: Gwedh: *to injure, destroy* زخم زدن، خراب کردن — POK:466
- → Avestan: gantay, ganti, gainti: *bad smell* — POK:466, SYN:1024
- → Pahlavi: gandag: *stinking* — EIV:137
- → Persian: gand: *stink* گند; gandîdan: *to rot* گندیدن — BQT:1841, HRN:208, SYN:1179

گندم
هم: corn

- Indo-European: Ger 2, Grnom: *to become ripe, grow old. Also means grain* رسیدن، پیر شدن. همچنین غلات — POK:390-391, AEN:444
- → Avestan: Gantuma: *wheat* گندم. NOTE- Cognate with Sanskrit "gôdhûma". — HUB:95, SYN:516, ARN:444
- → Pahlavi: gantum: *wheat* — HRN:209, ARN:444
- → Persian: gandom: *wheat* گندم — BQT:1842, MON:3411

گُنده

- Indo-European: Gêu 1, Keub, Keup: *to bend* خم کردن — POK:394-398, POK:588-592
- → Avestan: gunda: *ball of dough* — POK:394
- → Persian: gondeh: *large, huge* گُنده — HRN:209, BQT:1843

گندیدن
رجوع شود به: گند

گُنگ

- Indo-European: Gang: *to mock, hum* مسخره کردن ، زمزمه کردن — POK:352
- → Sanskrit: gunj: *to hum* — POK:352
- → Pahlavi: gung: *dumb* — MON:3418,
- → Persian: gong: *deaf, dumb* گُنگ — HRN:209, BQT:1844

گوارا
رجوع شود به: گواردن

گواردن
هم: گلو
هم: voracious

- Indo-European: Gwer 3: *to swallow* قورت دادن — POK:474
- → Avestan: jaraiti: *swallow* — POK:474-475, ARN:445
- → Pahlavi: gugâridan: *to digest* — ARN:445
- → Persian: govârdan: *to digest* گواردن (گوارش، گوارا) — ARN:445

NOTE- see "Kwer1: to make + Wi: apart" for an alternative root formation

گواردن

- Indo-European: Kwer, Kar 2: *to make, form* ساختن، تشکیل دادن — POK:641, EIV:236
- Indo-European: Wi: *part, apart* جدا — POK:1175,1176
- → Av/Old Pers: wi, vî,vi: *apart, against* — POK:1175, KNT:204
- → Av/Old Pers: wi-kâr: *to digest* — NYB:157, HRN:80, SYN:628, EIV:237
- → Persian: govârdan: *digest* گواردن (گوارش) — MON, FFD

NOTE- see "Ger 3: to swallow" as an alternative root

گوارش
رجوع شود به: گواردن

گُوازه
رجوع شود به: جُوازه

گواژه
رجوع شود به: گواژیدن

گواژیدن
"بد گویی"

- Indo-European: Wi: *part, apart* جدا — POK:1175,1176
- → Av/Old Pers: wi, vî,vi: *apart, against* — POK:1175, KNT:204
- Indo-European: Wekw: *voice* صدا — POK:1135
- → Av/Old Pers: vak, vačah, vaxš: *word, voice, sound* — POK:1135
- → Avestan: vi-vačah: *to speak against* — NYB:217, FFD:75
- → Persian: govâžidan: *"to speak against"* گواژیدن (گواژه)
  گواژه که خندانمندت کند
  سرانجام بادوست جنگ افکند (ابوشکور)
  — BQT, FFD:75

گوالیدن
زیاد کردن

- Indo-European: Werdh: *to grow, high* رشد کردن — POK:339,1167, KLN:1097
- Indo-European: Wi: *part, apart* جدا — POK:1175,1176
- → Av/Old Pers: wi, vî: *apart, away, opposite* — POK:1175, KNT:204
- → Avestan / Sanskrit: vi-vard: *to grow out* — POK:1167
- → Persian: govâlîdan: *to grow* گوالیدن
  بزرگان گنج و سیم و زرگوالند
  تـو از آزادگی مردم گوالی (طیان)
  — BQT, HRN:210, MON

NOTE- FFD derives the Persian word from the Old Persian "wi-ward"

گواه

- Indo-European: Kwek, Kas 1: *to appear, see, show* ظاهر شدن، دیدن، نمایش — POK:638, EIV:245
- Indo-European: Wi: *part, apart* جدا — POK:1175,1176
- → Av/Old Pers: wi, vî: *apart, away, opposite* — POK:1175, KNT:204
- → Avestan: vi-kâs, vi-kaya, vi-či: *see apart, distinguish* — POK:638, KLN:42, SYN:1436
- → Persian: govâh: *witness* گواه — BQT, HRN

گوپال

Indo-European: Wer 2, Kwermi: *to turn, bend* چرخیدن، خم شدن — POK:1142-1157, POK:649
→ Indo-European: Wropal: *club, mace* — IEC:1596
→ Persian: kûpâl: *mace, club* کوپال (گوپال)
وزو باد بر سام نیرم درود
خداوند شمشیر و کوپال و خود (فردوسی)
IEC:1596, MON:3109

گوپان
رجوع شود به: گاو

گور
هم: grave

Indo-European: Ghrebh 2: *to dig, bury* — POK:455-456
→ Persian: gûr: *grave* گور — ARN:446

NOTE- see "Ghou-ro-s: terrifying" as an alternative root

گور

Indo-European: Ghou-ro-s: *terrifying, grief* وحشتناک، غم — POK:453-454
→ Persian: gûr: *grave* گور
gûrâb: *the dome built over a grave* گوراب
فریبت کمتر از جور و ستم نیست
که چاه گور از گورابه کم نیست (رشیدی)
HRN:210

NOTE- see "Ghrebh 2: to dig, bury" as an alternative root.

گوراب
رجوع شود به: گور

گوزن

Indo-Scythian: Gûysna: *deer, stag* آهو، گوزن — ISS:74
→ Avestan: gavasna: *deer* — ISS:74
→ Pahlavi: gw'zn, gavâzan — ISS:74, BQT:1754
→ Persian: gavazn: *deer* گوزن — BQT:1754

گوساله
رجوع شود به: گاو

گوسفند

Indo-European: Gwou: *cow, ox, bull* گاو — KLN:364, POK:483
→ Avestan: gâuš, gave, gâvô, gao: *cow, domestic animal* — KLN:364
→ Avestan: gao-spenta: *holy farm animal, sheep* — BQT:1855, POK:237
→ Persian: gûspand, gôsfand: *sheep* گوسپند، گوسفند — HRN:210

Indo-European: Kwen 1: *holy* مقدس — POK:630
→ Avestan: spenta: *holy, also an herb* — KLN:746, SYN:1476, HRN:210, BQT:121,210
→ Avestan: gao-spenta

گوش
هم: audio

Indo-European: Aus 1: *ear* گوش — POK:78,785, KLN:126,494
→ Indo-European: Ghosh: *ear* — POK:457, EIV:115
→ Avestan: gaoša: *ear* — POK:457, BQT:1858
→ Persian: gûš: *ear* گوش — EIV:116

گوشت
رجوع شود به: گاو

گوشه

Indo-European: Gêu 1, Keub, Keup: *to bend* خم کردن — POK:394-398, POK:588-592
→ Avestan: gaošaka: *corner* — POK:398
→ Persian: gûšeh: *corner* گوشه
kûšk: *castle corner room* کوشک — BQT:1731 ،1859
→ Turkish: kiošk: *pavilion* — KLN:847
→ French: kiosque
→ English: kiosk — KLN:847

گوشواره
رجوع شود به: گوش + وار۴

گول

Indo-European: Gurdos 2: *sluggish, stupid* کند، کم هوش — IEC:373
→ Persian: gûl: *stupid* گول — IEC:373, MON:3470

گولّه
رجوع شود به: گلوله

گون

Indo-European: Gêu 1, Keub, Keup: *to bend* خم کردن — POK:394-398, POK:588-592
→ Avestan: gaona: *hair, hair color, type, like* — SYN:1051, SNS:90
→ Pahlavi: gôn: *color*
cigôn: *how* — BQT:671
→ Persian: gûn: *color* گون (چگونه، چون) — BQT, MON

گونیا

Indo-European: Genu 1: *angle, knee* زاویه، زانو — POK:381
→ Greek: gônia: *angle, corner* — POK:381
→ Persian: gûnîâ: *set-square, right angle* گونیا — MON

گوه رجوع شود به: کود

گُوِه تکه چوب شیب دار

- Indo-European — Wedh 2: *to slay, strike* کشتن، زدن (POK:1115, EIV:404)
- → Avestan — vâdâya: *push, push back*; vada: *wedge*; vadar: *weapon for striking*; vadhğan: *ax* (POK:1115, EIV:404)
- → Persian — goveh: *wedge* گُوِه (POK:1115, EIV:404)

گوهر

- Sanskrit — Gôtra: *race, origin, substance* نژاد، اصل، جوهره (HRN:211)
- → Pahlavi — gôhar: *substance, material* (HRN:211)
- → Persian — gohar: *substance, anything of value, gem* گوهر، جوهر (BQT:1862, PLA:101, ARK:249, FSF:302)

گوهَریدن معامله پایاپای کردن

- Indo-European — Selh: *to earn, posses* کسب کردن، داشتن (EIV:131)
- → Indo-European — Harh: *to barter, exchange* (EIV:131)
- Indo-European — Wi: *part, apart* جدا (POK:1175,1176)
- → Av/Old Pers — wi, vî: *apart, away, opposite* (POK:1175, KNT:204)
- → Pahlavi — harg: *tribute, duty*; wi-hîrîh: *exchange* (EIV:131)
- → Persian — gauharîdan: *barter, exchange* گوهَریدن (گهولیدن) (BQT, EIV:131)

گوی

- Indo-European — Gel 1: *to form into a ball, stick together* گوله کردن (POK:357-364, SYN: 908, IEC:303)
- → Persian — gûy: *ball* گوی (IEC:303)

NOTE- see "Gêu 1: to bend" as an alternative root.

گوی

- Indo-European — Gêu 1, Keub, Keup: *to bend* خم کردن (POK:394-398, POK:588-592)
- → Indo-European — Geuga, Geulos: *ball* توپ، کره (POK:393-398, ARN:444)
- → Pahlavi — gôy: *ball, sphere* (ARN:444)
- → Persian — gûy: *ball, sphere* گوی (ARN:444)

NOTE- see "Gel 1: to form into a ball" as an alternative root

گهواره رجوع شود به: گاه۲ + بردن

گهولیدن رجوع شود به: گوهَریدن

گیتار

- Indo-European — Ten 1, Temp: *to stretch, pull* کشیدن (POK:1064,1067)
- → Avestan — tathra: *string*; thri-thatra: *sitar* (POK:1065)
- → Persian — târ: *string* تار (سه تار)
- → Greek — kithara: *sitar* (KLN:687)
- → Spanish
- → French — guitare (KLN:687)
- → Persian — gîtâr: *guitar* گیتار (MON:3502)

گیتی

- Indo-European — Gwei, Jai: *to live* زندگی کردن (POK:467, EIV:222)
- → Av/Old Pers — jiva, jîta, jva: *living* (KLN:1288, POK:467,750, SNS:173,)
- → Av/Old Pers — gaêtha: *to exist*; gaêtha-nâm: *existing things* (POK:467)
- → Pahlavi — gêtîk, gêtê: *world*; gêhân: *world* (HRN:212)
- → Persian — gîtî: *world* گیتی; keyhân: *world* کیهان (جهان) (BQT:1868)

گیج هم: cover

- Indo-European — Wer 3, Werg 2: *to cover, enclose* پوشاندن، محصور کردن (POK:1116, IEC:1599)
- → Persian — gîj: *dizzy, dumb* گیج (IEC:1599, MON:3505, EIV:97)

گیس

- Indo-European — Ghait: *wavy hair* موی موج دار (POK:410)
- → Av/Old Pers — gaêsa, gaêsu: *hair*; ges, gesuk: *hair* (POK:410, KLN:264)
- → Persian — gîs: *hair* گیس (POK:410, BQT:1870)

گیوه

- Indo-European — Geibh, Gaip: *to spin thread* ریسیدن نخ (POK, EIV:96)
- → Persian — gêveh: *shoe made of cotton* گیوه (EIV:96)

لابه
چاپلوسی

- **Indo-European** — Lep, Lap-aro: *soft, friendly* — نرم، دوستانه (IEC:680, POK:677-678, AHD:1526)
- → **Pahlavi** — lâbag: *flattery* (ARN:449)
- → **Persian** — lâf: *using soft and friendly words, bragging* — لاف
  lâbeh: *flattery* — لابه
  در آن نامه سوگند های گران
  فریبنده چون لابهٔ مادران (نظامی گنجوی)
  (IEC:680, MON, POK:677-678)

لاجورد
"شهر قبیله لاج"

- **Turkish** — Lâjîn: *name of a Turkish tribe* — نام یک قبیله ترک که لاجورد میفروختند (MON6: 1773)
- **Indo-European** — Kwer, Kar 2: *to make, form* — ساختن، تشکیل دادن (POK:641, EIV:236)
- → **Old Persian** — krta: *creation, city* (HRN:201)
- → **Persian** — -vard, -gerd, - jerd: *town* — پسوند بمعنی شهر (ابیورد، بروجرد، سوسنگرد) (BQT)
- → **Persian** — Lâj-vard: *village of the Lâjîn tribe* — لاجورد (MON6: 1773, KLN:137)

لاخ

- **Indo-European** — Lêsos: *place, space, area* — محل، منطقه (IEC:680)
- → **Persian** — lâx: *a suffix meaning place of* — لاخ (سنگلاخ) (IEC:680, MON:3522)

لادن

- **Akkadian** — Ladunu: *resin of a certain tree* — صمغ نوعی درخت (AHD:730)
- → **Arabic** —
- → **Persian** — lâdan: *lotus, its good smell* — لادن (KLN:855, MON:3523)
- → **Greek** — lâdon, lôtos (BQT:1876, SKT:1286)
- → **Latin** — lôtus (AHD)
- → **English** — lotus

لاغر
هم: carnival

- **Indo-European** — Legwh: *light in weight, quick in movement* — سبک، چابک (POK:660)
- → **Persian** — لاغر (IEC:700, MON: 3530)

- **Indo-European** — Legwh: *light in weight, quick in movement* (POK:660)
- → **Avestan** — ragu, ravi: *quick* (POK:660)
- → **Persian** — ?

لاف
رجوع شود به: لابه

لاک
هم: رنگ

- **Indo-European** — Reg 2: *to dye, color* — رنگ ، رنگ زدن (POK:854)
- → **Sanskrit** — râkšâ, lâkša: *(red) color* (OEW:333, AHD:1536)
- → **Persian** — lâk: *red resin, lacquer* — لاک
  همی گفت و پیچید بر خشک خاک
  زخـون دلش خاک هـمرنگ لاک (عنصری)
  (KLN:856, BQT:1878)
- → **Portuguese** —
- → **French** —
- → **English** — lacquer, shellac (SKT:281)

NOTE- See "Alek: to ward off" for another possible root.

لاک

- **Indo-European** — Alek: *to ward off, protect* — دفاع کردن (POK:32)
- → **Sanskrit** — lâkšâ, rakšâ: *100,000 soldiers, also a large group of insects, insects*
  lâk, râk: *tree resin leaking after being attacked by a swarm of insects*
  (POK:32, KLN:47,856)
- → **Persian** — lâk: *red resin, lacquer* — لاک (KLN:856, BQT:1878)
- → **Portuguese** —
- → **French** —
- → **English** — lacquer, shellac (SKT:281)

NOTE- AHD and OEW:333 derive these words from the root "Reg 2: to dye".

لال
هم: lull

- **Indo-European** — Lâ, lal 1, Lalla: *roots of sound words including animal crys, baby babbling and even silence.* — مبنای صوتی لغاتی نظیر صدای حیوانات، صحبتهای نامفهوم کودکان و حتی سکوت (POK:650-651)
- → **Persian** — lâl: *dumb* — لال (ARN:449)

لالا
رجوع شود به: لالایی

لالایی
هم: lallaby

- **Indo-European** — Lâ, lal 1, Lalla: *roots of sound words including animal crys, baby babbling and even silence.* — مبنای صوتی لغاتی نظیر صدای حیوانات، صحبتهای نامفهوم کودکان و حتی سکوت (POK:650-651)
- → **Persian** — lâlâê: *lullaby* — لالایی
  lâlâ: *sleep* — لالا
  (ARN:450)

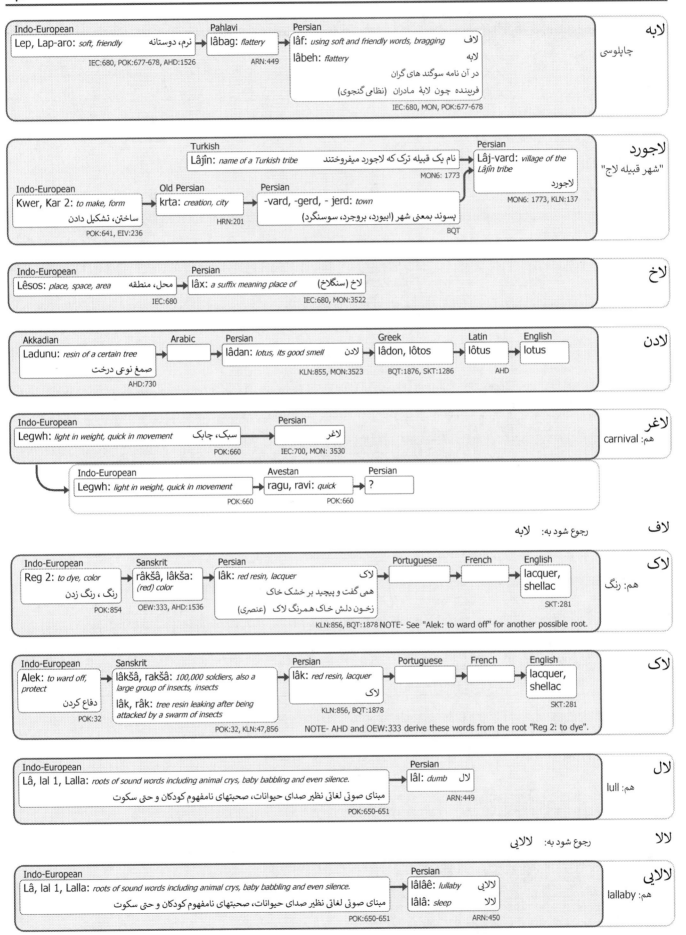

لالس
هم: لاله

Persian
Lâl 2: *red color* قرمز
BQT:1879, KLN:904

→ Persian
lâlas: *a red silk fabric* لالس
گه در قدم باغ کشد فضل تو دیبا
گه بر سر کهسار نهد حکم تو لالس (بدر جاجرمی)
BQT

لالک
هم: لاله

Persian
Lâl 2: *red color* قرمز
BQT:1879, KLN:904

→ Persian
lâlak: *red leather and shoes made from it* لالک
دریغ از آن شرف و خوبی و فضایل او
که عاشق است برآن لاله روی لالک دوز (سوزنی)
BQT, MON

لاله

Persian
Lâl 2: *red color* قرمز
BQT:1879, KLN:904

→ Persian
lâleh: *a red flower (tulip)* لاله
âlâleh: *a red flower* آلاله
BQT, MON

لاله سار

Persian
Lâl 2: *red color* قرمز
BQT:1879, KLN:904

Indo-European
Ker 1: *head, horn* سر، شاخ
POK:574, KLN:261,657

→ Avestan
sarah, sârah: *head*
AHD, POK:574, KLN:261

→ Pahlavi
sar: *head*
BQT:1111

→ Persian
lâleh-sâr: *a red-headed bird* لاله سار
BQT

لای
هم: slime

Indo-European
Lêi: *slime, sticky* لجن ، چسبناک
POK:662, IEC:706

Indo-Scythian
Raup 1: *to sweep away* جارو کردن
ISS:251

→ Pahlavi
rôpet, rôp 2: *sweep*
ISS:252

→ Persian
lây: *mud, sediment* لای (لایروبی)
IEC:706

لایم
رجوع شود به: لیمو

لاییدن
نالیدن
هم: lament

Indo-European
Lâiô: *roar, bark, bellow* غرش کردن، پارس کردن
IEC:659, POK:651

→ Persian
lâyîdan: *to express sorrow* لاییدن
مـلامـتـم مکـنـیـد ار دراز میلایم
بود که کشف شود حال بنده پیش شما (مولوی)
IEC:659, MON:3549

لب
هم: lip

Indo-
Lêb: *lip* لب
POK:655

→ Iranian
lap: *lip*
BQT:1885

→ Pahlavi
lab: *lip*
MON:3551

→ Persian
lab: *lip, also side or edge of anything* لب
HRN:212, MON:3551

لَت۱
تکه پارچه
هم: leather

Indo-European
Letro: *skim, strip, piece* نوار ، قطعه
POK:681, IEC:681

→ Persian
latreh: *fragment, piece (of cloth)* لَت۱ (لَتره)
مرا اگر چه به بستر لت کتان انداخت
زروی صوف نظر بر نمیتوان انداخت (نظام قاری)
IEC:681, MON:3563

NOTE- See "Lak: to tear" for another possible root.

لَت۲
تکه پارچه

Indo-European
Lak: *to tear* پاره کردن
Lakt: *rag, scrap* تکه پارچه
POK:674, IEC:660,661

→ Persian
laxt: *scrap, piece, rag* لَت ۲ (لَخت)
همان تخت پیروزه ده لَخت بود
جهان روشن از فَرّ آن تخت بود (فردوسی)
IEC:661, MON:3563,3573

NOTE- See "Letro: piece" for another possible root.

لَتره
رجوع شود به: لَت۱

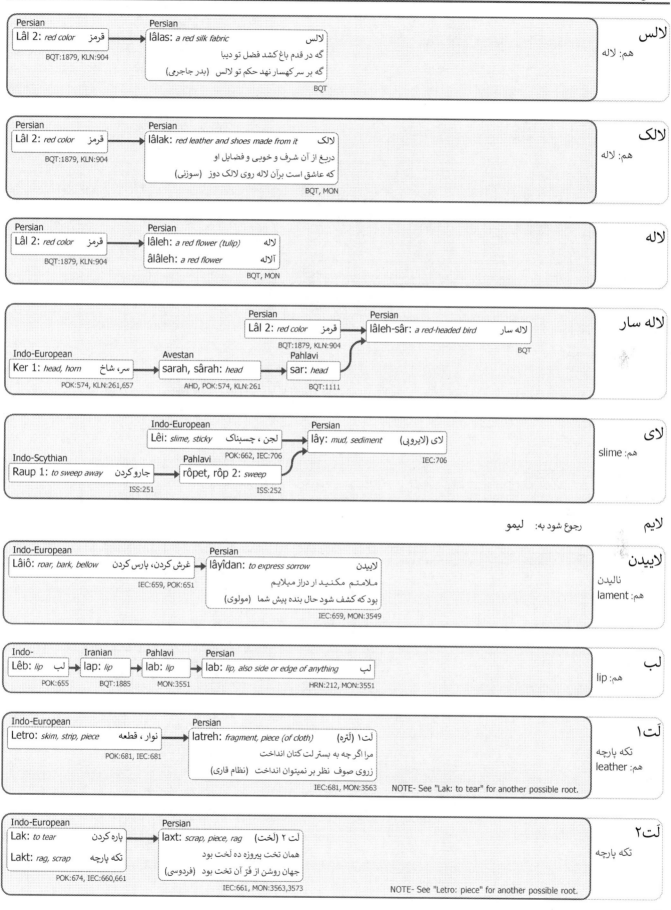

لُجّه

Indo-European	Sanskrit	Arabic	Persian
Alek: *to ward off, protect* دفاع کردن	lâkšâ, rakšâ: *100,000 soldiers, also a large group of insects, insects*	lajj: *a large group of people, also the deepest point of sea.*	lojjeh: *the deepest point of sea* لُجّه
POK:32	POK:32, KLN:47,856	AFM:141, FVF:613	MON:3569

لَخت رجوع شود به: لَت۲

لرزیدن

Indo-European	Old Iranian	Pahlavi	Persian
Lrğ: *to tremble* لرزیدن	Rarz: *to shake, shiver*	rrz, larz: *shiver*	larzîdan: *to shiver* لرزیدن
IEC:1640	FFD:75	FFD:75, BQT:1894	BQT:1894, FFD:75

لِشتن رجوع شود به: لیسیدن

لشگر

Indo-European	Av/Old Pers	Avestan	Persian
Lakš, Raxš: *to protect, defend* حفاظت کردن، دفاع کردن (EIV:196)		ra(x)ša-kara دفاع گر، موظف به دفاع	lašgar: *army* لشگر (عسگر)
Kwer, Kar 2: *to make, form* ساختن، تشکیل دادن	kar 2, kara 1: *to work*		
POK:641, EIV:236	NYB:157, HRN:80, SYN:628, EIV:237	EIV:196	BQT:1895, EIV:196

لعل هم: لاله

Persian	Arabic	Persian
Lâl 2: *red color* قرمز	la`l: *red, a red stone, red ruby*	la`l: *red ruby, also used to describe lips* لعل
BQT:1879, KLN:904	AFM:142, PLA:241, TAD:66	BQT:1879

لقلق رجوع شود به: لکلک

لقلقه رجوع شود به: لکلک

لَک صد هزار

Indo-European	Sanskrit	Persian
Alek: *to ward off, protect* دفاع کردن	lâkšâ, rakšâ: *100,000 soldiers, also a large group of insects, insects*	lak: *hundred thousand (soldiers)* لَک درآن نه سایر ماند و نه طایر از بر خاک دو لک ز لشکر او شد به زیر خاک نهان (عنصری)
POK:32	POK:32, KLN:47,856	KLN:856, BQT:1900

لکلک

Akkadian	Arabic	Persian
Laqalaqa: *flamingo, stork* فلامینگو ، لک لک	laqlaq: *stork* laqlaqeh: *stork's cry*	laklak, laqlaq: *stork* لکلک (لقلق، لغلغ) laqlaqeh: *slang speech* لقلقه (لغلغه)
AKD:52	MON:3616, AKD:52	BQT:1902

لگد هم: leg

Indo-European	Old Iranian	Persian
Lek 2: *to leap, fly, kick* پریدن، لگد زدن	lakata, rakata: *kick*	lagad: *kick* لگد
POK:673, OEW:217	AHM:182	AHM:182, MON:3620

لگن

Akkadian	Aramaic	Arabic	Persian
Liginnu: *a pot for measuring wheat* پیمانه گندم	lakan, lagînâ: *tub*	laqan: *tub, basin*	lagan: *tub* لگن
AKD:21, BQT:1904	AKD:21, BQT:1904	BQT:1904	MON:3621

لُندیدن غرغر کردن هم: roar

Indo-European	Avestan	Persian
Rêu, Raud 1: *to cry, roar* گریه کردن ، زار زدن	raod 2: *to weep*	londîdan: *to growl, boast* لُندیدن
POK:867, EIV:194	POK:867, EIV:194	BQT, MON, EIV:194

لَنگ

Indo-European	Persian
Longos, Leng: *limp, lame, bent, also a low land* لَنگ، خمیده، زمین پست	lang: *lame* لَنگ
IEC:678,709	IEC:678,709

لِنگ هم: leg

Indo-European	Persian
Lek 1, Lehk: *joint, member, bend* مفصل، عضو، خم شدن	leng: *leg* لِنگ
POK:673	ARN:454

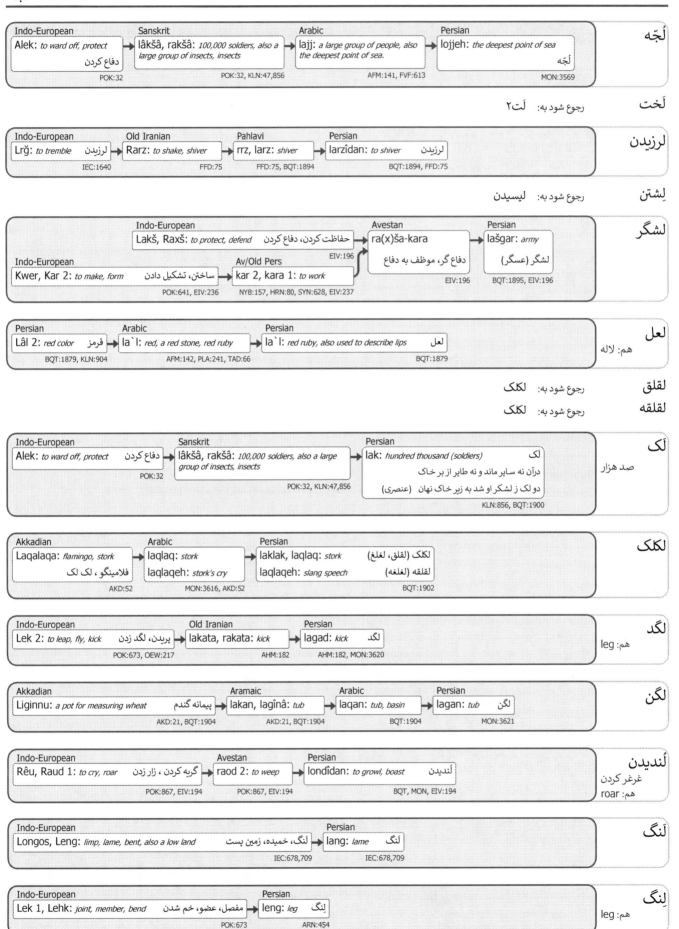

لنگر
هم: anchor

Indo-European	Greek	Persian
Ang: *to bend* خم کردن	ankura: *anchor*	langar: *anchor* لنگر
POK:46	AHD	BQT:1908

لِه
رجوع شود به: آله

لهراسپ
"با اسبان تند رو"
هم: run

Indo-European	Avestan	Av/Old Pers	Persian
Ekwos: *horse* اسب	aspa: *horse*	aurva, aurvant: *swift, fast*	Lohrâsp: *"with fast horses"* لهراسپ
POK:301	POK:301, BQT:1819	aurvat-aspa: *(with) fast horses*	
		POK:331, IRN:112, KNT:170	BQT, IRN

Indo-European: Er, Ar 2: *to set in motion, excite* به حرکت در آوردن، بر انگیختن (POK:327, EIV:165) → aurva, aurvant

لیسیدن
هم: lick

Indo-European	Avestan	Persian
Leigh 1: *to lick* لیس زدن	leiš, raêz, rêh: *to lick*	lîsîdan: *to lick* لیسیدن (لِشتن)
POK:668	POK:668, KLN:886, SYN:267	BQT:1895, HRN:212, FFD:76

لیلک

Indo-European	Sanskrit	Persian	Arabic	Spanish	French	English
Nei 1: *to shine, to be excited* درخشیدن، تحریک شدن	nili, nilah: *dark blue* nîlotpala: *blue lotus*	nîl: *indigo* نیل، نیلوفر lîlak: *lilac* لیلک	laylak			lilac
POK:760	POK:760	BQT:2231				AHD:757

لیمو
هم: lemon

Sanskrit	Persian	Arabic	Spanish	French	English	Persian
Limû: *lemon, lime* لیمو	lîmû: *lemon, lime* لیمو	lîmah	lima		lime	lâym: *a drink* لایم
SKT:295, HJB:514	BQT:1922, MON:3671				KLN:890, AHD:758	VOP:314

لیموناد

Sanskrit	Persian	Turkish	French	Persian
Limû: *lemon, lime* لیمو	lîmû: *lemon, lime* لیمو	limon	limon, limonâd	lîmonâd: *lemonade* لیموناد
SKT:295, HJB:514	BQT:1922, MON:3671		VOP:319	VOP:319

مَ -

Indo-European	Av/Old Pers	Persian
Mê 3: *no, not* خیر، علامت نفی	mâ 2: *no, not* mâ-tya: *that not, lest*	ma-: *a prefix for negating verbs* مَ - (مرو، مگو، مباد)
POK:703, KNT:210	POK:703, KNT:201	MON:3677

ـُ م
هم: maximum

Indo-European	Avestan	Persian
Ĕmos: *a suffix meaning most or last* پسوند صفت عالی	-emô: *most or extreme*	-om: *a suffix indicating the order of a number* ـُ م (دوّم، چهارُم)
IEC:257	IEC:257	IEC:257

ما
هم: us, our

Indo-European	Avestan	Pahlavi	Persian
Ne 2: *our, us* ما، متعلق به ما	na 2: *us* ahma, ahmâka : *we*	amâg, amâh: *we, us*	mâ: *we, us* ما
POK:758	POK:758, KLN:1683	BQT:1931, SNS:232	BQT:1931

ماچ

Indo-European	Avestan	Pahlavi	Persian
Maič, Mač: *to suck* مکیدن	maêkant: *oozing*	mêz, myc: *to suck, taste*	mâč: *kiss* ماچ
EIV:357-360	EIV:357-360	EIV:357-360	EIV:357-360

مادر
هم: ممه
هم: mammal

Indo-European	Indo-European	Avestan	Pahlavi	Persian
Mâ: *breast* پستان	Mâ-ter: *feeder (of the family), mother* مسئول غذا، مادر	mâtar: *mother*	mâtar: *mother* matak: *female* mâdiyânag, mâyag: *essence*	mâdar: *mother* مادر mâdeh: *female* ماده (مادیان، ماکیان) mâyeh: *essence, value* مایه
POK:694, PRT:386,863, SYN:103	POK:694, PRT:386,863, SYN:103	POK:694, SKT:336	BQT:1933, SNS:237	BQT:1933,1946,1964, HRN:213, MON:3716, SNS:237

Indo-European: Ter 2, Tar: *a kinship term* پسوند گروه یا فامیل (PRT:863, AHD:1500) → Mâ-ter

NOTE- "Mâ: breast" has probably started as a nursery word and became a usual term in the Indo-European languages.

مادراندر
رجوع شود به: مادر + اندر۲

ماده رجوع شود به: مادر

مادیان رجوع شود به: مادر

مار
هم: small

Indo-European: Mel 2: *small, harmful* کوچک، مضر (POK:719,724) → Avestan: mairya: *harmful, evil* (POK:719, SYN:1177, PRT:374, HRN:283) → Persian: mâr: *snake* مار (HRN:283, BQT:1934)

NOTE- see "Mer 2: to die" for another possible root.

مار
هم: small

Indo-European: Mer 2: *to rub away, harm, die* فرسوده شدن، مردن (POK:735,970, AHD:1529) → Avestan: mar.2: *to die* (POK:735, BQT:1872,1934,1982-6, KLN:1005) → Persian: mâr: *snake* مار (HRN:283, BQT:1934)

NOTE- see "Mel 2: harmful" for another possible root.

ماز
چروک

Indo-European: Maz: *to break* شکستن (EIV:272) → Persian: mâz: *wrinkle* ماز (EIV:272, MON)

ماست رجوع شود به: مَسکه

ماسیدن رجوع شود به: مَسکه

ماغ
هم: mina

Indo-European: Mad: *wet, also coagulated* خیس، ماسیده (POK:694, EIV:253) → Avestan: mad: *a water bird, mina* (POK:694, SYN:184) → Persian: mâğ: *a black water bird, mina* ماغ (BQT, FRS)

ماکیان رجوع شود به: مادر

مالیخولیا
"صفرای سیاه"

Indo-European: Ghel: *to shine, also a bright yellow color* درخشیدن، زرد روشن (POK:429) → Greek: xolê: *bile*

Indo-European: Mel 1: *black, dirty* سیاه، کثیف (POK:720) → Greek: melan-xolia: *black bile, a disease* (AHD:817)

→ Latin: melancholia → Persian: mâlîxûlîâ: *melancholy* مالیخولیا (BQT:795,1947) → Arabic: xîyal: *imagination* (AFM:59, FVF:223) → Persian: xîyâl: *imagination* خیال (MON:1466)

مالیدن
هم: emulsion

Indo-European: Mêlg, Marz?: *to wipe off, rub, milk* لمس کردن، پاک کردن، دوشیدن (POK:722, EIV:180, 269) → Avestan: marz, marez, mrz, mard: *to wipe, rub* (POK:722, FFD:77, EIV:180) → Persian: mâlîdan: *to rub* مالیدن (BQT, HRN, SYN, MON, SNS, FFD)

مامان
هم: mammal

Indo-European: Mâ: *breast* پستان (POK:694, PRT:386,863, SYN:103) → Latin: mamma: *breast*; mâter: *mother* (AHD, KLN:948) → French: (blank) → Persian: mâmân: *mother* مامان (ممه) (MON:3679,3716)

مان۱ رجوع شود به: مانستن

مان۲
خانواده
هم: domestic

Indo-European: Dem: *house* خانه (POK:198) → Avestan: demâna, nmâna, mân: *house*; garô-demâna: *prayer house, sky* (POK:199, KNT:302) → Pahlavi: mân: *house* (BQT:894,1949) → Persian: mân: *house* مان۲ (دودمان) (SNS:239)

Indo-European: Dem: *house* (POK:198) → Old Persian: mâna: *house*; mânya: *domestic, house servant* (KNT:202) → Persian: ?

مان۳.

Indo-European: Men 1: *to think* فکر کردن (POK:726) → Avestan: manah: *mind, manners* (POK:726,727, BQT) → Persian: - mân, -man: *suffixes indicating thought, spirit, manner and wisdom.* .مان۳، من۳ (BQT, HRN, ZMA)

مثال: اهریمن، ایرمان، بهمن، پژمان، پشیمان، دشمن، قهرمان، منش، نریمان، هومن

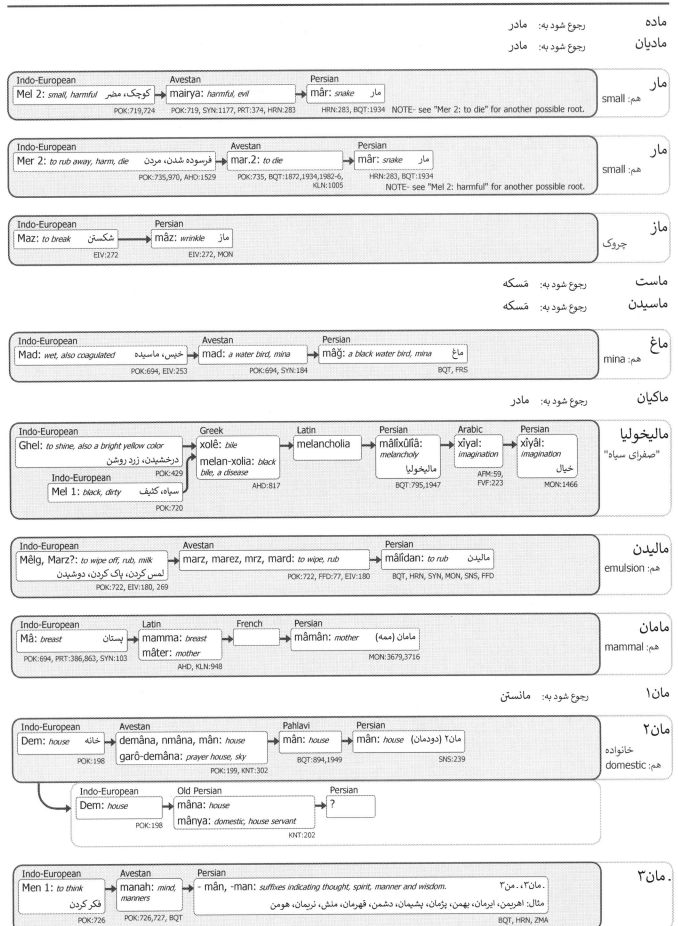

ماندن
هم: remain

Indo-European	Av/Old Pers	Pahlavi	Persian
Men 2: *to remain* ماندن	man 2: *await*	mân-stan: *to stay*	ماندن
POK:729	KLN:934, HRN:215, KNT:202, SNS:74	HRN:215	BQT:1950

مانستن
شباهت داشتن

Indo-European	Indo-European	Avestan	Persian
Me 1: *to measure* اندازه گرفتن	Mân: *to resemble* شبیه بودن	man 1: *to resemble*	mânastan: *to resemble* مانستن (مانند، مان۱) شادمان، درزمان، آسمان، همان
POK:703, 731	EIV:272	POK:726,727, BQT	BQT

مانند
رجوع شود به: مانستن

ماه
هم: moon

Indo-European	Indo-European	Av/Old Pers	Persian
Me 1: *to measure* اندازه گرفتن	Mênôt: *moon used to measure time* ماه که در اندازه گیری زمان بکار میرفت	mâ 1: *to measure* mâh, mâhya: *moon, month*	mâh: *moon, month* ماه
POK:703, 731	POK:703, 731	POK:703,731, SYN:54,877,1010	POK:731, BQT:1956,1958, SNS:37,113

ماهی
هم: ماغ

Indo-European	Avestan	Pahlavi	Persian
Mad: *wet, also coagulated* خیس، ماسیده	masya: *fish*	mâhik, mâhîg: *fish*	mâhî: *fish* ماهی
POK:694, EIV:253	POK:694, SYN:184	ARN:465	BQT, FRS

ماهیچه
رجوع شود به: موش

مایده
هم: میزبان

Indo-European	Avestan	Pahlavi	Arabic	Persian
Mei 1: *soft, mild* نرم، ملایم	mayazda: *a special meal of Zoroastrians, guests*	mayazd, mâz: *feast*	mâ\`da: *meal*	mâedeh: *food* مایده
POK:711	POK:712, MON:4494	BQT:2076, VDQ:370	AFM:148, VDQ:370	MON:3674

مایه
رجوع شود به: مادر

مجوس
هم: magic

Indo-European	Av/Old Pers	Arabic	Persian
Magh: *might, power* توان، قدرت	magus, maeg, megan,moghu: *Zoroastrian priest* maguš: *magician*	majûs: *Zoroastrian*	majûs: *Zoroastrian* مجوس
POK:695	POK:695, AHD, KLN:923	VDQ:374	MON:3884

مخزن
رجوع شود به: خزانه

مَر
هم: شمردن
هم: memory

Indo-European	Avestan	Persian
Mer 1, Smer, Hmar: *to remember* بیاد آوردن	mar.1, smer: *to remember*	mar: *account, count, number* مَر اگر چند با ما بسی لشگر است ازین ز اولی رنج ما بی مراست (اسدی طوسی)
POK:969, EIV:137	MON, KLN:961, FFD:64	HUB, HRN, BQT, EIV

مرجان
رجوع شود به: مروارید

مرد
هم: مردن

Indo-European	Indo-European	Avestan	Persian
Mer 2: *to rub away, harm, die* فرسوده شدن، مردن	Mor-to: *mortal man* انسان فانی	mareta, maša: *mortal man* mardta: *everyone*	mard: *mortal man* مرد (مردم)
POK:735,970, AHD:1529	POK:735,970, AHD:1529	POK:735, BQT:1872,1934,1982-6, KLN:1005	BQT, HRN, ZMA

مرداد
رجوع شود به: امرداد

مردم
رجوع شود به: مرد

مردن
هم: مرد

Indo-European	Avestan	Persian
Mer 2: *to rub away, harm, die* فرسوده شدن، مردن	mar.2: *to die* mahrka, marathyu: *death*	mordan: *to die* مردن (مرگ)
POK:735,970, AHD:1529	POK:735, BQT:1872,1934,1982-6, KLN:1005	BQT, HRN, ZMA

Indo-European	Avestan	Persian
Mer 2: *to rub away, harm, die*	morandat, marenčaiti : *destroys* maraxš: *spoil* mared: *destroy*	?
POK:735,970, AHD:1529	POK:737, KNT:203	

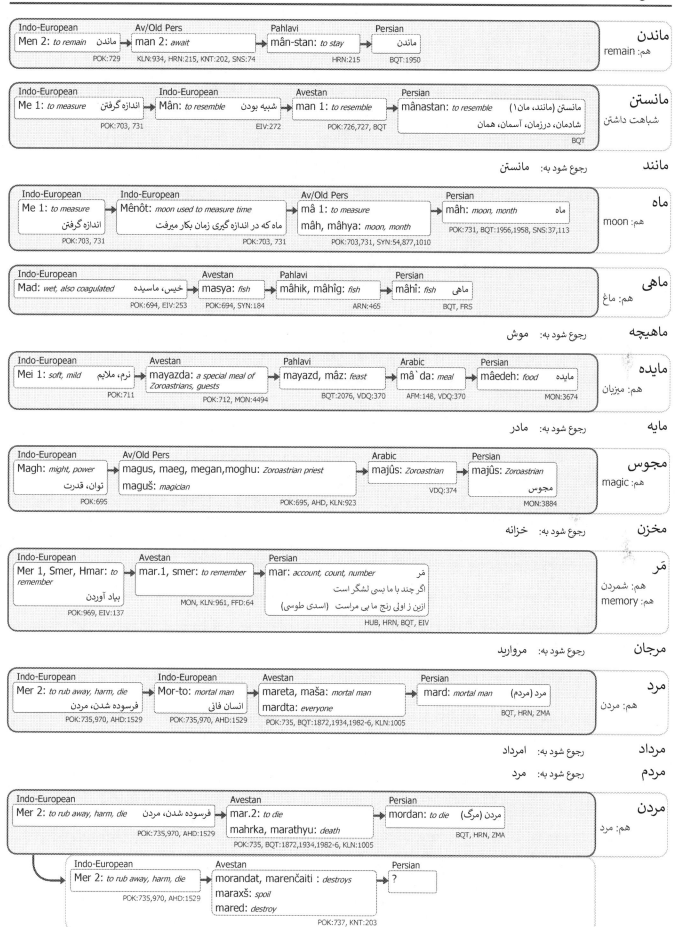

مرز۱
هم: mark

Indo-European: Merg: *mark, border* علامت، مرز → Avestan: mereza: *boundary* → Persian: marz: *border* مرز۱

POK:738 — POK:738, KLN:940 — BQT:1986

مُرز۲
نشستگاه

Indo-European: Mêlg, Marz?: *to wipe off, rub, milk* لمس کردن، پاک کردن، دوشیدن → Avestan: marz, marez, mrz, mard: *to wipe, rub* → Persian: morz: *intercourse, bottom* مُرز۲
چند کوبد زخمهای گرزشان
برسر هر ژاژخا و مُرزشان (مولوی)

POK:722, EIV:180, 269 — POK:722, FFD:77, EIV:180 — BQT, HRN, SYN, MON, SNS, FFD

مُرغ۱

Avestan: Mereğa: *a large bird* نوعی پرنده بزرگ → Pahlavi: murğ, merv: *bird* → Persian: morğ: *bird* مُرغ۱

BQT:190, KLN:959 — BQT — BQT, SYN:183

مَرغ۲

Avestan: Mareğâ: *grass* علف → Persian: marğ: *grass, a kind of fast growing weed* مَرغ۲

BQT:1990 — BQT:1990, MON:4019

مرغزار رجوع شود به: مَرغ۲ + زار۳

مرگ رجوع شود به: مردن

مَرمَر
هم: marble

Indo-European: Mer 2: *to rub away, harm, die* فرسوده شدن، مردن → Greek: maraino: *rub off*; marmaros: *polished stone, rock* → Persian: marmar: *marble stone* مَرمَر

POK:735,970, AHD:1529 — POK:736 — MON:4045, BQT:1996

مروارید
هم: مرجان

Pahlavi: Murvârît: *small pearl* مروارید کوچک → Persian: morvârîd: *pearl* مروارید

PLA:247, FVQ:261 — BQT:1997, FVQ:261

NOTE- AHD, KGW:111 and FVQ:261 claim that Greek borrowed "margharitês: pearl" from Pahlavi but BQT:1997 says Pahlavi borrowed it from Greek.

مُزد
هم: meed

Indo-European: Miždho: *reward* پاداش → Avestan: mîžda: *reward* → Persian: moždeh: *reward, worthy news* مژده; mozd: *wage, pay, salary* مُزد

POK:746 — POK:746, KLN:957 — BQT:2000, HRN:219

مزدا
"آموخته، عاقل"
هم: mind

Indo-European: Men 1: *to think* فکر کردن → Indo-European: Men-dh: *to learn* → Avestan: madz-dha: *done learning, wise* → Persian: Mazdâ: *"wise"* مزدا

Indo-European: Dhê 2: *to do, set* انجام دادن، چیدن → Avestan: madz-dha

POK:726 — POK:730 — AHD, KLN:1095 — BQT — AHD:1512, POK:235

مزدور
هم: meed

Indo-European: Miždho: *reward* پاداش → Avestan: mîžda: *reward*; mîžda-vare: *wage earner* → Persian: mozdûr: *worker, mercenary* مزدور

Indo-European: Bher 1: *to carry* حمل کردن → Av/Old Pers: bar: *to carry* → Avestan: mîžda-vare

POK:746 — POK:746, KLN:957 — BQT:2000, HRN:219 — POK:128,163, PRT:234, SYN:107 — POK:128

مزدیسنا
"یزدان پرست"
هم: mind

Indo-European: Men 1: *to think* فکر کردن → Indo-European: Men-dh: *to learn* → Avestan: madz-dha: *done learning, wise*; mazda-yasna: *God worshipper* → Persian: mazdîsnâ: *God worshipper* مزدیسنا

Indo-European: Dhê 2: *to do, set* انجام دادن، چیدن → Avestan: madz-dha

Indo-European: Yag: *to worship* ستایش کردن → Avestan: yaz: *to worship*; yazatanam: *God* → Avestan: mazda-yasna

POK:726 — POK:730 — AHD:1512, POK:235 — AHD, KLN:1095 — BQT — POK:501 — POK:501, HRN:95,252, KLN:1759

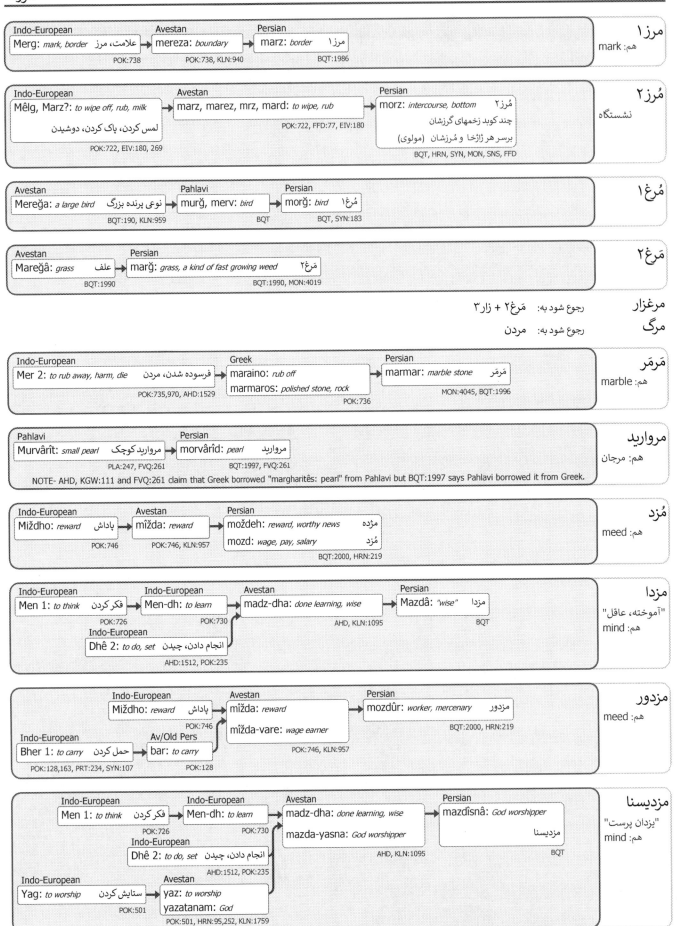

مزغ
مغز
هم: marrow

Indo-European	Avestan	Pahlavi	Persian
Mozgo: *marrow* مغز	mazga: *marrow*	mazg: *brain*	mağz: *brain* مغز mazğ: *brain* مزغ
POK:750, KLN:941	POK, KLN, SYN:367	BQT:2021	BQT:2021, SYN:215,

مزکت
هم: مسجد
هم: mosque

Aramaic	Persian
Masgdâ: *place of worship* پرستشگاه	mazget: *mosque* مزگت، مزکت سخن دوزخی را بهشتی کند سخن مزگتی را کنشتی کند (اسدی طوسی)
KLN:1007, VDQ:379	BQT:2001, FVF:638, MON:4063

مِزنا
ترازو
هم: mega

Indo-European	Av/Old Pers	Pahlavi	Persian
Meg: *great* بزرگ NOTE- This root may be related to "Mâk: long, slender"	mazah, mazan: *size, greatness*	meh: *great*	meznâ: *balance, scale* مِزنا
POK:708, KLN:958	POK:708, KLN:958, SYN:878		HRN, BQT

مزه — رجوع شود به: مزیدن

مزیدن

Indo-European	Avestan	Pahlavi	Persian
Maič, Mač: *to suck* مکیدن	maêkant: *oozing*	mêz, myc: *to suck, taste*	mazîdan: *to taste* مزیدن (مزه)
EIV:357-360	EIV:357-360	EIV:357-360	EIV:357-360

مژده — رجوع شود به: مُزد

مژگان — رجوع شود به: مژه

مژه

Indo-European	Pahlavi	Persian
Meigh 2: *to blink, cover, darken* چشمک زدن ، پوشاندن ، تاریک شدن	mij(gan): *eyelid, eyelash*	možeh: *eyelash* مژه (مژگان)
POK:712-714, AHD, EIV:259	EIV:259	POK:712, HRN:219, BQT:2006

مست۱

Indo-European	Avestan	Persian
Mad: *wet, also coagulated* خیس، ماسیده	mada: *with much liquid, drunk*	mast: *drunk* مست۱
POK:694, EIV:253	POK:694, SYN:184	BQT, FRS

مُست۲ — رجوع شود به: مویه

مُستمند — رجوع شود به: مویه

مسجد
مق: مزگت
هم: mosque

Aramaic	Arabic	Persian
Masgdâ: *place of worship* پرستشگاه	masjid: *mosque* NOTE- FVF: 638 claims that Arabic "masjed" is from Persian "mazget"	masjed: *mosque* مسجد
KLN:1007, VDQ:379	KLN:1007	FVA:185

مَسکه
چربی گرفته شده از شیر و ماست

Indo-European	Sanskrit / Armenian	Persian
Mad: *wet, also coagulated* خیس، ماسیده	mâstu, maccum: *yogurt, sour cream*	maskeh: *butter, milk fat* مَسکه (ماست، ماسیدن)
POK:694, EIV:253	POK:694	HRN:215, POK:694, BQT:1941, EIV:254

مشت۱

Indo-European	Avestan	Persian
Meuk 1: *scratch, rub* خراش ، مالش	mušti: *fist*	mošt: *fist* مشت۱
POK:745	POK:745	BQT:2010, HRN:220

مُشت۲ — رجوع شود به: مُشتن

مُشتن

Indo-European	Avestan	Persian
Mêlg, Marz?: *to wipe off, rub, milk* لمس کردن، پاک کردن، دوشیدن	marz, marez, mrz, mard: *to wipe, rub*	moštan: *to rub, massage* مُشتن (مُشت۲)
POK:722, EIV:180, 269	POK:722, FFD:77, EIV:180	BQT, HRN, SYN, MON, SNS, FFD

مُشک۱

هم: موش
هم: muscle

- **Indo-European**: Mu: *a mouse, muscle* — موش، ماهیچه (POK:752)
- → **Sanskrit**: mus: *mouse*; muska: *testicle, scrotum*
- → **Persian**: mošk: *musk* — مُشک۱; mešk: *musk* — مِشک۲ (بیدمشک); meškî: *musk color, black* — مِشکی (POK, BQT, MON)
- → **Greek**:
- → **Latin**: muskus
- → **French**:
- → **English**: musk (AHD:865)

NOTE- Greek may have borrowed it from Pahlavi rather than Persian

مِشک۲ رجوع شود به: مُشک۱

مَشک۳

- **Indo-European**: Moisos, Maiša: *sheepskin* — گوسفند، پوست گوسفند (POK:747, ARN:473, EIV:261)
- → **Sanskrit**: mêšâ, mašakah: *animal skin used for carrying water* (KLN:1018)
- → **Pahlavi**: mašk: *leather* (BQT:2014)
- → **Persian**: mašk: *animal skin for carrying water* — مَشک۳ (مَشکو۱); maškû: *(royal) tent* — مَشکو۲
  فغستان چو آمد به مَشکوی شاه
  یکی تاج بر سر زمشک سیاه (فردوسی)
  (MON, BQT)

مَشکو۱ رجوع شود به: مَشک۳

مَشکو۲ رجوع شود به: مَشک۳

مِشکی رجوع شود به: مُشک۱

مشیا

آدم
هم: mortal

- **Indo-European**: Mer 2: *to rub away, harm, die* — فرسوده شدن، مردن (POK:735,970, AHD:1529)
- → **Avestan**: mareta, maša: *mortal man* (POK:735, BQT:1872,1934,1982-6,)
- → **Pahlavi**: murdyânag, mašyânag: *mortal man*; maša: *Adam*; mašyôi: *Eve* (SOD:219, BQT:2017)
- → **Persian**: mašyâ: *Adam* — مشیا; mašyâneh: *Eve* — مشیانه (SOD:218, BQT:2017)

مشیانه رجوع شود به: مشیا

مصطکی

هم: mustache

- **Indo-European**: Menth 1: *mouth, to chew* — دهان، جویدن (POK:732)
- → **Greek**: mustax: *upper lip*; mastixê: *chewing gum* (POK:732, AHD:1529)
- → **Arabic**: mastakî (TAD:69)
- → **Persian**: mastakî: *a resinous plant and its chewable resin* — مصطکی (MON:4173)

مطموره

نهانخانه

- **Aramaic**: Temar: *he concealed* — پنهان کرد (KLN:948)
- → **Arabic**: timara: *he concealed*; matmûrah: *a hiding place, storage* (KLN:948)
- → **Persian**: matmûreh: *an underground storage place* — مطموره (FVA:251, MON)

مُغ

هم: might

- **Indo-European**: Magh: *might, power* — توان، قدرت (POK:695)
- → **Av/Old Pers**: magus, maeg, megan,moghu: *Zoroastrian priest* (POK:695, AHD, KLN:923)
- → **Pahlavi**: magu: *Zoroastrian priest* (MON:4248,4421)
- → **Persian**: moğ: *Zoroastrian priest* — مُغ (مَغ۱) (MON)

مَغ۱ رجوع شود به: مُغ

مَغ۲

- **Avestan**: Mağa: *hole, recess* — سوراخ، فرورفتگی (HRN:221, MPP:85)
- → **Persian**: mağ: *hole, a place dug in ground* — مَغ۲، مَغاک، مُغاک
  ابله و فرزانه را فرجام خاک
  جایگاه هر دو اندر یک مغاک (رودکی)
  (BQT:2021, MPP:85, FRS:145)

مغازه

هم: magazine

- **Parthian**: Gzn: *treasure* — گنج (SOD:182)
- → **Pahlavi**: ganj: *treasure* (BQT:1841, FVQ:122)
- → **Arabic**: kanz: *treasure* (FVQ:251)
- → **Arabic**: maxzan: *storage* (PLA:108, FVQ:122)
- → **Italian**: mazazzino: *storage*
- → **Turkish**: maghazeh: *store* — NOTE- through French (ETM:70)
- → **Persian**: mağâzeh: *store* — مغازه (ETM:70)

NOTE- FVQ claims The Pahlavi word is possibly borrowed from a Median root

مغاک رجوع شود به: مَغ۲

مغز رجوع شود به: مزغ

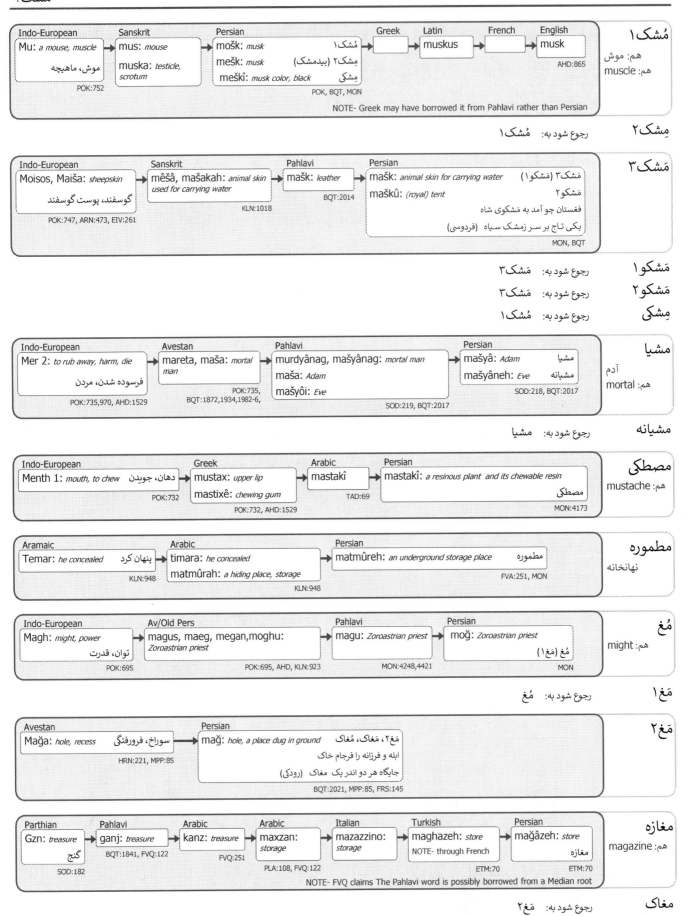

مفت
هم: moist

Indo-European: Meug: *wet, slippery, also to give up, describe* مرطوب ، لغزنده ، رها کردن، توضیح دادن (POK:744) → Sanskrit: mûkti: *thrown away (worthless)* (POK:744) → Persian: moft: *free* مفت (BQT:2024, HRN:221)

Indo-European: Meug: *wet, slippery, also to give up, describe* (POK:744) → Old Persian: a-mutha, a-muntha: *fled* (POK:744) → Persian: ?

مُفلس
رجوع شود به: قَلس

مکیدن

Indo-European: Maič, Mač: *to suck* مکیدن (EIV:357-360) → Avestan: maêkant: *oozing* (EIV:357-360) → Pahlavi: mêz, myc: *to suck, taste* (EIV:357-360) → Persian: makîdan: *to suck* مکیدن (EIV:357-360)

مگر
رجوع شود به: اگر

مگس

Indo-European: Mako: *house fly* مگس (POK:699) → Avestan: maxši: *house fly* (POK:699, SYN:193) → Pahlavi: maxš: *house fly*; makas, magas: *fly* (HRN:221, SNS:238, ISS:278) → Persian: magas: *house fly* مگس (BQT:2029, HRN:221)

NOTE- see "Mû: a kind of fly" for an alternative root.

مگس

Indo-European: Mû, Mus: *fly* مگس (POK:752, ARN:476) → Avestan: maxši: *house fly* (SYN:193, ARN:476) → Pahlavi: maxš: *house fly*; makas, magas: *fly* (HRN:221, SNS:238, ISS:278) → Persian: magas: *house fly* مگس (BQT:2029, HRN:221)

NOTE- see "Mako: fly" for an alternative root.

مُل

Indo-European: Mehdhu: *honey, intoxicating drink (POK:707)* عسل، نوشابه مستی آور (POK:707, 723-724) → Avestan: madhu: *honey*; madha: *wine* (POK:707, ARN:479) → Persian: mol: *wine* مُل (BQT:2071, HRN:225, SYN:389)

NOTE- For another possible root see" Mer 2: rub away".

مُل

Indo-European: Mer 2: *to rub away, harm, die* فرسوده شدن، مردن (POK:735,970, AHD:1529) → Old Persian: mard: *crush*; mard-una: *crusher of grapes, wine maker* (KNT:203) → Persian: mol: *wine* مُل (KNT:203)

NOTE- For another possible root see "Mehdhu: honey, intoxicating drink".

ملخ

Av/Old Pers: Madhaxa, Mazaxa: *grasshopper* ملخ
NOTE-BQT introduction (page 18) indicates that these words are from a Sogdian root and cognate with Armenian "marax". (HRN:227, HUB:100) → Pahlavi: madhax, mazax, matax: *grasshopper*; maig: *a kind of grasshopper, also shrimp* (HRN:222,227, BQT:2031) → Persian: malax: *grasshopper* ملخ; mayg: *shrimp* میگ (میگو) (HRN:222,227, BQT:2031, MON:4503)

ملغم
هم: melt

Indo-European: Mel 3: *soft, soft material* نرم، اجناس نرم (POK:716) → Greek: malagma: *soft material* (POK:719) → Arabic: al-malagma: *the "soft" material* (KLN:58) → Persian: malğam: *paste* ملغم (MON:4345)

ممه
رجوع شود به: مامان

من۱
هم: me, my

Indo-European: Me 2, Meh: *me, I* من (POK:702) → Av/Old Pers: manâ: *me, mine* (KLN:763, POK:291, ARN:478) → Persian: man: *me, I* من۱ (BQT:2036, SNS:221, ARN:478)

من۲
سه کیلوگرم

Sumerian: Mana: *an ancient unit of weight* واحد قدیمی وزن (AKD:20,21, KLN:982) → Akkadian: mânu: *unit of weight* (AKD:20,21) → Sanskrit: manâ (KLN:949) → Persian: man 2: *a unit of weight equal to 3 kilograms* من۲ (BQT:2035)

. من۳
رجوع شود به: . مان۳

مَنج
زنبور عسل
هم: mildew

- Indo-European — Mehdhu: *honey, intoxicating drink (POK:707)* عسل، نوشابه مستی آور — POK:707, 723-724
- → Indo-European — Mehlit: *honey (POK:723)* عسل — POK:707, 723-724
- → Avestan — madhu: *honey* — POK:707, ARN:479
- → Persian — manj: *honeybee, honey* مَنج — ARN:479

منجنیق
هم: mechanics

- Indo-European — Magh: *might, power* توان، قدرت — POK:695
- → Greek — maxanikon: *a war machine* — KLN:919, AHD:780
- → Persian — manjanîk: *catapult* منجنیک، منجنیق — BQT:2039, FSF:311, AFM:164, MON:4384

منجنیک رجوع شود به: منجنیق

. مند

- Indo-European — Menth 2: *to turn, stir* هم زدن، چرخاندن — POK:732
- → Avestan — mant, vant: *to stir, be in control, own* — POK:732, BQT:2040, FSF:311
- → Pahlavi — mand, omand: *owner, with, like* — BQT:2040
- → Persian — -mand: *(suffix) owner of, with* مند (هنرمند) — BQT:2040, FSF:311

مندیل
دستار
هم: manteau

- Latin — Mantil: *cloak* خرقه — SYN:417, KLN:932
- → Arabic — mandil: *turban, napkin* — KLN:932
- → Persian — mandîl: *napkin, turban* مندیل — MON:4389

منش
هم: mind

- Indo-European — Men 1: *to think* فکر کردن — POK:726
- → Avestan — manah: *mind, manners* — POK:726,727, BQT
- → Pahlavi — mênîšm: *manners* — SNS:240,254
- → Persian — maneš: *mind and manners* منش — BQT

منوچهر
"با چهره مردانه"

- Indo-European — Skai: *shining, bright* درخشان، روشن — POK:917
- Indo-European — Men 1: *to think* فکر کردن — POK:726
- → Indo-European — Manu: *thinker, man* — KLN:930, POK:700
- → Avestan — čitra: *clarity, face, also race and origin*; manuš-čitra: *with a manly face* — POK:700,916, BQT:2047,674, KNT:184
- → Persian — Manûčehr: *"with manly face"* منوچهر — BQT, MON

موبد رجوع شود به: مُغ + بُد

مور

- Indo-European — Morwi: *ant* مورچه — POK:749
- → Avestan — maoirî: *ant* — POK:749
- → Pahlavi — môr, môrčag: *ant* — BQT:2049, SNS:248
- → Persian — mûr: *ant* مور (مورچه) — BQT:2049

مورچه رجوع شود به: مور

موزه
چکمه

- Indo-European — Meuk 2: *stocking, boot* جوراب ساق بلند ، چکمه — IEC:1643, EIV:138
- → Avestan — maoč, muxtâ: *shoe, boot*; paitiš-mauc: *to shoe, to wear*; fra-muxti: *to take out (shoes)* — HRN:223, EIV:138, SNS:247
- → Pahlavi — môzag, mûčak: *shoe, boot*; paymōz-: *to wear* — BQT:2051, EIV:138
- → Persian — mûzeh: *boot, shoe* موزه۲; paymôzidn: *to dress, to wear* پیموزیدن، پیموختن ؟
  همیشه به یک ساق موزه درون
  یکی خنجری داشتی آبگون (فردوسی)
  — MON, EIV:138

موش
هم: muscle

- Indo-European — Mu: *a mouse, muscle* موش، ماهیچه — POK:752
- → Persian — muš: *mouse* موش; mâhîčeh: *muscle* ماهیچه — POK:752, BQT:2053 ARN:465

موق
چکمه

- Indo-European — Meuk 2: *stocking, boot* جوراب ساق بلند ، چکمه — IEC:1643, EIV:138
- → Avestan — maoč, muxtâ: *shoe, boot* — HRN:223, EIV:138, SNS:247
- → Pahlavi — môzag, mûčak: *shoe, boot* — BQT:2051, EIV:138
- → Arabic — (empty) — EIV:138
- → Persian — môq: *large boot* موق — EIV:138

این لغت یا متروک شده و یا استفاده از آن بسیار محدود میباشد.

موک
نیش

- Indo-European — Mûk: *pile, peak, spike* تپه، قله، نوک — POK:752, IEC:814
- → Persian — mûk: *sting* موک — IEC:814, MON:4445

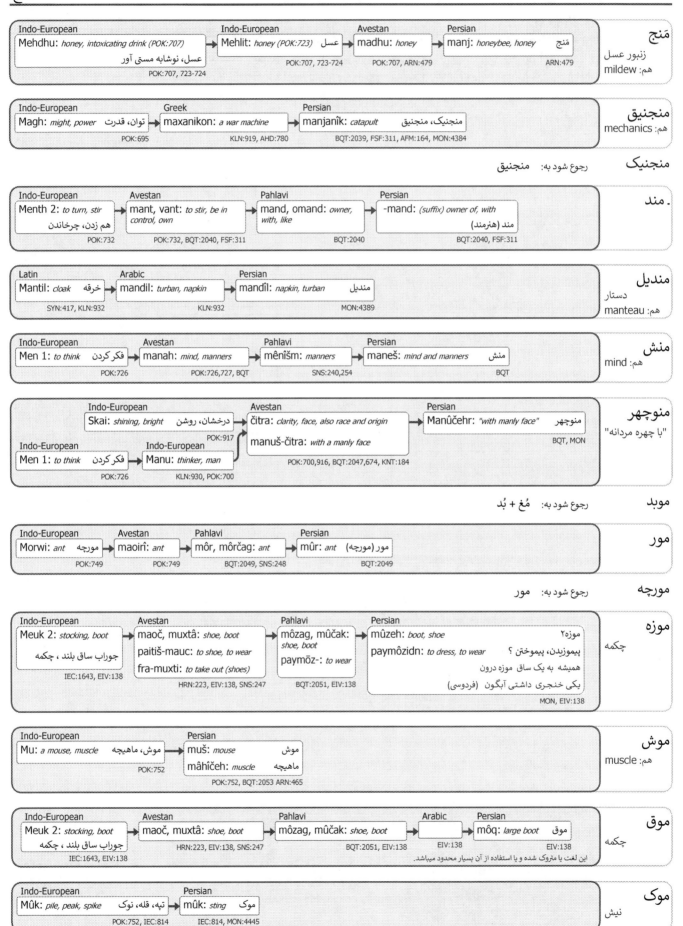

مویه

Indo-European: Moudh, Maud: *to mourn* عزا داری کردن (IEC:802, EIV:270)
→ Avestan: môy: *groaning*; a-mayavâ: *grief* (HRN:224)
→ Pahlavi: môy, môyak: *groaning*; must: *groaning, complaint*. NOTE- HRN links these to Avestan "amâ-yavâ: grief". (HRN:224, FFD:77, MON)
→ Persian: mûy-îdan: *to cry* مویيدن (مویه); most: *groaning, complaint, sorrow* مُست۲ (مُستمند)
من این مُست گران را با که گویم
من این بیداد را داد از که خواهم (ویس و رامین)
(HRN, FFD, MON, IEC)

موییدن

رجوع شود به: مویه

مِه۱

Indo-European: Meigh 2: *to blink, cover, darken* چشمک زدن ، پوشاندن ، تاریک شدن (POK:712-714, AHD, EIV:259)
→ Avestan: maeğa: *cloud* (POK:712, BQT:2079)
→ Pahlavi: mîğ: *cloud* (ISS:285)
→ Persian: mîğ: *cloud* میغ; meh 1: *fog* مِه۱ (HRN:226, ISS:285)

مِه۲

هم: mega

Indo-European: Meg: *great* بزرگ. NOTE- This root may be related to "Mâk: long, slender" (POK:708, KLN:958)
→ Av/Old Pers: maz, mazant: *great* (POK:708, KLN:958, SYN:878)
→ Pahlavi: meh: *great*
→ Persian: meh: *great* مِه۲ (HRN, BQT)

مهتاب

هم: moon

Indo-European: Tep: *to be warm* گرم بودن (POK:1069)
→ Avestan: tap 2, tab: *warm, glowing* (POK:1069, KLN:1589)
→ Avestan: mâh-tab: *moonshine* (BQT:49,453,1252, 1958)

Indo-European: Me 1: *to measure* اندازه گرفتن (POK:703, 731)
→ Indo-European: Mênôt: *moon used to measure time* ماه که در اندازه گیری زمان بکار میرفت (POK:703, 731)
→ Av/Old Pers: mâ 1: *to measure*; mâh, mâhya: *moon, month* (POK:703,731, SYN:54,877,1010)
→ Avestan: mâh-tab: *moonshine*

→ Persian: mahtâb: *moonshine* مهتاب (BQT, HRN)

مِهر

Indo-European: Mei 4: *to bind, tie* بستن، ایجاد همبستگی (POK:710)
→ Av/Old Pers: mithra: *bond, friendship, kindness, angel of light guarding the truth.* (POK:710, KNT:203)
→ Persian: mehr: *angel of light, sun, a month in the Persian calendar* مِهر; مهرگان، میترا (BQT:2060, MON5: 2056, KNT:203)

مُهر

Indo-Scythian: Mûrâ: *seal, coin, jewel* مُهر، سکه، جواهر (ISS:283)
→ Pahlavi: mutrâk, mudrâk: *ring*; mudar, muhr: *seal* (KLN:993, ISS:284)
→ Persian: mohr: *seal* مُهر (HRN:224, BQT:2062,2068, ISS:284)

مِهَست

هم: mega

Indo-European: Meg: *great* بزرگ. NOTE- This root may be related to "Mâk: long, slender" (POK:708, KLN:958)
→ Av/Old Pers: maz, mazant: *great*; maz-išta: *greatest* (POK:708, KLN:958, SYN:878)

Indo-European: Isto: *most or last* پسوند صفت عالی (KLN:35)
→ Av/Old Pers: išta: *a superlative suffix* (KNT:191,202)
→ Av/Old Pers: maz-išta: *greatest*

→ Persian: mehast: *greatest* مهست (HRN, BQT)

مهشید

رجوع شود به: ماه + شید

مِی

Indo-European: Mehdhu: *honey, intoxicating drink (POK:707)* عسل، نوشابه مستی آور (POK:707, 723-724)
→ Avestan: madhu: *honey*; madha: *wine* (POK:707, ARN:479)
→ Persian: may: *wine* مِی (BQT:2071, HRN:225, SYN:389)

میان

هم: middle

Indo-European: Medhyo: *middle* میان (POK:706-707)
→ Avestan: maidyâna: *middle* (KLN:954, HRN:225, ARN:486)
→ Pahlavi: miyân, mayân: *middle* (ARN:486)
→ Persian: miyân: *middle* میان (ARN:486)

میترا

رجوع شود به: مِهر

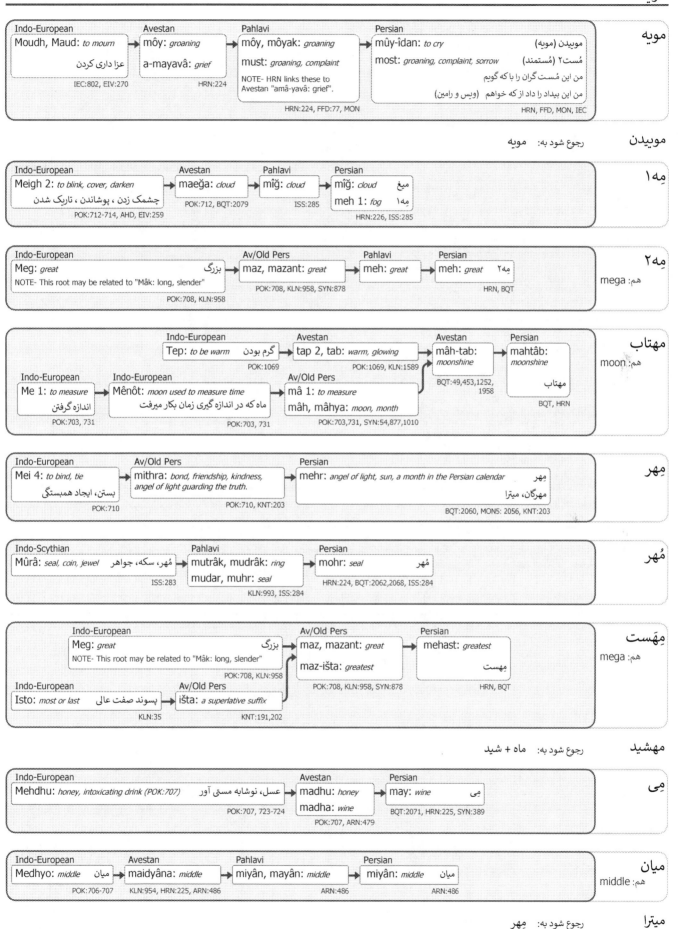

میخ
ammunition :هم

- **Indo-European**: Mei 2: *to fix, build, fence* تعمیر کردن، ساختن، نرده کشیدن — POK:709
- **Old Persian**: maixa: *nail*; mayûxa: *door knob* — BQT:2073, KNT:202
- **Persian**: mîx: *nail* میخ; mîxak: *carnation* میخک — POK:709

میختن
ادرار کردن
mist :هم

- **Indo-European**: Meigh 1: *to sprinkle, urinate* پاشیدن، ادرار کردن — POK:712-714, AHD
- **Avestan**: maêz: *urine* — POK:713, BQT:62, SYN:273
- **Persian**: mîz: *urine* میز; mîxtan: *to urinate* میختن — BQT:1835,2073, MON:4493

میخک
رجوع شود به: میخ

میرزا

- **Indo-European**: Gene: *to give birth to* زاییدن — POK:373
- **Avestan**: zâta: *born* — POK:373, SOD:462
- **Arabic**: A'.m.r: *to command* امر کردن — KLN:26, FVA:33
- **Persian**: amîr: *ruler, noble person* امیر — FVA:33, MON
- **Persian**: mîrzâ: *Nobel born* میرزا — POK:373, BQT, HRN:181,231

میز
رجوع شود به: میختن

میزبان
رجوع شود به: مَیَزد + پاییدن

مَیَزد
میهمان

- **Indo-European**: Mei 1: *soft, mild* نرم، ملایم — POK:711
- **Avestan**: mayazda: *a special meal of Zoroastrians, guests* — POK:712, MON:4494
- **Pahlavi**: mayazd, mâz: *feast* — BQT:2076, VDQ:370
- **Persian**: mayazd: *feast, guests* مَیَزد; mîzbân: *host* میزبان
  ای به مَیَزد اندرون هزار فریدون
  ای به نبرد اندرون هزار تهمتن (فرخی)
  — BQT, MON

میش

- **Indo-European**: Moisos, Maiša: *sheepskin* گوسفند، پوست گوسفند — POK:747, ARN:473, EIV:261
- **Avestan**: mâêša: *ram*; mâêšî: *sheep* — POK:747, SYN:158, BQT:2078
- **Pahlavi**: mêš: *ewe* — BQT:2078
- **Persian**: mîš: *ram* میش — BQT:2078, HRN:226, EIV:261

میغ
رجوع شود به: مِه۱

میگ
رجوع شود به: ملخ

میگو
رجوع شود به: ملخ

مینو

- **Indo-European**: Men 1: *to think* فکر کردن — POK:726
- **Avestan**: mainyu: *spirit, heaven* — POK:726, AHD:26, KLN
- **Persian**: mînû: *world* مینو — BQT:2083, HRN:227

میهمان
رجوع شود به: میهن۱

میهن۱
وطن

- **Indo-European**: Meit 1, Mait 1: *to stay, dwell* ماندن، اقامت کردن — POK:715, EIV:259
- **Avestan**: maêt: *to stay*; maêthman: *guest, one who stays*; maêthanam: *staying place, homeland* — POK:715, EIV:259
- **Pahlavi**: mêhan: *a place to stay, homeland* — BQT:2084
- **Persian**: mêhan: *homeland* میهن; mehmân: *guest* میهمان — BQT:2069,2084, EIV:259

میهن۲
کره یا شیر گوسفند

- **Indo-European**: Meit 2, Mait 2: *to throw, discard* دور ریختن، پرت کردن — POK:968, EIV:260
- **Avestan**: mit, mith: *to discard* — EIV:260
- **Persian**: mîhan: *butter, sheep's milk* میهن۲
  NOTE- EIV:261 states that this word may be influenced with the root Maiša: sheep.
  — EIV:260, BQT

نا ـ
no :هم

- **Indo-European**: Ne 1, An 3: *no, not* نَه — POK:756, KNT:167
- **Av/Old Pers**: na 1, ni 2, naiy: *no, not* — POK:756
- **Persian**: na: *no* نَه (نا ـ) — BQT:2210

ناب

- Indo-European: Ab 1: *water* آب (POK:1) → Avestan: âp: *water* (KLN:2) → Pahlavi: na-âp: *with no added water, pure* (FVQ:46, ISS:3) → Persian: nâb: *pure* ناب (ISS:3)
- Indo-European: Ne 1, An 3: *no, not* نَه (POK:756, KNT:167) → Av/Old Pers: na 1, ni 2, naiy: *no, not* (POK:756) → Pahlavi

نابیوسان

رجوع شود به: بیوسیدن

ناخدا

رجوع شود به: ناو + خدا

ناخن

هم: nail

- Indo-European: Nogh: *nail* ناخن (POK:780) → Sanskrit: nakhâ, naxâ: *nail* (POK:780, SNS:258) → Pahlavi: nâxun: *nail* (SNS:258, HRN:228) → Persian: nâxon: *nail* ناخن (POK:780, BQT:2089, SYN:245, KLN:1028)

نارد

- Indo-European: Nedo: *reed, pipe, flute* تره، لوله، فلوت (POK:759, BQT:2221) → Sanskrit: nadah: *reed* (POK:759, HRN:237) → Persian: nard 2: *spikenard* نرد۲، نارد (SKT:344, HRN:237, BQT:2093) → Arabic: → Greek: nardos (AHD) → Latin: → English: nard, spikenard (KLN:1028, PLA:257)

نارگیل

- Sanskrit: Nârikelah: *coconut* نارگیل (KLN:1028) → Pahlavi: anârgîl (PLA:256) → Persian: nârgîl: *coconut* نارگیل; nârgîleh: *a water pipe made with coconut shell* نارگیله (AHD:873, BQT:2095)

نارنج

هم: orange

- Sanskrit: Naranga: *orange tree* درخت پرتقال (HJB:642) → Persian: nâreng: *a citrus fruit* نارنگ (نارنگی) (HJB:642, BQT) → Arabic: → Persian: nârenj: *a citrus fruit* نارنج (MON)

نارنگ

رجوع شود به: نارنج

نارَون

رجوع شود به: بُن۱

ناز

- Indo-European: Nôǧ: *whim, triviality, fancy* هوس، ناچیز (IEC:848, 1236) → Old Iranian: nâz: *happiness, pride* (FFD:77) → Pahlavi: nâz: *to be happy, mince*; nâčuk: *delicate* (FFD:77) → Persian: nâz: *affected manners, pride* ناز; nâzok: *thin, delicate* نازک (FFD:77, HRN:228)

نازک

رجوع شود به: ناز

ناشتا

هم: eat

- Indo-European: Ed: *to eat* خوردن (POK:287) → Avestan: adâiti: *to eat*; asa 1: *food* (POK:287, BQT:44,1624) → Persian: nâštâ: *not eaten* ناشتا (BQT:2099)
- Indo-European: Ne 1, An 3: *no, not* نَه (POK:756, KNT:167) → Av/Old Pers: na 1, ni 2, naiy: *no, not* (POK:756) → Persian

ناف

هم: nave

- Indo-European: Nobh: *nave, hub* ناف، مرکز (POK:314) → Avestan: nâf, nâfah, nafa, nâfô: *nave* (POK:314) → Persian: nâf: *nave* ناف; nâfeh: *musk bag* نافه (KLN:1032, HRN:228, BQT:2100)

نافه

رجوع شود به: ناف

نالیدن

- Indo-European: Neu: *to cry* گریه کردن، نالیدن (POK:767) → Av/Old Pers: nard: *to cry* (FFD:77) → Persian: nâlîdan: *to moan* نالیدن
  NOTE- HUB: 103 derives "nâlîdan" from Sanskrit "nard: to cry". (FFD:77)

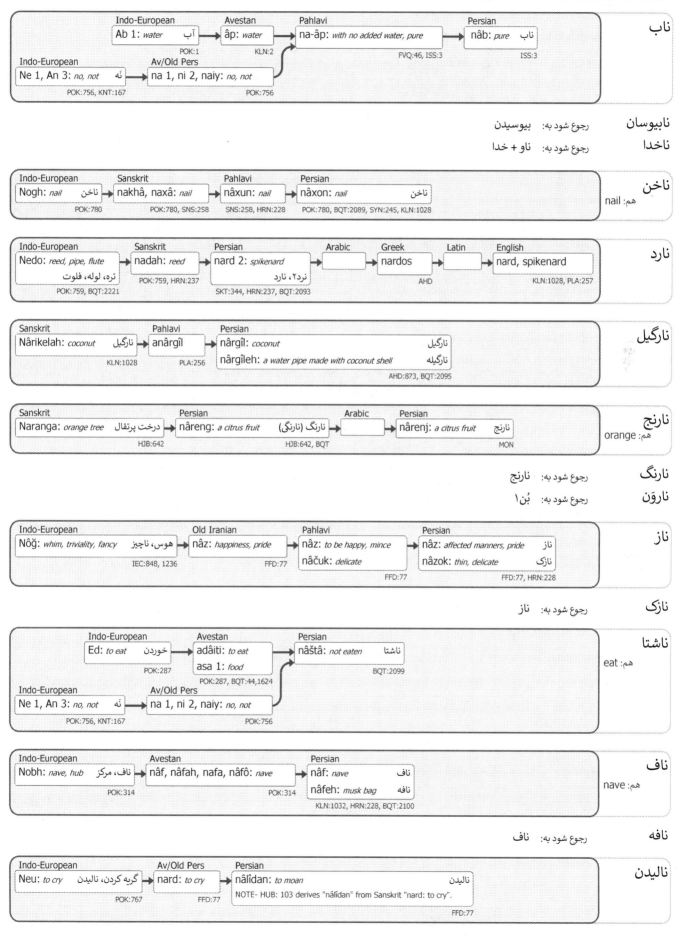

نام
هم: name

- Indo-European: Nomn: *name* نام (POK:321)
- → Av/Old Pers: nâma, nâman: *name* (POK:321, KNT:193)
- → Persian: nâm: *name* نام (BQT, HRN:229)

ناموس

- Indo-European: Nem 1: *to assign, take* اختصاص دادن ، گرفتن (POK:763)
- → Greek: nomos: *law* (AHD)
- → Arabic: namûs: *law, rules* (BQT:2106, MON:4629)
- → Persian: nâmûs: *rules, dignity, family* ناموس

نان

- Old Persian: Nagan, Nağan: *bread* نان (BQT:2107)
- → Pahlavi: nân: *bread* (BQT:2107, SNS:223)
- → Persian: nân: *bread, food, sustenance* نان (BQT:2107, HRN:229, HUB:101)

نانوا

- Old Persian: Nagan, Nağan: *bread* نان (BQT:2107)
- → Pahlavi: nân: *bread* (BQT:2107, SNS:223)
- → Persian: nân-vâ: *baker* نانوا (BQT:2107, HRN:229, HUB:101)
- Indo-European: Pekw: *to cook* پختن (POK:798)
- → Avestan: -pâka: *a suffix referring to the cook.* (POK:798, BQT:370, SYN:336, FFD:40)
- → Pahlavi: paz: *cook* (SNS:137, FFD:40)
- → Persian: bâ, vâ: *suffixes for cook or cooking* .با، وا (نانوا، شوربا) (BQT:370, AEF:195, IEC:920)
- → Persian: nân-vâ

ناو
هم: navy

- Indo-European: Nau: *boat* قایق، کشتی (POK:755)
- → Av/Old Pers: nâu, nâviya: *ship. Also any groove used as a guide for carrying water, grain or arrow* (PRT:429, HRN:229, IRN:123)
- → Persian: nâv: *ship, water path, pipe, river* ناو (ناخدا، ناوگان) (BQT:2110, MON:4644)

ناودان
هم: ناوک
هم: navy

- Indo-European: Nau: *boat* قایق، کشتی (POK:755)
- → Av/Old Pers: nâu, nâviya: *ship. Also any groove used as a guide for carrying water, grain or arrow*; nâv-dân: *water path, gutter* (PRT:429, HRN:229, IRN:123)
- Indo-European: Dhê 2: *to do, set* انجام دادن، چیدن (AHD:1512, POK:235)
- → Avestan: dhana: *vessel, holder, pot* (POK:238)
- → Av/Old Pers: nâv-dân
- → Persian: nâv: *ship, water path, pipe, river* ناو (ناخدا، ناوگان); nâv-dân: *water way, gutter* ناودان (BQT:2110, MON:4644)

ناوَک
رجوع شود به: ناوه

ناوگان
رجوع شود به: ناو

ناوه

- Indo-European: Nau: *boat* قایق، کشتی (POK:755)
- → Av/Old Pers: nâu, nâviya: *ship. Also any groove used as a guide for carrying water, grain or arrow* (PRT:429, HRN:229, IRN:123)
- → Persian: nâveh: *a guide for feeding grains, the guide used for shooting small arrows* ناوه; nâvak: *a small arrow (shot through a guide)* ناوَک (MON, BQT, FSF:321)

ناو یدن
هم: navy

- Indo-European: Nau: *boat* قایق، کشتی (POK:755)
- → Av/Old Pers: nâu, nâviya: *ship. Also any groove used as a guide for carrying water, grain or arrow* (PRT:429, HRN:229, IRN:123)
- → Persian: nâvânîdan: *to bend something (shape like a boat)* ناوانیدن; nâvîdan: *to walk while moving to the sides (like a ship)* ناو یدن
  چو مست هر طرفی می فُتی و می ناوی
  که شب گذشت کنون نوبت دعاست، مَخُسب (مولوی)
  (MON)

ناهید
رجوع شود به: آناهیتا

نای
مق: کرنا، سرنا

- Indo-European: Nedo: *reed, pipe, flute* تره، لوله، فلوت (POK:759, BQT:2221)
- → Old Persian: nada: *flute* (HRN:237)
- → Persian: nâi, nay, nâl: *flute, windpipe* نای، نی (POK:759, BQT, MON)

نبرد
مق: آورد

- Indo-European: Perg, Part: *to fight* جنگیدن (POK;818, EIV:298)
- → Avestan: peret: *fight against*; ni-part: *fight down* (POK:818, EIV:298)
- Indo-European: Ni: *down, below* پایین، زیر (KLN:1042)
- → Av/Old Pers: ni 1: *down* (KLN:1042)
- → Avestan: ni-part
- → Persian: nabard: *battle* نبرد (BQT:2115, HRN:230)

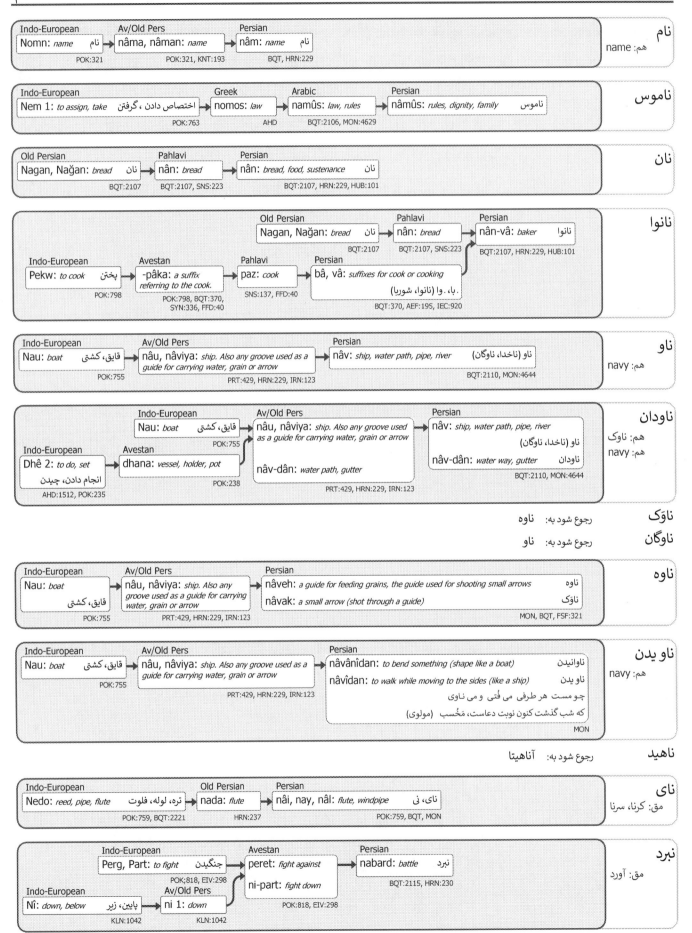

نَبَس رجوع شود به: نوه

نُبی رجوع شود به: نوشتن

نَبید شراب

- Indo-European: Pô, Pe: *to drink* نوشیدن — POK:839, EIV:289
- → Av/Old Pers: pitu, pîta, ni-pîta: *juice* — EIV:289, BQT:2117
- → Persian: Nabîd: *wine* نَبید، نَبیذ — EIV:289, BQT:2117, MON

نَبیذ رجوع شود به: نَبید

نخ

- Indo-European: Nask: *twist, twine* پیچ دادن، تاباندن — IEC:825
- → Avestan: naska: *thread* — IEC:825
- → Pahlavi: nax: *thread* — MON:4683
- → Persian: nax: *thread, string* نخ — IEC:825, MON:4683

نخست رجوع شود به: نزدیک

نر

- Indo-European: Ner 1: *vital energy, man* انرژی حیاتی، مرد — POK:765
- Indo-European: Men 1: *to think* فکر کردن — POK:726
- → Avestan: manah: *mind, manners*; man 1: *to resemble* — POK:726,727, BQT
- → Avestan: nar, nairya: *man, male*; naire-manâw: *manly mannered*; nairyava: *manliness, strength* — POK:765, SYN:81, HRN:238
- → Persian: nar: *male* نر; Narîmân: *"like a man"* نریمان; nîrû: *strength* نیرو — BQT

- Indo-European: Ner 1: *vital energy, man* — POK:765
- → Avestan: nâirî: *woman* — POK:765
- → Pahlavi: nâyrig: *(pious) woman* — SNS:264
- → Persian: ?

نَرد۱ رجوع شود به: نیو اردشیر

نرد۲ رجوع شود به: نارد

نرگس هم: narcissus

- Indo-European: Ner 2: *to turn, twist* تاباندن، پیچاندن — POK:975, KLN:1028
- → Greek: narkê: *cramp, numbness*; narkissos: *a beautiful flower plant known for the seductive properties of its flowers* — POK:975, KLN:1028, SKT:344, PRT:427
- → Pahlavi: narkis: *narcissus* — BQT:2129
- → Persian: narges: *narcissus* نرگس; nargeseh: *star, sky* نرگسه; nargesî: *a food* نرگسی — BQT

نرم

- Avestan / Sanskrit: Namra: *soft* نرم — HRN:230
- → Pahlavi: namr, narm: *soft* — HRN:230
- → Persian: narm: *soft* نرم — BQT:2130

نریمان رجوع شود به: نر

نزد هم: sit

- Indo-European: Sed, Had: *to sit, also to place a step, to go* نشستن، رفتن — POK:884,887, KLN:1075, EIV:125
- → Avestan: nazdyô: *sat very close, near* — POK:886-887
- → Persian: nazd: *near, with* نزد — BQT, HRN:230

نزدیک هم: نزد

- Indo-European: Sed, Had: *to sit, also to place a step, to go* نشستن، رفتن — POK:884,887, KLN:1075, EIV:125
- Indo-European: Isto: *most or last* پسوند صفت عالی — KLN:35
- → Av/Old Pers: išta: *a superlative suffix* — KNT:191,202
- → Avestan: nazdyô: *sat very close, near*; nazd-îštâ, nazdištâ: *closest, first* — POK:886-887
- → Persian: nazdik: *near, close* نزدیک; naxost: *closest, first* نخست — BQT, HRN:230

نژاد هم: nation

- Indo-European: Gene: *to give birth to* زاییدن — POK:373
- → Avestan: ni-zâti: *race, generation* — POK:373, SOD:462
- → Persian: nežâd: *race* نژاد — POK:373, BQT, HRN:181,231

نژند اندوهگین

- Indo-European: Gwhen 2, Jan: *to strike, hurt* زدن، آزردن — POK:492, EIV:222
- → Old Persian: jan.: *to strike* — KNT:184,185
- Indo-European: Nî: *down, below* پایین، زیر — KLN:1042
- → Av/Old Pers: ni 1: *down* — KLN:1042
- → Old Persian: ni-jan: *to strike down, to put (somebody) down* — HRN:231
- → Persian: nažand: *put down, feeling sad* نژند
  چنین داد پاسخ که چرخ بلند
  دلم کرد پر درد و جانم نژند (فردوسی)
  — BQT:2134, HRN:231, MON:4713

نُس
پوزه

- **Indo-European**: Nas, Nâs: *nose* بینی — POK:755, AEN:145
- → **Avestan**: nâh,vaenâ, vaênâ: *nose* — AEF:323, Pok:755
- → **Persian**: nos: *snout* نُس — ARN:497

نَسا
جسد، فساد

- **Indo-European**: Nek: *to destroy* خراب کردن — POK:762
- → **Avestan**: nasayeti, nashta: *disappear*; nasu, nas 1: *corpse, decayed body* — POK:762, KLN:1059, SYN:290, KNT:192
- → **Pahlavi**: nasâ, nasây: *corpse* — SNS:272
- → **Persian**: nasâ: *corpse, corruption* نَسا
  نَسا و پلیدی بدانجا برند
  که مردم بران راه برنگذرند (زرتشت نامه)
  — BQT:2136, MON:4714

نَستوه
رجوع شود به: ستوه

نُسخه
هم: connect

- **Indo-European**: Ned: *to bind, tie* بستن — POK:758
- → **Avestan**: naska: *bound sheets of paper, book* — POK:759
- → **Pahlavi**: nask: *book* — MON
- → **Arabic**: nasx: *written text* — VDQ:400
- → **Persian**: nosxeh: *copy, prescription* نُسخه — FVA:399

نَسک
هم: نسخه

- **Indo-European**: Ned: *to bind, tie* بستن — POK:758
- → **Avestan**: naska: *bound sheets of paper, book* — POK:759
- → **Pahlavi**: nask: *book* — MON
- → **Persian**: nask: *Zoroastrian book or any section of it* نَسک — BQT:2140, MON:4727

نشان

- **Indo-European**: Yaš, Iaš: *to show appear* نشان دادن، ظاهر شدن — EIV:213
- **Indo-European**: Nî: *down, below* پایین، زیر — KLN:1042
- → **Av/Old Pers**: ni 1: *down* — KLN:1042
- → **Pahlavi**: ni-aš, niš: *to look into, mark* — EIV:213
- → **Persian**: nešân: *a mark, sign, medal* نشان; êš, âyšeh: *observer, spy* آیشه، ایشه — BQT, EIV

نشستن
هم: sit

- **Indo-European**: Sed, Had: *to sit, also to place a step, to go* نشستن، رفتن — POK:884,887, KLN:1075, EIV:125
- **Indo-European**: Nî: *down, below* پایین، زیر — KLN:1042
- → **Av/Old Pers**: ni 1: *down* — KLN:1042
- → **Avestan**: had, hd, zd, šas: *to sit*; šâdayeiti: *sits*; ni-šâdaiti: *sits down* — POK:884-887, FFD:78
- → **Persian**: nešastan: *to sit down* نشستن; našim: *place where birds sit down, nest* نَشیم — BQT:2145-7, HRN:231, EIV:125

- **Indo-European**: Sed, Had: *to sit, also to place a step, to go* — POK:884,887, KLN:1075, EIV:125
- → **Avestan**: hastra: *assembly, meeting*; hadiš: *residence, palace* — POK:885-887
- → **Persian**: ?

- **Indo-European**: Sed, Had: *to sit, also to place a step, to go* — POK:884,887, KLN:1075, EIV:125
- → **Old Persian**: had: *to sit*; had-iš: *seat, palace*; ni-had: *set down, established* — KNT:212,213
- → **Persian**: ?

- **Indo-European**: Sed, Had: *to sit, also to place a step, to go* — POK:884,887, KLN:1075, EIV:125
- → **Avestan**: syazd: *to step back*; sīždyamna: *recess*; sīždyô: *to give up*; sīždra: *shy* — POK:885-887
- → **Persian**: ?

نشیب
مق: شیب۱

- **Indo-European**: Ksîp: *strike, weapon, spike* ضربه، اسلحه، وسیله نوک تیز — IEC:573
- → **Av/Old Pers**: xšip, xšwaip, xšwaif: *movement, strike*; xšvaepâ: *back, behind, slope* — HRN:178, FFD: 65
- **Indo-European**: Nî: *down, below* پایین، زیر — KLN:1042
- → **Av/Old Pers**: ni 1: *down* — KLN:1042
- → **Avestan**: ni-xšvaepâ: *down slope* — BQT:2147,
- → **Persian**: našîb: *down slope, low land* نشیب — BQT:2147

نَشیم
رجوع شود به: نشستن

نطرون
هم: nitrogen

- Akkadian: Nitiru: *natron* نطرون — AKD:61
- → Hebrew: nither — AKD:61, KLN:1031
- → Greek: natron — KLN:1049
- → Arabic: natrûn — KLN:1031
- → Persian: natrûn: *sodium* نطرون — MON:4745

نَغام
زشت
هم: nude

- Indo-European: Nogw: *naked* عریان — POK:769
- → Indo-European: Gumnos, Gunos: *beautiful, naked* — IEC:364
- Indo-European: Ne 1, An 3: *no, not* نَه — POK:756, KNT:167
- → Av/Old Pers: na 1, ni 2, naiy: *no, not* — POK:756
- → Persian: na-ğâm: *not beautiful, ugly* نَغام
  چون صورت و کار دیو را دیدی
  بگذار طریقت نغامش را (ناصرخسرو)
  — IEC:364, MON:4760

نغوشا
مق: نیوشیدن
هم: ear

- Indo-European: Aus 1: *ear* گوش — POK:78,785, KLN:126,494
- → Indo-European: Ghosh: *ear* — POK:457, EIV:115
- → Avestan: gaoša: *ear* — POK:457, BQT:1858
- Indo-European: Nî: *down, below* پایین، زیر — KLN:1042
- → Av/Old Pers: ni 1: *down* — KLN:1042
- → Avestan: ni-gaoša: *to listen* — POK:454
- → Pahlavi: ni-ğôšâg: *follower of the Mânî religion, also a "non-Moslem"* — ETM:71
- → Persian: naghûšâ: *the followers of Mânî* نغوشا — ETM:71, MON:4746

نغوشیدن
رجوع شود به: نیوشیدن

نفت
هم: نفتالین

- Akkadian: Nabatu: *to shine* درخشیدن; Nabtu, Naptu: *light, lamp oil* نور، روغن چراغ — AKD:60
- → Aramaic: naftâ — KLN:1027
- → Arabic: naft — KLN:1027
- → Persian: naft: *oil, kerosene* نفت — KLN:1027, BQT:2155, AKD:60,

NOTE- See "Nebh: moisture" for another possible root.

نفت
هم: نم

- Indo-European: Nebh, Nembh: *cloud, moisture* ابر، رطوبت — POK:315
- → Avestan: nab, napta: *humidity, moisture* — POK:316
- → Persian: naft: *oil, kerosene* نفت — SNS:282, HRN:232, BQT:2155, POK:316

NOTE- See Akkadian "Nabatu: to shine" for another possible root.

نفتالین
هم: نفت

- Akkadian: Nabatu: *to shine* درخشیدن; Nabtu, Naptu: *light, lamp oil* نور، روغن چراغ — AKD:60
- → Aramaic: naftâ — KLN:1027
- → Greek: naphta: *oil* (NOTE- SKT: 344 derives this from Persian "naft".) — KLN:1027
- → French:
- → Persian: naftâlîn: *naphthalene* نفتالین — MON

نفرین
رجوع شود به: نَه + آفرین

نقره

- Indo-European: Kwer, Kar 2: *to make, form* ساختن، تشکیل دادن — POK:641, EIV:236
- Indo-European: Ne 1, An 3: *no, not* نَه — POK:756, KNT:167
- → Sogdian: krty`: *work, manner*; n`-krtk: *not done, uncoined silver* — SOD:32
- → Persian: noqreh: *silver* نقره — BQT:2157

NOTE- Compare with the etymology of the Persian word "sîm: silver"

نکوهش
رجوع شود به: نکوهیدن

نکوهیدن
هم: shout

- Indo-European: Keued: *to yell* فریاد زدن — POK:595
- → Persian: nekûhîdan: *to blame* نکوهیدن (نکوهش) — POK:595, WLD1: 378, HUB:102

نگاردن
رجوع شود به: انگاردن

نگاه
هم: گواه، آگاه

- Indo-European: Kwek, Kas 1: *to appear, see, show* ظاهر شدن، دیدن، نمایش — POK:638, EIV:245
- Indo-European: Nî: *down, below* پایین، زیر — KLN:1042
- → Av/Old Pers: ni 1: *down* — KLN:1042
- → Avestan: kas, čas, čaš: *to behold, see, taste*; ni-kasa: *look* — POK:638, KLN:42, SYN:1436
- → Persian: negâh: *look, glance* نگاه — BQT, HRN

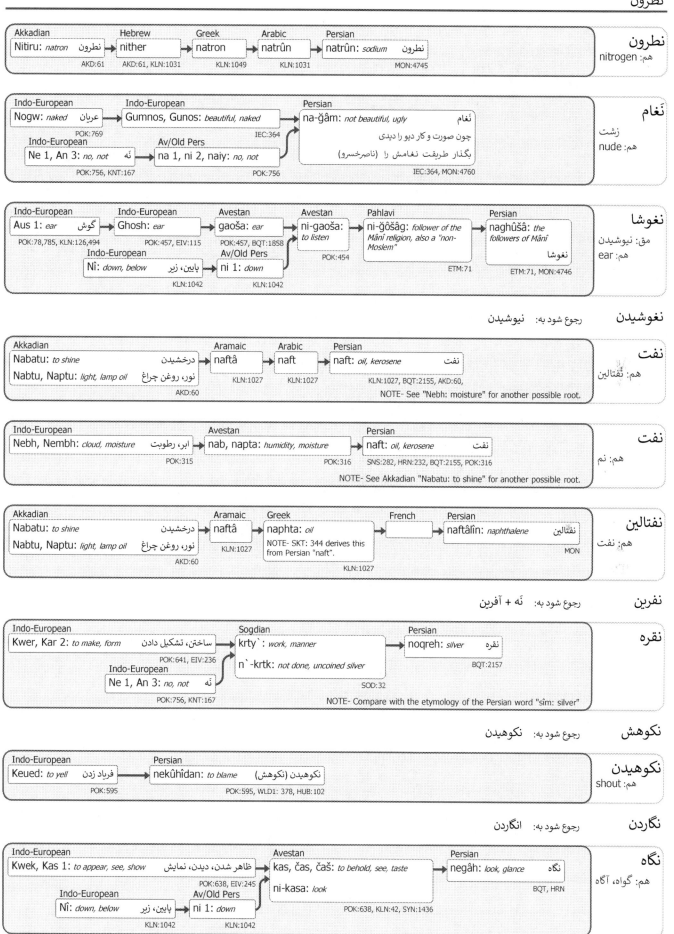

نگون
مق: نشیب

- Indo-European — Nî: *down, below* پایین، زیر (KLN:1042) → Av/Old Pers — ni 1: *down* (KLN:1042) → Av/Old Pers — nî-gaona: *downward* (BQT:2171, HRN:233) → Persian — negûn: *downward* نگون (MON)
- Indo-European — Gêu 1, Keub, Keup: *to bend* خم کردن (POK:394-398, POK:588-592) → Avestan — gaona: *hair, hair color, type, like* (SYN:1051, SNS:90) → Av/Old Pers — nî-gaona

نم
مق: نفت

- Indo-European — Nebh, Nembh: *cloud, moisture* ابر، رطوبت (POK:315) → Avestan — nab, napta: *humidity, moisture* (POK:316) → Pahlavi — namb: *moisture* (HRN:232, SNS:282) → Persian — nam: *moisture* نم (POK:316, BQT:2167, HRN:232)

نما
هم: measure

- Indo-European — Me 1: *to measure* اندازه گرفتن (POK:703, 731) → Av/Old Pers — mâ 1: *to measure* (POK:703,731, SYN:54,877,1010) → Avestan — ni-mâ: *measure down, display* (HRN:80,233, ARN:60, BQT:37, FFD:25) → Persian — nomâ, nemâ: *showing, appearance* نما (نمودن، نمایش، نماینده) (BQT)
- Indo-European — Nî: *down, below* پایین، زیر (KLN:1042) → Av/Old Pers — ni 1: *down* (KLN:1042) → Avestan — ni-mâ

NOTE- see "Nei 2: to guide" for an alternative root

نما

- Indo-European — Nei 2: *to lead, guide* راهنمایی کردن، نشان دادن (Pok:760) → Avestan — nayeiti: *leads* (Pok:760, ARN:502) → Pahlavi — nîtan: *guide*; ânîtan: *to bring* (Pok:760, ARN:502, HRN:265) → Persian — nomâ, nemâ: *showing* نما (نمودن، نمایش، نماینده) (ARN:502)

NOTE- see "Me 1: to measure" for an alternative root

- Indo-European — Nei 2: *to lead, guide* (Pok:760) → Av/Old Pers — nî, nay: *to guide*; fra-nay: *leads forward* (KLN:1026, HRN:265, SYN:712, POK:760, KNT:193) → Persian — ?

نماز
"تشکر"

- Indo-European — Nem 1: *to assign, take* اختصاص دادن ، گرفتن (POK:763) → Avestan — nemah 1: *loan, what is given back, a prayer* (POK:763, KLN:1048) → Pahlavi — namač: *prayer* (BRT:1070) → Persian — namâz: *prayer* نماز (BQT:1070)

NOTE- BQT:2167, POK: 764 and SYN: 544 derive this word from Old Persian nam: to bow in respect. See "Nem 2"

نماز
"تعظیم"

- Indo-European — Nem 2: *to bend, bow in respect, also brush wood and twigs* خم شدن، تعظیم، شاخه های ریز و نرم (POK:764) → Av/Old Pers — nam: *to bend, bow*; nemah 2: *bowing in respect*; namaiti: *bends* (POK:764, WLD2: 234, SYN:544) → Pahlavi — namâč: *bowing, prayer* (BQT:2167) → Persian — namâz: *prayer* نماز
  چو نزدیک رستم فراز آمدند
  پیاده به رسم نماز آمدند (فردوسی)
  (BQT:2167, FSF:328)

NOTE- BRT:1070 derives the Pahlavi "namâč: bowing" from Avestan "nemah: what one owes." See root "Nem 1".

نمایش رجوع شود به: نما

نماینده رجوع شود به: نما

نمد

- Avestan — Nemata: *straw, grass* کاه، علف (NYB:135) → Pahlavi — namat: *felt rug or cloth* (NYB:135, HRN:233) → Persian — namad: *a thick felt cloth* نمد (BQT:2169, KLN:1026)

نَمرَق
هم: نرم

- Avestan / Sanskrit — Namra: *soft* نرم (HRN:230) → Pahlavi — namr, narm: *soft*; namrak, narmak: *soft thing, pillow* (HRN:230) → Arabic — namraq: *pillow* (VDQ:403) → Persian — namraq: *pillow* نَمرَق (MON:4815)

نمره
هم: number

- Indo-European — Nem 1: *to assign, take* اختصاص دادن ، گرفتن (POK:763) → Latin — numerus: *a portion, a number* (AHD) → Italian — numero → Arabic — nomreh (MON:4815) → Persian — nomreh: *number* نمره (MON:4815)

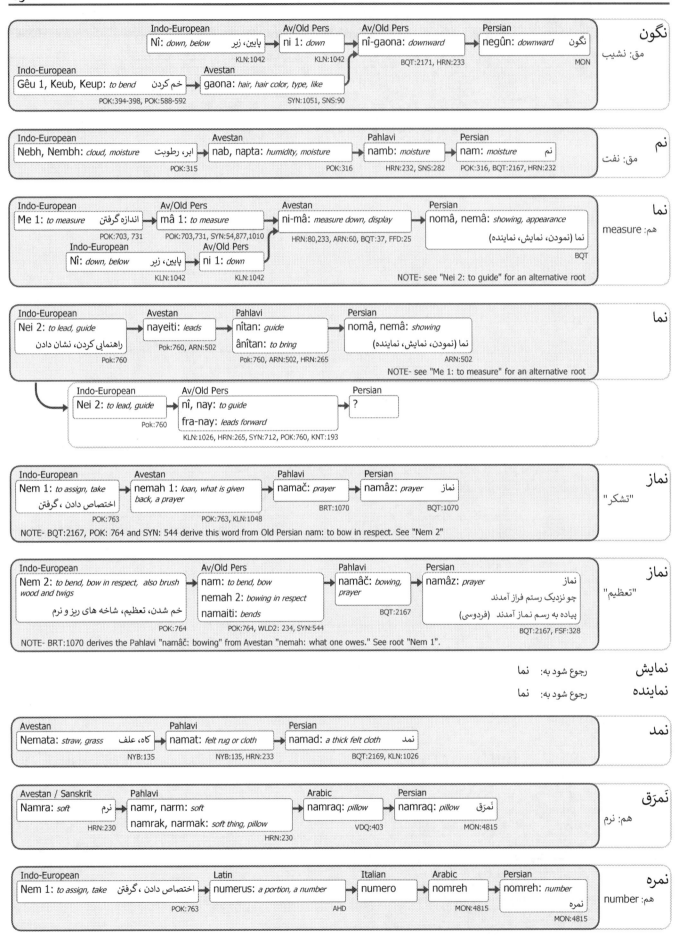

نمک
هم: نم

- Indo-European: Nebh, Nembh: *cloud, moisture* ابر، رطوبت (POK:315)
- → Avestan: nab, napta: *humidity, moisture* (POK:316)
- → Avestan: nemadhka: *salt* (BQT:2170, MON:4818)
- → Persian: namak: *salt* نمک (BQT:2170, MON:4818)

نمودن
رجوع شود به: نما

ننه
هم: nanny

- Indo-European: Nana: *a child word for mother, a nurse* ننه (POK:754)
- → Sanskrit: nana: *mother* (POK:754, KLN:1062)
- → Persian: naneh: *a word for mother or nurse* ننه (KLN:1062, POK:754, HRN:234)

نو
هم: new, now

- Indo-European: Newo: *new* تازه، جدید; Nu: *new time, now* حالا (POK:769,770, AHD:1531)
- → Avestan: nava 2: *new*; nû, nûrem: *now* (POK:769,770, KLN:1059, KNT:194, IEC:854)
- → Persian: now: *new* نو; aknûn, knûn: *now* اکنون، کنون (BQT, HRN:236)

- Indo-European: Newo: *new*; Nu: *new time, now* (POK:769,770, AHD:1531)
- → Old Persian: nûram: *now* (POK:770, KNT:194)
- → Persian: ?

نوا

- Indo-European: Wekw: *voice* صدا (POK:1135)
- → Av/Old Pers: vak, vačah, vaxš: *word, voice, sound* (POK:1135)
- → Avestan: ni-vak: *sound, music* (BQT:2174)
- → Persian: navâ: *sound, melody* نوا (نواختن) (BQT:2174,2178)

نواختن
رجوع شود به: نوا

نوردیدن
هم: گردیدن

- Indo-European: Wer 2, Kwermi: *to turn, bend* چرخیدن، خم شدن (POK:1142-1157, POK:649)
- Indo-European: Nî: *down, below* پایین، زیر (KLN:1042) → Av/Old Pers: ni 1: *down* (KLN:1042)
- → Av/Old Pers: varet, wars, vart: *to turn*; ni-vart: *roll down* (KLN:1703, ISS:223, KNT:207)
- → Persian: vardaneh: *rolling pin* وَردَنه; navardîdan: *to roll, travel* نوردیدن (HRN:235, BQT:2186)

نوش
"آب حیات"

- Indo-European: Aus 1: *ear* گوش (POK:78,785, KLN:126,494)
- → Avestan: ûši: *two ears, intelligence, mortal life* (POK:785)
- Indo-European: Ne 1, An 3: *no, not* نَه (POK:756, KNT:167) → Av/Old Pers: a-, â-, an-: *no, not* (POK:757, KNT:167)
- → Avestan: an-aoša: *without a mortal life* (BQT:178, FSF:51)
- → Pahlavi: anôšak: *eternal life* (BQT:178)
- → Persian: nûš: *drink (for eternal life)* نوش; nûšîn: *sweet drink* نوشین (HRN:30)

نوشتن
هم: paint

- Indo-European: Peig: *to mark* علامت گذاری کردن (POK:794)
- → Avestan: paes, paeš: *to decorate, mark* (POK:794, SYN:1284, SNS:143)
- Indo-European: Nî: *down, below* پایین، زیر (KLN:1042) → Av/Old Pers: ni 1: *down* (KLN:1042)
- → Av/Old Pers: ni-pais: *mark down, write* (POK:794, SYN:1284)
- → Pahlavi: nipištan: *to write*; nibištan: *to write*; nipêk, nibêg: *book, written material* (BQT:2201)
- → Persian: neveštan: *to write* نوشتن; nobî: *book, the holy Koran* نُبی (MON)

- Indo-European: Peig: *to mark* (POK:794)
- → Old Persian: paith: *to mark*; ni-paith: *write* (SNS:164, KNT:194)
- → Persian: ?

نوشین
رجوع شود به: نوش

نوک
هم: nipple

- Indo-European: Nabja: *beak* منقار، نوک (AHD)
- → Persian: nok, nûk: *tip, beak* نوک; nûl: *beak* نول (ISS:143, MON:4857)

نول
رجوع شود به: نوک

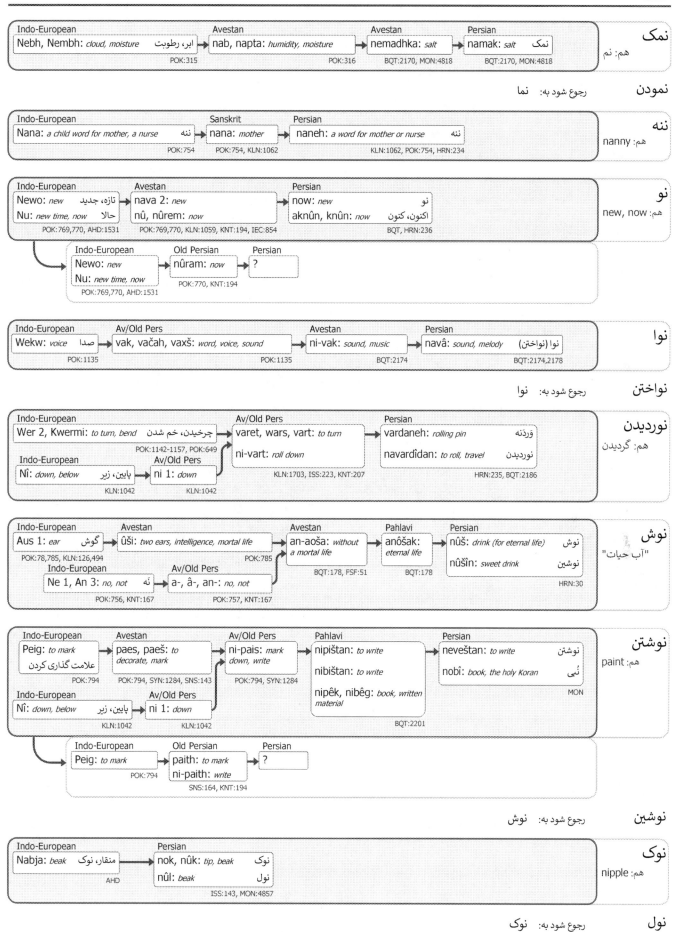

نوه

هم: nephew

- **Indo-European**: Nepôt: *grandson* نوه پسر; Neptis: *grand daughter* نوه دختر — POK:764, IEC:836
- → **Av/Old Pers**: napât, napâ: *grandson*; naptis: *grand daughter* — KLN:1039, POK:764, KNT:193,
- → **Pahlavi**: nab: *grandchild* — PHD:57
- → **Persian**: naveh: *grandchild* نوه; nabas: *daughter's child* نَبَس

صفت ذات او همین نه بس است
که رسول خدای را نبس است (امیر خسرو)

BQT:2117,2208, HRN:234, IEC:836, MON

نَوید

هم: new

- **Indo-European**: Newo: *new* تازه، جدید; Nu: *new time, now* حالا — POK:769,770, AHD:1531
- → **Avestan**: nava 2: *new*; nû, nûrem: *now* — POK:769,770, KLN:1059, KNT:194, IEC:854
- → **Pahlavi**: nîvêd: *good news* — MON:4859
- → **Persian**: novîd: *good news* نوید — IEC:842, MON:4859

نُویدن

هم: نالیدن

- **Indo-European**: Neu: *to cry* گریه کردن، نالیدن — POK:767
- → **Sanskrit**: nav, navatê: *to cry* — POK:767
- → **Persian**: novîdan: *to cry* نُویدن (نوییدن، نویه); zenûdan: *to cry, moan* زنودن (زنویه)

زدرد دل آن شب بدان سان نُوید
که از ناله اش ، هیچکس نغنوید (لبیبی)

HRN, BQT, MON

نویه — رجوع شود به: نُویدن

نوییدن — رجوع شود به: نُویدن

نَه — رجوع شود به: نا

نُه

هم: nine

- **Indo-European**: Newn: *nine* نُه — POK:318
- → **Avestan**: nava 1, nauma: *nine* — POK:318
- → **Pahlavi**: naum — BQT:2210
- → **Persian**: noh: *nine* نُه — BQT:2195

- **Indo-European**: Newn: *nine* — POK:318
- → **Old Persian**: navama: *ninth* — BQT:2210
- → **Persian**: ?

نهادن

- **Indo-European**: Dhê 2: *to do, set* انجام دادن، چیدن — AHD:1512, POK:235
- **Indo-European**: Nî: *down, below* پایین، زیر — KLN:1042
- → **Av/Old Pers**: ni 1: *down* — KLN:1042
- → **Avestan**: dâta, dâ 2: *to put, set*; ni-dâ: *to put down, lay down, also to hide* — POK:235, HRN:236, KNT:168, FFD:52
- → **Persian**: nahâdan: *to do* نهادن; nahân: *covered, hidden* نهان (پنهان) — BQT:2211, 2214

نهان — رجوع شود به: نهادن

نهفتن

- **Indo-European**: Gwou: *cow, ox, bull* گاو — KLN:364, POK:483
- **Indo-European**: Pa: *to protect, feed* حفاظت کردن، غذا دادن — POK:787,842, SYN:103
- → **Sanskrit**: gâuh: *cow*; gô-pâ-h, gôpâ: *shepherd, protector* — POK:482
- → **Avestan / Sanskrit**: gôp, gôh: *to protect, preserve*; NOTE- See HRN notes for discussion — HRN:237
- **Indo-European**: Nî: *down, below* پایین، زیر — KLN:1042
- → **Avestan**: ni-gôp: *to hide, protect* — HRN:237
- → **Pahlavi**: nihuftan: *to hide* — SNS:262
- → **Persian**: nehoftan: *to hide* نهفتن — MON:4870, HRN:236

NOTE- FFD:80 derives the Pahlavi word from Old Persian "ni-thuf-ta: hide".

نُهور

چشم، رویت

- **Indo-European**: Sâwel: *sun* خورشید — POK:881
- → **Avestan**: hvare, xvar 1: *sun, light* — POK:881
- → **Persian**: no-hûr: *sun light, sight, eye* نُهور

از آن با بزرگان نیارم نشستن
که ایشان چو حورند و من بد نهورم (سنائی)

BQT:2220, IEC:1334

نی — رجوع شود به: نای

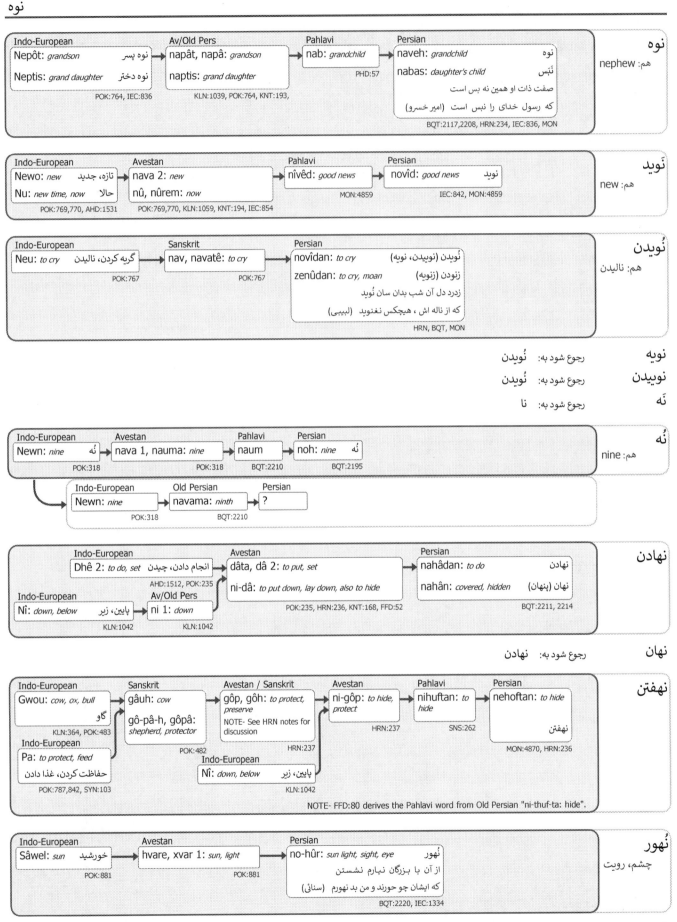

نیا
پدربزرگ

- Av/Old Pers — Nyâka: *grand parent* پدر بزرگ، مادر بزرگ (SYN:110, KNT:194)
- → Pahlavi — niyâk, niyâkân: *grandparents*
- → Persian — nîyâ: *grandfather* نیا (نیاکان) (BQT:2221, HRN:238)

نیاز
هم: anxious

- Indo-European — Angh: *tight, compressed* تنگ، فشرده; Az: *to drive, lead* راندن (فشردن) (POK:42, EIV:171)
- Indo-European — Nî: *down, below* پایین، زیر (KLN:1042) → Av/Old Pers — ni 1: *down* (KLN:1042)
- → Avestan — azaehê: *compressed, in need*; ni-az: *that which pushes you down, need* (POK:42, EIV:172)
- → Pahlavi — niyâz: *need* (MON:4877, EIV:172)
- → Persian — niâz: *need* نیاز; niâzî: *need, dear friend, sweetheart* نیازی
  دلم خستهٔ ناز توست ای نیازی
  که روزی نیاسایی از ناز بازی (عثمان مختاری)
  (BQT:2222, MON:4877)

نیاکان
رجوع شود به: نیا

نیام
مق: گام

- Indo-European — Gwa: *to walk, step* قدم زدن (POK:463, EIV:98) → Av/Old Pers — gam: *to come, step* (POK:463, KLN:318)
- Indo-European — Nî: *down, below* پایین، زیر (KLN:1042) → Av/Old Pers — ni 1: *down* (KLN:1042)
- → Avestan — ni-gama: *come down (in sheath)* (POK:463)
- → Persian — nîyâm: *sheath* نیام (HRN:11, BQT)

نیایش
همریشه: گات

- Indo-European — Gêi: *to sing, song* آواز خواندن، آواز (POK:355)
- Indo-European — Nî: *down, below* پایین، زیر (KLN:1042) → Av/Old Pers — ni 1: *down* (KLN:1042)
- → Old Persian — niğây: *praise* (MON:4878)
- → Pahlavi — niğâyišn: *praise* (MON:4878)
- → Persian — nîyâyeš: *praise* نیایش (BQT:2224)

NOTE- see "Yad: to ask" for another possible root

نیایش

- Indo-European — Yad, Gwed: *ask, demand* پرسیدن، طلب کردن (EIV:221, POK:488) → Old Persian — yad: *to pray* (KNT:184, EIV:221)
- Indo-European — Nî: *down, below* پایین، زیر (KLN:1042) → Av/Old Pers — ni 1: *down* (KLN:1042)
- → Pahlavi — ni-âyišn: *worship* (EIV:221)
- → Persian — nîyâyeš: *worship* نیایش (BQT, EIV:221)

NOTE- see "Gêi: to sing" for another possible root

نیرو
رجوع شود به: نر

نیروانا
"فنا در خالق هستی"

- Indo-European — Nis: *off, away* جدا، دور (KLN:1049)
- Indo-European — Wê: *to blow* دمیدن (POK:81)
- → Sanskrit — nir-vanah: *blowing out, extinction* (AHD:889, KLN:1049)
- → Persian — nîrvânâ: *extinction of soul by absorption into the Supreme Being* نیروانا (MON:4882)

نیزه

- Avestan — Naêza: *sharp point* نوک تیز (BQT:2226)
- → Pahlavi — nêzak: *spear* (MON:4884)
- → Persian — nayzeh: *spear, also a flag post* نیزه (نیژه) (BQT:2226, PLA:265, FSF:336)

نیش

- Sanskrit — Nêkš: *to pierce* سوراخ کردن (HRN:238)
- Indo-European — Der 1: *to split, to tear* تقسیم کردن، پاره کردن; Drauh: *to mow, cut* بریدن (POK:206, IEC:165, EIV) → Avestan — dar, dareta: *to split* (POK:206, SYN:565)
- → Pahlavi — nêš: *sting*; nêš-tar: *a sharp, pointed tool* (BQT:2228, HUB:104)
- → Persian — nîš: *sting* نیش; nîštar: *a sharp tool, tooth* نیشتر (نیشدر) (BQT:2228, SYN:565)

نیشدر
رجوع شود به: نیش

نیک
هم: lilac

- Indo-European — Nei 1: *to shine, to be excited* درخشیدن، تحریک شدن (POK:760)
- → Old Persian — ni 3, naiba: *beautiful, brave, good* (POK:760, KNT:192)
- → Pahlavi — nêv-ak: *good* (SNS:291, BQT:2237)
- → Persian — nîk: *good, pure* نیک (رونیک) (KLN:1033, BQT:2127, TZF:20)
- → Arabic — raonaq: *splendor* (AFM:74, FVF:297)
- → Persian — ronaq: *prosperity* رونق (MON:1694)

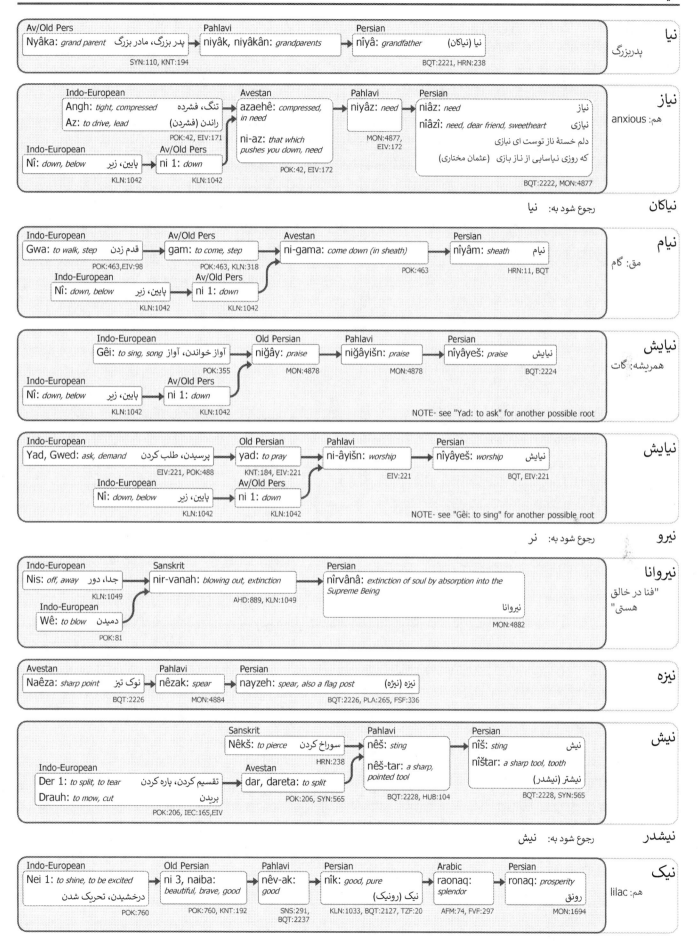

نیل

- **Indo-European**: Nei 1: *to shine, to be excited* — درخشیدن، تحریک شدن (POK:760)
- → **Sanskrit**: nili, nilah: *dark blue*; nîlotpala: *blue lotus* (POK:760)
- → **Persian**: nîl: *indigo* — نیل، نیلوفر; lîlak: *lilac* — لیلک (BQT:2231)

نیلوفر

رجوع شود به: نیل

نیم

- **Indo-European**: Sêmi: *half* — نیم، نصف; NOTE- ARN:511 is not certain about this root (POK:905-906, ARN:511)
- → **Av/Old Pers**: Naêma: *half* — نیم; NOTE- This word is cognate with Sanskrit word "nêma: half" (HRN:239, SYN:936, BRT:1036)
- → **Pahlavi**: nêm: *half* (BQT:2233, SNS:290)
- → **Persian**: nîm: *half* — نیم (BQT:2233, BRT:1036)

نیو

- **Indo-European**: Nei 1: *to shine, to be excited* — درخشیدن، تحریک شدن (POK:760)
- → **Old Persian**: ni 3, naiba: *beautiful, brave, good* (POK:760, KNT:192)
- → **Pahlavi**: nêv: *brave* (SNS:291, BQT:2237)
- → **Persian**: Nîv: *brave* — نیو (KLN:1033, BQT:2127, TZF:20)

نیو اردشیر

"شاه عادل"

- **Indo-European**: Ar 1: *to fit together* — جور و درست کردن (POK:55)
- **Indo-European**: Ksei 1: *to be able, qualify, rule* — قادر و شایسته بودن، فرمانروایی کردن (POK:626, KLN:272)
  - → **Av/Old Pers**: xšača: *king, ruler* (POK:626, KNT:181)
- → **Av/Old Pers**: arta 2, areta: *just, holy*; arta-xšathra: *a just king.* (POK:56, IRN:28)
- → **Persian**: Ardešîr: *"just king"* — اردشیر
- **Indo-European**: Nei 1: *to shine, to be excited* — درخشیدن، تحریک شدن (POK:760)
  - → **Old Persian**: ni 3, naiba: *beautiful, brave, good* (POK:760, KNT:192)
  - → **Pahlavi**: nêv: *brave* (SNS:291, BQT:2237)
- → **Persian**: nîv Ardešîr: *brave Ardeshir (distorted as "Narde-šir")* — نیو اردشیر; nard 1: *backgammon, the favorite game of "Narde-šir"* — نَرد۱ (BQT:98-101, IRN:28)

NOTE- Backgammon was apparently named after "Narde-šir" who was very interested in this game.

نیوشیدن

مق: گوش
هم: ear

- **Indo-European**: Aus 1: *ear* — گوش (POK:78,785, KLN:126,494)
- → **Indo-European**: Ghosh: *ear* (POK:457, EIV:115)
- → **Avestan**: gaoša: *ear* (POK:457, BQT:1858)
- **Indo-European**: Nî: *down, below* — پایین، زیر (KLN:1042)
  - → **Av/Old Pers**: ni 1: *down* (KLN:1042)
- → **Avestan**: ni-gaoša: *to listen* (POK:454)
- → **Persian**: nîûšîdan: *to listen* — نیوشیدن; naġûšîdan: *to listen* — نغوشیدن; فرستاده را گفت نیکو نیوش / بگو آنچه بشنیده ای تیز هوش (فردوسی) (BQT, MON, EIV)

وُ

- **Indo-European**: I 2 : *pronominal stem* — ریشه بسیاری از ضمیر ها (POK:281, KNT:203)
- → **Indo-European**: Au 1: *one, this one*; Uê: *or* (POK:73,75,281,286)
- → **Av/Old Pers**: uta, utâ, uiti: *and* (POK:74)
- → **Pahlavi**: ud: *and* (SNS:256)
- → **Persian**: o, va: *and* — وُ، وَ; NOTE- The Arabic "wa" pronunciation has influenced the Persian pronunciation (BQT:2242, SNS:256, TZF:20, MON:4921)

وا

رجوع شود به: پختن

واخیدن

- **Indo-European**: Wok, Wač: *to let go, release, empty* — رها کردن، خالی کردن (EIV:200)
- → **Persian**: vâxîdan: *to separate and clean cotton or wool* — واخیدن (EIV:200, MON, BQT)

وار۱

هم: دیوار

- **Indo-European**: Wer 3, Werg 2: *to cover, enclose* — پوشاندن، محصور کردن (POK:1116, IEC:1599)
- → **Av/Old Pers**: var 1, vara, vâra 2: *cover, wall*; vardana, paru-zana: *walled-in area, city* (POK:1116, AEF:212, KNT:207)
- → **Persian**: vâr 1: *wall* — وار۱; barzan: *suburb, street* — بَرزن (BQT)

وار۲

- **Indo-European**: Wel 3: *to turn, roll* — چرخاندن، تاباندن (POK:1139-1140)
- → **Avestan**: var 4: *similar to, like, also cover* (POK:1140)
- → **Pahlavi**: varišn: *conduct, way of living* (HRN:241, BQT:2373)
- **Indo-European**: Sem: *same* — هم، همان (POK:902,904)
  - → **Avestan**: ham 1: *with, also, too* (POK:902-904)
- → **Persian**: vâr 2: *like* — وار۲ (دیوانه وار); ham-vâr: *like each other, even* — هموار (BQT:1137)

وار۳
جشن

- **Indo-European:** Wel 3: *to turn, roll* چرخاندن، تاباندن — POK:1139-1140
- **Avestan:** var 5: *ceremony* — POK:1140
- **Pahlavi:** varišn: *conduct, way of living* — HRN:241, BQT:2373
- **Persian:** vâr 3: *a custom or ceremony* وار۳
  وار آذر گذشت و شعلهٔ آن
  شعلهٔ لاله را زمـان آمـد (رودکی)
  BQT:1137

ـ وار۴
پسوند به معنی بار

- **Indo-European:** Bher 1: *to carry* حمل کردن — POK:128,163, PRT:234, SYN:107
- **Av/Old Pers:** bar: *to carry* — POK:128
- **Avestan:** aspa-bâra: *horse load, horse rider*; xar-bâra: *donkey load, unit of weight*; gâtu-bâra: *bed carrier*; gaoša-vare: *carried by ear* — BQT:821, 1773, 1858, 2245, HRN:68,240, FFD:42
- **Persian:** vâr: *a suffix meaning carried by or over something*
  ـوار
  مثال: سوار، خروار، گهواره، گوشواره، دشوار

وارستن
رجوع شود به: رهیدن

وارون
مق: فرارون

- **Old Persian:** Ardha: *swept, moved, pushed* جاروکرد ، جابجا کرد — BQT:1445
- **Indo-European:** Apo: *off* جدا، دور — POK:53
- **Avestan:** ap 2, apa: *off, away, to* — POK:54, BQT:1086
- **Old Persian:** apa-ardha: *pushed back, backward, wrong* — NYB:23,76, BQT:1445
- **Pahlavi:** apârôn: *wrong, backward, upside down* — BQT:1445,2246, NYB:23,76
- **Persian:** vârûn: *upside down, wrong, evil* وارون، وارونه
  پس ابلیس وارونه آن ژرف چاه
  به خاشاک پوشید و بسترد راه (فردوسی)
  MON:4941

واژ
رجوع شود به: واک

واژه
رجوع شود به: واک

واس

- **Indo-European:** Wes 4: *eat, feed* خوردن، خوراندن
  NOTE- Compare with "Ed: to eat".
  POK:1171, WLD1: 307
- **Avestan:** vastra, vâstra: *food, fodder* — POK:1171, WLD1: 307, ARN:514
- **Persian:** vâs, vâš: *fodder* واس، واش — ARN:514

واستر

- **Indo-European:** Wes 4: *eat, feed* خوردن، خوراندن
  NOTE- Compare with "Ed: to eat".
  POK:1171, WLD1: 307
- **Avestan:** vastra, vâstra: *food, fodder* — POK:1171, WLD1: 307, ARN:514
- **Pahlavi:** vâstr: *farm, meadow*; vastriuš: *farmer* — SNS:260
- **Persian:** vâstar: *meadow, farm* واستر; vâstriyûš: *farmer* واستریوش — SNS:260, MON:4946

واش
رجوع شود به: واس

واشه
رجوع شود به: باز۲

واک
هم: voice

- **Indo-European:** Wekw: *voice* صدا — POK:1135
- **Av/Old Pers:** vak, vačah, vaxš: *word, voice, sound* — POK:1135
- **Persian:** vâk: *sound* واک; vâžeh: *word* واژه; vâž: *quietly said prayers* واژ، باج۲ — BQT, FSF:64, ZMA:28

واکس

- **Indo-European:** Weg 1: *to weave* بافتن; Wokso: *woven (by the bees), wax* موم — POK:1117, 1180
- **Russian:** (blank)
- **Persian:** vâks: *wax* واکس — MON:4958

والا

- **Indo-European:** Werdh: *to grow, high* رشد کردن — POK:339,1167, KLN:1097
- **Avestan:** eredva: *high*; vared, vard, ward: *up, high* — POK:339,1167
- **Persian:** vâlâ: *great, high* والا; bâlîdan: *to boast* بالیدن — HRN:39,210, BQT:227,1848, FFD:35

- **Indo-European:** Werdh: *to grow, high* — POK:339,1167, KLN:1097
- **Old Persian:** ward: *to grow*; wi-ward: *to grow out* — FFD:75
- **Persian:** ?

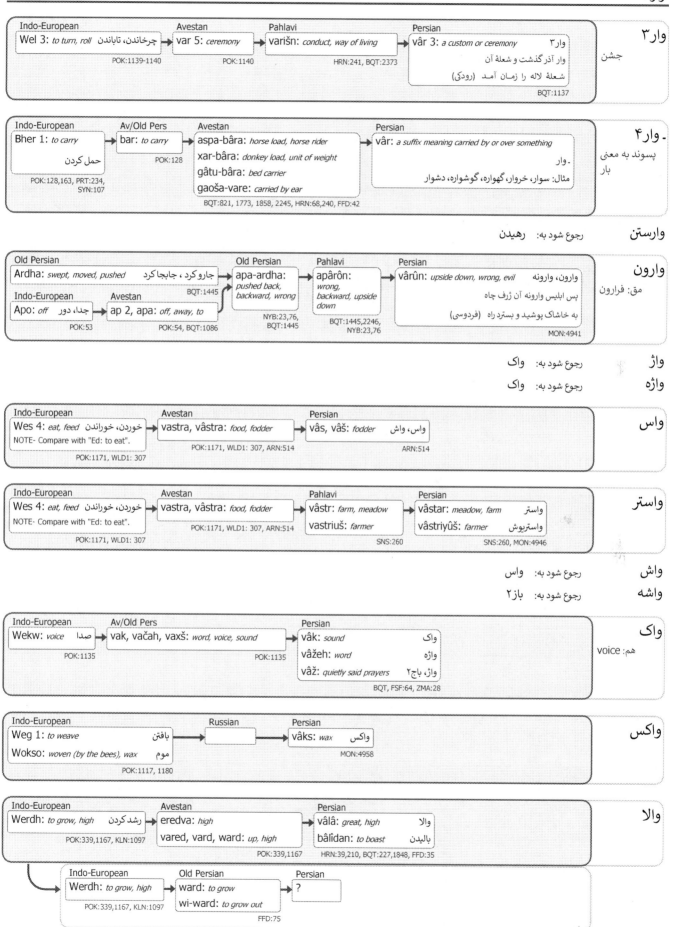

والانه
هم: vulnerable

- Indo-European: Wel 2, War: *to tear, wound, plunder* پاره کردن، زخمی کردن، غارت کردن — POK:1144, EIV:208
- → Persian: vâlâneh: *wound* والانه (ولانه) — MON:4966, POK:1145, ARN:515

NOTE- Sanskrit "vrana: wound" is from this root too.

وام

- Indo-European: Ap: *to take, receive, reach* گرفتن، بدست آوردن — POK:50
- → Av/Old Pers: ap 1, af, ab: *to receive* — POK:50, SNS:14, FFD:82
- Indo-European: Mai 1, Mei 5: *to change* عوض کردن — EIV:177
- → Avestan: maii: *to change* — EIV:177
- → Pahlavi: apâm, avâm: *something received.* NOTE- HRN: 31 does not agree with this derivation — BQT:2254, SNS:14, EIV:177
- → Persian: vâm: *loan* وام (فام۲); avâm: *loan* اوام

درم خواست فام از پی شهریار
برو انجمن شد بسی مایه دار (فردوسی)

SNS:14, BQT, AEF:173, EIV:177

وامیدن
استفراق کردن
هم: vomit

- Indo-European: Wem, Wema: *spit, vomit* تُف، استفراق — POK:1146-1147
- → Avestan: vam: *vomit* — ARN:523
- → Pahlavi: vâmîtan: *to vomit*; vâtâk: *saliva* — POK:1146, HRN:296
- → Persian: vâmidan: *to vomit* وامیدن (ومیدن) — ARN:523

وای۱
نشان حسرت
هم: woe

- Indo-European: Wai: *alas* افسوس — POK:1110
- → Avestan: vayôi, âvôya: *alas* — POK:1110
- → Persian: vây: *alas, woe* وای — BQT:2255

وای۲ رجوع شود به: ویش

وَبَر
پشم
هم: wool

- Indo-European: Wel 3: *to turn, roll* چرخاندن، تاباندن — POK:1139-1140
- → Indo-European: Wel 4: *curly hair, wool* موی فرفری، پشم — POK:1139-1140
- → Avestan: varenâ: *wool* — POK:1139-1140,
- → Pahlavi: warr: *wool* — ARN:517
- → Persian: vabar: *wool* وَبَر — ARN:517

وَبز
زنبور
هم: wasp

- Indo-European: Webh: *to weave* بافتن — POK:1114
- → Indo-European: Wopsâ: *insects with web nests* — AHD:1550, POK:1179, KLN:1731,
- → Iranian: vawža: *wasp* — POK:1179
- → Avestan: vawža: *wasp*; vawžaka: *scorpion* — POK:1179, ARN:518
- → Pahlavi: vassz: *wasp* — POK:1179, AHD:951
- → Persian: vabz: *wasp* وَبز

این لغت یا متروک شده و یا استفاده از آن بسیار محدود میباشد.

وچر
هم: چاره

- Indo-European: Kwer, Kar 2: *to make, form* ساختن، تشکیل دادن — POK:641, EIV:236
- Indo-European: Wi: *part, apart* جدا — POK:1175,1176
- → Av/Old Pers: wi, vî: *apart, away, opposite* — POK:1175, KNT:204
- → Avestan: čâra: *to mediate*; vi-čir: *to find a choice, judge*; vi-kay: *to set apart, choose* — POK:641, BQT:1813
- → Pahlavi: vičir: *judge*; vicîtan: *to choose* — FFD:73,
- → Persian: vačar: *judgment* وچر; vačargar: *judge* وچرگر — BQT:1809,2258, MON:4988

NOTE- cognate with Sanskrit "vi-cay: to choose"

وَخش رجوع شود به: وخشیدن

وَخشور
پیامبر
هم: voice

- Indo-European: Wekw: *voice* صدا — POK:1135
- → Av/Old Pers: vak, vačah, vaxš: *word, voice, sound* — POK:1135
- Indo-European: Bher 1: *to carry* حمل کردن — POK:128,163, PRT:234, SYN:107
- → Av/Old Pers: bar: *to carry* — POK:128
- → Avestan: vaxš-ô-bara: *word carrier* — HRN:241
- → Pahlavi: vaxš-war: *messenger* — MON:4992
- → Persian: vaxšûr: *prophet, Zoroaster* وَخشور

به گفتار وَخشور خود راه جوی
دل از تیرگیها بدین آب شوی (فردوسی)

MON:4992, BQT:2260, HRN:241

وخشیدن

- Indo-European: Aweg, Wog, Aug: *to magnify, increase* زیاد کردن، رشد دادن — POK:85
- → Avestan: vaxšaiti: *allows to grow* — POK:85
- → Pahlavi: waxšidan: *to grow* — POK:85, ARN:519
- → Persian: vaxšidan: *to grow, increase* وخشیدن (وخش) — ARN:519

وَد رجوع شود به: بَد

ودخین رجوع شود به: ورديج

وَر
آزمون بیگناهی

- Indo-European: Wer 1: *to speak* صحبت کردن — POK:1162
- → Avestan: ver 2: *to decide, command*; upa-var: *in belief*; urvata: *determination, command* — POK:1162, KLN:1751, SYN:1254
- → Persian: var: *tests like passing through fire to prove one's innocence* وَر — MON, BQT

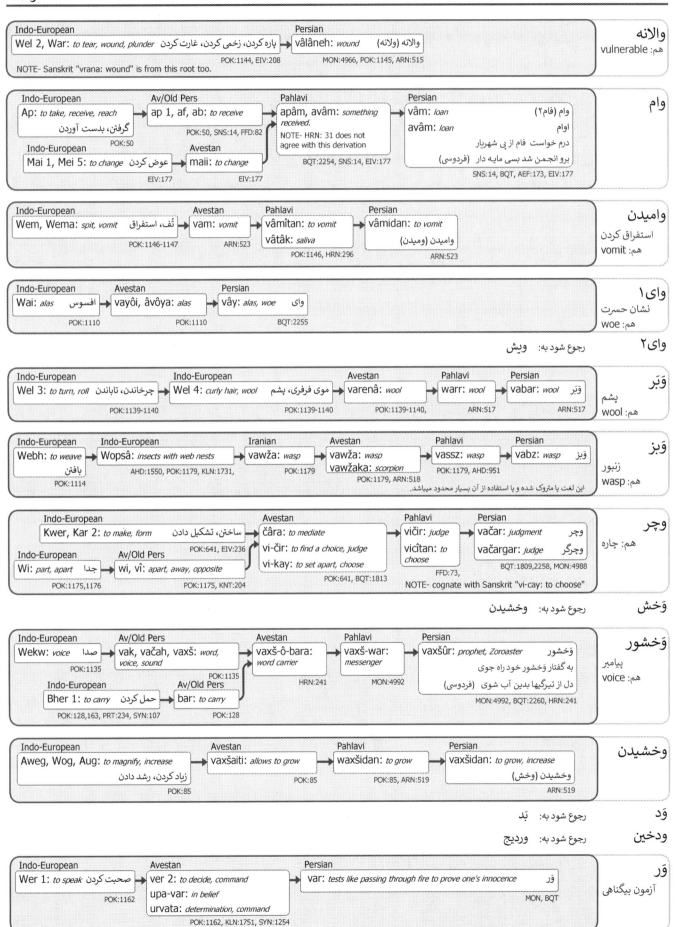

وُراز رجوع شود به: گراز

ورتک رجوع شود به: گرک

ورج رجوع شود به: ارج

وَرد۱. رجوع شود به: . جرد

وَرد۲

Indo-European: Keuk: *to shine, be white* درخشیدن — POK:597
→ Avestan: suxra: *glowing red* — POK:597, HRN:161,165, IRN:128

Indo-European: Word: *thorn, flower* خار، گل — KLN:1357, SYN:527
→ Av /Old Iranian: wrda, varedha: *rose*; suxra-vard: *red rose* — KLN:1357, BQT:1822
→ Pahlavi: vardâ, vard, vart
→ Persian: vard: *rose* وَرد; sohrvard: *red rose* سُهرَورد — MON:5000, AHD:1550, SYN:527

وَردَنه رجوع شود به: نوردیدن

وردیج
بلدرچین
هم: water

Indo-European: Wortoko: *quail* بلدرچین — POK:1180
→ Pahlavi: vartak 2: *a water bird* — HRN:242
→ Persian: vardîj: *quail* وردیج (ودخین) — MON:5001, BQT:2262

NOTE- see "Wer 4: water, wet" for another possible root

وردیج
بلدرچین
هم: water

Indo-European: Wer 4, Ud 2: *water, wet* آب، رطوبت — POK:78, AHD:1547,1549, KLN:1732, EIV:406
→ Avestan: udra: *water animal, otter* — POK:78
→ Pahlavi: vartak 2: *a water bird* — HRN:242
→ Persian: vardîj: *quail* وردیج (ودخین) — MON:5001, BQT:2262

NOTE- see "Wortoko: quail" for another possible root

ورز رجوع شود به: ورزیدن

ورزا
گاو نر

Indo-European: Wâka, Wakâ: *cow* گاو — POK:1111, ARN:521
→ Pahlavi: varzâ, warzâg: *cow* — ARN:521
→ Persian: varzâ: *bull* ورزا، ورزاو — ARN:521

ورزش رجوع شود به: ورزیدن

ورزیدن

Indo-European: Werg 1: *to work* کارکردن — POK:1168
→ Avestan: vareza: *work* — POK:1168, KLN:1751, SYN:537
→ Persian: varzîdan: *to work* ورزیدن (ورزش); barz, varz: *work* بَرز، ورز — BQT, MON

Indo-European: Werg 1: *to work* — POK:1168
→ Old Persian: vard: *work* — KNT:207
→ Persian: ?

وَرِس رجوع شود به: گُرس۲

ورغ
بند آب
هم: divert

Indo-European: Wer 2, Kwermi: *to turn, bend* چرخیدن، خم شدن — POK:1142-1157, POK:649
→ Sanskrit: varj: *to turn around* — POK:1154
→ Persian: varğ: *a dam made to turn water around* ورغ
دل برد و مرا نیز بمردم نشمرد
گفتارچه سوداست که ورغ آب ببرد (فرخی)
— BQT:258,2273, HRN:242

ورغنه
شاهین:"قاتل برّه"

Indo-European: Weren: *lamb* بره — POK:1170
→ Av/Old Pers: varnak: *lamb* — POK:1170

Indo-European: Gwhen 2, Jan: *to strike, hurt* زدن، آزردن — POK:492, EIV:222
→ Old Persian: jan.: *to strike* — KNT:184,185

→ Pahlavi: varrak: *lamb*; vâra-ğna, vâren-žar, varâğ: *lamb killer* *(referred to falcon or crow)* — POK:1170, BQT:268
→ Persian: varğeneh: *falcon* ورغنه; kalâğ: *crow* کلاغ — BQT, POK:1170, HRN:192,

وَروَره
سنجاب

Indo-European: Wer 6: *squirrel* سنجاب — POK:1166
→ Persian: varvareh: *squirrel* وَروَره — POK:1166521:آ.

وریزه رجوع شود به: برنج۲

وَرِیس رجوع شود به: گُرس۲

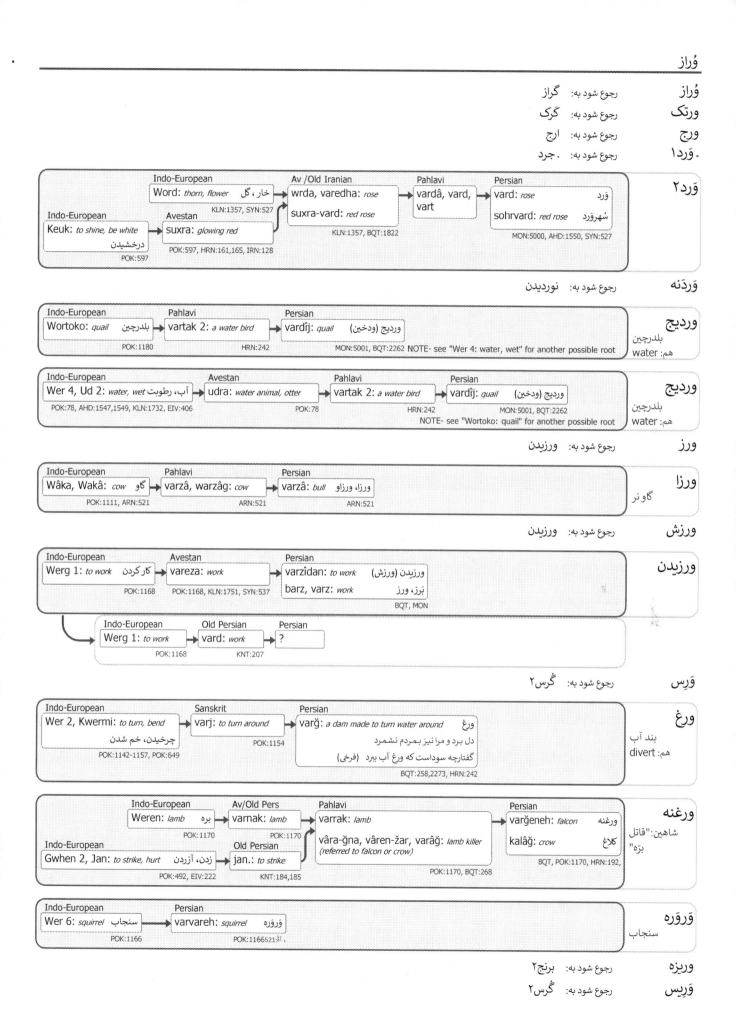

وَزَغ

Indo-European: Wêğo: *lizard?* مارمولک؟ (IEC:1499) → Avestan: vazaghâ: *lizard, frog* (IEC:1499) → Persian: vazağ: *frog* وَزَغ; vazağeh: *a small lizard* وزغه (IEC:1499, BQT:2278, HRN:242,)

وزغه رجوع شود به: وَزَغ

وزیدن
هم: weigh

Indo-European: Wegh: *to go, carry* رفتن، حمل کردن (POK:1119) → Avestan: vaza 2, vâzišta: *travel* (POK:1119) → Persian: vazîdan: *to blow (wind)* وزیدن (BQT, MON)

وزیر
مق: وچرگر

Indo-European: Kwer, Kar 2: *to make, form* ساختن، تشکیل دادن (POK:641, EIV:236)
Indo-European: Wi: *part, apart* جدا (POK:1175,1176) → Av/Old Pers: wi, vî: *apart, away, opposite* (POK:1175, KNT:204)
→ Avestan: čâra: *to mediate*; vi-čir: *to find a choice, judge* (POK:641, BQT:1813) → Pahlavi: vičir: *judge* (FFD:73, BQT:1813) → Arabic: wazîr (KLN:1718) → Persian: vazîr: *minister* وزیر (BQT:2279)

NOTE- cognate with Sanskrit "vi-cay: to choose"

وضو
هم: Asia

Akkadian: Âsû : *to rise, come out (said of the sun)* بالا آمدن (خورشید) (KLN:113, AHD:77) → Arabic: wazu: *to become beautiful*; wodu: *the washing before prayer* (KLN:113) → Persian: vozû: *the washing before prayer* وضو (FVA:432, MON:5037)

وَل، وِل، وُل رجوع شود به: گُل

ولانه رجوع شود به: والانه

ولغونه رجوع شود به: گُل

ومیدن رجوع شود به: وامیدن

وَن رجوع شود به: بُن۱

وَنگ۱
ناچیز
هم: void

Indo-European: Wâ, We: *to be empty* خالی بودن (POK:345) → Avestan: unâ, ûna, uyamna: *empty, needing* (POK:345, KLN:1687) → Persian: vang 1: *empty, poor* وَنگ۱
ما از شمار آدمیانیم سنگ دل
از معصیت توانگر و از طاعتیم ونگ (سوزنی)
(POK:345, HRN:243, BQT:2293)

NOTE- HUB:105 has doubts about this etymology.

وَنگ۲ رجوع شود به: بانگ

وهرام
پیروز
هم: cover

Indo-European: Wer 3, Werg 2: *to cover, enclose* پوشاندن، محصور کردن (POK:1116, IEC:1599) → Avestan: varethra: *defender, also name of a demon* (POK:1116) → Pahlavi: varhrâm: *victorious* (BQT:324) → Persian: vahrâm: *victorious* وهرام (BQT)

ویختن رجوع شود به: آویختن

ویدا
هم: هویدا
هم: wisdom

Indo-European: Weid: *to see, to know* دیدن، دانستن (POK:1125) → Avestan: vaeda, vîdada: *I know*; vidya: *knowledge* (POK:1125, 1126) → Persian: vîdâ: *apparent* ویدا (MON, BQT)

ویر
حافظه

Indo-European: Wei 2: *vital force* نیروی حیاتی (POK:1123,1177, KLN:1714) → Indo-European: Wiros: *man* مرد (POK:1123,1177, KLN:1714) → Avestan: vîra: *man, (his mind)* (POK:1177, KLN:1714) → Pahlavi: vîr: *awareness* (BQT:334) → Persian: vîr: *memory, intelligence* ویر (بیر); bar 1: *memory* بَر۱
بپرسید نامش ز فرّخ هجیر
بدوگفت نامش ندانم به ویر (فردوسی)
(MON:489, BQT:2298, BQT:262)

Indo-European: Wei 2: *vital force* (POK:1123,1177, KLN:1714) → Avestan: vôi, vây, vîvâiti, vayeiti 2: *to chase*; vyâna: *followed* (POK:1123) → Persian: ?

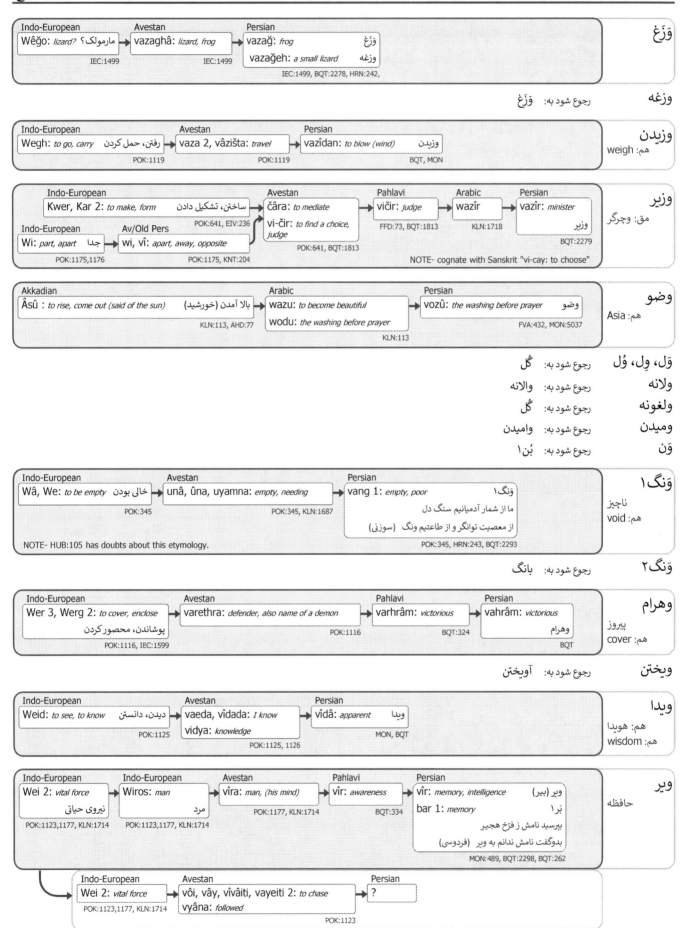

ویراستن
هم: آراستن
هم: order

- Indo-European — Ar 1: *to fit together* جور و درست کردن (POK:55)
- Indo-European — Wi: *part, apart* جدا (POK:1175,1176) → Av/Old Pers — wi, vî: *apart, away, opposite* (POK:1175, KNT:204)
- → Avestan — râd: *right, correct, proper*; vi-râiti, vi-radh: *set apart* (WLD:74, POK:56)
- → Persian — vîrâstan: *to edit* ویراستن (ویرایش) (BQT, AEF, FFD)

ویرایش
رجوع شود به: ویراستن

ویش
هم: ostrich

- Indo-European — Aw: *bird* پرنده (POK:86)
- → Avestan — vîš 2: *bird*; vayu: *air* (POK:86, HRN:296, SYN:183)
- → Pahlavi — vôi, vây, vâyandak: *bird* (POK:86, NYB:207)
- → Persian — vây: *bird* وای; vîš: *bird* ویش (HRN:995, FRS:56)

این لغت یا متروک شده و یا استفاده از آن بسیار محدود میباشد.

ویشتاسپ
"با اسبان آماده"

- Indo-European — Sâi, Hai: *to bind, tie* بستن (POK:891, POK:977, KLN:1448, EIV:135)
- Indo-European — Wi: *part, apart* جدا (POK:1175,1176) → Av/Old Pers — wi, vî: *apart, away, opposite* (POK:1175, KNT:204)
- Indo-European — Ekwos: *horse* اسب (POK:301)
- → Av/Old Pers — wi-sâ, vi-hây: *untie*; Višta-aspa, vištaspa: *with unbound (ready) horses* (POK:891,892, BRT:1800, FFD:74, EIV:136)
- → Persian — vištâsp: *with ready horses* ویشتاسپ (AHD:1273, EIV:136)

وین
تاکستان (دنیا؟)
هم: wine

- Indo-European — Win: *wine* شراب (AHD:1547)
  NOTE- This is probably a Mediterranean word.
- → Persian — vîn: *black grape, color, vineyard (world ?)* وین (FVF:695, AFM:159, BQT:2302, FSF:341)
  اگر زندگانی بود دیر یاز
  براین وین خرّم بمانم دراز (فردوسی)

هار
گردن، گردنبند
هم: series

- Indo-European — Ser 3: *to line up, arrange, sort* ردیف کردن (POK:911, IEC:1131)
- → Sanskrit — sarat: *thread*; hâra: *string of beads* (IEC:1131, MON:5081)
- → Persian — hâr: *string of beads, necklace, neck* هار (IEC:1131, MON:5081)
  گزیده سواران برون از شمار
  بران باد پایان آهخته هار (فردوسی)

- Indo-European — Ser 3: *to line up, arrange, sort* (POK:911, IEC:1131)
- → Avestan — hara: *mountain range* (IEC)
- → Persian — ?

هاسر
واحد قدیمی زمان یا فاصله

- Indo-European — Sâen: *to be late, a period of time* تاخیر داشتن، مدتی از زمان (POK:889)
- → Avestan — hâthra: *a time period* (POK:890)
- → Pahlavi — hâsr, hâsar: *a unit of time, about two hours.* (SNS:3)
- → Persian — hâsr: *a unit of time* هاسر (HRN:280)

NOTE- On page 67 of "Pajhoheshi dar Asatir Iran", Mehrdad Bahar defines "hâser" as a unit of length about 700 meters

هاله
هم: helium

- Indo-European — Sâwel: *sun* خورشید (POK:881)
- → Greek — helios: *sun* (AHD)
- → Persian — hâleh: *halo, hue* هاله (MON:5091, TAD:75)

هامون
هم: same

- Indo-European — Sem: *same* هم، همان (POK:902,904)
- → Avestan — hama 1: *same, equal, flat level* (POK:902-904)
- → Persian — hâmûn: *land with same (flat) elevation* هامون (BQT, HRN)

هامین
تابستان
هم: summer

- Indo-European — Sam: *summer* تابستان (POK:905)
- → Avestan — ham 2, hama 2: *summer* (POK:905, KLN:1541)
- → Persian — hâmin, hamin: *summer* هامین، همین (HRN:280)

این لغت یا متروک شده و یا استفاده از آن بسیار محدود میباشد.

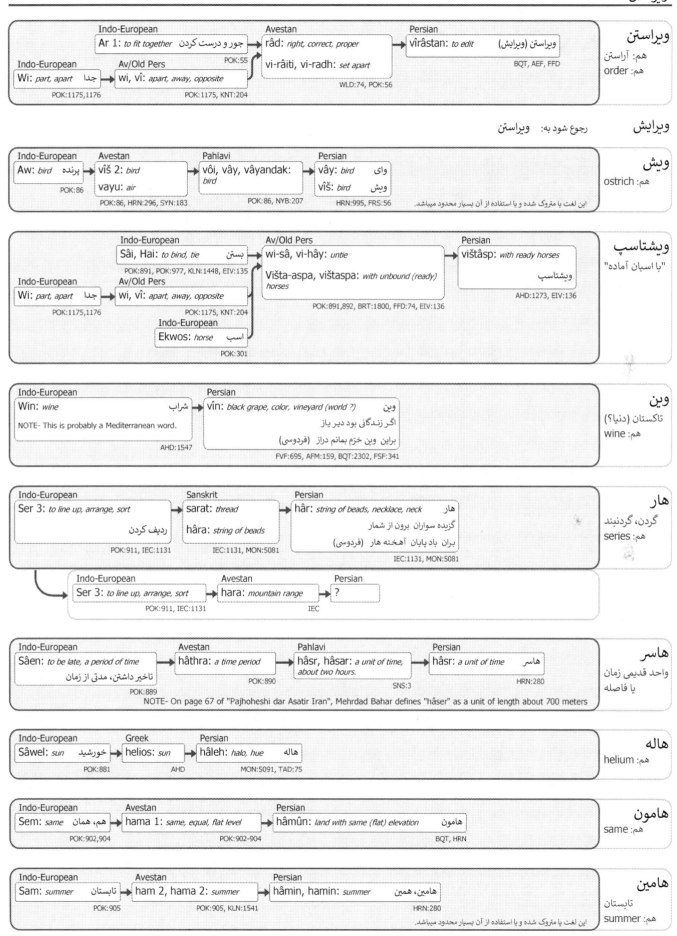

هان
پیر
هم: senior

- Indo-European: Sen: *old* پیر (POK:907)
- → Avestan: hana, hanâ: *old* (POK:907)
- → Persian: hân: *old (obsolete)* هان (HRN:280)

این لغت یا متروک شده و یا استفاده از آن بسیار محدود میباشد.

هاون

- Indo-European: Seu 4, Hau 1: *to extract, squeeze out* عصاره گرفتن (EIV:134)
- → Avestan: hau-: *to press* فشردن; Hâvana: *mortar* هاون (MON:5095, EIV:134)
- → Pahlavi: hâvan: *mortar* (MON:5095)
- → Persian: hâvan: *mortar* هاون (BQT:2312, HRN:244, EIV:134)

هَخ
کف پا

- Indo-European: Skeng: *crooked, bent* ناصاف، خمیده (POK:930)
- → Avestan: haxti: *that which bends, leg, shank* (POK:930)
- → Pahlavi: haxt: *thigh* (SNS:2)
- → Persian: hax: *foot sole (obsolete)* هَخ (HRN:279)

این لغت یا متروک شده و یا استفاده از آن بسیار محدود میباشد.

هخامنش
"با پندار و رفتار دوستانه"

- Indo-European: Sekw: *to follow* دنبال کردن (POK:896)
- → Avestan: haxay, haši: *follower, companion, friend*; haxa-maniš: *friendly mannered* (POK:896)
- Indo-European: Men 1: *to think* فکر کردن (POK:726)
- → Avestan: manah: *mind, manners*; man 1: *to resemble* (POK:726,727, BQT)
- → Persian: Haxâmaneš: *"with friendly thoughts and manners"* هخامنش (MON, BQT)

هر
هم: hologram

- Indo-European: Sol: *whole* تمام، کامل (POK:979)
- → Avestan: haurva 1: *whole, all, each*; haurvatât: *completeness* (POK:979)
- → Persian: har: *each* هر (BQT:729,2318)

هرات
"جریان"

- Indo-European: Ser 1, Sreu: *to flow* جاری شدن; Srêm: *running* جاری (POK:909,1003, KNT:205, IEC:1276)
- → Av/Old Pers: hareva, haraiva: *a river in Afghanistan* (POK:909)
- → Persian: harât: *"the flowing"* هرات

هرکول
"نگهبان"
هم: hero

- Indo-European: Ser 2: *protect* حفاظت کردن (POK:910)
- → Greek: heros: *protector*; Heracles: *a legendary strong man* (KLN:724)
- → French: (blank)
- → Persian: herkûl: *"protector"* هرکول (MON5: 2269)

- Indo-European: Ser 2: *protect* (POK:910)
- → Avestan: haraiti, haurvaiti: *protects*; haurva 2: *protecting* (POK:910, KLN:338)
- → Persian: ?

هرگز رجوع شود به: اگر

هرمز رجوع شود به: اهورامزدا

هزار
هم: kilo

- Indo-European: Gheslo: *thousand* هزار (POK:446)
- → Avestan: hazanrem, hazangra: *thousand* (POK:446)
- → Pahlavi: hazâr: *thousand* (POK:446, ARN:527)
- → Persian: hezâr: *thousand* هزار (POK:446, BQT:2331)

هزوان رجوع شود به: زبان

هُژیر
"زیبا روی"

- Indo-European: Su 1: *well, good* خوب (POK:1037, KLN:548)
- → Avestan: hu 1: *good* (POK:1037)
- Indo-European: Skai: *shining, bright* درخشان، روشن (POK:917)
- → Avestan: čitra: *clarity, face, also race and origin* (POK:700,916, BQT:2047,674, KNT:184)
- → Avestan: hu-čitra: *nice faced* (POK:780,1037, HRN:111, HUB:57)
- → Persian: hožîr: *"well faced"* هُژیر (BQT)

هست رجوع شود به: استن

هستن رجوع شود به: استن

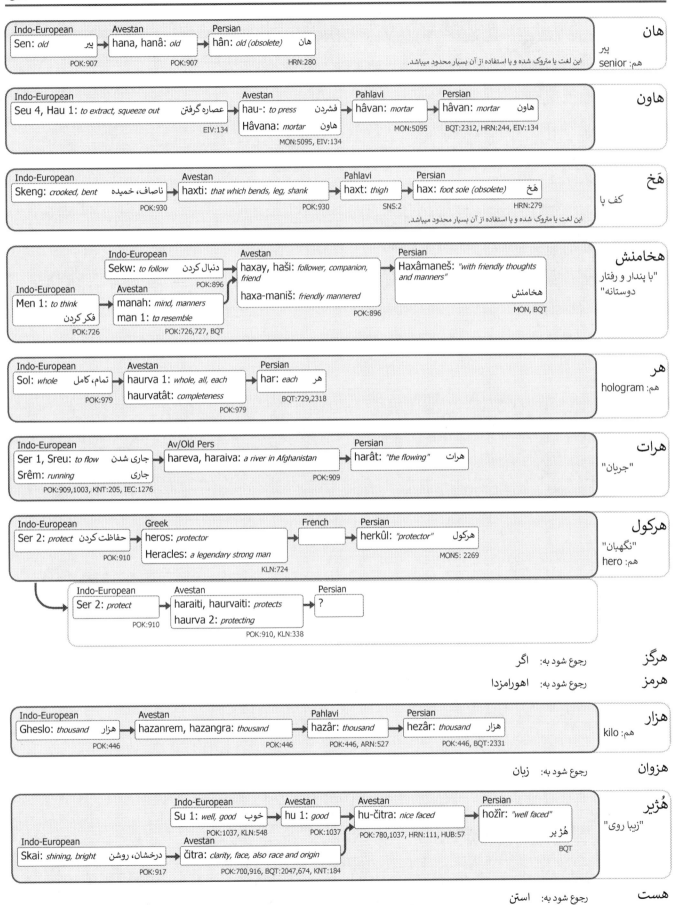

هسته رجوع شود به: استخوان

هشت
هم: eight

Indo-European: Okto: *eight* هشت (POK:775) → Av/Old Pers: ašta: *eight* (POK:775, KLN:504) → Persian: hašt: *eight* هشت (BQT:2238)

هشتن
رها کردن

Indo-European: Selg, Harz: *to let go, release* رها کردن (POK:900, EIV:133) → Avestan: harz, herezaiti: *to allow, release* (POK:900, HRN:245) → Persian: haštan, heštan: *to let go* هشتن; halîdan: *to let go* هلیدن (BQT:2361, 2339, EIV:133)

هفت
هم: seven

Indo-European: Septm: *seven* هفت (POK:909) → Av/Old Pers: hapta: *seven* (POK:909, KLN:1426) → Persian: haft: *seven* هفت (BQT:2341)

هکتار
مق: آر
هم: area

Indo-European: Dekm: *ten* عدد ده (POK:191) → Indo-European: Dkm-tom: *hundred* (AHD) → Greek: hektaton: *hundred* (AHD) → French: hectare: *a unit of area* → Persian: hectâr: *10,000 square meters* هکتار (MON:39, 5159)

Indo-European: As: *to burn* سوزاندن (POK:68) → Latin: arêre: *to become dry (land)*; ara: *an area (of dry land)* (KLN:102) → French: hectare

هلیدن رجوع شود به: هشتن

هم
هم: same

Indo-European: Sem: *same* هم، همان (POK:902,904) → Avestan: ham 1: *with, also, too* (POK:902-904) → Persian: ham: *too, together* هم (همه)
مثال فرم "ان -": انبار, انباز, انباشتن, انباغ, انجام, انجمن, انجیدن, انداختن, اندازه, اندام,
اندرز، اندوختن, اندودن, اندوزیدن, اندوه, اندیشیدن, انگاردن, انگاشتن, انگیختن, انگیزه
(KLN:58)

Indo-European: Sem: *same* (POK:902,904) → Old Persian: ha: *one, with*; ha-dâ: *with*; ham: *together* (KNT:211,212) → Persian: ?

هما
هم: هومن

Indo-European: Su 1: *well, good* خوب (POK:1037, KLN:548) → Avestan: hu 1: *good* (POK:1037) → Avestan: hu-mâyâ: *well, blessed* (BQT:717,737,748,2365, HRN:108) → Persian: homâ: *blessed* هما (همایون) (BQT)

هَمار رجوع شود به: آمار

همال
مانند
هم: same

Indo-European: Sem: *same* هم، همان (POK:902,904) → Avestan: ham 1: *with, also, too* (POK:902-904) → Pahlavi: ham-êmâl, hamahl: *equal, similar* (MON:5176) → Persian: hamâl: *like* همال; farrox-hamâl: *prosperous* فرّخ همال (IEC, MON)

همان رجوع شود به: هم + مان۱

همایون رجوع شود به: هما

هم تک
هم سفر

Indo-European: Teku: *to run, flow* دویدن، جریان یافتن (POK:1059, EIV:374) → Avestan: tak, taka, tač: *to run* (POK:1059, BQT:503) → Persian: ham-tak: *road companion* هم تک، هم تگ
ما و مجنون به ره بادیه هم تگ بودیم
قدمی چند زهمراهی ما دور افتاد (شریف)
(BQT, MON, IEC:1372)

Indo-European: Sem: *same* هم، همان (POK:902,904) → Avestan: ham 1: *with, also, too* (POK:902-904) → Persian: ham-tak

NOTE- Teku may be related to "Tek, Tač: to reach, receive"

همدان رجوع شود به: اکباتان

هموار رجوع شود به: هم + وار۲

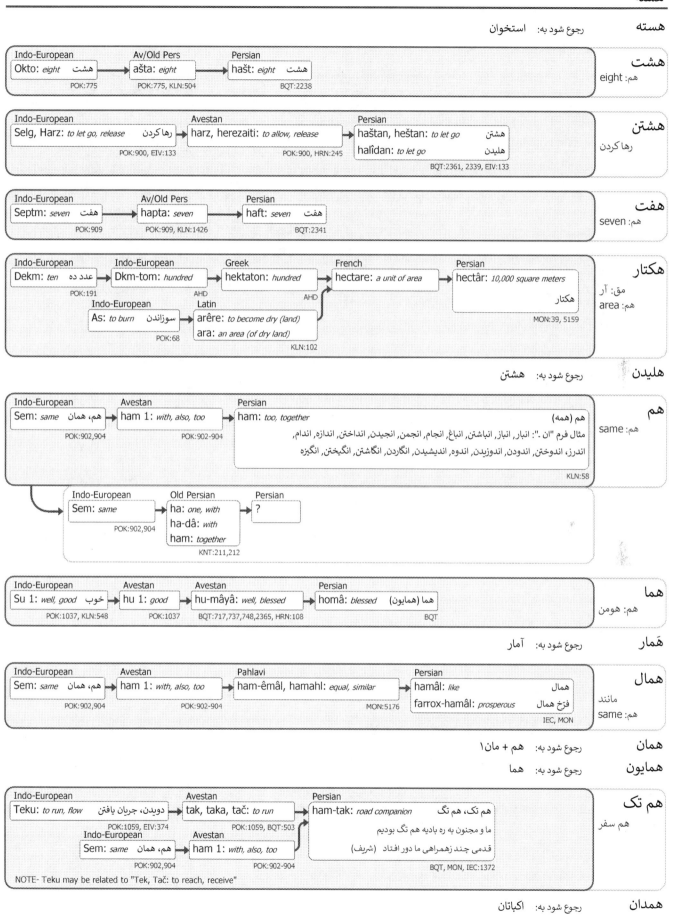

همه رجوع شود به: هم

همیان
کمربند

Indo-European
Yôs: *to gird, belt* کمر بستن، دور چیزی را پوشاندن
POK:513

Indo-European
Sem: *same* هم، همان
POK:902,904

Avestan
ham 1: *with, also, too*
POK:902-904

Av/Old Pers
yâsta, yânhaeiti: *belted*
ham-yân: *belt*
POK:513, KLN:1770, SYN:434, EIV:210

Persian
hamyân: *belt, long money bag wrapped around the waist*
همیان
BQT:2373, EIV:210

هَمیستر
دشمن

Indo-European
Smeit: *to throw, send forward*
پرتاب کردن، به جلو فرستادن
POK:968

Avestan
maêth: *to send, throw*
hamista: *thrown down, put down*
hamaêstar: *one who throws down, enemy*
POK:968, KLN:988

Pahlavi
hamêstâr: *enemy*
hamêstagân: *awkward situation*
SNS:53

Persian
hamîstar: *enemy* همیستر
hamîstakân: *a place between hell and heaven*
همیستکان
HRN:279, MON:5185

این لغت یا متروک شده و یا استفاده از آن بسیار محدود میباشد.

هَمیستَکان رجوع شود به: هَمیستَر

همین رجوع شود به: هامین

هنجار
راه
هم: tone

Indo-European
Ten 1, Temp: *to stretch, pull* کشیدن
POK:1064,1067

Avestan
thang, â-thax, hanč: *to pull, also a path*
BQT:1481,2376,2381, SNS:7

Persian
hanjâr: *path* هنجار
ز هنجار دیگر درآمد به روم
فروماند گنج اندرون مرز و بوم (نظامی گنجوی)
BQT, MON, HRN, SNS, FFD

هنجیدن
هم: tension

Indo-European
Ten 1, Temp: *to stretch, pull* کشیدن
POK:1064,1067

Avestan
thang, â-thax, hanč: *to pull, also a path*
BQT:1481,2376,2381, SNS:7

Persian
hanjîdan: *to pull or dig out* هنجیدن (آهنجیدن)
BQT, MON, HRN, SNS, FFD

هندسه
"اندازه گیری"

Indo-European
Teku: *to run, flow*
دویدن، جریان یافتن
POK:1059, EIV:374

Avestan
tak, taka, tač: *to run*
POK:1059, BQT:503

Indo-European
Sem: *same* هم، همان
POK:902,904

Avestan
ham-tač,
ham-tak: *to throw together*
BQT:128, HRN:27

Pahlavi
handâčak: *throw together (like laying a yardstick next to something for measurement), measure*
BQT

Arabic

Persian
hendeseh: *the science of "measurements"*
هندسه
BQT:2379, HRN:27

NOTE- the root "Teku: to flow" may be related to "Tek, Tač: to reach, receive"

هنر
"کار زیبا"

Indo-European
Su 1: *well, good* خوب
POK:1037, KLN:548

Avestan
hu 1: *good*
POK:1037

Indo-European
Ner 1: *vital energy, man* انرژی حیاتی، مرد
POK:765

Avestan
hu-nara: *good virtue, art*
POK:780,1037, HRN:111, HUB:57

Persian
honar: *"nice work"* هنر
BQT

هنگام
هم: زمان
هم: come

Indo-European
Sem: *same* هم، همان
POK:902,904

Indo-European
Gwa: *to walk, step* قدم زدن
POK:463,EIV:98

Av/Old Pers
gam: *to come, step*
POK:463, KLN:318

Avestan
han-gama: *at the same time, during*
BQT:172

Persian
hengâm: *time* هنگام
BQT, MON,EIV

هوا
هم: شُش

Indo-European
Kwes: *to pant, to breathe fast* نفس نفس زدن
POK:631, CEL6: 284, EIV:369

Persian
havâ: *air* هوا
CEL6: 284

هوخت
دعا
هم: voice

Indo-European
Wekw: *voice* صدا
POK:1135

Indo-European
Su 1: *well, good* خوب
POK:1037, KLN:548

Avestan
hu 1: *good*
POK:1037

Av/Old Pers
ux: *word*
hu-ux-tay: *good words*
ETM:72

Persian
hûxt: *good words, prayer, prayer house* هوخت
ETM:72, BQT:2388

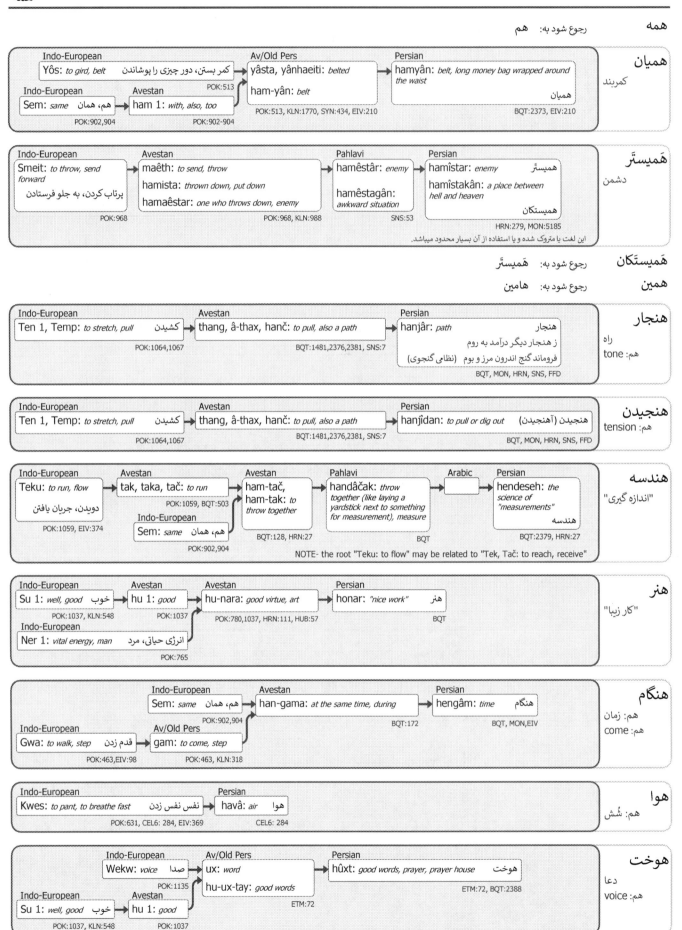

هوخشتر
"خوب رشد کرده"

- Indo-European — Su 1: *well, good* خوب (POK:1037, KLN:548) → Old Persian — hu, u, uv: *good* (KNT:175) → Old Persian — u-vaxštra: *well grown, former king of Media* (KNT:175,176,177) → Persian — Hovaxšatar: *a former king of Media* هوخشتر (KNT:177)
- Indo-European — Yeu 1, Yauj: *to join, harness* جفت کردن، مهار کردن (POK:509, EIV:217) → Indo-European — Aueg : *to grow, strengthen* رشد کردن، قوی شدن (POK:84-85 ،510, EIV:217) → Old Persian — vaxš: *grow* (KNT:177) → u-vaxštra

هور رجوع شود به: خور

هوربان رجوع شود به: حِربا

هورمزد رجوع شود به: اهورامزدا

هوش۱
هم: ear

- Indo-European — Aus 1: *ear* گوش (POK:78,785, KLN:126,494) → Avestan — ûši: *two ears, intelligence, mortal life*; ûši-dâta: *intelligent* (POK:785) → Persian — hûš: *intelligence* هوش۲; hûš-yâr: *intelligent* هوشیار (POK:785)
- Indo-European — Dô: *to give, create* دادن، خلق کردن (POK:223) → Avestan — dâ 1: *to give* (BQT:121, POK:223,225) → ûši-dâta

هوش۲
صبح
هم: east

- Indo-European — Aus 2: *to shine* درخشیدن; Ausus: *dawn* سپیده دم (POK:86, KLN:495) → Avestan — usaiti: *to light up*; ušâ: *east, dawn*; ušas-tara: *east* (POK:86, SYN:871) → Pahlavi — huš: *morning* (SNS:67) → Persian — hûš 2: *morning* هوش۲ (HRN:281, SNS:67)

هوشنگ

- Indo-European — Su 1: *well, good* خوب (POK:1037, KLN:548) → Avestan — hu 1: *good* (POK:1037) → Avestan — hav-sivanga, hao-šyangh: *good builder, with good household* (BQT, FAF:708, ZMA:48) → Persian — Hûšang: *"good builder", with good household* هوشنگ (BQT, FAF:708, ZMA:48)
- Indo-European — Ken 2, Gwhen 3: *to dig* کندن (EIV:232, POK:534) → Av/Old Pers — šan, šyangh: *house, household*; NOTE- Cognate with "kan 1: to dig out" (ZMA:49-51) → hav-sivanga, hao-šyangh

هوم
هم: soak

- Indo-European — Seu 2: *juice, to take liquid, squeeze* عصاره، فشردن (POK:912) → Avestan — hau 1: *to press, squeeze*; haoma: *ephedra plant, mahuang shrub* (POK:912, KNT:211) → Persian — howm: *a juicy plant which was considered very holy by the ancient Aryan people* هوم (HRN:249, BQT:2398)

هومن
"نیک رفتار"
هم: mind

- Indo-European — Su 1: *well, good* خوب (POK:1037, KLN:548) → Avestan — hu 1: *good* (POK:1037) → Avestan — hu-mana: *well mannered* (BQT, FAF:708, ZMA:48) → Persian — Hûman: *"well mannered"* هومن (BQT, FAF:708, ZMA:48)
- Indo-European — Men 1: *to think* فکر کردن (POK:726) → Avestan — manah: *mind, manners* (POK:726,727, BQT) → hu-mana

هویدا

- Indo-European — Su 1: *well, good* خوب (POK:1037, KLN:548) → Avestan — hu 1: *good* (POK:1037) → Avestan — hu-vaeda: *well known* (POK:780,1037, HRN:111, HUB:57) → Persian — hovaydâ: *"well apparent"* هو یدا (BQT)
- Indo-European — Weid: *to see, to know* دیدن، دانستن (POK:1125) → Avestan — vaeda, vîdada: *I know* (POK:1125, 1126) → hu-vaeda

هیچ

- Indo-European — I 2 : *pronominal stem* ریشه بسیاری از ضمیر ها (POK:281, KNT:203) → Indo-European — Au 1: *one, this one* (POK:73,75,281,286) → Av/Old Pers — aiva-čiy: *nothing* (POK:73,75,286, BQT:2417, KNT:164) → Pahlavi — hêč: *nothing* (BQT, SNS:91) → Persian — hîč: *nothing* هیچ (BQT, SNS:86,91)
- Indo-European — Kwo: *stem of interrogative and relative pronouns* ریشه ضمایر سئوالی و نسبی (POK:644,646, AHD) → aiva-čiy

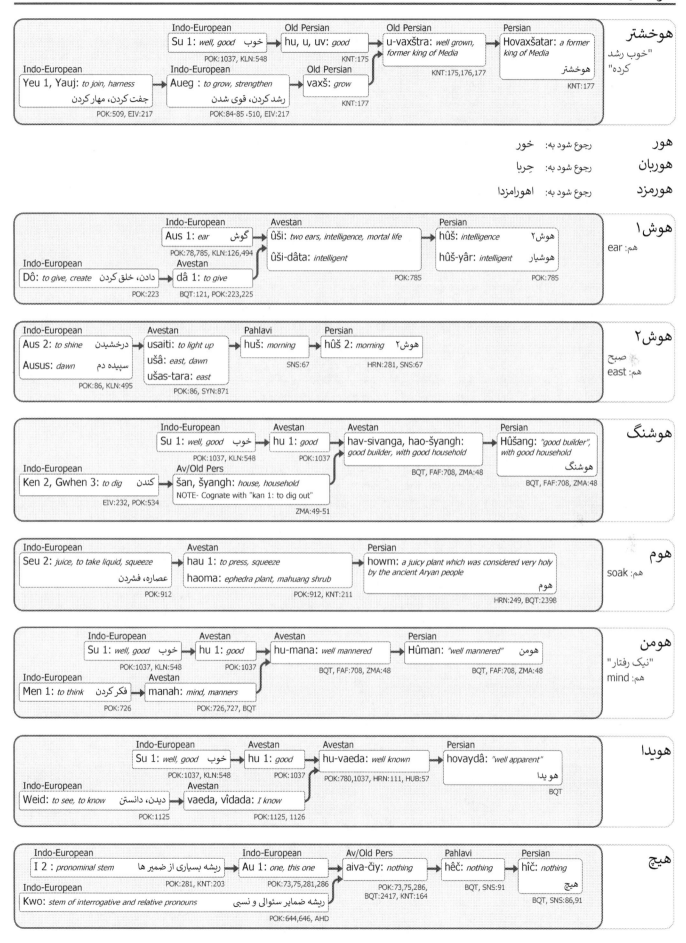

هیختن
مق: هنجیدن
هم: tension

- Indo-European: Ten 1, Temp: *to stretch, pull* کشیدن — POK:1064,1067
- → Avestan: thang, â-thax, hanč: *to pull, also a path* — BQT:1481,2376,2381, SNS:7
- → Persian: hîxtan: *to pull* هیختن — BQT, HRN, SNS

هیربد
"نگهبان آتش"، پیشوا

- Indo-European: Ater: *fire* آتش — POK:69
- → Avestan: âtarš, âthra: *fire* — POK:69, KLN:123
- Indo-European: Per 3: *oppose, hit* مخالف، مقابل — POK:815-818
- → Avestan: paiti 2: *counter, back* — POK:815
- → Pahlavi: paitiš, pat, pêš: *in front of, before, leader* — BQT:440
- → Pahlavi: hêr-bed: *fire guard, leader, teacher* — BQT:13
- → Persian: hêrbod: *fire guard, teacher* هیربد — BQT

هیرک
هم: year

- Indo-European: I 1: *to go* رفتن — POK:293,501, KLN:825
- → Indo-European: Yero: *year* — POK:296, KLN:1761
- → Avestan: yâr, yâra: *year* — POK:296, KLN:1796
- → Pahlavi: yâirka: *one year old.* — HRN:249
- → Persian: hîrak: *a baby animal* هیرک — BQT:2406

هیزم
هم: anneal

- Indo-European: Aidh: *to burn* سوزاندن — PRT, KLN, AHD
- → Av/Old Pers: aesmo: *heat*; hêzum: *fire wood* — POK:11
- → Persian: hîzom: *firewood* هیزم; hîmeh: *firewood* هیمه — BQT:2407, HRN:249

هیمه
رجوع شود به: هیزم

یا

- Indo-European: I 2 : *pronominal stem* ریشه بسیاری از ضمیر ها — POK:281, KNT:203
- → Indo-European: Uê: *or* — POK:73,75,281,286
- → Av/Old Pers: va, vâ: *or* — POK:73,75,286, BQT:2417, KNT:164
- → Pahlavi: ayâb, ayâ, ayâo: *or* — BQT, SNS:91
- → Persian: yâ: *or* یا — BQT, SNS:86,91

یاد

- Indo-European: Yem: *hold together (pair)* باهم نگاه داشتن — POK:505
- → Avestan: yata, yâta, ya: *remember* — POK:505
- → Pahlavi: yât, âyât — HRN:250
- → Persian: yâd: *memory* یاد — BQT:2412, SNS:85, TZF:22

یازیدن
بالیدن، قصد کردن

- Indo-European: Yat, Yet: *to go, reach, take position* رفتن، رسیدن، جا گرفتن — EIV:214
- → Avestan: yat: *to take one's position* — EIV:214
- → Persian: yâzîdan: *to stretch, desire, intend* یازیدن — MON, BQT,EIV:215

یاسه
رجوع شود به: جادو

یافتن
هم: وام
هم: couple

- Indo-European: Ap: *to take, receive, reach* گرفتن، بدست آوردن — POK:50
- → Av/Old Pers: ap 1, af, ab: *to receive*; abi-âp, abi-âf: *to detain* — POK:50, SNS:14, FFD:82
- → Pahlavi: ayâf, ayâb: *to find* — FFD:82
- → Persian: yâftan: *to find* یافتن — BQT:2419, FFD:82

یاقوت
رجوع شود به: یاکند

یاکند
هم: hyacinth

- Greek: Hyakinthos: *a bulbous plant with fragrant flowers.* یک گیاه پیازدار با گلهای بسیار معطر. — AHD:644, KLN:752
- → Pahlavi: yâkand: *ruby* — SNS:299
- → Persian: yâkand: *ruby* یاکند (یاقوت) — BQT:2420, MON:5247, SNS:299, FAF:712

NOTE- "Hyakinthos" is apparently a pre-Hellenic word of the Mediterranean origin.

یاور
ابزار خُرد کردن غلات

- Avestan: Yâvarenâ: *a stone or tool for beating and crushing grains* سنگ برای خرد کردن گندم — HRN:252
- → Persian: yâvar: *stone or other objects used for crushing grains* یاور — BQT:2422

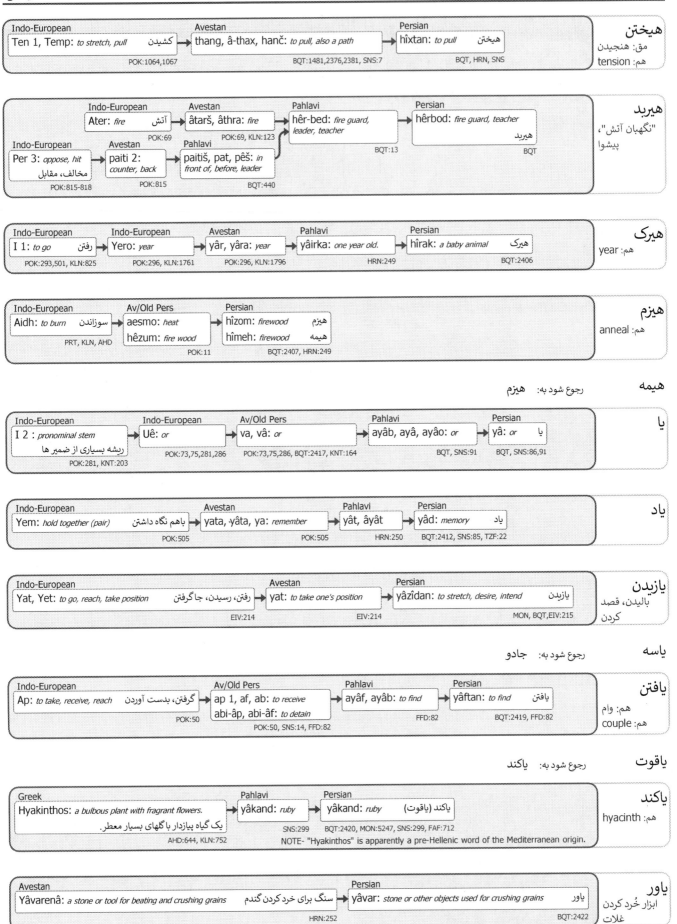

یخ
هم: ice

Indo-European: Eis 2: *ice* یخ → Avestan: isav: *frosty*; aêxa: *ice* → Persian: yax: *ice* یخ

POK:301 | HRN:252, POK:301 | BQT:2427

Indo-European: Eis 2: *ice* → Old Persian: viyaxna: *ice* → Persian: ?

POK:301 | SOD:452

یزد رجوع شود به: ایزد

یزدان رجوع شود به: ایزد

یزدگرد
ایزد + کار

Indo-European: Yag: *to worship* ستایش کردن → Avestan: yazatanam: *God*

Indo-European: Kwer, Kar 2: *to make, form* ساختن، تشکیل دادن → Old Persian: krta: *creation, city* → Avestan: yazato-kerata: *God's creation*

Avestan → Persian: Yazdgerd: *"God's creation"* یزدگرد

POK:501 | POK:641, EIV:236 | HRN:201 | POK:501, HRN:95,252, KLN:1759 | BQT, ETM

یسنا
مق: مزدیسنا

Indo-European: Yag: *to worship* ستایش کردن → Avestan: yesnya: *worship* → Pahlavi: yasn, yašt: *worship* → Persian: yasnâ: *worship ceremony* یسنا

POK:501 | POK:501, HRN:95,252, KLN:1759 | ARN:540 | BQT, ETM

یک

Indo-European: I 2 : *pronominal stem* ریشه بسیاری از ضمیر ها → Indo-European: Au 1: *one, this one* → Av/Old Pers: ava 2, aiva, aêva, aeva, aivaka: *one* → Pahlavi: êvak, yak: *one* → Persian: yak, yek: *one* یک

POK:281, KNT:203 | POK:73,75,281,286 | POK:73,75,286, BQT:2417, | BQT, SNS:91 | BQT, SNS:86,91

یوز رجوع شود به: یوزیدن

یوزپلنگ رجوع شود به: یوزیدن + پارد

یوزیدن
هم: جوشیدن

Indo-European: Yeu 3: *to mix, blend* مخلوط کردن → Indo-European: yeu-dh: *shaken, active, fight*; yeug: *ready to fight* → Avestan: yaoz, yaozaiti: *search, fight* → Persian: yûzîdan: *to be active, to search* یوزیدن

زبهر طلایه یکی کینه توز
فرستاد بالشکری رزم یوز (فردوسی)

POK:506 | KLN:833, POK:512 | KLN:833, POK:512, IEC:446 | BQT, MON

یوغ

Indo-European: Yeu 1, Yauj: *to join, harness* جفت کردن، مهار کردن → Avestan: yaoj, yuj: *I harnessed*; yuxta: *harnessed, joined* → Persian: yûğ: *yoke* یوغ; joft: *pair (union)* جفت

POK:509, EIV:217 | BQT:577,1228,2458, POK:509

یونان
هم: حنّان

Semitic: H.n.n: *to have grace and kindness* شکوه و محبت داشتن → Hebrew: hânan: *was gracious* → Greek: Iwannos: *gracious* → Greek: Ion: *Hellenic people who settled in the Mediterranean islands in 1100 BC.* → Old Persian: yauna: *Greece* → Persian: yûnân: *Greece* یونان

KLN:701 | KLN:701 | KLN | KLN:813, OEW:xi | KLN:813, KNT:204 | BQT:2549

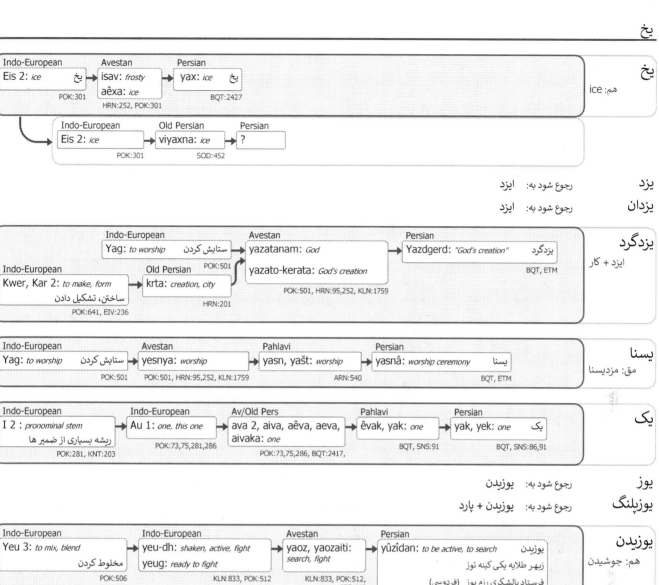

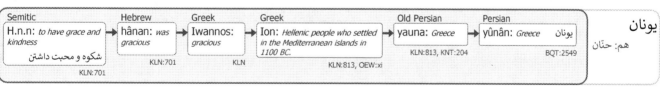

نمودارهای ناتمام

؟ هم: diet

Indo-European: Ai, Hei, Heiwâ: *to give* دادن — POK:10-11
→ Avestan: aêta: *share* — POK:10
→ Persian: ?

؟ هم: own

Indo-European: Aik: *to possess, own* مالک بودن — POK:298, KLN:1106
→ Avestan: îs, îše, îšti, âêšâ 1: *wealth, power*; îsvan, išvan: *wealthy* — POK:298, KLN:1106, SYN:771,772
→ Persian: ?

؟ هم: on, uopn

Indo-European: An 3: *on, upon, above, to* روی، بالای — POK:39
→ Av/Old Pers: ana: *on, upon*; anu, anuv: *to, after, along*; anu-i: *going along* — POK:39, KLN:67, KNT:164
→ Persian: ?

؟ هم: umbrella

Indo-European: Andho: *blind, dark* کور، تاریک — POK:41
→ Avestan: anda, ando: *blind* — POK:41, SYN:323
→ Persian: ?

؟ هم: best

Indo-European: Bhad: *good* خوب — POK:106
→ Avestan: badra: *good fortune, luck*; hu-badra: *(with) good luck, lucky* — POK:106, KLN:167
→ Persian: ?

؟

Indo-European: Bhen: *to strike* ضربه زدن — POK:126
→ Avestan: ban: *to be sick*; banta: *sick*; banay: *to make sick* — KLN:145, SYN:304
→ Persian: ?

؟ هم: to

Indo-European: De: *demonstrative stem* ضمیر یا ریشه اشاره — POK:181
→ Avestan: dim: *him, her, he, she*; dit: *it*; -da 5: *toward, to* — POK:183, KLN:1622
→ Persian: ?

؟ هم: et cetera

Indo-European: Eti: *above, beyond* بالا، ورا — POK:344, KLN:545
→ Avestan: aiti 1: *over, beyond* — KLN:545, KNT:166
→ Persian: ?

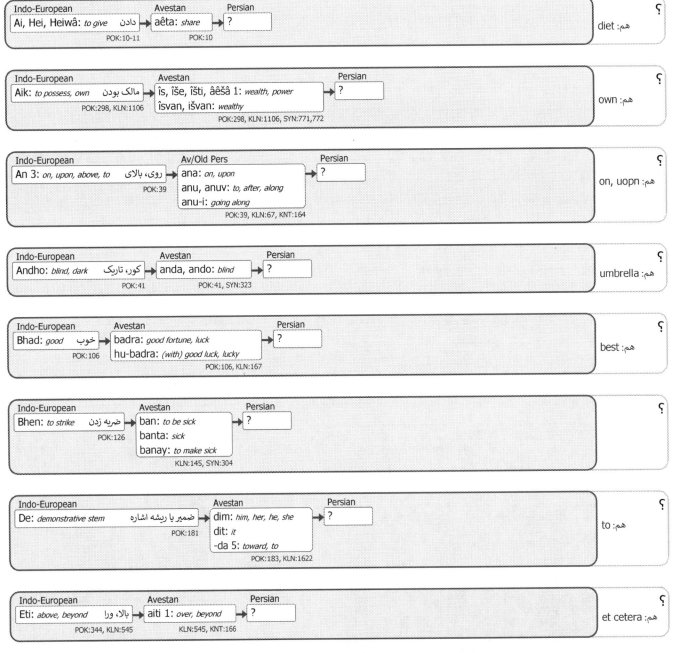

؟

Indo-European: Eti: *above, beyond* بالا، ورا — POK:344, KLN:545
→ Old Persian: ati: *beyond* — KNT:166
→ Persian: ?

هم: et cetera

؟

Indo-European: Ghê: *to go, also to go without (lack)* رفتن، رها کردن، فاقد بودن
Ghi-ghe-me: *I reach, meet with* میرسم، ملاقات میکنم — POK:418, KLN:666
→ Avestan: zâ 1: *to go*
zazâmi: *I dismiss* — POK:418, KLN:666
→ Persian: ?

هم: go

؟

Indo-European: Ghen: *to bite, chew* گاز زدن، جویدن — POK:436
→ Avestan: gnixta: *chewed*
aiwi-gnixta: *eaten up, eroded* — POK:436,
→ Persian: ?

هم: gnat

؟

Indo-European: Gher 2: *to wish, desire, want* خواستن، آرزو کردن — POK:440
→ Avestan: zara 2: *desire, aim, target* — POK:440
→ Persian: ?

هم: greed

؟

Indo-European: Ghers: *to be horrified, to stare* وحشتزده بودن — POK:445
→ Avestan: zrš, zarš: *to be horrified*
zaršayamna: *ruffling one's feathers* — POK:445, KLN:744
→ Persian: ?

هم: horror

؟

Indo-European: Gwebh 2: *slime, sliminess, toad* لجن ،لجنی ، وزغ — POK:466
→ Old Persian: gabawo: *toad* — POK:466
→ Persian: ?

هم: quiver

؟

Indo-European: Gwelbh: *womb* رحِم — POK:473
→ Avestan: garewa: *womb*
garebuš: *young animal* — POK:473, KLN:483
→ Persian: ?

؟

Indo-European: Ki: *this* این — POK:417,609, KLN:710
→ Avestan: zî: *for, because, indeed*
nôit-zî: — KLN:735, POK:417
→ Persian: ?

هم: he, his, her

؟

Indo-European: Krei: *shine, glow, beauty* درخشیدن، زیبایی — POK:618
→ Avestan: srî, srayan: *beauty*
srîra: *beautiful* — POK:618, KLN:371
→ Persian: ?

؟

Indo-European: Ksei 3: *to settle* مقیم شدن، تصفیه کردن — POK:626
→ Avestan: šaêiti, shiti: *living place*
šôithra: *land* — POK:626
→ Persian: ?

؟

Indo-European: Kwe: *and* حرف وصل "و" — POK:635
→ Avestan: ca, ča: *and*
čiš-ca 1: *any, whatever* — POK:635, KLN:1425
→ Persian: ?

؟

Indo-European: Kwe: *and* حرف وصل "و" — POK:635
→ Old Persian: câ, čâ: *and* — POK:635
→ Persian: ?

Indo-European: Lakti: *stick, club* چوب، گرز (WLD2: 443) → **Avestan:** yaxšti, yaxštay: *branch, twig*; thri-yaxštay: *with three branches* (WLD2: 443, SYN:525, BRT:1236) → **Persian:** ?

؟

Indo-European: Maghos: *young* جوان; Maghu: *boy, unmarried* پسر، مجرد (POK:696) → **Avestan:** mağava: *unmarried* (POK:696, KLN:924) → **Persian:** ?

؟

Indo-European: Meih: *to exchange* عوض کردن، معامله کردن (POK:710,715) → **Avestan:** mithô: *exchanged, incorrect, false*; mithwara, mithwara: *paired, coupled* (POK:710,715, KLN:953) → **Persian:** ?

؟

Indo-European: Men 3: *to stand out, project* برجسته و متمایز بودن (POK:726) → **Avestan:** mati, mnti: *sticking out*; fra-manyente: *they get ahead* (POK:726, KLN:1009) → **Persian:** ?

؟ mountain :هم

Indo-European: Men 3: *to stand out, project* برجسته و متمایز بودن (POK:726) → **Indo-European:** Mon: *neck, throat* (POK:726,747, KLN:932) → **Avestan:** minu: *throat*; manaothri, moneutro: *neck, throat* (POK:747) → **Persian:** ?

؟ mountain :هم

Indo-European: Meu: *damp, dirty* نمناک، آلوده (POK:741) → **Avestan:** mûthra: *dirty liquid, urine* (POK:741, HRN:285, KLN:1008) → **Persian:** ?

؟ mud :هم

Indo-European: Mew: *to push away, move* دور کردن ، حرکت دادن (POK:743) → **Avestan:** mivâmahi: *(we) eliminate*; a-muyamnô: *not movable* (POK:743, ISS:331) → **Pahlavi:** mûtak: *move*; parmûtan: *to move* (ISS:331) → **Persian:** ?

؟ move :هم

Indo-European: Mreğu: *short* کوتاه (POK:750) → **Avestan:** merezu, marazu: *short*; merezu-jîti: *short lived, fast*; berez 2: *in short time, fast*; berez-čaxra: *with fast wheels* (POK:750, KLN:188) → **Persian:** ?

؟ brief :هم

Indo-European: Nes: *to join, reunite, return, be safe* وصل کردن، بازگشت (POK:766) → **Avestan:** asta 2: *home* (POK:766) → **Persian:** ?

؟

Indo-European: Noktis: *night* شب (POK:762, AHD:1530, IEC:850, SYN:992) → **Old Persian:** naktin: *night* (IEC:850) → **Persian:** ?

؟ night :هم

Indo-European: Pak: *to fasten, repair* بستن، تعمیر کردن (POK:787) → **Avestan:** pas: *to tie, fetter* (POK:787, KLN:1110) → **Persian:** ?

؟

Indo-European: Reua: *to dig up, tear out, snatch* کندن زمین، شکافتن، بر گرفتن; Reudh 2: *to clear land* تمیز کردن زمین (POK:869) → **Avestan:** raoidya: *to cultivate land, to be fit for cultivation* (KLN:1347, POK:869) → **Persian:** ?

؟ rid :هم

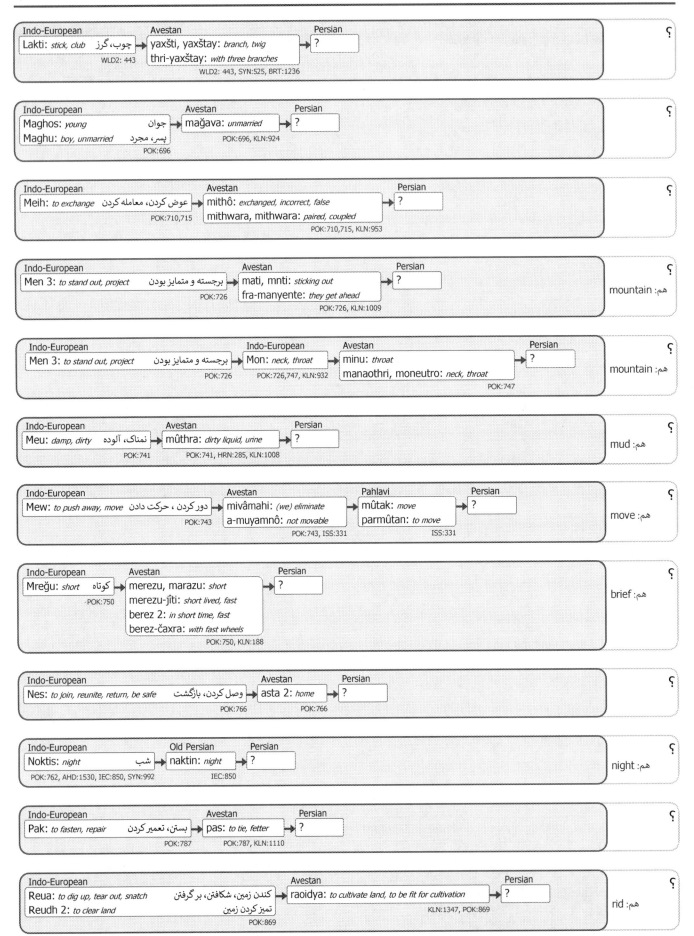

Indo-European
Rewe: *to open, open space* باز کردن، گشایش
POK:874
→ Avestan
ravah: *space*
ravas-čarât: *moves in free space (freely)*
POK:874, SYN:465, KLN:1356
→ Persian
?

؟
هم: room

Indo-European
Segh: *to hold, overrule* نگه داشتن، رد کردن
POK:888
→ Avestan
haz: *to gain*
hazah: *violence*
POK:888
→ Persian
?

؟
هم: sketch

Indo-European
Seni: *apart, separated, without* جدا شده، فاقد
POK:907
→ Avestan
hanare: *without*
POK:907
→ Persian
?

؟
هم: sincere

Indo-European
Sew: *to boil* جوشاندن
POK:914
→ Avestan
hâvayan: *they boil, roast*
hâvayeiti: *roasts*
POK:914, KLN:1411
→ Persian
?

؟
هم: seethe

Indo-European
Sneudh, Neudh: *mist, cloud* نم، ابر
POK:978
→ Avestan
snaoda: *cloud*
POK:978
→ Persian
?

؟
هم: nuance

Indo-European
Stâi 2: *stone* سنگ
POK:1010
→ Avestan
stâ 2, stây: *heap*
POK:1010, KLN:1518
→ Persian
?

؟
هم: stone

Indo-European
Twerk: *to cut* بریدن، قطع کردن
POK:1102
→ Avestan
thwares: *to cut*
POK:1102
→ Persian
?

؟
هم: sarcasm

Indo-European
Udero: *abdomen, stomach, womb* شکم، معده، رحم
POK:1104
→ Avestan
udara: *abdomen*
POK:1104
→ Persian
?

؟
هم: uterus

Indo-European
Uks: *wet* خیس
Uksen: *to make wet, inseminate* مرطوب کردن ، تلقیح کردن
POK:1118
→ Avestan
uxšan: *ox, bull, inseminating animal*
POK:1118, KLN:1106, SYN:153
→ Persian
?

؟
هم: ox

Indo-European
Weik 2: *clan, a social club above the household* قبیله ، باشگاه
POK:1131
→ Avestan
vîs: *family*
vîs-paiti, vîs-pati: *clan protector, chief*
POK:1131, KLN:1708
→ Persian
?

؟
هم: economy

Indo-European
Weik 2: *clan, a social club above the household* قبیله ، باشگاه
POK:1131
→ Old Persian
vith: *royal house*
vitha: *royal*
KNT:208
→ Persian
?

؟
هم: economy

Indo-European
Weip, Weib: *to go back and forth* پس و پیش رفتن
POK:1131
→ Avestan
vip: *to send, dispatch*
POK:1131
→ Persian
?

؟
هم: wipe

Indo-European
Yeu 3: *to mix, blend* مخلوط کردن
POK:506
→ Avestan
yaêš: *to boil*
SOD
→ Persian
?

؟

Printed in the United States
by Baker & Taylor Publisher Services